आँखन देखी

(हरिशंकर परसाई : व्यक्तित्व एवं कृतित्व)

वाणी प्रकाशन
नयी दिल्ली-110002

आँखन देखी

(हरिशंकर परसाई : व्यक्तित्व एवं कृतित्व)

सम्पादक

कमला प्रसाद

सम्पादन सहयोग

मलय

कपिलकुमार तिवारी

वाणी प्रकाशन

प्रकाशन के उत्कृष्टतम 62 वर्ष

vaniprakashan.com

सजिल्द पहला संस्करण : 1981
सजिल्द दूसरा संस्करण : 2000
सजिल्द तीसरा संस्करण : 2023
सजिल्द चौथा संस्करण : 2024
सजिल्द पाँचवाँ संस्करण : 2025

वाणी प्रकाशन

4695, 21-ए, दरियागंज, नयी दिल्ली-110 002
फ़ोन : + 91 11 23273167, 23275710

शाखाएँ

अशोक राजपथ, पटना-800 004, बिहार
कॉफ़ी हाउस कैम्पस, महात्मा गांधी मार्ग, प्रयागराज-211 001, उत्तर प्रदेश
महात्मा गांधी अन्तरराष्ट्रीय हिन्दी विश्वविद्यालय, वर्धा-442 001, महाराष्ट्र

sales@vaniprakashan.in
vaniprakashan@gmail.com

Aankhan Dekhi
Edited by Kamla Prasad

ISBN : 978-93-5072-019-6
Criticism

मूल्य : ₹ 1000

जी.एस. ऑफ़सेट, दिल्ली-110 095 में मुद्रित

वाणी प्रकाशन का लोगो मक़बूल फ़िदा हुसैन की कूची से

दूर-दूर तक फैले परसाई के पाठकों,
संघर्ष-सहयोगी साथियों,
और
उस अवाम के लिए, जो उनकी
रचनाओं से व्यवस्था में बदलाव के
लिए उत्तेजित होती है।

क्रम

आँखन देखी

व्यक्तित्व की पड़ताल

विश्लेषण

मूल्य और मूल्यांकन

पाठकों की ओर से

आँखन देखी

वाणी ने पाये प्राणदान

(1)

छूटने लगे अविरल गति से
जब परसाई के व्यंग्य-वाण
सरपट भागे तब धर्मध्वजी
दुष्टों के कम्पित हुए प्राण।

(2)

धृतराष्ट्र दुखी होंगे, नकली
भीमों का होगा अ-कल्याण
सदियों तक कुन्द नहीं होंगे,
गुरु-परसाई के वचन-वाण

(3)

बहुजन हित-व्रत की आँचों में
यह शिल्प पगा, ये तीर ढले
परसाई वाली पीढ़ी के
युग जीत चले, प्रणवीर चले

(4)

सुखी कलाइयों में किसने
कब राखी बाँधी थी इनके
क्या और किसी ने मारे हैं
जन-युग के दुश्मन गिन-गिन के

(5)

कवि की प्रतिमा को नमस्कार
शनि की प्रतिमा को नमस्कार
वक्रोक्ति-विशारद, महा सिद्ध
हरि की गरिमा को नमस्कार

(6)

यह निर्वाचन, यह कर्मकांड
यह माई जी, ये यंत्र-मंत्र
घट रही आयु, फट रहा पेट
अद्‌भुत है अपना प्रजातंत्र

(7)

खारे जल वाले सागर का
गंगाजल से कर लूँ तर्पण?
स्वीकार करो जन-वाणी का,
युग की निवेदिता का अर्पण!

(8)

सौ वर्ष किये पूरे तुमने
संघर्षशील तरुणाई में
देखी न गयी अनबन तुमसे
अपनों में, भाई-भाई में

(9)

नेता जी टेढ़ी में बोले-
'परसाई को पढ़ते किसान'
मैंने जोड़ा-'जी हाँ, फिर से
वाणी ने पाये प्राण-दान'

(10)

छूटने लगे अविरल गति में
जब परसाई के व्यंग-वाण
सरपट भागे तब धर्मध्वजी
दुष्टों के कम्पित हुए प्राण।

—नागार्जुन

यश नहिं सिन्धु समाय

दूसरा संस्करण

आँखन देखी का पहला संस्करण 1981 में निकला। काफी स्वागत हुआ किताब का। तब परसाई जीवित थे। पहली प्रति जब उन्हें दी तो मुस्काए और बगल में रखदी। कभी इसके बारे में नहीं बोले। मुझे मालूम है इस अवधि में तमाम विश्वविद्यालयों में उनके लेखन पर पी-एच.डी. की उपाधियाँ मिल गई हैं और अनेक पुस्तकें आ गई हैं। विश्वनाथ त्रिपाठी की पुस्तक प्रशंसित है। कहा जाता है कि परसाई के मूल्यांकन के लिए नए सौंदर्य शास्त्र की जरूरत है।

हरिशंकर परसाई 20 वर्ष बिस्तर पर रहे। पहले दिनचर्या अलग थी। घूमते रहते। बस स्टैण्ड में घूमते, पान की दुकान में बैठते, चाय टपरियों में पीते, पल्लेदारों से बातें करते। जहाँ कामगार होते वहाँ जाते, बुद्धिजीवी, व्यापारी, नेता होते तो वहाँ भी होते। ट्रेन में तीसरे दर्जे-दूसरे दर्जे में सफ़र करते और चुपचाप आम आदमी की बातें सुनते। कहते असली पाठशाला यही है। बड़े-बड़े लेखकों के नाम गिनाकर अपना समकालीन मानने वालों की ज़मात में वे अकेले लेखक थे, जो नाई-धोबी और रिक्शेवाले को अपना समकालीन कहते। जिन्हें जगत्गति नहीं व्यापती वे सदैव एक से रहते हैं सदाबहार। जगत्गति के चिह्न देखने के लिए परसाई ने अपने समकालीन कामगारों को पहचाना। उन्होंने विवाह नहीं किया पर कोई कहता-"भोपाल में रहिए, सागर में रहिए" तो बोलते-"परिवार को नहीं छोड़ सकता। जबलपुर नहीं छोड़ सकता।" परिवार माने क्या-बहन सीता, भांजे-राजकुमार, प्रकाश, विद्याभूषण, भांजी—मुन्नी और राजकुमार के पुत्र सोनू और छोटू। छोटे भाई गौरीशंकर पत्नी और दो बेटियों के साथ गोटेगाँव में रहते रहे। जबलपुर परसाई के लिए एक चरित्र था। शहर से ऐसा लगाव जैसे बेटे से। विश्व बन्धुत्व की बातें भारतीय संस्कृति में हैं। लोग उचारते रहते हैं। परसाई की बैठक में लेखक ही नहीं, तरह-तरह के पेशों के लोग आते

थे। जंगल में कोई आश्रम होता है तो दूर तक खबर होती है। किसी मोहल्ले में विद्वान-सज्जन-कलाकार रहता है तो उसकी सुगंध से मोहल्ला गमक जाता है। कुछ लेखकों की सुंगध मैंने उनके शहर में अनुभव की। भाऊ समर्थ के बारे में ठेले वाला कहता-''ऊ फोटो वाला''। अमृतलाल नागर, रामविलास शर्मा, केदारनाथ अग्रवाल को छाप मैंने उनके मोहल्लों और शहरों में अनुभव किया है। सीना तानकर लोग बताते हैं-''वहाँ रहते हैं, जानता हूँ''। ''यश नहिं सिन्धु समाय और नाम न पावक जल सके'' का मतलब कोई कौन जानेगा इनके बिना। हरिशंकर परसाई ऐसे ही बिरले यशस्वी लेखकों में रहे हैं। वे परिवार के लोगों, मोहल्ले के लोगों, शहर, फ़िर देश फिर दुनिया के लोगों से अन्तरंगता अनुभव करते थे। विश्व उनके लिए धरती के ऊपर नहीं, धरती और उसके लोगों से होकर बनता था। भ्रम के भीतर से भ्रम के पार।

मैं यह नहीं कहूँगा कि हरिशंकर परसाई, अजातशत्रु थे। उन्होंने शत्रु और मित्र बनाए थे। उन्होंने न जाने कितने लोगों के शब्द चित्र खींचे। कुछ चित्र ऐसे हैं, जिनमें औरों को कुछ कहने लायक नहीं दिखता, जैसे 'रामदास' रेखाचित्र। डाक लाने-ले जाने वाला मामूली चपरासी। इस चरित्र पर बड़े लेखकों की प्रतिक्रिया यही होगी कि यह भी कोई विषय है। ये जब **'असहमत बुद्धिवादी' 'साधना का फौजदारी अन्त'** लिखते हैं **'साहब महत्वाकांक्षी'** रचते हैं, **'सज्जन, दुर्जन और कांग्रेसजन'** लिखते हैं, **'लोहियावादी समाजवादी'** या **'प्रजावादी समाजवादी'** निबन्ध प्रकाशित होते हैं तो लोग शत्रु कैसे नहीं बनेंगे? लेखों की भाषा भी ऐसी कि भीतर तक घाव कर जाए। इनकी पार्टियों के लोग भला कैसे खुश होंगे। परसाई के लेखक ने जान लिया था कि देश की जनता के सबसे बड़े दुश्मन साम्प्रदायिक हैं। 'लीग और राष्ट्रीय स्वयं सेवक संघ' सबसे बड़े खतरा हैं। इनके विचार पश्चगामी हैं। इनमें क्रूरता है। इनके संगठन फासिस्ट हैं। ये धर्म, भारतीय संस्कृति और जनतंत्र का बाना चाहे जितना धारण करें, असली रूप जन विरोधी है। पार्टियों में अवसरवादी का जो तत्व रहा, उसका परिणाम हुआ कि कभी वे इन शक्तियों को प्यार भी करने लगे। आस्तीन से जब वे साँप बनकर बाहर आए तो परसाई की याद आने लगी। परसाई तो दंगों में कूद-कूद कर सड़क में देख आते थे कि दंगा भड़काने वाले, अफ़वाह फैलाने वाले कौन हैं? यह आँखों का सच था। गरीबों-मुसीबतजदा लोगों के पक्ष में और इतनी शक्तियों के विपक्ष में लिखने होने का हश्र तो होना ही था कि एक वर्ग नाराज़ हो। साम्प्रदायिक तो सहिष्णु भी नहीं होते। वे विरोध नहीं सुनना चाहते। इसीलिए तो परसाई के घर घुसकर मारते

हैं। परसाई इस घटना पर कहते हैं–"मेरा लेखन सार्थक हो गया।"

मैं कह रहा था कि परसाई को शहर में कहीं पूछा जा सकता था, मुहल्ले में रहने वाला आदमी गर्व का अनुभव करता था। सलाह लेने आते थे लोग, अपनी समस्याओं के बारे में। कामगार जानते थे कि यह उनके पक्ष का लेखक है। नगर के युवा छात्र राजनीति पर चर्चा करने आते और बदल जाते। उन्हें दादा कहते। सिद्धान्तों में वे उलझने लगते। जबलपुर में लोग जानते हैं कि कम्युनिस्ट छात्रों के अलावा अन्य पार्टियों से जुड़े छात्र भी उनकी निर्भीक प्रेरणा के कायल रहे हैं। मजदूरों, डाक्टरों, अध्यापकों, बैंक कर्मियों के संगठन मुखिया उनसे मिलते थे। सत्संग से विभिन्न संगठनों में विचारधारा के बीज वे चुपके से डाल देते। 'शांति एकजुटता' और 'भारत–सोवियत मैत्री संघ' में उन्होंने सक्रिय काम किया। प्रलेस का मध्य प्रदेश में जो तीव्र विकास हुआ, उसमें परसाई के हस्तक्षेप और प्रभावी मार्गदर्शन का योगदान है। परसाई जी जिसके मित्र होते, उसके परिवार में बाल बच्चों तक में वे आदरणीय हो जाते। उनके स्नेह में अद्‌भुत स्फूर्ति थी। वह रूपान्तरण की प्रक्रिया का स्रोत होता था। मित्रों–प्रशंसकों का विशाल समूह और शत्रुओं का कोप छोड़कर वे चले गये। जीवन के साथ इतना प्रगाढ़ सम्बन्ध मैंने और लोगों में नहीं देखा। दिल और दिमाग की हक़ीक़त को झांक लेने वाली आँखें मेरे सामने और नहीं आईं? उदीप्त और प्रकाश पुंज, शंकर की तीसरी आँख हो जैसे?

परसाई जी ने वसुधा के दूसरे अंक के संपादकीय में 'दुश्मनों की गिनती' निबन्ध में साहित्य के भीतरी शत्रुओं की चर्चा की है। एक अंश है–"हर आदमी हाथ में तराजू लिए बैठा है, और हर काम में व्यक्तिगत लाभ हानि को तौल रहा है। अजन्ता और एलोरा की गुफाओं के निर्माण में पीढ़ी–दर–पीढ़ी जो व्यक्ति, बिना नाम जोड़े खपते रहे, वह भावना कहाँ दृष्टिगोचर होती है? हिन्दी वालों को एक काम बहुत अच्छा आता है–तुलसी–सूर–मीरा की रट लगाना लेकिन इसी पूँजी पर आगे व्यापार नहीं हो सकता।" एक अन्य संपादकीय है–'ढलवां साहित्य' में लिखा कि लोगों को साँचों में लिखने की आदत है, छायावादी साँचा, प्रगतिशील साँचा, प्रयोगवादी साँचा आदि। परसाई प्रगतिशील थे, उन्होंने प्रगतिशीलता को साँचे में घटित नहीं किया। सुर्ख मेहँदी, सुर्ख सूरज, लालकमीज, सुर्ख धरती, रूमाल के साँचे में उन्होंने कैद नहीं किया। वस्तु और रूप के चयन की आजादी हासिल की, उन्होंने इस सोच की प्रक्रिया में। माना कि जीवन का चित्र जीवन को देखे बिना नहीं बनता। साँचों में ढला साहित्य प्राणहीन होता है। उन्होंने रूस–चीन के लेखकों से तब पूछा था–"क्रान्तिकालीन और उसके पूर्वकालीन

साहित्य की तुलना में आज का साहित्य हीन क्यों हैं? टालस्टाय, गोर्की, चेखव और लूशुन क्यों नहीं हैं? इसलिए तो नहीं कि उनका सम्बन्ध मनुष्य के जीवन से था, अब कोरे साँचों से।''

लेखकों में बहुत से लोग मार्क्सवाद के प्रति आस्थावान हैं। आश्चर्य है कि कोई नया साँचा परसाई जी जैसा नहीं बनता। शायद जीवन और जगत् पर सटीक निगाह नहीं है। आज़ाद भारत में ढले आदमी के सजीव चित्र नहीं हैं साहित्य में। आम तौर पर साहित्य पार्ट टाइम है। यह आमदनी का स्रोत और बाज़ार के तर्क पर टिका है। पुनरोत्पादन की संस्कृति में सृजन की संस्कृति कहाँ तक अबाधित रहे। उम्र और ज़माने से वाक़िफ हुए बिना यह कैसे संभव हो? परसाई ने समाज की हर दरार देखी। खुद की दरारों को नहीं छिपाया, डरे नहीं। आत्मकथ्य की बारी आई तो अपनी पोल खोल दी। परसाई ने बचपन में कहीं बेईमानी की, चोरी का इरादा बनाया, महत्त्वाकांक्षा का बीज उगा तो राज्यसभा के टिकट की लाइन में खड़े हुए। लेखक इसे क्यों सहन करें। उसने एक हथौड़ा सिर पर भी जड़ा दिया। मार्क ट्वेन ऐसा ही लेखक था, जो खुद के साथ ही रियायत न करे। चार्ली चैपलिन ने आत्मकथा में अपने प्रति निर्ममता बरती है। परसाई का 'मैं' लेखक के हाथों कितना पिटता है, इसे गौर से देखने की ज़रूरत है। उनकी रचनाओं में जो आत्म विश्वास और अहंकार है, वह वंशानुगत न होकर भूमा से सायुज्य का परिणाम है। यह रचा हुआ 'मैं' है। यह कबीर की बिरादरी का 'मैं' है।

हरिशंकर परसाई ने आमतौर पर अखबारों और पत्रिकाओं में लिखा। 'प्रहरी' से शुरू कर नवीन दुनिया (जबलपुर), नई दुनिया (इन्दौर), देशबन्धु (रायपुर), जनयुग (नई दिल्ली), अमर उजाला (बरेली) में स्तम्भ छपे। धर्मयुग, साप्ताहिक हिन्दुस्तान, करंट और सारिका में लिखा। 'और अन्त में' शीर्षक से कल्पना में लिखते थे। अधिक प्रसार संख्या वाले पत्रों में लिखने का लाभ हुआ–जनता से संवाद। संपादक के नाम हजारों पत्र छपते थे। देशबन्धु का कालम 'पूछिए परसाई से' बहुत पढ़ा जाता था। यह ज्ञानवर्द्धक होता था। विषय की सीमा नहीं होती थी। परसाई इतना सटीक, संश्लिष्ट और प्रभावी जवाब देते कि प्रश्न और उत्तर आपस में गुंथ जाते। नौकरी छोड़ दी, लेखन को जीविका का जरिया बनाया तो इस जरिए ने उन्हें जीविका का आधार दिया। संपादकों को लगता कि परसाई के कालम से पत्र की प्रसार संख्या बढ़ती है, इसलिए वे उन्हें लिखने को बाध्य करते। यह परवाह न करते कि उन्हीं के पत्र में उनके वर्ग चरित्र के विरुद्ध छपता है। जनता की ओर झुका परसाई का गद्य लोक रंग में हमेशा भीगा रहा।

लोक कहावतें, मुहावरे, लोकोक्तियाँ, कथाएँ, गाथाएँ, स्थानीय विश्वास, हितोपदेश कथा सरित् सागर, सिंहासन बत्तीसी, बैताल कथा, भर्तृहरि आदि की कथाएँ-परसाई के गद्य में आकर प्रासंगिक अन्तर्वस्तु के साथ अधिक तेजस्वी हो जातीं। उन्होंने इन कथाओं का विस्तार किया। फैण्टेसी में लिखने की कला में वे इतने सिद्ध थे कि नयी-नयी कथाएँ गढ़ने में उनकी रचनात्मकता खिल जातीं। मिथकों को वे इस तरह चीरते कि वे कई जगह से आज की जिन्दगी की बातें छेड़ने लगते। रामचरित मानस की चौपाई उठायी-"बूँद अघान सहैं गिरि कैसे, खल के बचन सन्त सहैं जैसे" और राम लक्ष्मण को आज की जिन्दगी में डाल दिया। राम कहते, "लक्ष्मण किरायेदार से कहकर टपरा ठीक कराओ, पानी टपकता है, रात भर सो नहीं पाता।" स्वर्ग-नरक, और भगवान, आदि के दुरुपयोग और धंधे पर लेखक की कूट भाषा दिलचस्प है। परसाई की भाषा में इतने सूत्र और मुहावरे हैं कि उनका भाष्य कोई समाज वैज्ञानिक और मनोवैज्ञानिक शायद कर सके। यह चिन्तक की भाषा है। प्रसंगों की तमाम स्फीति इनकी भाषा में इस तरह घटित होती है कि उसकी शक्ल बदल जाती है और लोक भाषा बन जाती है। दर्शन की गुत्थियाँ मल्लिनाथ की तरह भारहीन हो जाती हैं।

लेखन की सार्थकता यह है कि उसकी फंतासी, अतिशयोक्तियाँ और अतिरंजनाएँ, मार्मिकता में डूबकर यथार्थ के रँग में रँग जाएँ। कल्पनाएँ वास्तविक लगें। परसाई का गद्य इस कथन को सच सिद्ध करता है। छोटे-छोटे आपस में गुँथे सच कलात्मक स्पर्श से विराट सच के अंग दिखने लगते हैं। हास्य रस की ऊपरी सतह के उस पार करुण रस का आवेग अनुभव होता है। यह विरोधाभास जीवन की सच्चाई का स्वतःस्फूर्त रूप है। यहाँ स्वतःस्फूर्त सच्चाई में कोई छलांग नहीं है। जैसे हर बात अगली बात को जन्म देती है। वाक्य रचना इतनी सम्बद्ध है कि अगला वाक्य पूर्व वाक्य की सन्तान लगता है। चेन इस तरह बनती है कि अन्त में पहुँचना कोई अलग प्रयत्न नहीं होता। यह धारा प्रवाह जिन्दगी का धारा प्रवाही और अनुशासित गद्य है। ऐसे हरिशंकर परसाई का अभाव हिन्दी जगत् को बहुत दिन झेलना होगा। प्रसिद्ध कथा शिल्पी भीष्म साहनी ने सच कहा था-

"परसाई की लम्बी यात्रा आसान नहीं रही है, इसमें उन्होंने अपना सब कुछ होम कर दिया है, ऊपर से हल्के-फुलके लगने वाले व्यंग्य, एक ऐसे व्यक्ति द्वारा रचे गये हैं, जिसने अपनी आस्थाओं, और निष्ठा के लिए बड़ी यातनाएँ झेली हैं... उनकी आस्था उनकी लेखकीय देन को चार-चांद लगाती है। उनका प्रखर निष्ठावान व्यक्तित्व भी प्रेरणा का उतना ही बड़ा स्रोत है, जितना उनका लेखन।"

अब जब 'आँखन देखी' का दूसरा संस्करण आ रहा है, मुझे बहुत प्रसन्नता का अनुभव हो रहा है। मुझे पता है कि यह लोकप्रियता परसाई की है संपादक की नहीं। आगे के समय में परसाई की रचनाओं का मर्म और गहरे से खुलेगा, तब शाश्वत साहित्य की सारवस्तु का खुलासा होगा।

बस इतना ही।

–कमला प्रसाद

कागज में लिखे जाने का अर्थ...?

एक मेरा दोस्त है–जो पहले राष्ट्रीय स्वयं सेवक संघ से सम्बद्ध रहा है। इतनी गहरी सम्बद्धता कि उनकी अंतरंग समिति का सदस्य और 'बौद्धिक' के लिए शिक्षक तक नियुक्त किया जा चुका था। उसने बताया कि एक दिन 'बौद्धिक' के बीच एक राष्ट्रीय स्तर के संघ प्रचारक ने कार्यकर्ताओं को सम्बोधित करते हुए कहा कि 'काश्मीर से कन्याकुमारी, अटल के कटक तक, यह जो विशाल भारत याने कि अपना देश दिखाई देता है–इसके लिए हमारी लाखों पीढ़ियों के बलिदान लगे हैं। हमारे स्वार्थों तथा अनुशासित न रहने से हमें विभिन्न जातियों ने गुलाम बनाया, लेकिन एक दिन सभी परास्त हुए। अब कोई एक है कुछ लिखता-विखता है–हरिशंकर परसाई। लिखना चाहिए, पर लगता है–उसकी सारी दुश्मनी धर्म और संस्कृति से ही है–लेकिन हमारे पुरातन काल से चले आ रहे इस हिन्दू प्रवाह को यह परसाई रोक सकेगा क्या? नहीं! फिर हमें उसकी चिन्ता करना नईं।' दोस्त के द्वारा सुनी संघ की परसाई के बारे में प्रतिक्रिया मुझे याद हो गई है। यही नहीं, बड़े-बड़े लेखकों, बुद्धिजीवियों और आम आदमियों में से कोई भी जब परसाई के लेखन या व्यक्तिगत जीवन पर प्रतिक्रिया व्यक्त करता है–तो मैं उसे ध्यान से सुनता और प्रतिक्रिया के चरित्र की जाँच करता हूँ। हजारों ऐसी स्मृतियाँ अब चेतना में गुँथ गयी हैं। अभी जब राष्ट्रीय स्वयं सेवक संघ की प्रतिक्रिया मेरे चेतन में उभरी तो उसके साथ ही मध्य प्रदेश राज्य परिवहन के एक ड्राइवर की भी याद आ गयी। बस में यात्रा कर रहा था। एक स्टैण्ड में वह नीचे उतरा और बुक स्टाल से साप्ताहिक अखबार खरीद लाया। बार-बार पलटने के बाद एक झटके से पिछली सीट पर पटकते हुए बोला, 'सोचा था कि परसाई का कुछ होगा–इसमें। पैसा बेकार चला गया साला।' मैं उसके पीछे ही बैठा था। मैंने उससे कहा, 'यह तो ब्लिट्ज है, परसाई जी तो 'करंट' में लिखते हैं।' उसने कहा, 'इसी तरह का अखबार तो होता है–जिसमें लिखते हैं। मैं क्या जानूँ कि

यह वह नहीं है।' मैं उसे दोनों अखबारों के अलग होने के बारे में बताता रहा। उसने माना कि अखबार का नाम याद रखना चाहिए था।

दोनों प्रतिक्रियाएँ एक साथ मुझे क्यों याद आईं? राष्ट्रीय स्वयं सेवक संघ और बस ड्राइवर–क्या सम्बन्ध है? यह न तो सपने की स्मृति है और न बेहोशी की। यह उस समय की याद है, जब मैं सचेष्ट होकर परसाई पर दो शब्द लिखना चाहता हूँ–पूरे मानसिक केन्द्रीकरण के साथ। तब क्या बात है–इस अन्तर्विरोधी स्मृति की? इसका वैज्ञानिक कारण खोजना होगा। मुझे लगता है कि यह परसाई के व्यक्तित्व से साक्षात्कार है। उन्हें भी लिखते समय ये विरोधी स्मृतियाँ झकझोरती होंगी। उनकी समृतियों की घटनायें और चित्र अलग होंगे पर–चरित्र के रूप में कोई फर्क नहीं होगा। लेखक की रचना प्रक्रिया से यह मेरा पाठकीय तदाकार है। परसाई के समूचे लेखन से बना मानसिक व्यक्तित्व जब भी उभरेगा–ये प्रतिक्रियाएँ उभरेंगी। कौन नहीं जानता कि परसाई ने अपने लेखन की शुरुआत रचना शास्त्रीय सवालों से उलझकर नहीं की–उन्होंने जीवन के अहं प्रश्नों के बीच अपने आपको फेंककर, उनसे टकराकर अपने रचनात्मक व्यक्तित्व का सर्जन किया है। प्रश्नों और खुद के संस्कारों के संघर्ष में समस्याएँ सुलझी हैं। उनसे एक फक्कड़, संघर्षजीवी, चौकन्ना, दृढ़ और परिवर्तनकामी व्यक्ति रच गया है। वे समस्याएँ और प्रश्न क्या हैं–? निश्चय ही उस ड्राइवर ने अपने प्रश्न और समस्याएँ परसाई के लेखन में प्राप्त की हैं–इसीलिए उसकी रुचि उनके लेखन के प्रति है। अखबार में छपी अन्य खबरों, दूसरे लेखकों की रचनाओं और आश्वासनों की ओर उसका विश्वास नहीं है। अखबार का मतलब उसके लिए परसाई हैं–लेख या रचना का मतलब परसाई हैं, चाहे वह ब्लिट्ज हो या करंट–! उसके लिए कागज में लिखे जाने का अर्थ केवल परसाई न होता–तो वह हाथों लगे पसीने के पैसे से खरीदे अखबार के प्रति क्रोध प्रदर्शित न करता। उसका क्रोध हर उस अखबार की प्रति पर है, जिसमें परसाई नहीं हैं। वह नहीं जानता कि यह लेखन की कौनसी विधा है, उसे केवल इतना ज्ञान है कि इस लेखक में उसके वर्ग की पहचान है। वह व्यक्तिगत रूप से न उन्हें जानता और न लेखक उस ड्राइवर से परिचित है, परन्तु ऐसी कोई चीज है–जिसमें दोनों की प्रक्रियायें एक हैं। दोनों प्रक्रियाओं में इतना मेल कैसे हुआ? क्या यह जन्मजात प्रतिभा की देन है? कदापि नहीं। यह परसाई की अर्जित दक्षता है। उन्होंने इतिहास के सबक से कुछ चीजें जानीं और कुछ अपने जमाने से जूझते हुए और कुछ दुनिया के उन जैसे लेखकों–कबीर, गोर्की, चेखव, प्रेमचंद, निराला, लोर्का, ब्रेख्त आदि से। इन सबने उन्हें क्या सिखाया? यह कि गरीब और

अमीर अलग-अलग कौमें हैं, वर्ग हैं। उनके अलग-अलग सिद्धान्त, हित, धर्म, कर्म, नीयत और लक्ष्य हैं। प्रभावी वर्ग अपने सिद्धान्त, हित धर्म और लक्ष्य को दूसरे वर्ग के सिद्धान्त और हित छीन कर-उन्हें अपने भीतर समेटता रहा है। अपने भीतर उनके हितों के साथ नहीं, बल्कि उच्छिन्न कर। यह सोच कर कि उनकी आत्मा में लक्ष्य प्रभुवर्ग के हों और शरीर में श्रम उनका। गरीब का शरीर इस योग्य बना रहे कि वह प्रभुवर्ग के काम आये। परसाई ने समाज के इस विभाजन को न केवल पहचाना-वरन् मजदूरों तथा गरीब किसानों के साथ घुलमिलकर अर्जित किया। अर्जन के ही दौरान उन्हें यह मालूम हो गया कि देश के सामन्त और पूँजीपति एक साथ हैं। उन्होंने जान लिया कि अपने देश में बढ़ते हुए मजदूरों के संगठित प्रभाव के कारण सामन्ती-पूँजीवादी गठजोड़ की सांस्कृतिक उपज राष्ट्रीय स्वयं सेवक संघ है। यह उस वर्ग की प्रतीक संस्था है। परसाई जी ने लगातार इस संगठन के खिलाफ लिखा है। इसका कारण यही है कि वे सांप्रदायिक एवं जातीय शक्तियों के खिलाफ संघर्ष के औजार के रूप में अपने लेखन का उपयोग करते रहे हैं। उनके लेखन का एक प्रभाव ड्राइवर की मानसिकता है और दूसरा बौद्धिक सभा में उद्‌बोधन। दोनों स्थितियों में गुस्से की झलक है। एक में ड्राइवर का गुस्सा है-उसके वर्गहितों से तदाकार परसाई के लेखन के बहाने प्रभुवर्ग के अखबारों से तथा दूसरे वर्ग का गुस्सा है-हिन्दू संस्कृति को साम्प्रदायिकता के खिलाफ, परसाई के प्रहार से उत्पन्न ह्रासशील पराजय की हीन ग्रंथि के कारण। इसी हीन ग्रंथि का परिणाम था-इस संगठन द्वारा परसाई को पीटना। राष्ट्र और संस्कृति के नाम पर अविवेकपूर्ण, अवैज्ञानिक तथा शारीरिक शक्ति के अबौद्धिक उपयोग (ठीक-ठीक नाम का उच्चारण भी नहीं कर सकते) पर आधारित इस संस्था का परसाई को मारने का फैसला उनकी समूची बुनावट को खोल देता है। दूसरी ओर परसाई के लिए यह विजय का क्षण था-लेखन की सार्थकता का क्षण। इसलिए कि लेखक पीटता है-सम्प्रदाय की समस्याओं को-कागज पर कलम से और अन्ततः वह, आत्मविश्वास और उसके साथी जीतते हैं। यह इतिहास ही मनुष्य की विजय का है। परसाई की मानसिकता में जब ड्राइवर का वर्ग (आम आदमी) उपस्थित होता है, तभी साम्प्रदायिक शक्तियाँ भी विरोध के लिए हाजिर होती हैं। यह चेतना की द्वन्द्वात्मकता है। लेखन में तनाव और शक्ति का स्रोत यही द्वन्द्व है। जब तक गरीबों का राज नहीं तब तक यह द्वन्द्व रहेगा। इसके अभाव में रचनाकार क्या होगा-परसाई के शब्दों में, "सवाल यह है कि लेखक अपने को आम जनता से जोड़ता है या नहीं? जोड़ता है तो वह हर सही जन-आन्दोलन में साथ देगा-वरना कमरे में

बैठकर कविता लिखेगा–कि हम तो मर गये हैं, हम सुअर हैं, हमारी मरणतिथि यह है।'' (वैष्णव की फिसलन, पृष्ठ 110) नई कवितावादियों में से बहुतों की निराशा का राज क्या है?

परसाई ने अपनी या अपने वर्ग की मरणतिथि नहीं खोजी। अलबत्ता पीटे जाने के बाद उनके हौसले और बुलन्द हुए। उन्होंने सोचा कि उनके लेखन की नोटिस ली जाने लगी है। दुश्मन विरोधी नोटिस तब लेता है–जब उसकी बदनामी फैल जाय, वर्ग शत्रु उस बदनामी से सचेत होकर सामना करने के लिए कुलबुलाने लगे। परसाई ने पिटाई के कारण को जाना और पीटने वालों को और चिढ़ाते हुए लिखा, ''पिटाई की सहानुभूति के सिलसिले में जो लोग आये, उनकी संख्या काफी होती थी। मैं उन्हें पान खिलाता था। जब पान का खर्च बहुत बढ़ गया, तो मैंने सोचा–पीटने वालों के पास जाऊँ और कहूँ–जब तुमने मेरे लिए इतना किया है, यश फैलाया है, कम-से-कम पान का खर्च दे दो। चाहो तो एक बेंत और मार लो। लोग तो खरोंच लग जाय तो भी पान का खर्च ले लेते हैं।'' (वैष्णव की फिसलन, पृष्ठ. 84)

जाहिर है कि परसाई किसी आदमी की संज्ञा के बजाय–एक वर्गशक्ति है। इस वर्गशक्ति की शिक्षा–उसने गोर्की की तरह जिन्दगी से पायी। जिन्दगी उसके लिए सबसे बड़ा विश्वविद्यालय है। वह जिन्दगी के करीब गया तो वर्गबद्ध जिन्दगी की ताकत ने उसकी चेतना को फौलादी बना दिया। अवसरवादी शील-संकोच, कायरता और आतंक के कारण आम तौर से लोग बहुत-सी जेन्यून प्रतिक्रियाओं की हत्या करते रहते हैं। ये प्रतिक्रियायें दस-पाँच भी एकत्र नहीं हो पातीं खोपड़ी में। कैसे आत्मसंकल्प पैदा हो। बाह्य के आभ्यन्तरीकरण बगैर संकल्प का कोई प्रश्न ही नहीं। संकल्प अकेले नहीं होता–इसीलिए मुक्ति अकेले में नहीं मिलती। रचनाकार के रूप में परसाई के दो गहरे साथी हैं–कबीर और मुक्तिबोध। कबीर की अक्खड़ता को उन्होंने उसी तरह आत्मसात् किया है जैसे निराला ने तुलसीदास को किया था। कबीर उसके व्यक्तित्व में लीन है। बार-बार वह हाजिर होता है। कई बार तनाव के क्षणों में परसाई को कबीर की पंक्तियाँ–''हम न मरिहैं मरिहै संसारा'' अथवा ''जो घर जारै आपना, सो चले हमारे साथ''–''सब कहते कागज की लेखी, मैं कहता आँखिन की देखी'' दुहराते हुए पाया है। इन पंक्तियों को दुहराते हुए उनका चेहरा लाल होता है–शरीर में तेज और अकड़। कोई भी महसूस कर सकता है कि भीतर समाज के सबसे बड़े दुश्मन से संघर्ष जारी है। परसाई ने 'सुनो भाई साधो, कबिरा खड़ा बजार में, माटी कहे कुम्हार से' जैसे कालमों में कबीर की विरासत

को ही तो आगे बढ़ाया है। वह कबीर ही था–जो दुश्मनों से लड़ने का साहस इसलिए पा सका क्योंकि अपने से लड़ सका था। 'मुझसे बुरा न कोय' कहते हुए कबीर अपनी रूढ़ियों को तोड़ता-फोड़ता है तो परसाई अपने साथ पूरे वर्ग का आत्मालोचन करते हैं, "मैं काफी बेहया हूँ ×× मैं पहुँचते ही आयोजकों के चेहरों, व्यवहार और आवभगत से हिसाब लगाना शुरू कर देता हूँ कि ये हूँ, अच्छे पैसे देंगे या नहीं? कभी ऐसा भी हुआ है कि ज्यादा आवभगत करने वालों ने रुपये मुझे कम दिये हैं। लेखक का शंकालु मन है। शंका न हो तो लेखक कैसा? मगर वे भी लेखक हैं जिनके मन में न शंका उठती है न सवाल।" (अपनी-अपनी बीमारी, पृष्ठ 106-107) परसाई का आत्मसंघर्ष और आत्मव्यंग्य कबीर से एक कदम आगे है। परसाई की इस प्रक्रिया में ऊपरी उस नैतिकता को बिल्कुल झकझोर दिया गया है, जिसका मानसिक प्रतिक्रियाओं से मेल नहीं। लोग ऊपर-ऊपर स्वागत करते हैं–भीतर घृणा, लड़की से प्यार करते हैं–बात चरित्र की करते हैं, पाप सोचते हैं–पुण्य बोलते हैं! बाहर और भीतर के बेमेल सम्बन्धों के कारण सोच और कर्म में फर्क है। लोगों को आँखों देखी बातों पर विश्वास नहीं। कर्म सोच से दूर है–इसलिए उसकी ठोस शक्ल नहीं। विच्छिन्न मन से रचा जाता समाज कैसे गतिशील होगा? कबीर की ही भाँति परसाई का संघर्ष इस अंतराल को पाटने का है। अंतराल किन्हीं आदमियों और घटनाओं का नहीं है। वह वर्ग शत्रुता का परिणाम है। वर्ग शत्रुता की पहचान परसाई की बेहद बारीक है। वे हमेशा सजग रहते हैं। मुक्तिबोध की तरह वे भी निरन्तर अपने चारों ओर दुश्मन का जाल देखते हैं। ट्रेन में चलते–सी. आई. ए., संघ का सदस्य या किसी दुश्मन का एजेण्ट दिखता है, रिक्शे में बैठकर सोचते हैं कि कहीं दुश्मन ने इसे मिलाकर उल्टा देने के लिए षड्यंत्र न किया हो–हर समय दुश्मन आँखों के सामने नाचता है। विशेषता यह है कि मुक्तिबोध और परसाई दोनों ने असुरक्षा की इस ग्रंथि को निजता से उबारकर रचनात्मक रूपान्तरण किया है। रचनात्मक रूपान्तरण न होता तो वर्ग दृष्टि ही क्यों प्रामाणिक होती? तब की असुरक्षा की भावना निजी स्वार्थ से प्रेरित होती। दोनों लेखकों का वर्ग चरित्र और जिन्दगी के संघर्ष के आयाम लगभग मिलते-जुलते रहे हैं, इसीलिए दोनों अटूट दोस्त थे। दोनों में प्रवृत्तिगत पहचान एक साहित्यिक घटना है। परसाई ने इसका जिक्र किया है। उन्होंने लिखा है कि एक बार अज्ञेय ने थॉट पत्रिका में उनकी एक कहानी का अनुवाद अंग्रेजी में छापा। अज्ञेय उस समय किसी संभावनापूर्ण लेखक को इसलिए छापते थे कि वह अपनी चेतना को सामाजिक चेतना से सम्बद्ध न करे। वह सामाजिक संघर्ष का लेखक न बने।

व्यक्तिवादी लेखकों का गिरोह खड़ा करने के लिए 'कांग्रेस फार कल्चरल फ्रीडम' जैसे विश्व प्रतिक्रियावादी संगठन की ओर से उन्हें मदद मिलती थी। परसाई की कहानी को मुक्तिबोध ने पढ़ा और 'नया खून' के तीन कालमों में टिप्पणी लिखी कि थॉट और परसाई की स्प्रिट में अन्तर है। दोनों की राजनीति भिन्न है। परसाई की राजनीति उस समय निर्माण प्रक्रिया में थी। मार्क्सवादी विचारधारा जीवन-दर्शन के रूप में निर्धारित नहीं थी- इसीलिए अज्ञेय ने फँसाना चाहा। उसी समय पांचजन्य ने भी एक फैण्टसी को पौराणिक कहानी समझकर छाप दिया। मुक्तिबोध ने जब थॉट और परसाई का भेद किया, तो इसका संकेत है कि उन्होंने अपना दोस्त खोज लिया था। बाद में वह दोस्ती ऐतिहासिक हो गयी। दोनों एक ही काम करते थे-चेहरों को झाँक-झाँक देखना, उनकी आत्मा के इतिहासों का अनुसंधान और फिर उसे कला में प्रतिबिम्बित करना। मुक्तिबोध ऐसा करते चले गये-परसाई सक्रिय हैं। परसाई कबीर की तुलना में शीर्षकों के काइयाँपन, चालाकी, षड्यंत्र को अधिक व्यापक रूप से जानते हैं। वे उनके बाद के इतिहास को आगे बढ़ाते हैं। इनको युग का सबसे विश्वसनीय दर्शन 'मार्क्सवाद' सुलभ है तथा मजदूरों का राज्य भी। इस मामले में वे मुक्तिबोध के साथ हैं।

बीसवीं शताब्दी का प्रामाणिक भारतीय इतिहास संवेदनात्मक तरीके से कम ही लिखा गया है। जो इतिहास हैं वे छोटी-छोटी मंशाओं को पूरा करते हैं। उनमें जनता की विकासमान जिन्दा सच्चाई का अभाव है। मुझे लगता है कि प्रेमचन्द का पूरा साहित्य आजादी के पूर्व का और परसाई का लेखन आजादी के बाद का इतिहास पेश करता है। मिथ है कि वाल्मीकि ने राम की कथा और उनके युग का इतिहास उनके युग में ही लिखा था। युगपुरुष राम और जनता के कर्म तथा रिश्तों की संभावना वे पहले ही व्यक्त कर देते थे घटनायें बाद में घटती थीं। राम और वाल्मीकि के इस मिथ में से सच्चाई मेरी समझ में यह है कि जीवन व्यापार में पूरे चौकन्नेपन के साथ रमा लेखक अपने युग का इतिहास तो लिख ही सकता है, उसका अनुमान भी कर सकता है। उसका अनुमान दार्शनिक नहीं रह जाता, वह संवेदनात्मक चित्रों से उभरता है। समय के इतिहास और कल्पनात्मक संभावनाओं के द्वन्द्व में से वह फूट निकलता है। प्रेमचन्द और परसाई ने यही काम किया है। जो लोग इन लेखकों में निहित संभावना के आदर्श नहीं पहचानते, उन्हें रचनात्मक सौन्दर्यबोध का गहरे से अनुशीलन करना चाहिए।

पिछले दिनों आपातकाल में लेखकों की भूमिका पर काफी कुछ लिखा

गया। किसी को प्रतिक्रियावादी या प्रगतिशील घोषित किया गया। जो मौन रहे वे वीर हो गये। अक्सर मौन लोग दो-चार वर्षों में वीर हो जाते हैं। समय के घर्षण में से छनकर कोई चीज निकलती है, तो कहते हैं कि वे वैसा ही सोच रहे थे। रोज घटिया बातें करते हैं, बड़े व्यापक वर्ग से जोड़ की चिन्ता छोड़ कॉफी-हाउस के ग्रुपों में जीते हैं, जमा तो प्रकाशक बन जाते हैं और खुद की पुस्तकों का व्यापार करते हैं। लेखकीय मित्रता का लाभ अपनी पुस्तकें बिकवाने में करते हैं, कभी-कभी किसी वामपंथी पार्टी में शामिल हो जाते हैं, कभी बाहर आ जाते हैं, रोजमर्रा की जिन्दगी में मायावी परिवेश को अपने खून-पसीने से सींचते हैं और दो-चार वर्ष के मौन के बाद किसी सजग लेखक पर टूट पड़ते हैं। जमाने की लड़ाई में वे हर क्षण शामिल नहीं होते। हर घटना पर प्रतिक्रिया व्यक्त करने का साहस नहीं रखते। और जब किसी पर टूटते हैं तो हीन ग्रंथि को उदात्तता प्रदान करते हैं। उनकी कायरता जितनी गहरी होती है-वीरता की उत्तेजनापूर्ण आवाज भी उतनी ही ऊँची। परसाई जी की आपातकाल की भूमिका पर एक वरिष्ठ लेखक ने ऐसी ही हरकत की। उनके किसी निबंध या उद्धरण को लेकर यह सिद्ध किया कि परसाई का लेखन सत्ता-परस्त है। उन्हें ऐसा कहने का हक इसलिए मिला क्योंकि वे उन दिनों मौन थे। राजनीतिक उतार-चढ़ाव का लाभ जिस जगह दिखा-वहीं अपने को आगे कर, जैसे पूरी लड़ाई के वे ही प्रमुख कारक हैं-बुलन्दी से बोल पड़े। यहाँ विषयांतर इसलिए नहीं कि मैं परसाई जी की कमजोरियों पर पर्दा डालूँ, बल्कि यह कहना चाहता हूँ कि गलतियाँ वही करता है, जो काम करता है, संघर्ष में भाग लेता है, हर घटना के प्रति राय व्यक्त करता है, और निरन्तर चौकन्ना रहता है। इतिहास की लड़ाई में अलग-थलग कभी कोई अच्छा काम नहीं करते, कभी गलती नहीं करते और मौन रस लूटते हैं। मौन रस वस्तुत: तटस्थता अथवा यथास्थिति का पर्याय है। जो समय मौन रहकर खोया गया है, वह वापस नहीं आता। जो संघर्ष में लुढ़कता-घिसटता आगे बढ़ता रहा है-वही गलतियों से सीख संघर्ष की धार तेज करता है। उन्हें देखना चाहिए कि जनता के उस लेखक ने व्यवस्था के विरोध में जो चिनगारी पैदा की है, वह अपना काम करेगी। परसाई की भूमिका निरन्तर विपक्ष में रही है जनता के साथ। सत्ता में परिवर्तन होता रहे-समाज के मूलशत्रु को उन्होंने सदैव घसीटा है। इसकी कीमत उन्हें चुकानी पड़ी है। उन्होंने आपातकाल के आगे-पीछे भी इतिहास को देखा है। उनका लक्ष्य लेखकीय औकात के भीतर रहा है। मसलन, "लेखन के बारे में मुझे गलतफहमी नहीं है, अनुभव ने सिखाया है कि लेखक का अहंकार व्यर्थ है, हम कोई

युग-प्रवर्त्तक नहीं हैं, हम छोटे-छोटे लोग हैं, हमारे प्रयास छोटे-छोटे हैं, हम कुल इतना कर सकते हैं कि जिस देश, समाज और विश्व के हम हैं और जिनसे हमारा सरोकार है, उनके उस संघर्ष में भागीदार हों, जिससे बेहतर व्यवस्था और बेहतर इंसान पैदा हो।'' (माटी कहे कुम्हार से, पृष्ठ 6)। यहाँ परसाई की विनम्रता नहीं, यह विश्वास है कि क्रांति अन्ततः संगठन या पार्टी ही करती है। लेखक केवल मानसिकता के निर्माण में भूमिका अदा करता है। मानसिकता के निर्माण और यथास्थिति के रूपान्तरण में वह आत्मसंघर्ष और जनसंघर्ष की द्वन्द्वात्मकता से गुजरता है। यह लेखक श्रमिकों के बीच से आया है, या पूरी तरह उनके वर्ग में लीन हो गया है, संघर्ष में उनके साथ नागरिक की तरह सक्रिय है, तो उसकी रचना प्रक्रिया अधिक सार्थक, विश्वसनीय और दूरगामी होती है।

हरिशंकर परसाई ने रचनाकार के रूप में व्यंग्य का सहारा लिया है। व्यंग्य वस्तुतः कथन की प्रकृति है, कथ्य की नहीं। कथ्य तो हर रचना में चयन की प्राथमिकता और वर्ग रुचि के अनुरूप होता है। उसे रचना के रूप में आकृति देने के लिए कविता, कहानी, नाटक, उपन्यास या निबंधों का सहारा लिया जाता है। व्यंग्य तो विधा भी नहीं है। जैसे हास्य विधा नहीं उसी तरह व्यंग्य भी। परसाई ने विधा के रूप में कहानी, उपन्यास या निबंध लिखे हैं। इनमें कथन की प्रकृति व्यंग्य है, जो इतनी धारदार, पैनी, उत्तेजक तथा कायाकल्प करती है कि वह रचना के रूप के ऊपर मँडराती है। उसके मारक प्रभाव के कारण व्यंग्य ढाँचे के रूप में याद रह जाता है। जैसे किसी की रूप-चकाचौंध याद रह जाय-चरित्र भूल जाय। चरित्र के भूलने की गलती ज्यादातर वे करते हैं-जो उसे पहचानना नहीं चाहते।

चरित्र भूलने का ही प्रमाण है कि कथ्य के रूप में उल्टे-सीधे प्रभाव स्वीकार कर लिए जाते हैं। कोई उन्हें मजाकिया, कोई रचित पात्र में अपना अक्स देखकर उनकी निजी बदनामी करने वाला कोई अगम्भीर लेखक, कोई अनैतिक, शिष्ट हास्य करने में असमर्थ कहता है। प्रश्न है कि परसाई लेखक के नाते क्या उन सबके लिए लिखते हैं-जिनकी अर्थ ग्राहिका शक्ति इतनी कमजोर है। वे कहते हैं, "जीवन के प्रति व्यंग्यकार की उतनी ही निष्ठा होती है, जितनी गम्भीर रचनाकार की-बल्कि ज्यादा ही, वह जीवन के प्रति दायित्व का अनुभव करता है।'' (सदाचार का तावीज़, पृष्ठ 8) वे और आगे लिखते हैं कि वे सुधारवादी नहीं, परिवर्तनकामी लेखक हैं। "कोई सुधर जाये तो मुझे क्या एतराज है। वैसे मैं सुधार के लिए नहीं बदलने के लिए लिखना चाहता हूँ। याने कोशिश करता हूँ। चेतना में हलचल हो

जाए, कोई विसंगति नजर के सामने आ जाये।'' (वही, पृष्ठ 9) आशय यह है कि परसाई जी के व्यंग्य का लक्ष्य परिवर्तन है। सामाजिक अनुपात बिगड़ जाने के कारण विसंगति को उभारने तथा अनुपात ठीक करने का लक्ष्य होता है। यह लक्ष्य सीधा और सपाट होता तो अखबारी रपट हो जाती। इसकी एवज में परसाई फैण्टसी का सहारा लेते हैं। कहीं वह बड़ी तथा कहीं छोटी होती है। 'रानी नागफनी की कहानी' की फैण्टसी अपेक्षाकृत बड़ी है। 'निठल्ले की डायरी' में एक बड़ी फैण्टसी को छोटे-छोटे छह खण्डों में विभक्त कर दिया गया है। उस कृति में लेखक कथा-साहित्य के क्षेत्र में बिल्कुल नया प्रयोग करता है। प्रत्यक्षतः विभक्त 'निठल्ले का दर्शन', 'शिवशंकर का केस', 'राम भरोसे का इलाज', 'युग की पीड़ा का सामना', 'राष्ट्र का नया बोध' तथा 'प्रेमी के साथ सफर'-रचनाएँ मिलकर एक उपन्यास का आकार देती हैं। इससे आत्मकथा जैसा रचनात्मक सुख भी मिलता है। रचना की पहली इकाई का पात्र जगन्नाथ काका के बहाने लेखकीय चिन्तन का एक नमूना है कि, ''गीता न कृष्ण ने कही न व्यास ने लिखी। गीता को फेडरेशन आफ इंडियन चेम्बर आफ कामर्स एण्ड इंडस्ट्रीज के अध्यक्ष ने लिखा है या पैसा देकर लिखवाया है। प्रमाण मुझे मिल गया है। गीता में लिखा है, 'कर्मण्येवाधिकारस्ते मा फलेषु कदाचन' अर्थात् तुम्हारे अधिकार में सिर्फ काम करना है, तुम फल की इच्छा मत करो। हे मजदूरो, भगवान का आदेश है कि काम करते जाओ तनख्वाह मत माँगो।'' (निठल्ले की डायरी, पृष्ठ 10) परसाई के लेखन में फैण्टसी के मूल चरित्र को समझते हुए व्यंग्य की करवट के साथ लक्ष्य तक जाना संभव है। जो ऐसा करते हैं, उनमें प्रभाव बकौल यशपाल, ''तुम्हारी लेखनी महान है, जिसे पढ़कर लोग तिलमिला जाते हैं और लाठी उठा लेते हैं।''

प्रेमचन्द के बाद परसाई हिन्दी में पाठकों के लिए सबसे सम्पन्न लेखक हैं। बहुप्रचारित अखबारों, पत्रिकाओं और नियमित कॉलमों में वे सप्ताह में लगभग चार-पाँच लेख लिखते हैं, पर उनके पाठकों की संख्या निरंतर बढ़ती जाती है। अज्ञेय, निर्मल वर्मा, जैनेन्द्र के पाठक घट रहे हैं, बच्चन और नीरज फीके पड़ रहे हैं-पर परसाई की माँग में लगातार इजाफा। कारण, आम आदमी में अपने वर्ग चरित्र के प्रति सतर्कता है। किसान-मजदूरों की राजनीतिक समझ बढ़ी है और वे भाग्य, धर्म और बूर्ज्वा जनतंत्र के रहस्य को जान गये हैं। इसी वर्ग के बीच, जिसका सबूत वह ड्राइवर है, परसाई के पाठक बढ़े हैं।

ताज्जुब है कि विश्वविद्यालयीन साहित्य के व्याख्याकारों ने इस लेखक के क्लैसिक को नहीं पहचाना। यह काम जब मैंने हाथों में लिया, तो नये

लोगों ने उत्साहित किया। अनेक तथाकथित प्रतिष्ठित लेखकों के पास परसाई जी की पुस्तकें खरीद-खरीदकर भेजीं, उनमें से कुछ ने लिखा, कुछ पुस्तकें दबाकर बैठ गये। उत्तर देना बन्द। हमारी चेष्टा थी कि ऐसे लोकप्रिय लेखक के विषय में उन लेखकों से भी लिखवाया जाय जो उनकी विचारधारा से मेल नहीं खाते। देखें कि उनको कौन-सी बुराई दिखती है। कई लोगों ने लिखा और बहुतों ने रुचि नहीं दिखाई। पूरी योजना में नये लेखकों ने मुझे लगता है कि प्रतिष्ठितों की तुलना में गंभीरता से लिखा है। इसे समग्र मूल्यांकन नहीं कहा जा सकता। इतना ही दावा है कि एक शुरुआत की जा रही है। इससे शायद कुछ और तरह से सोचने का काम शुरु हो।

–कमला प्रसाद

व्यक्तित्व की पड़ताल

वक्तव्य

सार्त्र की मृत्यु के बाद देख रहा हूँ, उसके प्रशंसकों में सार्त्र के बारे में कोई खास उत्साह नहीं है। वे कामचलाऊ टिप्पणियाँ लिख रहे हैं–बेमन से। कुछ ऐसा कि था हमारी जाति का मगर बाद में बिटर गया। चांडाल हो गया। जब वह चेतना की समस्या की बात करता था, व्यक्ति की स्वतंत्रता और उसके चुनने के अधिकार की बात करता था, आध्यात्मिक मूल्यों की बात करता था, तब अच्छा था। चैतन्यवादी जैसा लगता था, तब अच्छा था। गो तब भी सार्त्र चैतन्यवादी नहीं था। मगर बाद में उसने स्पष्ट घोषित ही कर दिया कि मैं मार्क्सवादी हूँ। दुनिया के अरबों भूखों और करोड़ों पददलित गुलामों की तरफ से बोलने-लड़ने लगा। लेखकों को ललकारने लगा कि आखिर तुम किनके लिए लिखते हो? तुम इने-गिने उच्चवर्गियों के विलास के लिए क्यों लिखते हो?

सार्त्र जब रहस्यात्मक बोलता था, तभी इन प्रशंसकों को अच्छा लगता था। है भी और नहीं भी है। सबसे बड़ा अधिकार चुनने का अधिकार है– चुनने का अधिकार अभिशाप है। स्वतंत्रता से बड़ा मूल्य नहीं है–कोई भी पूरी तरह स्वतंत्र नहीं है। मगर जब दुर्घटना हो ही गई, सार्त्र मार्क्सवादी हो गया, तो इसे स्वीकार करना ही पड़ेगा।

मगर थोड़ा नाम करना पड़ेगा–'आपरेशन साफ्टनेस'! कहा जा रहा है– सार्त्र मनुष्य के लिए केवल रोटी, कपड़ा, मकान, चिकित्सा ही नहीं चाहता था। मनुष्य केवल इनसे सुखी नहीं हो सकता। उसे चाहिए–प्रेम, बंधुत्व, मानवी संबंध। सार्त्र ये भी चाहता था। मुझे कोई मार्क्सवादी ऐसा नहीं मिला जो प्रेम, मानवी संबंध, बंधुत्व नहीं चाहता हो। ऐसा कोई हो तो वह झूठा मार्क्सवादी है। मगर जब ये 'क्षमाप्रार्थी' बुद्धिजीवी रोटी और मानवीयता को एक-दूसरे के विरुद्ध खड़ा करते हैं तब वे यह स्थापित करना चाहते हैं कि मार्क्सवाद के अनुसार स्थापित समाजवादी व्यवस्था में रोटी चाहे हो पर मानवीयता नहीं है, प्रेम नहीं है, उदात्त मानवी भावनाएँ नहीं हैं। यानी ये

चीज़ें पूँजीवादी व्यवस्था में ही होती हैं और मनुष्य इनसे ही सुखी होता है। अस्तित्व का अर्थ पाता है। ये उस मनुष्य के प्रवक्ता हैं जिसे दूसरे की रोटी छीनने के केक मिलती है और जो केक खाकर कहता है–मेन लिव्ज नाट बाई ब्रेड एलोन। असल चीजें हैं–प्रेम, मानव बंधुत्व, मानव गरिमा, उदात्त मानवीयता, जो मैं निभा रहा हूँ। मैंने इन बुद्धिवादियों को 'क्षमाप्रार्थी' इसलिए कहा कि सार्त्र की तरफ से ये उसके मार्क्सवादी हो जाने के लिए क्षमा माँगते हैं।

–हरिशंकर परसाई

गर्दिश के दिन

लिखने बैठ गया हूँ पर नहीं जानता संपादक की मंशा क्या है और पाठक क्या चाहते हैं, क्यों आखिर वे उन दिनों में झाँकना चाहते हैं, जो लेखक के अपने हैं और जिन पर वह शायद परदा डाल चुका है। अपने गर्दिश के दिनों को, जो मेरे नामधारी एक आदमी के थे, मैं किस हैसियत से फिर जीऊँ?–उस आदमी की हैसियत से या लेखक की हैसियत से? लेखक की हैसियत से गर्दिश को फिर जी लेने और अभिव्यक्त कर देने में मनुष्य और लेखक, दोनों की मुक्ति है। इसमें मैं कोई 'भोक्ता' और 'सर्जक' की निःसंगता की बात नहीं दुहरा रहा हूँ। पर गर्दिश को फिर याद करने, उसे जीने में दारुण कष्ट है। समय के सींगों को मैंने मोड़ दिया था। अब फिर उन सींगों को सीधा करके कहूँ–आ बैल, मुझे मार!

गर्दिश कभी थी, अब नहीं है, आगे नहीं होगी–यह गलत है। गर्दिश का सिलसिला बदस्तूर है, मैं निहायत बेचैन मन का संवेदनशील आदमी हूँ। मुझे चैन कभी मिल ही नहीं सकता, इसलिए गर्दिश नियति है।

हाँ, यादें बहुत हैं। पाठक को शायद इसमें दिलचस्पी हो कि यह जो हरिशंकर परसाई नाम का आदमी है, जो हँसता है, जिसमें मस्ती है, जो ऐसा तीखा है, कटु है–इसकी अपनी जिन्दगी कैसी रही है? यह कब गिरा, फिर कब उठा? कैसे टूटा? कैसे फिर से जुड़ा? यह एक निहायत कटु, निर्मम और धोबी पछाड़ आदमी है।

संयोग कि बचपन की सबसे तीखी याद 'प्लेग' की है। 1936 या 37 होगा। मैं शायद आठवीं का छात्र था। कस्बे में प्लेग पड़ी थी। आबादी घर छोड़ जंगल में टपरे बनाकर रहने चली गयी थी। हम नहीं गए थे। माँ सख्त बीमार थीं। उन्हें लेकर जंगल नहीं जाया जा सकता था। भाँय-भाँय करते पूरे आस-पास में हमारे घर ही चहल पहल थी। काली रातें। इनमें हमारे घर जलने वाले कंदील। मुझे इन कंदीलों से डर लगता था। कुत्ते तक बस्ती छोड़ गए थे, रात के सन्नाटे में हमारी आवाजें हमें ही

डरावनी लगती थीं। रात को मरणासन्न माँ के सामने हम लोग आरती गाते– जय जगदीश हरे, भक्त जनों के संकट पल में दूर करे। गाते-गाते पिताजी सिसकने लगते, माँ बिलखकर हम बच्चों को हृदय से चिपटा लेतीं और हम भी रोने लगते। रोज का यह नियम था। फिर रात को पिताजी, चाचा और दो-एक रिश्तेदार लाठी-बल्लम लेकर घर के चारों तरफ घूम-घूमकर पहरा देते। ऐसे भयकारी त्रासदायक वातावरण में एक रात तीसरे पहर माँ की मृत्यु हो गयी। कोलाहल और विलाप शुरू हो गया। कुछ कुत्ते भी सिमटकर आ गए और योग देने लगे।

पाँच भाई-बहनों में माँ की मृत्यु का अर्थ मैं ही समझता था–सबसे बड़ा था।

प्लेग की वे रातें मेरे मन में गहरे उतरी हैं। जिस आतंक, अनिश्चय, निराशा और भय के बीच हम जी रहे थे, उसके सही अंकन के लिए बहुत पन्ने चाहिए। यह भी कि पिता के सिवा हम कोई टूटे नहीं थे। वह टूट गये थे। वह इसके बाद भी 5-6 साल जिए, लेकिन लगातार बीमार, हताश, निष्क्रिय और अपने से ही डरते हुए। धंधा ठप्प। जमा-पूँजी खाने लगे। मेरे मैट्रिक पास होने की राह देखी जाने लगी। समझने लगा था कि पिताजी भी अब जाते ही हैं। बीमारी की हालत में उन्होंने एक बहन की शादी कर ही दी थी–बहुत मनहूस उत्सव था वह। मैं बराबर समझ रहा था कि मेरा बोझ कम किया जा रहा है। पर अभी दो छोटी बहनें और एक भाई थे।

मैं तैयार होने लगा। खूब पढ़ने वाला, खूब खेलने वाला और खूब खाने वाला मैं शुरू से था। पढ़ने और खेलने में मैं सब भूल जाता था। मैट्रिक हुआ, जंगल विभाग में नौकरी मिली। जंगल में सरकारी टपरे में रहता। ईंटें रखकर, उन पर पटिए जमा कर बिस्तर लगाता, नीचे जमीन चूहों ने पोली कर दी थी। रात-भर नीचे चूहे धमाचौकड़ी करते रहते और मैं सोता रहता। कभी चूहे ऊपर आ जाते तो नींद टूट जाती पर मैं फिर सो जाता। छह महीने धमाचौकड़ी करते चूहों पर मैं सोया।

बेचारा परसाई?

नहीं, नहीं, मैं खूब मस्त था। दिन-भर काम। शाम को जंगल में घुमाई। फिर हाथ से बनाकर खाया गया भरपेट भोजन शुद्ध घी और दूध!

और चूहों ने बड़ा उपकार किया। ऐसी आदत डाली कि आगे की जिन्दगी में भी तरह-तरह के चूहे मेरे नीचे ऊधम करते रहे हैं, साँप तक सर्राते रहे हैं, मगर मैं पटिए बिछा कर पटिए पर सोता रहा हूँ। चूहों ने ही नहीं मनुष्यनुमा बिच्छुओं और साँपों ने भी मुझे बहुत काटा है–पर 'जहर

मोहरा' मुझे शुरू में ही मिल गया। इसलिए 'बेचारा परसाई' का मौका ही नहीं आने दिया। उसी उम्र से दिखाऊ सहानुभूति से मुझे बेहद नफरत है। अभी भी दिखाऊ सहानुभूति वाले को चाँटा मार देने की इच्छा होती है, जब्त कर जाता हूँ, वरना कई शुभचिंतक पिट जाते।

फिर स्कूल मास्टरी। फिर टीचर्स ट्रेनिंग और नौकरी की तलाश–उधर पिताजी मृत्यु के नजदीक। भाई पढ़ाई रोककर उनकी सेवा में। बहनें बड़ी बहन के साथ, हम शिक्षण की शिक्षा ले रहे हैं।

फिर नौकरी की तलाश। एक विद्या मुझे और आ गयी थी–बिना टिकट सफर करना। जबलपुर से इटारसी, टिमरनी, खंडवा, इन्दौर, देवास बार-बार चक्कर लगाने पड़ते। पैसे थे नहीं। मैं बिना टिकट बेखटके गाड़ी में बैठ जाता। तरकीबें बचने की बहुत आ गयी थीं। पकड़ा जाता तो अच्छी अंग्रेजी में अपनी मुसीबत का बखान करता। अंग्रेजी के माध्यम से मुसीबत बाबुओं को प्रभावित कर देती और वे कहते–लेट्स हेल्प दि पूअर बॉय।

दूसरी विद्या सीखी–उधार माँगने की। मैं बिल्कुल निःसंकोच भाव से किसी से भी उधार माँग लेता। अभी भी इस विद्या में सिद्ध हूँ।

तीसरी चीज सीखी–बेफिक्री! जो होना होगा, होगा, क्या होगा? ठीक ही होगा। मेरी एक बुआ थी। गरीब, जिंदगी गर्दिश-भरी, मगर अपार जीव-शक्ति थी उसमें। खाना बनने लगता तो उनकी बहू कहती–बाई, न दाल ही है, न तरकारी। बुआ कहती–चल चिंता नहीं। राह-मोहल्ले में निकलती और जहाँ उसे छप्पर पर सब्जी दिख जाती, वहीं अपनी हम-उम्र मालकिन से कहती–ए कौशल्या, तेरी तोरई अच्छी आ गयी है। जरा दो मुझे तोड़ के दे। और खुद तोड़ लेती। बहू से कहती–ले बना डाल, जरा पानी जादा डाल देना। मैं यहाँ-वहाँ से मारा हुआ उसके पास जाता तो वह कहती–चल, कोई चिंता नहीं, कुछ खा ले।

उसका यह वाक्य मेरे लिए ताकत बना–कोई चिन्ता नहीं।

गर्दिश, फिर गर्दिश!

होशंगाबाद शिक्षा अधिकारी से नौकरी माँगने गए। निराश हुए। स्टेशन पर इटारसी के लिए गाड़ी पकड़ने के लिए बैठा था, पास में एक रुपया था, जो कहीं गिर गया था। इटारसी तो बिना टिकट चला जाता। पर खाऊँ क्या? दूसरे महायुद्ध का जमाना। गाड़ियाँ बहुत लेट होती थीं। पेट खाली। पानी से बार-बार भरता। आखिर बेंच पर लेट गया। चौदह घंटे हो गये। एक किसान परिवार पास आकर बैठ गया। टोकरे में अपने खेत के खरबूजे थे। मैं उस वक्त पर चोरी भी कर सकता था। किसान खरबूजा काटने लगे। मैंने कहा–तुम्हारे ही खेत के होंगे। बड़े अच्छे हैं। किसान ने कहा–सब

नर्मदा मैया की किरपा है भैया! शक्कर की तरह हैं। लो खाके देखो। उसने दो बड़ी फाँकें दीं। मैंने कम-से-कम छिलका छोड़कर खा लिया। पानी पिया। तभी गाड़ी आयी और हम खिड़की से घुस गये।

नौकरी मिली जबलपुर से सरकारी स्कूल में। किराये तक के पैसे नहीं। अध्यापक महोदय ने दरी में कपड़े बाँधे और बिना टिकट चढ़ गये गाड़ी में। सामान के कारण इस बार थोड़ा खटका था। पास में कलेक्टर का खानसामा बैठा था। बातचीत चलने लगी। आदमी मुझे अच्छा लगा। जबलपुर आने लगा तो मैंने उसे अपनी समस्या बतायी। उसने कहा-चिन्ता मत करो। सामान मुझे दो। मैं बाहर राह देखूँगा। तुम कहीं पानी पीने के बहाने सीखचों के पास पहुँच जाना। नल सीखचों के पास ही है। वहाँ सीखचों को उखाड़कर निकलने की जगह बनी हुई है। खिसक लेना। मैंने वैसा ही किया। बाहर खानासामा मेरा सामान लिये खड़ा था। मैंने सामान लिया और चल दिया शहर की तरफ। कोई मिल ही जाएगा, जो कुछ दिन पनाह दे देगा, अनिश्चय में जी लेना मुझे तभी आ गया था।

पहले दिन जब बाकायदा 'मास्साब' बने तो बहुत अच्छा लगा। पहली तनख्वाह मिली ही थी कि पिताजी की मृत्यु की खबर आ गयी। माँ के बचे जेवर बेचकर पिता का श्राद्ध किया और अध्यापकी के भरोसे बड़ी जिम्मेदारियाँ लेकर जिंदगी के सफर पर निकल पड़े।

उस अवस्था की इन गर्दिशों का जिक्र मैं आखिर क्यों इस विस्तार से कर गया? गर्दिशें बाद में भी आयीं, अब भी आती हैं, आगे भी आयेंगी, पर उस उम्र की गर्दिशों की अपनी अहमियत है। लेखक की मानसिकता और व्यक्तित्व-निर्माण से इनका गहरा सम्बन्ध है।

मैंने कहा है-मैं बहुत भावुक, संवेदनशील और बेचैन तबीयत का आदमी हूँ। सामान्य स्वभाव का आदमी ठंडे-ठंडे जिम्मेदारियाँ भी निभा लेता, रोते-गाते दुनिया से तालमेल भी बिठा लेता और एक व्यक्तित्वहीन नौकरीपेशा आदमी की तरह जिंदगी साधारण सन्तोष से भी गुजार लेता।

मेरे साथ ऐसा नहीं हुआ, जिम्मेदारियाँ, दुखों की वैसी पृष्ठभूमि और अब चारों तरफ से दुनिया के हमले-इस सबके बीच सबसे बड़ा सवाल था अपने व्यक्तित्व और चेतना की रक्षा। तब सोचा भी नहीं था कि लेखक बनूँगा। पर मैं अपने विशिष्ट व्यक्तित्व की रक्षा तब भी करना चाहता था।

जिम्मेदारी को गैर-जुम्मेदारी की तरह निभाओ!

मैंने तय किया-परसाई, डरो किसी से मत। डरे कि मरे। सीने को ऊपर-ऊपर कड़ा कर लो। भीतर तुम जो भी। जिम्मेदारी को गैर-जुम्मेदारी के साथ निभाओ। जिम्मेदारी को अगर जिम्मेदारी के साथ निभाओगे तो नष्ट

हो जाओगे। और अपने से बाहर निकलकर सब में मिल जाने से व्यक्तित्व और विशिष्टता की हानि नहीं होती। लाभ ही होता है। अपने से बाहर निकलो। देखो, समझो और हँसो।

मैं डरा नहीं। बेईमानी करने में भी नहीं डरा। लोगों से नहीं डरा तो नौकरियाँ गयीं। लाभ गये, पद गये, इनाम गये। गैर-जिम्मेदार इतना कि बहन की शादी करने जा रहा हूँ। रेल में जेब कट गयी, मगर अगले स्टेशन पर पूड़ी-साग खाकर मजे में बैठा हूँ कि चिन्ता नहीं। कुछ हो ही जायेगा। और हो जायेगा। मेहनत और परेशानी जरूर पड़ी यों कि बेहद बिजली-पानी के बीच एक पुजारी के साथ बिजली की चमक से रास्ता खोजते हुए रात-भर में अपनी बड़ी बहन के गाँव पहुँचना और कुछ घंटे रहकर फिर वही वापसी यात्रा। फिर दौड़-धूप! मगर मदद आ गयी और शादी भी हो गयी।

इन्हीं सब परिस्थितियों के बीच मेरे भीतर लेखक कैसे जन्मा, यह सोचता हूँ। पहले अपने दुःखों के प्रति सम्मोहन था। अपने को दुखी मानकर और मनवा कर आदमी राहत भी पा लेता है। बहुत लोग अपने लिए बेचारा सुनकर सन्तोष का अनुभव करते हैं। मुझे भी पहले ऐसा लगा। पर मैंने देखा, इतने ज्यादा बेचारों में मैं क्या बेचारा! इतने विकट संघर्षों में मेरा क्या संघर्ष!

मेरा अनुमान है मैंने लेखन को दुनिया से लड़ने के लिए एक हथियार के रूप में अपनाया होगा। दूसरे, इसी में मैंने अपने व्यक्तित्व की रक्षा का रास्ता देखा। तीसरे, अपने को अवशिष्ट होने से बचाने के लिए मैंने लिखना शुरू कर दिया। यह तब की बात है, मेरा ख्याल है, तब ऐसी ही बात होगी।

पर जल्दी ही मैं व्यक्तिगत दुःख के इस सम्मोहन-जाल से निकल गया। मैंने अपने को विस्तार दे दिया। दुःखी और भी हैं। अन्याय पीड़ित और भी हैं। अनगिनत शोषित हैं। मैं उनमें से एक हूँ। पर मेरे हाथ में कलम है और मैं चेतना-सम्पन्न हूँ।

यहीं कहीं व्यंग्य-लेखक का जन्म हुआ। मैंने सोचा होगा-रोना नहीं है, लड़ना है। जो हथियार हाथ में है, उसी से लड़ना है। मैंने तब ढंग से इतिहास, समाज, राजनीति और संस्कृति का अध्ययन शुरू किया। साथ ही एक औघड़ व्यक्तित्व बनाया। और बहुत गम्भीरता से व्यंग्य लिखना शुरू कर दिया।

मुक्ति अकेले की नहीं होती। अलग से अपना भला नहीं हो सकता। मनुष्य की छटपटाहट है मुक्ति के लिए, सुख के लिए, न्याय के लिए।

पर यह बड़ी लड़ाई अकेले नहीं लड़ी जा सकती है। अकेले वही सुखी हैं, जिन्हें कोई लड़ाई नहीं लड़नी। उनकी बात अलग है। अनगिनत लोगों को सुखी देखता हूँ और अचरज करता हूँ कि ये सुखी कैसे हैं! न उनके मन में सवाल उठते हैं न शंका उठती है। ये जब-तब सिर्फ शिकायत कर लेते हैं। शिकायत भी सुख देती है। और वे ज्यादा सुखी हो जाते हैं। कबीर ने कहा है-

सुखिया सब संसार है, खावै और सोवे।
दुखिया दास कबीर है, जागे और रोवे।

जगने वाले का रोना कभी खत्म नहीं। व्यंग्य-लेखक की गर्दिश भी खत्म नहीं होगी।

ताजा गर्दिश यह है कि पिछले दिनों राजनीतिक पद के लिए पापड़ बेलते रहे। कहीं से उम्मीद दिला दी गई कि राज्य सभा में हो जायेगा। एक महीना बड़ी गर्दिश में बीता। घुसपैठ की आदत नहीं है, चिट भीतर भेजकर बाहर बैठे रहने में हर क्षण मृत्यु-पीड़ा होती है। बहादुर लोग तो महीनों चिट भेजकर बाहर बैठे रहते हैं, मगर मरते नहीं। अपने से नहीं बनता। पिछले कुछ महीने ऐसी गर्दिश के थे। कोई लाभ खुद चलकर दरवाजे पर नहीं आता। उसे मनाना पड़ता है। चिरौरी करनी पड़ती है। लाभ थूकता है तो उसे हथेली पर लेना पड़ता है, इस कोशिश में बड़ी तकलीफ हुई। बड़ी गर्दिश भोगी।

मेरे जैसे लेखक की एक और गर्दिश है। भीतर जितना बवंडर महसूस कर रहे हैं, उतना शब्दों में नहीं आ रहा है, तो रात-दिन बेचैन हैं। यह बड़ी गर्दिश का वक्त होता है, जिसे सर्जक ही समझ सकता है।

यों गर्दिशों की एक याद है। पर सही बात यह है कि कोई दिन गर्दिश से खाली नहीं है। और न कभी गर्दिश का अन्त होना है। यह और बात है कि शोभा के लिए कुछ अच्छे किस्म की गर्दिशें चुन ली जायें। उनका मेकअप कर दिया जाये, उन्हें अदाएँ सिखा दी जाएँ-थोड़ी चुलबुली गर्दिश हो तो और अच्छा-और पाठक से कहा जाए-ले भाई, देख मेरी गर्दिश!

-हरिशंकर परसाई

आत्म-कथ्य

मैं उन बेहया लेखकों में हूँ जो अपने बारे में कहने में नहीं सकुचाते। यों यह भी सही हो सकता है कि जो सकुचाकर भी अपने बारे में कह लेते हैं वे कुछ अधिक ही बेहया होते हैं। मैं अपनी तारीफ के लिए किसी का मोहताज नहीं हूँ। खुद कर लेता हूँ। अपनी बुराई भी खुद कर लेता हूँ। और यदि कम पड़े तो आसपास इतने उपकारी लोग तो हैं। मैं अपने ऊपर हँस भी लेता हूँ।

मैं व्यंग्य-लेखक कहलाता हूँ, और जानता हूँ कि मेरे लेखन की एक प्रतिष्ठा है। कई समझदार मेरे व्यंग्य को श्रेष्ठ कहते हैं। मुझे कोई व्यंग्य सम्राट भी कहने लगे हैं। मैं उन्हें समझदार इसलिए कहता हूँ कि ये मेरी तारीफ़ करते हैं। वैसे मैं कुछ टालू किस्म के वक्तव्य भी देखता हूँ। जैसे कि–अच्छा लिखते हैं, शिष्ट हास्य लिखते हैं, अच्छा विनोद है, हिन्दी में इस प्रकार के साहित्य की कमी थी सो इसे पूरा कर रहे हैं। कहानी के बारे में जब लिखा जाता है तो मुझे अक्सर कहानी-लेखक नहीं माना जाता और व्यंग्य के बारे में कोई क्या लिखे जबकि वह कोई विद्या ही नहीं माना जाता।

अपनी कैफियत दूँ तो यह हँसना और हँसाना, विनोद करना अच्छी बातें होते हुए भी मैंने केवल मनोरंजन के लिए कभी नहीं लिखा। मेरी रचनाएँ पढ़कर हँसी आ जाना प्रासंगिक है–मेरा यथेष्ट नहीं। और चीजों की तरह मैं व्यंग्य को उपहास, मखौल न मानकर, एक गंभीर 'चीज' मानता हूँ। साहित्य के मूल्य जीवन-मूल्यों से बनते हैं। वे रचनाकार के एकदम अन्तर से पैदा नहीं होते। जो दावा करते हैं कि उनके अन्तर से ही सब मूल्य पैदा होते हैं, वे पता नहीं किस दुनिया में रहते हैं। तो जीवन जैसा है, उससे बेहतर होना चाहिए। तो फिर जो जीवन लेखक देखता है। उसमें कहाँ-कहाँ खोट है, कहाँ-कहाँ एकदम परिवर्तन चाहिए। कौन से मूल्य गलत हैं, और उन्हें नष्ट होना चाहिए। किन परम्पराओं को हम कैंसर की

तरह पाले हैं, कहाँ विसंगति, अन्याय, मिथ्याचार, शोषण, पाखण्ड, दो-मुँहापन आदि है। मैं कोशिश करता हूँ, कि इन्हें देखूँ, गहरे जाकर इनका अन्वेषण करूँ, उन्हें अर्थ दूँ, कारण खोजूँ। और फिर ऐसे अनुभव को, विश्लेषित करके रचनात्मक चेतना का अंग बनाकर कुछ इस तरह से कह दूँ कि एक तथ्य ताकत के साथ उद्घाटित हो जाये। मैं जीवन-समीक्षा और अपने से साक्षात्कार के उद्देश्य में यह करता हूँ। यह काम और लोग और तरह से भी करते हैं। पत्रकार अखबारी कालम में लिखते हैं। दूसरे लेखक कहानी-उपन्यास में बड़ी गंभीरता से यही काम करते हैं। मैं दूसरी तरह से करता हूँ, पाखंड के बारे में कई तरह के लेख लिखे जाते हैं। मैं लेख न लिखकर कुल यह कह दूँगा-"कुछ लोग इतने दयालु और धार्मिक होते हैं कि रोज सुबह मछली को दाना चुगाते हैं और रात को फिशकरी खाते हैं।" यह व्यंग्य हो गया।

जब मैं जीवन, उसका विश्लेषण, अर्थ आदि की बात करता हूँ तब सवाल उठता है, कि मैं किस तरह जीवन की व्याख्या करता हूँ। एक ही बात की व्याख्या भिन्न-भिन्न लोगों के लिए भिन्न-भिन्न होती है। इसलिए एक विचारधारा जरूरी है, जिसमें जीवन का ठीक विश्लेषण हो सके और ठीक निष्कर्षों पर पहुँचा जा सके। इसके बिना लेखक गलत निष्कर्ष का शिकार हो जाता है। मेरा विश्वास मार्क्सवाद में है। इस बौद्धिक विश्लेषण बौद्धिक विश्वास के साथ ही मेरी संवेदना भी तय हो जाती है। यहीं से प्रतिबद्ध लेखन का विवादास्पद प्रश्न खड़ा हो जाता है। प्रतिबद्धता एक गहरी चीज है जो इस बात से तय होती है कि समाज में जो द्वन्द्व है उसमें लेखक किस तरफ खड़ा है-पीड़ितों के साथ या पीड़कों के साथ। कोई यह स्वीकार नहीं करेगा कि वह पीड़को के साथ है। पर यदि वह अपने को किनारे की या बीच की स्थिति में रख लेता है तो वह निश्चित रूप से पीड़को का साथ देता है। अपने पक्ष के निर्वाचन से कोई बचाव नहीं सिवा छल के। बहुत-से लोग इस झंझट से बचने के लिए कोरे भाववादी हो जाते हैं।

कुछ लोग कहते हैं कि व्यंग्य में कटुता होती है। कुछ तो यहाँ तक कहते हैं कि व्यंग्य अमानवीय होता है। सही व्यंग्य-लेखक में कटुता आ जाय यह बात अलग है। एक सचेत लेखक यदि गलत और घातक व्यवस्था के प्रति कटु है तो यह कटुता पवित्र है। पर व्यंग्य-लेखक किसी व्यक्ति से नाराज होकर उसे कलम से नहीं पीटता। उसे वह जूते मार सकता है। यह एक रास्ता हुआ। फिर भी 'लेम्पून' और 'हजो' भी लिखा जाता है। लेकिन यह घटिया लेखन है। जहाँ तक मानवीयता का प्रश्न है यदि व्यंग्य-

लेखक को मानव-जीवन से गहरा सरोकार न हो तो वह क्यों रोए कि मेरे भाई तुममें यह बुराई है। तुम अच्छे हो जाओ।

व्यंग्य मैंने कई रूपों में लिखा है-कहानी, निबंध, रिपोर्ताज, नाटक, उपन्यास। इसके अलावा मैं पत्रकार भी हूँ। पत्रों में साप्ताहिक व्यंग्य स्तम्भ भी लिखता हूँ, जो मुख्यतः राजनैतिक होता है। राजनीति से मुझे परहेज नहीं। जो लेखक राजनीति से पल्ला बचाते हैं, वे वोट क्यों देते हैं? वोट देने से ही राजनीति तय होती है। बुद्धिजीवी चाहे सक्रिय राजनीति में भाग न ले, पर वह अराजनैतिक नहीं हो सकता। जो अराजनैतिक होने का दावा करते हैं, उनकी राजनीति बड़ी खतरनाक और गंदी है।

–हरिशंकर परसाई

साक्षात्कार

प्रश्न–आपने लेखन लगभग किस सन् में आरंभ किया?

उत्तर–मैंने सन् 48 के आसपास लिखना शुरू कर दिया परन्तु जमकर मैंने 50-51 में लिखा।

प्रश्न–यह वह समय था जब भारतीय साहित्य में अलगाव की प्रवृत्ति लेखकों में प्रमुख थी। परन्तु आपकी भूमिकाओं तथा 'गर्दिश के दिन' जैसे आत्म-कथ्य से मालूम होता है कि आपने लेखन अलगाव से नहीं, लगाव से शुरू किया–ऐसा क्यों?

उत्तर–मेरे साथ ऐसा हुआ कि एक ओर तो मैं कुछ समय किशोरावस्था में भोगे व्यक्तिगत दुखों और उनकी स्मृतियों से आक्रांत था, दूसरी ओर जबलपुर में मेरा साथ उस समय ऐसे लोगों से हो गया जो साहित्य और राजनैतिक क्षेत्र के बुलन्द लोग थे। व्यक्तिगत दुख का मोह 2-3 सालों में समाप्त हो गया। जिन लोगों के साथ मैं था, वे कांग्रेस के भीतर के समाजवादी थे, तथा 1942 के भारत छोड़ो आंदोलन के 'हीरो' थे। वे उग्र समाजवाद के नारे के साथ कांग्रेस के बाहर आ गये, मैं इनके साथ हो गया। यह आंदोलन तब बहुत उग्र और 'पाजिटिव' था, बाद में 'निगेटिव' हो गया। पर इन वर्षों में एक आंदोलन में शामिल होने का बोध और उत्साह मेरे भीतर था। इसलिए कुंठा, निराशा, निर्वासन, अकेलेपन का प्रश्न ही नहीं था।

दूसरे महायुद्ध के बाद निर्वासन की प्रवृत्ति यूरोप में बढ़ी, उसके विशिष्ट कारण थे। एक तो युद्ध का महानाश, दूसरी ओर फासिस्ट पूँजीवाद और बुर्जुआ लोकतांत्रिक पूँजीवाद के बीच के संघर्ष में भौतिक, नैतिक और आत्मिक विनाश हुआ। इसका कोई कारण पश्चिमी यूरोप के बुद्धिजीवी की समझ में नही आ रहा था। इसलिए वहाँ के लेखक अपनी नियति के बारे में अनिश्चित हो गये। सामूहिक नाश भोगे हुए लोग व्यक्तिगत हालात से घबरा उठे, ऐसे में उनकी आस्थाएँ टूट गयीं। वे उस परिवेश में अपने को

अकेला और निर्वासित महसूस करने लगे। ध्यान देने की बात यह है कि आखिर इन लेखकों, कवियों में पुनर्निर्माण का उत्साह क्यों नहीं है? उसी समय रूस का हर कवि नष्ट कारखाने के फिर खड़े होने से उल्लसित होता था और कविता लिखता था। जबकि पश्चिमी यूरोप में पुनर्निर्माण के बावजूद लेखक निराश, कुंठित और निर्वासित अनुभव कर रहा था।

भारत में स्वतंत्रता आयी ही थी, युद्ध का विनाश इस देश ने नहीं भोगा था। विभाजन और नरसंहार अवश्य भोगा था। नव स्वतंत्र देश में निर्माण के उत्साह के बजाय निराशा और कुंठा आखिर क्यों थी? कारण–एक तो यह है कि स्वतंत्रता आंदोलन में भावुकता अधिक थी और आर्थिक-सामाजिक क्रांति के तत्त्व लगभग नहीं थे। हमने स्वतंत्रता में बहुत जल्दी बहुत अधिक आशा कर ली और एक क्रांति के बाद निर्माण का जो उत्साह होता है वह गायब था। फिर बहुत जल्दी राजनैतिक-आर्थिक-सामाजिक क्षेत्र में भ्रष्टाचार फैल गया। उस समय जो लिखा गया उसके कुछ कारण तो ये थे, पर ऐसा लेखन बहुत कुछ झूठा और नकल थी।

प्रश्न–आपके लेखन में राजनैतिक चेतना की शुरुआत कब से होती है? इसके पीछे जीवन की शिक्षा है, कोई घटना, कोई व्यक्ति या कोई विचारधारा?

उत्तर–आरंभ में ही राजनैतिक लोगों के साथ रहने के कारण राजनैतिक चेतना मुझमें थी। वे लोकतांत्रिक समाजवादी लोग थे जिनके नेता जयप्रकाश नारायण थे। पहिले आम चुनाव में इनका सफाया हो गया। इनमें खीझ आयी और 'फ्रस्ट्रेशन' आया और ये टूट-फूट गये। संयोग से तभी मेरा सम्पर्क कम्युनिस्ट पार्टी से हुआ और मार्क्सवादियों के सम्पर्क से मैंने बहुत कुछ सीखा। अब मेरी दृष्टि साफ है। मैं श्रमिक आंदोलन से भी तभी सम्बद्ध हो गया। मेरा अनुमान है कि सन् 53-54 में मार्क्सवाद के प्रभाव में आ गया। तभी मेरा सम्पर्क मुक्तिबोध जी से हुआ और उन्होंने मेरे मार्क्सवादी विश्वासों को मजबूत किया तथा दृष्टि को बिल्कुल साफ और सही कर दिया।

प्रश्न–आपके नाम के साथ व्यंग्य-शिल्पी, व्यंग्यकार जैसे शब्द जुड़ गये हैं। अर्थात् आपका व्यक्तित्व मूल रूप में, या कहें केवल व्यंग्य-लेखक का मान लिया गया है। आपने व्यंग्य माध्यम ही अभिव्यक्ति के लिए क्यों चुना?

उत्तर–एक तो इस प्रकार का लेबिल लगाना ठीक नहीं है, परन्तु जिम्मेदारी कुछ मेरी भी है। मैंने यह तय करके लिखना शुरू नहीं किया कि व्यंग्य नाम की चीज ही लिखूँगा। वास्तव में हर लेखक जीवन की खोज और समीक्षा करता है और जीवन से साक्षात्कार करता है। इसके लिए

किसी विशिष्ट शैली या रूप का चुनाव सहज ही हो जाता है। मैंने वही लिखा है जो दूसरे लेखकों ने दूसरे ढंग से लिखा है पर कुछ तो मेरी मानसिक प्रवृत्ति और चेतना तथा सामाजिक जीवन के प्रति मेरी प्रतिबद्धता थी जिसके कारण मैंने विसंगतियों, विकृतियों, अन्याय, शोषण, पाखंड, दोमुँहापन, ढोंग इत्यादि को पकड़ा। इस पर लेख भी लिखा जा सकता है या अखबारी टिप्पणी भी। पर एक रचनाकार के नाते इन्हें अभिव्यक्त करने के लिए मुझे व्यंग्य का माध्यम अनुकूल पड़ा।

प्रश्न–आपके पहिले से और आपके समय में भी हास्य और विनोद की परम्परा थी। आपने हास्य और विनोद की इस परम्परा का जान-बूझकर त्याग किया था?

उत्तर–हास्य-विनोद अच्छी चीजें है। हँसना स्वास्थ्य का लक्षण है, पर हर बात पर हँसना गैर-जिम्मेदारी और मूर्खता है। जीवन में हर बात पर हँसी नहीं आती। किसी बात पर करुणा पैदा होती है, किसी से घृणा होती है, किसी से क्रोध होता है। इसलिए केवल विनोद और हास्य का लहजा गैर-जिम्मेदारी का काम है। कोई हास्य-लेखक पीटने वाले पर भी हँसे कि कैसे मजे में पीट रहा है और पिटने वाले पर भी हँसे कि कैसे मजे में पिट रहा है, तो ऐसे लेखक को आप क्या कहेंगे? जानवर कहेंगे न? मगर जानवर हँसते नहीं हैं, मेरा मतलब है यह समझ चाहिये कि क्या हँसने लायक है क्या रोने लायक है अर्थात् सहानुभूति तय होनी चाहिए, इसके लिए लेखक को ठिठोली और छिछोरापन छोड़ करके सामाजिक जीवन में अपने को शामिल करना होता है, उसकी, सम्बद्धता होनी चाहिए, यहीं से मात्र हास्य-विनोद और सामाजिक चेतना सम्पन्न व्यंग्य अलग हो जाता है।

प्रश्न–क्या आप व्यंग्य को स्वतंत्र विधा मानते हैं?

उत्तर–इसका जवाब लेना चाहिए शास्त्रियों से। मेरे मत में व्यंग्य कोई विधा नहीं है। इसका अपना कोई 'स्ट्रक्चर' नहीं है। यह एक 'स्प्रिट' है, जो हर विधा में आ सकती है। कहानी में, नाटक में, उपन्यास में। बर्नार्ड शॉ का प्रधान स्वर व्यंग्य है, लेकिन उनका मूल्यांकन नाटककार के रूप में होता है। व्यंग्य कविता से लेकर उपन्यास तक में आ सकता है।

प्रश्न–जीवन के प्रति व्यंग्य का लहजा क्या हमें दार्शनिक रूप से एक अस्थिर और सिनिक नहीं बना देता?

उत्तर–व्यंग्य एक पाजिटिव चीज़ है, उसे नकारात्मक नहीं मानना चाहिए। व्यंग्य लेखक यही तो बताता है कि समाज में यह बुरा है, यह असंगत है, यह अकल्याणकारी है। वह ऐसा इसलिए करता है कि क्योंकि वह दुखी है कि इतना बुरा क्यों हुआ? वह एक बेहतर मनुष्य, एक बेहतर

समाज-व्यवस्था के प्रति आस्था रखता है इसलिए जो बुराई आज उसे दिखती है उन्हें इंगित करता है। डाक्टर अगर मरीजों को रोग बताता है तो वह निराशावादी, नकारात्मक और 'सिनिकल' नहीं है, वह आदमी को स्वस्थ करना चाहता है, इसलिए रोग बताता है। अगर वह रोगी से कह दे कि वह तो स्वस्थ है तो वह मर जायेगा। यह लहजा क्या सकारात्मक है?

प्रश्न–परसाई जी, मैं आपके सामने एक समस्या रख रहा हूँ। यह बतायें कि व्यंग्य अगर विसंगति में ही पैदा होता है, जैसा आप मानते हैं, तो क्या यह विधा संसार के साहित्य में अस्थायी तौर पर है?

जब सारी दुनिया समाजवादी संगति में व्यवस्थित हो जायेगी तो व्यंग्य कहाँ जायेगा?

उत्तर–यह सही है कि पूंजीवादी व्यवस्था में सामाजिक, आर्थिक विषमताएँ बहुत होती हैं, अन्याय और ढोंग भी भरपूर होता है, इसलिए पूंजीवादी व्यवस्था में व्यंग्य के मुद्दे बहुत होते हैं, लेकिन समाजवाद स्थापित होने के बाद व्यंग्य की जरूरत नहीं रहेगी ऐसी बात नहीं। वास्तव में दो मनुष्य, उनका चरित्र, उनका काम करने के तरीके, कभी एक जैसे नहीं हुए। समाजवादी व्यवस्था में भी व्यक्ति और समाज में विसंगतियाँ रहेंगी। जहाँ समाजवाद हैं, वहाँ ये हैं और उन पर लिखा जा रहा है। रूस में नौकरशाही की बहुत विसंगतियाँ हैं। सरकारी फार्मों, सहकारी दूकानों में विसंगतियाँ हैं, कारखाने के मैनेजर तरह-तरह के होते हैं और उनमें तरह-तरह की सनक भी होती है, अति क्रांतिकारिता के उबाऊ नारे भी होते हैं।

यह कल्पना नहीं की जा सकती कि रूस के किसी सहकारी स्टोर में अच्छे विदेशी जूते आये हों और स्टोर के मैनेजर ने उनमें दो-चार जोड़ी अपने लोगों के लिए बुक न कर लिए हों, यह होता है और रूसी लेखक इस तरह के व्यंग्य भी करते हैं। रूसी पत्रिका 'क्रोकोडाइल' में छपा एक व्यंग्य बताता हूँ।

कोआपरेटिव स्टोर पर नोटिस लगा था-पाँच सौ इटालियन जूते अमुक साइज के आये हैं, इनमें से चार सौ पचास जोड़ी की माँग पहिले से बुक है, उनचास जोड़ी कार्यकर्त्ताओं ने ले लिये हैं, अब एक जोड़ी बचा है, सब ग्राहकों से अनुरोध है कि वे आकर उस जूते को देख लें और अपनी पसंद का ले जायें। और उदाहरण देता हूँ। एक रूसी उपन्यास 'पाट होल्स' में है। सहकारी कृषि फार्मों का सेक्रेटरी एक मरते हुए आदमी को चार-पाँच मील दूर डाक्टरों के पास नही ले जाने देता, वह कहता है कि ट्रेक्टर खेती के लिए है, दूसरे काम के लिए नहीं। उसे आखिर किसी तरह डाक्टर के पास तक ले जाया जाता है, पर डाक्टर उसे देखकर कहता है कि यह

अभी-अभी मर गया। क्या तुम इसे कुछ पहिले नहीं ला सकते थे? उसके साथ के लोग उसे बताते हैं कि सहकारी फार्म के सेक्रेटरी ने ट्रेक्टर नहीं दिया। डाक्टर खीझकर कहता है-वह एक नौकरशाह है जो हत्यारा हो गया। देखिये, विसंगतियाँ हर मनुष्य समाज में होती हैं, वे चाहे कम हों, उनका रूप बदला हुआ हो और उनका प्रतिफलन चाहे उतना घातक न हो।

प्रश्न-आपकी धारणा है कि आप सुधारवादी नहीं हैं, आप परिवर्तन के लिए लिखते हैं या लिखना चाहते हैं। कृपया यह बतायें कि योजना-आयोग, विज्ञान-संस्थाएँ, न्यायपालिका, संसद, प्रकाशन-संस्थान, रेडक्रॉस, सामाजिक क्लब, कानून और परिवार-ये सभी संसदीय तंत्र, वर्तमान हालत में लेखन शास्त्र और लेखन शस्त्र में परिवर्तित हो सकेंगे? क्या साहित्य में क्रांतिकारी परिवर्तन हो सकेगा?

उत्तर-मैं सुधार के लिए नहीं बल्कि परिवर्तन के लिए लिखता हूँ, यह कहने का मेरा यह अर्थ नहीं है कि मैं और मेरे जैसे परिवर्तनकामी लेखक केवल लेखन में समाज बदल देंगे। ऐसा दावा करना तो अहंकार और मूर्खता है। क्रांतिकारी परिवर्तन, क्रांतिकारी आदोलन से ही होते हैं। भारत में एक प्रयोग जैसा हो रहा है। जवाहरलाल नेहरू राष्ट्रीय बुर्जुआ के नेता थे, परन्तु उन्होंने सार्वजनिक उद्योग क्षेत्र खोल दिया और योजना आयोग बैठा दिया। आयोग पूँजीवाद की नहीं, समाजवाद की चीज है, इससे कम्युनिस्ट और गैर-कम्युनिस्ट दोनों भौंचक थे। ये कैसा बुर्जुआ है, जो 'पब्लिक सेक्टर' खोलता है? जवाहरलाल संसदीय तरीके से धीरे-धीरे समाजवाद को विकसित करना चाहते थे। 'पब्लिक सेक्टर' का विस्तार होता जायेगा, वह कभी जाकर 'प्राइवेट सेक्टर' को खत्म कर देगा ऐसा यह प्रयोग है। साम्यवादी पार्टियाँ भी रणनीति के हिसाब से ही सही संसदीय मार्ग अपना रही हैं। उन्हें काम करने के लिए संसदीय लोक तंत्र की आवश्यकता भी है। योजना आयोग, न्यायपालिका, शिक्षा-पद्धति आदि पूँजीवादी तंत्र की है, समाजवाद की नहीं, इसलिए देखा जा रहा है कि 33 वर्ष बाद भी कोई विशेष परिवर्तन हुआ नहीं। मेरा ख्याल है कि पूरी व्यवस्था को बदले बगैर कुछ होने वाला नहीं है और इसके लिए वर्ग-संघर्ष जरूरी मालूम होता है, ऐसे वर्ग-संघर्ष की तैयारी कब होगी यह मैं नही कह सकता। हम लेखक कुल इतना कर सकते हैं कि इस व्यवस्था की सड़ांध को उजागर करें और परिवर्तन की चेतना का निर्माण करें।

प्रश्न-'वैष्णव की फिसलन' की भूमिका में आपने लिखा है कि कुछ लोग आपकी रचना 'अकाल उत्सव' पढ़कर सोचने लगे हैं कि लेखक का विश्वास संसदीय लोकतंत्र से उठ रहा है। श्याम बेनेगल की फिल्म 'अंकुर'

और आपके 'अकाल उत्सव' के अंत में हिंसा का संकेत है। आपने अपनी भूमिका 1973 में लिखी थी और कहा था कि इस आरोप का उत्तर अभी मैं नहीं दूँगा। क्या आज 7 वर्ष बाद आप कोई उत्तर दे सकते हैं? उसी भूमिका से मैं आपका एक वाक्य दोहराता हूँ कि "इतिहास एक हद तक समय देता है, मेरा ख्याल है हमें तीन सालों से ज्यादा का समय नहीं है।"

उत्तर–'अकाल उत्सव' जैसी और भी कहानियाँ मैंने लिखी हैं। एक कहानी 'चूहा और मैं' है। इसमें हिंसा का संकेत है। यह अजब बात है बल्कि षड्यंत्र है कि जब शोषित लोग लड़ने लगते हैं तब ही यह शोर हो जाता है कि हिंसा हो रही है। शोषक वर्ग की हिंसा सिर्फ 'ला एण्ड आर्डर प्राबलम्' कहलाती है। शासन की हिंसा संवैधानिक बन जाती है।

एक प्रश्न है–'न्यूनतम मजदूरी'। खेत मजदूरों को न कांग्रेस सरकार दिला सकती है, न वामपंथी मोर्चे की सरकार। यह तथ्य है। न्यूनतम मजदूरी का कानून संसद और विधानसभा द्वारा पास करके रखा हुआ है। सरकार के आदेश M.E. इसके लिए अलग विभाग भी है, कानून भी है और प्रोपेगेण्डा और मशीनरी भी। मगर खेत मजदूरों को 'न्यूनतम मजदूरी' नहीं दिलायी जा सकी। माँगते हैं तो उनकी पिटाई। जमींदार, पुलिस, श्रम विभाग के अफसर, स्थानीय विधायक, संसद-सदस्य तथा प्रदेश का राजनैतिक नेतृत्व सब मिले हुए हैं। ऐसी हालत में खेत-मजदूर क्या करें? वह यह करता है कि संगठित होकर, हथियार धारण करता है और किसी जमींदार को मार डालता है और इस आतंक के कारण क्षेत्र के डरे हुए भूमिपतियों से न्यूनतम मजदूरी ले लेता है। फिर पुलिस आती है, मिलेट्री आती है, सभी बच्चों-पुरुषों को मार डालती है, गाँव नष्ट कर देती है। मगर मजदूर संगठित होकर फिर वही करता है। जिसे [illegible]लवाद नाम दिया गया है, वह इन्हीं हालातों में पैदा हुआ है। आम आदमी का विश्वास लोकतांत्रिक संस्थाओं पर से डिग रहा है क्योंकि वे कारगर नहीं और शोषक वर्ग का साथ देती हैं। 1973 में आसार दिखने लगे थे कि इस व्यापक जन-असंतोष और क्रोध का उपयोग 1971 के चुनाव में हारे हुए दक्षिणपंथी, प्रतिक्रियावादी राजनैतिक दल करेंगे। उन्होंने 74-75 में किया। 'सम्पूर्ण क्रांति' का आंदोलन इन्हीं दलों ने जनता से कराया। हालाँकि वह जन-विरोधी आंदोलन था। एशिया, अफ्रीका के पिछड़े हुए तथा विकासशील देशों में या तो कम्युनिस्ट सरकारें हैं या फौजी तानाशाही है। संसदीय लोकतंत्र कहीं नहीं है।श्री लंका और मिश्र में राष्ट्रपति की तानाशाही कायम हो गई। 1980 के चुनाव में जनता [illegible]-तिहाई बहुमत से कांग्रेस (इंदिरा) को सत्ता सौंप दी। अब

यदि लोगों की अपेक्षाएँ पूरी नहीं हुईं तो उन पर यह प्रतिक्रिया होगी कि संसदीय लोकतंत्र की आखिरी परीक्षा हो गयी, अब क्या हो? इंदिरा गांधी कहती हैं, 'लोगों की इच्छाएँ पूरी नहीं हुईं तो वे लोकतंत्र को लात मार देंगे।' तब क्या ऐसी स्थिति आयेगी कि वामपंथी क्रांतिकारी आंदोलन के काफी संगठित और ताकतवर न होने के कारण या तो इंदिरा गांधी संवैधानिक तानाशाही ले आयें या फौज का शासन हो जाये? ये प्रश्न विचारणीय हैं। इस स्थिति को तभी बचाया जा सकता है जब वामपंथी ताकतें बहुत तेजी से बढ़ें और विकल्प का रूप धारण करें।

प्रश्न–कबीरदास की असफलता के क्या कारण थे? वही कारण क्या आपकी असफलता के नहीं हो सकते?

उत्तर–कबीरदास कवि थे। आंदोलनकर्त्ता नहीं। मैं भी लेखक हूँ, आंदोलनकर्त्ता नहीं। लेखन की क्षमता और परिणामों की सीमाएँ होती हैं। कबीरदास पर निर्णय ऐसे नहीं दे सकते हैं कि वे सफल हुए कि असफल। देखना होगा कि कबीरदास का क्या उद्देश्य था। कबीरदास विद्रोही थे। धार्मिक और दार्शनिक क्षेत्र में वे मूर्तिपूजा और कर्मकांड के विरोधी थे तथा सामाजिक क्षेण में वे जातिवाद के विरुद्ध थे। काव्य में उनका आंदोलन लोकतांत्रिक आंदोलन है। पर आंदोलन बहुत फैला। जितने भी कवि हुए और वे नीची जातियों के हुए जिन्होंने समता और लोकतांत्रिक मूल्यों की स्थापना के लिए काव्य रचा। अब जहाँ तक मेरा प्रश्न है, मैंने कभी यह दावा नहीं किया कि मेरे लेखन मात्र से कोई परिवर्तन हो जाने वाला है। असंख्य लोग हैं–मजदूर हैं, किसान हैं, गरीब लोग हैं जो परिवर्तन के लिए लड़ रहे हैं। यही सफल होंगे, मैं इनके साथ कलम लेकर पैदल चलने वाला हूँ।

प्रश्न–घोर अवसरवाद के झंझावात में विरुद्ध खड़े रहने का काम आगे बढ़ा है क्या? क्या आपको ऐसा नहीं लगता कि हास्य-व्यंग्य का साहित्य खतरों की तुलना में यशोपार्जन, धनोपार्जन से ही ज्यादा जुड़ा है?

उत्तर–साहित्य मात्र से अब यश और धन मिलते हैं। इन्हें कोई नकार नहीं सकता। केवल व्यंग्य लिखने वाले से ही यश और धन के प्रति निर्मोही होने की और खतरा उठाने की अपेक्षाएँ नहीं होनी चाहिए। खतरे हर प्रकार के लेखन में हैं–कविता में, उपन्यास में। आजादी की लड़ाई के जमाने में यह जो गीत था–'विजयी विश्व तिरंगा प्यारा, झंडा ऊँचा रहे हमारा' यह काव्य तो नहीं है पर खतरनाक नारा था और इसे गाते हुए लाखों लोग जेल गये। खतरे का सवाल इस तरह पैदा होता है कि जो लिखा गया है वह किन हितों के विरुद्ध है और उसकी कितनी व्यापक अपील है?

'इमरजेंसी' के वक्त तो यह लिखना कि शहर में 'तेल की कमी है' खतरे से खाली नहीं था, फौरन प्रेस में खुफिया और सेंसर के लोग आ जाते थे। यह सही है कि बहुत कुछ जो व्यंग्य और विनोद के नाम पर लिखा जा रहा है, तीव्र सामाजिक चेतना से हीन है। इसमें गुदगुदाने और हँसाने की प्रवृत्ति ही देखी जाती है। कुछ लेखक बहुत अच्छे हैं मगर ऊँची सरकारी नौकरी पर। वे तो मेरी तरह नौकरी खोने का खतरा नहीं ले सकते। कुछ लेखक निश्चित रूप से और जान-बूझकर शोषक वर्ग के समर्थन में लिखते हैं। ये भी व्यंग्य लिखते हैं, पर इनकी चोट जनवादी शक्तियों पर होती है, ये धन और सुरक्षा के लिए ऐसा करते हैं, लेकिन सामाजिक-राजनैतिक रूप से मूर्ख हैं। प्रगतिशील लेखन आंदोलन का विरोध कुछ सम्पादक, लेखक जिम्मेदारी के कारण करते हैं तो कुछ मूर्खता के कारण। ये शासन के पीछे खड़े होकर दुम हिला रहे हैं और समझते है कि वह हम चला रहे हैं। कुछ ऐसे लेखक भी हैं जिनसे कुछ भी लिखवाया जा सकता है। परन्तु नयी पीढ़ी के लेखकों में मैंने देखा है कि तीव्र सामाजिक चेतना आ रही है, वे लेखन को केवल मनोरंजन नहीं मानते। उनमें वर्ग चेतना भी है। अभी मैंने कुछ नये व्यंग्य-लेखकों की संग्रहों की भूमिका देखी। मैं उसे पढ़कर चमत्कृत हो गया कि बीस साल से जो मैं चिल्ला रहा हूँ वह इन नये लेखकों ने स्वीकार किया है। यह सही है कि प्रकाशन एक वर्ग के हाथ में होने के कारण दबाव बहुत हैं, पर फिर भी बहुत अच्छा लेखन चाहे न रहा हो लेकिन चेतना बराबर बढ़ रही है।

प्रश्न–पश्चिम के उल्लेखनीय साहित्य में आज व्यंग्य की सर्वोत्तम अभिव्यक्ति नाटक की विधा में देखी जा रही है। क्या आप इस दिशा में भी प्रयास करने जा रहे हैं या आप किसी विशेष विधा की गतिशीलता के साथ उसमें अनुशासन को नापसंद करते हैं?

उत्तर–नाटक बहुत सशक्त माध्यम है। मैं भी महसूस कहता हूँ कि नाटक के माध्यम से व्यंग्य अधिक कारगर हो सकता है। कुछ छुटपुट एकांकी के बिना कोई नाटक मैंने लिखा ही नहीं। इसका एक कारण तो यह है कि निबंध, कहानी, कालम आदि में मैं अपने को अभिव्यक्त कर लेता हूँ। असल में जितने जमकर और साधकर नाटक लिखा जाता है उतना समय और सुविधा मुझे कभी नहीं मिली। नाटक लिखना जरूर चाहता हूँ और आगे लिखूँगा। हर विधा का अपना अनुशासन होता है और नाटक में अनुशासन के प्रति मेरा उपेक्षा भाव नहीं है बल्कि उस अनुशासन को निभाने में मैं अभी समर्थ नहीं हो पाया।

अभिनंदन के संबंध में आपकी धारणा

क्या है? इस समय देश में कई स्तरों पर कई प्रकार से ये पुरस्कार जारी हैं? क्या आप ऐसे किसी संस्थान या राज्य संस्था से पुरस्कार लेना मंजूर करेंगे जो साहित्यकारों के बारे में गैर साहित्यिक कारणों से निर्णय करती हो?

उत्तर–सम्मान और धन किसी को बुरा नहीं लगता। मुझे किसी अभिनंदन समारोह में माला पहिनने और अभिनंदन पत्र लेने में कोई रुचि नहीं है। मेरी रुचि उन पैसों के ऊपर रहे जो मिलता है। कोई मेरा सम्मान करना चाहे तो मैं उससे कहूँगा कि मुझे देने के लिए धन का इंतजाम तुम कर लो और अभिनन्दन पत्र मैं खुद लिखकर छपा लूँगा। सच्चा सम्मान तो वह है जो पाठकों से मिलता है, या आम जनता में। पुरस्कार या तो राज्य सत्ता देती है या पैसे वाले लोग। इनमें केवल साहित्यिक कारणों से निर्णय होता हो और ऐसा भी नहीं है कि साहित्यिक गुणों की कोई अवहेलना होती है, यह जरूर है कि पुरस्कार देने वाले के अपने वर्ग-हित, मान्यताएँ और विश्वास निर्णय पर प्रभाव डालते हैं।

यशपाल के उपन्यास 'झूठा सच' को साहित्य अकादमी पुरस्कार न देना गैर साहित्यिक कारणों से हुआ। मैंने एक बार उत्तरप्रदेश साहित्य-परिषद का और एक बार म०प्र० कला परिषद का पुरस्कार लिया। म०प्र० कला परिषद ने एक बार मेरा सम्मान भी किया था। कला परिषद शासकीय संस्था है। मैं कांग्रेस सरकारों का विकट आलोचक रहा हूँ, पर मेरा सम्मान किया गया। प्रश्न यह है कि लेखक क्या पुरस्कार के लिए समझौता करता है? यदि नहीं तो पुरस्कार लेने में कोई हर्ज नहीं है। हमारे देश में अभी ऐसा नहीं हुआ है जैसा 'नोबल प्राइज' के साथ हो गया है कि पुरस्कार के साथ विशेष प्रकार की पक्षधरता जुड़ गयी है। फिर यह नि[illegible] करना [illegible] नहीं है कि अमुक संस्था गैर साहित्यिक कारणों से पुरस्कार देती है, इस संबंध में कोई नियम नहीं बनाया जा सकता।

प्रश्न–आप स्वभाव से बेचैन, मित्रवत्, भावुक, साहित्यिक, निर्मल, अंतरंग और मानवीय हैं और आपकी वैचारिकता संघर्षपूर्ण है–यह स्थिति आधुनिक क्लैसिक की रचना के सर्वथा उपयुक्त है, फिर इसका लाभ आपने अभी तक क्यों नहीं उठाया?

उत्तर–क्लैसिक इरादा करके नहीं लिखा जाता बल्कि वह हो जाता है। क्लैसिक के लिए अन्य बातों के अलावा सम्पूर्ण जीवन का चित्रण होना चाहिए। मैं खण्ड-खण्ड चित्रण करता हूँ। शायद मुझमें 'एपिक टेलेण्ट' नहीं है और मैं परम्परागत अर्थों में महाकाव्य या उपन्यास नही लिख सकता। 'फेंटेसी' मुझसे सधती है। मेरा बहुत कुछ सोचना फेंटेसी में होता है। मैं

अब कोशिश कर रहा हूँ कोई लम्बी 'फेंटेसी' लिखूँ जैसी 'डान क्विक्जोट' है।

प्रश्न—जब आपने सन् 52-55 के आसपास 'फ्रीलांसिग' शुरू किया तब लेखन का न अच्छा परिश्रमिक था और न प्रकाशन की अच्छी सुविधाएँ और न कालम-लेखन की कोई ऐसी परम्परा, फिर आपने यह खतरा कैसे उठाया?

उत्तर—मैं हाई स्कूल में अध्यापक था। लिखने की तीव्र प्रेरणा मेरे भीतर थी। मेरा सबसे अच्छा समय और बहुत-सी शक्ति स्कूल में चली जाती थी। मैंने स्वतंत्र लेखन का फैसला किया, तब इसलिए कर लिया कि मैं अकेला था। मेरी बहिन के परिवार का उत्तरदायित्व नौकरी छोड़ने के 6 माह बाद आया और मैं सचमुच घबड़ा गया। मेरे पास शिक्षण शास्त्र की डिग्री थी, मैं अध्यापक फिर से कभी भी हो सकता था। इसके अलावा स्थानीय एक दैनिक पत्र में मेरा नियमित कालम चल रहा था। मैंने बहुत तीव्र गति से लिखा और प्रकाशन और परिश्रमिक की स्थितियाँ बेहतर होती चली गयीं। जैसी मेरी नौकरी थी वैसे मेरे 'कालम हो गये। कठिनाइयाँ बहुत आयीं, पर मैं बिल्कुल असुरक्षित कभी नहीं रहा।

—**ज्ञानरंजन**

एक अंतरंग बातचीत

(1) आज के संदर्भ में रचनाकार का उत्तरदायित्व क्या हो सकता है? क्या आज के लेखन में वैविध्यपूर्ण जटिल तथा सूक्ष्म मानवीय अनुभवों की समग्र अभिव्यक्ति का अभाव है?

—लेखक हो, कवि हो, चित्रकार हो, उसे जनजीवन के संघर्ष से जुड़ना चाहिए। आज के लेखन में मैं देख रहा हूँ जिस मोर्चे पर खतरा नहीं है, वहाँ लेखक क्रांतिकारी होता है–जैसे 'सेक्स' के मोर्चे पर। सेक्स दुनिया के किसी देश में खतरनाक नहीं रह गया है। इस मामले में जो लेखक क्रांतिकारी बातें लिखते हैं, वे मुझ बच्चे लगते हैं।

सामाजिक, आर्थिक और राजनैतिक संघर्षों में खतरा होता है। ये लोग इस खतरे से बचकर केवल 'सेक्स' के क्रांतिकारी होते हैं।

मुझे लगता है, आज के लेखन में जीवन के कई नये पक्ष फिर भी उद्घाटित हो रहे हैं।

(2) यह सही है कि साहित्य जीवन के यथार्थ को ग्रहण करता है, लेकिन समकालीन साहित्य के राजनीति पर खड़े होने के कारण उसका मूल स्वर एकांगी होता जा रहा है। क्या यह स्थिति किसी मोहभंग की द्योतक है?

—कोई लेखक अराजनैतिक नहीं हो सकता। 'नेरूदा' ने खुद 'शुद्ध कविता' का विरोध किया था। मैं 'शुद्ध हास्य' का विरोध करता हूँ। कोई सामाजिक क्रांति अराजनैतिक नहीं हो सकती। यदि आज के लेखन में राजनीति का मूल स्वर है तो चिंता की बात नहीं। चिंता की बात सचमुच यह है कि राजनीति के मूल स्वर में जीवन के अन्य पक्ष न खो जायें। मोहभंग तो लेखक का इस सामाजिक-राजनैतिक व्यवस्था से हुआ ही है। वह नये मूल्यों की तलाश में है और सही राजनीति तलाश रहा है। सही राजनीति वामपंथी राजनीति है।

(3)भारतीय साहित्य में अंतर्राष्ट्रीय प्रतिष्ठा के योग्य कितना भण्डार है?

—पहिले भारतीय बुद्धिजीवी को वेद, उपनिषद, लोकायत पढ़ना चाहिए। चिंतन की जड़ें इसमें मिल जायेंगी। पर कोई पढ़ता ही नहीं है। यम और नचिकेता का संवाद ये लोग समझते नहीं है, मगर उसके बारे में बोलते हैं। यम और नचिकेता का संवाद जीवन पर मृत्यु की विजय नहीं है-जीवन का मृत्यु से द्वन्द्व है। यह मैंने पुराने भारतीय साहित्य की बात की।

विद्वान 'सांख्य-दर्शन' और बर्कले की 'मेटा फिजिक्स' साथ रखकर पढ़ें, तब उन्हें भारतीय चिंतन समझ में आयेगा।

अंतर्राष्ट्रीय प्रतिष्ठा कई कारणों से होती है, वह केवल 'साहित्यिक मूल्यांकन' से नहीं होती। राजनीति से भी होती है-वरना यशपाल को 'दिव्या' तथा 'झूठा सच' पर नोबुल पुरस्कार मिलना चाहिए था।

(4) जीवानानुभूतियों को तीव्रता के साथ अभिव्यक्त करने में क्या कहानी या व्यंग्य अन्य विधाओं की अपेक्षा अधिक सक्षम है?

—जीवनानुभूति पहिले व्यक्तिगत होती है। लेखक साधारण आदमी की तरह इसे भोगता है। संघर्ष करता है, दुखी भी होता है।

व्यंग्य साहित्य के अनुसार कोई विधा नहीं है-व्यंग्य एक 'स्प्रिट' है। कहानी, उपन्यास नाटक के Structures हैं। व्यंग्य का साहित्य में कोई Structure नहीं है। पर आज नहीं कई शताब्दियों पहिले से व्यंग्य ही वह माध्यम है जिसने जीवन की विसंगति, खोखलेपन और पाखंड को उजागर किया है। स्पेनी लेखक का उपन्यास 'डान क्विक्जोट' पढ़ो। सर्वेंटीज ने उस समय के सामंतवादी अहंकार को उसमें नंगा कर दिया है। चार्ल्स डिकेन्स ने 'पिकनिक पेपर्स' में यूरोप के नवबुर्जुआ वर्ग का पर्दाफाश किया है। व्यंग्य एक माध्यम है।

(5) साहित्य की अनेक विधाओं में (नाटक, कहानी, व्यंग्य) अमूर्त्तता के प्रयोग किये जा रहे हैं। इस प्रयोगों की संभावना तथा सार्थकता के प्रति आप कहाँ तक आश्वस्त हैं?

—यह सवाल Abstraction का सवाल है। पश्चिम में ब्रेख्त ने इसका सामना किया। और आज यूरोप का स्टेज बदल गया। वहां ब्रेख्त के नाटक चलते हैं। बर्नाडे शॉ, समरसेट मॉम चले गये। वे स्टेज पर नहीं है।

सवाल है-लोकचेतना और संघर्ष को जीवंत रूप में सही माध्यम से जनता के सामने लाने का। अमूर्त्तता (Abstruction) भी एक माध्यम है। पर सवाल है, विचार का कैसे Convay करें? यही मुख्य प्रश्न है, प्रेषणीयता का। चित्रकला में अमूर्त्तता को मान्यता मिल गयी है। साहित्य में अमूर्त्तता कठिन है। कविता में अमूर्त्तता आई है पर संदर्भ उसके यथार्थ के हैं।

(6) क्या आज का साहित्य असंबोधित (अप्रतिबद्ध) है? यदि संबोधित है तो किसके प्रति?

—अज्ञेय अपने आपको संबोधित करते हैं। मुक्तिबोध के संबोधन का दायरा अपने से बाहर निकलकर बहुत व्यापक था। मगर मैं आश्वस्त हूँ कि अनेक युवा लेखक अपने सीमित व्यक्तित्व से बाहर निकलकर सामान्य जन को संबोधित कर रहे हैं।

प्रतिबद्धता के सवाल पर बहस कई सालों से चल रही है। इधर कुछ सालों से सार्त्र साफ कह रहे हैं कि मैं प्रतिबद्ध हूँ: एशिया, अफ्रीका और लेटिन अमेरिका के लोगों के मानवीय अधिकारों के संघर्ष के प्रति। कोई लेखक अप्रतिबद्ध नहीं रह सकता। या तो वह जन-आकांक्षा से प्रतिबद्ध होगा, या फिर शून्य से।

(7) साहित्य को व्यक्तिगत कुंठाओं के प्रकाशन का माध्यम बना डालना कहाँ तक उचित है?

—व्यक्ति, व्यक्ति है। व्यक्ति को नकारा नहीं जा सकता। व्यक्ति को रोटी चाहिए, कपड़े चाहिए, सेक्स चाहिए। साहित्यकार को मनुष्य मानना चाहिए। पर रचना में साहित्यकार को व्यक्तिगत कुंठाओं से बाहर निकलकर सामाजिक संघर्ष को लिखना चाहिए।

कुंठा एक रोग है। हीन भावना का रोग। रोग भी साहित्य रचता है। नार्वे के नोबल पुरस्कार विजेता की रचना 'हंगर' (भूख) पढ़ो। उसमें रोटी और सेक्स की भूख का मार्मिक चित्रण है, पर वह खुली रचना है। उसमें कुंठा नहीं है। जीवन में सर्वहारा की पीढ़ी की अभिव्यक्ति है।

(8) क्या भारतीय साहित्य अन्तर्राष्ट्रीय स्तर पर स्थापित होने के लिए प्रयत्नशील है? नहीं है तो क्यों?

—भारतीय आदमी हीनता की भावना से ग्रस्त है। अंतर्राष्ट्रीय स्तर पर मुक्तिबोध जैसा कवि बिरला होगा। टालस्टाय के बाद दूसरा लेखक है जिसने इतना बड़ा परिवेश लिया है-यशपाल-'झूठा सच' में। पर भारतीय की हीन भावना गयी नहीं है। भारतीय साहित्य प्राचीन भी है। उसे विश्व--ख्याति मिल चुकी है। जर्मन विद्वान मेक्समुलर ने 'अभिज्ञान शाकुंतल' के सिवा भी बहुत कुछ पश्चिम को समझाया। पर आधुनिक साहित्य में 'स्टंट' चल रहा है। भारत में रहकर पश्चिम की जीवनानुभूति चित्रित करने वाला भारतीय लेखन दुनिया में झूठा माना जायेगा। यही हो रहा है।

(9) साहित्य के नाते 'दायित्व' और 'प्रतिबद्धता' जैसे शब्द आपके लिए क्या अर्थ रखते हैं?

–मैं एक समाज का अंग हूँ। लेखक और मजदूर की राशन दूकान एक

ही है। इसलिए मैं प्रतिबद्ध हूँ, उन लोगों से जो मेरी ही राशन दूकान से अन्न लेते हैं। दायित्व का प्रश्न उलझा प्रश्न है। मैं लेखक के नाते सारे समाज के क्रांतिकारी परिवर्तन के लिए अपना दायित्व मानता हूँ। इस जन सामान्य के संघर्ष में मैं साथ हूँ, इसीलिए प्रतिबद्ध हूँ। जो अप्रतिबद्ध हैं वे न इस तरफ हैं, न उस तरफ। बहुत-से भारतीय बुद्धिजीवी इसी झमेले में फँसे हैं। उन्हे साफ-साफ अपनी प्रतिबद्धता की घोषणा करनी चाहिए।

(10) क्या आप यह महसूस करते हैं कि अनजाने में आपसे किसी राजनैतिक विचारधारा को प्रश्रय मिल रहा है और नहीं मिल रहा है तो क्यों?

—मैं मार्क्सवादी हूँ। बेवकूफ मार्क्सवादी नहीं हूँ, इसीलिए अनजाने बौद्धिक गलती का सवाल मेरे सामने है ही नहीं। मैं मार्क्स की इतिहास की व्याख्या मानता हूँ। वर्ग संघर्ष में विश्वास करता हूँ। पर यह भी मानता हूँ कि मानव नियति और आगे बढ़ेगी। निश्चित रूप से मैं वैज्ञानिक समाजवादी हूँ।

लेखक क्या प्रश्रय देगा? उसके विचारों से किसी पार्टी को लाभ हो तो वह ले ले। पर मेरे लेखन और विचार से अंतर्राष्ट्रीय साम्राज्यवाद और पूँजीवाद को प्रश्रय नहीं मिलेगा। मैं ठेठ जनवादी हूँ, और यदि मार्क्सवादी दलों को मेरे लेखन से सहायता मिलती है, तो ठीक बात है। यों मार्क्सवाद के नाम पर जो झगड़े चल रहे हैं, मैं उनसे परेशान जरूर हूँ।

(11) आपके व्यक्तिगत जीवन की ऐसी कौन-सी घटना है जिसके कारण आपके मन में सामाजिक विसंगतियों पर आघात करने की प्रेरणा मिली?

—यह लंबी बात है। रचनाकार की मानसिकता एक घटना से नहीं बनती, लगातार अनुभवों और उनके अर्थों से बनती है। लगातार व्यक्तिगत संघर्ष से मेरी दृष्टि बनी है, फिर अध्ययन से।

व्यक्तिगत पीड़ा के प्रति एक मोह होता है। मनोविज्ञान में इसे 'मेसाफिज्म' कहते हैं-याने स्वयं-पीड़ा प्रमोद। मैं इस स्वयं-पीड़ा के प्रमोद के मोहजाल से जल्दी मुक्त हो गया और मेरी अनुभूति व्यापक होती गयी। मैंने समझ लिया कि रोने से कुछ नहीं होगा-लड़ने से होगा और वह व्यापक पैमाने पर होगा।

(12) क्या व्यंग्य-लेखक जीवन और समाज से तटस्थ रहकर व्यंग्य लेखन की प्रक्रिया की निर्वाह कर सकता है? यदि नहीं तो क्यों?

—कोई लेखक तटस्थ नहीं होता। जो लेखक तटस्थ होने का ढोंग करते हैं वे ही किनारे बैठकर तटस्थता की मछली फँसाते हैं।

जो जीवन से तटस्थ है, वह व्यंग्य-लेखक नहीं, 'जोकर' है। कोई

भी सच्चा व्यंग्य-लेखक सामाजिक संघर्ष के संदर्भों से कटकर नहीं रह सकता। आखिर व्यंग्य किस पर किया जायेगा, उन्हीं पर न जो समाज में झूठ, पाखंड, अन्याय, विसंगति पैदा करते हैं। फिर व्यंग्य-लेखक तटस्थ कैसे रहेगा? उसे सम्पृक्त होना ही पड़ेगा। बिना सामाजिक संघर्ष में शामिल हुए व्यंग्य नहीं लिखा जा सकता-गैर जिम्मेदारी का मसखरापना किया जा सकता है।

(13) आपकी रचनाओं से यह स्पष्ट हो जाता है कि आप मार्क्सवादी चिंतन से सम्बद्ध हैं, क्या यह आपके प्रारंभिक कटु अनुभवों के कारण है?

—नहीं। जीवन के प्रारंभिक कटु अनुभवों से यह होता तो मैं किसी सेठ का मुनीम हो गया होता और खूब नंबर दो के रुपये मारता। मैंने दर्शन और इतिहास बहुत पढ़ा है। भारतीय दर्शन मैंने पूरा पढ़ा है। पश्चिम में सुकरात से लेकर, कांट, हीगेल, मार्क्स सब पढ़ा है। पर मुझे विश्वास हुआ कि समाज में मानवीय संबंधों का न्यायपूर्ण हल मार्क्सवाद ने ही दिया है। लेकिन कोई चिंतन अन्तिम चिन्तन नहीं होता। ऐसा हो जाए तो मनुष्य और गधे में कोई अन्तर नहीं रहेगा। लेखक का संबंध उस बुनियादी दर्शन से सवाल-जवाब का होता है। मैं मार्क्सवादी होकर भी मार्क्सवाद से प्रेरणा प्राता हूँ।

(14) आपकी लेखन प्रक्रिया के क्षणों में समाज किस रूप में आपके सामने खड़ा हो जाता है-बिम्ब, प्रतीक, द्वन्द्व-प्रतिद्वन्द्व का जहाँ तक प्रश्न है।

—कवि बिम्बों में सोचता है। नेरूदा बिम्बों में सोचते थे। मुक्तिबोध तो एक विचार के लिए 6-7 बिम्ब दे देते थे। मैं अनुभव और विचार-इनका निष्कर्ष पहिले लेता हूँ। तब बिंब मेरे मानस में आते हैं। इसी कारण मेरे लगभग 50 निबंध-कविताएँ हैं, क्योंकि उनमें लगातार बिंब हैं।

(15) आपने सामाजिक संघर्ष के परिप्रेक्ष्य में चुनौतियों को स्वीकार करते हुए क्या यह अनुभव किया है कि आप व्यंग्य के माध्यम से उसका उत्तर दे पाये हैं? यदि नहीं दे पाये हैं तो क्यों?

—व्यंग्य एक माध्यम है, व्यंग्य कोई राजनैतिक पार्टी नहीं है। व्यंग्य उजागर और सचेत करता है। अमेरिका में 'अंकल टाम्स केबिन' ने नीग्रो लोगों को सचेत किया। इतिहास यही करता है। व्यंग्य-लेखक उत्तर नहीं देता, वह उत्तेजित करता है कि-'समझो और लड़ो'-सामाजिक न्याय के लिए।

(16) नये समाज के भविष्य की कल्पना में, तथा रचना में क्या आपका प्रतिबद्ध लेखन खरा उतरा है?

—मैं नहीं जानता, इसका मूल्यांकन दूसरे लोग करें।

(17) उपर्युक्त प्रश्न के संदर्भ में आपने समाज के जिस रूप की कल्पना की है, क्या वह साहित्य के माध्यम से मूर्त्त हो पा रही है।

–समाज में परिवर्तन की प्रक्रिया बहुत जटिल होती है, वह केवल लेखन से नहीं होती। दर्शन, लेखन, क्रांतिकारी संगठन के द्वारा होती है। भारत में दर्शन और क्रांतिकारी संगठन मिलकर संघर्ष नहीं कर पा रहे हैं, यह मेरा दु:ख है।

सामाजिक परिवर्तन सामाजिक संघर्ष से होते हैं, साहित्य उसमें विज्ञान के शब्दों में 'केटेलिटिक एजेंट' होता है।

(18) शासन के प्रभावों से पूर्णतः मुक्त रहकर लिखा जा रहा साहित्य क्या समाज की यथार्थता और अपेक्षाओं की अभिव्यक्ति दे रहा है? अथवा साहित्य-रचना पर आप शासन का प्रत्यक्ष-अप्रत्यक्ष नियंत्रण मानते हैं? यदि उचित मानते हैं तो किस सीमा तक?

–जो लेखक सरकारी नौकरी में हैं, उन पर बंधन हैं। जो स्वतंत्र लेखक पुरस्कार-सम्मान के लिए लालायित हैं, वे भी बंधन में।

मैंने किसी सत्ता को खुश करने के लिए कभी नहीं लिखा। मध्यप्रदेश की सरकार (पहली अप्रैल 1973 को) जो 'बेवकूफों का दिन' कहलाता है, मेरा सम्मान करती है। तो मैं यह मानता हूँ कि राजनैतिक सत्ता संस्कृति से अपने को जोड़ना चाहती है।

(19) व्यंग्य के लिए आप अनगिनित पात्र कैसे चुनते रहते हैं?

–बड़ा अजब प्रश्न है। पात्र मैं जीवन से लेता हूँ। सालों उनके चरित्र का अध्ययन करता हूँ, तब व्यंग्य चरित्र बनता है। मेरे मित्र कहते हैं 'तुम इस आदमी को यों ही चिपकाये रहते हो'–मैं कहता हूँ, 'यों ही नहीं।' मैं 'स्टडी' कर रहा हूँ, आगे इस का परिणाम पढ़ना। इस तरह मैं चरित्रों का अध्ययन करता हूँ और इसमें भेद नहीं करता कि यह मेरा है या पराया। लेखक के लिए पिता भी एक पात्र होता है और मैंने पिता तथा चाचा पर लिखा है। मित्रों पर भी। पर वह चरित्रहनन नहीं है, लेखक की सहानुभूति है।

(20) आपने अपनी व्यंग्य लेखन प्रक्रिया में 'प्रतीक' से 'बिंब' की यात्रा आरंभ कर दी है? इससे आप कहाँ तक सहमत है?

–मैं सचमुच 'प्रतीक' से 'बिंब' की तरफ जा रहा हूँ क्योंकि मुझे बिम्ब इस समय अभिव्यक्ति का ठीक माध्यम लगता है तथा मेरे अनुभव शायद बिंब से ज्यादा सफलता से प्रकट हो सकें। पर यह एक प्रयोग है, सफल न होऊँगा तो 'किस्सा-गोई' करने लगूँगा। सामाजिक विकृतियों की अभिव्यक्ति मैं बिम्बों में प्रकट करता हूँ। यह सही है कि मैं आजकल बिम्बों

में सोचता हूँ, कवि की तरह। मुझे मुक्तिबोध याद आते हैं बिंब के मामले में–वे चांद का बिंब देते हैं–

"बीमार सभ्यता की मां
चाँद को लिए है, जो गर्भपात की दवा की शीशी है।
यह बीमार सभ्यता अपनी बेटी के
अवैध गर्भ को गिरवायेगी।"

(21) व्यंग्य लेखन में मानवीय संवेदना का अत्यन्त विराट् रूप अभिव्यक्त होकर करुणा की अंतर्धारा को निरन्तर प्रवाहित करती है। अपनी रचनाओं के परिप्रेक्ष्य में इस कथन से आप कहाँ तक सहमत हैं?

—मैं केवल यह कहूँगा कि व्यंग्य मानवीय करुणा, शुभचिंता का ऊँचा शिखर है। व्यंग्य में करुणा की अंतर्धारा चेखव में देखी की जा सकती है। चेखव का व्यंग्य बहुत सशक्त है, पर इसके नीचे मानवीय करुणा की अंतर्धारा देखी जा सकती है। चेखव की हर रचना में यह है। बर्नार्ड शॉ में बौद्धिक Shock है। एक प्रहार है–'मैन एण्ड सुपरमैन' तथा 'डाक्टर्स डाइलेमा' में शॉ की करुणा दिखती है, बाकी सब 'द्रविड़ बौद्धिक प्राणायाम' है।

(22) सृजन प्रक्रिया के समय आपके सामने कोई पात्र चुनौती बनकर खड़ा हो जाता है उस समय आप कैसे उसे पूर्णता प्रदान करते हैं?

—हर रचना, हर पात्र लेखक के लिए एक चुनौती होता है। जब भी मैं किसी पात्र का अध्ययन करके लिखता हूँ। मुझे सृजन प्रक्रिया में इस शत्रु पर विजय पाना ही पड़ता है। यह बहुत कठिन संघर्ष है क्योंकि लेखक अकेला नहीं है, वह समाज से जुड़ा है। पात्र एक ईमानदार लेखक की तरह उसके सारे संबंधों को भूलकर उस पात्र को एक चरित्र की तरह लिख देता हूँ, इसके खतरे होते है और मैं इन खतरों को समझकर ऐसा लिखता हूँ।

(23) आपकी व्यंग्य रचनाओं में व्यक्त व्यक्ति और समाज के क्षेत्र में आपका व्यक्तित्व किस रुप में समाहित रहता है?

—भई अजब प्रश्न है। क्या तुम 'इलियट' की बात कर रहे हो कि व्यक्ति और सर्जक से व्यक्तित्व अलग होना चाहिए? मेरा सर्जन और मेरा व्यक्तित्व अलग नहीं है। व्यक्ति सामान्य आदमी है, उसके जीवन की जरूरतें होती है, फिर यदि वह लेखक है तो उसकी रचनात्मक चेतना होती है। इन सबमें तालमेल बैठा कर ही साहित्य सृजन होता है।

मै इलियट के व्यक्ति और सर्जक के अलगाव को नहीं मानता। सृजन प्रक्रिया बहुत उलझी हुई चीज़ है। उसे फार्मूलों से व्याख्यायित नहीं किया जा सकता।

–रमाशंकर मिश्र

जबलपुर और लेखक के रिश्ते

जबलपुर मोटर स्टैंड के चिरपरिचित पान अधिष्ठाता रूपराय कहते हैं–"पं० हरिशंकर परसाई बहुत बड़े आदमी हैं।" यह बात बहुत कम लोग स्वीकार करने को तैयार हैं। मित्र तो उन्हें कुछ भी मान लेंगे, पर शत्रु तो उनमें बड़प्पन की एक भी बात मानने के लिए तैयार नहीं हैं। ऐसी दशा में पं० हरिशंकर परसाई के पिटने का समाचार छपा और उनके शत्रुओं में प्रसन्नता की लहर फैल गयी। राष्ट्रीय स्वयं सेवक संघ के कुछ नासमझ युवकों ने उन्हें इस कारण पीटा कि वे उनके संघ और उसके नेताओं पर जब-तब प्रहार करते रहते हैं। बस, इस घटना के बाद वे शत्रुओं में भी बड़े आदमी बन बैठे। अब तो उनके लिए मुक्तिबोध की शैली में यह कहना बहुत आसान हो गया है, कि "पार्टनर, दुश्मनों के बीच भी अब 'अननोटिस्ड' नहीं रह गया हूँ।" तो जो आदमी 'अननोटिस्ड' या अनउल्लेखनीय न हो वही तो बड़ा आदमी बन जाता है–ऐसा बड़ा आदमी साधु से लेकर शैतान तक की कोटि में आता है और परसाई इस साधु और शैतान की कोटि में कोई अन्तर नहीं मानते हैं और इस कारण उन्हें मेरी इस पर कोई एतराज नहीं है कि परसाई जैसे रामकृष्ण परमहंस के वचनामृत कई भागों में प्रकाशित हुए हैं; तुम्हारे भी ऐसे ही 'वचनामृत' की जगह 'विष-वमन' के कई भाग प्रकाशित होते। और, आगे आने वाली पीढियों को वे बीच में बात को काटते हुए कहते हैं, "विष पिलाकर शंकर की तरह आगे की भटकती पीढ़ियों को सबसे बढ़िया और सशक्त 'बीटनिक गाड' बना दूँगा और तुम्हारे श्री अरविन्द और माताजी का काम भी पूरा करूँगा क्योंकि वे आदमी को देवता या 'गाड' ही तो बनाना चाहते हैं।"

"पर, तुम तो 'गाड' के खिलाफ हो, फिर उन्हें क्यों बनाना चाहते हो?"

"मुझे अपने शत्रु बनाने में जो सुख मिलता है वह किसी बात में नहीं मिलता है। भगवान का काम तो केवल भक्त तैयार करना है, पर मेरा काम

उससे बड़ा है–भक्त तो अपने आप तैयार होते हैं, पर शत्रुओं को तो बनाना पड़ता है। हनुमान ये काम आसान नहीं है।''

''शत्रु बनाने में सबसे अधिक कठिनाई आपको तो साधुओं के बीच ही हुई होगी, क्योंकि वे तो बैर-प्रीत से परे होते हैं।'' इस बात को सुनकर परसाई जी ने बहुत आहिस्ते से कहा जैसे कोई बड़ा रहस्य उद्घाटित कर रहे हैं–''नहीं भाई, उन्हें शत्रु बनाना सबसे आसान काम सिद्ध हुआ। हर साधु-संत में ईर्ष्या और अहंकार होता है। वे सोचते हैं, उन्होंने भगवान को पाने के लिए संसार-सुख का त्याग कर दिया। तो मैं उनसे केवल यही कहता हूँ, कि तुमने केवल संसार-सुख का त्याग किया, अरे! मैंने तो उसके बनाने वाले भगवान तक को त्याग दिया–तो त्याग में कौन बड़ा हुआ? बस, यह कहा और साधु भी कुपित हो शत्रु बन गया।''

तो परसाई का सुख शत्रु बनाना है। परसाई के इस आम सुख का एक खास रहस्य है जो उन्होंने कबीर की उलटबासी से पकड़ लिया है और एक दिन मुझे और मुक्तिबोधजी को उस समय उद्घाटित किया जब मुक्तिबोधजी हमारे और उनके बीच हो रही 'लेगपुलिंग' से विचलित होकर कह उठे कि ''पार्टनर इतनी 'लेगपुलिंग' ठीक नहीं, किसी दिन आप लोग एक-दूसरे के शत्रु बन जाओगे।'' तब परसाई ने कहा कि ''हनुमान से शत्रुता हो गयी तो फिर इसके सारे शत्रु मेरे मित्र हो जायेंगे और एक ही जगह फिर कई मेरे मित्र मिलेंगे।''–तो परसाई दुनिया के इस आम सत्य पर अपना बहुमत बनाते हुए चल रहे हैं कि यहाँ कोई नहीं जिसके शत्रु न हों। ईर्ष्या और द्वेष ने जब शत्रुओं की इतनी बड़ी जमात पैदा कर रखी है तब फिर उसका सचेतन होकर लाभ क्यों न उठाया जाय और अपना बहुमत पैदा कर किसी दिन अपनी सत्ता कायम कर ली जाय।

परसाई ने सत्ता हासिल करने में बड़ी सफलता पा ली है, इसमें तो अब कोई सन्देह है नहीं। हिन्दी में तो शायद ही कोई ऐसा लेखक हो जिसको यह आराम है कि घर बैठे उसके पास लिखने की सामग्री आती हो। अनेक पत्र आते हैं, जिसमें उनके पाठक लिखते हैं कि ''परसाई जी, अमुक आदमी के बारे में आपकी कलम नहीं चली। मैं कुछ सामग्री भेज रहा हूँ, उपयोग कर लीजिए। यह घटना है, इस पर आपके व्यंग्य की अपेक्षा है।'' परसाईजी के पास जितनी संख्या में चिट्ठी-पत्री आती हैं उतनी ही संख्या में उनके पाठक और मित्र आकर अपने सुझाव दे जाते हैं कि इस पर कुछ-न-कुछ लिखा जाना चाहिए। सुझावों में कोई विषय अछूता नहीं–राजनीति, अर्थनीति से लेकर सामान्य रोजमर्रे तक की घटनायें लोग लिखकर भेज देते हैं कि यह बात उनके अमुक कालम में आनी चाहिए और अभी

तो जब से भाई मायाराम सुरजन के देशबन्धु में उनके लिए प्रश्नोत्तर का कालम खोल दिया है तब से तो परसाई के पास अब उनके पाठकों की ठेकेदारी कायम हो गयी है और वे मनमाने सवाल पूछते हैं और परसाई को भी मनमाने उत्तर देने की आसान विद्या मिल गयी है। पहिले फिकरा-परस्ती चर्चाओं और लघु कथाओं तक ही सीमित थी, अब सवालों में सहज ही सँवर कर आ गयी है–हास्य और व्यंग्य के लिए इससे अच्छा माध्यम और क्या हो सकता है? पर, परसाई को परेशानी है प्रश्नों के सपाटपन से और इस परेशानी को जब उन्होंने भाई मायाराम सुरजन के सामने रहते हुए कहा, "यार मायाराम, तुम्हारे अखबार के पाठक बड़े सवाल पूछते हैं।" तो तुरन्त मायाराम ने कहा कि "वे बेचारे भोले-भाले हैं, उन्हें क्या पता कि तुम अपने चुटकलों और मसखरेपन को साहित्य में हास्य और व्यंग्य बना बैठे हो?" और तब परसाई ठहाका मारते हुए बोले, "देखो हनुमान, अब हिन्दी-साहित्य का क्या होगा कि प्रदेश के साहित्य-सम्मेलन के अध्यक्ष को चुटकुलों और हास्य-व्यंग्य में अन्तर नहीं मालूम?" "पर, मसखरापन तो मैं समझता हूँ और इस कारण परसाई तुम्हें साहित्य-सम्मेलनों में बुला लेता हूँ।" मायारामजी ने तुरन्त उत्तर दिया।

ऐसे अनेक प्रसंग और घटनायें हैं, जो परसाई के साथ जुड़ी हुई हैं। या कहना चाहिए कि उनका दैनिक जीवन और साहित्य दोनों ही जुड़े हुए हैं। वे जो लिखते हैं, वही जीते हैं–जो भाषा बोली जाती है, वही लिखी जाती है। उसमें कोई भेद नहीं है और यही कारण है कि अन्य लेखकों से भिन्न वे ऐसे एकमात्र लेखक हैं, जिनकी रचनाओं में उनके पाठकों का बहुत 'एक्टिव पार्टिसिपेशन' (सक्रिय योगदान) है। उनका हर पाठक उनके साथ चलता है। जमाना बदल गया वरना परसाई चिमटा बजाते चलते और उनके पीछे फक्कड़ साधुओं की जमात होती जो एथेन्स के साथ सुकरात के भक्तों की तरह हर स्थापना को तोड़कर नयी बनाने के लिए बगावत करते नजर आती। पर आज छापाखाना बीच में आ गया और बीच में आ गये छापाखाने के मालिक, जो धन-दौलत और पार्टीगत स्वार्थ की भूल-भुलैयों में परसाई की उस वाणी को फटकने नहीं देते हैं, जो वास्तव में परसाई को कबीर बनाने में समर्थ हुई है। इस कबीर के कितने 'सुनो भाई साधो' के कालम छापने से रुक गये क्योंकि छापेखाने का मालिक इस कबीर की फक्कड़ता को नहीं झेल सकता है। इतना ही नहीं, जिस राजनैतिक पार्टी के साथ परसाई जुड़े हैं, वह पार्टी भी परसाई की दो टूक बात को सहन करने के लिए तैयार नहीं।

स्वार्थ के घेरे में फँसे व्यक्ति या पार्टियाँ परसाई के अन्दाज़े-बयाँ को

सहन करने की क्षमता भले न रखते, पाठक या श्रोता उनके हर इशारे को समझ लेता है और वह इतना सजग कि परसाई यदि कहीं लगाम लगाकर बात करते हैं तो वह उसे बेलगाम बयान कर देता है। उनकी इस शैली और सीधी-सच्ची बात का परिणाम यह हुआ है कि परसाई बिना कोई संघ बनाये नयी पीढ़ी के बीच सबसे लोकप्रिय लेखक बन गये। और जब तक वे चल-फिर सकते थे, तब वे मसीहा की तरह आमंत्रित किये जाते थे और छात्र-छात्रायें उन्हें घेर कर कहती थीं कि इस सड़ी-गली शिक्षा-प्रणाली को उखाड़ फेंकने में हमारा मार्गदर्शन कीजिए। परसाई का मार्गदर्शन विश्वविद्यालयों की यथास्थिति से समझौता करने की नीति को झकझोर देता था जब वे कहते थे कि परीक्षाओं में नैतिकता के लिए लड़ने वाले अध्यापक और अधिकारी अपनी समाज की नैतिकता क्यों नहीं देखते? पैसे लेकर ट्यूशन करना, कक्षाओं में पढ़ाना नहीं और खुद भी डिग्री लेने के बाद पढ़ना नहीं, अंक बढ़ाने के लिए सौदेबाजी करना और अपनी ही छात्राओं को कामुकता की नजर से देखते समय जब अध्यापकों की नैतिकता नहीं जागती तो परीक्षार्थी को नकल करते देखकर कैसे जाग जाती है? घूसखोर बाप का बेटा घूस के भरोसे अव्वल आने में सफल हो तो गरीब लड़का अपने ही भरोसे पर नकल भी नहीं कर सकता! परसाई के लिए हर थोथी मान्यता एक सामाजिक बेईमानी है और इस समाज़ में कितनी बेईमानी की परते हैं, ये परसाई से छिपी नहीं हैं।

परसाई ने कबीर की तरह ही दुनिया को देखा है। हर आडम्बर और कुंठा के साये में घूम-फिरकर देखा है, कि कहीं कुछ उसमें बचाने लायक है तो बचा लिया जाय, अन्यथा क्या फर्क पड़ता है अगर उसकी धज्जियाँ उड़ा दी जायँ। बेईमानी और आडम्बर के प्रति निर्मोह परसाई में जागा तो उसके साथ ही जागी इस सनातनी मानवी सत्ता की वह सभ्य और सुसंस्कृत परम्परा जिसने बुद्ध और क्राइस्ट को जन्म दिया था, जिसने पैगम्बर और गांधी को संघर्ष के लिए तैयार किया था। तुलसी की रामायण ने जहाँ परसाई को मर्यादा का पाठ पढ़ाया, वहाँ कबीर और सुकरात ने उन्हें मिथ्या तत्त्व पर प्रहार करने का जोरदार संबल दिया। जब मन की अतल गहराइयों में तुलसी और कबीर ने अपने को परसाई के भीतर सत्ताधारी बना लिया तो प्लेटो से क्रिक्रेगार्ड तक, वेदव्यास से प्रेमचन्द तक और चासर तथा सरवान्टेज से चेखव और बर्नार्ड शा तक सभी परसाई के लिए अपनी-अपनी झोली में से कुछ-न-कुछ निकाल कर देने लगे। परसाई में पहले झिझक थी कि कहीं कुछ कोई कह न बैठे, किसी को कुछ बुरा न लग जाय। इस कारण जब-तब कुछ लिखते थे तो अपने से वरिष्ठ साहित्यिक मित्रों से चर्चा कर

लेते थे। फिर उसे सँवारकर सुकोमल भावनाओं की धरातल पर उतारते थे। उक्त निबन्ध भी लिखते थे तो उनमें भी किसी को आघात न लगे इस पर कुछ ज्यादा ध्यान देते थे और शिष्ट-हास्य पर लाकर बात छोड़ देते थे। आरंभिक कहानियों में भी यही बात थी। 'हँसते हैं, रोते हैं' और 'तट की खोज में' परसाई की यह भावुकता और उनकी एक पाठिका के शब्दों में कहें कि 'सुहृदयता' भली-भाँति दिखाई देती थी। ये रचनाएँ उस काल की हैं, जब परसाई जबलपुर में आये-आये ही थे। छोटे गाँव और कस्बे के जीवन की कुंठाओं और मानसिक चक्रव्यूहों के द्वन्द्व में फँसा यह अभिमन्यु जब सन् 1948 में जबलपुर आया तो शहर उसके लिए नया नहीं था, क्योंकि इसके सात वर्ष पूर्व वह ड्प०टी० के प्रशिक्षण हेतु यहाँ आ चुका था और जूनियर स्कूल मास्टर का गत जबलपुर का वह सत्य ग्रहण कर चुका था, जहाँ दुनिया की विशालता में उसका अपना अस्तित्व नगण्य था। इस आरंभिक अनुभूति ने परसाई के मन से अहंभाव को सदा के लिए निकाल दिया और इस कारण जब वह दूसरी बार या कहें कि सदा के लिए जब वह जबलपुर में आया तो उसके भीतर अहंकार नहीं था। वह लिखना जानता है, इसका भी अहंकार नहीं था और उसकी लेखनी के लोग कायल हो रहे हैं, इस का भी अहंकार नहीं था।

पजामा और कुर्ता पहने बाजू में रुपये-डेढ़ रुपये की कपड़े की लम्बी थैली लटकाये परसाई जी को उन दिनों कहीं भी देखा जा सकता था। साइकिल चलाना तो अभी तक नहीं आया, इस कारण रिक्शा या पैदल गति बाँधने का साधन उनको सुलभ था। पर रिक्शा में पैसा लगता तो पैदल ही चलना होता। फिर उनके घर से उनके अड्डे भी कोई अधिक दूर नहीं थे। तिलकभूमि का 'राष्ट्रीय होटल' और पं० भवानी तिवारी के घर का 'प्रहरी' कार्यालय और इन दोनों दूरियों के बीच श्याम टाकीज पर पंडितजी की पान की दूकान के बाजू में रखा तख्त। इन तीन स्थलों पर परसाई को पा लेना कभी भी कोई कठिन कार्य नहीं था। सन् 1950 के बाद तो दो-चार बरस तक पंडित की पान की दूकान जबलपुर का साहित्यिक अड्डा ही बन गया था। उसके पहिले यह अड्डा राष्ट्रीय होटल और जवाहरगंज का पत्रिका आफिस था जो बाद में जबलपुर साहित्य संघ का दफ्तर ही बन गया था। इस साहित्यिक मंडली के निर्द्वन्द्व स्थायी अध्यक्ष थे पं० भवानी प्रसाद तिवारी जो संध्या समय डोलते हुए आते और तख्त पर आसीन होते और फिर उनके आसपास आ जुटते सभी छोटे-बड़े स्थानीय साहित्यकार जिनमें नयी-पुरानी पीढ़ी का कोई भेद नहीं था। पं० मातादीन शुक्ल या व्यौहार राजेन्द्रसिंह जैसे वयोवृद्ध साहित्यकारों को भी इस मंच तक आने में कठिनाई नहीं थी। पं० रामेश्वर प्रसाद शुक्ल 'अंचल', नर्मदा

प्रसाद खरे, पं० केशव पाठक सभी जब-तब यहाँ पहुँच जाते थे। पर इस तख्त के स्थायी सदस्य थे पं० भवानी प्रसाद तिवारी और हरिशंकर परसाई। इनके बाद स्थायी सदस्यों में पं० रामेश्वर गुरू, पं० गोविन्द तिवारी और श्री नत्थूलाल सर्राफ का नम्बर आता है। उस समय के युवा लेखकों और कवियों में रामकृष्ण दीक्षित 'विश्व', स्व० प्रभात तिवारी, पुरुषोत्तम खरे, श्रीवाल पांडेय, बंशगोपाल सर्राफ आदि लोग आते हैं। पत्रकारों में श्री नर्मदा प्रसाद सर्राफ, अरगरे श्यामसुन्दर शर्मा, कुंज-बिहारी पाठक, मोहन सिन्हा आदि। 'नवभारत' के प्रकाशन के बाद श्री मायाराम सुरजन जी जब-तब इन अड्डों पर आ पहुँचते। नगर की साहित्यिक, सामाजिक और राजनैतिक गतिविधियों की रूपरेखा यहीं तैयार होती और आगे उन पर अमल अलग-अलग लोग करते चलते। पं० भवानी प्रसाद तिवारी का व्यक्तित्व इस अर्थ में अद्भुत था और परसाई में जो मस्ती साहित्य और राजनीति में दिखाई देती है उसका बहुत बड़ा हिस्सा पं० भवानी प्रसाद तिवारी की देन है। उन्हें समाजवादी विचारधारा के निकट लाने का श्रेय भी पं० तिवारी की देन है। उन्हें समाजवादी विचारधारा के निकट लाने का श्रेय भी पं० तिवारी को है। तिवारी जी का घर, उनकी राजनीति और उनका व्यक्तित्व कितना विशाल था, इसकी कल्पना वे ही लोग कर सकते हैं जिन्होंने पं० तिवारी के साथ जीवन के कुछ क्षण बिताये हैं। पं० तिवारी से परसाई ने क्या नहीं लिया? पं० तिवारी ने परसाई को वह सब कुछ दिया जो एक सुहृदय बड़ा भाई अपने छोटे भाई को दे सकता है और फिर उससे भी ज्यादा उन्होंने परसाई को वह स्वाधीनता और विश्वास दिया कि परसाई यदि पं० तिवारी की राजनीति और उन पर भी व्यंग्य की फब्तियाँ कस दें तो उन्हें किस आनन्द के साथ ग्रहण कर कहते थे- 'वाह! परसाई क्या बात है?' तन और मन के उजले पं० तिवारी के साथ रहकर परसाई ने अपने भीतर की कुंठा के हर काले धब्बे को धो दिया और स्निग्ध चाँदनी की शीतलता को मन से लेकर अपनी बौद्धिकता के प्रखर सूर्य रोशनी को लेकर सामाजिक यथार्थ को तंग और विस्तृत गलियों में बेखटके फेरे लगाने लगा। वह तिलमिलाने की सीमा तक आघात करने को तत्पर है पर मर्णान्तक प्रहार वह नहीं कर सकता है, क्योंकि वह सामाजिक यथार्थ से परिचित है। द्वन्द्वात्मक समाज विकास के ज्ञान ने परसाई को घृणा, आक्रोश और क्रोध से दूर कर दिया और उनके स्थान पर उसके हृदय में परिस्थितियों की विवशता के बीच कराहती मानवता के प्रति ऐसी सहानुभूति उभर आयी जिसमें संघर्ष और निर्माण की शक्ति है। वह जोनाथन स्विफ्ट के व्यंग्य की कटुता को तिलांजलि देकर डिकिन्स की भावात्मक व्यंग्य शैली को अपनाते हैं। अपने पात्रों की दुर्बलता को उभारने से कहीं नहीं चूकते हैं पर उन्हें वे उपहास अथवा घृणा का पात्र नहीं बनने देते हैं। उनमें वे एक समूचे

वर्ग की दुर्बलता अथवा खोट को सामने लाकर रख देते हैं। उनकी कथाओं और रेखा-चित्रों में अंकित अधिकांश पात्र उनके आस-पास के ही पात्र हैं। वे व्यक्ति या घटना को पकड़कर एक ऐसा सर्वमान्य ताना-बाना बुनते हैं कि उससे समूचा समाज और सभ्यता का खोखलापन बाहर आ जाता है। समाज की विद्रूपता और भौंड़े आदर्श परसाई के लिए रुचिकर नहीं। आदर्श अथवा जीवन मूल्य ड्राइंगरूम सजाने के तोहफे नहीं हैं। या तो वे जीवन का संबल बनकर चले अथवा उन्हें तिलांजलि ही दे दी जाय। इस कारण परसाई जी के लिए आदर्श उतना ग्राह्य नहीं जितना यथार्थ-फिर वह कितना ही घिनौना क्यों न हो। यह यथार्थ कभी घृणावश और कभी आक्रोशवश अपने को बदलकर नूतन के निर्माण की ओर उन्मुख तो होता ही है।

परसाई समाज की रचना और उसके विकास क्रम को कार्ल मार्क्स की वैज्ञानिक दृष्टि से देखते हैं। पं० भवानी तिवारी के सम्पर्क में वे समाजवाद के पक्षधर बने पर भारतीय समाजवादियों की नीति-रीति से उनका विरोध सन् 1952 से प्रथम आम चुनाव के बाद ही शुरू हो गया और तब उनका सम्पर्क स्थानीय साम्यवादी नेताओं से हुआ जिनमें सृष्टिधर मुकर्जी और पी०के० ठाकुर विशेष रूप से उल्लेखनीय हैं, जिन्होंने परसाई को कम्युनिस्ट विचारधारा के मध्य में लाकर खड़ा कर दिया। उसी काल में प्रगतिशील लेखक संघ के लेखकों और आलोचकों ने भी परसाई को विशेष प्रभावित किया। डॉ० रामविलास शर्मा, शिवदान सिंह चौहान और अमृतराय तथा मुक्तिबोध इधर हिन्दी में हैं तो उधर रूसी और अन्य पाश्चात्य देशों के लेखकों ने भी परसाई की साम्यवादी विचारधारा को पुख्ता बनाया। युद्धोत्तर फ्रांस और रूस के लेखकों की अनेक रचनाएँ सामने आयीं और परसाई उनसे प्रभावित हुए बिना नहीं रहे। रूसी क्रांति के बाद और पहिले के लेखकों में परसाई को जिन्होंने सबसे अधिक प्रभावित किया उनमें डास्टोवस्की, टालस्टाय, चेखव, गोर्की और शोलोखोव हैं। इसी तरह फ्रांस के लेखकों में मोपासा, अनातोले फ्रांस, बालज़क और लुई एरांगा और बाद में कामू और सार्त्र। इंगलिश के लेखकों में शेक्सपियर और डिकिन्स के बाद परसाई को सबसे प्रिय यदि कोई लगा है तो बनार्ड शा, वेल्स और उपन्यासकारों में जेनआस्टिन और टामस हार्डी। अमरीकी लेखकों में ओ० हेनरी, सिन्क्लेयर लुईस, हेमिंग्वे आदि। इसके अतिरिक्त कुछ नये लेखक जो पूर्वीय यूरोप और अफ्रीकी देशों के हैं, उनकी रचनाओं को भी परसाई ने खूब रुचि के साथ पढ़ा और उनमें नये जीवन का संघर्ष देखा। लेटिन अमरीकी कवि पेबलो नेरूडा और रूसी कवि माइकोवस्की तो जैसे कुछ दिनों तक परसाई के सिर पर भूत की तरह सवार थे।

इतने सारे लेखकों के प्रभाव की बात मैं इसलिए कर रहा हूँ कि सन् 1954-55 के वे दिन जब 'वसुधा' मासिक निकालने की तैयारी हो रही थी और फिर जब वह निकल आया तब परसाई, प्रमोद वर्मा, प्रो० नागराजन और मैं कभी-कभी आधी रात तक इन सब साहित्यकारों पर चर्चा करते रहते। हम सभी तब घरेलू जिम्मेवारियों से अपेक्षाकृत मुक्त थे और कहीं भी किसा एक के घर बैठकर भोजन कर लेते और साहित्य की चर्चा में जुट जाते। उन दिनों कुछ नयी किताबें भी चर्चा की विषय थीं, जिनमें एक लूकाच की किताब 'स्टडीज इन यूरोपियन रियलिज्म' थी और इधर हिन्दी में भी कुछ किताबें आयी थीं जिनको हम सफलतापूर्वक पढ़ सकते थे, क्योंकि सुभद्रा कुमारी चौहान के ज्येष्ठ पुत्र श्री अजय चौहान ने तब पुस्तकों की दूकान भी खोल ली थी। यह नया अड्डा हम सबके लिए सहज बन गया जो फिर धीरे-धीरे शेषनारायण राय की पुस्तक की दूकान 'यूनिवर्सल बुक डिपो' तक जा पहुँचा। श्री शेषनारायण राय की दूकान अब नहीं है और श्री राय कम्युनिस्ट पार्टी के पूर्णकालिक नेता बन गये हैं। आज जब श्री राय के बारे में सोचता हूँ तो लगता है कि परसाई ने राय जैसे सामंती प्रवृत्ति के व्यक्ति को कैसे सर्वहारा की पार्टी में ढकेल दिया। परसाई के ऊपर शेषनारायण राय अपना सामंतपन नहीं लाद पाये पर परसाई ने उनका सामंतीपन नाश कर दिया। सोचता हूँ परसाई ने क्या राय को कम्युनिस्ट बनाकर यह तो सिद्ध नहीं किया कि वे बुर्जुआ संस्कृति को मिटाने की क्षमता रखते हैं। यह बात इसलिए और मन में आती है कि मुक्तिबोध ने एक दिन मेरे घर डाइनिंग टेबिल देखकर कहा था, "परसाई यार, ये हनुमान तो बुर्जुआ होता जा रहा है। पार्टनर, कहीं ये वर्ग-संघर्ष से दूर न हो जाय।" और तब परसाई ने कहा था, "मुक्तिबोध जी, बुर्जुआ संस्कृति तो अपनी मौत मर जायगी। पर हाँ, उसकी हड्डी चचोरने वालों के लिए अवश्य कुछ करना होगा-सो आप चिन्ता न करें, मैं सबको ठीक कर दूँगा।" बात हँसी में चली गयी पर शेषनारायण राय के जमींदारना अन्दाज के गायब होने को जब देखता हूँ तो लगता है कि यह परसाई की ही करामात है।

ऐसी साहित्यिक करामातें भी परसाई की कम नहीं हैं। कितने ही नये लेखक और कवि अपनी भावुकता में कुछ लिखकर जब परसाई के पास आते हैं तो वे गौर से उनकी रचनाओं को सुनते हैं और फिर उनसे समाज और उसके यथार्थ की बात करने लगते हैं। नौजवान लेखक जिस पुलकित भाव से कलम पकड़कर चला था, वह छूट जाती है। भावुकतापूर्ण गीत भी तब वह नहीं लिख पाता है। सहज प्रेम-कथायें भी लिखने की प्रेरणा वह परसाई से जब नहीं पाता है तो या तो लिखना बंद कर देता है या फिर

किसी अन्य मिडलची के आस-पास घूमने लगता है, जो उसकी प्रतिभा को गीतों में ही कुंठित कर देता है। और जिसकी परिणति सिनेमा के गीतों के रिवाइवल में ही होती है। परसाई की प्रतिबद्धता जितनी दृढ़ हुई उतनी ही उमंग भरी पीढ़ी उनसे दूर हो गयी और विगत वर्षों में एक-दो लोग ही नये आये, शेष सबके सब परसाई के विरोधी मिडलची गीतकारों, व्यंग्यकारों और तुकबंदी करने वालों के आस-पास घूमते नजर आते हैं। जो रहे भी तो वे आलोचक बन जाने में अपना हित समझने लग गये। नगर में आज बहुत कम युवा साहित्यसेवी हैं जो परसाई के निकट साहस से जाने की इच्छा रखते हैं, कुछ उनकी प्रतिबद्धता और राजनैतिक व्यंग्य से इतने रुष्ट हैं कि उनसे मिलने में उत्साह भी नहीं दिखाते। पं० श्रीबाल पांडेय, जो कभी हरिशंकर परसाई के साथ मित्र बने घूम रहे थे, अब उनसे बहुत दूर नजर आते हैं। और कभी-कभी लगता है कि उन्होंने अपनी धूनी अलग रमा ली है। बाहर के ऐसे ही अभिन्न मित्रों शरद जोशी और श्रीकान्त वर्मा हैं। साहित्य और राजनीति में परसाई विचारों से बँध गये, पर पार्टी से नहीं। न राजनेताओं की पार्टी से और न ही साहित्यकारो की पार्टी से। इसी कारण उन्हें अपने पास आते लोग मिले और फिर दूर जाने वाले भी मिले। कभी 'धर्मयुग' बिना उनके कालम के नहीं निकलता था तो अब वर्षों बीत गये, धर्मवीर भारती ने रचना ही नहीं माँगी। 'सारिका' का प्रकाशन भी उनकी रचना के कारण रुक गया। 'नयी दुनिया' इन्दौर में 'सुनो भाई साधो' सेंसर होकर छपता रहा। 'कल्पना' में और 'अंत में' भी बन्द हो गया। परसाई की कलम को पूरी आजादी दिये कोई बैठा है तो वह हैं मायाराम सुरजन का 'देश बन्धु'। इसमें परसाई को छूट है कि वह महात्मा गांधी से लेकर मायाराम सुरजन तक, सब पर जैसा प्रहार करना चाहें, करें। पर परसाई व्यर्थ प्रहार के आदी नहीं और वे तब तक किसी बात का नोटिस लेने के लिए तैयार नहीं, जब तक वह समाजवादी विकास के क्रम में बाधा बनकर उनके सामने न आ जाये। यदि परसाई समाजवादी क्रांति और उसके लिए वामपंथी एकता में विश्वास करते हैं तो फिर वे उन समाजवादियों और वामपंथियों के विरुद्ध हैं जो इसमें रोड़ा अटकाने का काम करते हैं। मार्क्सवादी कम्युनिस्टों से यहीं उनका मतभेद है। चीनी कम्युनिस्टों के विरुद्ध वे इसी कारण हैं कि उन्होंने अंतर्राष्ट्रीय समाजवादी एकता में फूट पैदा की। जयप्रकाश और लोहिया से भी वे इसी कारण नाराज हैं कि वे सब समाजवादियों की एकता में विश्वास क्यों नहीं करते हैं-और समाजवादियों तथा साम्यवादियों के स्थान पर पूंजीवादियों से समझौता करने की सलाह क्यों देते रहे। उनके लिए विचार और कर्म का एकता का जो महत्त्व है

वह किसी का नहीं–इसी कारण वे जवाहरलाल नेहरू को किंचित पसन्द करते हैं और कहते हैं–"वह आदमी कुछ ठीक था, उसने सोचा-विचारा और अपनी क्षमता के अनुकूल कार्य किया। उसने कभी समाजवाद की स्थापना की बात नहीं कही। उस ढंग की समाज की आशा व्यक्त की। फिर उसने तटस्थता की बात की और कहा, युद्ध और शांति के बीच तटस्थता नहीं–शांति के प्रति पक्षधरता जाहिर होनी चाहिए। वह सही अर्थों में सिकुलर थी।" परसाई की जवाहरलाल के विचारों से निकटता बहुत कुछ समझा देती है और उनकी इस निकटता को बल देने में जबलपुर नगर का अपना चरित्र भी सहयोगी है। जिसमें बड़ी बेमेल बातों के बीच भी संस्कारधानी का एक गौरव है–परसाई एक ओर गोभक्त हिन्दी सेवक बाबू गोविन्ददास को बुजुर्ग कहकर टालने को तैयार हैं तो दूसरी ओर वे अकविता और बीटनिक या भूखी पीढ़ी के लोगों को भी नासमझ मानकर चलने को तैयार हैं। उनके लिए पुख्ता जीवन दर्शन और उसकी जन-अभिव्यक्ति एक आवश्यकता है। वे समाज को रूढ़ियों और कुंठाओं की बेड़ियों में देखना पसंद नहीं करते। फिर वे बेड़ियाँ कितने ही सुनहरे परम्परागत आदर्श की क्यों न हों। उनकी इस चिन्तनधारा ने उन्हें लोकप्रिय बनाया, पर कोई नारी उन्हें वरण करने का साहस नहीं कर सकी, क्योंकि "जबान से प्रेम की बातें करना आया ही नहीं है।" ये शब्द हैं मेरी पत्नी के जिसको उन्होंने एक बार कहा था कि "मैं आजकल जरा पतिव्रताओं से प्रेम करने की सोच रहा हूँ।" तो मेरी पत्नी ने तुरन्त जवाब दिया था, "तब हो गया आपका प्रेम, क्योंकि पतिव्रताएँ मिलेंगी कहाँ जो आपको प्रेम करें–एकाध दो हम जैसों को छोड़ दीजिए। परसाई जी, पतिव्रताओं को छोड़िये, वे आपके किसी काम की नहीं हैं।" और तब से परसाई कहते रहते हैं, "मैं जरा पतिव्रताओं से बचकर चलता हूँ क्योंकि वे मेरे किसी काम की नहीं हैं।"

सच है पतिव्रताएँ परसाई के किसी काम की नहीं हैं–पतिव्रताएँ–जीवन-मूल्य रूपी, आदर्श रूपी, विचार रूपी, धर्म और नैतिकता रूपी–किधर हैं? सभी कुछ तो खंडित है, सभी कुछ विद्रुप है और अपवित्र है–सभी पतिव्रताएँ खो गयी हैं–परसाई उन्हें प्यार करने की खोज में हैं और वे अपना पतिव्रत धर्म खोये बैठी हैं। इन्हीं खंडित पतिव्रताओं को लेकर परसाई का काम चल रहा है। इस उम्मीद में एक दिन उनकी मनचाही पतिव्रता समाज निर्मित होगी।

–हनुमान प्रसाद वर्मा

विषवमन धर्मी रचनाकार

हरिशंकर परसाई से पहला परिचय हुए लगभग तीस साल हो गये। इतने वर्षों के मित्रता-प्रसंग को सिलसिलेवार लिख पाना यों ही कठिन काम है। तिस पर वह परसाई जैसे व्यक्ति के बारे में जिसकी अपनी निजी जिन्दगी केवल दूसरों की समस्याओं की कहानी हो, अपनी कहने को कुछ नहीं। शायद इस लेख में मुझसे यह अपेक्षा भी नहीं की जा रही कि मैं उनके साहित्यिक व्यक्तित्व के बारे में कुछ कहूँ। और सच तो यह है कि इस सम्बन्ध में मुझसे अधिक अधिकारी व्यक्ति बहुत हैं। मेरी अपनी कठिनाई यह है कि जिस आदमी से कभी उसके सुख-दुख की चर्चा ही न हुई हो उसके निजी जीवन के बारे में क्या लिखूँ। जब कभी कोई बात होती भी है तो यही कि अमुक मित्र की यहाँ मदद करना है या कि अमुक सूमिनार हाथ में ले लिया है इसे पूरा कराना है।

काम-काज का यह लेन-देन भी इकतरफा नहीं है। 1962 में जब मैं 'नयी दुनिया' जबलपुर (अब नवीन दुनिया) से अलग हुआ तो यह निश्चय परसाई का ही था कि मुझे जबलपुर नहीं छोड़ना चाहिए। यह भी लगभग उनका ही फैसला था कि जबलपुर से ही एक दैनिक अखबार शुरू किया जाए। अखबार शुरू करने का इरादा तो ठीक है। उसके लिए पूँजी का क्या इंतजाम होगा। सो एक 'पब्लिक लिमिटेड कम्पनी' बना डाली गयी। गोकि उसमें हजार दो हजार देने वाले चार-छः लोग भी शामिल हुए लेकिन सौ-

---

इस लेख का शीर्षक मेरा नहीं है। 'विषवमन' तो हरगिज नहीं। दरअसल यह हनुमान प्रसाद वर्मा की सूझ है। एक बार हल्के-फुल्के क्षणों में मैंने यह प्रस्ताव किया था कि परसाई के समस्त साहित्य का प्रकाशन 'परसाई ग्रन्थावलि' के रूप में किया जाये। हनुमान वर्मा ने फौरन सुझाव दिया कि ग्रन्थावलि की जगह 'परसाई विषवमन' भाग-1, 2, 3 (इस प्रकार) परसाई साहित्य का प्रकाशन ठीक होगा। हनुमान के इस शीर्षक को मैंने थोड़े हेरफेर के साथ अपना लिया है। वे इस उधारी के लिए क्षमा करें।

सौ रुपये देने वालों की संख्या सैकड़ों में हैं। रूपराम पान वाले और लोकमन पटेल होटल वाले जैसे अनेक सदस्य परसाई की ही देन हैं।

1949-50 में जब मैं 'दैनिक नवभारत' के जबलपुर संस्करण के प्रकाशन के सिलसिले में जबलपुर आया तब परसाई को अपने समय के सुयश प्राप्त साप्ताहिक 'प्रहरी' के माध्यम से पढ़ता-सुनता रहा था। मैं नहीं कह सकता कि उन्होंने लिखना कब शुरू किया, लेकिन मेरा ख्याल है कि 'प्रहरी' में प्रकाशित उनकी रचनायें प्रारंभिक ही रही होंगी। उन दिनों जबलपुर के अधिकांश चोटी के राजनीतिज्ञ साहित्य में भी बराबरी का दखल रखते थे। चाहे स्व० सेठ गोविन्द दास हों या पं० द्वारिकाप्रसाद मिश्र, स्व० चौहान दम्पति (श्रीमती सुभद्रा कुमारी चौहान और श्री लक्ष्मणसिंह चौहान) हों या स्व० श्री भवानीप्रसाद तिवारी, राजनीति के साथ साहित्यकारों की श्रेणी में अपना विशिष्ट स्थान बना चुके थे। या यों कहना अधिक ठीक होगा कि वे साहित्यकार होने के साथ ही साथ राजनीति में भी पूरे दमखम से थे। साहित्य और राजनीति का यह संगम स्वाधीनता संग्राम काल में जितना महाकोशल और विशेषकर जबलपुर में मुखर था, उतना उत्तरप्रदेश के अतिरिक्त देखने में कम ही आया है। शायद व्यक्तिगत तौर पर ऐसे उदाहरण बहुत होंगे किन्तु एक पूरा समाज ही साहित्य और राजनीति में एकरंग हो गया हो, यह विशेषता कम स्थानों पर ही देखी जा सकती थी। आयु के हिसाब से स्व० पं० भवानीप्रसाद तिवारी साहित्य और राजनीति दोनों में ही तरुणों का नेतृत्व करते थे। स्वाभाविक है उनके पास तरुण रचनाकारों का जमघट लगा रहता था। 'प्रहरी' उन दिनों अपनी प्रतिष्ठा के शिखर पर था। इसलिए परसाई भी 'प्रहरी' समाज के एक मुखर अंग के रूप में उभरे। अपनी विशिष्ट चुटीली शैली के कारण परसाई को अपेक्षित सफलता मिलना उनका स्वाभाविक हक था।

इन तीस वर्षों में परसाई और मैं इतने निकट आ गये हैं कि कभी यह सोचने की जरूरत नहीं पड़ी कि हम पहली बार कब और कहाँ मिले। लेकिन जब स्मृति की परतें कुरेदता हूँ तो ख्याल यही आता है कि हम लोगों की पहली मुलाकात स्व० पं० भवानीप्रसादजी तिवारी के यहाँ ही हुई। वे उन दिनों माडेल हाई-स्कूल, जबलपुर में शिक्षक थे। शासकीय सेवा में रहते हुए भी उनके पैने व्यंग्य किसी को बख्शते नहीं थे। और 1952 में बालिग मताधिकार के बाद मध्यप्रदेश में जो शासन आया, उसे परसाईजी के व्यंग्य शायद सहन नहीं हुए। एक तो वैसे ही 'प्रहरी' विरोधी दल का पक्षधर और दूसरे शासन या अधिकारियों पर ऐसी सीधी चोट कि जाहिर तौर पर कोई कार्रवाई मुमकिन न हो। नतीजा साफ था कि ऐसे 'कुटिल'

व्यक्ति का स्थानान्तरण कर दिया जाये। सो (शायद हरदा) हो गया। मैं उन दिनों तक उनके निकट नहीं आया था। और आ भी जाता तो उनका ट्रांसफर रद्द कराना सम्भव नहीं था क्योंकि वह बहुत ऊँचे स्थान से तय हुआ था। तब तक परसाई कुछ और साहित्यिक पत्रिकाओं में छपना शुरू हो गये थे। अतः उन्होंने सरकारी नौकरी से त्यागपत्र देना ही उचित समझा।

लगभग उन्हीं दिनों 'प्रहरी' का प्रकाशन स्थगित हो गया। मेरा ख्याल है कि 'प्रहरी' में प्रकाशन से परसाई को कोई आर्थिक लाभ नहीं होता था। तब उनका नाम भी इतना बड़ा नहीं था। देश के कुछ साहित्यिक पत्रों में जिसमें 'कल्पना' भी शामिल है, उनकी रचनायें जरूर प्रकाशित होती थीं। लेकिन इतना जीवनयापन के लिए काफी नहीं था। संयोग कुछ ऐसा था कि परसाई का अपना परिवार तो बड़ा नहीं था लेकिन जिम्मेदारियाँ बहुत थीं। उस पर वे एक विधवा बहिन और उसके 3-4 छोटे बच्चों को अपने साथ रहने के लिए ले आये।

किसी अल्पसिद्धि प्राप्त लेखक को प्रकाशक मिलते ही कहाँ हैं, वही स्थिति परसाई की हुई। एक तो तब तक उन्होंने बहुत अधिक कुछ लिखा भी नहीं था। जो लिखा भी था उनमें लम्बी रचनायें कम और छोटे-छोटे व्यंग्य अधिक थे। अतः उन्होंने अपनी रचनायें खुद प्रकाशित करने का निश्चय किया। 'हँसते हैं, रोते हैं' उनकी पहली प्रकाशित पुस्तक है। परसाई स्वयं उसे बेचते थे। कीमत डेढ़ रुपया। मित्र समुदाय भी सहायक हुआ। 'हँसते हैं, रोते हैं' की रचनायें छोटी-छोटी ही है पर व्यंग्य बहुत पैने हैं। यों तो बहुत लेखकों ने अपनी कृतियाँ प्रकाशित की हैं, पर इस प्रकाशन की बात कुछ अलग थी। यह एक बेरोजगार युवक साहित्यकार के अपने पैरों पर खड़े होने का प्रयत्न था।

अपनी कृति बेचने में यदि झिझक पैदा हो जाती तो शायद परसाई वह न होते जो आज हैं। मुझे याद आता है कि उन्होंने एक पुस्तक बीच बाजार में मुझे थमा दी। मैंने सोचा, एक सम्पादक के लिए शायद यह लेखक की भेंट होगी। किन्तु उन्होंने मुझसे पूरे पैसे वसूल लिये। दो रुपये का नोट दिया तो उसे जेब में रखते हुए पुस्तक के पहले पृष्ठ पर लिखा गया ''श्री मायाराम सुरजन को दो रुपये में सस्नेह''। जब मैंने आठ आने वापिस माँगे तो उत्तर मिला-'क्या आठ आने का स्नेह नहीं हो गया।' इस उत्तर के बाद हम दोनों ही हँस दिये। और शायद परसाई और मेरे निकट आने की घटनाओं का यह क्रम शुरु हुआ।

परसाई विचारों से मार्क्सिस्ट हैं, यह कहकर मैं कोई भूल नहीं कर रहा हूँ। ऐसी विषम स्थितियों में रहकर कोई भी सोचने-समझने वाला

आदमी मार्क्सवादी हो ही जायेगा। बढ़ती हुई जिम्मेदारियाँ और घटते हुए आर्थिक स्रोत। समाज की सहानुभूति से ही तो नहीं जिया जा सकता। परसाई को समाज ने मीठे कम, कड़ले ज्यादा अनुभव दिये। लेकिन जीवन की इस कड़वाहट का उन्होंने सदुपयोग किया। वे अपने निराश क्षणों में समाज की सहानुभूति बटोरने में लगने के बजाय आर्थिक प्रसंग में राजनीति और साहित्य का अध्ययन करने में जुट गये। हिन्दी में ऐसे बहुत कम रचनाकार हैं जिन्हें विश्व की राजनीति और साहित्य का इतना सधा हुआ बोध है। सामान्यत: यह माना जाता है कि हिन्दी का लेखक अपने आप में मस्त रहता है। लेकिन परसाई की दृष्टि अपने चारों ओर फैले समाज में उलझी रहती है।

उनकी कोटि का कोई और लेखक जब पहिले दर्जे में यात्रा करता है तो परसाई दूसरे दर्जे में और दिन में यात्रा करना पसन्द करते हैं। ऐसी ही एक बस यात्रा से ऊबते हुए मैंने कहा कि तुम्हारे साथ सारा दिन खराब हो गया और बस के धक्के खाये सो अलग। उनका उत्तर था कि ''दिन में यात्रा में मैं समाज के ज्यादा नजदीक होकर उसे बारीकी से देख पाता हूँ। आखिर मेरी रचनाओं के प्लाट यहीं तो मिलते हैं जब यात्रीगण अपने किसी सहयात्री ने अपनी बीती बतियाते हैं, छोटा अफसर अपने बड़े अफसर की 'पोल' खोलता है या कोई शोषित व्यक्ति अपने शोषक के चर्चे सुनाता है।'' अपने प्लाट खोजने के लिए वे जबलपुर से भोपाल की यात्रा सीधी रात्रि ट्रेन से करने के बजाय दिन की किसी पैसिंजर बस से करते हैं।

परसाई की राजनीतिक विचारधारा के सिलसिले में स्व० गजानन माधव मुक्तिबोध और श्री महेन्द्र बाजपेयी का प्रसंग आना बहुत जरूरी है। श्री महेन्द्र बाजपेयी भारतीय कम्युनिस्ट पार्टी के कर्मठ कार्यकर्ता तो रहे ही हैं, अनेक नवयुवकों को वामपंथी विचारधारा में दीक्षित करने का भी उन्हें श्रेय है। मजदूरों को संगठित करते हुए भी वे 'इन्टलेक्चुअल' क्लास के लोगों से मिलते-जुलते रहे हैं। जबलपुर में ऐसे अनेक पढ़े-लिखे व्यक्ति हैं जो महेन्द्र बाजपेयी के अनवरत प्रयासों के कारण जाने-अनजाने वामपंथी हो गये हैं, भले ही उन्होंने किसी राजनीतिक पार्टी की सदस्यता न ली हो। सरकारी नौकरी छोड़ देने के बाद परसाई के पास काफी समय था, और महेन्द्र बाजपेयी ने उन्हें मार्क्सवादी साहित्य पढ़ने में लगा दिया। निश्चय ही उनकी मार्क्सवादी विचारधारा के पीछे महेन्द्र बाजपेयी की छाप है।

मुक्तिबोध से परसाई प्रारम्भ से ही प्रभावित रहे। जहाँ तक मुझे स्मरण है, मुक्तिबोध से उनका परिचय नागपुर में हुआ। फिर मुक्तिबोध चाहे नागपुर में रहे हों या राजनांद गाँव में, परसाई का सम्पर्क निरंतर बना रहा और वे एक-दूसरे की शंकाओं का निराकरण करते रहे। यह प्रक्रिया निजी

पत्रों के माध्यम से या 'वसुधा' के कालमों से चलती रही। यद्यपि परसाई पर मुक्तिबोध का प्रभाव स्पष्ट है फिर भी यह भी उतना ही सच है कि मुक्तिबोध भी परसाई से उतने ही प्रभावित रहे। यदि मैं यह कहूँ कि मुक्तिबोध को अपनी कोठरी से बाहर निकालने में परसाई का अदृश्य हाथ था, तो जरा भी अतिशयोक्ति नहीं होगी। मुक्तिबोध संकोची स्वभाव के व्यक्ति थे। वर्षों से लिखी जा रही उनकी पाण्डुलिपियाँ इकट्ठी होती जा रही थीं। परसाई ने ही उनके क्रमबद्ध प्रकाशन की व्यावस्था की। मुक्तिबोध और परसाई का साथ मुक्तिबोध के असामयिक निधन से ही छूटा। उनकी बीमारी में राजनाँद गाँव से लेकर भोपाल और दिल्ली तक की व्यवस्था में परसाई कहीं-न-कहीं प्रयासरत थे। तत्कालीन मुख्यमंत्री पं० द्वारिकाप्रसाद मिश्र या प्रधानमंत्री स्व० लालबहादुर शास्त्री तक उनकी बीमारी का हाल पहुँचाने और इलाज का इन्तजाम तो परसाई और उनके मित्रों के माध्यम से हुआ ही लेकिन उनकी बीमारी में लगभग पूरे ही समय परसाई मुक्तिबोध के पास रहे। इन दिनों के वैचारिक आदान-प्रदान ने एक-दूसरे की विचारधारा को और पक्का किया। बीमारी के दौरान भी बहस का यह क्रम घंटों अवाध चलता रहता था।

साहित्य में परसाई की अपनी अलग जगह बन गयी है। दरअसल हिन्दी को व्यंग्य की विधा देने वालों में परसाई का नाम सबसे ऊपर है। उनके पास किसी के लिए कोई रियायत नहीं है। ऐसे भी प्रसंग आये हैं जब बड़े-बड़े अखबारों ने उनसे रचनाएँ मँगवाकर इसलिए वापिस कर दीं कि शायद उनके अभिजात्य वर्गीय मालिकों या पाठकों के न्यस्त स्वार्थों के अनुकूल नहीं बैठतीं। ऐसे भी बहुत प्रसंग हैं जब उन्होंने स्वनामधन्य साहित्यकारों पर भी गहरी चोट की है फिर वे चाहे जैनेन्द्रकुमार हों या भगवतीचरण वर्मा।

यों तो परसाई 'कल्पना' जैसी साहित्यिक पत्रिकाओं में भी नियमित रूप से प्रकाशित होने लगे थे, किन्तु एक कालमिस्ट के नाते उनका नाम 'सुनो भाई साधो' के प्रकाशन के साथ ही उभरा। यह कालम उन्होंने जबलपुर से प्रकाशित होने वाले एक मजदूर साप्तहिक (शायद 'आवाज') के लिए लिखना शुरू किया था। लेकिन यह पत्र एक-दो अंक निकलने के बाद ही बन्द हो गया। उस कालम का पुनर्प्रकाशन 'नयी दुनिया', इन्दौर के जबलपुर (अब नवीन दुनिया) तथा रायपुर (अब देशबन्धु) संस्करणों में छपता था, किन्तु उसकी लोकप्रियता के कारण इन्दौर संस्करण में भी लिया जाने लगा। 'नयी दुनिया', इन्दौर ने जब अपने पाठकों का सर्वेक्षण किया तो 91 प्रतिशत पाठक वे थे जिनका 'सुनो भाई साधो' सबसे अधिक

पसन्द कालम था। अब यद्यपि यह कालम उतना नियमित नहीं रहा लेकिन पाठक उसी उत्सुकता से उसकी प्रतीक्षा करते हैं। 'सुनो भाई साधो' की लोकप्रियता का अन्दाज इससे ही लग सकता है कि अनेक पत्रों ने 'कबिरा खड़ा बजार में', 'कबीर उवाच' आदि अनेक शीर्षकों से स्तम्भ शुरू किया और असफल हो गये। 'सुनो भाई साधो' के बाद उनके पास अनेक पत्रों से व्यंग्य स्तम्भ शुरू करने के आफर आये। अभी उनके जो स्तम्भ स्थायी रूप से चल रहे हैं–वे हैं जनयुग में 'माजरा क्या है', करंट में 'देख कबीरा रोया' तथा कथा-यात्रा में 'रिटायर्ड भगवान की कथा'।

यों ऊपरी तौर पर परसाई बहुत संतुलित और स्वस्थ दिखते हैं, लेकिन भीतर-ही-भीतर कोई कचोट उन्हें भेद रही है, यह कम लोग ही समझ पाये हैं। दरअसल वे अपनी बात किसी से कहते नहीं हैं और उनके अत्यन्त निकटस्थ मित्र भी नहीं जानते कि वे अन्दर-ही-अन्दर किस पीड़ा के शिकार हो रहे हैं। बहिनों और उनके परिवार पालने के लिए उन्होंने विवाह नहीं किया। कमजोरी के ऐसे ही किसी क्षण में अपना गम गलत करने के लिए उन्होंने शराब पीना शुरू कर दिया। पहिले वे दूसरों के खर्च पर शराब लिया करते थे, वह भी कभी-कभार। पर फिर शराब पीना नियमित हो गया। मित्रों ने किनाराकशी की तो अपने पैसों से शुरू कर दिया। जब खुद की हालत खस्ता होने लगी तो 'देसी' पर उतर आये।

शराब पीना उन्होंने क्यों शुरू किया इसका सिर्फ अन्दाज लगाया जा सकता है। मेरा ख्याल है कि शौकिया शुरू हुई आदत एक व्यसन बन गयी। न कभी मैंने पूछा और न कभी उन्होंने बताया कि उन्हें यह लत क्यों लगी। यह भी सम्भव है कि छोटे भाई गौरी (गौरीशंकर परसाई) का कामधाम ठीक न चलने के कारण भी उन पर आर्थिक बोझ बढ़ गया और उसके शादी कर लेने के बाद वे और अधिक क्षुब्ध हो गये। इस व्यसन ने उन्हें इस स्थिति पर पहुँचा दिया कि वे मित्रों तक को अनसुना करने लगे। हालत यहाँ तक पहुँच गयी कि मित्रों ने मुझे रायपुर से जबलपुर पहुँचने के लिए फोन पर फोन किये। उन्हें जब यह मालूम हुआ तो उन मित्रों पर भी बिगड़े, "साले, क्या तुम समझते हो कि मायाराम मेरा गार्जियन है? वह आकर क्या कर लेगा मेरा?" लेकिन जब मैं जबलपुर पहुँचा तो परसाई बिल्कुल प्रकृतिस्थ। मैं 2-3 दिन जबलपुर रुका, उनको साथ लिये रहा। लेकिन उन दिनों उन्होंने मछुए तो क्या अंगूरी को भी हाथ नहीं लगाया। बातचीत की तो सीधा उत्तर, "अरे यार कभी--कभी ले लेता हूँ तो सालों ने बात का बतंगड़ खड़ा कर दिया।" फिर टालते हुए बोले, "हाँ, बोलो, तुम्हारा क्या हाल है...अदि-आदि...." मैंने फिर सीधे सवाल किये तो निरुतर होकर

बगलें-सी झाँकने लगे। जब कोई बात ही न करे तो उससे क्या उगलवाया जाये।

इसी बीच एक और हादसा हो गया। परसाई राष्ट्रीय स्वयंसेवक संघ के कट्टर विरोधी हैं। लगातार उन्होंने आर० एस० एस० और जनसंघ के खिलाफ गुहार लगाई तो कुछ वालंटियर्स ने घर आकर उनको पीट दिया। किसी लेखक के साथ यह घटना अपने-आपमें हिला देने वाली थी। पुलिस में यों रिपोर्ट लिखा दी गयी और आर० एस० एस० के स्थानीय संचालक ने आकर खेद व्यक्त करते हुए उन्हें आश्वस्त किया कि अब यह नहीं होगा। लेकिन घटनाक्रम से ऐसा महसूस होता है कि उन्हें इससे बहुत आघात पहुँचा। इस घटना के बाद वे महीनों तक हर कालम में इसका जिक्र करते रहे। पर इस घटना का सबसे अधिक बुरा असर यह हुआ कि उनकी पीने की मात्रा और बढ़ गयी। अब यह आदत दिन में भी उनका पीछा नहीं छोड़ती। मित्रों में और अधिक बेचैनी फैल गयी। उनकी रचनाओं की ताजगी खत्म होकर पुनरावृत्तियाँ होने लगीं। मैंने कहा कि, "अब तुम बासी होते जा रहे हो, रचनाओं में रिपीटीशन हो रहा है।" तो एक वाक्य में उत्तर "जब घटनायें रिपीट होंगी तो लेखन भी रिपीट होगा।" हालत कुछ इस तरह हो गयी कि स्वास्थ्य गिरने लगा। मदहोशी की हालत में हाथ-पैरों में फ्रेक्चर होने लगे, लिवर की शिकायत हो गयी।

उनके असंयत और एकाकी दिनों में मित्रों ने विचार किया कि यदि परसाई को शादी के लिए राजी कर लिया जाये तो उनका जीवन-क्रम बदलने की संभावना हो सकती है। प्रश्न यह था कि पचास साल की उमर में न केवल एक समवयस्क वरन् परसाई को सम्हाल सकने योग्य वधू कहाँ मिलेगी। सोचते-समझते एक ऐसी महिला का ख्याल आया जो इस काम को बखूबी अंजाम दे सकती थी। डॉ० रामशंकर मिश्र ने उससे बात की तो वह उस प्रस्ताव से सहमत भी हो गयी। दरअसल वह परसाई की प्रशंसक ही नहीं थी वरन् बरसों से उनसे परिचित भी थी। अब समस्या थी कि परसाई कैसे तैयार हो, वह जवाबदारी मुझे सौंपी गयी। दो-चार दिन वातावरण बनाने में लग गये। फिर धीरे से ये प्रसंग शुरू किया। बात जब गंभीरता पर आयी तो प्रतिक्रिया यह कि "यार तुम मुझ को इतना बेवकूफ मत समझो कि तुम्हारी चिकनी-चुपड़ी में फंस जाऊँगा, यह भी तो हो सकता है कि एक अच्छी खाती-कमाती लड़की का जीवन और दुःखी हो जाये।" यह वाक्य उनकी पीड़ा का प्रतीक था या जवाबदेही से कतराने का प्रयास, मैं अभी तक नहीं समझ सका। किस्सा कोताह यह कि बात खत्म हो गयी।

इसे मैं परसाई की मेहरबानी कहूँ या अपना दबदबा, अगर वे किसी का थोड़ा-बहुत डर मानते थे तो केवल मेरा। लेकिन रायपुर रहकर जबलपुर में उन्हे नियंत्रित करना सम्भव नहीं था। अतः मैंने जबलपुर रहने का निश्चय किया। मेरे जबलपुर पहुँच जाने से इतना फर्क पड़ा कि उन्होंने दिन में शराब पीना बन्द कर दिया और रात्रि को जब हम लोग अलग हो जाते तो घर पहुँचकर वे अपने किसी मित्र, रिश्तेदार या कोई न मिला तो किसी रिक्शेवाले से ही देसी मँगवा लिया करते। चूँकि साथ लगभग दिन-भर का ही रहता, इसलिए उनके कार्यक्रम तय करवाने में भी मेरा भी दखल होने लगा। आने जाने की राशि नगद पारिश्रामिक बैंक ड्राप्ट से दिलवाया जाने लगा। अनेक जगह मैं भी साथ हो लिया करता। थोड़ी-बहुत छूट तो देनी ही पड़ती।

मेरे अपने कार्यक्रम इतने अनिशिचत होते हैं कि कब, कहाँ जाना पड़े, कुछ पता नहीं। और मेरी गैरहाजिरी में परसाई अपने पुराने ढर्रे पर आ जाते। आखिर उनके कुछ कार्यक्रम छत्तीसगढ़ क्षेत्र में रखवाये। पारिश्रामिक के बैंक ड्राफ्ट अलग रखे जाने लगे। चि० ललित लगभग चौबीस घंटे ही उनके साथ रहने लगे। वे लगभग डेढ़ महीने रायपुर रहे। शराब की एक बूँद नहीं। स्वास्थ्य अपने-आप ठीक होने लगा। पाँच-सात किलो वजन बढ़ गया। डेढ़ महीने बाद जब उन्हें रवाना किया गया तो ललित ने कहा कि "ड्राफ्ट जबलपुर भेज रहे हैं, आप वहीं ले लेना" तो जिद करके लगभग एक हजार रुपयों के ड्राफ्ट अपने साथ ले गये। हम आश्वस्त हो गये थे कि अब नहीं पियेंगे। पियेंगे भी तो हिसाब से पियेंगे। लेकिन हमने माथा ठोक लिया जब मालूम पड़ा कि सारे ड्राफ्ट बिलासपुर में ही भुना लिये गये। सबकी शराब पी ली गयी। थोड़ी-बहुत रकम लेकर कटनी होकर सीधा रास्ता छोड़कर गोंदिया की तरफ से जबलपुर के लिए रवाना हुए। नशे की हालत में गोंदिया में बन्द कर दिये गये और पैसे किसी यार ने उड़ा लिए। फिर वैसी ही हालत में राजनांद गाँव आये। वहाँ से पैसे लिए। पी और वापिस हुए। डेढ़ महीने की रखवाली बेकार गयी।

फिर वही रवैया शुरू हो गया। भोपाल के एक होटल से मुझे फोन किया कि इन्दौर से लौटा हूँ। आवाज से साफ जाहिर हो रहा था कि पिये हुए हैं। मैं होटल पहुँचा तो स्वाभाविक ही घर चलने का आग्रह किया। तुनुककर बोले-"तुम्हारे घर नहीं जाऊँगा। साले, तुम बाप-बेटे मुझको हाउस अरेस्ट में रखते हो। मैं कोई तुम्हारा दबैल नहीं हूँ।" मैंने कहा-"तुम्हें दो चाँटे लगाऊँगा तो सारा नशा काफूर हो जायेगा।" उत्तर मिला-"मैं भी तुम्हें दो लात लगाउँगा।" बमुश्किल उन्हें घर लाया। लुक-छिपकर

थोड़ी-बहुत पीते रहे पर ठीक-ठाक रहे, फिर कुछ दिन बिलकुल नहीं पी।

जबलपुर वापिस पहुँचने पर फिर वही बेकाबू स्थिति। भाई हनुमान वर्मा ने समझाया कि रोज पियो, हम खुद तुम्हें ऊँची-से-ऊँची पिलायेंगे, लेकिन हिसाब से पियो। पर सारी कोशिशे बेकार, बहिन और भांजों को भी उन्होंने दूसरे मकान में भेज दिया। कुछ दिन भाई और बहू साथ रहे, वे भी अलग हो गये। हालत इस हद तक खराब हो गयी कि लीवर की शिकायत बढ़ गयी। 'सिरोसिस' होने का भय हो गया। न डॉक्टरों की मनुहारों और न मित्रों की मिन्नतों का कोई असर। हम लोगों को लगा कि साल-छह महीने के ही मेहमान हैं ये। सभी हताश हो गये।

फिर भी परसाई के बुलावे निरंतर आते रहे। कभी जाते और कभी नहीं। रायपुर में फासिस्ट विरोधी सम्मेलन के लिए टिकट कटाकर रेल में बिठा दिया गया तो शहडोल में उतर गये। ग्वालियर में स्टूडेण्ट फेडरेशन के अधिवेशन का निमंत्रण स्वीकार कर लिया, गये नहीं। सतना में प्रगतिशील लेखक संघ का अधिवेशन हुआ तो उन पर पूरी निगरानी रखनी पड़ी। रायपुर में आयोजित कबीर उत्सव में शामिल हुए पर बीमार हो गये। गरज ये कि परसाई एक अविश्वसनीय व्यक्तित्व हो गये। हालत बद से बदतर होती चली गयी।

इन्हीं दिनों में मॉरीशस में दूसरा विश्व हिन्दी सम्मेलन आयोजित हुआ। 'मध्यप्रदेश हिन्दी साहित्य सम्मेलन' के अध्यक्ष के नाते मैंने प्रयास किया कि सम्मेलन की ओर से एक अधिकृत प्रतिनिधि मण्डल भेजा जाये जिसका नेतृत्व परसाई करें। यह 'मध्यप्रदेश हिन्दी साहित्य सम्मेलन' के लिए तो गौरव का विषय होता ही, सारे विश्व के हिन्दी विद्वानों के बीच उनकी अलग पहचान होती। केन्द्रीय शासन ने सबसे पहिले उनका नाम स्वीकृत किया। पर जब पासपोर्ट की तैयारी के लिए और प्रतिनिधियों के साथ उन्हें भी मैंने भोपाल बुलाया तो मालूम हुआ कि गिर पड़े हैं, अस्पताल में भरती हैं। मल्टीपल फ्रेक्चर हुआ है। पैर काटने की स्थिति भी आ सकती है।

जब यह खबर मुझे मिली तो जी धक रह गया। जबलपुर में उनका इलाज सम्भव नहीं था। आर्थिक साधन ऐसे नहीं थे कि दिल्ली या बम्बई ले जाकर इलाज कराया जा सके। श्री श्यामाचरण शुक्ल उन दिनों मध्यप्रदेश के मुख्यमंत्री थे। उन्होंने पाँच हजार रुपये का प्रबन्ध कराया। कला-परिषद से भी एक हजार रुपया मिला। दिल्ली में श्रीकान्त वर्मा ने तत्कालीन स्वास्थ्य मंत्री डॉ० कर्णसिंह से कहकर चिकित्सा का प्रबन्ध किया। लगभग 8-9 महीने सफदरजंग अस्पताल में कटे। पैर तो कटने से बच गया लेकिन खोट रह गयी सो अभी तक ठीक से चल-फिर नहीं सकते। चार साल हो गये तब से शराब नहीं छुई। घर से बाहर निकलना लगभग नहीं होता।

लेकिन शराबखारी का यह जिक्र परसाईनामा नहीं है। उनकी अच्छाइयों के साथ इस लत का उल्लेख कर देना भी मैंने उचित समझा है। यों इरादा कर लें तो बिना किसी चौकीदारी के भी महीनों बिना पिये रह लिए हैं।

मैं पहिले ही कह चुका हूँ कि विचारों से परसाई मार्क्सिस्ट हैं। शोषित तबके के लोगों से उनकी आत्मीयता फौरन बढ़ जाती है। वे राजनांद गाँव आयेंगे तो शरद कोठारी के रसोइये से पाचक चूरन की शीशी खरीदना नहीं भूलेंगे। मेरा एक ड्राइवर इकबाल उन्हें घंटों अपनी शायरी सुना देता और वे ऐसे सुनते जैसे–उसमें ही डूब गये हैं। किसी ने अपना दुखड़ा सुनाया तो उसकी मदद चाहे वह उनके बस की बात न हो, करने में सबसे आगे, भले ही फिर उसका बोझा दूसरे उठायें। सरकारी तंत्र को वे प्रपंचतंत्र कहते हैं। सरकारी अमले में उनकी कहीं कोई पैठ नहीं है। लेकिन किसी की सिफारिश करने–कराने का मौका आ पड़े तो स्वीकृति यों दे देंगे कि बस काम हो ही गया। और फिर चिट्ठियाँ दौड़ेंगी–यह काम कराना ही है, तुम्हारे भरोसे ही मैंने हाँ कर दी है।

परसाई के व्यक्तित्व का विकास ही कुछ इस तरह हुआ कि वे अपने आसपास के वातावरण से अछूते नहीं रहे। आचार्य (अब भगवान) रजनीश को देखकर उन्होंने 'टार्च बेचने वाला' की रचना की थी। शेषनारायण राय को हत्या के एक झूठे मुकदमें में फँसाने वाले एक तिलकधारी पुलिस इन्सपेक्टर ने उन्हें 'इन्सपेक्टर मातादीन चाँद पर' लिखने के लिए प्रेरित किया। एक आला अफसर की बीबी को पुरस्कार मिलने पर उन्होंने 'खीर प्रतियोगिता' का सृजन किया। श्रीमती विजयाराजे सिंधिया द्वारा 1967 में मध्यप्रदेश के कुछ विधायकों को अपनी तरफ कर लेने पर 'विधायकों की चोरी' की रचना हुई। गणेश विसर्जन के जुलूस में कौन सा गणेश पहले क्रम पर रहे इस विवाद ने उनसे लेख लिखा लिया। ऐसे कितने ही उदाहरण दिये जा सकते हैं जब परसाई ने समाज में जहाँ–तहाँ बिखरी हुई घटनाओं को कथानक का रूप दे दिया है।

दरअसल परसाई का रचनाधर्मी व्यक्तित्व 'वसुधा' के प्रकाशन से प्रकाशन में आया। श्री रामेश्वर गुरु, प्रमोद वर्मा, श्रीबाल पांडे, हनुमान प्रसाद वर्मा, डॉ० रामशंकर मिश्र आदि कुछ मित्रों ने सहयोग कर 'वसुधा' का प्रकाशन प्रारम्भ किया। कहना न होगा कि 'वसुधा' न सिर्फ अपने जमाने की वरन् अभी तक प्रकाशित साहित्यिक पत्रिकाओं में सर्वश्रेष्ठ नहीं तो श्रेष्ठतम में एक जरूर थी। दुर्भाग्य की बात है कि अर्थाभाव के कारण इस पत्रिका को बन्द हो जाना पड़ा। उसे जीवित रखने के लिए परसाई और श्रीबाल पांडे लगभग घर–घर घूमे। किन्तु साहित्यिक पत्रिकाओं का जो हश्र

होता है, 'वसुधा' को उससे नहीं बचाया जा सका। वसुधा ने परसाई की पहचान न केवल अच्छे सम्पादक के रूप में कराई वरन् उन्हें अच्छे रचनाकार के रूप में भी स्थापित किया।

'वसुधा' के प्रकाशन ने परसाई को अखिल भारतीय श्रेणी के साहित्यिक सम्पादकों में बैठाया। इन्हीं दिनों में उनके अध्ययन में तेजी भी आई। इतनी पैनी नजर से विश्व के घटनाक्रम को कम साहित्यकारों ने समझा होगा। मैंने देखा कि अखिल भारतीय स्तर के कतिपय समाचार पत्रों या पत्रिकाओं में जमे हुए साहित्यकार विश्व राजनीति में किस प्रकार उनके तर्कों को स्वीकार किया करते हैं। वरन् मुझे तो इन चर्चाओं के दौरान यह एहसास हुआ कि साहित्यिक मंच के, खास तौर पर हिन्दी के शीर्षस्थ लोग वर्तमान राजनीति से कितने अनभिज्ञ या अपरिचित होते हैं।

परसाई की बेलाग लेखनी ने उन्हें प्रगतिशील तबके में तो लोकप्रिय बनाया ही है, सर्वहारा वर्ग भी उनके प्रति काफी श्रद्धा रखता है। इस सम्बन्ध में एक-दो घटनाओं का जिक्र करना अनुचित न होगा। 'मध्यप्रदेश हिन्दी साहित्य सम्मेलन' को लेकर उठाये गये एक विवाद के सिलसिले में 'हिन्दी साहित्य सम्मेलन, प्रयाग' की स्थायी समिति में मुझे भाग लेना था। परसाईजी भी इस स्थायी समिति के सदस्य थे। मैंने उन्हें भी साथ ले लिया। सम्मेलन मुद्रणालय में कर्मचारियों एवं प्रबन्धकों के बीच कुछ झगड़ा चल रहा था। जब कर्मचारियों को मालूम हुआ कि बैठक में परसाई भी भाग ले रहे हैं तो अपना पक्ष बताने के लिए उन्होंने परसाई को पकड़ लिया। जब स्थायी समिति में यह विषय चर्चा के लिए आया तो प्रबन्धकों ने अपना पक्ष प्रस्तुत किया। परसाई ने कर्मचारियों का पक्ष लेते हुए ऐसी दलीलें रखीं उनसे व्यवस्थापकगण कतराने लगे। प्रबन्धक बोले-"मोनो मशीनें लगी हैं, कल-पुर्जे आयात करने पड़ते हैं, इतना खर्च हो जाता है कि बचत नहीं होती"...आदि-आदि। परसाई कब चूकने वाले थे। सुझाव दिया, "ये मायाराम बैठे हैं, इनके यहाँ भी दो मशीनें लगी हैं, आप इन से सलाह कर लीजिये।" व्यवस्थापकों ने बात ही बदल दी।

जबलपुर में परसाई की अपनी अलग हस्ती रही है। हालाँकि पैर की कमजोरी की वजह से उनका नगर-पर्यटन का क्रम टूट गया है, लेकिन वह भी एक जमाना था जब वे शहर के हर प्रगतिशील आन्दोलन के साथ चलते-फिरते भी दिखाई पड़ते थे। यह क्रम खत्म हो गया हो, यह तो हरगिज नहीं, अन्तर केवल इतना है कि अब अपने सिंहासन पर पड़े-पड़े ही आन्दोलन का संचालन करते हैं। इस संदर्भ में 1962 की एक घटना याद रखने योग्य है। चीन ने भारत पर हमला किया और सारे देश की ही

तरह जबलपुर विश्वविद्यालय के छात्रों में भी उफान आया। उन दिनों में विश्वविद्यालय छात्रसंघ ऐसे बली छात्रों के हाथ में था जो अपनी समक्ष के आगे किसी की भी सलाह अनसुनी करने के लिए प्रसिद्ध हो चुके थे। छात्रसंघ अध्यक्ष कुछ दिन पहले ही एक हत्या-काण्ड से बरी हुए थे। छात्रों ने तय किया कि एक विशाल जुलूस निकाला जाये। बात यहीं तक सीमित रहती तो कोई बात नहीं थी। हम लोगों को पता चला कि यह भी योजना बनाई गई है कि चीनी डाक्टर, चीनी रेस्तराँ, इण्डियन काफी हाउस और कम्युनिस्ट पार्टी के दफ्तर को आग लगा दी जाये। रैली का मार्ग भी तय हो गया। सारे शहर में सन्नाटा कि दस-बारह हजार उत्तेजित छात्रों की रैली कैसे सम्हाली जाये। आखिर हम कुछ लोग बैठे और निश्चय किया कि छात्रों की रैली में नगर के कुछ सम्भ्रान्त नागरिकों को भी शामिल कर लिया जाये। इस योजना के अनुसार महापौर मुलायमचन्द जैन, विधान सभाध्यक्ष स्व० कुंजीलाल दुबे, भूतपूर्व महापौर श्री सवाईमल जैन और रामेश्वर प्रसाद गुरु आदि अनेक राजनयिकों से बात की और धीरे-धीरे उन्हें जुलूस के रास्ते में शामिल करते चले गये। परसाई और मैं छात्र-नेताओं के साथ लग गये। कुछ लोगों को जुलूस के खास-खास ठिकानों पर जमा दिया। चीनी डाक्टर और चीनी रेस्तराँ के सामने से जुलूस निकला तो परसाई और मैं उन दुकानों के सामने खड़े हो गये। कुनर-मुनर करते हुए भी छात्र-नेता हम लोगों की बात मानते रहे और जुलूस का रास्ता भी इस तरह बदल दिया कि कॉफी हाउस और कम्युनिस्ट पार्टी के दफ्तर अलग रह गये। बाद में छात्र-नेताओं की गालियाँ परसाई और मैंने मुस्कराकर सुन लीं लेकिन उस दिन होने वाले अग्निकाण्ड से शहर जरूर बच गया।

अपने निजी जीवन में परसाई शुद्ध रूप से धर्मनिरपेक्ष आदमी हैं। न तो वे किसी धार्मिक क्रियाकलाप में विश्वास रखते और न जात-पाँत में। वैसे वे अपने आपको एंग्लो इंडियन कहते हैं। पहले जबलपुर में कहीं साम्प्रदायिक उपद्रव हो जाया करते थे। वे उत्पीड़ितों की रक्षा में पहली पंक्ति में खड़े मिलते हैं। 1961 में एक ऐसी ही भयानक घटना हो गयी थी। एक बहुसंख्य वर्ग की लड़की के साथ दो अल्पसंख्य किशोरों द्वारा बलात्कार ने सांप्रदायिक दंगे का ऐसा स्वरूप लिया कि जबलपुर में तो अनेक निर्दोष परिवार लूटे-मारे गये। करीब के ही एक गाँव सरूपा में 13-14 अल्पसंख्य जिन्दा जला दिये गये। सागर आदि शहरों में भी उपद्रव हुए। सारे देश में चिन्ता का वातावरण फैल गया। जबलपुर के सांसदों तथा विधायकों तक के पैर उखड़ गये थे उस आँधी में। प्रधानमंत्री नेहरू ने विशेष प्रतिनिधि भेजे। सांसद द्वय श्रीमती अनीसा किदवई और सुभद्रा जोशी महीनों जबलपुर आत-जाते रहे। उन दिनों मेरी जो दुर्गति

हुई, वह तो अलग चर्चा का विषय है लेकिन यदि परसाई उन दिनों मेरे बाजू से कुछ ऊपर खड़े न होते तो जाने क्या और बीतती। उनके निर्भीक व्यक्तित्व से उन दिनों वातावरण शान्त होने में बहुत कुछ मदद मिली। बाद में तो बहुत लोग आगे आ गये लेकिन प्रारम्भ के वातावरण की याद करते ही रोंगटे खड़े हो जाते हैं।

जिस तरह परसाई के प्रशंसक हैं, वैसे ही उनके निन्दकों (या घृणा करने वालों) की कमी नहीं है। आर० एस० एस० का उदाहरण मैंने दिया है। जनता शासन के तीन वर्षों में उन्हें राज्य या केन्द्रीय शासन के किसी साहित्यिक कार्यक्रम में आमंत्रित नहीं किया गया न किसी कमेटी में रखा गया। जब कभी किसी अधिकारी या संस्था ने उनका नाम सुझाया भी तो बहुत हिकारत से काट दिया गया।

यद्यपि परसाई किसी राजनीतिक दल के सदस्य नहीं हैं लेकिन कम्युनिस्ट पार्टी में उनको बहुत आस्था से देखा जाता है। पार्टी के कार्ड होल्डर हिन्दी के एक प्रख्यात प्रगतिशील कथाकार सम्पादक को प्रगतिशील लेखक संघ या इससे सम्बन्धित आन्दोलन से अलग करने का फैसला किया गया। उन्होंने परसाईजी तक अपनी खबर पहुँचाई और परसाई ने शीर्षस्थ नेताओं से चर्चा कर मामला रफा-दफा किया।

परसाई को जबलपुर से कुछ मोह हो गया था। सरकारी नौकरी छोड़ने के बाद वे जबलपुर में ही रहना चाहते थे। एक-दो प्राइवेट स्कूलों में अध्यापक भी हो गये। लेकिन वहाँ माध्यमिक शिक्षकों की हड़ताल करा दी। माध्यमिक शिक्षक अपने अधिकारों की लड़ाई लड़ने कोभी तैयार नहीं था। इन्होंने 60-70 शिक्षकों को लेकर जो कुहराम मचाया कि प्राइवेट स्कूल की नौकरी से भी हाथ धोना पड़ा। कुछ दिनों या एक-दो साल बाद शाजापुर में नवस्थापित कालेज के प्रिंसिपल नियुक्त करने का ऑफर आया तो उसे भी स्वीकार नहीं किया। 'जनयुग' के सम्पादक बनाने का प्रस्ताव आया, वह भी छोड़ दिया। श्रीमती सुभद्रा जोशी ने दिल्ली से राजनैतिक साप्ताहिक के सम्पादन की जिम्मेदारी सौंपनी चाही, मना कर दिया।

बिना किसी नियमित आमदनी के परसाई आर्थिक संकट में उलझे ही रहते हैं। कभी किसी अखबार की माली हालत ठीक नहीं हुई या किसी अखबार में लम्बी हड़ताल हो गई तो उनकी रचनाओं का पारिश्रमिक भी समय पर नहीं आता। स्नेह सम्मेलनों या उत्सवों में न जा सकने के कारण भी आमदनी पर आघात हुआ ही है। घर-खर्च की बात अलग, टेलीफोन कटने तक की नौबत आ जाती या मकान का किराया पट नहीं पाता। ऐसे वक्त पर स्व० भाई नर्मदा प्रसाद खरे हम लोगों के काम आते थे। यों खरेजी

परसाई के प्रकाशक भी थे, पर हिसाब कभी-जभी ही हो पाता ता। जब जैसी जरूरत हुई हम लोग उनके यहाँ पहुँच जाते और जरूरत से दुगनी-तिगनी रकम की माँग पेश कर देते। तब जरूरी राशि तो खरे जी से ले ही आते थे। अब खरे जी नहीं हैं, परसाई बाहर नहीं निकल पाते। बड़े अखबारों में परसाई का लेखन लगभग बन्द है। तो निश्चय ही परेशानियाँ बढ़ गयी हैं। छोटा भाई अस्वस्थ है और बेरोजगार भी। उसकी सहायता भी करनी होती है। लेकिन स्वाभिमान ऐसा कि किसी की मदद नहीं लेते। किसी मुलाकाती ने उनके नाम पर अर्थ संग्रह की अपील निकाल दी तो उसका खण्डन फौरन प्रकाशित कर दिया। और किसी तरह गाड़ी चल ही रही है।

जबलपुर में वे अकेले नहीं होते। जब भी जाइये कुछ नवयुवक 'मार्गदर्शन' के लिए वहाँ जरूर बैठे मिल जायेंगे। वे जयपुर और शिमला से भी आ सकते हैं और झुमरी तलैया से भी। वे केरल के भी हो सकते हैं और असम के भी। उनकी रचनायें हिन्दुस्तान की सभी भाषाओं में अनूदित हुई हैं। दरअसल उनके लेखन ने उनको छोटे तबके का प्रतिनिधि बना दिया है। हिन्दी में व्यंग्यकार होने का दावा बहुत लोग कर सकते हैं, लेकिन परसाई के लेखन में लफ्फाजी नहीं है। उनकी हर रचना में एक उद्देश्य होता है और कम शब्दों में ज्यादा सारगर्भित बात कह देने में उनका कोई मुकाबला नहीं है।

इन तीस वर्षों के 'सत्संग' को घटनावार क्रम में प्रस्तुत कर सकना संभव नहीं है। अब परसाई का जबलपुर से बाहर निकलना नहीं होता। जिस दिन मुझे उनके पैर टूटने की खबर मिली, उस क्षण सचमुच ही मैं दुखी था। लेकिन तब ही मैंने उस अपघात को आभार माना कि शायद परसाई अपने पुराने फार्म में आ जायें। उनके वर्तमान लेखन में ताजगी है, क्या वह मेरे इस विश्वास की साक्षी नहीं है?

—मायाराम सुरजन

हमकूं मिल्या जियावनहारा

बचपन में माँ से अक्सर कहानियाँ सुनता था। उनमें से एक मुझे बेहद पसंद थी जो बात की बात में जाने कितनी फेंटेसियाँ मेरे मन में बो देती। एक राजा था जिसकी दो रानियाँ थीं। छोटी बहुत सरल और निष्कपट थी। बड़ी उससे डाह करती थी। एक दिन दोनों सरोवर में नहाने गयीं। बड़ी ने छोटी को गहरे पानी में ढकेलकर डुबो दिया। सच्ची बात भला किसे मालूम होती? रो-पीट कर राजा ने कलेजे पर पत्थर रख लिया। दूसरे दिन लोगों ने देखा उस तालाब में बेहद सुन्दर कमल खिला है। राजा ने उसे तोड़ने के लिए ताल में नौकर उतारे। लेकिन वह किसी के हाथ न आता। तब राजा खुद तालाब में उतरा। इस बार कमल अपनी जगह से नहीं हिला। राजा ने जैसे ही उसे नाल से अलग किया कि छोटी रानी उसकी बाँहों में आ गयी।

यह कहानी मुझे आज दिन तक 'हॉण्ट' करती है। सचमुच समूह में डूबे बिना आदमी व्यक्तिवान नहीं बनता। मैं हमेशा परसाई की कल्पना सरोवर में खिले कमल के रूप में करता हूँ। इस कमल में खेत है। खेत में धान। धान के पकने पर किसान हँसिये लेकर काटने आ जाते हैं। फिर चावल दूकान पहुँचता है। दूकान बनिये की है। किसान द्वारा उपजाया चावल बनिये को मुनाफ़ा दिए बिना मजदूर की हाँडी में नहीं पक सकता। नेताजी आकर मजदूर सभा में राष्ट्र-हित के लिए उत्पादन बढ़ाने का उपदेश करते हैं। शब्द-कोश में आज़ाद रहने का मतलब भूखों मरना बतलाया जाता है। मजदूर की औरत चिल्लाती है, देखो घर में कुत्ता घुसा और मज़दूर हथौड़ा लेकर भूख के पीछे दौड़ता है। इतने में सारे चित्र गड्ड-मड्ड हो जाते हैं। यह माँ की कहानी है या मेरी कविता या आज के हालात या हरिशंकर परसाई का लेखन? परसाई क्या सिर्फ़ आज के हालात के बारे में लिखता है? क्या उसका लेखन समकालीन राजनीति पर की गयी टिप्पणियाँ मात्र है? फिर वह मुझे अपनी माँ की याद क्यों दिलाता है? और मुझे उसमें अपनी भी कविता के क्रिस्टल्स जड़े क्यों दिखाई देते हैं?

हिन्दी ही नहीं शायद सभी भारतीय भाषाओं में भी आज हरिशंकर परसाई

जैसा कोई लेखक नहीं है यह जानने के बाद ही सुनियोजित ढंग से उसकी उपेक्षा की जा सकती थी। व्यक्तिवादी-कलावादियों का उसके प्रति ठंडापन तो फिर भी समझ में आता है (हालाँकि यहां यह विस्मृत करना हद दर्जे की बेईमानी होगी कि तब के वरिष्ठ नये लेखकों में मुक्तिबोध के अलावा एक अज्ञेय ही ऐसे थे जिन्होंने परसाई की संभावनाओं को उसके आरम्भिक लेखन में ही पढ़ लिया था और उसकी एक रचना को आज के पच्चीस-छब्बीस साल पहले अंग्रेजी में अनुवाद करने योग्य समझा था) लेकिन नामवरसिंह? वे तो परसाई की ही पार्टी को आदमी हैं। फिर, सुनते हैं, उनके कान भी बेहद सुर-अभ्यस्त हैं। उनका ध्यान निर्मल वर्मा की भाषा के संगीत की तरफ़ तो खट से जाता है, लेकिन लगभग बच्चों की-सी सरल भाषा का आदिम संगीत रचते परसाई की तरफ़ कभी क्यों नहीं गया? कहीं ऐसा तो नहीं कि वे भी सिर्फ़ सोल म्यूजिक या रॉक-पॉप को ही आदिम संगीत मानते हैं? जलते अलावों के इर्द-गिर्द हमारे यहाँ भी प्रायः नित्य ही बेहद उद्दाम और जीवंत संगीत रचा जाता है इसकी ख़बर कम से कम साहित्य के वामाचारियों को तो होनी ही चाहिए थी। इसी तरह भाषा के मूल्यन-अवमूल्यन पर कड़ी नज़र रखने वाले स्वघोषित सृजनधर्मी आलोचकों को भी परसाई के यहाँ झाँके बिना संकट-संकट गुहारते सुनना अपने आपमें एक दिलचस्प अनुभव है। अपना मुहावरा रचना कला का स्वाभाविक धर्म ज़रूर है लेकिन यहाँ एक ज़बरदस्त कैच यह है कि सावधान न रहने पर कला अपने मुहावरे में ही क़ैद हो कर दम तोड़ सकती है। इसका एक मुख्य कारण मेरी समझ में यह है कि अपनी भाषा रचने की कोशिश करती कला बाहर की भाषा से कटती भी जाती है। सिर्फ़ लेखक नहीं पाठक भी एक ख़ास तरह की भाषा और मैनरिज़्म का आदी बनता जाता है। परसाई की तरह ज़िन्दगी को किसी प्रचलित और चालू मुहावरे में न देखने वाले लेखक कलावाद के गले में मछली के काँटे की तरह फँसने लगते हैं। सदियों के कलानुभवों को व्यक्त करने वाले मुहावरे के बदले कला के बाहर अर्थात् लोक-व्यवहार की भाषा में कला-रचना करना कितना मुश्किल काम है यह इसी से जाना जा सकता है कि जैनेन्द्र, अज्ञेय या निर्मलनुमा गद्य के नमूने तो हिंदी में काफ़ी मिल जाएँगे लेकिन परसाईनुमा शायद एक भी नहीं। हिंदी गद्य मुख्यतः बीसवीं सदी की उपज है-एक नाटक को छोड़कर गद्य की सभी विधाएँ हमने पश्चिम से ही लीं। इतना ही नहीं, पश्चिम ने हमारी भाषा के व्याकरण और संरचना को भी प्रभावित किया। हम अपने जिस सॉफ़िस्टिकेटेड गद्य से अभिभूत हैं वर दरअसल पश्चिम-केन्द्रित मुहावरा मात्र है। आज हिन्दी का लेखक होने के लिए हिन्दी से ज़्यादा अंग्रेजी जानना ज़रूरी समझा जाता है। वैसे अंग्रेजी का ज्ञान परसाई की भी किसी भी क्ष त्र ज्ञ से कम नहीं है

और मातृ-भूमि के अलावा उसकी भी एक पितृ-भूमि है जिसके दर्शन वह आज के बीस साल पहले कर आया है-लेकिन न तो उसकी मातृ-भाषा पर पितृ-भाषा हावी हो सकी और न मातृ-भूमि पर पितृ-भूमि है। परसाई ख़ालिस हिन्दुस्तानी लेखक है। मुक्तिबोध की तरह उसने भी सारी पढ़ाई भारत के ही किसी प्राइमरी स्कूल में पूरी की जहाँ बैठने के लिए टाट-पट्टी होती है और ज़रा-सी बात पर गालों पर चाँटों के आघात झेलने पड़ते हैं। परसाई के इस प्राइमरी स्कूल के हेड मास्टर का नाम है इंशा अल्ला खाँ। भारतेंदु, प्रतापनारायण मिश्र, बालमुकुन्द गुप्त, प्रेमचंद, गुलेरी, और रामचन्द्र शुक्ल वगैरह इस स्कूल के नायब मास्टर हैं। ये सभी मास्टर खुसरो, कबीर, सूर, तुलसी, बिहारी, घनानन्द; और ग़ालिब वगैरह के पढ़ाये हैं। परसाई खाँटी देसी भाषा का लेखक है-विलायती हिन्दी की नहीं। अपने पुराणों और मिथकों को उसने खूब दुहा है। इनका रचनात्मक उपयोग करते हुए अपना निराला ही क्लेसिकी-यथार्थ बनाया। भाषा का वास्तविक आभिजात्य उसमें है या उधार की पूँजी के बल पर व्यापार चलाने वाले उसके समकालीन नव-अभिजनों में?

परसाई को खाँटी देसी कहने का मतलब यह नहीं कि पश्चिम से भारत की सांस्कृतिक मुठभेड़ के फलस्वरूप स्वायत्त होने वाले नये मूल्यों से उसे इनकार है। कोई चाहे तो भी ऐसा नहीं कर सकता। फिर परसाई कैसे करेगा जिसकी मूल दृष्टि ही मूल्य-केन्द्रित है। मेरे ख्याल से तो मूल्यों के प्रति अतिशय आग्रहशीलता ही भारतीय संस्कृति की मूल विशेषता है। जहाँ मूल्य हों वहाँ नैतिकता होगी और जहाँ नैतिकता है वहाँ विचार कैसे नहीं होगा? विचार-धारा इस लिहाज़ से विचारात्मकता की चरम परिणति ही प्रतीत होती है। इस तरह पश्चिम के साथ जातीय मुठभेड़ के फलस्वरूप स्वायत्त होने वाले मूल्यों में रेशनेल्टी और उसके द्वारा अब तक विकसित होने वाले दर्शनों में सबसे कम इम्परफ़ेक्ट लगने वाली मार्क्सवादी विचार-धारा की तरफ़ परसाई का स्वाभाविक झुकाव भी मुझे उसके मूल भारतीय चरित्र के ही अनुरूप लगता है। इसीलिए उसके साहित्य की बुनावट में मुझे क्लेसिज़्मि और यथार्थवाद ताने-बानों की तरह दिखलाई देते हैं। पता नहीं, इतने जटिल लेखक को कोई सरल कैसे मान बैठता है। लेकिन ऐसा समझने वाले बहुत बड़ी तादाद में हैं। एक साथ इतने लोग कैसे ग़लत हो सकते हैं? फिर तो इसका यही मतलब हुआ कि जटिल को सरल करने का गुर परसाई ने हासिल कर लिया है कबीर की तरह। बेचारा परसाई! अपने मूल्यांकन के लिए शायद उसे भी कबीर की तरह पाँच सौ साल इन्तज़ार करना पड़ेगा। मैं भी कैसा पागल हूँ। जिसके इतने बरस जीवित रहने की संभावना दिखाई दे रही हो उसे अभागा कहना चाहिए या भाग्यवान?

ऐसा नहीं है कि हिन्दी में परसाई की चर्चा किसी कोने से नहीं हुई या उसका कोई नोटिस नहीं लिया गया। इसके विपरीत एक ख़ास हल्के में वह तो जैसे पूजा ही जाता है। लेकिन मैं समझता हूँ कि मूर्तिभंजक परसाई को ही वह सब बहुत पसन्द नहीं होगा। पूजने के बजाय उसे समझने की कोशिश होनी चाहिए थी। अगर महज़ उसके पार्टी एलाइनमेंट के कारण परसाई को महत्त्वपूर्ण लेखक माना जाता है तो इसका सीधा मतलब तो यही हुआ कि कर्म से ज़्यादा उसके कनविक्शन को महत्त्व दिया जा रहा है। मार्क्स ने मनुष्य के होने को उसके काम से जोड़ा था, उसके फ़ेथ से नहीं। विचार और आचरण की दुई के लिए मार्क्सवाद में कोई जगह नहीं हैं। कला की स्वायत्तता के सवाल को सिर्फ़ इसलिए नहीं बरकाया जा सकता क्योंकि इसे पश्चिम ने उठाया है। बल्कि तब तो उसका सामना करना और भी ज़्यादा ज़रूरी है। कलाकार की स्वतंत्रता का मतलब मनचाहा लिखने की स्वतंत्रता बताया जाता है। सिर्फ़ इतना ही सिद्ध कर देने से काम नहीं चलेगा कि पूँजीवादी देशों के लेखकों को भी यह स्वतंत्रता हासिल नहीं है और वे भी अंततः किसी ख़ास वर्ग की हित-रक्षा के लिए ही लिखने को स्वतन्त्र हैं। पूँजीवाद की तरह समाजवाद किसी ख़ास वर्ग की नहीं बल्कि पूरे मनुष्य समाज की सम्पूर्ण मुक्ति की बात करता है। ऐसे मुक्त समाज में भला लेखक ही अपना स्वैच्छिक कर्म करने को कैसे स्वतंत्र नहीं होगा? यदि समाजवादी देश के लेखकों को वह स्वतंत्रता मिली नहीं दिखाई देती तो उसके लिए वहाँ का जड़ तंत्र ही ज़िम्मेदार है, मार्क्सवादी दर्शन कतई नहीं। मैं समाजवादी देश में नहीं रहता। इसलिए वहाँ के तंत्र की जड़ता मेरी मजबूरी नहीं है। मैं भी वाल्टर बेंजामिन की तरह प्रतिबद्धता के सवाल को रचना की स्तरीयता से जोड़ कर देख सकता हूँ। 'आर्टिस्ट एज़ ए प्रोड्यूसर' शीर्षक अपने लेख में प्रतिबद्ध रचनात्मकता पर विचार करते हुए बेंजामिन ने कहा है कि रचना में अन्तर्निहित प्रवृत्ति राजनीतिक दृष्टि से तभी सही हो सकती है जब साहित्यिक दृष्टि से भी सही हो। सभी सही (ज़ोर मेरा) राजनीतिक प्रवृत्तियों से सीधे या जटिल तरीके से जुड़ी यह कलात्मक प्रवृत्ति ही (ज़ोर मेरा) रचना का स्तर तय करती है। ब्रेश्त ने उत्पादन के साधनों को मुक्त करने की कोशिश करते प्रगतिशील बुद्धिजीवियों द्वारा रूप और उत्पादन के औजारों के रूपान्तरण को भी वर्ग-संघर्ष में हिस्सेदारी माना था। यह कहना गलत नहीं है कि व्यापक वर्ग-संघर्ष में परसाई एक महत्त्वपूर्ण भूमिका अदा कर रहा है-लेकिन यह समझने के बाद कि ऐसा वह अपने ही कार्य-क्षेत्र में, अर्थात् अपने लेखन के माध्यम से कर रहा है। ऐसे संघर्ष में लेखक की भूमिका ब्रेश्त के शब्दों में फंक्शनल ट्रांसफर्मेशन की ही हो सकती है।

मैंने अन्यत्र भी लिखा है कि सामाजिक परिवर्तन के लिए सक्रिय तत्त्वों

में साहित्य की भूमिका गौण और आनुषंगिक न होकर स्वतंत्र और अनुपूरक होती है। मार्क्स के ही अनुसार साहित्य का मुख्य काम मानव-मन की रचना करना और उसे अधिकाधिक संवेचन-समृद्ध बनाना है। समझदार और संवेदनशील आदमी ही शोषण का विरोध और अत्याचार का प्रतिकार करने के लिए सन्नद्ध हो सकता है। मेरी समझ में नहीं आता कि लेखक को उसकी अपनी जमीन पर अपने ही औजारों से काम करने क्यों नहीं दिया जाता और पार्टी के बतौर कार्यकर्त्ता जुड़ने का आग्रह क्यों किया जाता है। पार्टी से तो उसी की शर्तों पर जुड़ा जा सकेगा, लेखन की शर्तों पर नहीं। गैर-रचनात्मक शर्तों पर रचनात्मक काम तो सिर्फ हुकूमत के बल पर कराया जा सकता है। सोचने की बात है कि ऐसा काम कितना वास्तविक रचनात्मक होगा। कम-से-कम मैं तो उसे आदर्श मार्क्सवादी लेखन मानने को तैयार नहीं हूँ। मैं अपने मार्क्स को जानता हूँ। लेखक के लिए मार्क्सवाद निरा कनविक्शन नहीं, इस कनविक्शन से प्रसूत लेखकीय कर्म ही हो सकता है। मैं मार्क्सवादी दर्शन की शिक्षा लेने के उद्देश्य से प्रगतिशील साहित्य की तरफ नहीं जाता, इस दर्शन से गढ़े निष्पाप रचनात्मक मन से जुड़ने के लिए जाता हूँ। इतना मूर्ख नहीं हूँ कि अधिरचना को आधार मान लूँ।

शायद यही कारण है कि मुझे परवर्ती की तुलना में पूर्ववर्ती परसाई ज्यादा प्यारा लगता है। परवर्ती परसाई तो अकसर कल्चरल कोमिसार की भाषा में बात करता जान पड़ता है। इस परसाई की समीक्षा करने के लिए पार्टी-लाइन की समीक्षा करनी पड़ेगी। मैं राजनीति का आदमी नहीं हूँ इस मूल अयोग्यता के अलावा इसलिए भी उसकी तफसील में नहीं जाना चाहूँगा क्योंकि पिछले दिनों का, खास तौर से सन् 69 से 77 तक का, उसका रिकार्ड इस लायक नहीं है। राजनीति में कब नीति रणनीति में और रणनीति नीति में बदल जाये इसका ठिकाना नहीं। लेकिन साहित्य में तो सिर्फ धर्म-युद्ध जायज माना जाता है। पार्टी की मुसल्सल कलाबाजी ने परसाई को भी बाजीगर बनने पर मजबूर किया। विश्वसनीयता घटने पर लेखक की रचनाशीलता कैसे ज्यों की त्यों बनी रह सकती है। कोई मुझसे पूछे कि तुम्हारे समय की सबसे बड़ी दुर्घटना क्या है तो मैं बेखटके कहूँगा, लेखक परसाई पर उसके पत्रकार की विजय। यह नहीं कि मैं जर्नलिज़्म को साहित्य-रचना से कोई कम जरूरी काम मानता हूँ। जर्नलिज़्म-बजातेखुद रचनात्मक होने के अलावा लेखक की सहजात रचनाशीलता को भी परिपुष्ट कर सकता है। अंगरेजी, रूसी और अनेक दूसरी भाषाओं में भी इसके कई उदाहरण मिल जायेंगे। हमारे यहाँ के कवियों में मुक्तिबोध और गद्यकारों में परसाई खुद इसका उदाहरण है। आलोचना के क्षेत्र में हमारे यहाँ दुहरे मानदंड कितने खुल्लमखुल्ला तरीके से अपनाये जा रहे हैं यह इसी से

जाना जा सकता है कि अखबारी अंदाज में अखबारी हलचलों को अपनी कविता में विन्यस्त करने वाले रघुवीरसहाय का काम तो महत्त्वपूर्ण ठहराया जाता है लेकिन गद्य के क्षेत्र में जमाने से ऐसा करते परसाई को एक 'क्रिएटिव जर्मलिस्ट' कहकर टाल दिया जाता है। इसमें शक नहीं कि पत्रकारिता परसाई के परवर्ती लेखन की सीमा बनती गयी–लेकिन क्या यह सिर्फ परसाई के साथ हुआ, रघुवीरसहाय के साथ बिल्कुल नहीं? इसके अलावा क्या यह सिर्फ सीमा है उसकी, शक्ति कहीं से भी नहीं? मेरे ख़्याल से तो पत्रकारिता परसाई के लेखन के मूल स्वभाव में है–और मूलतः इसी कारण समकालीन गद्यकारों में वह एकदम अलग से पहचान लिया जाता है। परसाई की अतिशय सामाजिक-राजनीतिक सजगता का मुख्य श्रेय मैं उसके भीतर के इस पत्रकार को ही देना चाहूँगा जिसके कारण देश के किसी भी कोने से कंकड़ उछालकर फेंक देने से परसाई के ताल में लहरें उठने लगती हैं। जार्ज आरवेल की तरह उसके भीतर के पत्रकार ने कभी परसाई के लेखक को भी बेहद परिपुष्ट किया था। सड़क पर वन वे ट्रैफिक हो जाने से पिछले कुछ सालों से जरूर इन दोनों के बीच परस्पर आदान-प्रदान का सिलसिला लगभग समाप्त हो गया प्रतीत होता है। लेखक परसाई को एक डायवर्शन में ढकेलकर पत्रकार परसाई मुख्य मार्ग पर चलने लगा है। ट्रैफिक पुलिस चौकन्नी थी। डेवियेशन नहीं होना चाहिए पार्टी-लाइन से! लाखों की तादाद में बिकने वाली और एक मिनट में दस बार हवा में पलटने वाली पत्रिकाओं में प्रायः छपने वाली परसाई की रचनाएं बेस्ट सेलर होती गयीं। दुख से आपूरित वह रचनात्मक मन उसमेंसे धुँधलाता गया जो हमेशा मुझे अपने व्यक्तिगत दुख से ऊपर उठा कर व्यापक दुख से जोड़ देता था। पत्रकार के उसके लेख पर हावी होने से परसाई की रचना में अन्तर्विष्ट क्लेसिकी तत्त्वों को सचमुच बहुत नुकसान उठाना पड़ा।

क्लेसिक्स हमारे सामूहिक अवचेतन की सचाई हैं। जिस दिन यह सचाई मर जायेगी आदमी इस दुनिया में नहीं रहेगा। आदमी दुनिया में है और उसे निरंतर बेहतर बनाने में लगा हुआ है, यह बतलाया है कि उसके भीतर की सचाई अभी पूरी तरह जीवित है। सत्य तो सीधा और सरल होता है लेकिन उस तक जाने का रास्ता बेहद पेचीदा और घुमावदार। रास्ता क्या खासी भूलभूलैया है। टोह लेने के लिए हम, जाहिर है उस पर बहुत भरोसा होने के कारण ही, पहले अपना अग्रगामी दस्ता भेजते हैं। इस दस्ते की गलती या लापरवाही, एडवेंचरिज्म या समझौतापरस्ती, हमें भी ले डूबती है। पूरे का पूरा काफिला गुमराह हो जाता है। अभी पिछले दिनों ही हमने देखा कि आपात काल के दौरान सी०पी०आई० का भी काफिले का काफिला भटक गया था। बदकिस्मती से इसमें परसाई भी शामिल था। उसकी बदकिस्मती यह नहीं थी

कि वह संगठन के साथा था–दल के महत्त्व से इन्कार करके किसी अमूर्त्त धारणा से प्रतिबद्धता की बात करने को मैं शुद्ध चालाकी समझता हूँ–बल्कि यह कि वह ऐसे संगठन के साथ था जिसके शीर्षस्थ नेताओं का अपने की निचले काडर और सामान्य जनसे सम्पर्क टूट गया था। शायद खुद परसाई का हाथ भी कुछ देर के लिए जन-समूह की नब्ज पर से हट गया था वरना वह फौरन समझ जाता कि दल के नेतृत्व का अपने आधार से कोई सम्पर्क नहीं रह गया है जौर जाने अनजाने पार्टी ने ऐसा स्टैंड ले लिया है जो व्यापक तौर से जन-विरोधी स्टैंड है। इमरजेंसी के दौरान सी०पी०आई० से जुड़े रहने के कारण परसाई की विश्वसनीयता के बारे में भी अनेक युवा लेखक शंकालु हो गये थे। जिस दौर से हम गुजर रहे हैं वह घड़ी भर के लिए भी अपनी कमर-पट्टी ढीली करने की इजाजत नहीं देता। ऊंघे कि मरे।

परसाई कमोवेश तीस साल से लगातार लिख रहा है। मेरे विचार से छठा दशक उसकी रचनात्मकता का उत्कर्ष-काल था। सातवें दशक में तो परसाई स्थापित लेखकों की श्रेणी में आ गया था। बड़ी पत्रिकाएँ उसका मुँह जोहतीं। उसकी किताबों के लिए बड़े प्रकाशकों में होड़ लगने लगी। क्रांतिकारी परसाई बड़े सूक्ष्म ढंग से लोकप्रिय बनाया जाने लगा। चोट करने के बदले उसके व्यंग्य मजा देने लगे। बड़े लोगों से उसका मेल जोल बढ़ने लगा। अपने लोगों से कम होने लगा। ये बड़े लोग पार्टी के भी थे और पार्टी के बाहर के भी। परसाई का एक पैर भोपाल में तो दूसरा दिल्ली में टिक गया। उसको बहुत दिनों तक पता ही नहीं चला कि कैसे सूक्ष्म तरीके से वह अपने आत्मा के सहचरों से ही बिलगाया जा रहा है। और जब पता चला तो बहुत देर हो चुकी थी। वह अपने घर तक से कट चुका था। उसने उन लोगों को भी छोड़ दिया था जिन्हें उसने अपना खून देकर पाला-पोसा था। उसने अपने आपको शराब में डुबो दिया। चार साल पहले रायपुर में आयोजित कबीर-उत्सव की याद करते हुए कम्युनिस्ट पार्टी के एक संवेदनशील और कर्मठ कार्यकर्ता ने मुझसे एक बार कहा था कि परसाई जी उन दिनों इस कदर पीने लगे थे कि हम दुख के साथ-साथ शर्मिन्दगी भी महसूस करते। मैंने छूटते ही कहा था, "उन दिनों की पार्टीलाइन को नशे में धुत होकर ही स्वीकार किया जा सकता था, कामरेड।" गलत और अनैतिक समझौते आदमी के प्राण ले लेते हैं। मैं जानता हूँ उन दिनों परसाई कितना टूट गया था। वह ऐसी व्यथा थी जिसे वह किसी के भी साथ नहीं बाँट सकता था। वह एक मिनट भी नहीं सो पाता। सारी रात जागता, बोतल की सील तोड़कर एक साँस में पूरी निप खाली कर देता और सींकचे में बन्द शेर की तरह कमरे के चक्कर लगाता व्याकुल स्वरों में बुदबुदाया करता, "सुखिया सब संसार खावै अरु सोवै, दुखिया दास कबीर

जागै अरु रोवै।'' वह तो परसाई था कि कफन फाड़कर फिर से उठ खड़ा हुआ। ऊँघते को हम सबने मरा मान लिया था। देखिए, किस हेकड़ी के साथ फिर से खड़ा होकर कह रहा है–''हम न मरैं मरिहै संसारा, हम कूँ मिल्या जियावनहारा।''

मैं जानता था परसाई बहुत दिनों तक हाथी दाँत के मीनार में नहीं रह सकता और एक दिन अपनी धरती पर वापिस जरूर आयेगा। प्रखर बौद्धिकता से दीप्त तेज-तर्रार परसाई के भीतर बैठा टिमिरनी गाँव का हरिशंकर उसे चैन नहीं लेने देगा। शहराती लोग नहीं जानते, ऊपर-ऊपर से निहायत भोलाभाला दिखने वाला हिन्दुस्तान का देहाती कितना घाघ और काइयाँ होता है। परसाई के भीतर भी ऐसा ही एक घाघ देहाती बैठा है। वह एक बार धोखा खा सकता है, बार-बार नहीं। दूसरी आजादी का हमें शुक्रगुजार होना चाहिए जिसकी वजह से पहली आजादी का परसाई हमें फिर से वापिस मिल गया है। गलतियाँ कौन नहीं करता। जो जिन्दगी भर फ़ेस पर बैठे रहते हैं वही नहीं करते होंगे। 'भूल-गलती' की सीढ़ियाँ ही हमें ऊपर तक ले जाती हैं। 'भूल आलमगीर। मेरी आपकी कमजोरियों के स्याह/लोहे का जिरहबख्तर पहन खूँख्वार/हाँ खूँख्वार आलीजाह/वो आँखे सचाई की निकाले डालता/इतने में हमीं में से/अजीब कराह-सा कोई निकल भागा/महसूस होता है कि वह बेनाम/बेमालूम दर्रों के इलाके में/सचाई के सुनहरे तेज़ अक्सों के धुँधलके में/मुहैया कर रहा लश्कर/हमारी हार का बदला चुकाने आयेगा/संकल्पधर्मा चेतना का रक्त-प्लावित स्वर।'

कम-से-कम मुझे तो लगता है कि गहरे आत्ममंथन के दौर से गुजरकर परसाई फिर अपने रचना-लोक में लौट आया है। मैं खुद चाहूँगा कि निर्मल वर्मा 'कल्पना-लोक की शर्तों पर' ही परसाई के साहित्य की भी परीक्षा करें। यदि उनका वाम-विरोध ड्रेशनेल्टी की हदों तक पहुँच चुका हो तब तो कुछ भी कहना-सुनना बेकार है वरना वे भी इस नतीजे पर पहुँचे बिना नहीं रह सकेंगे कि 'रूप और रास्ते' की खोज के मामले में भी मुक्तिबोध ही नहीं कोई भी महत्त्वपूर्ण प्रगतिशील लेखक कलावादियों से बहुत पीछे नहीं रहता। ऐसा करने के लिए निर्मल की तरह 'अनुभव के कांटेंट' का महत्त्व कम करना उसे बिलकुल जरूरी नहीं लगता क्योंकि वह जानता है कि रूप-तत्त्व की तरह वस्तु-तत्त्व के भी स्थितिबद्ध होने से रचना खंडित और अप्रामाणिक ही बन पड़ेगी। प्रगतिशील लेखक मछली पकड़ने के लिए तो जाल का उपयोग कर सकता है लेकिन कलावादियों की तरह कुहरा पकड़ने के लिए नहीं। कबीर, तुलसी, भारतेन्दु, प्रेमचन्द, निराला, रामचन्द्र शुक्ल, हजारी प्रसाद द्विवेदी या मुक्तिबोध की तरह परसाई का भी शब्द-लोक कोरा माया-दर्पण नहीं है।

–प्रमोद वर्मा

विश्लेषण

मध्यप्रदेश का जाज्वल्यमान कथाकार

श्री हरिशंकर परसाई मध्यप्रदेश के उन कथाकारों में से हैं, जिनकी कि आज तक हिन्दी साहित्य में काफी चर्चा होनी चाहिए थी। इसका कारण यह नहीं है कि श्री परसाई जी महान् हैं, और उनकी कृतियाँ महान् हैं, वरन् यह कि उनकी कहानियाँ खरी हैं। इस खरेपन में खुरदुरापन है, जो मौजूदा यथार्थ का एक गुण है, किसी आत्मग्रस्त 'सबजेक्टिव' वृत्ति का लक्षण नहीं। यदि संस्कृति का अर्थ मौजूदा यथार्थ से भागना है, या उस पर मुलम्मा चढ़ाकर उसे नकली सौन्दर्य प्रदान करना है, तो वह संस्कृति बेकार है। इस संस्कृति के जाने-अनजाने ज्योतिर्धरों का प्रकाश अँधेरा फैला रहा है, और उसकी छायाएँ खरे लेखकों पर फैलकर, साहित्य के विस्तीर्ण क्षेत्र में उन्हें चर्चा का विषय भी नहीं बनने देतीं। लेकिन बहस जरूरी है-साहित्य के विकास के लिए।

साफ कह दूँ कि विदेशों में जिन मौजूदा भारतीय लेखकों की कृतियों का ठाठ से प्रकाशन हुआ है, उन लेखकों में से बहुतेरे अत्यन्त साधारण हैं। श्री परसाई कलात्मक दृष्टि से प्रगतिशीलता के क्षेत्र में, उनसे कहीं अधिक समर्थ हैं। परसाई जी बड़े आदमी नहीं हैं कि जिन्हें खुश करने के लिए यह लिखा जा रहा हो, किन्तु उनकी कृतियों में प्रकाशित दिशाकाश की उपेक्षा नहीं की जा सकती।

मानदण्डों का प्रयोग बहुत सावधानी से किया जाना चाहिए। यदि परसाई जी की तुलना, रोम्याँ रोलाँ, गोर्की और ताल्सतॉय से करने लगें, तो हमारी बुद्धि की दिक्काल-संवेदना लुप्त हो गयी समझिये। किन्तु कौन जानता है कि भारतीय धरती की उर्वरता श्री परसाई जी के कला-हृदय से फूटने वाली हो? यह सही है कि बीज आज भव्य वृक्ष नहीं है। किन्तु कौन कह सकता है कि वह सघन-छाय नहीं होगा? शायद ऐसा न भी हो, और श्री परसाई आगे उन्नति न कर सकें, और अनेक प्रख्यात किन्तु मन्द लेखकों में ही उनका स्थान बना रहे। किन्तु आलोचक का यह धर्म है कि वह कृतियों

के भीतर से सूचित सामर्थ्य-सम्भावनायें लेखक तथा पाठक के सामने रखे।

श्री परसाई जी के मामले में यह और भी जरूरी है। इसलिए कि उनकी कृतियों में प्रकट खरेपन का एक व्यक्तित्व है, उसका एक उद्देश्य है और गुण-समन्वित उसकी एक पृथक् शैली है। इतनी उपलब्धि के लिए भी बहुत तपस्या लगती है।

जो पाठक 'तब की बात और थी' पढ़ेंगे, उन्हें परसाई जी की क्षमता का पता लग जायेगा। मेरे ख्याल से, उनकी सर्वश्रेष्ठ कहानी 'एक घंटे का साथ' है, जो वस्तुतः हिन्दी की उच्चकोटि की कहानियों में से है। परिस्थितियों के फलस्वरूप चरित्र में विपर्यासपूर्ण असन्तुलन का जो चित्र लेखक ने प्रस्तुत किया है, वह बहुत ही 'ट्रैजिक' है। किन्तु करुण नहीं। वह विद्रूप है। हाँ, अलबत्ता, कुल मिलाकर इस विद्रूप का उद्घाटन मानव-सुलभ करुण सहानुभूति से किया गया है। उनकी इस क्षमता का दूसरा, किन्तु साधारण, नमूना 'स्मारक' कहानी है। बड़ी-से-बड़ी बात उड़ते-उड़ते कहने की सहज-सुलभ बहिर्मुखी वृत्ति के कारण, वह कहानी अपनी पूरी ऊँचाई पर पहुँच नहीं सकी। किन्तु उसमें जो कुछ भी है वह 'परफैक्ट' है। किन्तु, वह परफैक्टपन हमेशा ऊँचाई नहीं होती, यद्यपि हो सकती है। हो सकने और होने के बीच का फर्क महत्त्वपूर्ण है। जो हो, उनकी कुल चीजें पढ़ जाने पर यही लगता है कि चरित्र की आन्तरिकता के प्रति श्री परसाई जी का ध्यान कम है। ध्यान दिया जाये तो क्या कहना!

किन्तु, परसाई जी का सबसे बड़ा सामर्थ्य संवेदनात्मक रूप से यथार्थ का आकलन है, चाहे वह राजनैतिक प्रश्न हो या चरित्रगत। हमारे यहाँ की साहित्यिक संस्कृति ने सचाई के प्रकटीकरण पर जो हदबन्दी करके रखी है, उसे देखते हुए श्री परसाई जी की कला सहज ही वामपक्षी हो जाती है। समाज और जनता से दूर, अभिजातवर्गीय 'शिष्टता', 'भद्रता' और 'सौजन्य' ने जो मानसिक 'सेंसर' लगा रखे हैं, वे सबसे पहले हमारे जीवन के सामाजिक और राजनैतिक यथार्थ पर लागू किये जाते हैं। इस 'सेंसर' से ग्रस्त कलात्मक अभिरुचि मौजूदा यथार्थ को ठीक-ठीक ढंग से प्रकट नहीं होने देती। यह तो श्री परसाई जी की व्यक्तिमत्ता है कि वे इस प्रकार के साहित्यिक सौन्दर्य के झमेले में नहीं पड़े। उग्र और तीव्र प्रतिक्रियाओं को काट-छाँटकर उन्हें 'सौम्य' बनाने, यानी शेर की बकरी बनाकर उससे घास चरवाने का उद्देश्य इस अभिरुचि की विशेषता है। इसका अर्थ यह नहीं है कि श्री परसाई भौंडे ढंग से प्रगतिशील हैं, नारेबाज हैं। यह बिल्कुल नहीं। किन्तु असलियत को छुपाने के लिए उसे बिगाड़ देने की कला उनके पास नहीं है। उनकी कला यथार्थ प्रकट करने के लिए अनेक मार्गों, यहाँ

तक कि दन्तकथाओं तक का प्रयोग करती है। 'भेड़ें और भेड़िये' एक ऐसी ही महत्त्वपूर्ण दन्तकथा है। श्री परसाई इनमें, वस्तुतः, मौजूदा तरुण पीढ़ी की राजनैतिक, सामाजिक तथा मानवीय दृष्टि प्रकट करते हैं। लेखक की कमजोरियाँ तथा सामर्थ्य, दोनों की विशेषताएँ प्रतिनिधिक हैं।

परसाई जी की और भी वृहत् सफलताओं के हम आकांक्षी हैं। हम उनके आगे के विकास का देखते रहेंगे।

—ग०मा० मुक्तिबोध

[(सम्भवतः) 'नया खून' के दीपावली विशेषांक, 1956 में प्रकाशित]

अपनी शताब्दी का कबीर

व्यंग्यकार मानवीय मूल्यों का विचारक होता है, साहित्य उसका लक्ष्य नहीं उसका माध्यम है, उसका लक्ष्य तो है मनुष्य और मानवीय मूल्य–इसलिए मैं हरिशंकर परसाई को यद्यपि वे गद्य लेखक हैं–मूलतः एक कवि और द्रष्टा के रूप में स्वीकार करता हूँ।

साहित्य के एक आस्थावान पाठक के नाते प्रारम्भ में जब कोई पत्रिका उठाता था तो पहिले उसमें कविताएँ पढ़ता था। धीरे-धीरे जाने कैसे इस स्थिति में आ गया हूँ कि पहिले वह पृष्ठ पढ़ता हूँ जहाँ हरिशंकर परसाई की कोई रचना होती है। शायद किशोर पाठक से व्यस्क पाठक की यात्रा का यही या यह भी एक मार्ग है। हरिशंकर परसाई ही नहीं और भी व्यंग्य-लेखकों की रचनाएँ पहिले पढ़ता हूँ–परन्तु हरिशंकर परसाई से व्यक्तिगत परिचय और आत्मीय सम्बन्ध होने के कारण शायद ज्यादा लगाव है और मैंने उनकी करीब-करीब सभी रचनाएँ पढ़ी है और किसी न किसी प्रकार उनसे प्रभावित हुआ हूँ–उसी तरह जैसे एक साधारण पाठक होता है। आज मैं स्मृति को टटोलकर पूछता हूँ कि मैंने परसाई को पहले-पहल कब पढ़ा? तो याद आता है कि बहुत पहले यानी 1953 में 'हँसते हैं, रोते हैं' की कहानियाँ पढ़ी थीं। सोचता हूँ कि प्रतिक्रिया क्या थी? याद है कि उनकी समस्त कहानियों ने उत्कृष्ट कविताओं की तरह अभिभूत किया था। आज यह जान पाया हूँ कि उत्कृष्ट और ईमानदार काव्य के लिए यह आवश्यक है कि उसमें मानवीय संवेगों की रागात्मकता और चिन्तन की तटस्थता का संश्लेषण हो। इसके लिए यह नितान्त अनिवार्य है कि रचनाकार प्रतिबद्ध हो। हरिशंकर परसाई की प्रतिबद्धता यथार्थवादी वैज्ञानिक वैचारिक निष्ठा पर आधारित है और उजागर है, और उसका मूल उनकी मानवीय संवेदना और रागात्मकता में है।

'हँसते हैं, रोते हैं' की कहानियाँ उन्हें द्रष्टा की कोटि में स्थापित करने के लिए पर्याप्त हैं। सारी कहानियों में वैचारिक आस्था वाले यथार्थवादी

की दृष्टि और व्यंग्य की गंगा-यमुना तो उजागर है ही, करुणा की सरस्वती भी अन्तःसलिला की तरह अपनी उपस्थिति का आभास देती है। 'भीतर का घाव' कहानी कुत्सित यथार्थ की मार्मिक तस्वीर है, और हिन्दी की गिनी-चुनी कहानियों में गिने जाने योग्य है। पाखण्ड-प्रदर्शन आर्थिक दबावों से उत्पन्न कलुषित मानसिकता वाले माता-पिता और चाची के चरित्रों की पीठिका पर सहज स्नेहमय भैया और भाभी का चरित्र जिस प्रकार इस कहानी से उभरा है, वह किशोर मन में बैठे हरिशंकर परसाई के प्रौढ़ रचनाकर की उपस्थिति का द्योतक है। कहानी की संरचना शिल्प व्यक्तिगत संवेदना के संस्पर्श से काव्य के उससे भी ऊँचे स्तर को छूता है जो महाकवि वाल्मीकि के क्रौंच-वध के सन्दर्भ में निःसृत प्रथम श्लोक में प्राप्त हुआ है, अतः ज्यादा गहन और मार्मिक है। इस कथा का आधार प्रथम पुरुष में संस्मरणात्मक होते हुए भी हमारी सामाजिक चेतना को झकझोरने वाला है। कहानी करीब तीस वर्ष पूर्व लिखी गयी थी परन्तु आज भी उतनी ही प्रासंगिक है-शायद उससे भी ज्यादा अध्ययन-अध्यापन करने वाला आदर्श पुत्र, माता-पिता और चाची के लिए महत्त्वहीन है, क्योंकि वह अल्पवेतन पानेवाला अध्यापक है। दहेज न लेकर आनेवाली उसकी पत्नी को तो सास-सुर मनुष्य का दर्जा भी देने को तैयार नहीं हैं। हमारी पूँजीवादी संस्कृति की यह अनिवार्य परिणति है।

हरिशंकर परसाई की 'भीतर का घाव' कहानी किसी सुधारवादी दृष्टिकोण पर आधारित दहेज-विरोधी रचना नहीं है। वह समाज की बुनियादी विकृति पर आघात करने वाला हथियार है और युग को मूलगत गहराई तक आन्दोलित करने वाला दस्तावेज। किसी भी रचना को यह बल, संवेदन की सघनता रचनाकार की चेतना के जीवन्त स्पन्दन और वैज्ञानिक चिन्तन से प्रखर हुई प्रज्ञा से मिलता है। वास्तव में इस कहानी में परसाई सच का केवल बखान ही नहीं करते, वे पाठक को झकझोरते भी हैं। और अभी तक वह जिसकी उपेक्षा करता रहा है उसकी ओर देखने को बाध्य करता है। परसाई जिस तरह स्थितियों और मूल्यों को स्वयं देखते और समझते हैं, पाठकों को भी उसी तरह देखने और समझने को उत्तेजित करते हैं। वे पाठकों के भ्रमों, पाखंडों और कुंठाओं को नेस्तनाबूद करते चलते हैं, वे सचाई के ऊपर पड़े उस नकाब को उठाकर वास्तविकता को प्रत्यक्ष कर देते हैं, इस अर्थ में वे खतरनाक लेखक हैं। परसाई की कोई भी रचना पढ़कर हम ठीक वहीं नहीं रह जाते जो हम उस रचना को पढ़ने के ठीक पहले होते हैं।

जिस प्रकार 'भीतर का घाव' कहानी कालान्तर में आज भी प्रासंगिक

है उसी प्रकार इस कहानी-संग्रह की अन्य कहानियाँ भी समसामयिक सन्दर्भों में प्रासंगिक हैं। 'पड़ोसी के बच्चे' परिवार कल्याण नियोजन की सन्दर्भ में लिखी गयी रचना नहीं है, न वह जनसंख्या के विस्फोट को रेखांकित करती है। यह कहानी मानव के बीच समान अधिकार की अप्रत्यक्ष वकालत है और गैर बराबरी पर चोट करती है। रचना-काव्य प्रधान होते हुए भी उसमें व्यंग्यकार का तेजस्वी स्वर मुखर है। इसी प्रकार संग्रह की सातवीं कहानी 'क्रांति हो गयी' सम्पूर्ण क्रान्ति के अवैज्ञानिक संभ्रमजन्य नारे का उपहास करने के लिए नहीं लिखी गयी। यद्यपि आज पढ़े जाने पर ऐसा ही लगेगा। परन्तु यह ध्यान रखना आवश्यक है कि पुस्तक मई 1953 में प्रकाशित हो चुकी थी। रचना की जीवनी शक्ति इसी में है कि बदलते परिवेश, भिन्न आयामों और ऐतिहासिक परिप्रेक्ष्य के बदलाव के बावजूद रचना ने अपनी प्रासंगिकता नहीं खोई है। यह लेखक हरिशंकर परसाई की अस्मिता का मूल तत्त्व है।

'क्या कहा' और 'साड़ी का रंग' दोनों कहानियाँ पूँजीवादी समाज में प्रचलित प्यार-प्रेम के ढकोसले को उजागर करती हैं और 'प्लेटानिक लव' के बारे में चली आ रही किशोर मन वाली बचकाना धारणा की जड़ पर आघात करती हैं। दोनों रचनाएँ सशक्त व्यंग्य कथायें हैं।

'नरक से बोल रहा हूँ' और 'भूख का स्वर' सामाजिक उत्पीड़न को रेखांकित करती हैं तथा समस्त स्थापित सामाजिक-राजनैतिक व्यवस्था के खिलाफ जिहाद करने के लिए, विद्रोह करने के लिए जाग्रत करने वाली रचनाएँ हैं।

संग्रह की अन्य रचनाएँ भी पठनीय हैं और उनमें करुणा के साथ व्यंग्य की विकृतियों का मूलोच्छेदन करने वाली धार भी है।

हिन्दी के पहले विद्रोही कवि कबीर ने परसाई को बहुत प्रभावित किया है। यदि हरिशंकर परसाई 15वीं या 16वीं शताब्दी में पैदा होते तो कबीर होते और यदि कबीर बीसवीं शताब्दी में पैदा होते तो हरिशंकर परसाई होते। व्यंग्य के साथ करुणा का पुट-समस्त रचनाओं को एकदम असामान्य भूमिका प्रदान करता है। कुछ विचित्र और विरोधी तत्त्वों का घोल है-परन्तु वह घोल संपृक्त घोल है और हरिशंकर परसाई में ही वह नैसर्गिकता प्राप्त कर सका है। रचना में इस प्रकार की अन्योन्याश्रित गुम्फन हर रचनाकार के बस की बात नहीं है। इस तरह की बात अभ्यास-जन्य शिल्प से पैदा हो सकती है कि नहीं यह विवादास्पद विषय हो सकता है; परन्तु चूंकि यह बात हरिशंकर परसाई की प्रारंभिक रचनाओं में भी है, अतः मैं इसे उनके कलाकार के साथ सहजात मानता हूँ। किसी भी वास्तविक जनवादी

लेखक के लिए ये विशेषताएँ अनिवार्य हैं। हरिशंकर परसाई की रचना में धीरे-धीरे व्यंग्य की धार तेज हुई है परन्तु उनमें मानवीय करुणा का अंश धीरे-धीरे घट गया है। शायद 'कालम राइटिंग' में इसे साध पाना संभव भी नहीं। उनका नियमित लेखन जो पत्र-पत्रिकाओं के कालमों में देखने को मिलता है, वह अधिकांश में असंपृक्त व्यंग्य लेखन है और समसामयिक राजनैतिक षड्यन्त्रों, पाखंडों और विकृतियों के प्रति पाठकों में वितृष्णा पैदा करता है।

आज का हिन्दी व्यंग्य-लेखन विकास के क्रम में प्रौढ़ हो चुका है परन्तु उसमें हल्का हास्य और हल्के से प्रहार करने की कलाकारीय कोमलता शेष है। परन्तु परसाई में हल्का आघात करते समय वह हल्की कलाकारीय कोमलता नहीं है। उनके परवर्ती लेखन में जो प्रहार है वह आक्रोश की स्पष्ट अभिव्यक्ति है और उसमें पौरुष स्पष्टतः परिलक्षित होता है। इसका एक कारण यह हो सकता है कि परसाई का केन्द्र अब व्यक्तिगत मनुष्य की तुलना में मनुष्यता को बनाने-बिगाड़ने वाली संस्थाएँ या प्रतिष्ठान हो गये हैं, परसाई अब जुवेनल या पोप की तरह पाखण्ड या भ्रष्टाचार को केवल बेनकाब कर संतुष्ट नहीं हो जाते, वे हमारे भविष्य का निर्माण करने वाली, उन्हें नियंत्रित करने वाली शक्तियों के पाखण्ड या उनकी फिसलन के बारे में चिन्ता करते हैं और चाहते हैं कि समय रहते हम सावधान हो जावें। इसलिए वे सुनार की कोमलता से नहीं लुहार की पौरुषता से प्रहार करते हैं।

–कृष्णकुमार श्रीवास्तव

सामाजिक-राजनीतिक चेतना का राडार

''सही व्यंग्य व्यापक जीवन परिवेश को समझने से आता है। व्यापक सामाजिक, राजनीतिक परिवेश की विसंगति, मिथ्याचार, असामंजस्य, अन्याय आदि की तह में जाना, कारणों का विश्लेषण करना, उन्हें सही परिपेक्ष्य में देखना-इससे सही व्यंग्य बनता है। जरूरी नहीं कि व्यंग्य में हँसी आये। यदि व्यंग्य चेतना को झकझोर देता है, विद्रूप को सामने खड़ा कर देता है, आत्म-साक्षात्कार कराता है, सोचने को बाध्य करता है, व्यवस्था की सड़ाँध को इंगित करता है और परिवर्तन की ओर प्रेरित करता है तो वह सफल व्यंग्य है। जितना व्यापक परिवेश होगा, जितनी गहरी विसंगति होगी, जितनी तिलमिला देनेवाली अभिव्यक्ति होगी,व्यंग्य उतना ही सार्थक होगा।''

व्यंग्य के बोध, उसके संगठन और उद्देश्यों का यह विवेचन हरिशंकर परसाई का ही है। परसाई की कलम ने ही, हिन्दी के पाठकों को व्यंग्य ही वह आधुनिक चेतना और धार दी, जो आज हर अखबार और साप्ताहिक, पाक्षिक, मासिक को, व्यंग्य का 'कॉलम' चलाने पर मजबूर कर रही है। हास्य और व्यंग्य को एक ही घड़े में रखने वाले चतुर सुजानों को, व्यंग्य की भीतरी मार, अथाह करुणा, विसंगति से दो-दो हाथ कर उसे नष्ट करने की रचनात्मक छटपटाहट और क्षणिक खिलखिलाहट उपजाने वाले हास्य में कोई अंतर नजर नहीं आता था। यदि अंतर समझ में आ भी जाता था तो वे उसकी आँख से आँख मिलाने में डरते थे।

समय लेकिन किसी की नहीं सुनता। वह अभिव्यक्ति के रास्ते खोज लेता है। कबीरदास चौराहे पर खड़े होकर ही अपनी बात कह लेते हैं। उनके व्यंग्यवाणों को, गाली बनाकर आप फागों में बदल दीजिए, करुणा और संघर्ष की अंतर्धारा से फूटे उनके बोल सदी पर सदी पार करते हुए बार-बार हमारे सर चढ़कर बोलेंगे।

सन् 60 के आसपास भारतीय राजनीति का वह समय था जबकि आधुनिक वैज्ञानिक सोच विरोधी, प्रगति विरोधी यथास्थितिपरक, व्यवस्था-

हित समर्थक शक्तियाँ नये सिरे से अपनी ताकत बटोरकर दृश्य पर बहुत तेजी से उभर रही थीं। सभी जानते हैं कि साम्प्रदायिक और निजी पूँजी परस्त चेहरे एक ही सिक्के के दो पहलू हैं। दोनों का हित एक-दूसरे की मजबूती में है, इसीलिए तमाम दुनिया में ये मिली हुई हैं। कभी राष्ट्रवाद के नाम पर, कभी धर्म के सहारे, कभी भाषा और संस्कृति की ध्वजाएँ उठाकर ये हर समाज की उन कमजोरियों को पोसने के प्रयत्न करती रहती हैं, जिनसे उन्हें रस मिलता है। सन् 60 के आसपास पतन-शील प्रवृत्तियों के ये सभी मोहरे बिसात पर बहुत तेजी से आगे बढ़ रहे थे।

उस व्यक्ति को, जो इतिहास, दर्शन और संस्कृति का गंभीर अध्येता हो, जिसने बहुत कम वय से आगे बढ़ने के लिए निरन्तर संघर्ष किया हो और अपने साथ तथा अपने आसपास घटी हर घटना को तटस्थ होकर अनुभव और चेतना में बदला हो, उसके कार्य-कारण सम्बन्धों की वैज्ञानिक दृष्टि से जाँच की हो, ऐसा समय ललकारता है। पतनशील प्रवृत्तियों की बारूद भरी तोपें सम्वेदनशील प्रगतिकामी चेतना के सामने थीं। इनसे बड़े पैमाने पर निपटना जरूरी था। बड़े पैमाने पर लड़ाई लोगों के मन-मस्तिष्क तैयार करके ही लड़ी जा सकती है और इस तैयारी का सहजतम और सफलतम माध्यम अखबार हो सकता है। हरिशंकर परसाई यह जानते थे। मुहिम शुरू हुई और सन् 1961 में किसी इतवार से कबीर ने अपने 'प्रवचन' शुरू किए। प्रवचन इसलिए कि भारत साधु-संतों का देश है और बतकही के इस अन्दाज में, एक साथ, अधिक से लोगों के साथ बेलौस बात की जा सकती है। हर सप्ताह 'सीस काटके भुँई धरने' का काम शुरू हुआ और कबीर अपने श्रोताओं-पाठकों से बात करने लगे।

हर सप्ताह कोई खबर (सामाजिक, राजनीतिक) ली जाती। उसमें निहित व्यंग्य के ताने-बाने अलग किये जाते, उसके हर रंग का मर्म सामने लाया जाता और पाठक के खुद-ब-खुद उन प्रवृत्तियों के दर्शन होने लगते जो उस खबर की जड़ में हैं। इन स्तम्भों को पढ़ते हुए आप भारतीय इतिहास से, उसके वर्तमान से और उसी अनुपात में दुनिया के इतिहास और वर्तमान से साक्षात्कार करते हुए भविष्य गढ़ने की एक स्वस्थ, तार्किक और जनपरक दृष्टि उपलब्ध करते हैं। इस प्रक्रिया में आप धीरे-धीरे मनुष्य को-याने बहुसंख्यक शोषित को-मुक्ति दिलाने की मुहिम में शामिल होते जाते हैं।

'मिलावट की सभ्यता' जून 61 में छपा। आर्थिक भ्रष्टता की यह खबर इस तंत्र के कितने मुखौटे एक साथ उजागर करती है-देखिये। कबीर कहते हैं-

"साधो...चुनाव प्रपंच में फँसे तुम लोग इस बात पर ध्यान नहीं दे रहे

हो कि हमारी सभ्यता पर विदेशों में प्रहार हो रहे हैं। हाल ही में भारत सरकार के एक ऊँचे अफसर ने कहा है कि विदेशों में भारतीय माल की खपत में कठिनाई आती है क्योंकि भारतीय व्यापारी मिलावटी माल देते हैं।...

साधो बात बहुत गम्भीर है। ये विदेशी भारत को अभी तक नहीं समझ पाये हैं। भूल जाते हैं कि हमारी हजारों सालों की महान संस्कृति है और यह संस्कृति समन्वय संस्कृति है यानी यह संस्कृति द्रविड़, आर्य, ग्रीक, मुस्लिम आदि संस्कृतियों के समन्वय से बनी है। इसीलिए स्वाभाविक है कि महान संस्कृति वाले भारतीय व्यापारी इलायची में कचरे का समन्वय करेंगे, गेहूँ में मिट्टी का, शक्कर में सफेद पत्थर का, मक्खन में स्याहीसोख कागज का।...

साधो, मुझे प्रसन्नता है कि व्यापारियों को लेकर यहाँ राजनैतिक दल बन गये हैं....

साधो, कुछ भी हो, अपनी सभ्यता-संस्कृति नहीं छोड़े जाते। यह राष्ट्रीय विशेषता है और हम यह बच्चों को छोटी उम्र से ही सिखाते हैं। उनके संस्कार के लिए गणित में यह पढ़ाते हैं-एक ग्वाला 21 रु० मन के भाव से 3 मन दूध खरीदकर उसमें बीस सेर पानी मिलाता है और एक रुपये में दो सेर के भाव से बेचता है तो उसे कितना लाभ होगा?....."

कितनी बातें उजागर हुई? हम तो खैर रचनाकार हैं-और हर भारतीय रचनाकार चाहे उसकी उम्र दो रचनाकाल की क्यों न हो जानपाँड़े रहता है-गर्भ से व्यूहभेदन सीखकर आया अभिमन्यु। उसे पढ़ने-लढ़ने की भला क्या जरूरत! लेकिन वे हजारों, लाखों जन जो सहज मन से सब झेलते हैं, वे जो महाजनों की बात को पत्थर की लकीर समझते हैं, वे बच्चे और किशोर जो गणित के प्रश्नों में घुटी हुई चेतना बदल, चेतना निर्माण घुट्टी पीते हुए बड़े होते हैं, उनके लिए शुद्ध पवित्र संस्कृति का, यथास्थिति पोषक शिक्षा पद्धति का (जो मिलावट को लाभ के लिए एक सहज क्रिया के रूप में रखती है), व्यापारी दलों के स्वतंत्र व्यापार वाली 'महाजनी सभ्यता' की राजनीति का गणित हल करना इतना आसान नहीं है। उनके लिए हर युग में एक कबीर चाहिए, जो अपने पेट का धंधा हाशिए पर रखकर, बाजार में आ जाए। चौराहे पर खड़े होकर मुँड़ी भेड़ों की वास्तविकता सभी को समझाए।

एक समाचार आया-भोपाल सचिवालय के अहाते में जो वटवृक्ष जवाहरलाल ने रोपा था, उसे बकरी चर गई। कहते हैं पौधे के आसपास जो चबूतरा था उस पर चढ़कर बकरी पत्ते खा गई। कबीर को यह खबर लगी। अगले इतवार कबीर ने खबर में समाए रूपक की पर्तें खोलीं-

"साधो! तुम सुनते आ रहे हो कि बागड़ खेत को खा गई और नाव नदी को लील गई और यह भेद किसी ने नहीं जाना, तुम इन उलटवासियों के दार्शनिक अर्थ निकाल लेते हो और रूपकों को समझ लेते हो, इसीलिए इसका अर्थ खोलो-

यह भी ध्यान रखो कि रक्षक चौकीदार और भक्षक बकरी में कोई गुप्त समझौता है...यह राष्ट्रीय विकास का पौधा है। इसके आसपास तमाम योजनाओं के चबूतरे बनाए गए हैं... इसकी रक्षा के लिए चौकीदार खड़े हो गए हैं-यानी बड़े अफसर, मंत्री और नेता। साधो, मगर ज्योंही-पौधा बढ़ा, भ्रष्टाचार की बकरी आई......."

"साधो... हाल ही राष्ट्रीय एकता का पौधा लगा था... उधर उत्तर प्रदेश की साम्प्रदायिक बकरी उसे चर गई। जवाहरलाल ने 1950 में प्रजातंत्र का पौधा लगाया था, उसे फासिज़्म की बकरी चरने के लिए लपक रही है और चौकीदार उसे बढ़ने दे रहा है..."

"साधो, अब तो एक बड़ा मजबूत भयानक बकरा छुट्टा घूम रहा है। वह धर्म और संस्कृति की कंठी पहने फासिज़्म का बकरा है..." इसके सींगों से चौकीदार तक डरने लगे हैं।"...

चौकीदार और बकरियों की याने रक्षक और भक्षक की शोषक और शासक की मिली भगत जारी है। यह माया बड़ी विचित्र है। अगर हमने अपनी स्मृति नहीं खोई है तो हमें याद होगा कि 'तिरगुन फाँस लिये कर डोले, बोलै मधुरी वानी' को चरितार्थ करती हाल ही अढ़ैया बनकर गुजरी है और अब...भ्रष्टाचार का यह बकरा के० संथानम की अध्यक्षता वाली भ्रष्टाचार जाँच समिति की पकड़ में भी नहीं आया (साधो-12-5-63)। व्यापारियों के सरगना को भ्रष्टाचार दूर करने सम्बन्धी चर्चा के लिए आमंत्रण देते समय (जो ठुकरा दिया गया) संथानम यह भूल गए थे कि "साधो, बड़े को लाभ हर सत्ता में मिलता है, वह चाहे भगवान की सत्ता हो या कांग्रेस की। इसी लाभ पद्धति को भ्रष्टाचार कहते हैं।" इन दिनों फासिज़्म का गर्राया बकरा आसाम में और त्रिपुरा में घूम रहा है और उसकी गंध सारे देश में फैली हुई है।

क्या आपने कभी हाकिमों का सामना किया है, सच्चे हाकिमों का? क्या अब भी आप 'हिन्दी हैं हम, वतन है हिन्दोस्ताँ हमारा' की खुशफहमी में पगे यह नहीं जान पा रहे हैं कि 'इंग्लिश हैं हम, वतन हैं आँग्ल-अमेरिका हमारे'-यदि ऐसा हो तो यह खबर देखिए-नेहरू की शवयात्रा पर बनी फिल्म में "सारी रोशनी ब्रिटिश और अमरीकी नेताओं पर फेंक दी। वही-वही दिखाए गए।" यह खबर 'बर्बर' अफरीकी प्रतिनिधियों और 'मानवधिकार

विरोधी' रूसी नुमाइन्दों ने भारतीयों को दी। वे बेचारे नहीं जानते थे कि 'स्वतंत्रता के बाद भी हमारे कितने अफसरों और सेक्रेटरियों को पछतावा हो रहा था कि हाय रे, हम भारतीय क्यों हुए। अंग्रेज क्यों नहीं हो गए।' वे अगर कबीर से मिलते तो वे बताते कि "साधो, ये सब तबियत से, वेशभूषा से, विचारों से और आस्थाओं से अंग्रेज हैं और इसीलिए हमारे समूचे तंत्र का आंतरिक झुकाव उसी ओर है।" (साधो–15-6-64–फिल्म डिवीजन में अंग्रेज)

लेकिन अगर आप इस तरह का कोई आरोप लगाएँगे तो सरकार एक जाँच कमेटी बैठा देगी, क्योंकि "कमेटी वह दीवार है जिसके पीछे सरकार छिप जाती है।"

इस व्यवस्था के चलते कबीर अब भी बाजार में खड़ा है। आपकी और मेरी यहाँ तक कि ईश्वर के अपने कबीर की मदद से मिली ईश्वर की शुभकामना भी किसी का साथ नहीं देती, क्योंकि आज के जमाने में "सुख और दुख देने वाले दूसरे हैं। मैं कहूँ कि तुम्हें सुख हो। ईश्वर भी मेरी बात मानकर अच्छी फसल दे, मगर फसल आते ही व्यापारी अनाज दबा दे और कीमतें बढ़ा दे तो तुम्हें सुख नहीं होगा.... साधो सीधे रास्ते से इस व्यवस्था में कोई सुखी नहीं होता..." (10-1-62–नया साल)

परिजीवी व्यवस्था के कुचक्र में फँसे हम अगर अपनी मेहनत से सुखी हो गये और हमारे खीसे में चार पैसे इकट्ठे हो गये तो उनके जेबकतरे हमें नहीं छोड़ेंगे, क्योंकि अपने यहाँ "स्वयंसेवकों के वेश में (वहाँ–कांग्रेस अधिवेशन में) कुछ जेबकतरे भी घुस आये हैं... साधो यो जेबकतरे पकड़े चाहे आज गये हों, पर ये सन् 47 से ही कांग्रेस के अन्दर घुस आये थे... सबसे पहले उन्होंने काग्रेस की जेब से प्रतिष्ठा काटी और उसे बाजार में बेच दिया...कांग्रेस की जेब में बरसों का संचित ईमान भी रखा था। जेबकतरों ने थोड़ा-सा ईमान भी काट लिया और उसे भी नीलाम कर दिया...साधो, पिछले वर्षों से कांग्रेस अपनी जेब में एक बहुमुल्य चीज़ रखे हुए है जिसे समाजवाद कहते हैं, और चीजों की तरह इसे भी जेब में लापरवाही से डाल लिया है। जेबकतरे बड़े चतुर होते हैं। वे जानते हैं कि यदि इसे पूरा चुरा लिया तो पकड़े जायेंगे और बड़ा हल्ला मचेगा। इसलिए वे उसमें से समय-समय पर थोड़ा सा हिस्सा काट लेते हैं और बेच देते हैं... साधो, दुर्गापुर अधिवेशन में पहली बार पकड़ में आई (यह सचाई) कि जो कांग्रेस का बिल्ला लगाये हैं उनमें भी जेबकतरे हैं। मगर ये एक-दो नहीं, पूरा गिरोह है.... जेबकतरों में भी तरक्की पाकर बड़े नेता हो गये होंगे। सरकार में भी पहुँच गए होंगे..." (दुर्गापुर में जेबकतरे)

'सुनो भाई साधो' महज 'कॉलम' नहीं राडार है–समाज में घट रही घटनाओं का, उनकी ऐतिहासिक और वर्तमान मानसिक बुनावट का, दुश्मन की आक्रामक गतिविधियों को जानने का भाषाई उपकरण, सेन्सरी चेतना से युक्त। जो लोग 'डॉस केपिटल' या 'लेनिन-ग्रन्थावली' या लूकाच के माध्यम से ही आज काम कर रही ताकतों के पेचोखम की खबर पाते हैं वे 'जुल्फ से सर होने तक' जीने का इन्तजाम कर लें लेकिन जिन्होंने शोषण के पीछे कारगर ताकतों और उन्हें जीवन देने वाली रसधाराओं को अपने जीवानानुभवों और कबीर की राह ठेठ, साहसी, आक्रामक बोली-भाषा में दिये गये प्रवचनों को आत्मसात कर जाना है, वे जोखिम उठाने के ज्यादा हकदार है। (हरिशंकर परसाई पर डंडेबाजों द्वारा घर में घुसकर किया गया हमला नहीं भूला जाना चाहिए)। 'सुनो भाई साधो' ने ऐसे कितने लड़के तैयार किये–पोथी पढ़े बिना प्रगतिशील दृष्टि के–इसकी गिनती नहीं की गयी। इस भारत भूमि पर अन्य किसी कॉलम ने, कलम ने, इतने बड़े पैमाने पर, सचाई से आलोकित जुझारू चेतना वाले लोग तैयार किये हों, मुझे मालूम नहीं। भाषा का ऐसा सहज व्यापक असर भरा और विसंगति के हर अँधेरे कोने को सामने लाकर रख देने वाला प्रयोग भी 'कबीर' की ही विशेषता है। खुद को जनवादी मानने वाले हर रचनाकार के लिए ऐसी उद्देश्यपरक रचनात्मकता जिसमें कलात्मक क्षय की कोई छूट न हो, सदा एक चुनौती है।

बीच-बीच की एकरसता, कभी-कभी के अतिसाधारणीकरणों और एकाधिक बार की उबाऊ पुनरावृत्तियों के बावजूद 'सुनो भाई साधो' अब भी चल रहा है और लाखों लोग अब भी चरित्र उद्‌घाटन की प्रक्रिया से गुजरते हुए खुद को एक व्यापक परिवर्तन के लिए तैयार होता महसूस कर रहे हैं।

–सोमदत्त

तट की खोज: गुलामों और मेहरबानों को नकारते हुए

मैंने उसे पहिली ही नजर में पहिचान लिया। उसको पिछली बार करीब 25 साल पहिले जबलपुर में देखा था। तब वह 23-24 साल की नवयुवती थी। पर इतने अन्तराल के बाद भी उसे पहिचानने में मुझे कोई कठिनाई नहीं हुई-वही गोरा रंग, वही तीखे नैन-नक्ष, वही पतले कसे हुए संकल्प प्रकट करते हुए होंठ, वही ऊंचा माथा, वही लापरवाही से बँधा हुआ वालों का जूड़ा, वही तनकर, सिर उठाकर बैठने और चलने की अदा, आँखों में वही चुनौती देता भाव। हाँ, समय ने रंग पर रूखेपन की परत चढ़ा दी थी और तीखे नैन-नक्शों में एक स्थायी वैराग्य उतर आया था। आँखों में चुनौती के भाव के साथ परिवेश के प्रति एक हल्का विद्रूप का भाव भी झलकता था-जैसे कह रहा हो-मैं सब को जानती हूँ-कायर, दब्बू या अहंकारी। वह मुझे भोपाल के न्यू मार्केट में दिखी थी। अकेली। और मुझे देखकर पहिचानने की कोशिश कर आगे बढ़ जाना चाहती थी कि मैंने उसे बिल्कुल ठीक-ठीक पहिचान लिया और बिल्कुल सामने आकर उससे कह ही दिया-"यदि मैं गलती नहीं करता तो आप शीला जी हैं।" मेरे द्वारा पहिचाने जाने पर और नाम से पुकारे जाने पर उसके चेहरे पर अंकित दूरी का भाव कुछ कम हुआ और उसने भी मुझे पहिचान लिया। डी० पी० आई० के कार्यालय से अपना काम निपटाकर वह कुछ चीजें खरीदने न्यू मार्केट आयी थी और फुरसत में थी। इसलिए कॉफी हाउस में बैठकर मेरे साथ कॉफी पीने का प्रस्ताव उसने स्वीकार कर लिया।

शीला को मैंने हरिशंकर परसाई के यहाँ जबलपुर में 1956 में देखा था। मैं 'शहीद स्मारक स्थित शोध-संस्थान' में हिन्दी का व्याख्याता होकर नया-नया जबलपुर पहुँचा था। परसाई हनुमान वर्मा और प्रमोद वर्मा के मित्र थे। ये दोनों मेरे। इसलिए भैराशिक के अनुसार परसाई से मेरी मित्रता होने में देर नहीं लगी। परसाई का नाम तब साहित्य के क्षेत्र में नया-नया ही

था। कुछ स्थानीय प्रकाशकों से उनके दो-तीन संकलन छप चुके थे और 'हंसते हैं, रोते हैं', 'क्रांति हो गयी' और 'तब की बात और थी' के लेखक के रूप में परसाई जबलपुर की साहित्य-मंडली में स्थापित हो गये थे। अध्ययनशील, प्रबुद्ध, प्रगतिशील तरुणों का दल परसाई से लेखन और जीवन-दर्शन में सलाह-मशविरा करने लगा था। परसाई तब लगभग 30 बरस के रहे होंगे। माँ थी नहीं, पिता भी नहीं थे। एक छोटा भाई था और एक बहिन, यार-दोस्तों की कमी नहीं थी। जंगल विभाग की नौकरी छोड़ आये थे और जबलपुर के एक स्कूल में मास्टर हो गये थे। काली शेरवानी, पैजामा और सेण्डल पहनकर स्कूल के बच्चों को पढ़ाने जाया करते थे और सभा-गोष्ठियों में पाखण्डपूर्ण जीवनादर्शों और रूढ़ियों पर हँस-हँसकर बखिया उखाड़ चोटें किया करते थे। तब राजनीति की अपेक्षा सामाजिक मूल्यों की मिथ्याचारिता परसाई का खास निशाना थी। व्यंग्य एक स्वतंत्र सत्ता के रूप में साहित्य में प्रतिष्ठित नहीं हो पाया था और पढ़े-लिखे लोगों भी यह तमीज पैदा नहीं हो पायी थी कि हास्य और व्यंग्य में, कोई स्तरगत अंतर है। मुझे याद है कि 1956 में, दिसम्बर माह में, रूसी युवकों का एक दल जबलपुर आया था, पैगोडो होटल में जबलपुर के साहित्यकारों को उनसे मिलाने के लिए नगरपालिका की ओर से एक आयोजन किया गया था। परिचय कराने का कार्य इतिहास के एक प्रोफेसर साहब के जिम्मे था। उन्होंने परसाई का परिचय कराते हुए कहा था-Meet Mr. Hari Shankar Parsai, a writer of Hood. He writes very funny things. अतिथियों के Really, Really कहने पर हम सब थोड़ी देर के लिए तो हतप्रभ हो ही गये थे। यह सब इसलिए था कि परसाई अभी विभिन्न विधाओं में हाथ आजमा रहे थे और न उनकी और न व्यंग्य की ही छवि अभी पूरी तरह उभर पायी थी। वे जीवित और जीवन मूल्यों के 'रनिंग कमेंटेटर' बनना चाहते थे। पर कभी 'नैरेटर' बन जाते थे, कभी 'थिंकर'। आसपास के जीवन की सच्ची घटनाओं को आत्मकथा से संपृक्त कर 'कमेंटेटर, नैरेटर और थिंकर' के व्यक्तित्वों को एक साथ मिलाकर उन्होंने एक उपन्यास लिखा 'तट की खोज'। इस उपन्यास में एक निम्न-मध्यम वर्गीय दर्पीली प्रबुद्ध लड़की के फौलादी चरित्र और निर्भ्रान्त नैतिक सामाजिक दृष्टि के माध्यम से मध्यम वर्गीय समाज में नर-नारी के आपसी रिश्तों की सचाई को विश्लेषित करने का संकल्प प्रकट होता है। इस सचाई को उजागर करने के लिए परसाई ने दो मध्यम वर्गीय नवयुवकों की सृष्टि की है, जिनमें एक भीतर से रूढ़ियों का गुलाम है और 'लोग क्या कहेंगे' से निरन्तर अपनी रीढ़ की हड्डी को घुलता हुआ अनुभव करता है, पर

बाहर से विद्रोह और क्रांति की बड़ी ओजस्वी बातें करता है और दूसरा हमदर्दी को प्यार समझने वाला सदाशय, उदार युवक। नारी के प्रति ये दोनों 'इंटर एक्शन' समस्या को केवल टालते हैं और उसे धुंधला बनाते हैं। ये दोनो 'पैसिव रोमांस' की गिरफ्त में पड़े हुए नारी की उसकी अस्मिता की खोज में बाधा पहुँचाते हैं। शीला, महेन्द्रनाथ और मनोहरलाल हमारे समाज की जीती-जागती सच्चाइयाँ हैं और परसाई ने एकाध स्थल पर जैनेन्द्रियन गिमिक को छोड़कर इन सच्चाइयों को बड़ी यथार्थवादी संवेदना से अंकित किया है।

शीला प्रेमचन्द की सुमन या शरच्चन्द्र की कमल या जैनेन्द्र की मृणाल से हटकर गढ़ा हुआ चरित्र है। मैं मन ही मन यह सब सोच ही रहा था कि शीला ने मुझसे कहा कि "कान्तिकुमारजी, इस रूप में मुझे देखकर आपको भले आश्चर्य न हो रहा हो, पर बहुतों को होता है। हमारे समाज में और हमारे साहित्य में समाज से उपेक्षित या पुरुष से प्रवंचित नारी या तो वेश्यावृत्ति स्वीकार कर लेती है या गंगा मैया की शरण चली जाती है। ये दोनों रास्ते मैंने नहीं अपनाये। मैं चाहती तो शरच्चन्द्र की कमल की तरह या जैनेन्द्र की मृणाल की तरह छद्म विद्रोह का रास्ता अख्तियार कर सकती थी, पर मैंने वैसा नहीं किया। क्या रूढ़ियों की गुलामी स्वीकार करने को अप्रस्तुत या पिद्दी पुरुषों की भीरुता या पाखंड के कारण प्रवंचित और लांछित लड़की के लिए वेश्यावृत्ति, आत्महत्या या आतंकवादी राजनीति या दिखाऊ विद्रोह के अलावा सहज सामान्य जीवन की शैली का कोई विकल्प नहीं है? कमल बड़ी चिन्तनशील और जागरूक नारी है पर शरच्चन्द्र ने उसे अपने विचारो के संवहन के लिए इतना गम्भीर बना दिया है कि वह असामान्य बन गयी है। मुझे शरच्चन्द्र का उपन्यास पढ़ते हुए प्रायः कमल के दिमाग की नसों के फटने की आवाज सुनाई पड़ती है। और जैनेन्द्र की बुआ तो न्यूराटिक हैं। अच्छा हुआ परसाई जी ने मुझे कमल या मृणाल बनने को बाध्य नहीं किया। मैं सामान्य लड़की थी, बी०ए० पास कर लिया था, लड़की होने की हीनता मेरे मन में बिल्कुल नहीं थी, हां, बूढ़े सेवानिवृत्त अकेले पिता की चिंता जरूर मुझे व्यथित करती रहती थी। पिता को केवल यही चिंता थी कि किसी तरह मेरा विवाह हो जाये-'वे जगह-जगह विवाह की बात चलाते, पर हर बार लड़के वालों की माँग उनके सामर्थ्य की सीमा लाँघ जाती। वे सब लोग हाथ में तराजू लिये हुए थे, जिसके एक पलवे पर बेटे को रखे थे। मुझे मेरी समस्त विद्या, बुद्धि, चेतना और सौन्दर्य के साथ दूसरे पलवे पर रखकर देखते तो हर बार मेरा ही पलवा हल्का पाते। तब पलवे बराबर करने के लिए, मेरे साथ रुपयों का वजन रखने को कहते।

पिताजी जब ऐसा नहीं कर पाते, तब वे अपनी तराजू लेकर दूसरे द्वार पर पहुँच जाते।'[1] मेरी कोई महत्त्वाकांक्षा नहीं थी। हाँ, यह अवश्य था कि मैं सचेत होकर जीती थी। बनी-बनाई धारा में बहना मेरी आदत नहीं थी।[2] मेरे स्वभाव में नहीं था। मैं जानती थी, जो डरते हैं, समाज उनका जीना असम्भव कर देता है।[3] जीने के लिए प्रयास करना पड़ता है और मैं जीने के लिए केवल तन से ही नहीं, मन से भी प्रयास करना आवश्यक समझती थी। महेन्द्रनाथ अपने जीने के इसी सचेत प्रयास में आये थे। वे वहीं जबलपुर में एक महाविद्यालय में व्याख्याता थे और मैं जहाँ-तहाँ पत्रों में उनके लेख पढ़ती थी। 'उनके लेखों में बड़ा ओज, बड़ा विद्रोह होता था। समाज की जर्जर रूढ़ियों पर, पाखंड पर, मिथ्याचार पर वे बड़े कटु प्रहार करते। उनके लेखन में बड़ी सम्वेदना, बड़ी करुणा होती। ऐसा लगता था कि भावी सामाजिक क्रान्ति का वह अग्रदूत सिद्ध होगा। नये समाज की रचना उनके ही हाथों होगी, यह सोचकर मैंने उनके साथ अपना जीवन एक कर देने का निश्चय किया था।' पर महेन्द्रनाथ ने मुझे नीचा दिखाया। मुझे उम्मीद नहीं थी कि पत्रों में क्रांति और विद्रोह और नारी-मुक्ति के लम्बे-चौड़े लेख लिखने वाला युवक इतना मेरुदण्ड-विहीन निकलेगा। हवा के पहले ही झोंके में महेन्द्रनाथ क्या भरभराया, पुरुष-वर्ग में मेरी आस्था ही खण्डित हो गयी। अब जीवन के इतने उतार-चढ़ाव देखने के बाद मुझे लगता है कि ऐसा वाग्वीर और कलमवीर अकेला महेन्द्र ही नहीं था। हमारे नवयुवकों की पूरी जमात की जमात झूठी, कायर और बेईमान है। वास्तव में हमारे उपन्यासकारों ने भी ऐसे दिखावटी वीरों का कभी पर्दाफाश नहीं किया।''[1]

महेन्द्रनाथ के प्रति कडुवे बोल बोलकर शीला का चेहरा तमतमा आया था। छले जाने की कडुवाहट के कारण इतने वर्षों बाद भी शीला के चेहरे पर एक काली रंगत उतर आयी थी। महेन्द्रनाथ शीला का पहला प्यार था, अपने सपनों का उसने उसमें रूप देखा था। मैंने देखा कि वह मनस्विनी प्रौढ़ा अपने पहले प्यार को भुला नहीं पाई थी और महेन्द्रनाथ की बात करते-करते उत्तेजित हो जाती थी। मैंने उसे थोड़ी राहत पहुँचाने के लिए कहा- ''हाँ, यह तो सच है कि अपने यहाँ लड़के का बाप जितना रूढ़िप्रिय और लोभी है, उससे ज्यादा खुद लड़का है। पिताजी तो लड़के के लिए दहेज चाहता ही है, लड़के श्री भी अपने बलबूते पर स्कूटर न खरीदकर दहेज में मिले स्कूटर पर ऐश करना चाहते हैं। आज 25 वर्ष बाद भी लड़कों की इस मनोवृत्ति में कोई अन्तर नहीं आया है। कहाँ गये संजय ब्रिगेड के वे सूरमा जिन्होंने दहेज न लेने की सामूहिक प्रतिज्ञा की थी और अखबारों में अपने फोटो छपवाये थे? दहेज में स्कूटर, फ्रिज न ला सकने के लिए

पत्नियों की जितनी हत्याएँ हो रही हैं, क्या वे आज के तरुण की मानसिकता पर कालिख नहीं पोततीं? जिस देश का तरुण इतना स्वार्थी और क्लीव हो, उससे क्या आशा की जाये?'' शीला को मेरे इन शब्दों से राहत मिली। वह आश्वस्त हुई। बोली– ''नहीं, इस मामले में सारा दोष पुरुषों का ही नहीं है। नारी की अवनति के लिए हम नारी भी कम उत्तरदायी नहीं हैं। उस रात महेन्द्रनाथ के घर से आने के बाद मुझे पुरुषों ने जितने ताने दिये, औरतों ने उससे ज्यादा। सच तो यह है कि बरसों की परतंत्रता और आदर्शों की मोहकता ने उसे भी जड़ बना दिया है। वह पुरुष का अन्याय सहकर गौरवान्विता होती है। जैसे बेस्टील के पतन के बाद कैदी जेल से बाहर आने को तैयार नहीं थे। वैसे ही हिन्दुस्तान की मध्यम वर्गीय औरत भी आजादी नहीं चाहती है।''

शीला बात करने के मूड में आ गयी थी। पुरानी कहानी दुहराना उसे अच्छा लग रहा था। बोली– ''महेन्द्रनाथ मुझे एक बार मिले थे। मैं जगदलपुर में प्राचार्या थी। महेन्द्रनाथ वहाँ डिप्टी कलेक्टर होकर आये थे। उनके मूल्यों के पब्लिक सेक्टर और प्राईवेट सेक्टर में बड़ा अन्तर था। मुझे महेन्द्रनाथ की पत्नी पर बड़ी दया आयी और महेन्द्रनाथ के प्रति मेरी घृणा और प्रगाढ़ हो गयी। पत्नी उनकी सुन्दर थी। इसलिए वे निरन्तर शंकालु बने रहते थे। दहेज वे अपने साथ खूब लाई थीं। महेन्द्रनाथ को मैंने कभी पत्नी के साथ बाहर घूमते हुए नहीं देखा। अच्छा ही हुआ मेरा उससे विवाह नहीं हुआ।'' मैंने कहा– ''पर उस दिन महेन्द्रनाथ यदि चुपचाप आपको भीड़ का सामना करने के लिए अकेला छोड़कर पिछले दरवाजे से खिसक न गये होते तो आपके श्रीमती महेन्द्रनाथ बनने में क्या देर थी?'' शीला ने उसाँस दबाते हुए कहा– ''हाँ, यह तो सच है। पर मैं महेन्द्रनाथ पर नहीं, विद्रोही लेखों से निर्मित महेन्द्रनाथ की छवि पर रीझ गयी थी। मुझे क्या मालूम था कि क्रान्ति का बिगुल फूँकने वाला व्यक्ति इतना लिजलिजा और कमजोर साबित होगा? महेन्द्रनाथ रूढ़ियों का और बदनामी के भय का गुलाम था। ऐसे गुलामों से न तब और न अब कोई आशा की जा सकती है।''

मुझे मनोहरलाल की याद आयी। मनोहरलाल जबलपुर में पुस्तक का व्यवसाय करता है। और इस बीच कई बार मेरी उससे मुलाकात हुई है। उसके मन में बराबर यह शिकायत बनी हुई है कि शीला ने उसे गलत समझा और उसके प्रति अन्याय किया। शीला का बिना कुछ कहे-सुने चले जाना और अपने परिवार से विरोध कर शीला को स्वीकार करने को तैयार होने के बावजूद शीला द्वारा उसे अस्वीकार कर दिया जाना मनोहरलाल भूल

नहीं पाते थे। शीला को जब मैंने मनोहरलाल के ये मनोभाव बताये तो वह तनिक भी विचलित नहीं हुई। बोली– ''परसाई जी ने मुझे स्टीफेन ज्विग की पुस्तक 'विवेयर आफ पिटी' पढ़ने को दी थी। इस तरह की अनेक पुस्तकें मैंने उनसे लेकर पढ़ी थीं। मनोहरलाल मुझसे प्यार नहीं करते थे। वे मुझे लांछिता, निराश्रिता जानकर मुझ पर मेहरबानी कर रहे थे। वे मेरे सहारा बन रहे थे, जबकि मैं अपने पति को अपने पूरक के रूप में प्राप्त करना चाहती थी। फिराक मेरे प्रिय शायर नहीं हैं, पर मेरी उस समय की मनस्थिति, पत्र में उल्लिखित सारी बातें फिराक के इस शेर द्वारा कही जा सकती हैं:

मेहरबानी को मुहब्बत नहीं कहते ऐ दोस्त
आह! अब मुझ से तेरी रंजिशे-बेजा भी नहीं।

मुझे मनोहरलाल को छोड़कर चले आने का कोई अफसोस नहीं है। मैंने उनका अपमान नहीं किया, हाँ, थोड़ा निर्मोह अवश्य प्रकट किया। पर वह अपनी अस्मिता की रक्षा के लिए बेहद जरूरी थी।''

वह फिराक का शेर कहकर थोड़ी हल्की हो आयी थी। मैं उससे कुछ निजी बातें करना चाहता था। ''आपने विवाह नहीं किया''– ''नहीं'' उसने बिना किसी संकोच या उद्विग्नता से सीधे मेरी आँखों में देखते हुए कहा। ''महेन्द्र और मनोहर के अनुभवों के बाद, मैं यह तो नहीं कहना चाहती कि मुझे पुरुष जाति से घृणा हो गयी है। पर हाँ, पुरुष को अपने संरक्षक के रूप में स्वीकार करना मेरे लिए कठिन हो गया है। पुरुषों से मैं मिलती नहीं–यह नहीं। यह भी नहीं कि मुझे उनकी संगति अच्छी नहीं लगती। पर मैं उनसे सदा बराबरी के स्तर पर ही मिलना चाहती हूँ। अब किसी से विवाह करने का संकल्प ही नहीं उठता। मैं तो अब किसी पुरुष को स्वयं को पेट्रोनाइजे भी नहीं करने देती।''

मैं वातावरण के हल्केपन को कायम रखना चाहता था। मैंने कुछ शरारत से ही पूछा–''शीला जी, विवाह अपने नहीं किया। ऐसा करने के आपके अपने तर्क हैं। विवाह परसाई जी ने भी नहीं किया। यह महज कोई संयोग है या....''

''नहीं-नहीं कान्तिकुमारजी! यह आप क्या शुरू कर बैठे। इस तरह के संकेत मैंने कुछ और लोगों से भी सुने हैं। परसाई जी मुझे अच्छे लगते हैं। इन्टेलेक्चुअली वे मुझे बहुत सेटिसफाई करते हैं। पर उन्होंने विवाह किस लाचारी में नहीं किया, यह तो आप उनसे ही पूछते। अब तो विवाह की बात मेरे लिए बस ऐकेडेमिक इन्टररेस्ट की रह गयी है।''

शीला मुझे बहुत दिनों बाद मिली थी। इस तरह की नाजुक बातों के लिए कॉफी हाउस कोई आदर्श जगह भी नहीं थी। मैंने इस सारे प्रसंग को खूबसूरत मोड़ देते हुए पूछा–"परसाई जी से फिर आपकी कभी भेंट नहीं हुई?" "प्रायः होती है। मुझे शासकीय कार्य से प्राय: भोपाल आना होता है। समय निकालकर मैं जबलपुर जाकर परसाई जी से जरूर मिल आती हूँ। परसाई जी की मैं बहुत कृतज्ञ हूँ कि उन्होंने मुझे लिजलिजी भावुकता से बचा लिया और छद्म विद्रोहिणी की ध्वजा उठाने से रोक लिया। मैं सामान्य नारी हूँ और नारी का सम्मानजनक जीवन बिताना चाहती हूँ। भारत में मुझ जैसी स्त्रियों की कमी नहीं है जो पढ़ी-लिखी हैं और आर्थिक रूप से स्वतंत्र है और जो पुरुषों से समानता का व्यवहार चाहती हैं। अपनी इच्छा का सम्मानपूर्ण जीवन हम क्यों नहीं बिता सकतीं? परसाई जी ने मेरे लिए तट की खोज कर उसे मेरे ऊपर लादने की कोशिश नहीं की। अपनी अस्मिता का रक्षा के लिए अपना तट खोजने की उन्होंने मुझे पूरी छूट दी। इस भारतीय आर्य कथन का कि 'यदि पुरुष गृह-त्याग करता है तो वह साधु है। पर यदि नारी गृह-त्याग करती है तो वह कुलटा है' परसाई जी ने प्रत्याख्यान किया। परसाई जी ने स्वतंत्रता के वरण का यह अवसर न दिया होता तो या तो मैं जैनेन्द्रकुमार की बुआ बन गयी होती या शरच्चन्द्र की पारो। बहुत होता, अज्ञेय की शशि बन जाती। क्या आपको यह नहीं लगता कि हिन्दी उपन्यासों में जिन गीताओं (यशपाल) या जिन रीतियों (कृष्णा सोबती), की सृष्टि संभव हुई है, उसका श्रेय मुझ जैसी शीला के निर्माता परसाई को है?"

परसाई जी के बारे में बातें करते हुए शीला को थकान नहीं लगती। यह तो मैं स्पष्ट देख ही रहा था। मैंने शीला को परसाई जी के बारे में और कुछ कहने के लिए उकसाते हुए पूछा–"अच्छा शीला जी–कभी परसाई जी से आपने यह नहीं पूछा कि तट की खोज कर चुकने वाली शीला को–उसके परिवर्ती जीवन को उन्होंने अपने किसी उपन्यास का विषय क्यों नहीं बनाया?"

इस पर शीला हँसी, अपनी वही खुली खनखनाती हुई हँसी। बोली–"पूछा था। कान्तिकुमार जी, पूछा था। जबलपुर छोड़ने के बाद जब मैं अध्यापिका बनकर रायपुर पहुँची थी और जीवन में कुछ सेटल हुई थी, तो मैंने परसाई जी को जबलपुर के बाद की अपनी कथा सुनायी थी। और पूछा था–"मैं तो अब अपना तट खोज चुकी। मेरी नयी कहानी अब आप कब लिखेंगे?' परसाई जी ने जो उत्तर दिया था, आपसे ज्यादा उसे कौन जानता है। तट की खोज छप चुकने के बाद आपने ही तो परसाई जी से कहा

था कि 'उपन्यास उनकी विधा नहीं है–आप तो समाज और राजनीति के रनिंग कमेंटेटर हैं। उपन्यास का फार्म आपको रास नहीं आता। उपन्यास प्रेमचन्द को भी रास नहीं आता था। मोहन राकेश को भी उनकी प्रतिभा कहानियों की प्रतिभा थी। रेणु कहानी नहीं लिख पाते थे। उनकी कहानियाँ उपन्यासनुमा हो जाती थीं। आपकी विधा, निबन्ध, रिपोर्ताज की विधा है। आप उपन्यास मत लिखिये।' परसाई जी ने आपकी बात पर गौर किया था और उन्हें आपकी बात जम गयी थी। 1956 के बाद उन्होंने एक उपन्यास 'ज्वाला और जल' जरूर लिखा था। पर उसकी असफलता ने मानो परसाई को उपन्यास की विधा को तिलांजलि देने पर बाध्य कर दिया।''[4]

''हाँ,'' मैंने कहा, ''यह गुनाह तो मैंने किया है, यह अच्छा है। परसाई उपन्यास या कहानियाँ नहीं लिखते। मैंने उनके प्रारम्भिक संकलन 'हँसते हैं, रोते हैं' की कहानियाँ पढ़ी हैं। इन कहानियों में परसाई भी भावुकता से ग्रस्त हैं और छायावादी जीवन-दृष्टि से मुक्त होने की कोशिश कर रहे हैं। 'तट की खोज' में ही आपने महेन्द्रनाथ को जो उत्तर दिया है वह प्रसाद की 'कामायनी' के 'लज्जा' सर्ग का सार संक्षेप ही तो है।[5] दुख के प्रति आत्ममोह के कारण इन दिनों की कहानियों में समाज की समस्याओं के प्रति वह यथार्थवादी विश्लेषक, प्रखरता और बौद्धिक निर्ममता नहीं है जो परसाई की परवर्ती रचनाओं की खास पहचान है।''

शीला बोली–''मैं कह सकती हूँ कि सामाजिक बुराइयों के प्रति सामाजिक करुणा और सामाजिक रोष जाग्रत करने का कार्य परसाई जी ने 'तट की खोज' के माध्यम से ही प्रारम्भ किया और मुझे इस बात से बहुत गर्व का अनुभव होता है कि परसाई जी की दृष्टि साफ करने में मैं निमित्त बनी। वैसे 'तट की खोज' में हिन्दी के अध्यापकों को जैनेन्द्रिय गिमिक, बक्शी जी के अमिता-नमिता के वात्तचियों वाली शैली या प्रेमचन्द की मुहावरेदानी की झलक मिल जायेगी। पर परसाई जी फार्म के नहीं, कंटेंट के साहित्यकार हैं। वे दुनिया को बेहतर बनाने में लगे हुए हैं। और जन-शिक्षा का जितना बड़ा काम हमारे दौर में अकेले परसाई जी ने किया है उतना किसी अन्य हिन्दी लेखक ने नहीं।''

शीला में छिपी अध्यापिका प्रकट होने लगी थी। और मुझे डर लगा कि कहीं मेरा प्रोफेसर जाग्रत न हो जाये और इतनी अच्छी शाम बराबर न हो जाये। अपने को बहुत रोकते-रोकते इतना तो मैंने कह ही दिया ''कि शीला जी, आप में और परसाई में एक गुण समान है–घृणा करने का। आप दोनों समाज को चूँकि बहुत शिद्दत से प्यार करते हैं, इसलिए समाज के कलुष और पाखण्ड से घृणा भी बहुत शिद्दत से करते हैं। ऐसा करना आपकी

विवशता है। आप दोनों की घृणा का जन्म गहरी मानवीय करुणा की कोख से होता है।'' ''असल में'', शीला ने मेरी बात को आगे बढ़ाते हुए कहा, ''संक्रमण काल में मेरी जैसी स्त्रियों की लड़ाई लंबी और कड़ी होती है। ऐसे संक्रमण काल में आर्थिक रूप से पिछड़े शोषित वर्ग को जो प्रचलित जीवन-मूल्यों की अपेक्षा ऊँचे और अधिक मानवीय मूल्यों के लिए संघर्षरत होते हैं, बहुत निर्मम ताकतों से निपटना पड़ता है। फलत: बिना घृणा और निर्ममता के ऐसे वर्गों का काम चलता नहीं, चल नहीं सकता।''[6]

बैरा बिल ले आया था। शीला अपना बटुआ खोजने लगी थी। मैंने कहा, ''नहीं शीला जी, आज पेमेंट मैं करूँगा।'' शीला तमक गयी। बोली, ''फिर वही पुरुषाना अहंकार-क्यों, पेमेंट आप क्यों करेंगे? आपसे मिलकर मुझे ज्यादा खुशी हुई है। पेमेंट मैं करूँगी।'' मैंने उसका विरोध नहीं किया। पेमेंट मैंने उसे ही करने दिया।

—कान्तिकुमार

संदर्भ

1. क. तट की खोज, पृ० 5

1. ख. मिलाइये:

   ''मुझे याद है। बचपन में मेरे पड़ोस के बड़े किसान कमर में रुपयों की थैली बाँधकर बैल खरीदने मेलों में आया करते थे। अब देखता हूँ, अनेक मनोहरलाल थैली बाँध कर अपनी कन्याओं के लिए वर खरीदने निकलते हैं, हमारे समाज में वर भी मवेशियों की तरह नीलाम होते हैं और जिस तरह अच्छी नस्ल के बैल ऊँची कीमत पर बिकते हैं, उसी तरह ऊँचे कुल के पढ़े-लिखे लड़के कीमती होते हैं। गरीब किसान मरियल, अड़ियल बैल से ही काम चला लेता है और गरीब पिता कुपात्र, रोगी को अपनी लड़की सौंपकर शान्ति की साँस लेता है। बाप का रोना जब समाप्त होता है, तभी से बेटी का रोना आरम्भ होता है।''

   —हरिशंकर परसाई, 'तब की बात और थी,' पृ० 11

2. मिलाइये:

   ''अपने ही अनुभव से मुझे यह लगता है कि हम सचेत होकर नहीं जीते-एक धारा में बह जाते हैं। सचेत होकर जीने का अर्थ है-अपने दैनिक अनुभव संवेदनों के प्रति जागरूक होना। उन्हें बटोरना, उन पर विचार करना, उनका विश्लेषण करना ओर नये अर्थ खोजना। कितने ही मूल्यवान और अर्थवान विविध प्रकार के अनुभव संवेदन हम खो देते हैं। जो हम लेते हैं, उसका निर्वाचन, दिमागी आदत के कारण और पूर्वाग्रह के कारण, एक ही प्रकार का हो जाता है।''

   —हरिशंकर परसाई (नयी कहानी: संदर्भ और प्रकृति) पृ० 60

3. मिलाइये:
'मैंने तय किया–परसाई–डरो किसी से मत। डरे कि मरे। सीने को ऊपर से कड़ा कर लो–'

–हरिशंकर परसाई, सारिका (गर्दिश के दिन) जून 72, पृ० 23

4. "मुझे किसी विधा का अत्यंत शिथिल रूप ही अनुकूल बैठता है। निबन्ध की विधा मेरे लिए सबसे काम की है क्योंकि मैं उससे मनचाहा सलूक कर सकता हूँ। फैंटेसी भी मेरे काम की है।"–परसाई जी का पत्र

5. तट की खोज, पृष्ठ 16

6. दे०ए० लूनार्चास्की–आन लिटरेचर एण्ड आर्ट, पृ० 310

इतिहास के साथ

परसाई की व्यंग्यकृतियों पर रामविलास शर्मा की यह उक्ति सटीक ढंग से लागू होती है कि गद्य का कवित्व उसका व्यंग्य है। हिंदी समीक्षा के सामने परसाई के कृतित्व ने एक चुनौती पेश की है। इसे समझने की जरूरत है। इस समझ से परहेज करनेवाले परसाई-भक्त समेत अनेक आलोचकों ने परसाई को एक शाश्वत व्यंग्यकार के रूप में प्रतिष्ठित करने का प्रयत्न किया है। यहाँ तक कि हिंदी का आधुनिक साहित्य के ऐतिहासिक विकास-क्रम में परसाई के अभ्युदय को एक महान प्रतिभा के आकस्मिक अभ्युदय के रूप में समझाने की कोशिश की जाती रही है। प्रश्न यह है कि गद्य के इस कवित्व की ऐतिहासिक आवश्यकता की पूर्ति का कार्य... व्यंग्य को लोकप्रिय तथा उन्नत स्तर पर प्रतिष्ठित करने का यह प्रयास नयी कहानी आंदोलन तथा साठोत्तरी पीढ़ी के साथ ही क्यों किया गया? नयी कहानी आंदोलन तथा साठोत्तरी पीढ़ी के लेखन के भीतर मौजूद इस जीवन्त धारा का महत्त्व नही समझा गया। यह समझने का भी प्रयास नहीं किया गया कि परसाई को परंपरा क्या मिली थी तथा परसाई की तीक्ष्ण वर्णनात्मकतावाली गद्यशैली अंततः श्रीलाल शुक्त से लेकर ज्ञानरंजन तक पहुँच कर हिंदी को कितना कुछ दे गयी। कहानी आंदोलन के भीतर मौजूद यह धारा एक जटिल ऐतिहासिक संदर्भ प्रस्तुत करती है। परसाई के पास भारतेंदु-मंडल के लेखकों की जिंदादिली है, प्रेमचंद की 'स्वत्वरक्षा' और 'अधिकारचिंता' जैसी व्यंग्यधर्मी रूपक-कथाओं की मिसालें हैं और उसके साथी ही अमृतराय के 'तिरंगे कफन', रांगेय राघव के 'तूफानों के बीच', शमशेर के कहानी-संग्रह 'प्याल का मोर्चा' जैसे प्रगतिशील साहित्यिक आंदोलन के दौरान किये गये कथा-प्रयोग हैं। स्वाधीन भारत के शासकवर्ग के चरित्र की सटीक पहचान में भूलों-भ्रांतियों और तज्जन्य नुकसानदेह परिणामों के बावजूद परसाई के सामने यथार्थ की असंगतियों का एक पूरा संसार है। व्यंग्यलेखक के नाते इन्हीं असंगतियों से तड़पने वाले नयी कहानी आंदोलन

के कहानीकारों की यथार्थसंबंधी चयन-दृष्टि और परसाई की चयन-दृष्टि में बुनियादी फर्क है। इस फर्क को बार-बार रेखांकित करने की जरूरत है। परसाई जिस वर्ग की मनोभूति से पूरे समाज के क्रिया-कलाप को देखते हैं, वह निश्चय ही कोरी मध्यवर्गीय मनोभूमि नहीं है। प्रेमचंद की जनवादी यथार्थ-दृष्टि को स्वाधीन भारत की परिस्थितियों में जिस सीमा तक परिणति प्राप्त हो सकती थी, उस सीमा तक परसाई के कृतित्व की बड़ी महत्त्वपूर्ण भूमिका है। शासक-वर्ग के किस हिस्से की तरफ से तानाशाही का खतरा भारत के उत्पीड़ित जनगण के सिर पर मँडराने लगा है, इसकी सही समझ न होने के कारण परसाई की व्यंग्यशक्ति का ह्रास हुआ है, यह बात अब तो स्पष्ट हो ही जानी चाहिए।

व्यंग्य की साहित्यिक विधा को परसाई प्रेमचन्द से काफी आगे ले आये, इसमें संदेह नहीं। यह विवाद का मुद्दा हो सकता है कि सर्वहारा चेतना की आधारभूमि से परसाई तत्कालीन भारत को देखते हैं या नहीं? मेरा यह निष्कर्ष है कि परसाई की चूक का कारण यहीं छुपा हुआ है। मध्यप्रदेश के राजनीतिक परिवेश के सीमित संसार के दबाव के कारण परसाई का लेखन शासक-वर्ग के सर्वाधिक खतरनाक हिस्से को अपने व्यंग्य का निशाना नहीं बना पाता। इसके बावजूद उनके कृतित्व की सबसे बड़ी उपलब्धि लोकतंत्र के स्वांग के भीतर मौजूद असंगतियों को उघाड़ना है। सन् 50 के बाद के भारत के यथार्थ में अंतर्भूत टकरावों और विडंबनाओं का अनुशीलन करने के लिए परसाई की कृतियाँ महत् समाजशास्त्रीय सामग्री का भंडार है। पर इसके साथ ही यह उल्लेखनीय है कि कथा-प्रयोग के वैविध्य के लिहाज से हरिशंकर परसाई ने गद्य की एक ऐसी विधा को सँवारा जो कहीं तो स्केच प्रतीत होती है, कहीं छोटा एकांकी, कहीं रिपोर्ताज, कहीं फीचर और कहीं ठीक कहानी जैसी, पर कहानी की विधा के साथ पूरी छेड़छाड़ की हिम्मत के साथ, गद्य की विविध विधाओं का सत निचोड़ कर समकालीन यथार्थ की मुँह चिढ़ाती और अंतर्यामी तस्वीरों का अलबम पेश करने में परसाई नें अपूर्व कलाकौशल–कहना चाहिए नटधर्म और कार्टून तकनीक का परिचय दिया है। किसी के 'निजी जीवन' की गुप्त बातों की निन्दा करने वालों का ही प्रसंग उठा लीजिए, परसाई शुरू करेंगे तो फिर स्वास्थ्य विज्ञान की मूल स्थापनाओं के साथ:

"निन्दा में विटामिन और प्रोटीन होते हैं। निन्दा खून साफ करती है, पाचन-क्रिया ठीक करती है, बल और स्फूर्ति देती है। निन्दा से मांसपेशियाँ पुष्ट होती हैं। निन्दा पायरिया का तो शर्तिया इलाज है। सन्तों को परनिन्दा की मनाही होती है, इसलिए वे स्वनिन्दा करके स्वास्थ्य अच्छा रखते हैं,

'मो सम कौन कुटिल खल कामी'... यह सन्त की विनय और आत्मग्लानि नहीं, टॉनिक है। सन्त बड़ा काइयाँ होता है। हम समझते हैं, वह आत्मस्वीकृति कर रहा है, पर वास्तव में वह विटामिन और प्रोटीन खा रहा है।''

इस 'गंभीर मुद्रा' में भूमिका बाँधी है मानो कोई किस्सा फरमायेंगे ही नहीं। पर तुरंत एक परनिन्दक सज्जन जब किसी के बारे में शराब पीने की बात बताते हैं तो फिर व्यंग्यकार कहानी शुरू कर देता है-''मैंने ध्यान नहीं दिया।'' उन्होंने फिर कहा-''वह शराब पीता है।

निन्दा में अगर उत्साह न दिखाओ, तो करनेवालों को जूता-सा लगता है। वे तीन बार यह बात कह चुके और मैं चुप रहा, तो तीन जूते उन्हें लग गये। अब मुझे दया आ गयी। उनकी चेहरा उतर गया था।

मैंने कहा-पीने दो।

वे चकित हुए, बोले-पीने दो? आप कहते हैं, पीने दो?

मैंने कहा-हाँ, हम लोग न उसके बाप हैं, न शुभचिन्तक। उसके पीने से अपना कोई नुकसान भी नहीं है।

उन्हें संतोष नहीं हुआ। वे उस बात को फिर-फिर रेतते रहे।

तब मैंने लगातार उनसे कुछ सवाल कर डाले-आप चावल ज्यादा खाते हैं या रोटी? किस करवट सोते हैं? जूते में पहले दाहिना पाँव डालते हैं या बायाँ? स्त्री के साथ...

अब वे 'ही-ही' पर उतर आये। कहने लगे-ये तो प्राइवेट बातें हैं। इन से क्या मतलब?

मैंने कहा-वह खाता-पीता आदमी है, यह उसकी प्राइवेट बात है। मगर इससे आपको जरूर मतलब है। किसी दिन आप उसके रसोईघर में घुसकर पता लगा लेंगे कि कौन-सी दाल बनी है और सड़क पर खड़े होकर चिल्लायेंगे-वह दुराचारी है। यह उड़द की दाल खाता है।

तनाव आ गया। मैं 'लाइट' हो गया-छोड़ो यार, इस बात को।''

मानव-आचरण के इन भ्रष्ट प्रसंगों पर व्यंग्यपूर्ण टिप्पणियाँ यह प्रभाव भी छोड़ती हैं कि मध्यवर्ग के आत्मसंतुष्ट और निजी गोपन संसार की मर्यादा स्वीकार करनी चाहिए। मान लीजिए कि यही प्रभाव पड़ता है। इसके बावजूद लेखक ऐसी कुटिलताओं की मूल्यव्यवस्था को सामने लाकर आपको सचेत कर जाता है।

स्वाधीन भारत में एक नया तत्त्व पैदा हुआ-सोर्स। अपनी निजी समस्या के हल के लिए सोर्स ढूँढ़ने की प्रवृत्ति पर परसाई ने एक व्यंग्य रचना लिखी थी-'राम की लुगाई और गरीब की लुगाई'। इस रचना का केन्द्रीय कथ्य

कितना चस्पां बैठता है: ''राष्ट्रीय पुरुष सोर्स ढूँढ़ता और चिक उठाता घूम रहा है। मंत्री से लाइसेंस लेता है, क्लेक्टर से मकान एलाट कराता है, फूड अफसर से शक्कर का परमिट ले लेता है, प्रोफेसर के लड़के से नंबर बढ़वाता है, प्रिंसिपल से भर्ती करवाता है, पुलिस अफसर से मामला उठवाता है, नजूल अफसर से जमीन लेता है, विधायक से सिफारिश करवाता है।''

परसाई ने सामयिक घटना-प्रसंगों पर 'सुनो भाई साधो' नाम से जितनी टिप्पणियाँ लिखी थीं-उन्हें देखकर किसी भी विवेकशील पाठक के लिए यह अनुमान लगाना कठिन नहीं था कि परसाई में विकास की संभावनाएँ थीं, इसीलिए 'आदम' के छद्म नाम से लिखित 'जनयुग' के कालम में उनका परिपक्व-प्रौढ़ और मँजा हुआ लेखन दिखायी पड़ता है। मुझे याद है कि 'कल्पना' में जैनेन्द्र की जो तस्वीर उन्होंने अंकित की थी, वह वर्षों तक अकेले में भी मुस्कुराने का सामान मुहैया करती रही।

हिन्दी गद्य को वक्रतापूर्ण वर्णन-भंगी की तमीज प्रदान करने में परसाई का योगदान अविस्मरणीय है। उनसे आशा की जाती है कि आज की चुनौतियों के संदर्भ में वे वर्तमान दौर के आह्वानों को सुनेंगे। आज के कार्यभार को ध्यान में रखकर निःसंदेह परसाईजी की नयी से नयी कृतियों का इन्तजार किया जायेगा। पर मैनरिज्म के अपने ही तिलस्मों से निकलने के लिए उन्हें यह याद रखना होगा कि लेखक जनता का शिक्षक होने के साथ-साथ उससे शिक्षित भी होता है, उस जनता से जो इतिहास की संचालक शक्ति है। परसाई जानते हैं कि भारत का गणतंत्र फिलहाल 'ठिठुरते हुए हाथों की तालियों पर टिका' है। गणतंत्र के मौजूदा हालात में परसाई को भलीभाँति पता है कि स्वाँग आज की कितनी बड़ी सच्चाई है। खुद परसाई उस फरमान के गवाह हैं, जिसमें कहा गया था-''समाजवाद सारे देश के दौरे पर निकल रहा है। उसे सब जगह पहुँचाया जाय। उसके स्वागत और सुरक्षा का पूरा बंदोबस्त किया जाय।'' सवाल यह है कि परसाई का यह राजनीतिक साक्ष्य अपनी तार्किक परिणति पर पहुँचेगा भी या नहीं? परसाई की व्यंग्यधर्मी यथार्थ-दृष्टि अगर इस ऐतिहासिक आवश्यकता की पूर्ति करती है तो जाहिर है कि उनकी रचनाशीलता सार्थक हो उठेगी।

-मुरलीमनोहर प्रसाद सिंह

साहित्य और साहित्यकारों की दुनिया में

हरिशंकर परसाई हिन्दी जगत में एक व्यंग्य-लेखक के रूप में पहचाने जाते हैं। उनकी यह पहचानकर एक मायने में सही भी है, कारण कि उनकी रचनाशीलता ने व्यंग्य-विधा को अपनी सर्जनात्मक अभिव्यक्ति का माध्यम स्वीकार करने वाले पहले भी हुए हैं और ढेरों पत्र-पत्रिकाओं वाले आज के युग में तो उनकी बाढ़-सी आ गई है। अतएव एक व्यंग्यकार के रूप में परसाई की सर्जनात्मक मूल्यवत्ता का आकलन करते समय जो सबसे पहला सवाल सामने आता है वह यह है कि पूर्ववर्तियों और व्यंग्य-विधा में अभ्यास करने वाले अनेकानेक समकालीनों के लेखन से परसाई और उनके लेखन का रिश्ता क्या है और कैसा है। इन सवालों से शुरू में ही निपट लेना हम इसलिए जरूरी समझते हैं कि इनके बीच से हम शायद कुछ ऐसे सवालों के जवाब भी पा सकें, परसाई की सर्जनात्मक मूल्यवत्ता की पहचान और परख के सिलसिले में जिनके जवाब नितांत जरूरी हैं। सबसे अहम बात तो यह कि व्यंग्य-लेखन के पूर्ववर्ती तथा समकालीन परिप्रेक्ष्य में ही परसाई की रचनाधर्मिता तथा उसके परिणामों पर कोई सार्थक रायजनी हो भी सकती है। अस्तु–

जहाँ तक पूर्ववर्तियों की बात है, सहज ही हमारा ध्यान सबसे पहले भारतेन्दु और उनके मण्डल के लेखकों की ओर जाता है जिनकी पंक्ति में आगे चलकर द्विवेदी युग के बालमुकुन्द गुप्त जैसे जीवंत रचनाधर्मी भी आ जाते हैं। अपने युग पर आचार्य द्विवेदी का कुछ ऐसा साहित्यिक दबदबा था और उनका व्यक्तित्व कुछ ऐसा गुरु-गंभीर था कि भारतेन्दु युग की इस जीवंत विरासत को उनके समय में जिस शक्ति के साथ पनपना था, वह नहीं पनप सकी, और कुछ समय के बाद छायावाद के युग में तो वह पृष्ठभूमि में चली गयी। सन् 1930 के आसपास के आर्थिक, सामाजिक और राजनीतिक दबावों ने एक बार फिर इस माध्यम की ओर अपने समय के लेखकों का ध्यान खींचा, फलतः जिसे प्रगतिशील लेखन का युग कहा

जाता है, उसमें व्यंग्य की यह विधा पुनः अपनी शक्तिमत्ता के साथ उजागर हुई और अपने समय के सामाजिक यथार्थ की संगति में इसने युग को एक बार फिर से अपनी अहमियत का अहसास कराया। वस्तुतः प्रगतिशील आन्दोलन के समय में उपजी यथार्थ चेतना के संदर्भ में ही उससे गहराई के साथ जुड़े लेखकों ने महसूस किया कि जिस माध्यम में सामाजिक यथार्थ को पहचानने, पकड़ने और पूरी धार के साथ अभिव्यक्ति देने की इतनी क्षमता है, उसे हाशिए से उठाकर एक स्वतंत्र अहमियत के साथ सामने लाने की जरूरत है। जरूरत उसे एक ऐसी जमीन देने की है जिसमें वह अपनी सारी क्षमता तथा संभावनाओं के साथ फैल और विकसित हो सके जैसा कि भारतेन्दु और उनके मंडल के लेखकों ने चाहा था और जिनके लेखन में ही पहली बार इस विधा ने अपनी शक्ति और संभावना का जीवंत अहसास कराया था। एक स्वतंत्र विधा के रूप में व्यंग्य को सामने लाने की जो कोशिश इस क्रम में हुई, परसाई की रचनाशीलता उसी का सुफल है। नई-नई पत्र-पत्रिकाओं और समाचार-पत्रों के प्रकाशन तथा युग के तेजी से बढ़ते आर्थिक-राजनीतिक क्रियाकलापों की संगति के सहयोग से व्यंग्य को मिली नई और स्वतंत्र जमीन शनैः-शनैः उर्वर होती गई और कहना न होगा कि अपनी पूरी अहमियत के साथ व्यंग्य की यह विधा न केवल आज अत्यधिक लोकप्रिय है, अपने समय के यथार्थ से उसका रिश्ता भी अत्यंत प्रगाढ़ तथा मजबूत है।

एक स्वतंत्र गद्य-विधा के रूप में व्यंग्य को जो मान्यता युग के बदले हुए परिवेश में मिली और अपनी क्षमता से जिस अभूतपूर्व लोकप्रियता को उसने अर्जित किया, परसाई के व्यंग्य-लेखन का उसमें महत्त्वपूर्ण योगदान है। इसे अतिरंजित कथन न माना जाय, यदि मैं कहूँ कि व्यंग्य-लेखन की भारतेन्दुयुगीन विरासत को गुणात्मक समृद्धि देने वाले परसाई आज के युग के सर्वाधिक सजग और सक्षम व्यंग्यकार हैं, गोकि एक व्यक्ति और एक रचनाकार के नाते उन्हें इसके लिए बहुत जोखिम उठाने पड़े हैं, काफी बड़ी कीमत चुकानी पड़ी है। परसाई के हाथों व्यंग्य की विधा लोकप्रिय ही नहीं हुई है, लेखन के क्षेत्र में उनका सबसे विशिष्ट और महनीय योगदान यह है कि उन्होंने व्यंग्य को एक सर्वथा नया चरित्र प्रदान किया। यह पूर्ववर्तियों की रचनाशीलता और प्रतिभा से परसाई की तुलना नहीं है, यदि कहा जाय कि पूर्ववर्तियों के निहायत ईमानदार किन्तु सुधारवादी आशयों के विपरीत परसाई ने अपने लेखन में सामाजिक बदलाव के क्रांतिकारी आशयों और उनसे अद्भूत एक जाग्रत क्रियाशीलता के प्रति अपनी निष्ठा सूचित की है। यहीं उनका लेखन पूर्ववर्ती लेखन के विशिष्ट हो जाता है गोकि इस विशिष्टता

के लिए वे पूर्ववर्तियों की ही विरासत के प्रति ऋणी हैं। परसाई के लिए व्यंग्य-लेखन उनके अपने बहुत-से समकालीनों की भाँति कभी बैठे-ठाले का धंधा नहीं रहा, वरन् साहित्य को सामाजिक बदलाव का एक प्रभावशाली हथियार मानने वाले रचनाकार के नाते वह उनके लिए उनकी आदमीयत और अपनी रचनाशीलता को जिन्दा रखने वाली एक बुनियादी शर्त रहा है। उनके लेखन में जो मानवीय प्रतिबद्धता है, समाज की पेचीदा गतिविधियों की जो समझ और पकड़ है तथा सामाजिक जटिलताओं के बीच से आदमी और आदमीयत के रिश्तों को पहचानने और उभर रही इंसानी जिन्दगी के ताने-बानों के साथ उन्हें गूँथ देने की जो क्षमता है, वह परसाई के व्यंग्य लेखन को वह ऊँचाई देती है, जिस तक उनके पूर्ववर्ती उसे पहुँचाना चाहते थे और यही वह बिन्दु भी है जहाँ परसाई का व्यंग्य-लेखन उनके समकालीन अनेक नामी-गिरामी व्यंग्य-लेखकों से भिन्न हो जाता है। व्यंग्य की विधा को अपनाते हुए भी परसाई में इस कारण दृष्टिकोणगत बिखराव या वस्तुगत सतहीपन नहीं आ पाता कि उनका व्यंग्य मूलतः सामाजिक करुणा के बीजभाव को लेकर उगता है। गोकि वह प्रखर रूप से आक्रामक भी होता है किन्तु उसकी इस आक्रामकता का स्रोत भी यही करुणा है। मानवीय करुणा और मानवीय सरोकार का यह संदर्भ परसाई के व्यंग्य के आक्रामक रुख, उसकी निर्ममता, उसके प्रत्यक्ष क्रोध को एक सात्विक शोक को क्रोध के श्लोक में प्राप्त हुई थी। परसाई का व्यंग्य निश्चित रूप से कठोर है, अन्यायी समाज-व्यवस्था, व्यक्तियों, संस्थाओं और मनुष्यता के खिलाफ साजिश करने वालों पर वह वज्र बनकर टूटता है किन्तु उसका मूल्यांकन करते हुए हमें उसके बीजभाव पर, उसके मानवीय सरोकारों पर, उसमें निहित मानवीय संवेदना पर निरंतर दृष्टि रखनी चाहिए, तभी हम उसकी सही मूल्यवत्ता, उसके सही चरित्र को और बैठे-ठाले व्यंग्य लिखने वालों से उसके वैशिष्ट्य को पहचान सकते हैं। परसाई के व्यंग्य लेखन में इस प्रकार का अहसास विरल है। परसाई में यह जो मानवीय करुणा है उसका गलदश्रु भावुकता से कोई संबंध नहीं है। परसाई के लेखन में रोमानियत के प्रति एक निर्मम तटस्थता है, हर स्तर पर, संवेदना के स्तर पर भी, और भाषा तथा शिल्प के स्तर पर भी। उल्टे उसके सतहीपन और उसकी वायवीयता की उन्होंने जमकर मखौल ही उड़ाई है। रोमानियत के संस्पर्श से भी रहित, उनकी मानवीय करुणा का स्रोत आदमी की वह यातना है जिससे मुक्ति के लिए वह सदियों से जद्दोजहद कर रहा है और परसाई के लेखन में जिससे हमारा सीधा परिचय होता है। उनकी करुणा वह सर्वोदयी करुणा भी नहीं है जो प्रकारांतर से शोषित मनुष्यता के और समाज

के वर्गीय आधार का विरोध करने के कारण अंततः जनविरोधी चरित्र अपना लेती हैं या उपहास के कारण यह वह तथाकथित मानवतावाद है जिसमें समाज और जिन्दगी की जोंको का दर्जा उनके बराबर है जिनके शरीर के रक्त से वे अपना पोषण करती हैं।

परसाई के व्यंग्य-लेकन के सही चरित्र की इस चर्चा के उपरांत अब हम उनकी कुछ विशिष्ट व्यंग्य-रचनाओं पर दृष्टिपात करेंगे। परसाई के लेखन के सही चरित्र को उजागर करना इसलिए जरूरी था कि विपुल परिमाण में सामने आने वाली उनकी रचनाशीलता के भीतर से उनके लेखन के सही तेवर को पहचानने में चूक न हो। जिन विशिष्ट व्यंग्य-रचनाओं को यहाँ हम विशेष रूप से ले रहे हैं वे लीक से थोड़ा हटी हुई, मुख्यतः साहित्यिक परिदृश्य से संबंध रखती हैं। सामाजिक-राजनीतिक स्थितियों पर परसाई के लेखन से सामान्यतः पाठक भली-भाँति परिचित हैं किन्तु समकालीन साहित्यिक परिदृश्य पर भी परसाई की निगाह कितनी पैनी तथा बारीक है, इसका अहसास कदाचित् उतना व्यापक नहीं है। परसाई की ये रचनाएँ उनके लेखन और उनकी निगाह की इस सामर्थ्य से हमे परिचित कराएँगी।

परसाई के रचनाकार की एक खास विशेषता विरूपता के प्रति, वह किसी भी नस्ल की क्यों न हो, उनका गैर-समझौतावादी रुख है। इस विरूपता का संबंध यदि समाज, जीवन तथा मनुष्यता से उदात्त मूल्यों से है तो परसाई विशेष रूप से प्रखर और आक्रामक हो उठते हैं। आक्रामकता के इस दौर में उनका व्यंग्य कई शक्लों में सामने आता है। कभी उपहास या मखौल, तो कभी सीधी चोट करते हुए वे इस प्रकार की विरूपता की पर्त-पर्त कुरेदते हैं जब तक कि वह पूरी तरह नंगी होकर हमारी आँखों में चुभे नहीं। जहाँ उनकी चोट महीन होती है वहाँ पाठक की ओर से भी सजगता आवश्यक है। 'और अन्त में' शीर्षक जिस किताब की व्यंग्य-रचनाओं को यहाँ हम ले रहे हैं उसके पहले दो व्यंग्य नई कवितावादियों पर हैं। पाठक जानते हैं कि नई कविता के आविर्भाव के साथ उसके समर्थकों द्वारा जो तमाम नारे उछाले गये थे उनमें क्षण की महत्ता का बखान तथा मूल्यों के विघटन की गुहार सबसे प्रबल थी। मूल्यों के विघटन की बात इसलिए पूरे जोर-शोर के साथ उठायी गयी थी कि नई कविता के नाम पर छपने वाली ढेरों मूल्यहीन कविताओं के लिए आधार बन सके और क्षण की महत्ता का बखान प्रगतिशील साहित्य की इस बुनियाद को मेटने के लिए किया गया था कि साहित्य की चरितार्थता संपूर्ण सामाजिक जीवन के प्रति उसकी निरंतर प्रतिबद्धता में है। परसाई ने नई कवितावादियों के इन दोनों नारों की नोटिस ली है और उनके खोखलेपन को उजागर किया है। मूल्यों के तथाकथित

विघटन की बात को लेकर जहाँ वे उसकी मखौल उड़ाते हैं, वहाँ क्षणवाद पर उनकी मार महीन और बेधक है। वे लिखतेहैं–"बंधु, क्षण साधना के लाभ मुझे दिखने लगे हैं। मुझ जैसे गैर–जिम्मेदार आदमी को एक दर्शन मिल गया है और जिस कमजोरी से आज तक लज्जित होता रहा उससे अब गौरवान्वित हो सकूँगा। बाहर समाज में हारने पर घर में क्षण की चादर ओढ़ चैन से सो सकूँगा। पुराने जमाने में पराजित राजा को रनिवास में ही चैन मिलती थी, क्षण, आज के हारे योद्धा का रनिवास ही है।–सबसे बड़ा लाभ तो यह है कि पीठ पर से इतिहास का बोझ उतरता है और पंचवर्षीय योजनाओं की व्यर्थता समझ में आने लगती है।"

नागार्जुन की एक कविता है: 'तो फिर क्या हुआ'। नागार्जुन ने इस कविता में सामाजिक सरोकारों से कतई उदासीन और अपनी निजी समस्याओं के प्रति बे-इन्तिहा सजग, सफेदपोश बुद्धिजीवी वर्ग की आत्मग्रस्तता की खाल उतारी है। लगभग वैसे ही अन्दाज में परसाई ने भी इस नस्ल के बुद्धिजीवियों को बेनकाब किया है। व्यंग्य की बारीकी और उसकी तीखी चुभन वहाँ पर भी है और यहाँ पर भी। परसाई लिखते हैं–"बात यों है कि आसपास ऐसी भीषण घटनाएँ हो जाती हैं कि मन:स्थिति बिगड़ जाती है। मसलन मेरे घर के सामने के नीम की पत्तियाँ झड़ गयी हैं और मेरा मन बेहद उदास हो गया है। शहर में घोर दंगा भी हुआ है और मैं तनिक भी विचलित नहीं हुआ।–इधर लोग दंगे से परेशान हैं, पीड़ितों के लिए हाय–हाय करते हैं, शांति और सद्भाव के लिए प्रयत्न करते हैं। किसी को परवाह नहीं कि मेरे सामने के नीम के पत्ते झड़ गये हैं। क्या किया जाए? मूल्यों का विघटन जो हो रहा है!"

किताब में परसाई की एक अच्छी व्यंग्यात्मक टिप्पणी फणीश्वरनाथ 'रेणु' और उनकी रातों-रात ख्याति के बाद हिन्दी में आंचलिक उपन्यासों की बाढ़ पर है। पाठक इस तथ्य से भली–भाँति परिचित हैं कि अंचल और उसके जन–जीवन से महज किताबी अथवा एकदम नगण्य लगाव रखने वालों ने भी इस माहौल में केवल चंद नुस्खों के बल पर आंचलिक उपन्यास–लेखन में हाथ आजमाने शुरू कर दिये थे और इस स्थिति का जो परिणाम होना था, वही हुआ अर्थात् नागार्जुन के शब्दों में आज आंचलिक उपन्यास की कब्र पर कोई फातिहा पढ़ने वाला भी नहीं है। और 'रेणु' भी, जिन्होंने 'मैला आँचल' से अभूतपूर्व ख्याति पाई थी, बाद के 'परती–परिकथा' में विवादों का शिकार बने थे, कुछ तो अतिरंजना की हद तक पहुँचे उसके शिल्प और ऊपरी ब्योरों को महत्त्व देने वाली अपनी तर्जे-बयाँ के कारण और ज्यादा, उसके माध्यम से सामने आने वाली अपनी

वैचारिक जमीन के कारण। बहरहाल 'रेणु' के इस उपन्यास को आलोचना के बीच से गुजरना पड़ा था और यह आलोचना अनेक मुद्दों पर सही भी थी और आज भी सही है। परसाई समीक्षक नहीं हैं किन्तु समाज और जिन्दगी की तथा साहित्य और उसकी बारीकियों की उनकी समझ का लोहा समीक्षक भी मानते है, यह बताने की जरूरत नहीं। अपने व्यंग्य की महीन धार में यहाँ उन्होंने जहाँ 'रेणु' की सारी ख्याति के बावजूद, उनके 'परती परिकथा' उपन्यास और 'रेणु' के 'मैनरिज्म' को गुजारा है, वहाँ नुस्खों पर जीने और अपनी दूकान लगाने वाले यश:प्रार्थी भी उनकी मार से बच नहीं सके हैं। परसाई ने अनुसार 'परती परिकथा' का नायक जित्तन नहीं, उसका कुत्ता मीत है। "क्योंकि न केवल आरंभ से अंत तक उसके चरित्र में एक संगति है, उसका व्यक्तित्व उपन्यास में आद्योपान्त व्याप्त है। वह बहुत समझदार और जिम्मेदार है। खेतों में ट्रैक्टर चलवाते समय किसानों का एक दल जित्तन का विरोध करने आता है। इस क्षण मीत की कर्त्तव्य भावना जाग्रत होती है। वह जानता है कि नायक वह है, जित्तन नहीं है और इस समस्या को हल करना उसकी जिम्मेदारी है। वह जित्तन को बोलने भी नहीं देता और खुद किसानों पर टूट पड़ता है। वह वीर है, कर्त्तव्यनिष्ठ है और वह शहीद की मौत मरता है जो नायक होने के लिए जरूरी है।" परसाई भी रेणु की ख्याति से प्रभावित होकर आंचलिक उपन्यास लिखने की योजना बनाते हैं। उसका नायक वे भी किसी पशु को बनाना चाहते हैं किन्तु मुहल्ले के जिस बकरे में मीत की तरह नायकत्व के गुण थे वह मर चुका है। नायक की समस्या बनी हुई है। अब जित्तन पर आइए। परसाई के अनुसार "आदमी में जितने गुणों की कल्पना की जा सकती है वे सब उसमें हैं। ऐसे पात्र पुराणों में होते हैं। एक तो वह जमींदार का बेटा है। फिर उसके पिता पर एक मेम साहब न्योछावर हो गई थीं। जिस पर मेम साहब मुग्ध हो जायँ वह महान पुरुष होता है। जित्तन न जाने कहाँ-कहाँ क्रांति करने के लिए घूमता रहता है और अंत में उदास और निराश होकर अपने गाँव लौट आता है। रेणु ने प्रसंग निकाल-निकालकर उसके अलौकिक गुण बतलाए हैं। भारत के भूतपूर्व नरेश और जमींदार यदि इस प्रकार उपन्यासों में आना स्वाकार कर लें तो साहित्य का कितना भला हो।" आदि-आदि। परसाई ने अपने प्रस्तावित आंचलिक उपन्यास के लिए बाबूपुरा नामक एक अंचल चुन लिया है। चिड़ियों की बोलियों के नमूने की एकत्र कर लिए हैं। लोकगीतो का चुनाव हो रहा है परन्तु, चूँकि आजकल गाँव की स्त्रियाँ भी सिनेमा के गीत गाने लगी हैं, अतएव परसाई का निश्चय है कि वे अपने उपन्यास में लोकप्रिय सिनेमा

धुनों का पार्श्व संगीत के रूप में उपयोग करेंगे। उपन्यास रेणु की ही भाँति ख्यात हो, इसलिए वे अखबारों में एक विज्ञापन भी भेजते हैं जिसका शीर्षक है:–'अंचल चाहिए'। विज्ञापन का मजमून है–"हिन्दी के एक यश:प्रार्थी लेखक को एक ऐसे सुदूर अंचल की आवश्यकता है जो जबलपुर से दो सौ मील दूर हो और जहाँ आवागमन के साधन इतने अल्प और दुर्लभ हों कि अंचल वासियों का लेखक तक आने में कम से कम एक महीना लगे और समीक्षक तो उसे देखने कभी न पहुँच सके। ऐसे अंचल के निवासी यदि अपने अंचल पर उपन्यास लिखवाना चाहते हैं तो अपने यहाँ के कम से कम पाँच पंचों से निम्नलिखित प्रश्नों के उत्तर लिख कर भिजवाएँ। वही उत्तर विचार के योग्य होंगे जिन पर वहाँ के तहसीलदार और थानेदार की सही होगी।" इसके बाद प्रश्नों की लंबी सूची है जो नुस्खेबाज लेखकों की पूरी पोल खोल देती है। सारी बातें व्यंग्यात्मक लहजे में कही गयी हैं किन्तु अपनी निहित अर्थवत्ता में वे वस्तुस्थिति पर पूरी गहराई और पैनेपन के साथ प्रकाश डालती हैं।

सवाल हिन्दी के ख्यातिप्राप्त उपन्यास लेखक जैनेन्द्रकुमार का है, जिनकी लेखन-शैली से हिन्दी के सजग पाठक और समीक्षक भलीभाँति परिचित हैं और जिस पर काफी कुछ लिखा जा चुका है। किन्तु जब यही बात परसाई की कलम से उठती है तो उसका असर, जाहिर है, कि अनूठा होता है। बात स्वप्नों की है और परसाई कबूल करते हैं कि उन्हें ऐसे-ऐसे सपने आ रहे हैं जिनका अर्थ उनकी समझ में नहीं आता, और जो सपनों को समझने-समझाने का दावा करते हैं, परसाई का उनसे सीधा प्रश्न है कि अगर सपने में जैनेन्द्र कुमार दिखें तो उसका क्या अर्थ है? परसाई को एक रात सपने में वे दीखते भी हैं। आश्वस्त होने के लिए वे उनसे पूछते हैं– "माफ कीजिए, आपका नाम जैनेन्द्र कुमार है न?' दूसरी ओर से उत्तर मिलता है–'नाम। सो कैसे कहूँ? नाम गुणवाचक है, कि व्यक्तिवाचक। हाँ, हूँ भी और नहीं भी हूँ। कह दिया जाता है तो जैनेन्द्र हूँ। कोई न पुकारे तो नहीं हूँ'।" पूछताछ का सिलसिला चलता रहता है। परसाई उनसे स्टेशन का रास्ता पूछते हैं। उत्तर–"स्टेशन! हां, होगी तो रास्ता भी होगा। स्टेशन हो भी सकती है और नहीं भी हो सकती है। होने का क्या अर्थ? और नहीं होने का क्या? स्टेशन है, यदि कोई साक्षी है। साक्षी के बिना अस्तित्व कैसा? मैं किस ओर बतलाऊँ?' प्रश्न–'मुझे सिर्फ यह बतला दीजिए कि इधर पूर्व की ओर है या उधर पश्चिम की ओर।' जैनेन्द्र हँसे। बोले–'पूर्व और पश्चिम का निर्णायक मैं कैसे? दिशाएँ तो सापेक्ष हैं। पूरब क्यों पूरब है? पश्चिम के संबंध से ही पूरब हुआ। ऐसे ही पश्चिम। तो कैसे कहूँ?

दिशाएँ सत्य हैं, स्टेशन यथार्थ है। सत्य के संदर्भ में यथार्थ की स्थिति कैसे निश्चित हो?'

जैनेन्द्रीय शैली की परसाई द्वारा प्रस्तुत यह बानगी मात्र मनोरंजन ही नहीं करती, वह जैनेन्द्र के लेकिन की असंगति, उसकी सीमा को, उसकी वास्तविकता में उघार भी देती है। नई कवितावादियों के आधुनिक भावबोध, हिन्दी में पुरस्कारों की प्रथा और उनके निर्णय के संबंध में होने वाली धाँधली, साहित्यकारों द्वारा स्वतः पहल लेकर अपने जन्म-दिवस मनवाए जाने की तिकड़में, हिन्दी शोध के क्षेत्र में होने लाला अकादमिक भ्रष्टाचार, ये सारी बातें भी अनेक टिप्पणियों में परसाई के पैने व्यंग्य का लक्ष्य बनी है। सच्चाई को बेलौस उद्घाटित करना परसाई के व्यंग्य की वह शक्ति है जो उसे सम्माननीय बनाती है।

चीन के आक्रमण के समय भारत में देशभक्ति का जो ज्वार आया था, वह अभी भी लोगों को याद है। सब जानते हैं कि जो सबसे बड़े देशभक्त थे, (सरहद पर मरने वालो की बात छोड़ दीजिए) उन्होंने सुरक्षा कोष इक्ट्ठा करने की पहल लेकर स्वयं कुछ देने की मुक्ति पा ली। जिसने जितना दिया दूना बनाने का हक माँगने लगा। और साहित्य के क्षेत्र में देशभक्ति के नाम पर, आत्मा की आवाज पर, जो कुछ लिखा गया, उसकी यादें भी अभी ताजा हैं। क्रोध और घृणा साहित्यकारों की सारी देशभक्ति इनके माध्यम से ही सामने आई। परसाई लिखते हैं–"एक तो भारतीय साहित्यकार, दूसरे हिन्दी वाला बहुत ही भोला होता है। उसके पास आत्मा नामक एक ऐसी चीज होती है जो सब कुछ सहज कर देती है। उसकी आत्मा में जो कुछ सहज उठ आता है वह सत्य होता है। अब मुश्किल यह है कि कभी-कभी अशिक्षा ही आत्मा बन जाती है, कभी स्वरक्षण छिपाव आत्मा का रूप ले लेता है, कभी-कभी आत्म-छल आत्मज्ञान बन जाता है। कभी अवसरवाद भीतर बैठकर बोलता है और हम समझते हैं कि यह हमारी शुद्ध आत्मा बोल रही है। यह आत्मा बहुत अविश्वसनीय चीज़ है। एक तो यह बाहर नहीं देखने देती और भीतर न जाने क्या-क्या बातें सुझाती रहती है। धर्म की ही बात लें। आत्मा कहती है, चीन धर्म नहीं मानता और भारत धर्म मानता है। इसलिए यह धर्मयुद्ध है। धर्म के नाम पर अपना देश न्योछावर होता है। धर्म के नाम पर विधवाओं को बेचने से लेकर दंगे तक हम कर लेते हैं।" बहरहाल, चीनी हमले के समय जो कुछ लिखा गया या तो आत्मावादी लेखकों के द्वारा या उनके द्वारा जिन्हें परसाई ने तीज-त्योहारवादी लेखक कहा है। ऐसा लेखक उनके अनुसार "दिवाली आने पर दीपोत्सव पर लिखता है और सूरदास की जयन्ती पर

लिखता है–भारत में फिर से आ जा कवि सूरदास प्यारे। स्थितियाँ इसके लिए पर्व बनकर आती हैं। राखी है, वसंतोत्सव है, होली है, और चीनी आक्रमण है। कोई पर्व उससे बिना लिखे बच नहीं सकता।'' किन्तु इन पर्ववादियों की बात छोड़ भी दी जाय तो जो बड़े और प्रसिद्ध लेखक हैं उनकी उपलब्धि क्या रही? क्या उन्होंने जो लिखा उस सत्य का ईमानदारी से अनुभव भी किया? जिन्होंने जीवन में कभी युद्ध नहीं देखा, उन्होंने युद्ध साहित्य लिखने का दावा किया। परसाई की टिप्पणी है ''बंधु, कहीं यह न समझ लेना कि इस संदर्भ में कुछ ठोस लिखा ही नहीं गया। कुछ रचनाएँ बहुत ठोस हुई हैं, पर अधिकांश घर से अखबार के दफ्तर जाते हुए रास्ते में लिखी गई हैं। हमें जल्दी ही गोलाबारी, ग्लानि, और विरक्ति से आगे बढ़ जाना चाहिए वरना युद्ध-साहित्य की रचना सिखाने के लिए भी कहीं कोई अमरीकी या ब्रिटिश मिशन भारत ने बुलाना पड़े।''

साहित्य जगत में व्याप्त गुटबाजी, अवसरवादिता, स्वार्थ, चापलूसी एवं इसी प्रकार की अन्य प्रवृत्तियों पर परसाई ने बड़ी निर्ममता से लिखा है। 'कल्पना' पत्रिका में 'दिनकर' की 'उर्वशी' पर चलने वाले या चलवाए गए विवाद का संदर्भ हो अथवा 'धर्मयुग' में जैनेन्द्र की कहानी पर नये कहानीकारों की चर्चा का, नई कहानी आन्दोलन की बात हो चाहे कविता बनाम कहानी की प्रमुखता को लेकर छिड़ने वाली बहस, मुक्तिबोध की बीमारी और मौत की दास्तान हो या आस्था-अनास्था के प्रश्न को लेकर होने वाली आपसी तू-तू मैं-मैं, परसाई ने बड़ी बेरहमी के साथ साहित्य जगत की असलियत को कुरेदा है और साहित्य जगत की सड़ाँध की ओर ध्यान आकर्षित किया है। उन्होंने इस सिल-सिले में नाम लेकर हमारी पहचान उन लोगों से कराई है जो इन विकृतियों के प्रत्यक्ष या अप्रत्यक्ष संरक्षक और पोषक हैं। बड़ी निर्भीकता के साथ उन्होंने अपनी बातें कही हैं। वस्तुतः व्यंग्य को सामाजिक और मानवीय सरोकारों से जोड़कर पूरी तरह प्रतिबद्ध और गैर-समझौतावादी-सुधारवादी आशयों की अभिव्यक्ति का माध्यम बनाने वाले रचनाकार को कबीर की तरह अपना घर फूँककर ही सामने आना पड़ता है। अनीति, असत्य और अमानवीयता पर चोट करने वाले का अपना दामन पाक-साफ होना चाहिए तभी वह सच्चाई को सरे बाजार साहस के साथ कह सकता है, जैसा कि कबीर ने कहा था। तभी वह सच्चाई जादू बनकर सिर पर चढ़कर बोल सकती है। यदि जोखिम से डर है, अपना घर सँभालने की माया है, तो बेहतर है कि व्यंग्य के रास्ते पर चला ही न जाय। जो कीमत चुकाने को तैयार हों, यह रास्ता उन्हीं के लिए है। अपने समय में कबीर को कीमत चुकानी पड़ी थी, और अपने समय में,

अपनी क्षमता भर निराला, नागार्जुन, मुक्तिबोध और परसाई ने भी कीमत चुकाई है। इसी अर्थ में परसाई इन महान पूर्ववर्तियों और समकालीनों की परंपरा मे आते हैं। जितना कुछ देकर और गँवाकर एक लेखक के रूप में उन्हें जो कुछ ख्याति मिली है वह उन लोगों के पासंग भर भी नहीं है जो चोर दरवाजे से, अपनी दीगर सामर्थ्य के बल पर, सबकी आँखों में धूल झोंकते हुए साहित्य के मंच पर अगली पंक्तियों में विराजमान हो गए हैं और अपने को साहित्य का मसीहा मानते हैं और घोषित करवाते हैं। मुक्तिबोध ने 'एक साहित्यिक की डायरी' में सही लिखा है "कि जिन्हें लाभ लोभ से प्रेरित समझदारी नहीं है, दूसरे शब्दों में जो 'सच्ची जीवन कला' नहीं जानते हैं उनके पीछे भूख, अकाल, बेकारी और मौत के कुत्ते लगे रहते हैं" और इन्हीं मुक्तिबोध के लिए परसाई ने लिखा है–"11 तारीख को मुक्तिबोध की मृत्यु हो गयी और मैं दिल्ली चला गया। वहाँ जाकर देखा कि मुक्तिबोध तो महान मान लिए गए। मुझे कल्पना हुई कि मुक्तिबोध अपने खास लहजे में इस पर यों प्रतिक्रिया व्यक्त करते, 'वाह पार्टनर, यह भी बड़े मजे की बात है। वाह साहब, यह भी खूब है।' मुक्तिबोध जब मृत्यु के पास पहुँच गये तब बताने वालों ने बताया कि यह तो असाधारण है। और जब उनकी मृत्यु हो गयी तब बताया कि वह तो महान था।–मैं सोचता हूँ अगर मुक्तिबोध जीवित रह जाते तो क्या होता? तो क्या लोग सही बात बतलाते? यदि वे मामूली अस्पताल के जनरल वार्ड के किसी बिस्तर पर पड़े-पड़े दम तोड़ते तो भी लोग कुछ समय और उनके बारे में सत्य को दबाए रहते। सही मूल्यांकन के लिए अभी लेखक को कितनी परिस्थितियाँ पैदा करनी पड़ती हैं, कठिन बीमारी, मुख्य मंत्री, प्रधान मंत्री और मौत। मुझे पता हैं कि जो 50-60 मील भोपाल देखने नहीं आये, वे विह्वल होकर 400 मील दिल्ली दौड़ते गए। प्रधान मंत्री ने मरने वाले को बुलाया था न?"

परसाई ने अपनी इस व्यंग्यात्मक टिप्पणी में मुक्तिबोध के मरणोपरान्त पैदा हुए उनके तमाम तथाकथित शुभ-चिंतकों और आत्मीयों तथा उनके घिनौने अवसरवाद को पूरी तरह बेनकाब कर दिया है। देश के उपराष्ट्रकवि स्वर्गीय श्री दिनकर की 'उर्वशी' कृति पर चलने वाले विवाद की बखिया उधेड़ते हुए परसाई ने दिनकर को लक्ष्य करते हुए लिखा है–"बंधु, जिसने 'मेरे नगपति मेरे विशाल' कविता ध्यान से पढ़ी थी, वह जानता था कि एक दिन यह कवि परशुराम की प्रतीक्षा करेगा और काम तथा अध्यात्म में गोते लगाएगा।"

तथाकथित आधुनिकतावादियों के आधुनिक भावबोध पर भी, लघुमानव

और मृत्यु कामना, जिसका अविभाज्य अंग है, परसाई ने करारी चोट की है। उसके छद्म को नंगा करते हुए वे लिखते हैं–"एक ने तो मृत्यु की घोषणा कर दी। जब मैं भागता बड़े शहर गया तो देखा कि वे बैठे कलोल कर रहे हैं और साहित्यिक शतरंज की गोटें जमा रहे हैं। वजन बढ़ गया है। चेहरा प्रसन्न है। कपड़े अच्छे हैं। मैं हैरान कि ऐसी कैसी मौत जिससे वजन बढ़े, प्रसन्नता हो, और आदमी संपन्न भी होता जाए। मौत ऐसी अच्छी होती हो तो हम सौ बार मरने की तैयार हैं।" अपनी स्थिति बतलाते हुए वे कहते हैं–"बंधु! मुझे भी तरह-तरह के कष्ट हैं, घोर विपत्तियाँ आती हैं, अन्याय का भी कुछ कम शिकार नहीं होता। पर मुझे न मौत की कामना होती है, न जिन्दगी की बदबू आती, न आदमी बिलबिलाता कीड़ा लगता, न व्यर्थत्व का अनुभव होता। तब मुझे डर लगता है कि कहीं ऐसा तो नहीं कि मैं आधुनिक नहीं हूँ, क्योंकि मरण-कामना तो आधुनिक फैशन ही है। अब तो ममता, सहानुभूति और करुणा मन में पैदा होती है तब भी शंका होती है कि कहीं यह पिछड़ापन तो नहीं है। अमानवीयता भी तो आधुनिक फैशन है।"

गरज यह, कि परसाई ने 'और अंत में' किताब में संगृहीत अपनी अधिकांश टिप्पणियों में साहित्य और साहित्य-जगत से संबंध रखने वाले विविध सवालों पर तेज निगहबानी की है और इस क्रम में बिना किसी लाग-लपेट के स्थितियों और व्यक्तियों के मुँह से मुखौटे उतारते हुए उनकी असली शक्ल हमारे सामने पेश की है। परसाई का व्यंग्य ध्वंसात्मक नहीं है क्योंकि विरूपता और छद्म को उद्घाटित करते हुए वे सही जमीन का स्पष्ट संकेत भी करते हैं, मूर्तियाँ ढहाते ही नहीं, सही प्रतिमाओं में प्राण-प्रतिष्ठा भी करते हैं। असल में, जैसा कि हम कह चुके हैं, परसाई का व्यंग्य सोद्देश्य है, उनके सामाजिक कर्म का अंग है, वह उस बदलाव की और इंगित करता और हमें सक्रिय करता है, जो एक जागरूक प्रतिबद्ध रचनाकार और एक सामाजिक व्यक्ति के नाते परसाई का साध्य है। इसीलिए हम बार-बार इशारा कर रहे हैं कि परसाई के रचनाकर्म का मूल्यांकन करते समय हमें उनके रचनाकार को उसकी सही संगति में ही रखकर रायजनी करनी चाहिए। व्यंग्य शब्द का प्रयोग हिन्दी में जिस लापरवाही और गैर-जिम्मेदारी के साथ हो रहा है उसे देखते हुए हमें और भी सावधानी बरतने की जरूरत है। ऐसी रचनाओं को भी व्यंग्य के नाम से पुकारा और प्रचारित किया जा रहा है जो अपनी अंतर्वस्तु और अपने आशयों में असांस्कृतिक ही नहीं, अंततः प्रगति विरोधी भी हैं। उनके रचनाकारों का आचरण सामंतों के दरबार में चाकरी करने वालों का या भटैती करने वालों का आचरण

है। सतही तथा निम्न स्तर के हास्य से आगे जिनकी गति ही नहीं है। सामाजिक यथार्थ के एक सशक्त माध्यम के रूप में व्यंग्य किस प्रकार सामाजिक बदलाव में हिस्सेदारी निभाता है, यह अहसान तक उन्हें देख और पढ़कर नहीं होता। समीक्षा का कार्य किसी रचनाकार के कृतित्व से होकर गुजरना ही नहीं, उसके कृतित्व को सही परिप्रेक्ष्य में रखते हुए अच्छे और बुरे कृतित्व में फर्क करना भी है और पाठक को उसकी समझ से परिचित कराना भी है।

परसाई के रचनाकर्म का मूल्यांकन करते हुए हमने अपने को उनकी एक किताब की व्यंग्यात्मक टिप्पणियों तक ही सीमित रखा है और वह भी उन रचनाओं तक जिनका सम्बन्ध साहित्य या साहित्य-जगत् की गतिविधियों से है। वस्तुतः परसाई का रचना-संसार बहुत व्यापक है। उसकी समग्रता से होकर ही हम उसके सही महत्त्व से परिचित हो सकते हैं। फिर भी, हमारा प्रयास रहा है कि अपनी चर्चा के माध्यम से हम परसाई के रचनाकर्म की कुछ ऐसी विशेषताओं से पाठक को परिचित करा सकें जो उन्हें और उनके कार्य को वह अहमियत देती है जो दूसरों में विरल हैं। एक लम्बे अर्से से परसाई रचनाकर्म में रत हैं, एक जागरूक पहरुए की तरह अंधकार की शक्तियों से जूझते हुए वे लोगों को अँधेरे में लुट जाने से सावधान कर रहे हैं। उनके व्यंग्य एक तेज धार वाले हथियार की तरह मानव-विरोधी शक्तियों के खिलाफ बरस रहे हैं। सुविधाभोगियों और मठाधीशों की नींद हराम करने वाली परसाई की रचनाशीलता की दाद हम इसलिए देते हैं कि वह उस जन के बेहतर भविष्य के प्रति समर्पित रचनाशीलता है जो आज अपनी लड़ाई के निर्णायक दौर में पहुँच गया है। हमें विश्वास है कि परसाई के व्यंग्य अपने चरित्र के अनुरूप निर्णय की इस घड़ी में अपनी सही चरितार्थता पा सकेंगे।

–शिवकुमार मिश्र

व्यक्तिगत होते हुए भी

श्री हरिशंकर परसाई ने 'बेईमानी की परत' नामक अपने निबंध-संग्रह की भूमिका में लिखा है: "कहानी के साथ ही मैं शुरू से निबंध भी लिखता रहा हूँ और यह विधा अपनी प्रकृतिगत स्वच्छंदता तथा व्यापकता के कारण मुझे बहुत अनुकूल भी प्रतीत हुई है।" इस कथन में निबंध की जो दो विशेषताएँ बतलायी गयी हैं, 'प्रकृतिगत स्वच्छंदता' और 'व्यापकता', वे ध्यान देने लायक हैं। इन दोनों विशेषताओं की परिणति दो रूपों में हुई है। निबंध अपनी प्रकृतिगत स्वच्छंदता के चलते तर्क-शृंखला से मुक्त हो गए हैं और तुच्छ-से-तुछ वस्तु को निबंध का विषय बनाने से उनमें विचार-तत्त्व का ह्रास हुआ है। आचार्य रामचंद्र शुक्ल ने काफी पहले अपने 'इतिहास' में पाश्चात्य निबंधों की इस दृष्टि से आलोचना करते हुए कहा था कि "व्यक्तिगत विशेषताओं का यह मतलब नहीं कि उसके प्रदर्शन के लिए विचारों की शृंखला रखी ही न जाय या जान-बूझकर जगह-जगह से तोड़ दी जाय" और निबंधों में "सब अवस्थाओं में कोई बात अवश्य चाहिए।" हिन्दी में भारतेन्दु-युग से जिस व्यक्तिगत निबंध की शुरुआत होती है, उसमें तर्क-शृंखला भी है और विचार-तत्त्व भी। यहाँ मैं शुक्लजी के बाद रामविलास शर्मा का हवाला देने के लिए क्षमा चाहूँगा, जिन्होंने इस ओर हमारा ध्यान दिलाया है कि भारतेंदु-युग की निबंध-कला हिन्दी की अपनी चीज है और वह उस युग की पत्रकारिता की भूमि पर फूली-फली है। परसाईजी के व्यक्तिगत निबंध प्रकृतिगत स्वच्छंदता से युक्त होते हुए भी तर्क-शृंखला में बंधे हुए हैं। इसी तरह वे छोटे-से-छोटे विषयों पर लिखे जाने के बावजूद हमारे सामने कोई-न-कोई मूल्यवान् विचार अवश्य रखते हैं। अंग्रेजी में व्यक्तिगत निबंध को 'ब्यूटीफुल नानसेंस' कहा गया है। परसाईजी के निबंध न 'ब्युटीफुल' हैं, न 'नानसेंस' हैं। वे हमारे चित्त को आकर्षित नहीं करते, बल्कि उसे झकझोरते हैं और उनमें ऊलजलूलपन नहीं, बल्कि सब अवस्थाओं में कोई बात अवश्य होती है। इस तरह उनके

निबंध भारतेंदु-युगीन परंपरा के निबंध हैं। हम कह सकते हैं कि भारतेंदु-युग के सामाजिक-राजनीतिक व्यंग्य वाले निबंधों का ही विकास परसाईजी के निबंधों में हुआ हैं?

परसाईजी के निबंधों का विषय छोटा हो या बड़ा, उसका संबंध निम्न-मध्यवर्गीय जीवन की समस्याओं और उसके अभावों से होता है। उदाहरण के लिए कुछ विषयों को देखा जा सकता है–उधार, घर में गेहूँ के बोरे का आना, किराये के मकान का टपकना, कचहरी में चलनेवाला शोषण, चंदाखोरी आदि। जो विषय मनुष्य के मनोभाव और व्यवहार से संबंधित हैं, उनमें भी हमें यथास्थान सामाजिक व्यंग्य देखने को मिलता है। 'पहिला सफेद बाल' में एक स्थल पर परसाईजी कहते हैं: "पहिले सफेद बाल का दिखना एक पर्व है। दशरथ को कान के पास सफेद बाल दिखे, तो उन्होंने राम को राजगद्दी देने का संकल्प किया। उनके चार पुत्र थे। उन्हें देने का सुभीता था। मैं किसे सौंपूँ? कोई कंधा मेरे सामने नहीं है, जिस पर यह गौरवमय भार रख दूँ। किस पुत्र को सौंपूँ? मेरे एक मित्र के तीन पुत्र हैं। सबेरे यह मेरा दशरथ अपने कुमारों को चुल्लू-चुल्लू पानी मिला दूध बाँटता है। इनके कंधे ही नहीं हैं–भार कहाँ रखेंगे?" इसी तरह 'कबिरा आप ठगाइए' में संत बनकर दूसरों को ठगनेवाले समाज के एक खास प्रकार के लोगों के बारे में उनका कहना है: "एक आदमी ने अपना प्रचार कर रखा था कि मैं बालक की तरह भोला हूँ और मुझे कोई भी ठग लेता है। उसके प्रशंसक कहते थे–अरे भई, उसे तो कोई भी ठग लेता है। कोई उससे लँगोटी भी माँगे, तो वह उतारकर दे देगा। मैं एक दिन उस संत के पास गया। मैंने देखा कि उनके पास ही दूसरों की उतरवायी हुई 15-20 लँगोटियाँ रखी हैं। बात यह थी कि उसके सामने लोग जब जाते, तो यह मानकर कि वह तो बहुत भोला है, अपनी लँगोटी की तरफ से असावधान हो जो और वे धीरे से गफलत में उसकी लँगोटी उतार लेते। मैं फौरन अपनी लँगोटी बचाकर भागा।" छद्‍म विनम्रता वाले नेता और कलाकार भी हमारे सामाजिक जीवन के अंग हैं। 'मखमल की म्यान' में उन पर परसाईजी का व्यंग्य है: "उन्होंने आत्म-चरित आरंभ कर दिया। हर वाक्य का आरंभ 'मैं' से होता। किसी-किसी वाक्य का अंत भी 'मैं से ही होता, जैसे, दिल्ली पहुँचा मैं।' ...अंत में फिर कुहनी तक हाथ जोड़े और वही, "मैं तो आपका पुत्र हूँ... आशीर्वाद दीजिए... जनता का सेवक।" इस सबसे यह स्पष्ट है कि परसाईजी ने अपने निबंध केवल मन-बहलाव के लिए नहीं लिखे। उनका लेखन कोरा वाग्विलास नहीं है और उसका एक निश्चित उद्देश्य है। उद्देश्य है–हमारे सामाजिक और राजनीतिक जीवन

की तीखी आलोचना। यह आकस्मिक नहीं है कि परसाईजी ने जीवन के प्रति रूमानी दृष्यिकोण की खिल्ली उड़ायी है। 'क्षय की रूमानियत' शीर्षक निबंध में उनके व्यंग्य का लक्ष्य क्षय का शिकार प्रेमी कवि ही नहीं, बल्कि वे सारे लोग हैं जो जीवन के यथार्थ से आँखें नहीं मिलाते और भावुकता में बहते रहते हैं। उनके निबंध यथार्थ की ठोस भूमि पर लिखे गए है और उन्होंने सच्चाई को बहुत ही निर्मम रूप में हमारे सामने रखा है। ऐसी स्थिति में यदि डॉ० नामवर सिंह ने यह कहा है कि हिन्दी साहित्य के स्वातंत्र्योत्तर काल में नव-स्वच्छंदतावाद का जो आन्दोलन आया उसमें कथाकारों में केवल परसाईजी थे, जिनका यथार्थ-बोध निरंतर जाग्रत् था, तो उसमें बहुत कुछ सच्चाई है। इस काल के अन्य लेखक जहाँ किसी-न-किसी मात्रा में अनिवार्य रूप से मोहग्रस्त दिखलायी पड़ते हैं, वहाँ परसाईजी वस्तुतः अकेले लेखक हैं जो मोह के अंधकार को अपने यथार्थ-बोध की किरणों से छिन्न-भिन्न करते रहते हैं।

परसाईजी के यथार्थ-बोध का आधार उनका भौतिकवादी दृष्टिकोण है। इसी दृष्टिकोण से उन्होंने तमाम चीजों को समझने की कोशिश की है और जो चीजें उन्हें आपत्तिजनक प्रतीत हुई हैं, उन पर व्यंग्यात्मक टिप्पणी की है। भौतिकवादी दृष्टिकोण हमें संसार को सत्य मानने, सांस्कृतिक विकास को भौतिक सुख-सुविधाओं से संबद्ध स्वीकार करने तथा सामाजिक प्रगति में अधिकाधिक योग देने के लिए तैयार करता है। परसाईजी का सांसारिक जीवन के प्रति गहरा आकर्षण और समाज को बेहतर बनाने की उनकी आकांक्षा उनके भौतिकवादी दृष्टिकोण की ही देन है। यह आकस्मिक नहीं है कि स्वातंत्र्योत्तर हिन्दी गद्य-साहित्य की यह सर्वश्रेष्ठ व्यंग्य-प्रतिभा समाज और साहित्य में पुरातनतावादी और संकीर्णतावादी विचार-धारा से निरंतर संघर्ष करती रही है और इसने वैज्ञानिक समाजवादी को अपने लक्ष्य के रूप में स्वीकार किया है। 'गेहूँ का सुख' शीर्षक निबंध में परसाईजी कहते हैं: "उपनिषद् का वह ब्रह्मचारी मूर्ख नहीं था, जिसने छूटते ही कहा था कि अन्न ब्रह्म है। लेकिन अब कुछ लोग गेहूँ से गुलाब की ओर इस तरह ले जाते हैं, जैसे गेहूँ जरूरत से ज्यादा हो गया, इसलिए गुलाब की खेती करनी चाहिए। जहाँ उजड़े हुए गेहूँ के खेत हों, वहाँ गुलाब की फसल किस काम आयगी?" प्राचीनतावादी हिन्दुओं पर उनका व्यंग्य है: "कुछ पेशेवर मुँह चिढ़ानेवाले मैंने देखे हैं, जो विश्व-मानवता की हर नयी उपलब्धि को 'ऊँह' बोलते हैं। उनका कथन होता है कि प्राचीन काल में हमारे देश में वह चीज थी। संजय ने धृतराष्ट्र को 'टेलीविजन' में देखकर महाभारत की 'रनिंग कमेंटरी' सुनायी थी। और दधीचि ने इंद्र को जो वज्र

दिया था, वह वास्तव में एटम बम था।'' ('सुजलां सुफलां') इन बातों से यह अर्थ निकालना बिलकुल गलत होगा कि परसाईजी को अपने देश और उसके गौरवमय अतीत से प्रेम नहीं है और वे पश्चिमी ज्ञान-विज्ञान के हाथों बिके हुए हैं। उन्हें पुरातनतावादी लोगों की अपेक्षा अपने देश से अधिक प्रेम है क्योंकि वे उसके अतीत को महिमामंडित न कर उसे ठीक-ठीक पहचानने की कोशिश करते हैं जिससे वे देश के भविष्य के निर्माण में सही ढंग से योगदान कर सकें। उनके पहले के व्यंग्यकार प्राचीनता-प्रेम, धार्मिक पाखंड, आधुनिकतावादी प्रवृत्ति, शासकीय भ्रष्टाचार आदि तमाम बातों पर व्यंग्य करते थे, लेकिन किसी सुसंगत वैज्ञानिक दृष्टिकोण का परिचय नहीं देते थे। परसाईजी के व्यंग्यात्मक लेखन की यह बहुत गलत चीज को तोड़कर उसे नये ढंग से बनाने के लिए उस पर वार करते हैं। व्यंग्य-लेखक का दृष्टिकोण हमेशा आलोचनात्मक होता है, पर उसकी सफलता इस बात में है कि वह रचनात्मक भी हो। स्वयं परसाईजी ने लिखा है कि ''हर मसखरा थोड़ा 'सिनिक' होता ही है।'' मसखरे थोड़ा या ज्यादा 'सिनिक' होते होंगे। परसाईजी में मसखरापन नहीं, वह व्यंग्य-दृष्टि है, जो 'सिनिसिज्म' से पूरी तरह से मुक्त स्वस्थ जीवन-दृष्टि का पर्याय है। उनका प्रत्येक व्यंग्य रचनात्मक है और उनकी प्रत्येक वक्र-दृष्टि मूल्य-दृष्टि है। स्वातंत्र्योत्तर हिन्दी कथा-साहित्य और निबंध-साहित्य में परसाईजी को हिन्दी-भाषी जनता ने जो हाथोंहाथ लिया है उसका कारण उनकी मूल्य-दृष्टि ही है, जो सच्चे अर्थों में प्रगतिशील है। कहानियाँ और निबंध और लेखकों ने भी लिखे हैं, पर प्रगतिशील मूल्यों की रक्षा और प्रतिष्ठा के लिए चलनेवाले जन-संघर्षों में अपनी लेखनी से जैसा योगदान परसाईजी ने किया है, किसी अन्य लेखक ने नहीं किया। उनकी लोकप्रियता बाजारू कथाकारों और व्यंग्यकारों की लोकप्रियता से भिन्न है। वह इस बात का प्रमाण है कि हिन्दी भाषी जनता का कंठहार वही लेखक हो सकता है, जो प्रगतिशील मूल्यों के संघर्ष में उसका साथ दे, उसकी अगुआई करे।

पूर्ण स्वच्छता साहित्य में कहीं नहीं है, पर यह ठीक है कि व्यक्तिगत निबंध में बंधन बहुत-कुछ ढीला रहता है और लेखक अनौपचारिक ढंग से अपनी बातें रखता है। उनके लिए जो दूसरी चीज आवश्यक है, वह यह कि लेखक में यह क्षमता होनी चाहिए कि वह शून्य से सृष्टि रच सके, यानी जो न-कुछ है, उससे भी ऐसी बात पैदा कर सके, जो न केवल दिलचस्प ही, बल्कि जिसकी परिणति सार्थक रूप में हो। परसाई जी में अनौपचारिकता और नगण्य अथवा सर्वथा परिचित वस्तुओं से भी ऐसी बात निकालने की क्षमता कूट-कूटकर भरी है, जिसे सुनकर लगे कि यह बात

अब तक अज्ञात थी। उनकी ये विशेषताएँ उनके किसी भी निबंध में देखी जा सकती हैं। उदाहरण के लिए उनके 'नीलकंठ' शीर्षक निबंध का यह आरंभिक अंश: "कहते हैं, शंकर ने जहर पी लिया था। जिस हलाहल की ज्वाला से चराचर सृष्टि अकुला उठी, उसे शंकर सहज ही पी गये। बड़ा अच्छा किया, बड़ी बहादुरी की। पर एक प्रश्न उठता है मेरे मन में कि कंठ को नीला क्यों होने दिया? जो इतने अलौकिक शक्तिसंपन्न थे, वे यदि चाहते, तो क्या कंठ का रंग हस्बेमामूल नहीं रख सकते थे? फ़िर चाहा क्यों नहीं? शायद इसलिए कि लोग कम से कम यह जान तो लें कि उन्होंने जहर पिया है। भला यह भी कोई बात है कि विष भी पिएँ और लोगों को मालूम भी न हो! नीला कंठ दिखाने का लोभ शंकर से संवरित नहीं हुआ। वे विष तो पचा गये, रंग नहीं पचा पाये! रंग पचाना आसान नहीं है। मुझे तो संदेह है कि यदि कंठ नीला पड़ने का यकीन न होता, तो शायद शंकर विष पीने से इन्कार कर देते।" जहाँ परसाईजी ने इस ढंग को छोड़कर विचारात्मक निबंध वाला विश्लेषणात्मक ढंग या उसकी तर्क-पद्धति अपनाई है, वहाँ उनका निबंध थोड़ा कमजोर ही गया है। 'निंदा-रस' शीर्षक का यह अंग ऐसा ही है: "निंदा का उद्‌गम ही हीनता और कमजोरी से होता है। मनुष्य अपनी हीनता से दबता है। वह दूसरों की निंदा करके ऐसा अनुभव करता है कि वे सब निकृष्ट हैं और वह उनसे अच्छा है। उसके अहं की इससे तुष्टि होती है।" लेकिन यहाँ यह भी ज्ञातव्य है कि जिस तरह विचारात्मक निबंध में व्यक्तिगत या भावात्मक निबंध के तत्त्वों का पाया जाना संभव है, वैसे ही भावात्मक निबंधों में भी विचारात्मक निबंध के तत्त्वों का सर्वथा निषेध संभव नहीं होता है। परसाई जी के एक-दो निबंधों को जिस दूसरी चीज ने थोड़ा-बहुत कमजोर बनाया है, वह है निबंध का वह गम्भीर अंत, जो पूरे निबंध की प्रकृति से मेल नहीं खाता। 'पहिला सफेद बाल' के अंत में उन्होंने कहा है: "मेरी पीढ़ी के समस्त पुत्रो! मैं तुम्हें वह भविष्य ही देता हूँ। यद्यपि वह अभी मूर्त्त नहीं हुआ है, पर हम जुटे हैं उसे मूर्त्त करने।" यही बात 'घायल वसंत' शीर्षक निबंध में भी देखने को मिलती है। लेकिन ये निबंध परसाई जी के आरम्भिक निबंध प्रतीत होते हैं क्योंकि जैसे-जैसे वे आगे बढ़े हैं, उनकी व्यंग्य-रचना की दृष्टि में प्रौढ़ता और तीक्ष्णता आती गयी है और उनके निबंध उक्त त्रुटि से मुक्त होते गये हैं। उनके बाद के निबंध शुरू से अंत तक हमें एक मिजाज और रंग में लिखे हुए मिलते है।

जहाँ तक व्यंग्य उत्पन्न करने की बात है, यह काम परसाईजी कई तरह

से करते हैं। उनका व्यंग्य पूरे निबंध में तो रचा हुआ होता ही है, वे बीच-बीच में यथास्थान और यथावसर दूसरी बहुत सारी चीजों पर व्यंग्य करते चलते हैं। इस तरह उनका आक्रमण चौतरफा होता है। 'आयी बरखा बहार' का मूल व्यंग्य अपनी जगह पर है, पर उसमें ऐसे व्यंग्य भी है: "देखो, सूर्य बादलों में ऐसे छिप गया है जैसे नयी और पुरानी कहानी के विवाद के घटाटोप में अच्छा लेखक छिप गया हो", "हे हनुमान, कभी बादल जोर से गरजते हैं, जैसे खाद्य-मंत्री मुनाफाखोरों को धमकी दे रहे हों", "देखो, अंधकार में कभी-कभी बिजली चमक उठती है, जैसे किसी रद्दी कविता में एक अच्छी पंक्ति आ गई हो", "हे भाई, हवा के झोंके से ये वृक्ष इस तरह झुक-झुककर बारातियों को पान दे रहे हों" आदि। परसाईजी में जैसे कोरा हास्य नहीं मिलता, वैसे ही कोरा व्यंग्य भी नहीं मिलता। प्रायः उनका व्यंग्य हास्य से और हास्य व्यंग्य से मिला हुआ होता है। इससे हम आहत भी होते हैं और हंसते भी हैं; हँसते भी हैं और आहत भी होते हैं। आनन्द से होठों पर हँसी भी आ जाती है और चोट से आँखों में आँसू भी। 'कैलेंडर का मौसम' शीर्षक निबंध में परसाई जी ने जनवरी महीने में कैलेंडर बटोरने की प्रवृत्ति पर तीखा व्यंग्य किया है, पर हास्य के माध्यम से। उनका कहना है कि कृष्ण दुर्योधन के पास संधि-प्रस्ताव लेकर नहीं, बल्कि उससे जनवरी महीने में नये साल का कैलेंडर माँगने गये होंगे। दोनों की बातचीत का यह हास्योत्पादक नमूना द्रष्टव्य हैं: 'कृष्ण ने ललकार कहा होगा, "राजन, नये साल का कैलेंडर दीजिए न! सुना है, बहुत अच्छा निकला है।" दुर्योधन ने जवाब दिया होगा, "आप देर से आये। सब बँट गये। इस साल कम छपाये थे।" जैसे परसाईजी हास्य में व्यंग्य और व्यंग्य में हास्य मिला देते हैं, वैसे ही कभी-कभी वह हास्य-व्यंग्य से करुणा का भी मेल करा देते हैं। 'राम का दुख और मेरा' शीर्षक निबंध में उन्होंने टपकने वाले मकान की पीड़ा को इस तरह व्यक्त किया है: "घर में इतना पानी भर जाता है कि कभी सोचता हूँ कि अगर फर्श पत्थर का न होता, तो इन कमरों में धान बो देता।" मीठी चुटकी तो परसाईजी बराबर लेते रहते हैं। वे हमें चोरी के क्षणों में पकड़ते हैं और क्षण-भर के लिए विचित्र स्थिति में डाल देते हैं। 'कबिरा आप ठगाइए' शीर्षक निबंध में वे कहते हैं: "मनुष्य का जीवन यों बहुत दुखमय है, पर इसमें कभी-कभी सुख के क्षण आते रहते हैं। एक क्षण सुख का वह होता है जब हमारी खोटी चवन्नी चल जाती है या हम बगैर टिकिट टिकिट बाबू से बचकर निकल जाते हैं।" वे अपने पर व्यंग्य करते हैं, तब भी वह व्यंग्य हमारे ऊपर ही होता है। उदाहरण के लिए, जब वे कहते हैं कि "मेरे पापी मन

में शंका उपजी'' तो व्यंग्य अपने पर नहीं, बल्कि उन धार्मिक प्रवृत्ति के लोगों पर होता है, जिन्होंने मान रखा है कि मन हमेशा पाप-मार्ग पर ही दौड़ता है और उसमें कभी 'शंका' नहीं उत्पन्न होनी चाहिए, उसे सभी 'अच्छी' बातों को स्वीकार ही करना चाहिए।

परसाईजी के व्यंग्यात्मक निबंधों की असाधारण सफलता का एक कारण उनकी भाषा भी है। वह न केवल सरल और धारदार है, बल्कि उसमें विभिन्न प्रकार की वस्तुओं और स्थितियों के वर्णन की अद्‌भुत क्षमता है। बिना इस क्षमता के कोई लेखक अच्छा व्यंग्यकार नहीं हो सकता, कारण यह है कि व्यंग्य-लेखन में भी भाषा के कई रूपों के प्रयोग की आवश्यकता पड़ती है। 'आयी बरखा बहार' शीर्षक निबंध का आरम्भ इन पंक्तियों से होता है: ''शहर की राधा सहेली से कहती है–हे सखि, नल के मैले पानी में केंचुए और मेंढक आने लगे। मालूम होता है, सुहावनी मनभावनी वर्षा ऋतु आ गयी।'' इस उद्धरण में अंतिम वाक्य की भाषा ध्यातव्य है। इसमें जो पुरानापन है, उसके बिना उस व्यंग्य की सृष्टि असंभव थी, जो परसाईजी का लक्ष्य था। इसी निबंध के अंत में उन्होंने कहा है: ''हे बन्धु, इस कटे पेड़ के ठूँठ पर फिर एक हरी फुनगी फूट आयी है, जैसे संसद के चुनाव का हारा म्युनिसिपल चुनाव में खड़ा हो गया हो।'' इस कथन के उपमेय-वाक्य में जो काव्योपम चित्रात्मक भाषा प्रयुक्त हुई है, उसके बिना उपमान-वाक्य का व्यंग्य कभी पूरी तरह प्रकट नहीं हो सकता था। 'राम का दुख और मेरा' शीर्षक निबंध में लेखक का कहना है: ''पर्वत चाहे बूँदों का आघात कितना ही सहें, लक्ष्मण बर्दाश्त नहीं करते। वे बाण मारकर बादलों के भगा देते या मकान मालिक का ही शिरच्छेद कर देते।'' इसमें ऐसा लगता है कि 'शिरच्छेद' शब्द के बिना अपेक्षित प्रभाव उत्पन्न नहीं किया जा सकता था। परसाईजी की विशेषता इस बात में है कि पौराणिक प्रसंगों के वर्णन में भी उन्होंने संस्कृत शब्दों का बहुत आवश्यक होने पर ही प्रयोग किया है, पर जब किया है तो उनसे पूरा काम लिया है। कचहरी में पैसे से वकीलों का रुख बनता और बिगड़ता है। 'कचहरी जानेवाला जानवर' शीर्षक निबंध में परसाई जी ने वकीलों की इस विशेषता का उल्लेख करने के बाद कहा है: ''पैसे में बड़ा 'विटामिन' होता है।'' यह एक सीधा-सादा वाक्य केवल 'ताकत' की जगह अंग्रेजी के 'विटामिन' शब्द के प्रयोग से या 'पैसा' के साथ 'विटामिन' शब्द को रख देने से लेखक के व्यंग्यात्मक आशय को अपूर्व स्पष्टता और शक्ति के साथ संप्रेषित करता है। इस तरह परसाईजी के व्यंग्य लेखन की सफलता में उनकी भाषा का योगदान असंदिग्ध है बल्कि सच्चाई तो यह है कि ये दोनों एक-दूसरे से घनिष्ठ रूप से संबद्ध हैं और एक-

दूसरे को विकसित करते रहे हैं, एक-दूसरे की धार पर पानी चढ़ाते रहे हैं। जैसे परसाईजी का व्यंग्य-लेखन स्वातंत्र्योत्तर हिन्दी साहित्य की एक उपलब्धि है, वैसे ही उनके व्यंग्य-लेखन की भाषा भी, जिसमें नया तेवर है, नयी भंगिमाएँ हैं और आक्रामण करने का नया कौशल है।

–नन्दकिशोर नवल

कितनी जहरीली नागफनी

'रानी नागफनी की कहानी' इंशाअल्ला खाँ की कथा 'रानी केतकी की कहानी' के कथा-तंत्र के आधार पर लिखी गयी एक कल्पित कथा है, जिसमें पात्र और घटनाओं के कल्पित होने के बावजूद सब कुछ ताजा और समकालीन है। इस देश में पूँजीवादी-सामन्तवादी व्यवस्था की खिचड़ी जिस तरह सक्रिय रूप से पकायी जी रही है और जिसके कारण प्राथमिक की भूमिका रखने वाला आम आदमी द्वितीयक की जिन्दगी जीने के लिए मजबूर हो जाता है परसाई जी ने उसी मिश्रित व्यवस्था को इस कल्पित कथा में इस प्रकार रूपायित किया है जिससे अधिक-से-अधिक इसकी सारवस्तु-इसमें समेटी जा सके। कल्पित कथा होने के कारण ही इसमें सारवस्तु को व्यापक रूप से आच्छादित करने की क्षमता पैदा हो सकी है। परसाई ने लिखा है, "यह एक व्यंग्य-कथा है। फेंटेंजी के माध्यम से मैंने आज की वास्तविकता के कुछ पहलुओं की आलोचना की है। फेंटेसी (फैटेंसी) का माध्यम कुछ सुविधाओं के कारण चुना है।" (भूमिका) वस्तुतः परसाई ने फैंटेसी की माध्यम चुनते समय उसकी क्षमता-शक्ति को ध्यान में रखा है। उसके जरिये (1) आज की वास्तविकता के पहलू (2) लोक-कल्पना और लोक-मानस की संगति (3) लेखकीय स्वतंत्रता का दायरा आदि को मद्देनजर रखकर ही उन्होंने इसको अपनाया है और व्यंजनात्मक रूप से असलियत को उजागर किया है।

पहले संक्षेप में इसकी 'कहानी' और 'पात्रों का प्रतीकत्व-प्रमुख पात्र हैं-अस्तभान-पिता का नाम भयभीत सिंह, नागफनी-कन्या राखड़सिंह, अस्तभान का मित्र मुफतलाल, नागफनी की सहेली करेलामुखी और पड़ोसी राजा निर्बलसिंह, जोगी प्रपंचगिरि, मुख्य आमात्य-गोवरधदास, उनके विरोधी भैयासाब इत्यादि। पात्र प्रायः दो वर्ग के हैं-पहले वर्ग के पात्र वे हैं जो राज-सत्ता से सम्बद्ध हैं, उनमें सामन्तवादी-पूँजीवादी दोनों व्यवस्थाओं के चिह्न हैं। यद्यपि उनके नाम ही इस बात के व्यंजक हैं कि यह व्यवस्था

ह्रासशील है। जैसे अस्तभान, नागफनी, भयभीतसिंह, राखड़सिंह, निर्बलसिंह आदि। इसी प्रकार एक नगर-सेठ का पुत्र है जिसका नाम उड़ाऊमल है। उसे भी उसी वर्ग में शामिल किया जा सकता है। ये पात्र प्रतीक रूप हैं। लेखक ने यहीं पर फैंटेसी की स्वतंत्रता का उपभोग किया है, ऐसा उपयोग जिसमें कारण-कार्य की चिन्ता नहीं है। इन पात्रों के साथ जो गतिविधियाँ जुड़ी हैं उनमें सामन्ती और पूँजीवादी अवशेष एक साथ शामिल है।

अस्तभान राजकुँवर है। वह परीक्षा में लगातार फेल होता है, इसका अर्थ है कि वह मन्द बुद्धि का व्यक्ति है लेकिन उसे गर्व है कि वह अपनी गौरवशाली परम्परा का निर्वाह कर रहा है। लेखक सामन्ती व्यवस्था के उन इतिहासों पर चोट करता है जो तमाम राजाओं की तथाकथित गौरवशाली परम्पराओं के गीत गाते हैं। पहचान यह है कि उस व्यवस्था में सामन्त अपनी जिन्दगी मे इसी तरह मूर्ख थे। वे बहुत ही सामान्य किस्म के स्वार्थों के आधार पर युद्ध करते थे। हजारों की संख्या में जनता को मौत के घाट उतारते थे और इससे उनका अहं तुष्ट होता था। सामन्ती व्यवस्था के तथाकथित गौरव को लेखक ने कई जगह खोला है-जैसे अस्तभान और नागफनी के पत्रों में अथवा अस्तभान और मुफतलाल के बीच राज्य के रहस्यों पर बातचीत के दौरान द्रष्टव्य है-

''पिताजी, अपने कुल में विद्या की परम्परा नहीं है। आप बारह खड़ी से आगे नहीं बढ़े और पितामह भी स्याही का उपयोग केवल अँगूठा लगाने के लिए करते थे। मैंने विद्या की परम्परा डालने की कोशिश की, पर मैं असफल हुआ।''[1] इसी प्रसंग में अस्तभान, कुंजियों के उपयोग, परीक्षा में सवालों के गलत उत्तर, नकल करने की कोशिश, पास होने के लिए काफी धन खर्च करने आदि की सूचनाएँ देता है। इसे वह अपने परिवार का गौरव मानता है। दूसरे स्थान पर जब मुफतलाल और अस्ताभान के बीच 'नागफनी' से विवाह की उलझी समस्या पर बातचीत होती है तो अस्तभान अपने कुल की परम्पराएँ बताता है, ''हमारे कुल में कभी भी किसी भी बात पर युद्ध छेड़ देने की परम्परा है... एक बार पड़ोसी राज्य से युद्ध इसलिए हुआ कि हमारे राज्य के जूता व्यापारियों ने बहुत जूते बना लिए थे और दूसरे राज्य ने उन्हें खरीदने से इन्कार कर दिया था। युद्ध में अन्ततः विरोधी राज्य को जूता खरीदने की सन्धि करनी पड़ी।''[2] अस्तभान ने 'मानव अधिकारों की रक्षा', 'मनुष्य की स्वतंत्रता और गरिमा' के नाम पर लड़े जाने वाले युद्धों को राजकार्य के हथकण्डे और सामान्य नीति निरूपित करते हुए यह बताया है कि, ''युद्ध तभी लड़ा जा सकता है जब उसका सही कारण जनता को मालूम न हो पृष्ठ 76 युद्ध कभी-कभी आवश्यक होता है, इससे बड़ी-बड़ी

समस्यायें हल हो जाती है। राज्य में अकाल हो, जनता रोटी-कपड़े की माँग करती हो, हजारों नवयुवक बेरोजगार हों, किसी राजा का जी किसी लड़की पर आ गया हो' आदि इन समस्याओं का हल है युद्ध। युद्ध करके राजा प्रजा की ओर से निश्चिन्त हो जाता है।''[3]

सामन्ती परम्परा की ही एक मिसाल राजा निर्बलसिंह भी हैं, जिन्होंने अपने राज्य में एक 'विलास मंत्रालय' तक खोल रखा है। वे वर्षों से मृत्यु-शय्या पर पड़े हैं तथापि युवा राजकुमारियों से निरन्तर विवाह करना उनका शौक है। अन्तिम इच्छा है कि देहत्याग करने से पहले नागफनी से विवाह कर लें। सामन्ती युग का इतिहास ऐसे राजाओं से भरा हुआ है जो विलास को ही अपने जीवन का प्रमुख लक्ष्य मानते थे। 'नागफनी' इस शृंखला की अगली कड़ी है। पाँच प्रेमियों द्वारा विवाह प्रस्ताव अस्वीकार कर दिए जाने के बाद जब वह आत्म-हत्या के लिए तैयार होती है तो सोचती है कि वह अपने कुल की परम्परा को गौरवान्वित कर रही है।

इस तरह इस व्यवस्था के साथ कल्पित कथा में परसाईजी एक साथ कई मोड़ों पर टकराते हैं। वे इतिहासकारों, मंत्रियों, परामर्शदाताओं, लेखकों पुरोहितों, समाचारपत्रों, लोक सेवा आयोग को भी नहीं छोड़ते क्योंकि ये सब कहीं न कहीं इस व्यवस्था का पोषण करते हैं। अखबार क्या है-वे राज-सत्ता और झूठे इतिहास की प्रशंसा करने वाले हैं क्योंकि वे उसी की कृपा पर, कहीं-कहीं उन्हीं के द्वारा चलाए जाते हैं। इसलिए अस्तभान भी अपना अखबार निकालने का फैसला करता है। ये अखबार जनता के साथ सहानुभूति नहीं रखते। ये चमत्कार और सनसनीखेज घटनाएँ उछालते हैं और तो और परसाई जी के शब्दों में ''पत्रकार के लिए मौत केवल समाचार होती है। यदि हम हर मौत पर रोने लगे तो सारी जिन्दगी रोते ही कट जाए। महत्त्वपूर्ण मौत का हमारे लिए बड़ा उपयोग है, उससे रोचक समाचार बनता है।''[4] अखबारों में कभी ईश्वर के कमल के फूल से जन्म लेने, कभी एक बच्चे के पाँच सिर होने, आसमान से खून की वर्षा होने, आदि के समाचार छपते हैं।

लोक सेवा आयोग, जिसका विशेषण लोक की सेवा है, किसी महत्त्वपूर्ण पद पर चुनाव के लिए क्या योग्यता चाहता है? परसाई जी ने तो शासकीय सेवा विभाग फार्म 'ख' की रूपरेखा ही बना दी है जिसमें महत्त्वपूर्ण योग्यता यह है कि 'आप किसके आदमी' है तथा 'वे किस श्रेणी में हैं।' मुफतलाल अपने चुने जाने की योग्यता में लिखता है, ''मैं कुँवर अस्तभान का आदमी हूँ। मैं उनके परिवार के सदस्य जैसा हूँ। अपने सम्बन्ध के प्रमाण हेतु मैं एक फोटोग्रुप की नकल भेज रहा हूँ जिसमें मैं उनके

साथ खड़ा हूँ।''[5] और इस आधार पर चुने गये जन-सेवक की ज़नसेवा क्या होती है-कि ''कई बार वह घूस लेने के मामले में फँस गया पर इस कारण छोड़ दिया गया कि रानी साहिबा की सखी का पति है।''[6]

परसाई जी आज के प्रजातांत्रिक ढाँचे में स्मारकों की योजना, शोक-सभायें, चन्दे की वसूली, इन सबका कच्चा चिट्ठा खोलते हैं। हकीकत यह है कि लोग इतिहास में अमर होने के लिए मृत्यु के पूर्व सारी योजना बनाकर जाते हैं। अपने उत्तराधिकारी तय कर जाते हैं, क्योंकि उन्हें मालूम है कि यदि जनता ने उत्तराधिकारी का चयन किया तो उनकी विरासत ध्वस्त कर दी जाएगी और उनके ऐतिहासिक अवशेष जमीन में सैकड़ों फीट नीचे गड़ा दिये जायेंगे।

लेखक ने प्रेम और सौंदर्य के स्वाभाविक रस को विकृत कर देने वाली व्यवस्था को नंगा कर दिया है। कितना तीखा और नुकीला व्यंग्य है, ''राजकुमारी की आँखों से आँसू निकल रहे हैं। दायें-बायें दो दासियाँ पाउडर का डिब्बा लिये खड़ी हैं, ज्योंही आँसू निकलता है, दासी उसे पोंछकर पाउडर छिड़क देती हैं।''[7] नागफनी के हृदय में प्रेम की कितनी गहरी नींव है, इस पर परसाई जी का तेवर है ''और आप भी पाँचवें प्रेम में विफल होने से प्राण त्यागने लगीं। आप जैसी महान नारी को तो हजार प्रेम टूटने पर भी ग्लानि की अनुभूति नहीं होनी चाहिए।''[8] यह कैसा प्रेम है? सखि के समझाने पर नागफनी नगर सेठ के लड़के उड़ाऊमल से मन बहलाने का धंधा करती रही और अस्तभान के लिए विरह की लीला भी। रीतिकाल में बिहारी जैसे कवियों ने विरह की जो बानगी दी है, वह प्रेम का मजाक उड़ाने के लिए काफी है। परसाई जी ने उसी शैली में नागफनी और अस्तभान के तथाकथिक प्रेम की खिल्ली उड़ाई है। यह ऐसी खिल्ली है कि इसे पढ़ते-पढ़ते व्यवस्था के प्रति बेचैनी, तड़फड़ाहट और क्रोध की चिनगारियाँ फूटने लगती हैं। करेलामुखी नागफनी से कहती है, ''जिस मुहल्ले में एक विरहिणी होती, उसमें ईंधन के बिना भी रोटी सिक जाती। स्त्रियाँ रोटी बेलकर विरहिणी के हाथ पर रखती जातीं और वह सिकती जातीं।''[9] कैसी परम्परा है, कैसी हार्दिकता है कि एक ओर करेलामुखी नागफनी के विरहताप को 'कूलर' से ठीक करती है दूसरी ओर अस्तभान को 'पेनिसिलीन' का इंजेक्शन लगाया जाता है। प्रेम विशेषज्ञ कहता है कि वह अपनी पुरानी प्रेमिकाओं का नाम ले तो शान्ति मिलेगी। कवि भी उसके लिए नियुक्त होता है कि उसका मन बहलाए।

इस फैंटेसी में पूँजीवादी व्यवस्था के उस रहस्य पर व्यंग्य है जिसमें मनुष्य बाजार में बिक्री की वस्तु बन गया है। इसका खुलासा उस समय

होता है, जब राखड़सिंह, अस्तभान के विवाह के लिए टेण्डर आमंत्रित करते हैं। उसमें लड़के के प्रसंग में पूरे खर्च का लेखा-जोखा शामिल करते हैं। उन्हें इस बात से रुचि नहीं है कि अस्तभान और नागफनी एक-दूसरे से स्वेच्छा से विवाह कर लें। उनके लिए तो अस्तभान बिक्री की ऐसी खूबसूरत वस्तु है जो अधिक-से-अधिक पैसे में बेची जा सके। मानवीय व्यवहार उनके लिए बेमानी है। जोगी प्रपंचगिरि के रूप में आज के महेश योगी, ज़य गुरुदेव, धीरेन्द्र ब्रह्मचारी जैसे लोग हैं जो साधु के वेश में इसलिए रहते हैं ताकि अपने कपटाचरण को छिपाकर धर्मभीरु, भोले भारतीय मानस को ठग सकें। तस्करों के धन्धों को सुरक्षित रखने, काले बाजार को छिपाने, और अपराधों को नैतिक रंग देने के लिए राजनेताओं के लिए ये अनिवार्य हो गये हैं। प्रपंचगिरि परमहंस और पहुँचे हुए महात्मा कहलाते थे। सामन्त और अधिकारी उनके मित्र थे, वे हृदय-परिवर्तन का काम करते थे। हृदय-परिवर्तन कैसा। जैसे उनके कान में लगकर यह कह देते हों कि उनका तरीका पुराना है। नये तरीके से डाका डालने में सुरक्षा का कोई खतरा नहीं। इस धंधे में लड़कियों का व्यापार करना भी परोपकार है।

परसाई जी ने इस कहानी में लेखक और डाक्टर के माध्यम में मध्यवर्गीय तथाकथित आजादी और जनसेवा के ढोंग को भी उजागर किया है। लेखक या तो वे हैं जो प्रेम के व्यापार की खोज में होते हैं-निराश प्रेमिकाओं की सामग्री तलाशते हैं या रामसत्ता के आदेशानुसार साहित्य रचते हैं। वे प्रेमिकायें जो आत्म-हत्या करती हैं और साहित्य में अमर होने के लिए पत्र और डायरी लेखकों को भेजती हैं, ऐसे साहित्य से अपने देश की पुस्तकों की दुकानें भरी हुई हैं। कौन नहीं जानता कि गुलशन नन्दा, ओमप्रकाश, कर्नल रंजीत आदि ऐसे लेखक हैं जिन्हें यह व्यवस्था प्रचारित करती है।

इस रचना में एक चित्रकार है जो एब्स्ट्रैक्ट पेंटिंग के नाम पर आड़ी-तिरछी रेखायें खींचता है। कहता है कि उसने चित्र नहीं 'आइडिया' से पेंटिंग की है। "राजकुमारी क्या है? एक आइडिया। उसी आइडिया को मैंने आकार दिया है।"[10] एक कवि है जो तथाकथित इतिहासहन्ता जगदीश चतुर्वेदियों का प्रतीक है जिनकी क्रान्ति न नहाने और न दाढ़ी बनवाने में है जो सब पर नाराज हैं इसलिए क्रोधित पीढ़ी के कहलाते हैं। अपने को क्षणवादी कहते हैं और व्यतिक्रमित कविता लिखते हैं। ये कवि और चित्रकार ऊपर से देखने पर व्यवस्था को किसी प्रकार से प्रभावित करते नजर नहीं आते, पर हकीकत यह है कि सामन्त-युगीन पद्धति अब फीकी पड़ गयी है इसलिए ये पूँजीवादी व्यवस्था द्वारा उच्छिन्न (एलीयेनेटेड) लोग है। इसी

वर्ग का एक पात्र इसमें-एक इंजीनियरिंग कालेज का प्राध्यापक है, जो अपने अध्यापन या शोध के कारण नहीं, अस्तभान और नागफनी के प्रेम-पत्रों को यथास्थान पहुँचाने में मदद करने के कारण राजकीय कृपा का पात्र है और इसी कारण उसकी पदोन्नति होती है।

इन कल्पित कथा में एक महत्त्वपूर्ण हिस्सा है पूँजीवादी जनतंत्र की असलियत का पर्दाफाश। मुख्य आमात्य गोबरधनदास, जिन्हें सीधी भाषा में मुख्यमंत्री कहा जा सकता है, के प्रमुख विरोधी हैं भैया साब। मुख्य आमात्य की मूल चिन्ता जनहित की नहीं, वे रात-दिन बेचैन हैं आजीवन पद में बने रहते के लिए तथा राजसत्ता का अधिक-से-अधिक व्यक्तिगत हित में उपयोग करने के लिए। वे सारे तंत्र का उपयोग अपने हित-साधन में करते हैं। वे विरोधियों या प्रतिद्वन्द्वियों को किसी भी प्रकार नष्ट कर देना चाहते हैं ताकि उनकी कुर्सी उनके लिए शाश्वत हो जाय। विरोधी भैया साब उनसे कुछ भिन्न नहीं हैं, वे सरकार की आलोचना इसलिए नहीं करते कि वह 'खराब' है बल्कि इसलिए कि वे वहाँ क्यों नहीं। उनका जीव निरन्तर कुर्सी में लगा रहता है। पर साई जी ने इस वस्तु को प्रभावशील तथा कल्पित कथा के अनुकूल बनाने के लिए भैया साब के जीव को कुर्सी का दीमक कहा है और इस रहस्य की जानकारी के लिए लोक-शैली में पेड़ के पक्षियों की बातचीत का सहारा लिया है। इस तरह सत्तापक्ष और विरोधपक्ष दोनों का वर्ग-चरित्र जनता के खिलाफ है। परसाई जी इसको 'एक्सपोज' करते हैं।

यह रचना एक व्यवस्था की प्रतीक है, जिसमें कोई एक राजा और उनकी प्रजा नहीं। इसके बदले राज-परिवार के नाम से सारे पात्र व्यवस्था के अलग-अलग चेहरे हैं। आज की स्थिति में यह व्यवस्था कितनी अक्षम, स्वार्थपूर्ण और बेहूदा है, इसकी मिसाल अस्तभान, नागफनी, भयभीत सिंह, राखड़सिंह और निर्बलसिंह हैं। इनके पास एक ही चीज है, वह है, सत्ता की शक्ति, जिससे उन्होंने लेखक, कवि, चित्रकार, योगी, सैनिक, डॉक्टर, मंत्री, विरोधी-दल आदि सबको जोड़ रखा है। ये सब या तो महाजनी सभ्यता को सम्यक् बनाते हैं या राजसत्ता के चाकर हैं। दूसरे शब्दों में यह कहें कि जनता और राजसत्ता के बीच ये दलाल हैं। इनके नाम लोक-सेवा के लिए हैं पर इनके काम भीतरी तौर पर राजसेवा और निजसेवा हैं। पात्रों का दूसरा वर्ग यही है। मध्यवर्ग के लोग इस रहस्य को जानते हैं लेकिन इसके बावजूद के व्यवस्था का विरोध नहीं कर सकते क्योंकि मुफतलाल जैसे लोगों को डिप्टी-क्लेक्टरी की चिन्ता है और करेलामुखी की नागफनी के साथ दहेज में जाकर राज-सुख लूटने की। यही कारण है कि इन्हें अपनी

सफलता को भी सत्ता की सफलता के लिए समर्पित कर देना पड़ता है। व्यवस्था के इस बड़े व्यापक दायरे को, रचना के इस छोटे आकार में नहीं बाँधा जा सकता था, यदि इसे फैंटेसी का रूप न दिया जाता। पुरानी पीढ़ी से लेकर नयी पीढ़ी तक का बदनीयत रहस्य दूसरे तरीके से एक साथ नहीं खुल सकता था। बेरोजगारी, प्रेम की असफलता तथा अन्य महत्त्वपूर्ण समस्याओं के समाधान के लिए आत्महत्या विभाग तथा लोक सेवा आयोग के लिए प्रार्थना-पत्र का प्रारूप बनाकर परसाई जी ने 'व्यवस्था' के लुके-छिपे षड्यंत्रों की कलई खोल दी है। यह कलई बहुत ही बेरहमी से खोली गयी है। सांकेतिक ढंग से व्यवस्था का कोई पुरजा नहीं बचा जिसे उन्होंने स्पर्श न किया हो। जनता जिसका हश्र सिर्फ व्यवस्था के तहत कीड़ा और नाचीज बनकर रह गया जब तक नहीं चेतती तब तक उसके मध्यवर्गीय बुद्धिजीवी भी उसके विनाश के औजार बने रहेंगे, की ओर भी परसाई जी ने भरपूर संकेत किया है, 'मानव-अधिकारों' और 'आदमी की स्वतंत्रता' के नाम पर इसके अधिकार और स्वतंत्रता का अपहरण होता रहेगा।

परसाई जी ने समाजशास्त्रीय दृष्टि से समाज की 'बॉयलाजी' की विवेचना की है। उसके भीतर के बीमार दिमाग, भ्रष्ट आचरण की समूची गन्दगी को एक डॉक्टर की तरह बड़े प्यार से, दुलार से, पुचकारते हुए, प्रत्येक घाव को सावधानी से परखते हुए, तेज नश्तर चला देते हैं। सारी गन्दगी और सड़ाँध निकालकर रख देते हैं और लेखक एक डॉक्टर की तरह बड़ी सफाई और भीतरी सन्तोष के साथ, हाथ धोकर एकदम अलग हो जाता है। यहीं यह स्पष्ट हो जाता है कि परसाई अस्मिता और नियति के लेखक नहीं हैं, वे जीवन की विडम्बनाओं के विश्लेषक हैं। वे शोषण और विसंगति की ताकतों का पर्दाफाश करने वाले हैं। ताकत के मंसूबों को उजागर करते हैं। इतिहास और समाज की बाह्य वास्तविकताओं की चित्रात्मक प्रस्तुति लेखक के जनवादी चरित्र को सफल बनाती है। जीवन की जड़ मान्यताओं और विश्वासों को झकझोरती हुई उनकी लेखनी सामाजिक जीवन का सर्वेक्षण प्रस्तुत करती हुई हमारी विसंगतियों को कुछ उस तरह से उजागर करती है जैसे लेखक ने 'क्लर्क की मौत' में किया है। यहाँ हम हँसने के बजाय सोचने के लिए मजबूर हो उठते हैं।

परसाई जी की यह रचना एक 'थियेटर' है; यही कारण है कि देश के विभिन्न हिस्सों में इसका अलग-अलग नाट्य-रूपान्तरण और मंचन हुआ है। इतने लघु-आकार में व्यवस्था का प्रतिबिम्ब या तो मुक्तिबोध की कविताओं में मिलता है या परसाई की व्यंग्य-रचनाओं में। यह युग 'केतकी' का ही नहीं 'नागफनी' का है। इसलिए इस फैंटेसी में समकालीन भारतीय

यथार्थ और कलारूप की परम्परा का विकास मिलता है। समकालीन जीवन के विश्लेषण एवं विवेचन के लिए ऐसी रचनाओं की अहं भूमिका की आज भी प्रासंगिकता और अहमियत है।

–गुलाब सिंह

संदर्भ

1. रानी नागफनी की कहानी, पृ० 15
2. वही, पृ० 75
3. वही, पृ० 76
4. रानी नागफनी की कहानी, पृ० 36
5. वही, पृ० 63
6. वही, पृ० 125
7. रानी नागफनी का कहानी, पृ० 19
8. वही, पृ० 34
9. वही, पृ० 38–39
10. रानी नागफनी की कहानी, पृ० 48

सहज, बेलाग और प्रसन्न गद्य

व्यंग्य को हमारे यहाँ हाशिए का लेखन ही माना गया है और व्यंग्य-लेखक की प्रतिष्ठा या लोकप्रियता का आधार वे ही रचनायें बन सकी हैं जो सरल, हल्के-फुल्के रंजनात्मक व्यवहार तक सीमित हैं। विडम्बना यह है कि जहाँ रंजनात्मकता व्यंग्य-लेखन की पहली यानी जरूरी शर्त है वहाँ निरी रंजनात्मकता ही उसे सार्थक लेखन होने नहीं देती और उसे उत्तरोत्तर सरलीकरण की ओर प्रेरित करती है। निजी प्रेरणा से सामाजिक प्रयोजन तक कितनी ही स्थितियाँ व्यंग्य-लेखक का सरोकार हो सकती है पर आलोचनात्मक दृष्टि के पक्ष में उनकी मान्यता है: "व्यंग्य जीवन से साक्षात्कार करता है, जीवन की आलोचना करता है, विसंगतियों, मिथ्याचारों और पांखडों का पर्दाफाश करता है।" (सदाचार का ताबीज, पृष्ठ 90) परसाई निरी रंजनात्मकता के लिए नहीं, सुधार के लिए भी नहीं, बदलने के लिए लिखना चाहते हैं। बदलने की इस इच्छा में गहरी सामाजिक संलग्नता है और आज के यथार्थ के अन्तर्विरोधों, जटिल संक्रमणों की अन्तर्भेदी पहचान है। परसाई का लेखन पाठक को विचलित करता है और उसे तटस्थ आनन्द की अवस्था में छोड़कर उन दायित्वों से मुक्त नहीं होता जो किसी भी विधा के महत्त्वपूर्ण लेखन को प्रयोजनीय और प्रासंगिक बनाते हैं। परसाई के व्यंग्य के पीछे एक राजनीतिक दृष्टि भी है। राजनीति और साहित्य के बीच जो संवाद-सम्बन्ध पिछले दो दशकों में बना है या सीधी घनिष्ठता कायम हुई है उसकी स्पष्ट छाया परसाई के व्यंग्य-लेखन पर है। परसाई अपना पक्ष चुनते हैं, अपनी प्रतिबद्धता का भावुक प्रतिक्रिया या रोमांटिक मोह से मुक्त होकर प्रमाण देते हैं। व्यंग्य में आत्मालोचन की प्रक्रिया भी चलती रहती है और दूसरों से वह संवाद भी संभव हो पाता है जो जिन्दगी की समझ में सहभागी बनता है। इस तर्क से देखें तो परसाई का व्यंग्य-लेखन हाशिए का लेखन नहीं है, वह समकालीन लेखन की मुख्य धारा से सीधे जुड़ा हुआ है।

परसाई का व्यंग्य समय के तीखे अनुभव से पैदा हुआ है। वह धोखे

की लम्बी परम्परा को सामने लाता है जिसमें साल-दर-साल एक पीढ़ी दूसरी पीढ़ी को झूठे आश्वासन और नकली मुद्रायें देती चली जाती है। "साल-दर-साल हम उनसे कहते हैं, लो बेटो, जो साल हमने बिगाड़ दिया, उसे लो, उसकी तसवीर से मन बहलाओ। बीते हुए की बदरंग मुरझाई तस्वीरें हैं ये। आगत की कोई चमकीली तस्वीर हम तुम्हें नहीं दे सकते। हम उसमें खुद धोखा खा चुके हैं और खाते रहे हैं। देने वाले हमें भी तो हर साल के शुरू में रंगीन तस्वीर देते हैं कि लो अभागो, रोओ मत। आगामी साल की यह रंगीन तस्वीर है। मगर वह कच्चे रंग की होती है। साल बीतते वह भद्दी हो जाती है। धोखे की लम्बी परम्परा है। धोखा, जो हमें विरासत में मिला, हम तुम्हें देते हैं।" (पगडंडियों का जमाना, पृष्ठ 7)

संस्कृति के नाम पर स्थापित संस्थाओं के दुरुपयोग को प्रायः व्यंग्य का विषय बनाया गया है। भारतेन्दु से परसाई तक कितने ही लेखकों ने शिक्षा-संस्कृति के अन्यथाकरण को व्यंग्य के आलोक में प्रत्यक्ष किया है। 'प्राइवेट कॉलेज का घोषणा-पत्र' व्यंग्य में परसाई का संकेत पैना है और दूर तक जाता है-"हम जानते हैं कि शिक्षा के धन्धे में उतना फायदा नहीं है, जितना सीमेंट या चीनी के धन्धे में। इसलिए शिक्षा की एक दूकान खोलना व्यापारी भाई हमारी बेवकूफी ही समझेंगे। वे कहेंगे कि कॉलेज क्यों खोलते हो? उसी पैसे से चीनी का स्टॉक क्यों नहीं भर लेते?" (पगडंडियों का जमाना, पृष्ठ 14) संस्था के अन्दरूनी नियमों के बहाने व्यवस्था के सारे दूषित पहलुओं को व्यंग्य की लपेट में ले लिया गया है। कुछ नियमों का स्वरूप यह है-"कॉलेज की इमारत बनवाने का ठेका हमारे फूफाजी को दिया जायेगा। पिताजी की स्मृति के प्रति ईमानदार होने के लिए यह जरूरी है। उन्होंने शिव-मन्दिर चन्दे से बनवाया था, जिसका ठेका फूफाजी को ही दिया गया था।" "कॉलेज की व्यवस्था-समिति के अध्यक्ष हम होंगे। हमारे बाद हमारा लड़का होगा। हमारे पिता और माता के पक्ष के रिश्तेदार सदस्य होंगे।" "अन्य सदस्य ऐसे होंगे जिनका विद्या से बहुत दूर का रिश्ता हो। विद्वान लोग बाल की खाल निकालकर गड़बड़ पैदा करते हैं क्योंकि यह एक व्यापारिक प्रतिष्ठान है। इसलिए इसे चलाने में व्यापारी वर्ग का अधिक हाथ रहेगा।" (पगडंडियों का जमाना, पृष्ठ 14-18)

लोकतंत्रीय ढाँचे में समाजवाद की कल्पना को जातिवाद का जहर धीरे-धीरे क्षति पहुँचाता है। इस समय यह विकृति पराकाष्ठा पर है। सिद्धान्त के स्तर पर दावे जितने ही पवित्र हैं, व्यवहार में उतने ही लिजलिजे, रुग्ण, आत्मघाती और अपवित्र हैं। परसाई के सामने वह समाज है जो सम्प्रदायवाद

को जातिवाद से काटना चाहता है और नतीजा यह है कि कुल समाज पतनोन्मुख संकीर्णता के घेरे में है–विभाजित, टूटा हुआ और सांस्कृतिक दृष्टि से विपन्न। ''इस प्रश्न से वे खिल उठे। बड़े आत्मविश्वास से बोले, 'इस समस्या की पकड़ जितनी ठीक मुझे है, उतनी पण्डितजी को भी नहीं है। सम्प्रदायवाद का उतार है, जातिवाद। अपने परगने में मैंने इस नीति से जनसंघ का पानी उतार दिया। तुम 'हिन्दूवाद' चलाओगे, तो मैं 'ब्राह्मणवाद' चलाऊँगा। तुम डाल-डाल मैं पात-पात!' वे ठहाका मारकर खुली हँसी हँसे।'' (पगडंडियों का जमाना, पृष्ठ 21)

परसाई ने संसदीय राजनीति के कुछ बहुत ही महत्त्वपूर्ण मुद्दों को व्यंग्य के लिए चुना है। पूँजीवादी प्रतिष्ठानों के हिमायती समाजवादी ढाँचे की राजनीति में जिस भाषा का व्यवहार करते हैं उसकी पोल खोलने में परसाई की सीधी दिलचस्पी है–'सोने का साँप' में ये पंक्तियाँ परसाई की व्यंग्य-क्षमता का उदाहरण कही जा सकती हैं–

''गड़े सोने में बड़ी उलझन है। एक तो उसका रखवाला साँप होता है। फिर वह ट्रस्टी दयालुता, भलाई और धार्मिकता का रूपक धारण किये रहता है। वह मारा नहीं जाता और अगर उसे मीठे स्वरों में फुसलाओ तो वह भाग जाता है और सोना साथ ले जाता है।'' (पगडंडियों का जमाना, पृष्ठ 45) पाठक अनुभव करेंगे कि यह व्यंग्य संदर्भहीन नहीं है।

पुलिस और मानव स्वतंत्रता के एकसाथ निभाने वालों को परसाई सीधे पकड़ते हैं। ''वैज्ञानिक अनुसंधान के सबसे महान क्षण में भी पुलिस को नहीं भूलता, यह मानव-स्वतंत्रता के लिए शुभ लक्षण है।'' (पगडंडियों का जमाना, पृष्ठ 46) 'अच्छी आत्मा' को परिभाषित करते हुए परसाई कहते हैं–''अच्छी आत्मा 'फोल्डिंग' कुर्सी की तरह होनी चाहिये। जरूरत पड़ी तब फैलाकर उस पर बैठ गये, नहीं तो मोड़कर कोने में टिका दिया।'' (पगडंडियों का जमाना, पृष्ठ 75) नैतिक संवेदना से शून्य सामाजिक ढाँचे में स्वार्थपरक कामचलाऊपन के व्यंग्य को उपर्युक्त टिप्पणी में लक्ष्य किया जा सकता है। 'राष्ट्रीय एकता' जहाँ खोखला नारा भर है, वहाँ परसाई के तीखे व्यंग्य की मार अचूक है–''कैसी अद्‌भुत एकता है। पंजाब का गेहूँ गुजरात के कालाबाजार में बिकता है और मध्यप्रदेश का चावल कलकत्ता के मुनाफाखोर के गोदाम में भरा है। देश एक है। कानपुर का ठग मदुराई में ठगी करता है, हिन्दी-भाषी जेबकतरा तमिलभाषी की जेब काटता है और रामेश्वरम का भक्त बद्रीनाथ का सोना चुराने चल पड़ा है। सब सीमायें टूट गयीं।'' (पगडंडियों का जमाना, पृष्ठ 91) अज्ञेय से क्षमा माँगते हुए कह सकते हैं–भ्रष्टाचार ही इस देश में सबको माँजता है; एक करता है और हर तरह की मुक्ति देता है।

पीढ़ियों का अन्तराल आज की मुख्य समाजशास्त्रीय समस्या है। मूल्य बदल रहे हैं और सहमति-असहमति का नैतिक आधार भी बदल रहा है। असहमत वे नहीं हैं जो असहसति की 'मुद्रा' बनाये बैठे हैं। इसके विपरीत उनकी असहमति अधिक ठोस, प्रामाणिक है जो चुप, सुशील और विनम्र हैं। "मगर देख रहा हूँ कि श्रवणकुमार के कन्धे दुखने लगे हैं। वह काँवड़ हिलाने लगा है। काँवड़ में अन्धे परेशान हैं। विचित्र दृश्य लगे हैं। दो अन्धे एक आँखवाले पर लदे हैं और उसे चला रहे हैं। जीवन से कट जाने के कारण एक पीढ़ी दृष्टिहीन हो जाती है, तब वह आगामी पीढ़ी के ऊपर लद जाती है। अन्धी होते ही उसे तीर्थ सूझने लगते हैं। ××× आँख वालों की जवानी अन्धों को ढोने में गुजर जाती है। ××× उनकी आँखें रास्ता नहीं खोजतीं, सिर्फ राह के काँटे बचाने के काम आती हैं। ××× मगर काँवड़े हिलने लगी हैं। ढोने वालों के मन में शंका पैदा होने लगी है।" (पगडंडियों का जमाना, पृष्ठ 110, 111)

आधुनिक युग में स्त्री-पुरुष-सम्बन्धों का विश्लेषण करने चले तो कई प्रकार के अन्तर्विरोध सामने आयेंगे। कितनी ही स्त्रियाँ आसपास दिखायी दे जायेंगी जो उम्र और शिक्षा के बावजूद पुरुषों पर इस हद तक निर्भर जान पड़ेंगी जैसे वे उनकी 'लगेज' हों। परसाई के व्यंग्य-चित्र में इस भोंड़ी उबाऊ निर्भरता पर सीधा आक्रमण है-"उनका अपना स्वर नहीं होता, वे सिर्फ प्रतिध्वनि होती हैं। बुद्धि, भावना, इच्छा तक अपनी नहीं होती। अगर उनसे पूछो-देवीजी, आज मौसम कैसा है? तो वे आसमान की तरफ न देखकर उसकी तरफ देखेंगी जिसका हिस्सा हैं। इस आशय से, कि क्यों, बता दें कि नहीं। क्या बतायें? तुम्हीं न इन्हें बता दो कि कैसा मौसम है।" (पगडंडियों का जमाना, पृष्ठ 115)

'वैष्णव की फिसलन' में परसाई का संकेत क्रमशः घटित होते नैतिक अवमूल्यन की ओर है। धर्म और धन्धे का जो रिश्ता बनता है, उसे सर्वोच्च शक्ति का समर्थन ही तो चाहिए। फिर बाधा कहाँ है! प्रभु भी दो नम्बरी हो गये हैं। वैष्णव का होटल उन्हीं की कृपा से चल निकला है जिसमें शराब, गोश्त, कैबरे, औरत सब कुछ सुलभ हो। (वैष्णव की फिसलन, पृष्ठ 9-13) 'अकाल-उत्सव' में अकाल का एक सर्वथा नया रूप व्यंग्य-लेखक की दृष्टि में है-"हर आदमी का अपना अकाल होता है। इनका अकाल दूसरा है, इन्हें सिर्फ ग्यारह 'क्विन्टल' विधायक मिल जायें तो अकाल-समस्या हल हो जाय-सत्ता की।" (वैष्णव की फिसलन, पृष्ठ 16)

प्रभु और प्रजावर्गों के बीच जो रिश्ता नौकरशाही के ढाँचे में बनता

है उसका उदाहरण स्त्रियों के सम्पर्क-प्रसंग में भी देखने को मिलेगा।-बल्कि अधिक विद्रूप चित्र यहाँ ऊपर-ही-ऊपर मौजूद होगा। प्रजावर्ग की स्त्रियाँ प्रभुवर्ग की प्रतिनिधि मिसेज शर्मा के बच्चे की प्रशंसा करती चली जाती हैं। मिसेज शर्मा बच्चे के एक इसी गुण का बहुत बखान करती हैं कि वह कभी गोद में या बिस्तर में पेशाब नहीं करता और तभी बच्चा गोद में पेशाब कर देता है। मिसेज शर्मा जो अब तक दूसरों से कहला लेना चाहती थीं कि वे उनके यहाँ आती रहेंगी अचानक कह बैठती हैं-"नहीं, हम ही आयेंगी आपके यहाँ। हम सब एक हैं। इसमें कोई छोटे-बड़े का सवाल थोड़े ही है।" और परसाई का एक वाक्य पूरे परिस्थिति-प्रसंग को व्यंग्य से चीर जाता है-"बच्चे ने पेशाब करके समाजवाद की प्रक्रिया शुरू कर दी।" (वैष्णव की फिसलन, पृष्ठ 27)

'शव-यात्रा का तौलिया', 'चूहा और मैं', 'राजनीति का बँटवारा', 'तीसरे दर्जे के श्रद्धेय' परसाई की रोचक व्यंग्य-रचनाएँ हैं। इनमें चरित्रों का अध्ययन बहुत ही पका हुआ और सटीक है। 'शव-यात्रा का तौलिया' में जो व्यक्ति-चित्र उभरता है, यह देखने की चीज है-"जिनकी कथा मैं लिख रहा हूँ, वे खूँटी पर शव-यात्रा में लपेटा जाने वाला तौलिया तैयार रखते हैं। किसी के मरने की खबर मिली नहीं कि इतने प्रसन्न होते हैं जैसे किसी की शादी हो रही है। दफ्तर से छुट्टी ले लेंगे। घर में और मुहल्ले में ऐलान कर देंगे, 'हम फलाँ आदमी की मिट्टी में जा रहे है।' ××× मुर्दे के प्रति इतना प्रेम मैंने कम देखा है। एकाध महीना कोई परिचित न मरे, तो वे किसी को मारने की कोशिश भी कर सकते हैं, जिससे खूँटी पर टँगा मौत का तौलिया सिर से लपेट सकें।" (वैष्णव की फिसलन, पृष्ठ 58, 59)

सब मिलाकर परसाई का व्यंग्य-लेखन स्थितियों से छेड़छाड़ भर नहीं है-स्थितियों की समीक्षा भी है। परसाई के व्यंग्य के आलोचनात्म रवैये में प्रतिबद्धता की अतिरिक्त चिन्ता नहीं है। सहज, बेलाग, प्रसन्न गद्य में परसाई ने जो व्यंग्य-कृतियाँ दी हैं उनमें आयास रहित दुर्लभ पठनीयता है और उनका 'संदेश' व्यंग्य के स्वभाव के बाहर नहीं है-आरोपित नहीं है। शत्रु के प्रति भी वह कटुता यहाँ नहीं मिलेगी जो हताशा की अभिव्यक्ति जान पड़े-वह संवाद-संघर्ष यहाँ जरूर है जो एक जागरूक चेतन स्वभाव का गुण है। संसदीय लोकतन्त्र में संघर्ष और सहभागिता का जो सम्बन्ध बनना चाहिए, उसके प्रति परसाई अत्यन्त सजग हैं। इसीलिए उनके व्यंग्य-लेखन में विचार की अवज्ञा नहीं है और विश्वास के नाम पर वह कवाड़ जमा नहीं है जो 'व्यंग्य' जैसी विधा के अनेक लेखकों के यहाँ संस्कार के भीतर

मौजूद दिखाई देता है। परसाई का गद्य हिन्दी का जातीय गद्य है–वह भारतेन्दु, निराला और रामविलास शर्मा के गद्य का सहज विकास है। आलोचनात्मक दृष्टि इस व्यंग्यधर्मी गद्य की खास अपनी विशेषता है और अनुभव तथा शिल्प के परजीवीपन के दौर में उसका मूल्यांकन हमारे समकालीन लेखन के मूल्यांकन के हित में अपेक्षित है।

–परमानन्द श्रीवास्तव

'आदम' की राजनीति

हरिशंकर परसाई हिन्दी की 'नयी कहानी' के साथ पैदा हुए। कहना चाहिए 'नयी कहानी' के अन्तर्विरोधों की प्रतिक्रिया में। परसाई कभी पुराणों, दन्तकथाओं या स्वाँग की ओर से समसामयिकता पर अपनी प्रतिक्रिया व्यक्त कहते, कभी सीधे राजनीतिक मुद्दों पर सवाल पूछते। जैसे कबीर लुकाठी लेकर सन्तों की बिरादरी में एक अपवाद से रहे हैं। परसाई हिन्दी कहानी का एक अपवाद हैं। मध्यवर्गीय भटकाव या आंचलिक शैली के दायरे में वह एक सही प्रश्न पैदा करते रहे हैं। वह इस मायने में अकेले हैं-अपने व्यंग्य और खुली बेलाग बातों के लिए। उनके व्यंग्य इतने तीखे और दिलचस्प होते रहे हैं कि हिन्दी की 'नयी कहानी' उनसे आँख मिलाने का साहस नहीं कर सकी। ज्यादातर नये कहानीकार अपनी ही जमीन में प्रयोग करते हुए या तो खो गये या वे समसामयिक धारा में भटक गये। परसाई के व्यंग्य एक ओर मुक्तिबोध की वर्ग चेतना की याद दिलाते हैं, दूसरी ओर भारतेन्दु-मणडल के व्यंग्यकारों की सामयिक चेतना की।

'जनयुग' में एक कॉलम है 'ये माजरा क्या है'। यह साप्ताहिक 'जनयुग' का एक स्थायी स्तंभ है। कभी सामयिक नेताओं, मंत्रियों और अंधराष्ट्रवादी संस्थाओं जैसे-राष्ट्रीय स्वयं सेवक संघ, जनसंघ, हिन्दू महासभा या कालेधन के व्यापारियों, भ्रष्ट नौकरशाहों यानी पूरी महाजनी सभ्यता पर 'आदम' एक सीधी-सी बात शुरू कर देता है और किस्सा-दर-किस्सा वह बात, कहानी, डायरी, वार्ता, दन्तकथा या समाचार पर कार्टून-किसी भी रूप में 'जनयुग' के पाठकों को याद रह जाती है।

उस समय की-27 नवम्बर 1966 से 20 अगस्त 1967 तक-फाइल मेरे पास है; और अक्सर उस फाइल के साथ, उस दौर की महाजनी सभ्यता के अन्तर्विरोध, जनता को धोखा देने की पूँजीवादी चालाकियाँ और नेताओं के गोली चलाने के जनविरोधी अनुभव, मुझे (परसाई के व्यंग्य की तरह) याद आ जाते हैं।

किस्सा शुरू होता है, "एक थे नन्दा जी.... वे सांस्कृतिक आदमी थे क्योंकि वे राष्ट्रीय स्वयं सेवक संघ को सांस्कृतिक संगठन कहते थे। वे सत्यवादी थे क्योंकि वामपंथी पार्टियों के बारे में वे झूठ बोला करते थे। वे बड़े बहादुर थे क्योंकि वे मूँछें रखते थे। वे बड़े जादूगर थे क्योंकि वे जादू के द्वारा के द्वारा सबको सदाचारी बनाना चाहते थे।" नन्दा जी के साथ इस बार फंदाजी, चंदा जी और धंधा जी इसी स्तम्भ में आये हैं। (27 नवम्बर, 1966)

"आदम को उस दिन एक जनसंघ के नेता मिल गये, जो गोरक्षा आन्दोलन में शामिल थे।...गोरक्षक वक्तव्य देते रहे। आदम सवाल पूछता रहा।...मैंने पूछा–'अगर अंग्रेज कहते कि हम गोरक्षा का कानून बना देते हैं, तो क्या आप उन्हें देश पर शासन करने देते?' वे बोले, 'जरूर करने देते। हम तो कहते ही हैं कि स्वराज्य के ऊपर गोरक्षा है'।" (4 दिसम्बर, 1966)

जनयुग भारतीय कम्युनिस्ट पार्टी का मुख्य पत्र है। आदम हरिशंकर परसाई का गौण व्यंग्यकार है या वाम विचारधारा की भीतरी चेहरा है 23 जुलाई 1967 के 'जनयुग' में हरे कृष्ण कोनार के नाम खत में परसाई का अपना संशोधनवादी भटकाव भी नजर आ जाता है।

हरिशंकर परसाई देश की बड़ी व्यावसायिक पत्रिकाओं में अनेक परिस्थितियों पर व्यंग्य या पाखण्ड पर छींटाकशी करते हैं। 'आदम' केवल 'जगयुग' का गुप्त नाम या चेहरा है। पार्टी में 'आदम' अत्यन्त सरसहृदय व्यंग्यकार है यानी मध्यप्रदेश की वाम-कलम। इस सहृदय वाम-व्यंग्यकार का पार्टी के पत्र में मुख्य दो काम रहा है। एक, वह पार्टी की विरोधी शक्ति-सत्ता दल या अंधराष्ट्रवादी दल की खबर लेता रह। दूसरा, पार्टी की (एक से दो कम्युनिस्ट पार्टियों की) बदली हुई संसद या विधानसभा के चुनाव की रणनीति पर बहस आयोजित करता रहा।

'आदम' इन दोनों रूपों में अपने लेखक की विदग्धता और मौलिकता की जमीन तैयार करता है। 'आदम' पत्रकार, कहानीकार, व्यक्तिव्यंजक, निबंध, डायरी लेखक सभी रूपों में हिंदी भाषा की प्रकृति को पहचानते हैं और मुख्यतः वह देशहित की चिन्ता में व्यग्र नजर आते हैं।

'जनयुग' में उस समय तीन स्तम्भ सामयिक दिलचस्पी पर व्यंग्य के थे। एक 'शिवशम्भू का चिट्ठा', दूसरा 'अन्तरयामी'। 'शिवशम्भू का चिट्ठा' एक स्वतंत्र स्तंभ था, 'दृष्टिपात'। 'अन्तरयामी' कभी 'न्यू एज' के 'इन साइडर' (जो आधुनिक सभ्यता के 'आऊट साइडर' का जवाब था) की खबरों को रंगकर, नया राजनीतिक तेवर देता था और विरोध पक्ष को छेड़कर

उत्साहित किया करता था। इस दौर में खासतौर पर चुनाव के समय नागार्जुन एक नियमित कालम कविता का दिया करते थे। नागार्जुन की कविता के साथ कार्टून छपता था। उस समय 'सिंडिकेट कांग्रेस' की सत्ता में जोड़-तोड़ थी। 8 जनवरी, 1967 की नागार्जुन की कविता है-'रोये बड़े-बड़े बलिदानी':

''भड़क उठे थे राजा-रानी
सिंडिकेट की मति बौरानी
इनको मिली न कौड़ी कानी
उन पर चढ़ा अनोखा पानी।''

नागार्जुन कामराज की गति, ठेकेदारों की चालों और टिकटों की-संसद-वाद के-विकट प्रजातन्त्र की कहानी सुनाया करते थे। इसी दौर में अकाल पड़ा था और नागार्जुन ने 'हलधर' के नाम से अकाल सहायता के नाम पर की जाने वाली धाँधली का रेखाचित्र दिया था।

'आदम' जो स्तंभ लिखते थे (अभी भी लिखते हैं) उसके दो पक्ष थे। एक सत्ता पक्ष के नेता, पूँजीपति की भावावेश की शैली में टीका-टिप्पणी। दूसरा पक्ष था तथ्य-निरूपण की शैली में अन्धराष्ट्रवादी ताकतों की अवसरवादी जिन्दगी की खोज-खबर लेना।

उस दौर के सत्ता पक्ष के गुलजारीलाल नन्दा तथाकथित सदाचारी थे। फंदा जी जिनका एक नाम 'आदम' ने 'कामराज' रखा था या सांस्कृतिक संचालन करने वाले पाटिल साहब थे जिनका दल में नाम पड़ गया था, 'चंदा जी'। नामों का तुक मिलाकर व्यक्ति या स्थितियों का खाका (बेढब बनारसी, अन्नपूर्णानंद की तरह) खींचकर 'आदम' एक जासूस की तरह कुछ असली, कुछ नकली रपट लिखा करता था।

कभी 'आदम' को गो-रक्षा में शामिल जनसंघ के नेता मिल जाते, कभी आदम को वियतनाम में अमरीकी सिपाहियों या उनके युद्धबंदियों का मनोरंजन करने वाली विश्वसुन्दरी 'रीता फरिया' का मसला नजर आता। चुनाव आ जाने पर 'आदम' कांग्रेस के टिकटार्थियों से घिर जाता। कभी एक भारतीय 'जन' टकरा जाता। 'आदम' सत्ता की होड़ में तैयारी करने वाले 'जनकांग्रेस' या 'जनसंघ' के बीच उस समय की दिलचस्प रस्साकशी के किस्से सुना देता। कभी टिप्पणी जड़ता-''जयकांग्रेस चाहे तो अपने को 'छलकांग्रेस' भी कह सकती है।''

'आदम' के सुझाव, टिप्पणी सब तीखे होते हैं। (इस तीखेपन को समझने के लिए आज भी दिल्ली की 'दिल्ली पब्लिक लायब्रेरी' की यात्रा की जा सकती है, जहाँ कहते हैं 'राष्ट्रीय स्वयं सेवक संघ' का अड्डा है।

मुझे खोजने पर हरिशंकर परसाई की एक पुस्तक भी ऐसी नहीं मिली थी जिसके अंश के अंश फाड़े हुए न हों। वे सारे अंश 'राष्ट्रीय स्वयं सेवक संघ', 'शिवसेना' और 'जनसंघ' की खोज-खबर के व्यंग्य के अंश रहे हैं।) 'आदम' के नाम पर 'आर्गेनाइजर' या 'पंचतन्त्र' में कोई जवाबी-कालम में अनेक ऐसे प्रसंग हैं जिन्हें पढ़कर व्यक्ति तिलमिला उठता होगा!

लेनिन जिसे 'पूँजीवादी वर्ग की डिक्टेटरशिप' कहते हैं, हमारे चुनाव में उसे ही–पिछले तीस वर्षों से–'प्रजातन्त्र बचाने की राजनीति' कहा जाता है। चुनाव के समय का एक प्रसंग है–उस दिन प्रजातन्त्र बचाने वाले एक नेता चुनाव के मौके पर एक बस्ती का मुआयना करते हैं। आते ही वह 'प्रजा' की चिन्ता में सवाल पूछते हैं, "क्या यहाँ मेहतर नहीं आता?" लोगों ने जवाब दिया, "साब, पाँच साल में एक बार आता है।" पाँच साल में एक बार जनता के बीच आने वाले प्रजातान्त्रिक नेता, अब हर दल में 'बड़े नेता' कहे जाते हैं।

इस तरह छल या दिमागी खोखलेपन की कहानी के साथ, 'नयी' कहानी का विशेषण, वाम विचार के साथ 'नये' वाम का विशेषण जोड़ने वालों ने, क्रान्ति के साथ भी एक 'नया' मुहावरा जोड़ दिया था। 'आदम' 'बहन जी की नयी क्रान्ति' की चर्चा सुनकर बचाव-पक्ष के वकील की तरह एक दलील पेश करते हैं–'नयी क्रान्ति करना है, तो समाजवाद को छोड़ना होगा।" नयी क्रान्ति तो पूँजीवाद और साम्राज्यवाद से समझौता करके ही हो सकती है।" (15 जनवरी, 1967)

उस समय भी जनसंघी, कुछ राज्यों में अपनी सरकारें चलाने का जोड़-तोड़ किया करते थे, आज भी राष्ट्रीय स्वयं सेवक संघ के नेता ऐसे ही सपने देख रहे हैं। ऐसा ही एक सपना है 'मंच-राज्यीय सपने'। सपना–बँटवारे की राजनीति पर टिका होता है। जनसंघी यह दलील दे रहा था कि भारत-पाकिस्तान के बँटवारे के बाद, कब और कौन-सा बँटवारा 'अखण्ड भारत' का किया जा सकता है? खुश होकर जनसंघी ने आस्तिक और नास्तिक भारत का नया बँटवारा किया था। और 'आदम' से वह इतने प्रसन्न हुए थे कि उसे अपने राज्यों का 'राजभाट' का पद देना चाहा था। अशुद्ध 'आदम' को (नाम) भी शुद्ध कर दिया था–'कागभुसुण्ड' बनाकर। जनसंघी राज्य में 'आदम' का काम होगा–उनका प्रशंसा के गीत गाना। आज भी 'आदम' है। मुझे पता नहीं, वह विदेश मन्त्रालय या सूचना-विभाग में 'राजभाट' की खोज-खबर ले रहे हैं या नहीं! (शायद मसला खुद व्यंग्यकार-व्यक्तित्व की कमी का आ गया हो!) उस समय यह सवाल 'आदम' के सामने कुछ दूसरे ढंग का था।

''मोरार जी भाई दल को वोट दिलाने का काम लेकर सारे देश का दौरा कर रहे हैं (29 जनवरी, 67) और हर जगह वोट के बदले पत्थर, चप्पल और...उन्हें मिल जाते हैं। उन्होंने 'आदम' से कहा था-''यह तो शुभ है। हमारी चिन्ता मिट गई। जवाहरलाल के जाने के बाद हमें लग रहा था कि अब हमारी बात कोई नहीं सुनेगा। हमारी सभा में लोग आयेंगे ही नहीं।'' आज भी बड़े कहे जाने वाले नेता, ऐसी ही दलीलें देकर 'अपने व्यक्तित्व की कमी' का खाका खींच रहे हैं।

चुनाव में साधोवा हार गये हैं। 'आदम' उन्हें खत लिखता है-''आखिर तुम खुद 'डिरेल' हो गये-पाँत से उतर गये.....। कहाँ गयी वह शिवसेना? हमने सोचा था कि एक-एक सैनिक एक-एक मतदाता के पीछे छुरा लेकर चलेगा और तुम्हारी 'बैल' छाप पर मोहर लगवा देगा। हाफ-पैंट पहनकर, लाठी लेकर तुम पैंसठ वर्ष की उम्र में प्रजातान्त्रिक जनसंघ के, प्रजातान्त्रिक राष्ट्रीय स्वयंसेवक संघ की, किसी शाखा में ब-हैसियत 'गटक' के क्यों नहीं भर्ती हो जाते?-ऐन वक्त पर शंकराचार्य ने भी तुम्हारे खिलाफ बयान दे दिया। जरा पता लगाओ कि कहीं शंकराचार्य कम्युनिस्ट तो नहीं हो गया!'' (5 मार्च, 1967)

'दूसरी आजादी' के बाद, गाय की राजनीति, प्रजातान्त्रिक(?) जनसंघ के घटकवाद की राजनीति, और शंकराचार्य की दुरंगी राजनीति के अच्छे सबूत मिल चुके हैं। मुझे नहीं पता, आजकल परसाई अडवाणी या अटल बिहारी वाजपेयी को या सन्त विनोबा को किस तरह याद कर रहे हैं? दबी हुई अंध राष्ट्रवाद की राजनीति, 'दूसरी आजादी' के बीच नकली चेहरा लगाकर आई थी। 'आदम' 'एक क्रान्तिकारी से भेंट' करता है, जो उसे बताते हैं, ''हम भूतपूर्व कांग्रेसी हैं। हमारी क्रान्ति भी कांग्रेस ढंग की है....यानी 'जन' के फैशन के कारण इधर भारतीय जनसंघ हो गया। वैसे ही 'क्रान्ति' के फैशन के कारण इधर भारती क्रान्ति दल हो गया।...यानी न उधर 'जन' से कोई मतलब, न इधर 'क्रान्ति दल हो गया।....यानी न उधर 'जन' से कोई मतलब, न इधर 'क्रान्ति से।'' (4 जून, 1967)

भारतेन्दु-युग के लेखक, आज भी दिलचस्पी के साथ पढ़े जाते हैं। उस दिलचस्पी की एकमात्र कारण है, वे लेखक सामाजिक जीवन के बीच रहते थे और अपनी परिस्थितियों की पूरी ईमानदारी से चित्रण किया करते थे। परसाई के व्यंग्य इसी अर्थ में आज भी पढ़े जायेंगे, चाहे वह 'आदम' के व्यंग्य हों या परसाई के, दोनों अपने समय के भविष्यवक्ता रहे हैं। हरिविष्णु कामत, अजय मुखर्जी, मीनू मसानी, कामराज, जगजीवन राम, बलराज मधोक, रामानन्द तिवारी या यशवन्त राव चव्हाण के नाम लिखे हुए 'आदम'

के पत्र इन लोगों के निजी अन्तर्विरोधों की जीवनी है, जिसे ये लोग कभी नहीं भूले होंगे। 'जनयुग' का 'ये माजरा क्या है' स्तम्भ की सारी सामग्री कांग्रेस और संयुक्त सरकारों के जीवन के कई क्षेत्रों से ली हुई है। परसाई ने 'आदम' के रूप में अवसरवादियों को राजनैतिक रूप में कटघरे में खड़ा कर दिया था।

'धर्म' पहले भी पाखण्ड का ही सस्ता या चालू संस्करण था और उसे पालने वाले पिछले समय में भी बड़े सेठ थे और आज भी हैं। वर्तमान पाखण्डमय धर्म का एक प्रसंग हैं–'बिड़ला के लक्ष्मीनारायण'। 'आदम' ने लिखा है–''एक खबर ऐसी है कि जिसे डा० हजारी, चन्द्रशेखर, राजनारायण वगैरह सुनेंगे, तो पसीना आ जायेगा। खबर यह है–पिछली रात सेठ घनश्यामदास बिड़ला दिल्ली स्थित अपने 'लक्ष्मीनारायण मन्दिर' में गये और गुस्से में भगवान को पुकारा। लक्ष्मीनारायण फौरन काँपते हुए बिड़ला जी के सामने खड़े हो गये। बोले–क्या हुक्म है सेठ जी? बिड़ला धमकी देते रहे। पिछले सालों के सारे किराये की वसूली का फरमान सुनाते रहे और अन्त में हजारी रिपोर्ट, 'बिड़ला साम्राज्य' यानी उनके धंधे पर रोक लगाने वालों की शिकायतें करते हैं।''

'आदम' भारत के मिश्रित-व्यापार की तरह भगवान का भी अलग-अलग खाता खोल देता है। लक्ष्मीनारायण बिड़ला के 'प्राइवेट भगवान' है! और दूसरे गरीब-फटेहाल नंगे भगवान हैं। बिड़ला अपने भगवान को धमकी दोता है, ''हजारी रिपोर्ट को नामंजूर करवाओ, संसद के नास्तिक सदस्यों की बीमारियाँ दो।'' 'आदम' जानता है, पिछले समय में और आज भी बिड़ला किस नेता या नौकरशाह को 'इन्स्ट्रक्शन्स' देता था और किनके बल पर इजारदारों का साम्राज्य-वाद 'दूसरी आजादी' के बाद अधिक शक्तिशाली हुआ है?

सी० आई० ए० का पैसा, जॉनसन का भेड़िए जैसा चेहरा भारतीय व्यंग्यकार को नजर आता है। नेताओं की अपील पर बाजार में 'चमत्कार' पहले भी होता था, आज भी होता है। यह सब 'कालाबाजार की राष्ट्रीय एकता' का अनुभव है, जिसे 'आदम' की तरह हम सब तिलमिलाकर, बेचैन होकर स्वीकार करते हैं।

'आदम' और हरिशंकर परसाई कहीं एक हो जाते हैं। जनता की क्रान्ति से या तो दोनों उदासीन हैं या उनके सिद्धान्त में जनता का क्रान्तिकारी इतिहास अभी नजर नहीं आया है। वाम-अन्तर्विरोध पर इसीलिए 'आदम' ने एक पंक्ति कभी नहीं लिखी है। यही 'आदम' की राजनीति पर एक खुला प्रश्न है।

–विष्णुचन्द्र शर्मा

साबुत बचा न कोय

देव, दानव और मानव शुरू से व्यंग्य का इस्तेमाल करते रहे हैं। ऐसा कोई कालखण्ड इतिहास में नहीं रहा जिसमें व्यंग्य के बाण न छूटे हों। पहले बलीन बलीन के विरुद्ध व्यंग्य से अट्टहास करते और ईर्ष्या और द्वेष से वाक्मुखर होते हुए व्यंग्य के बम विस्फोट करते थे। उन्हीं की देखा-देखी निबल और पीड़ित भी आपस में मिल-बैठकर बलीन के खिलाफ, और अपनी बिरादरी में, खुले-खजाने अपने जैसों के खिलाफ कभी धीमे से कानाफूसी करते और कभी ऊँची आवाज से काँव-काँव करते और अपने मन की भड़ास, फूहड़ फबतियाँ कस-कस कर निकालते। औरतें भी औरतों के खिलाफ और नामजद पुरुषों के खिलाफ वैसे ही मर्माहत स्वर और मुद्रा में, कनकनाती और झनझनाती हुई कर्कश कोलाहली आक्रमण करती थीं। जनजीवन में व्यंग्य उसी तरह जीता-मरता चला आया है जिस तरह जंगल में बड़े नाखूनों और दांतों वाले डरावने जानवर तब से अब तक बराबर जीते-मरते चले आते हैं। साहित्य में-संस्कृत साहित्य में-प्राकृत और अपभ्रंश में भी-और फिर हिन्दी में यह व्यंग्य लिपिबद्ध होकर पाठकों के सामने मनोरंजन करने के लिए प्रकट होने लगा। नाटकों में इसके लिए विशेष पात्रों की अवतारणा की गयी। चुटकुलों के रूप में भी यह व्यंग्य, कहा-सुनी के रूप में, मुँह से कान तक की यात्रा करता रहा। लोकमंचीय प्रदर्शनों में भी यह कभी अपनी खुश-मिजाजी, कभी अपनी बदमिजाजी का दम भरता रहा। जैसे-जैसे आदमी और उसका समाज सहज साधारण से जटिल बुनावट को बुनता चला गया वैसे-वैसे व्यंग्य महाराज भी अपनी मुद्राएँ बदलते चले गये और सतही प्रहार करने के प्रयोग को छोड़कर सूक्ष्म मनोवैज्ञानिक शस्त्रास्त्र का उपयोग करने लगे और बौद्धिकता की ओर बढ़ते-बढ़ते, शिल्पी के ओहदे पर पहुँचकर, तर्क-वितर्क के उलझाव उत्पन्न करने लगे और इस तरह युगीन कहानियों, उपन्यासों और नाटकों में ताजे-ताजे तर्क और तेवर से वाक्योच्चार करने लगे। इस तरह होते-होते व्यंग्य का एक सामाजिक और

ऐतिहासिक परिदृश्य तैयार हो गया, जो बड़ा ही महत्त्वपूर्ण कहा जा सकता है।

लेकिन इस सबके अपने विकास के बाद भी व्यंग्य सत्य की सही पकड़ नहीं कर पाता था क्योंकि वह वैज्ञानिक जीवन-दर्शन से कोसों दूर केवल मानववादी परिकल्पनात्मक जीवन-दृष्टियों से उत्पन्न होता और बड़ा होकर भ्रमों की भूल-भुलैया में नाचता रहता था। तो व्यंग्य-आज का व्यंग्य-अब पहले वाला व्यंग्य नहीं रहा। वह प्रतिबिंबन के सिद्धान्त और संज्ञान की सटीक दृष्टि से लैस होकर, अपनी दूरबीनी आँख से जन-जीवन में चौतरफा घट रहे घटनाचक्रों को देखता-परखता और आँकता है और फिर जनहित में, सही समझ कर विचार-विमर्शी सत्य प्रक्षेपित करता है। यह युगीन व्यंग्य महान मानवीय गुणों की सेवा में संलग्न रहता हुआ अपने दायित्वों का पूरा-पूरा निर्वाह करता है और आदमी को सत्य की ओर ले चलता है। यह ठहाका मार व्यंग्य की सीमा तोड़कर, अजनबी बौद्धिकता के दाँवपेंच से निकलकर, क्षणिक मनोरंजकता की छिंगुली छोड़कर, पूरा प्रतिबद्ध व्यंग्य हो गया है और इसका क्षेत्र पूरे मानव-जीवन का क्षेत्र हो गया है। अब यह व्यंग्य चोट के लिए चोट नहीं करता, बदमिजाजी से आदतन आक्रमण नहीं करता, किसी के स्वार्थ-साधन के लिए दास-प्रवृत्ति के वशात् न दूसरों को नंगा करता है, न खुद नंगा होता है। यह व्यंग्य बेलोस, निर्भीक सच का साथी, झूठ का दुश्मन और लुके-छिपे हुए तथाकथित अभिजात्य वर्गीय शक्ति-सम्पन्न महाप्रभुओं की कलई खोलने वाला व्यंग्य है और दलित, दमित और पण्डित दीन-हीन शोषितों को आँख देने वाला और करनी से समाज को बदलने का और राजनीति को समाजवादी बनाने के लिए कार्यक्रम प्रस्तुत करता है। हरिशंकर परसाई के व्यंग्य यही सब करते हैं। इसलिए वे दूसरे व्यंग्यकारों से अलग राष्ट्रीय और अन्तर्राष्ट्रीय व्यक्तित्व रखते हैं और इसी में उनकी लोकप्रियता निहित है।

मैंने परसाई जी की एक पुस्तक पढ़ी है। वह है 'पगडंडियों का जमाना'; इसका प्रथम संस्करण 1966 में निकला।

'पगडंडियों का जमाना' के शीर्षक हैं-'हम, वे और भीड़' 'प्राइवेट कालेज का घोषणापत्र' 'सज्जन, दुर्जन और कांग्रेसजन' 'प्रजावादी-समाजवादी' लोहियावादी समाजवादी' 'प्रेमप्रसंग में फादर' 'सोने का सांप' 'टेलीफून' 'समय पर न मिलने वाले' 'वह जरा वाइफ हैं न' 'चावल से हीरे तक' 'बेचारा भला आदमी' 'स्नान' 'पगडंडियों का जमाना' 'आँगन में बैंगन' 'फिर ताज देखा' 'अन्न की मौत' 'एक बेकार घाव' 'पेट का दर्द और देश का' 'कंधे श्रवण कुमार के' 'सड़क बन रही है' 'डेगूं-आध्यात्म और लेखक' और 'ग्रीटिंग कार्ड और राशनकार्ड।' इन शीर्षकों से ही यह पता

चल जाता है कि परसाई जी की व्यंग्य-चेतना ऐसी-वैसी छोटी-मोटी नहीं है बल्कि वह सब जगह व्याप्त, गहरी और दृष्टिभेदी है। परसाईजी जिधर जाते हैं उधर सत्य की टेह में चुपचाप सरकते हैं या छलाँग मारकर या सी०आई० डी० बनकर पहुँच जाते हैं। न उन्हें कोई रोक पाता है और न ही वे रुकना जानते हैं। जहाँ पहुँचते हैं, वहाँ या तो किसी सर्जन की तरह मरीज का दिमाग दुरुस्त करने के लिए आपरेशन करते हैं या नारद की तरह किसी का नाम कट्वाकर उन्हें नेकनाम होने की प्रेरणा देते हैं या इतिहासकार की तरह घटनाचक्र को तोड़ते हुए राजनीतिक गतिविधियों की सही समझ प्रस्तुत करते हैं और ऐसा करने में न तो वह बात का बतंगड़ बनाते हैं, न तिल का ताड़ बनाते हैं, न सत्य का मुखौटा लगाकर असत्य का चिमटा बजाते हैं। ऐसा क्यों करते हैं कि लोग उनसे नाराज हो जाते हैं और वे लोगों की नाराजगी का भी कोई लिहाज नहीं करते और मार खाकर भी सफेदपोशों और नकाबपोशों की, सरेबाजार लू-लू बोल देते हैं और मजा यह कि वे खुद इसका मजा नहीं लेते वरन् देश की दयनीय दशा से सम्बद्ध हुए, समाजवादी चेतना की दृष्टि से उसे देख-देखकर तड़पते और कराहते रहते हैं–कि आदमी जल्दी-से-जल्दी आदी बने और वह न देव बनने का बहाना करे न दानव, दूसरों का शोषण और अपहरण करे और न कोई किसी की खटिया खड़ी करे।

एक जगह वे लिखते हैं–''देश एक कतार में बदल गया है: आधी जिन्दगी कतार में खड़े-खड़े बीत रही है।'' दूसरी जगह वे लिखते है: ''कुछ लोगों ने अपनी कलि-कालीनी भैंसे आजादी की घास पर छोड़ दीं और घास उनके पेट में जाने लगी। तब भैंस वालों ने उन्हें दुह लिया और दूध का घी बनाकर फिर हमारे सामने ही पीने लगे।'' विशिष्ट बनने की तरकीब बताते हुए परसाई जी लिखते हैं–''भीड़ के आदमी को बकरे की या कुत्ते की बोली बोलने लगना चाहिए। वह एकदम विशिष्ट हो जायगा और एकदम सबका ध्यान खींच लेगा।'' लेखकों के विषय में लिखते हैं कि ''लेखकों की चोरी करने वाले कई गिरोह हैं। वे भीड़ में शिकार को तोड़ते रहते हैं और किसी बहाने उसे भीड़ से अलग करके अपने साथ किसी अँधेरी कोठरी में ले जाते हैं। वहाँ उसके हाथ-पाँव बाँधकर मुँह में कपड़ा ठूँस देते हैं। तब स्वतंत्र चिंतक सिर्फ घो-घो की आवाज निकाल सकता है। गिरोह वाले उस घो-घो में सौन्दर्य शास्त्रीय मूल्य निकालकर बता देते हैं, उसे तत्त्व ज्ञान सिद्ध कर देते हैं।'' यह मर्म-बेधी कचोट है जो व्यक्ति-स्वातंत्र्य के हिमायतियों और संदर्भशस्त्रियों पर की गयी है। आगे चलकर कॉफी हाउस में बैठे भीड़ से बचे लेखकों के विषय में कहते हैं

कि "लेखक की हालत खस्ता है। सबके साथ होने में उसकी विशिष्टता मारी जाती है। वह कहता है कोई हमें भीड़ से बचाए।" राजनीति से नफरत करने वाले तथाकथित लेखकों पर भी फबती कसते हैं। वयोवृद्ध होने पर लेखकों को पुरस्कार और आर्थिक सहायता दी जाती है तो इस पर भी परसाई जी एक लाजवाब प्रश्न करके ऐसी व्यवस्था के मुँह पर तमाचा जड़ते हैं। वे कहते हैं, "पुरस्कार या आर्थिक सहायता रचना करने के लिए मिलते हैं या रचना बन्द करने के लिए?" मुख्यमंत्री के आसपास तीन आदमियों में स्पर्धा चल रही थी कि उनमें से कौन उनके कोट की किस जेब में घुस जाय। कोट में दो जेबें थीं। दो आदमी दोनों जेबों में घुस गये। तीसरा आदमी हाय करके बोलता है कि अगर मुख्यमंत्री पतलून पहने होते तो वह उनकी उस जेब में घुस जाता। यह है चमचों का हाल जो मंत्रियों और मुख्यमंत्रियों के पाले-पोसे समाज को दूषित किए रहते हैं।

आजकल प्राइवेट कालेज बहुत खोले जा रहे हैं और बहुत-से खुल गये हैं।-खोलने वाले के परिवार का नाम उजागर होता है और यह लोक भी बनता है और परलोक भी बनता है। कालेजों से जो अध्यापक और नौकर-चाकर रखे जाते हैं वे भी खोलने वाले के यहाँ बिना किसी उजरत के काम-काज में मदद देते रहते हैं और कालेज में लगायी गयी रकम वही होती है जो इनकम टैक्स में चली गयी होती। ऐसी संस्थाओं को आदर्श संस्था कहकर घोषित किया जाता है और परसाई जी इन्हें देखकर तिलमिला उठते हैं। वे बरदाश्त नहीं कर पाते कि शिक्षा-संस्थाओं का इतना देश-व्यापी अध:पतन हो। तभी वे ऐसी संस्थाओं के 15 चालू सिद्धान्त और नियम प्रस्तुत करते हुए इनकी वर्तमान स्थिति की पूरी-पूरी जानकारी से आम पाठक को अवगत कराते हैं कि वह पोलखाते को देखे और उसके खिलाफ अपनी आवाज उठाये। यह खिल्ली उड़ाना नहीं, दायित्व-निर्वाह के इरादे से किया गया व्यंग्य है। इसकी कद्र करनी चाहिए, न कि इसे हँसकर टाल दिया जाये और शिक्षा-संस्थाओं को पैसा कमाने का अड्डा बना रहने दिया जाय। शर्म आती है इस प्रचलित व्यावसायिक वृत्ति पर। बेचारा व्यंग्यकार इससे अधिक कर ही क्या सकता है। वह किसी की आँख के सामने से अँधेरे का परदा हटा सकता है-किसी को नाक के नीचे घूरे को सूँघने के लिए विवश कर सकता है-किसी को चिकोटी काटकर जगा सकता है-किसी के चल रहे षड्यंत्र से परिचित करा सकता है। इसकी जरूरत व्यंग्यकार को इसलिए होती है कि आम आदमी इस विसंगतियों को अपने आप देख नहीं पाता और वह इनको नजरअंदाज किये रहने का अभ्यस्त हो चुका होता है। परसाई जी जीवन के भीतर के जागरूक व्यंग्यकार हैं। वह हर जोर-

जुल्म के ठौर-ठिकानों को जानते हैं-वे हर दर्द के होने का कारण भली प्रकार से खोज निकालते हैं-वे जाहिर हैं टटोल-टटोलकर छिपी हरकतों को दबोच लेने में और उन्हें तार-तार कर देने में। यह काम न उपदेशक कर रहे हैं-न नेता कर रहे हैं-न विद्वान और बौद्धिक कर रहे हैं-न सामाजिक जन कर रहे हैं-न कवि-लेखक कर रहे हैं। सब-के-सब धैर्य धारण किये अपनी-अपनी रोजी-रोटी कमा रहे हैं और यथास्थिति के कायम बने रहने में ही सुख-सुविधा प्राप्त किये रहने की संभावना देखते हैं। परसाई जी का व्यंग्य सामाजिक जीवन को चरमरा देने वाला व्यंग्य है, नयी चेतना के उन्मेश का और आक्रोश का व्यंग्य है। इनका व्यंग्य भभूतिया बाबा का वरदानी व्यंग्य नहीं है। वैज्ञानिक और आलोचनात्मक चेतना का जन-हिताय मानवीय विवेक का व्यंग्य है परसाई जी का जिसका सानी कोई नहीं है।

त्याग और तपस्या के मूर्त स्वरूप पुराने गांधीवादी अपने को आज भी महान् अवतारी पुरुष मानते हैं। लेकिन करनी करते हैं निहायत घटिया कि हैरत होती है। ऐसे गांधीवादी की गरदन पकड़ते हैं परसाई तो और उसे ज्यों का त्यों अपने शब्दों में सटीक उतारकर रख देते हैं। वह खादी को 'खादी जी', तकली को 'तकली जी', और चर्खा को 'चर्खा जी' कहता है। 'खादी जी' की पूजा करता है। आराम बेहद पसन्द करता है। गाल भर-भरकर बीसों बीड़े पान चबाता है तब फिर कुछ बात करता है। अपने को दलबन्दी से अलग रखता है। पण्डित नेहरू का अनुयायी घोषित करता है पर सिद्धान्त उनका एक भी नहीं मानता है और न ही ज्वलंत राष्ट्रीय और अन्तर्राष्ट्रीय समस्याओं से अवगत है कि अपनी कोई सही राय व्यक्त कर सके। वह ऊपरी तामझाम से वाकिफ है। तभी तो शेरवानी पहिनकर उसमें गुलाब का गुलदस्ता खोंस रहने तक ही रह जाता है। फिर भी वह नेहरू के सिद्धान्तों का समर्थक और साधक समझने की सबसे बड़ी भूल करता है और उसी भूल में भूला न देश को देखता है, न अपनी करनी को, वह पार्टी में नयी जीवन-शक्तियों के समाहित होने को न्यायसंगत नहीं, वरन् अनौचित्यपूर्ण समझता है। वह तो अपना कर्त्तव्य इस बात में ही समझता है कि उस जैसा पुराना नेता ही जुआ खेलने में पकड़े गये व्यक्ति को पुलिस की गिरफ्त से छुड़वा सकने में सफल हो सकता है, न कि नया आया, पार्टी में भरती हुआ आज का कोई नेता। यह लक्ष्य और उद्देश्य भ्रष्ट मनोवृत्ति अत्यंत घृणित है। जनसंघ का विरोध भी वह किसी सिद्धान्त बल्कि जातिवाद से करता है। जनसंघ हिन्दूवाद का नारा देता है तो वह जातिवादी नारा-ब्राह्मणवाद को सही करार देता है। और मजा यह कि इस गर्व से ठहाका लगाता और सही होने की डींग मारता है। उसकी एक और भी

प्रवृत्ति है। वह दिनोंदिन ऊँचा-से-ऊँचा होने का दावा करता है गोकि कोई भी ऊँची करनी नहीं करता। वह नकली ऊँचाई प्राप्त करने में ही सुख-संतोष पा लेता है। वह तकिये पर खड़ा होकर बाँहें ऊपर फैला देता है और गांधीजी और जवाहर लाल नेहरू की जय-जय करता है। वह एक नयी ऊँचाई पर पहुँचता है। अब तकिये से कूदकर मेज पर खड़ा हो जाता है। नेहरू जिन्दाबाद का तुमुलनाद करता है। फिर और आगे बढ़ता है। रूस से सम्बन्धित मित्रता के विषय में कुछ न कहकर कुर्सी में खड़ा हो जाता है और केवल यह पढ़ा-पढ़ाया पाठ दुहराया है, 'पण्डित नेहरू के हाथ मजबूत करो'। सोफा रह गया था, उस पर भी चढ़कर उसने 'जवाहर चाचा जिन्दाबाद' का नारा लगाया। यह है देश के गांधीवादी व्यक्तियों की मानसिकता जो घृणास्पद ही नहीं अपितु परम पीड़क है। इसी देशव्यापी तथाकथित गांधीवादी मानसिकता से संत्रस्त परसाई जी की मानसिकता टकरायी और द्वन्द्व में आकर उसके विरोध में व्यंग्य बोल पड़ी। बड़ी खूबी से परसाई जी ने व्यंग्य के द्वारा ऐसे व्यक्तियों की बखिया उधेड़ी है जो सर्वथा प्रशंसनीय है। ऐसे कांग्रेसी भइया साहब से पिण्ड छुड़ाकर परसाई जी तब भगे जब उन्हें आशंका हुई कि अब या तो अलमारी पर चढ़कर पुराना गांधीवादी नयी ऊँचाई पायेगा या उनकी पीठ पर सवार होकर। यह चलते-चलाते की सूझ चरम बिन्दु की अन्तिम चोट कर गयी।

शायद ही कोई व्यक्ति ऐसा हो जो काली करतूत करते-करते भी परसाईजी की निगाह से बच निकला हो। राजनीति के मैदान में उतरी पार्टियाँ भी इनकी वक्र दृष्टि से बच नहीं पाई। प्रजावादी समाजवादी दल और लोहियावादी समाजवादी दल भी इनके शिकार बने हैं। प्रजावादी समाजवादी पार्टी के साथी तेजेराम 'आग' स्वयं अपने नाम से विदूषित हुए और अपनी पार्टी को भी अपनी करनी से नीचे गिराये रहे। वे विलाप करते दिखाये गये हैं तब के बाबू जयप्रकाश नारायन के चित्र के सामने, जिनके आवाहन पर ही कांग्रेस से वह बाहर निकल आये थे, इस आशा से कि चुनाव लड़-लड़कर भी अपनी इज्जत बना लेंगे। नारायन जी तो सर्वोदय में चले गये और वे लावारिस रह गये। वे बाहर वीर रस का और भीतर करुण रस का प्रदर्शन करते हैं। वे दल में रहते हुए भी बदल जाते हैं। वे कभी-कभी राजा के सामने और कभी-कभी गुरु गोलवरकर के सामने भी इसी तरह रो लेते हैं, जैसे बाबू जयप्रकाश नारायन के चित्र के सामने। वे कहते हैं कि उनकी इस दयनीय आर्थिक स्थिति के उत्तरदायी दोनों हैं-नेहरू ने तो समाजवाद का नारा ही छीन लिया। यह 1947 की आवाज के विरुद्ध था। वे कहीं के न रह जाने पर पछताते हैं कि हाय जनसंघ में ही क्यों

न चले गये। 'आग जी' जनसंघ और समाजवादी पार्टियों में कोई अन्तर नहीं देखते। सब विरोधी एक होते हैं। वे इस गुरुमंत्र को मानते हैं कि वे दक्षिण भारत को डी० एम० के० को दे देंगे। राजा, रानियों को उनके रजवाड़े वापस कर देंगे ताकि स्वतंत्र पार्टी को संतुष्ट किये रहा जाय। यही नहीं, भिलाई जैसे सार्वजनिक उद्योग को वह प्राइवेट कम्पनियों के हवाले कर देंगे। जनसंघ को मिलाए रखने के लिए उनका नायाब नुसखा यह है कि वह भी दक्षिण अफ्रीका जैसा कानून बना ले और हिन्दू को वैसा ही दर्जा यहाँ दे दे जैसे वहाँ गोरों को दिया गया है। पंजाब को मास्टर तारासिंह को सौंपने की उनकी योजना भी ऐसी ही है। वे समाजवाद को गोली मार देने के पक्ष में हैं। समाजवाद शब्द पुराना पड़ गया है उनकी निगाह में। वे तो चाहे जैसे हो सत्ता हथियाने को ही तत्पर दीखते हैं। न उनका कोई आदेश है, न उनकी कोई राजनीतिक समझ है। स्वस्थ विरोध वह उसे कहते हैं जो हर स्थिति में और हर मुद्दे पर होता रहे। वह विरोध तभी समाप्त कर सकते हैं जब उन्हें चुनाव लड़ने का टिकट मिल जाये। लोहियावादी समाजवादी की खिल्ली भी परसाई जी ने खूब जम कर उड़ाई। अशिष्ट भाषा के प्रयोग के लिए इस पार्टी ने स्कूल खोल रक्खे हैं। वहीं इनका प्रयोग सिखाया जाता है। अटपटी बात बोलना ही इसके कार्यकर्ताओं का मूल धर्म है। लोहिया जी ने आँकड़े प्रस्तुत करके सिद्ध किया था कि प्रधानमंत्री पर प्रतिदिन कितनी रकम व्यय होती है और आम आदमी कितने कम में गुजर करने को मजबूर है। इस दृष्टिकोण को परसाई जी ने 'हिसाब की क्रांति' का नाम दिया। बहुत उपयुक्त टिप्पणी है लोहिया जी की तथाकथित क्रांतिकारिता पर। इसे कहते हैं सस्ती, भावुक राजनीति का दम दिलासा वाला रुख जो अनपढ़ जनता को मोह में जकड़ ले। संसदीय व्यवहार को जो लोहियायी छाप मिली तो वह भी अभद्र और आपत्तिजनक हो गया। टेबुल पर कूदकर चढ़ जाना और नीचे घुसकर वहाँ बकरे की बोली बोलना जैसा यह व्यवहार होने लगा था। भर्त्सना परसाई जी ने की। ठीक की। इस पार्टी का कोई संगठित कार्यक्रम नहीं रहा। इसीलिए परसाई जी ने खुलकर सशक्त शब्दों में इस कमजोरी पर प्रहार किया और क्रान्तिनाद जी के मुँह से कबूल करवा लिया कि मजबूत संगठन बनाना क्रान्ति को टालना है और यह तरीका भी पुराना है। नया तरीका तो 'हिसाब क्रान्ति का ही है'। फिर इस पार्टी की स्वच्छन्दतावादी राजनीति को एक दूसरे ढंग से विरूपित किया परसाई जी ने और यह कहा कि क्रान्ति का दूसरा तरीका है कि हर एक भारतवासी के हाथ में तलवार हो और हर एक को छूट हो कि जो जिसे चाहे मारे। यहाँ मार-काट की समाजवादी क्रान्ति का मखौल उड़ाया गया है। तीसरा

तरीका भी इस पार्टी ने क्रान्ति करने के लिए अपनाया है कि संसद में हुल्लड़ करो कि मंत्रिमंडल भाग खड़ा हो और इस दल के सदस्य सरकार पर कब्जा कर लें।

'प्रेम प्रसंग में फादर' के माध्यम से जवान लड़के-लड़कियों के प्राथमिक प्रेम उबाल की कुछ एक करतूतों की बानगी पेश की गयी है। एक जगह दर्शनशास्त्री प्रेमी के अनुभव की चर्चा भी की गयी है। रिटायर्ड फादर और गैर रिटायर्ड फादर की मनोवृत्तियों में फर्क दिखाया गया है और प्रेम की भाषा में 'फादर' के कई गुण धर्म टिक के निशान लगा-लगाकर व्यक्त किये गये हैं। अन्त में एक दर्दनाक कथा का भी उल्लेख हुआ है। पिता को खुश करने की कोशिश में एक पुत्र उसकी हाँ में हाँ मिलाता है और पैतृक अंग्रेज भक्ति की ताईद आँख मूँदकर करता है। वह समझता है कि पिता को इस तरह प्रसन्न कर उसकी पुत्री को अपनी बीवी बनाने में सफल हो जाएगा। होता यह है कि लड़की, लड़के और पिता की वे गुलाम मनोवृत्ति वाली बातें सुनती रहती है और जब लड़का 'प्रपोज' करता है तो वह लड़के को तिरस्कार से देखती है और कहती है कि उस जैसे राष्ट्रद्रोही व गुलाम मनोवृत्ति के आदमी पर तो वह थूकेगी भी नहीं। लेकिन इस दर्दनाक कथानक का वह असर नहीं पड़ता कि पूरा प्रेम प्रसंग अपने पूरे माहौल के साथ उभरकर सामने आ जाय। इस प्रकार की कला को 'बहु धनुहीं तारी लरकाईं' वाली कला कह सकते हैं। न यहाँ ब्रजवासियों का लट्ठमार प्रेम प्रकट होता है जिसके लिए वह मशहूर हैं। न यहाँ 'होरियार, हुड़दंगी' की नौबत आई है कि हँसते-हँसते पीठ की मार सहलानी पड़े। फिलवाकई परसाई जी ने या तो यहाँ अनुभवी चौके-छक्के नहीं लगाये या वे चूकते चले तो चूकते ही चले गये। बहरहाल यह प्रसंग ऐसा था कि होली का मजा आ जाता और व्यंग्य की मार लड़के-लड़कियों की पीठ पर उपट तो जरूर ही आती। और 'फादर' महोदयों की नैतिकता की परीक्षा भी हो जाती।

'सोने के साँप' में सरकारी योजनाओं की ऐसी-तैसी का बखान है। जमींदारी उन्मूलन, भूमि-सुधार, भूमि-सीमा-निर्धारण आदि, आदि समाधानों में जो-जो गड़बड़ियाँ हुईं, परसाई जी ने उन्हें गिनाया है। नकली दवाओं के रोजगार को रोकने के लिए सरकारी प्रयासों की विफलता के कारण भी उन्होंने बताये। सोने की सरकारी नीति की आलोचना भी की। पर इसके बावजूद भी परसाई जी ऐसे साँप को पकड़ नहीं पाये। वह ज्यों का त्यों कायम है और उनके तीर से मरा नहीं। व्यंग्य की सामग्री तो है पर परसाई जी उसका उपयुक्त प्रयोग नहीं कर सके। शायद वह तीर चलाते-चलाते थककर सुस्ताने लगे थे और दिमाग को कोल्ड ड्रिंक पिला चुके थे।

'टेलीफोन' भी व्यंग्य से नहीं घनघनाया। व्यंग्य की घंटी बजती है तो उसी लहजे में जैसे कमरों में बजा करती है। परसाई जी की चेतना चाबुकमार व्यंग्य नहीं करती। मालूम होता है कि परसाई जी ने सोच के शक्ति-बाण का प्रयोग नहीं किया। इसे पढ़ने के बाद भी लक्ष्मण बेहोश नहीं होते और हनुमान को संजीवनी बूटी लाने जाना नहीं पड़ता।

'समय पर मिलने वाले' का व्यंग्य भी हल्का-फुल्का है। मालूम होता है कि परसाई जी की चेतना की वेवलेन्थ ऐसे मामलों में कमजोर पड़ जाती है। उनका रेडियो-स्टेशन जैसे इलाहाबाद का रेडियो-स्टेशन हो जाता है जो हमेशा-हमेशा मन्द स्वर में सिसियाता रहता है। कुछ इसी तरह के व्यंग्य का निर्वाह 'वह जरा वाइफ है न' में हुआ हा। 'चावल से हीरे तक' की व्यंग्य यात्रा भी बातूनी यात्रा होकर रह गयी है। वहाँ दूधफाड़ व्यंग्य नहीं है। न यहाँ अँगुली-काट व्यंग्य की कैंची चली है। 'बेचारा भला आदमी' भ्रष्ट चरित्र के समाज में जिस दुर्दशा को प्राप्त होता है उसी को परसाई जी की कलम ने 'थोड़े में बहुत कहा' है। ऐसे आदमी को अपना आत्मपरीक्षण करने के लिए विवश होना पड़ता है। किस तरह ऐसे आदमियों का शोषण-दोहन होता रहता है। इसकी कुछ मिसालें देकर व्यंग्यकार परसाई जी ने स्वयं अपने पर भी व्यंग्यबाण घाला है। लेखक भी एक ऐसा ही भला आदमी होता है। वह जब तक प्रकाशक से पैसा न माँगे-हिसाब न माँगे तब तक भला रहता है। लेकिन पैसे की माँग करते ही वह प्रकाशक को ऐसा कहते जान पड़ता है जैसे कि वह उसके पिता की मृत्यु की सूचना देकर मर्मांतक कष्ट दे रहा हो। 'स्नान' अमूर्त प्रतीक बनकर रह गया है। इतना महान अंधविश्वासी देश इतनी हलकी चपत से चौंकता भी नहीं। इसके जागने का प्रश्न ही नहीं उठता।

परसाई जी का बहुत-सा लेखन अनुभव का लेखन है। वह समाज में रहकर समाज को दायित्वबोध से जीते हैं और सबकी कथनी-करनी को उसी बोध से जाँचते-परखते और आँकते हैं। तब इस तरह से पाये हुए तथ्यों और करतूतों को अपनी बानी के व्यंग्य करते हैं। ऐसे में व्यक्त हुआ उनका व्यंग्य कोई उनकी निजी अभिव्यक्ति नहीं होता। उसमें व्यक्त सत्य सामाजिक सत्य होता है जिसे साधारणतया दूसरे अपनी आँखों से देख नहीं पाते और अगर देख भी पाते तो उसे अव्यक्त ही रहने देते हैं क्योंकि वह भी उस सत्य को परदे की ओट में रखकर सुख और सुविधा का जीवन-यापन करने के अभ्यस्त हो चुके होते हैं। लोगों की ऐसी मनोवृत्ति को देश आज ही नहीं, लगातार वर्षों से भोग रहा है और उनकी बेईमान करनी से भ्रष्ट पर भ्रष्ट होता जा रहा है। परसाई जी से एक सज्जन ने अपने लडके

के नम्बर बढ़वाने के लिए यह चाहा और कहा कि वह अपने परिचित अध्यापक से कहकर काम करा दें। मगर परसाई जी का ईमान पक्का था, इसलिए उन्होंने इन्कार कर दिया। नतीजा हुआ कि वह सज्जन उनकी बुराई करता फिरता रहा। निजी हित और अनहित का यह चल रहा दौर-दौरा आज तो पहिले से भी जोर पर है। शिक्षा संस्थाओं में अब खुले आम 'पेपर आउट' हो जाता है, नकल की छूट है, नम्बर बढ़वाने की सहूलियत है और पास हो जाने का शर्तिया इलाज है। परसाई जी ने इस पर विचार किया उत्तेजना से। उन्हें याद आया कि पुरानी कथाओं के दानव अपनी आत्मा को दूर किसी पहाड़ी पर तोते में रख देते थे और तब बेखटके दानवी कर्म करते रहते थे। उन्होंने उन दानवों से आज के बेईमान आदमी की तुलना की है। वे कह उठे कि उन्होंने "ऐसे आदमी देखे हैं जिनमें से किसी ने अपनी आत्मा कुत्ते में रख दी है, किसी ने सूअर में। अब तो जानवरों ने भी यह विद्या सीख ली है और कुछ कुत्ते और सूअर अपनी आत्मा किसी-किसी आदमी में रख देते हैं।" उनका यह कथन शत-प्रतिशत सही है और हर बेईमान का सिर तोड़ देने के लिए हथौड़े की चोट के समान है। दुकानदार भी बेईमानी से फलते-फूलते हैं। सही हिसाब रखते हैं तो सचाई के लिए घूस देनी होती है। गलत हिसाब बनाकर देते हैं तो कहीं कम घूस देकर काम चल जाता है। शिक्षा और व्यापार के क्षेत्र की यह दयनीय हालत हुई। कोई औरत जब किसा बड़े महानुभाव के पास उनसे सच्चरित्रता का प्रमाणपत्र लेने जाती है कि उसे प्रस्तुत कर वह नौकरी पा सके तो उससे महानुभाव के शयनकक्ष में चलने के लिए कहा जाता है कि इसके उपरान्त उसे वह पत्र दिया जा सके। यह चारित्रिक पतन आये दिन की मामूली बात हो गयी है। तभी परसाई जी कह बैठे कि "देखता हूँ कि हर सत्य के हाथ में झूठ का प्रमाणपत्र है। ईमान के पास बेईमानी की सिफारशी चिट्ठी न हो, तो कोई उसे दो कौड़ी को न पूछे। यही सब सोच कर मैं ढीला हो गया, अब मैं बड़े खुले मन से नम्बर बढ़वाता हूं।" यह सब पहिले कम होता था और जो यह काम कराने आता था, संकोचशीलता से बात करता था। पर अब तो निर्लज्जता पर उतर आये हैं लोग। दस साल तक यह भोगते-भोगते परसाई जी परेशान हो गये। तभी तो उन्होंने ठीक ही कहा है कि "सफलता के महल के सामने का आम दरवाजा बन्द हो गया है। कई लोग भीतर घुस गये हैं और उन्होंने कुण्डी लगा दी है। जिसे उसमें घुसना है, वह रूमाल नाक पर रख कर नाबदान में से घुस जाता है। आसपास सुरक्षित रूमालों की दूकानें लगी हैं। लोग रूमाल खरीद कर उसे नाक पर रखकर नाबदान में से घुस रहे हैं।" नाबदान शब्द से ही

इस घिनौनी गन्दगी का पूरा इजहार हो जाता है जो सर्वत्र व्याप्त है। परसाई जी अपने इस व्यंग्य के दौरान ऐसे लोगों के साथ बड़ी सहानुभूति से पेश आए हैं। उन्हें उन्होंने निर्मम होकर नहीं पीटा। उनकी मजबूरियों पर वे रोकर उन्हें गले लगाने की हद तक पहुँच गये हैं। इसीलिए परसाई जी का व्यंग्य मानवीय सहृदयता का व्यंग्य हो गया है।

परसाई जी ने पड़ोसी मित्र के सपाट पड़े आंगन में लगा पेड़ जब फल उठा तो घर वालों को इन्तहा खुशी हुई। और फिर तब तक बैंगन लगते रहे तब तक बैंगन की चर्चा होती रही। इन घर के बैंगनों की खूब तारीफ हुई। परसाई जी सुनते-सुनते अघा गये। उनकी चेतना जागरूक हुई और वह घर-बार को लेकर औरत, गुलाब और गेंदे पर फिकरेबाजी करने लगे। जबलपुर की तरफ बोलचाल में पत्नी को मकान कहा जाता है, पत्नी 'मकान' हुई तो पति 'चौराहा' हुआ। ऐसा कह बैठे परसाई जी और तत्काल उन्हें आभासित भी होने लगा कि जैसे कोई स्त्री दूसरी स्त्री से पूछ रही हो कि 'बहन, तुम्हारा चौराह शराब पीता है या नहीं?'' यह कटाक्ष है जो परसाई जी ने पुरुष जाति कर किया है। वह स्त्री के प्रति हो रहे अपमानजनक व्यवहार से मन ही मन पहले से ही क्षुब्ध हो चुके थे। उन्होंने अपना क्षोभ लिख भी दिया है, "जब वह कद्दू काटता है, तब कोई ऐतराज नहीं करता, तो औरत को पीटने पर क्यों ऐतराज करते हैं? जैसा कद्दू वैसी औरत। दोनों उसके घर के हैं। घर की चीज में यही निश्चिंतता है।'' किसी सामाजिक बुराई को बदलना परसाई जी ने अपनी योनि वाले से कटाक्ष करते हुए लिया। चूके नहीं। यही नहीं, आगे देखिए क्या कहा है परसाई जी ने अपने एक दोस्त के बारे में जब उसने शादी कर ली, "उसने शायद घबराकर बैंगन लगा लिया। बहुत लोगों के साथ ऐसा हो जाता है। गुलाब लगाने के इन्तजार में साल गुजरते रहते हैं और फिर घबड़ाकर आँगन में बैंगन या भिंडी लगा लेते हैं। मेरे एक परिचित ने इसी तरह अभी शादी की है, गुलाब के इन्तजार से ऊबकर बैंगन लगा लिया है।'' लेकिन बात ऐसी नहीं है कि परसाई जी स्त्री को ज्यादा पसन्द करते हों और पुरुष को कम। वह इनमें से किसी की निन्दा या अवहेलना नहीं करते। उनमें से कोई भी उनका ममत्व पा सकता है या उनकी कटाक्ष का शिकार हो सकता है। परिवार की एक तरुणी के मुख से निकला: "अच्छा तो है। बैंगन खाये भी जा सकते हैं।'' परसाई जी की विचार-प्रक्रिया चल पड़ी। लिखते हैं: "मैंने सोचा हो गया सर्वनाश! सौन्दर्य, कोमलता और भावना का दिवाला पिट गया। सुन्दरी गुलाब से ज्यादा बैंगन को पसन्द करने लगी। मैंने कहा: देवी, तू क्या उसी फूल को सुन्दर मानती है, जिसमें से आगे

चलकर आधा किलो सब्जी निकल आये? तेरी जाति कदम्ब के नीचे खड़ी होने वाली है, पर तू शायद हाथ में बाँस लेकर कटहल के नीचे खड़ी होगी। पुष्पलता और कद्दू की लता में क्या तू कोई फर्क नहीं समझती? तू क्या बंसी से चूल्हा फूँकेगी? और क्या वीणा के भीतर नमक-मिर्च रखेगी?'' इसके पीछे परसाई जी की वह खोज काम कर रही मालूम होती है जो बैंगन की ज्यादा तारीफ ने पैदा कर दी थी। न मर्द उनकी फिकरेबाजी से बचा, न औरत बची। इसी तरह एक तरफ गेंदे के फूल की तारीफ करते हैं तो उसे गरीब सर्वहारा कह बैठते हैं क्योंकि वह कहीं भी जड़ें जमा लेता है। लेकिन दूसरी तरफ, जब गेंदे का फूल सूखकर डंठल मात्र हुआ, जमीन में गड़ा उन्हें चिढ़ाता रहा, तब उन्होंने कहा, ''अभागे, मुझे ऐसा गेंदा नहीं चाहिए जो गुलाब का नाम लेने से ही मुरझा जाए। गुलाब को उखाड़कर वहाँ जम जाने की जिसमें ताकत हो, ऐसा गेंदा मैं अपने जीवन में लगने दूँगा।'' बात बैंगन को लेकर चली थी और चलते-चलते इस हद तक पहुँची कि उनकी फ़िकरेबाजी के इतने लोग निशाने बने। और अन्त तक पहुँचते-पहुचते परसाई जी सरकार पर और उसके नौकरों पर भी तानाकशी कर ही बैठे। लिखते हैं: ''भारत सरकार से पूछता हूँ कि मेरी सरकार, आप कब सीखेंगी? मैं तो अब 'प्लान्ट' लगाऊँगा तो पहले रखवाली के लिए कुत्ते पालूँगा। सरकार की मुश्किल यह है उसके कुत्ते वफादार नहीं हैं। उनमें से कुछ आवारा ढोरों पर लपकने के बदले उनके आसपास दुम हिलाने लगते हैं।'' अपने आँगन को भी निशाना बनाते हैं और लिखते हैं: ''...मैं इस आँगन में अब पौधा नहीं रोपूँगा। यह अभागा है। इसमें बरसाती घास के सिवा कुछ नहीं उगेगा। सभी आँगन फूल खिलने लायक नहीं होते। फूलों का क्या ठिकाना। वे गँवारों के आँगन में भी खिल जाते हैं। एक आदमी को जानता हूँ, जिसे फूल सूँघने की तमीज नहीं है पर उसके बगीचे में तरह-तरह के फूल खिले हैं। फूल भी कभी बड़ी बेशरमी लाद लेते हैं और अच्छी खाद पर बिक जाते हैं।'' इस कहने में मर्माहत हृदय बोलता है। यह दुखदर्द की विवेकशील आवाज है जो निकल पड़ी है। परसाई जी के मित्र ने इनके आँगन के बारे में सही ही कहा: ''तुम्हारे आँगन में कोमल फूल नहीं लग सकते। फूलों के पौधे चाहे किसी घटिया तुकबन्द के आँगन में जम जाएँ, पर तुम्हारे आँगन में नहीं जम सकते। वे कोमल होते हैं, तुम्हारे व्यंग्य की लपट से जल जाएँगे। तुम तो अपने आँगन में बबूल, भटकटैया और धतूरा लगाओ। यह तुम्हारे बावजूद पनप जाएँगे। फिर देखना कौन किसे चुभता है-तुम बबूल को या बबूल तुम्हें? कौन किसे बेहोश करता है-धतूरा तुम्हें या तुम धतूरे को।'' पता नहीं उनके दोस्त ने

यह कभी कहा भी या नहीं पर लिखा तो इसे परसाई जी ने। इसलिए यह अभिव्यक्ति इन्हीं के अन्तरंग की अभिव्यक्ति है। इस अभिव्यक्ति में उनका व्यक्तित्व बोल उठा है कि उनका व्यंग्यकार वह सब जोखिम उठाता चला जायेगा जो उसे झेलने ही पड़ेंगे और उसकी नियति बन गये हैं।

जी तो चाहता है कि परसाई को चूम लूँ–कलम को चूम लूँ और ऐसे दमदार साथी को सब के सिर पर बिठाकर फूल-फूल से लाद कर, सब सुख-सुविधा प्रदान कर दूँ और अपने देश में ऐसे दिन आने में पचासों साल लगेंगे, तब तक के लिए प्रत्येक प्रतिबद्ध लेखक को कमर कसे रहना चाहिए और हर समय आफत मोल लेने के लिए तत्पर रहना चाहिए।

'फिर ताज देखा' में परसाई जी ने शुरुआत 'भेड़ाघाट' से की और वहीं से, पहिले तो घर आये और ठहरे मेहमानों की आवभगत, फबती कस-कसकर की। आगे बढ़े तो जबलपुर से आगरे आ पहुँचे और वहाँ वालों की इमदाद में वहाँ के आने-जाने वाले मेहमानों की वैसी ही खैर-खबर ली जैसी अपने नगर में आने-जाने वाले मेहमानों की ली। वाकई में मेहमानों के मारे जबलपुर और आगरा दोनों ही नगर, मेजबानों के लिए संकट-स्थल हो गये हैं। भले ही देखने वालों के लिए वे सौन्दर्य-स्थल हों। परसाई जी लिखते हैं, "भेड़ाघाट से हम कितने ही परेशान हों, उसकी अवहेलना नहीं सह सकते।" ऐसा लिखने में उनका सौन्दर्य-बोध जागा और प्रबल होकर उन पर सवार हो गया और तभी वह नगर-मोह में पड़कर जबलपुर के भेड़ाघाट की अवहेलना बर्दाश्त न कर सके। आगरे वाले को इन्होंने चाँदनी रात में भेड़ाघाट दिखाया लेकिन उस ताजमहली नगर वाले न जब उस 'घाट' की तारीफ केवल 'ठीक है' कहकर की तब तो परसाई जी के मानवीय मन में आम आदमी जैसी प्रतिक्रिया हुई और वे तिलमिला जैसे गये। मन में पड़ा 'घाट का अपमान' उनके आगरा पहुँचकर ताज देखते समय खोखिया उठा और जब किसी ने ताज के बारे में उत्सुकता से उनसे पूछा कि कैसा लगा तब अपने 'घाट' के अपमान का बदला लेते हुए फुस्स से बोले, 'ठीक है' बात यहीं नहीं खत्म होती। बदला ले लेने के बाद जो गर्व हरएक पानीदार आदमी को होता है वही गर्व परसाई जी को हुआ और सन्तोष की साँस लेकर प्रगट में कह सके, 'मैंने बदला ले लिया।' मन ही मन हर्षित भी हुए। जब उन्होंने ताजमहिलिओं को अपनी, 'दो शब्दी' ठंडी, कमसखुनी से कटते देख लिया। यह बात वैसे तो साधारण है। घट गयी-चली गयी। लेकिन जब आदमी का पूरा जीवन ऐसी ही घटनाओं से आक्रान्त होता रहे और वह उन्हें भोगते-भोगते अपनी स्थिति (यानि मनोदशा) काठ जैसी बना ले तो यह छोटी सहज साधारण घटनाएँ

भी उसके मरण का कारण बन जाती हैं। जिससे वह बराबर, मरते दम तक, बेखबर ही बना रहता है। व्यंग्यकार परसाई इस बात को-इस परिणाम को बखूबी जानते हैं और ऐसे परिणाम को इन्सान के लिए प्राणघातक मानते हैं। फिर तब देश के सारे लोग इस प्राणघातक मर्ज में मुबतिला हों और ऐसे मर्ज से बेखबर ही बने रहें और मान-अपमान की भावना से शून्य हो जायें तो देश भी मुर्दा हो जाता है। परसाई जी ने इस अन्तिम परिणत को मद्देनजर रखा और ताज और भेड़ा घाट के बहाने से मियाँ भुट्टो के किये गये अपमान का मुँहतोड़ राष्ट्रीय बदला लिया। इसी सिलसिले में साहिर लुधियानवी की भी अच्छी-खासी खिंचाई की। साहिर की एक कविता 'ताज' पर है। वह ताज को गैरत की नजर से देखते हैं और समझते हैं कि शाहजहाँ ने ताज बनवा कर गरीबों की मुहब्बत का मजाक उड़ाया है। यह गलत राजनीतिक दृष्टिकोण की अभिव्यक्ति थी। चुनाँचे परसाई जी ने इनकी खाल की भी खिंचाई की। यह दृष्टिकोण कतई साम्यवादी नहीं है। वह सिखाता है ऐसी इमारतों को सुरक्षित रखने की बात। पर साहिर साहब गरीबों के अलमबरदार बन ही तो गये और उन्होंन प्रेम की सम्पूर्ण भावना का दिवाला निकाल दिया और इस तरह खुद भी सौन्दर्य-बोध से वंचित, मुफलिस हुए और देश के तमाम नौजवानों को भी, अपने इसी नजरिये से मुफलिस बना सके। परसाई जी ने यह काम माहिर व्यंग्यकार की तरह किया है। उन्होंने ऐसा करके राष्ट्रीयता की पहचान करायी है और मानवीय प्रेम को पुनर्जीवित और प्रतिष्ठित किया है। शायद इसी प्रभाव में आकर पन्त जी भी 'मुँह भरा' गिर पड़े थे और उन्होंने भी 'ताज' के सुन्दर स्मारक को जीवन की अवहेलना के स्मारक के रूप में देखा और उसको मृत्यु का सुन्दर स्मारक कह गये। चाहे वह उर्दू वाला हो, चाहे हिन्दी वाला, चाहे मुसलमान हो, चाहे हिन्दू, गलत है तो गलत है। उन्हें किसी कोने से सही नहीं कहा जाना चाहिए। उनमें से हरएक से आशा यही की जाती है कि वह सही-सम्यक मानवीय जीवन-दृष्टि पैदा करे और देश का सभ्य नागरिक बनकर जिये। परसाई जी का निष्कर्ष सही है कि "हमारे कवियों ने ताज के बारे में जल्दबाजी बरती। कच्चे जनवाद के उबाल में उससे नफरत करने लगे।" कवियों को छोड़कर परसाई जी कारपोरेशन के सदस्य से मिले और कह बैठे कि वह "अपने घर के सामने सीमेंट की सड़क बनवा लेता है, ताकि प्रिया अँधेरे में न डरे। प्रजातंत्र में भी हजारों छोटे-बड़े शाहजहाँ हैं। उन्हें जब भी मौका मिलता है अपनी प्रिया के लिए जनता के पैसे से कुछ कर देते हैं। हर मुमताज उम्मीद लगाये बैठी है कि चुनाव में हमारे शाहजहाँ जीतने वाले हैं और आगामी मंत्रिमंडल के पुनर्गठन में उन्हें जगह दी जा

रही है।'' किसी पवित्र ने कह दिया कि ''ताज की छाया में सैकड़ों जोड़े मिलते हैं।'' बस इतना सुनना था कि परसाई ने कहने वाले को तड़-सा चाँटा जैसा मारा और कहा, ''उन्हें तो बदबूदार, गन्दी, अँधेरी कोठरियों में मिलना चाहिए-तभी तो हमारी नैतिकता की रक्षा हो सकेगी। सारी नैतिकता पिछवाड़े के दरवाजे से ही तो आती है।'' इसी सिलसिले में परसाई जी ने पाकिस्तान और हिन्दुस्तान की एक साथा खबर ली। कहते हैं: ''उधर पाकिस्तान में लोग हैं, जो सौन्दर्य की जाति-बिरादरी तय करते हैं, कला की नस्ल पूछते हैं। और इधर मेरे देश में भी लोग हैं, जो ताज पर गंगाजल छिड़ककर उसे देखना चाहते हैं। दोनों कला, संस्कृति और मनुष्यता के दुश्मन हैं।'' यह कबीर जैसी बानी है जो विवेक की धार से वार करती है और मुसलमानियत और हिन्दुत्व की अंधवादिता को ढेर कर देती है।

बात यहीं नहीं रुकती। परसाई जी अपने इस 'ताज' वाले निबन्ध को बड़े उत्साह से प्रसन्न होकर समाप्त करते हुए लिखते हैं, ''मगर इन सब से ऊपर एक बात है-ढाका रेडियो से सुन्दर रवीन्द्र संगीत आता है और दिल्ली रेडियो से इकबाल की गजल गायी जाती है। मुझे विश्वास है, न ताज का कोई मजहब माना जायेगा और न उस पर गंगाजल छिड़कने को कोशिश होगी।'' परसाई जी का पूरा का पूरा निबन्ध सीख से सधा, धर्मनिरपेक्ष नैतिकता के समर्थन में लिखा गया है। साधारण तथ्य के भीतर से गहरी मानवीय दृष्टि उपलब्ध की गयी है।

'अन्न की मौत' की बातचीत निजी प्रसंग से शुरू हुई, चूहों तक पहुँची, वहाँ से व्यवस्था की ओर दौड़ी और चूहेदानी का रहस्य जानकर व्यापक षड्यन्त्र की जानकारी देती हुई जिलेबन्दी की कठिनाईयों को समेटकर देशी-विदेशी पैसों की चाल-ढाल से नाक-भौं सिकोड़ती देवताओं के पेट पर आ धमकी और वहाँ से सहसा राष्ट्र की एकता के पास आई और उसका असली रूप देखा। परसाई जी इस रूप को प्रस्तुत करते हैं: ''हे भारत भाग्य विधाता, पंजाब, सिन्धु, गुजरात, मराठा, द्राविण, उत्कल, बंगा-सब जगह अन्न को मारकर दफना दिया गया। कोटि-कोटि नर-नारी अन्नसंकट के सूत्र में बँधकर एक हो गये हैं। भुखमरी और भ्रष्टाचारी हमारी राष्ट्रीय एकता के सबसे ताकतवर तत्त्व बन गये हैं। धर्म, संस्कृति और दर्शन कमजोर पड़ गये हैं। कैसी अद्भुत एकता है। पंजाब का गेहूँ गुजरात के कालाबाजार में बिकता है और मध्य प्रदेश का चावल कलकत्ता के मुनाफाखोर के गोदाम में भरा है। देश एक है। कानपुर का ठग मदुराई में ठगी करता है, हिन्दी-भाषी जेबकतरा तमिल-भाषी की जेब काटता है और रामेश्वरम का भक्त बद्रीनाथ का सोना चुराने चल पड़ा है। सब सीमाएँ टूट गयी हैं। अब जरूरी

नहीं है कि हैदराबाद का रेड्डी वहीं भूखा मरे। वह पटना में भी मर सकता है क्योंकि देश एक है। मुनाफाखोरों, कालाबाजारियों, भ्रष्टाचारियों ने मिलकर राष्ट्र को एक कर दिया है। सुन्दर सपने वाले रवीन्द्रनाथ की उल्लासमयी जिज्ञासा थी कि ये हिन्दू, मुसलमान, पारसी और ईसाई सब किसके आवाहन पर भारत-महामानव-सागर में एकत्र हो गये हैं? मैं पूछता हूँ, कवि, वे तो ठीक आये, मगर ये सब जातियों के लुच्चे किसके आवाहन से इधर आये?'' अन्त में मर्माहत होते हुए व्यंग्यकार ने सहनशीलता और तटस्थता पर जो कहा उसे सुनिए, ''अद्भुत सहनशीलता है इस देश के आदमियों में; और बड़ी भयावह तटस्थता। कोई उसे पीटकर उसके पैसे छीन ले, तो वह दान का मन्त्र पढ़ने लगता है।''

'एक बेकार घाव' को लेकर परसायी जी ने दुःख की छान-बीन की है। लिखते हैं, ''पीड़ा के गवाह न हों तो वह बेमजा हो जाती है। बहुत तरह की पीड़ाएँ गवाह देखकर पैदा हो जाती हैं, जैसे कुछ स्त्रियों के पति के घर आते ही सिरदर्द होने लगता है। ××× खूबसूरत चिकने पत्थर बड़े खतरनाक होते हैं। इन पर पहिले तो सिर्फ फिसलने का ही डर था। मेरे देखते ही देखते बहुत-से लोग चिकने पत्थरों को कुचलने का हौसला लेकर गये और फिसलकर ऐसे गिरे कि अभी तक उनका सिर पत्थर से चिपका है। अब तो ये इसे अपनी नियति मानने लगे हैं और उठने की कोशिश को बेवकूफी समझते हैं। इधर पत्थरों ने तेज किनार निकाल ली है। कोई मजबूत कदम वाला चले और न फिसले, तो उसका पाँव काट देते हैं। किसी मन्त्री का जुकाम मेरे निमोनिया के बराबर होगा। मेरी जानकारी में एक मन्त्री की जाँघ में फोड़ा हो गया था। उनके आसपास लोग इस तरह बैठे थे, जैसे सब के शरीर में फोड़े ही फोड़े हों। प्राचीन इतिहास से एक अध्यापक, जिनकी तरक्की रुकी थी, बता रहे थे कि प्रियदर्शी अशोक को भी ठीक इसी तरह फोड़ा हुआ था। इस दुःख का स्तर ही दूसरा है। वह फोड़ा राष्ट्रीय स्तर का था। राष्ट्रीय स्तर के फोड़े एकदम आदरणीय हो जाते हैं। मेरा घाव 'मरहम-वरहम' स्तर का ही था। ×××× एक दुःख है कि रोटी नहीं है। एक दुःख यह भी है कि जिसमें रोटी रखते हैं, वह फ्रिज बिगड़ गया है। ××××अच्छा कलेण्डर न मिले तो कुछ लोग आत्महत्या करने की जगह खोजते हैं। ×××अच्छे घाव से बड़े काम होते हैं। रूठी प्रेमिका लौट आती है। प्रेम की परीक्षा भी हो जाती है। ×××सजे हुए घावों से लोग मन्त्री हो गये हैं। माँ की मृत्यु से एक उम्मीदवार चुनाव जीत गया। पेचिस ने एक 'रीडर' को प्रोफेसर बना दिया। एक बहिन जी को पति ने त्याग दिया तो सारी पार्टियाँ उनके सामने चुनाव टिकट लेकर खड़ी हो गयीं।

×××× पैर का घाव सबसे घटिया होता है। घाव सिर पर हो और पगड़ी की तरह पगड़ी बँधी हो तो लोग आधा घंटा हाल पूछते हैं। हाथ में चोट हो और हाथ 'स्लिंग' से लटका हो तो आदमी कितना अच्छा लगता है। यह इज्जतदार घाव हैं। घाव को दूकान के साइनबोर्ड की तरह होना चाहिए। सामने टँगा हो और रंग-बिरंगे बल्ब लगे हों। जो अपना साइनबोर्ड अलमारी में रखता है, उसकी दूकान बरबाद न होगी? दुबारा ऐसा मौका आया तो कोशिश करूँगा कि पाँव न कटे, सिर फूटे, 'सिर की चोट' का निराला ही मजा है। इस अँगुली के घाव ने तो मुझमें हीन ग्रन्थि पैदा कर दी है। एक जख्म और बेकार चला गया।''

ठूँस-ठूँस कर खाने और खिलाने के गैरमामूली चलन से देश के आदमी ''पाँच लाख काम के घण्टे, रोज बरबाद करते हैं। बीमारी रगो-रेशे में है। दोपहर का भोजन मुख्य भोजन बना लेने के कारण हम आमतौर पर खूब डटकर पेट भर लेते हैं। फिर दफ्तर जाते हैं, तो टेबिल पर हाथों के तकिये से सिर टिका कर ऊँघते हैं। घर में होते हैं तो फैलकर पड़ जाते हैं। किसी भी दफ्तर में 'लंच' के बाद ऊँघने वाली पलटन देखी जा सकती है। साहब के कमरे में तो आराम कुर्सी खाकर सोने के लिए ही होती है। 1 बजे से 3 बजे तक तो सारा राष्ट्र ऊँघता है। ××× कोई नहीं सोचता कि क्रांति की बुनियाद भोजन की आदत के परिवर्तन पर डालनी चाहिए। 'लंच' को सुधार लें, तो विकास की रफ्तार दुगनी हो जावेगी। ××× क्या काम के वक्त दफ्तरों में, दूकानों में, स्कूलों में और घरों में ऊँघने वाले और पेट पर हाथ फेरने वाले क्रांति लायेंगे?'' ये शब्द हैं परसाई के। इनके कहने की जरूरत उन्हें तब पड़ी जब वह स्वयं इस तरह से छककर खिलाये गये थे कि घर आकर घंटों बिस्तर पर पड़े-पड़े करवट बदलते रहे और पेट के दर्द से देश का दर्द अनुभव कर रहे थे।

एक जगह परसाई जी कहते हैं, ''पर इस अर्थव्यवस्था की नदी पर जो हमारी डोंगी वह रही है, उसमें छेद तो है पर वाल्व लगा है-बाहर से कुछ नहीं आ सकता, अन्दर का ही बाहर जाता है।'' इस सत्य की उपेक्षा देश-भर में चारों तरफ हो रही है। इसे दिन-प्रतिदिन अनदेखा और अनसुना किया जाता है। तभी तो आयात और निर्यात में भारी असंतुलन पाया जाता है।

आजकल लड़कों में ऊधम करने की, अवज्ञा करने की अनुशासनहीनता की प्रवृत्ति बहुत बढ़ गयी है। कोई निदान काम करता नजर नहीं आ रहा। परसाई जी ने इस समस्या का कारण खोज निकाला है, वे लिखते हैं, ''मगर देख रहा हूँ कि श्रवण कुमार के कन्धे दुखने लगे हैं। वह काँवड़ हिलाने

लगा है। काँवड़ में अन्धे परेशान हैं। विचित्र दृश्य है यह। दो अन्धे एक आँख वाले पर लदे हैं और उसे चला रहे हैं। जीवन से कट जाने के कारण एक पीढ़ी दृष्टिहीन हो जाती है तब वह आगामी पीढ़ी के ऊपर लद जाती है। अन्धा होते ही उसे तीर्थ सूझने लगते हैं। वह कहती है-हमें तीर्थ ले चलो। इस क्रियाशील जन्म का भोग हो चुका है। हमें आगामी जन्म के भोग के लिए पुन्य का एडवांस देना है। आँख वाले की जवानी अन्धों को ढोने में गुजर जाती है। वह अन्धों के बताये रास्ते पर चलता है। उसका निर्णय और निर्वाचन का अधिकार चला जाता है। उसकी आँखें रास्ता नहीं खोजतीं, सिर्फ राह के काँटें बचाने के काम आती है। कितनी काँवड़ें हैं-राजनीति में, साहित्य में, कला में, धर्म में, शिक्षा में। अन्धे बैठे हैं और आँख वाले उन्हें ढो रहे हैं। अन्धे में अजब काइयाँपन आ जाता है। वह खरे और खोटे सिक्के को पहिचान लेता है। पैसे सही गिर लेता है। उसमें टटोलने की क्षमता आ जाती है। वह पद टटोल लेता है, पुरस्कार टटोल लेता है, सम्मान के रास्ते टटोल लेता है। आँख वाले जिन्हें नहीं देख पाते, उन्हें वह टटोल लेता है। नये अन्धों के तीर्थ भी नये हैं। वे काशी, हरिद्वार, पुरी नहीं जाते। इस काँवड़ वाले अन्धे से पूछो-कहाँ ले चलें? वह कहेगा-तीर्थ! कौन-सा तीर्थ? जवाब देगा-कैबिनेट! मंत्रिमन्डल! उस काँवड़ वाले से पूछो, तो वह भी तीर्थ जाने को प्रस्तुत है। कौन-सा तीर्थ चलेंगे आप? जवाब मिलेगा-अकादमी, विश्वविद्यालय।'' बात बड़ी गम्भीरता से सोची गयी है और व्यंग्य होकर सटीक निकल पड़ी है।

चाहे गाँव हो या शहर या महानगर, सड़कें सब जगह बनती रही हैं, बनती चली जाती हैं और भविष्य में बनती रहेंगी। मगर सब जानते हैं कि पहिले भी आज जैसी खराब बनती रही हैं और शायद आइन्दा अभी कई दशकों तक खराब बनती रहेंगी। अभी कोई सम्भावना अच्छी सड़कें बनने की नहीं है। कुछ एक अच्छी बनेंगी भी तो उससे कोई फर्क नहीं पड़ता। दैनिक जीवन का आवागमन ज्यादातर खराब सड़कों से ही होता रहता है। यह तो बात हुई अपने सीमित दायरे की। राष्ट्रीय स्तर से आगे अन्तर्राष्ट्रीय स्तर पर भी साम्राज्यवाद संसार को जिन सड़कों पर लिये जा रहा है वह भी किसी से छिपा नहीं है। कहते है कि ''साम्राज्यवाद ने पहले कि कुरूपता त्याग कर सुन्दर रूप ले लिया है।'' परसाई जी टिप्पणी करते हैं और सही कहते हैं कि ''कुचलने वाले को निरन्तर सुडौल होते जाना चाहिए। तभी कुचले जाने वाले उसे अपने ऊपर चलने देते हैं।'' सड़क तो सत्य को प्रस्तुत करने के लिए अपनायी है परसाई जी ने। बात असल में उनकी करते हैं जो कुचल रहे हैं और जो कुचले जा रहे हैं। दोनों के रोल ने परसाई जी

की आँखें उघाड़ दी हैं। जहाँ भी जो भी नया निर्माण किया जाता है वह योजनाबद्ध प्रोग्राम के अन्तर्गत नहीं वरन् निजी स्वार्थवश किया जाता है। तभी तो संसार उत्तरोत्तर संकटमय होता चला जाता है। निर्माण-कार्य होते भी इसीलिए हैं कि आधे से अधिक धन भ्रष्ट अधिकारीगण डकार जाएँ। इमारत बनी तो बनी पर बनाने वाले का बंगला भी उसी पैसे से बन जाता है। इसे परसाई जी व्यंग्य से कहते हैं कि यह चमत्कार वैसा ही है जैसा कि भैंस के पेट से कुत्ता पैदा हो जाए। बड़ा चुभता वाक्य लिखते हैं परसाई जी इसी सिलसिले में: "दशरथ की रानियों को यज्ञ की खीर खाने से पुत्र हो गये थे। पुण्य का प्रताप अपार है, अनाथालय में से हवेली पैदा हो जाती है।–अब कंक्रीट की सभ्यता ने रसधारा के ऊपर पक्का पुल बना दिया है। ऊपर से अछूते निकल जाइये। कंक्रीट की सड़कों पर काँटें नहीं गड़ते, दुर्घटना होती है।" आवारा कुत्तों के माध्यम से उन लोगों पर परसाई जी ने बच्चों से गिट्टी फिंकवाई जो मिट्टी के ढेलों से घायल नहीं होते, बिना पत्थर लगे। वह कहते हैं: 'बच्चों को आवारा कुत्तों को मारने का अभ्यास हो जाये तो अच्छा है। आगे चलकर यह देश को सम्भालेंगे। एक ही आशंका है–इन्हें ऊँची नस्ल के कुत्तों को मारने का अभ्यास नहीं हो रहा है। ऊँची नस्ल का चाहे कुत्ता ही क्यों न हो, दबंग होता है। जूठन चुराकर खाने वाले घटिया कुत्ते ही पिट रहे हैं। 1 किलो अनाजवाला जेल जा रहा है, 10 ट्रक चोरी से बेचने वाला अटारी में बेखटके रहता है। 5 रु० घूस वला पकड़ा जाता है, 5 लाख वाला पकड़ने वाले को डिसमिस करा देता है। अलसेशियन पर यह बच्चे भी गिट्टी नहीं फेंकते।–सिक्ख ड्राइवर कहता है–रास्ता खराब था जी, मगर वाह गुरु जी की कृपा से मजे में चले आये। हिन्दू ड्राइवर कहता है–ईश्वर की कृपा से रास्ता ठीक कट गया। मुसलमान ड्राइवर कहता है–खुदा का शुक्र है कि ट्रक किसी तरह आ गया। चीन का ड्राइवर कहता है–माओ के विचारों के प्रताप से बिना दुर्घटना के ट्रक आ गया। बिना देवता के शायद आदमी का काम नहीं चलता। देवता बदलते जायें, यह अलग बात है। अमरीका के कलेण्डर का बच्चा किसे नमन करता होगा? क्या राइफल और लिंकन को? लिंकन को नमन करके क्या वह वियतनाम जाता होगा? अभागा बच्चा होगा वह। यों ये सभी बच्चे अभागे हैं, दुनिया भर के; जिनके सामने इनके बुजुर्ग राइफल और देवता को रख देते हैं। यह मेरे सामने का बच्चा भी कम अभागा नहीं है। इसके हिस्से का दूध राइफल पी रही है। बहुत बल्गर है यह चित्र। मगर यह देश-भक्ति का चित्र है।" सड़क, जिसको लेकर परसाई जी चले, वह यह सड़क थी जो देश-देश में देखने को मिलती है और जिस पर राष्ट्र के राष्ट्र अपना

और दूसरों का भविष्य अन्धकारमय बना रहे हैं। इस युगीन यथार्थ सत्य से अनअवगत रहना ही षड्यन्त्र को बल दिये रहता है। इसी को भरपूर अवगत कराया है। परसाई जी ने, दैनिक जीवन से सत्य से जोड़कर ताकि जड़वत् भी चेतन हों और अपने इर्द-गिर्द की दुनिया को सही परिप्रेक्ष्य में देखकर सही कदम बढ़ायें और नयी मानवीय उपलब्धियाँ हासिल करें, न कि गर्त में गिरते जायें-गिरते जायें और संसार का रूप-रंग विरूपित कर दें।

'डेंगू, अध्यात्म और लेखक' परसाई जी के कुछ 'हड्डी तोड़' और 'हिम्मत तोड़' फतवे पड़ने लायक हैं। " 'रोग' कितना ही बुरा हो, नाम अच्छा होना चाहिए। अमरीकी शासक हमले को 'सभ्यता' का प्रसार कहते हैं, तो वह इतने बुरे नहीं लगते। बम बरसतें हैं, तो मरने वाले सोचते हैं कि सभ्यता बरस रही है। चीनी नेता लड़कों के हुल्लड़ को 'सांस्कृतिक क्रान्ति' कहते हैं, तो पिटने वाला नागरिक सोचता है कि मैं संस्कृत हो रहा हूँ।-आश्रम के नाम से चकलाघर चले, तो भला ही लगता है। नैतिक सुधार के नाम से लड़कियाँ भगाई जायें तो किसी को ऐतराज नहीं होता। डेंगू का नाम 'मधुरिमा' होता, तो-दृश्य दूसरा होता।-बुखार में वह जीव, ब्रह्म और माया की बातें कर रहा था। संसार असार है। शरीर नाशवान् है। आत्मा अमर है। ब्रह्म ही सत्य है।-ऋषि, मुनि जिन्दगी-भर तपस्या करते थे, तब उन्हें अध्यात्म-बोध होता था और बाधायें कितनी थीं-अप्सरा की, दूसरे ऋषि से ईर्ष्या की। मगर तुझे 101 डिग्री बुखार में ही अध्यात्म-बोध हो गया। क्या डेंगू आध्यात्मिक बीमारी है? तपस्या और बुखार में क्या कोई फर्क नहीं है? क्या अध्यात्म एक तरह का 'डिलीरियम' है? अगर है तो शहर में इस वक्त हजारों ज्ञानी हैं। वे डेंगू के बुखार तक में नाटकीयता प्रभावित करती है। चुनाव में ऊँची जाति का सम्पन्न उम्मीदवार किसान के घर जाकर कहता है-दद्दा, आज तो हम तुम्हारे घर से रोटी खाकर ही जायेंगे। बाद में किसान सारे गाँव में कहता फिरता है-इत्ते बड़े आदमी है, पर घमंड बिल्कुल नहीं है। बिना नाटक के बड़ा काम करो, कोई चर्चा नहीं होती।-सांस्कृतिक आदान-प्रदान की सन्धियाँ होती हैं मगर रोग आ जाते हैं। बीमारियाँ अन्तर्राष्ट्रीय हो गयी हैं। हम बाहर की बीमारी ग्रहण करने के लिए बहुत तत्पर रहते हैं।-निर्यात अपना कमजोर है-सामान का हो, चाहे बीमारी का। सुना है भारतीय गाँजा और भाँग पश्चिम में बहुत पसन्द किये जाते हैं। यह धार्मिक नशे हैं। साधु गाँजा पीकर त्रिकालदर्शी हो जाता है। आल्डसहक्सले भी मानता था। नशे के बदले में हम बीमारी ले लेते हैं। पश्चिम को और नशा चाहिए, पूर्व को और बीमारी चाहिए।-

अपनी अर्थव्यवस्था को डेंगू हो चुका है। लेटती है तो उठा नहीं जाता। बिठा दो, तो लुढ़क जाती है। पूछता हूँ–माता जी, यह क्या हो गया? कहती है–बेटा, डेंगू हो गया। बाहर से 'इनफेक्शन' आया था। मेरे बेटे को भी डेंगू हो गया था। कितना दुबला गया बेचारा!''

यह है परसाई जी का डेंगू, अध्यात्म और लेखक का विश्लेशण। कैसी अचूक पकड़ है आर्थिक, धार्मिक, सांस्कृतिक और दैहिक बीमारियों की। इनकी अंगुली वहीं पहुँचती है जहाँ देश के दर्द से कराहता होती है। विदेश भी इनकी चपेट में लात खाकर चित हो जाता है। यह सब बातें दिल और दिमाग का फेर नहीं हैं जैसा फेर आज के बौद्धिकों के दिल और दिमाग में होता है। उनके यहाँ तो जरा-सी बात पर जमीन-आसमान के कुलाबे मिला दिये जाते हैं और नाक के नीचे, देश हो या विदेश, सड़ता रहता है और वे भी उस सड़ाँध के सहभोक्ता होकर ऊल-जलूल बकते रहते हैं। दरअसल में सत्य-यथार्थ जीवन का सत्य-वही टोहते हैं जो वैज्ञानिक दार्शनिक दृष्टि से आदमी बनने के कायल हो चुके होते हैं और दूसरों को भी आदमी बनकर जीने का दायित्व सौंपते हैं।

'ग्रीटिंग कार्ड और राशन कार्ड' में परसाई जी ने अच्छे-खासे चुभते वाक्य लिखे हैं। विस्तार रूप से उनकी बानगी यहाँ पेश नहीं की जा रही।

अन्त में इस देश के सुप्रसिद्ध दर्शनीय स्थल भेड़ाघाट के इस धुआँधारिये व्यंग्यकार परसाई को, जो अब तक मेरी नजर से छिपा रहा, उसके वजनदार वचनों के लिए बार-बार हार्दिक बधाई देता हूँ कि उसने अपनी चेतना को सार्थक किया, और दूसरे भी उसके सटीक विश्लेषण से समर्थ और साहसी हुए। साहित्य और कला का भी ऐसे जनतंत्रीकरण किया जा सकता है जैसा करके परसाई जी ने बता दिया। सत्य की पकड़-निर्भीक अभिव्यक्ति-साहित्यकार की सबसे बड़ी मौलिक उपलब्धि होती है जो कोरी बौद्धिकता को और तथाकथित समसामयिकता को दूर-बहुत दूर पीछे छोड़कर, जनता का मार्ग प्रशस्त करती रहती है। परसाई को तर्ज और तेवर महान मानवीय गुणों को स्थापित करने के लिए बहुत जरूरी हैं। ऐसे ही व्यक्ति की लेखनी स्याही से नहीं-खून से लेख लिखती है-व्यंग्य करती है और हृदय बेध देती है। इन गद्य के बलिष्ठ और पुरुषार्थी प्रवीण व्यंग्यकार की रचनाएँ ऋषियों की ऋचाओं को मात करती हैं और भारतीय चिन्तन-पद्धति में आमूल परिवर्तन करती हैं। निर्लिप्त विवेक की वाणी आदमी के दुःख-दर्द से उद्‌भूत हुई है और आदमी को ही ऊपर उठाने में जी-जान से लगी है।

–केदारनाथ अग्रवाल

एक सुविन्यस्त संसार

हास्य और व्यंग्य के चुलबुले रूप रोज पत्र-पत्रिकाओं में छपते रहते हैं किन्तु परसाई के व्यंग्यों की प्रकृति भिन्न है। उनके व्यंग्य सोद्देश्य और साभिप्राय हैं और उनकी पृष्ठभूमि में एक सुनिश्चित सामाजिक दृष्टि है।

लूसियाँ गोल्डमान ने अपने संरचनावाद (जैनेटिक स्ट्रक्चरलिज्म) की व्याख्या करते हुए किसी कृति की सार्थकता का निकष यह माना है कि उसमें या उससे एक सुसम्बद्ध विश्व (कोहरेंट यूनीवर्स) की अभिव्यक्ति होनी चाहिए। इस व्यक्त या अभिव्यंजित रचना विश्व में घटनाएँ, मानसिक दशायें, चरित्र-गठन आदि को एक रचनात्मक व्यवस्था मिली हो और इस रचनात्मकता के भीतर शैलीगत स्वतः स्फूर्तियों का सम्मिलन हो।[1]

यदि कोई सार्थक कृति एक सुविन्यस्त संसार है, अपने में एकान्वित है, तो उसकी आंतरिक संरचना को देखना होगा और यह भी कि इस आंतरिक सृष्टि और बाह्य संरचना या बहिर्वृत्त या समाज के साथ उसका क्या संबंध है?

हरिशंकर परसाई के व्यंग्यों का केन्द्रबिन्दु उनकी यथार्थ को आर-पार देखने वाली दृष्टि है, जो 'मनुष्य' और 'समाज' का एक आदर्श सामने रखकर चलती है। परसाई के व्यंग्यों में सर्वत्र आज के बिगड़े हुए मनुष्य और विसंगत समाज का तिरस्कारक व्यंग्य, उपहास, प्रताड़ना और उच्चाटन है। उन्हें कहीं भी, कोई संगति, सामंजस्य, समता, बंधुत्व और सार्थकता नजर नहीं आती। 'मुक्तिबोध' पर लिखे संस्मरण में अवश्य उनकी धनात्मक दृष्टि उभरती है क्योंकि मुक्तिबोध और परसाई, दोनों एक ही विश्वदर्शन के पक्षधर लेखक हैं और दोनों ने समाजवादी दृष्टि और सृष्टि के लिए आजीवन संघर्ष किया है, अतएव इस संस्मरण में परसाई सहानुभूति से सराबोर नजर आते हैं।

यदि 'शिकायत मुझे भी है' के व्यंग्यों के विषयों को ही देखा जाए तो 'मुक्तिबोध' शीर्षक संस्मरण को छोड़कर अन्य सभी विषय सामाजिक

यथार्थ से सम्बधिन्त हैं और यह यथार्थ कहीं भी अमूर्त्त नहीं है, मूर्त्त और वास्तविक हैं। उनमें रोज-व-रोज के ज़ीवन के कष्टों, आडम्बरों और अनीतियों का उपहास है, जो लेखक की दूरगामी दृष्टि के कारण पाठक को झकझोरता है कि वह सोचे कि इस अन्तहीन यातना का कारण क्या है?

परसाई के व्यंग्यों में विद्ध यह दृष्टि ही उनकी रचनात्मकता का मुख्य घटक है। इसकी पहचान प्रायः नहीं हो पाती और साधारण पाठक सिर्फ अंतर्विरोधों के उद्‌घाटन के बाँकपन या वक्रता का आनंद लेकर रह जाता है। मगर परसाई के व्यंग्य की चोट दुष्ट और भ्रष्ट समाज-व्यवस्था को नकार कर, उसकी जगह मानवीय समाज की स्थापना से सम्बन्धित है यानी परिणति की दृष्टि से परसाई का व्यंग्य मात्र नकारू नहीं है, उसमें निषेध का निषेध है।

परसाई शैली की तात्त्विक दृष्टि से एक ही विधि सर्वत्र अपनाते हैं। इसे विरोधाभास उत्पन्न करने की विधि कहा जा सकता है। जो लेखक यथार्थदर्शी होते हैं और ऊपरी पाखण्ड को वेधकर भीतर की असंगति और अमानवीयता या कुरूपता को पहचान सकते हैं, उनकी मनोदशा सदैव लड़ाकू रहती है। इस मुकाबले की मनोगति में असंगति का दिग्दर्शन विरोधी तत्त्वों को एक साथ प्रस्तुत कर देने से सरलता से हो जाता है। अतः परसाई के सभी व्यंग्यों में संक्षिप्तता और सरलता के साथ विरोधात्मक वाक्यों या जुमलो का जमघट है।

विरोधात्मक रचना-प्रक्रिया से कहने के रवैये में ऊब नहीं रह सकती, एक फड़क उत्पन्न हो जाती है, एक काट आ जाती है जैसे ऊपर से दिल्लगी करते हुए कोई प्रतिपक्ष के मर्मस्थानों का मलीदा बना रहा हो। यह मजा ले लेकर, दुश्मन को मारने का तरीका विरोधात्मक जुमलों और वाक्यों के बिना नहीं हो सकता। तत्त्वज्ञानात्मक लहजे में संकट यह होता है कि तात्त्विक लेखक वक्रता का प्रयोग न कर, धारणात्मक वाक्यों का प्रयोग करता है। इससे शैली भारी-भरकम होती है और साधारण पाठक ऊबता है; किन्तु परसाई व्यंग्य के लिए विरोधी रंगों, पक्षों और प्रत्ययों को एक साथ प्रस्तुत करने की कला में अद्वितीय लेखक हैं।

आदर्शवाद (आइडियलिज्म) को निस्सार सिद्ध करने के लिए पोथे पर पोथे लिखे गये हैं, लेकिन हरिशंकर परसाई दो-चार भलीभाँति तराशे हुए वाक्यों में, विरोधात्मक वाक्य-संरचना से आदर्शवाद को सारहीन सिद्ध कर देते हैं–

"मगर ज्ञानी न जाने क्यों मनहूस हो जाता है। फूल उसे दिखाओ तो

वह उसकी जड़ की कीचड़ देखने लगता है और उदास हो जाता है, हाय, यह सौन्दर्य मिथ्या है। अज्ञानी, तब ज्ञानी से पूछता है–ज्ञानी जी, फूल ही मिथ्या क्यों है? कीचड़ मिथ्या क्यों नहीं है? ज्ञानी कहेगा–वत्स, ज्ञान का सार ही यह है कि जो सुन्दर है, वही मिथ्या है......तब अज्ञानी पूछता है–अगर सब मिथ्या माया है तो मठ की गद्दी के लिए शंकराचार्य हाई कोर्ट के मुकदमें क्यों लड़ते हैं?''[2]

'फूल और कीचड़' तथा 'शंकराचार्य और हाई कोर्ट के मुकदमों' का विरोधी रंग की पाठक को चमत्कृत करता है किन्तु यहाँ शैलीपरक चातुर्य मात्र नहीं है इसके पीछे वह यथार्थवादी विश्वबोध भी है जो संसार को मिथ्या नहीं मानता और संसार को असार कहने वालों के निहित स्वार्थों और निम्नताओं को पकड़ लेता है–यह नुकीला बोध दृष्टिहीन व्यंग्यकारों में नहीं मिल सकता।

विरोधात्मक वाक्य संरचना हलकी पड़ जाती, यदि हरिशंकर परसाई, हमारी सामाजिक व्यवस्था की संरचना की असंगति से परिचित न होते, अतः परसाई के प्रहार गूँज पैदा करते हैं। पहले प्रहार नितान्त तात्कालिक अंतर्विरोधों पर होते हैं लेकिन उनकी गूँज इस बोध तक जाती है कि यह सारा सामाजिक-राजनैतिक ढाँचा बदलना होगा क्योंकि सार्वभौमिक असंगति का उपाय ऊपरी सुधार नहीं, क्रांति है–

(1) ''तुमने (विदेशों ने) गेहूँ दिया–लो चार वैज्ञानिक ले जाओ।'' (पृष्ठ 9)

(2) ''सुना है, इंग्लिश चैनल, अपनी 'प्रॉपर चैनल' से कम चौड़ी है।'' (पृष्ठ 10)

(3) ''जिसने सबसे पहले पुलिस की लाठी के दोनों सिरों पर लोहे के गुट्टे लगाये, उसे भौतिक-शास्त्र का नोबुल पुरस्कार क्यों नहीं मिला?'' (पृष्ठ 11)

(4) ''सन्तों को परनिन्दा की मनाही होता है, इसलिए वे स्वनिन्दा करके स्वास्थ्य अच्छा रखते हैं।'' (पृष्ठ 19)

(5) ''मानवीयता उन पर 'रम' के 'किक' की तरह चढ़ती उतरती है।'' (पृष्ठ 20)

(6) ''कहीं न्याय 'सिक-लीव' पर तो नहीं चला गया?'' (पृष्ठ 24)

(7) ''झूठ बोलने के लिए सबसे सुरक्षित जगह अदालत है।'' (पृष्ठ 29)

(8) ''ब्लैकमेल को आजकल विद्रोह भी कहते हैं।'' (पृष्ठ 31)

(9) ''राष्ट्रीय पुरुष को मरघट में 'सोर्स' मिल गया तो मुफ्त की लकड़ी में जिन्दा जल मरे।''

(10) ''अगर आप जूता मारना चाहते हैं तो कृपया पहले हमें सूचित कर दें, जिससे कार्यक्रम सुचारु रूप से चल सके!''

(11) मैंने अपनी सुविधा के लिए भाषण में हूटिंग के उपयुक्त कई स्थल रखे हैं।'' (पृष्ठ 40)

(12) ''जब-जब आदरणीय होने का खतरा पैदा होता तो कोई बेवकूफी या उचक्कापन कर जाता।'' (पृष्ठ 45)

इसी तरह के विरोधात्मक कथन प्रकारों से हरिशंकर परसाई के व्यंग्यमय लेख भरे पड़े हैं। सर्वत्र एक ही रचना प्रक्रिया है, एक ही हस्तकौशल है, और वह यही कि उपहास या उच्चाटन के लिए उदात्त स्वर या लहजे के साथ अनुदात्त, गौरवमय भंगिमा के साथ भदेस और आदरास्पद रंग के साथ विडम्बक अदा का प्रयोग-यह विधि हरिशंकर परसाई को अब इतनी हिब्ज हो गयी है कि वह अपनी क्रीड़ाशील मनोवृत्ति बनाये रखकर किसी भी अवांछनीय प्रवृत्ति, अभिवृत्ति (एट्टीट्यूड) या गतिशील का पर्दाफाश कर देते हैं और इसके लिए उन्हें बातों का बवंडर या भावुकता के भँवर भी नहीं बनाने पड़ते। सव्यंग्य मुद्रा में अपने को सदैव रखने वाला लेखक अपनी यथार्थवेधक दृष्टि और प्रत्युत्पन्नमति वाक्य गढ़ लेता है। प्राय: ऐसे वाक्य पूर्वदृष्ट असंगतियों के अनायास प्रस्फुटनों के रूप में उदित होते हैं।

पूर्व साक्षात्कारित यथार्थ का प्रवाह हरिशंकर परसाई के मन में लगातार चलता रहता है। इसे किसी भी प्रहारात्मक व्यंग्य में देखा जा सकता है-

''ना समझो, जिस लम्बी उज्जवल परम्परा की तारीफ कर रहे हो, वह तो चाँदनी में छाता लगाकर चलती है। वह गुनगुने पानी के साथ तीन चुटकी त्रिफला खाकर बिस्तर पर लेटी है।''

जुकाम के डर से चाँदनी में छाता लगाकर चलने वाले नवाबनुमा कोमल लोगों और बदहजमी के शिकार भारतीयों की भीरुता और 'डलनैस' को जो गौर से देख सकता है, वही उन्हें मस्त विदेशियों की तुलना में प्रस्तुत कर सकता है। आत्मग्रस्त, आत्ममोहित व्यक्ति अपनी जीवन-शैली को ही सराहते रहते हैं और कभी उनका ध्यान अपने सड़ेपन पर नहीं जाता। हरिशंकर परसाई इस सड़ेपन को सूँघ-सूँघकर उसे आत्मतृप्त लोगों को दिखाते हैं और उनकी आँखों में अँगुलियाँ डालकर कहते हैं कि-अपने को बदलो!

पर्यवेक्षणों की चुभनशीलता के अतिरिक्त परसाई के व्यंग्यों में कहीं-कहीं, विरोधपद्धति पर ही आधारित फंतासी भी है-

"सूर्य दिख जाता है। मुझे यह दृश्य अच्छा नहीं लगता। लगता है, कोई काली कुरूपा स्त्री माथे पर रेखड़ी पहने हो...पिछले महीने, मैंने सूर्य को निकलते देखा तो लगा, राष्ट्रपति शासन लागू हो गया। चन्द्रमा का सप्तर्षि मंत्रिमंडल और नक्षत्रों की विधान सभा भंग। संविद के घटकों में पटी नहीं। अब गृहमंत्री का किरणों का डंडा है और हम!" (पृष्ठ 52)

विडम्बना के रूप में भी फंतासी का यह रूप कितना कचोटक है–

"मेरे सामने झोंपड़ी के सामने एक आदमी बैठा हुआ एकटक डूबते सूर्य को देख रहा था। वह बड़ा सौन्दर्य-प्रेमी मालूम होता है पर ज्योंही सूर्य डूबा, वह लोटा लेकर पास के नाले में उतर गया!" (पृष्ठ 54)

सौन्दर्यबोध के लिए भी आवश्यक सुविधाएँ चाहिए–इस जीवन-सत्य को सीधे न कहकर किस विडम्बक लहजे में कहा गया, यह देखने योग्य है। परसाई का ध्यान सर्वत्र मनुष्य की स्थिति पर रहता है और उनका यही मानव-प्रेम उनके व्यंग्यों को इतना प्रिय बनाता है। यहाँ यह भी व्यंग्य है कि हमारे शासक और धनीमानी लोग महान स्मारकों की जगह यदि जनता के लिए शौचालयों का निर्माण करा देते तो जनता अधिक सौन्दर्यप्रेमी होती।

विपरीत कथन-पद्धति सिर्फ बातें बनाने से नहीं आती, जीवन के निरीक्षण से आती है। कबीर की उलटबाँसियों में जीवन और समाज की विचित्र स्थितियों का परिज्ञान छिपा हुआ है। जो सिर्फ बात से बात निकालते या कातते हैं, वे बातूनी या भाँड़ कहलाते हैं और कुरूपता की सृष्टि करते हैं, जबकि हरिशंकर परसाई कुरूपता का अनावरण कर उसे दूर करने की प्रेरणा देते हैं। उनमें हलका हँसोड़पन नहीं, भंडाफोड़पन है, ऐसा जो प्रतिपक्षी को तिलमिला दे और फिर भी वह लेखक की वार्ताकला पर हँस पड़े।

हरिशंकर परसाई के व्यंग्यों की आंतरिक संरचना और बाह्य यथार्थ में सीधा सम्बन्ध है। उनकी बात, यथार्थ के समानान्तर नहीं, यथार्थ से परदा उठाती हुई चलती है, वह यथार्थ की शल्यक्रिया करते हैं, उसे सहलाते नहीं हैं। परसाई का व्यंग्य-लेखन मनोरंजनात्मक जनसंघर्ष है। वह जनहित को केन्द्रस्थ कर जनशत्रुओं, उच्चवर्गों, शासकों, आदि परजीवी लोगों को ही नहीं, अपने जन-पक्ष के साथियों के अंतर्विरोधों को भी नहीं बख्शते और यही चीज परसाई को बड़ा व्यंग्यकार बनाती है।

कृतित्व के साथ ही, अन्त में, हरिशंकर परसाई के व्यक्तित्व की भी एक झलक देख ली जाए।

मैं परसाई के व्यंग्यों को पढ़ता रहा हूँ पर उनसे मिलने का संयोग सिर्फ एक बार हुआ। भोपाल में, घोर आपात्काल के समय श्री अशोक

वाजपेयी ने एक लेखक सम्मेलन बुलाया था। श्री धनंजय वर्मा और श्री शानी के आग्रह पर मुझे भी आमंत्रित किया गया। मैं पहली बार अशोक वाजपेयी के समारोह में गया था, यों शंकित था कि वहाँ सरकार-समर्थक लेखकों का जमघट होगा और उनके मध्य मैं क्या कर सकूँगा?

तत्कालीन मुख्यमंत्री श्री प्रकाशचन्द्र सेठी ने, उद्घाटन तथा पुरस्कार वितरण समारोह में घोषित किया कि लेखक निर्भय होकर आपात्काल या 'अनुशासनपर्व' में सरकार की भूमिका और उपलब्धियों पर विचार करें और अपना मत प्रकट करें। लेखकों में कुछ जान आयी पर धुकपुक भी लगी थी कि कहीं सरकार विपरीत मत प्रकट करने पर सख्ती पर न उतर आए।

प्रथम विचारगोष्ठी के तीन अध्यक्ष बनाये गये थे-श्री शिवमंगल सिंह सुमन, डॉ० नामवर सिंह और मैं। लेखक बहुत सहमे-सहमे बोल रहे थे। अचानक, एक लेखक ने मुझे एक तरफ बुलाया और कहा कि इस सरकार ने अभी एक लेखक को गिरफ्तार कर लिया है और यहाँ वह आप सबसे समर्थन बटोरना चाहती है। मैंने उस साथी से कहा कि आप हममें ज्येष्ठ अध्यक्ष, सुमन जी से कहें कि इस स्थिति पर विचार हो। सुमन जी ने मस्ती मे अनुमति दे दी। नामवर सिंह चालाक चुप्पी धारण कर गये। उस लेखक ने सबके सन्मुख, कहीं मध्य प्रदेश में एक किसी लेखक की गिरफ्तारी की बात कही। मैंने कहा कि हम यहाँ आतिथ्य और किराया वसूली के लिए नहीं, लेखक के रूप में अपनी बात कहने आये हैं, अतः आप लोग निस्संकोच अपना अभिमत प्रकट करें।

उस लेखक की गिरफ्तारी पर चिंता प्रकट की गयी और सत्ता के स्वरूप और भूमिका पर विचार करते हुए हरिशंकर परसाई ने कई बार कहा कि सरकार की भूमिका में कुछ उपलब्धियाँ और कई न्यूनताएँ हैं। परसाई, मेरे इस विश्लेषण से सहमत थे कि सरकार ने कुछ सुधारात्मक कदम उठाये हैं, पर उन्हें 'क्रान्ति' जैसा अतिगौरवपरक नाम देना ठीक नहीं है। क्रान्ति में सारे प्रयत्न और योजना, सूत्र और सुधार, एक आमूलचूल परिवर्तन की समग्र दृष्टि के अनुरूप होते हैं, अतः सत्ता का स्वरूप सुधारवादी है, क्रान्तिकारी नहीं। इसके अतिरिक्त अंकुशों की भी आलोचना की गयी।

मैं यह देख रहा था कि हरिशंकर परसाई और नामवर सिंह के रवैये में इतना अंतर क्यों है? अशोक वाजपेयी और नामवर सिंह, सत्ता का अप्रत्यक्ष समर्थन कर रहे थे। नामवर ने तो प्रत्यक्षतः विद्रोह के साहित्य पर छींटाकशी की और सत्ता प्रतिष्ठान के विपक्ष में एक शब्द नहीं कहा जबकि हरिशंकर परसाई ने साफ कहा कि कोई जनक्रान्ति नहीं हो रही है, जहाँ, तहाँ कुछ अच्छे कदम उठाये गये हैं पर कष्ट भी कम नहीं हैं।

व्यंग्यकार परसाई और मार्क्सवादी कहे जाने वाले आलोचक की भूमिका का अंतर देखकर मैं आश्वस्त हुआ कि हमारे लेखक श्री परसाई किसी भी दशा में जनपक्ष को छोड़ने वाले नहीं हैं, आलोचक भले ही ठकुर सुहाती कहें।

इसी सन्दर्भ में यह जानना भी दिलचस्प है कि हरिशंकर परसाई को ही यह काम सौंपा गया कि वह मुख्यमंत्री से मिलकर उस गिरफ्तार लेखक को मुक्त कराएँ और परसाई इस कार्य में सफल हुए। चूँकि, मैंने ही उस लेखक की गिरफ्तारी के विषय को उठवाने में मदद की थी, अतः शानी जी से जवाब-तलब किया गया कि विश्वम्भर नाथ उपाध्याय को क्यों बुलाया गया, किसने बुलाया? शानी को शर्मिन्दा होना पड़ा था।

डॉ० धर्मवीर भारती ने इस सब की पूछताछ न कर, 'धर्मयुग' के होली अंक (1979) में दिल्लगी की कि विश्वम्भर नाथ उपाध्याय आपात्काल में अफसरों द्वारा आमंत्रित सम्मेलन में गये, लेकिन यह नहीं लिखा कि वहाँ उपाध्याय जी ने क्या किया या क्या कहा? सन्दर्भ को तोड़-मरोड़कर एक उद्धरण भी मेरे नाम पर यों चिपकवा दिया, गोया, मैं सरकार या उसके अधिकारी श्री अशोक वाजपेयी की प्रशंसा कर रहा था।

उस सम्मेलन में हरिशंकर परसाई और मैंने ही, सत्ता की भूमिका का सही मूल्यांकन किया था। इस तथ्य को मैं अब लिख पा रहा हूँ, इसके लिए भी परसाई ही निमित्त बने।

परसाईजी के व्यक्तित्व के प्रति मेरा आदर तभी से बढ़ा यों मैं उनके व्यंग्यों की मार का कायल था।

श्री हरिशंकर परसाई के व्यंग्य, इसी ईमानदार, जनपक्षधर व्यक्तित्व से उदित होते हैं। इस व्यक्तित्व ने अपने प्रगतिशील रुखों और विचारों के लिए बहुत कुछ सहा है, दक्षिणपंथी तत्त्वों से शारीरिक यातना भी भोगी है और इस विषम और विसंगत व्यवस्था में अपने अस्तित्व और व्यक्तित्व की रक्षा के लिए सतत संघर्ष किया है। व्यंग्य, इस संघर्ष से उत्पन्न तीखेपन से ही धारदार बनता है। परसाई की दिल्लगीबाजी के पीछे, जो आँच और दग्धता है, उसे लोग भूल जाते हैं। सार्थक लेखन कोई कल्पना-प्रसूत वस्तु नहीं होती, वह मात्र वक्ता की बाजीगरी नहीं है, उसमें लेखक की आंतरिक संरचना और बाह्यवृत्त का द्वन्द्व बोलता है और यह द्वन्द्व जितना ही दीर्घ और दाहकारक होता है, उतना ही वह प्रभावक होता है। अतः परसाई का व्यंग्यमय लेखन, समझने में सरल मगर अनुभव और विश्लेषण में जटिल और विविधायामी है। उसमें एक प्रखर सामाजिक चेतना का वेधक परन्तु क्रीड़ाशील संचरण है और उसकी प्रयोजन जनमुक्तिबोधक है।

जो गोली लम्बी नली में से सन्नाती हुई निकलती है, वह अधिक विस्फोटक होती है। मुझे हरिशंकर परसाई की लम्बी पतली काया बन्दूक की नली-सी लगती है, जिसमें से व्यंग्य गन्नाता हुआ निकलता है और जनशत्रु को छार-छार कर देता है।

लेखन संघर्ष के इस साथी को और अधिक प्रहार-क्षमता की शुभकामनाओं के साथ इस अवसर पर 'सैल्यूट' कर रहा हूँ।

–विश्वम्भर नाथ उपाध्याय

संदर्भ

1. The Sociology of Art—Milton C-Albrecht. London, Page 597, Parv V Lucien Goldmann.
2. "दूसरे के ईमान के रखवाले"

विद्रूप राजनीति का माजरा

चौधरी– 23 तारीख को किसान रैली होगी।

मोरारजी– मेरे साथ 302 में से 180 सदस्य हैं।

चौधरी– धमकी मत दो। बड़ी विकट किसान रैली होगी। लेने के देने पड़ जायेंगे।

मोरारजी– धमकी मत दो। मैं निपट लूँगा। मेरे साथ 180 हैं।

चौधरी– तो मैं जाऊँ?

मोरारजी– तुम्हें बुलाया किसने था?

चौधरी– दुष्ट!

मोरारजी– दुष्ट!

'महामिलन की कथा' के इस अंश से स्पष्ट है कि परसाई का कालम 'ये माजरा क्या है' राजनैतिक स्वभाव का जनरुचि का कालम है। जनरुचि के नाम पर किये जाने वाले सुविधाजनक हास्य से हटकर यह वर्तमान की सूचना-प्रधान व्याख्या नहीं है बल्कि एक चिन्तनशील साहित्यकार का विश्लेषण है जो एक सुनिश्चित जीवन-दर्शन के परिप्रेक्ष्य में समसामयिक राज़नैतिक घटनाओं को परखने का प्रयास कर रहा है।

हिन्दी पत्रकारिता में यों ही राजनैतिक व्यंग्य के कालम कम हैं। जो कालम हैं भी उनमें एक स्पष्ट दृष्टि का अभाव खटकने वाला है। नतीजा साफ है। एक लेखक एक घटना पर व्यंग्य करता है फिर वही लेखक उससे विपरीत स्वभाव की घटना पर भी व्यंग्य कर बैठता है। वस्तुतः किसी घटना को वक्रदृष्टि से देखना बहुत कठिन नहीं है। कठिन है उस वक्रदृष्टि के माध्यम से एक स्पष्ट विचारधारा की अभिव्यक्ति जिसके बिना व्यंग्य की सार्थकता और सामाजिक उपयोगिता पर प्रश्नचिह्न लग जाता है। 'ये माजरा क्या है' प्रगतिशील विचार-धारा के लेखक की दृष्टि है जो भारतीय राजनीति के भीतर छिपी विसंगतियों को उजागर करती है। साम्यमूलक जीवन-पद्धति के लक्ष्य तक पहुँचने में प्रतिगामी जीवन-दृष्टि और सत्ता की राजनीति कैसी

बाधाएँ खड़ी करती है, इसे वर्तमान भारतीय राजनीति से अच्छी तरह समझा जा सकता है। इस विसंगति को पहचानने और विश्लेषित करने के लिए जिस स्पष्ट वामपंथी समझ की आवश्यकता है, यह परसाई में कूट-कूटकर भरी है। वस्तुतः परसाई के सर्वश्रेष्ठ व्यंग्य-लेखक होने के पीछे सर्वाधिक सक्रिय तत्त्व यही है।

यह समझने के लिए किसी विशिष्ट ज्ञान की आवश्यकता नहीं है कि स्वतन्त्रता-प्राप्ति के बाद-प्रजातांत्रिक मुखौटे के नीचे भारतीय राजनीति का चेहरा पूँजीवादी और नौकरशाही की खाज से भदरंग होता गया। एक ओर पूँजीपतियों ने राजनीति को अपनी अँगुलियों पर नचाया और दूसरी ओर चालाक नौकररशाही ने स्वार्थ और कामचोरी के द्वारा सरकारी कार्यक्रमों को पंगु बनाया। नेताओं की व्यक्तिगत पसन्द और सनक को समझने वाली नौकरशाही ने मन्त्रियों के दौरों का शृंगारीकरणी किया। 1947 से लेकर आज तक स्थिति यह बनी हुई है कि नेतागण अपनी नीतियों के क्रियान्वयन से नहीं बल्कि सेवा-सत्कार से खुश होते हैं। 'आदम' प्रधानमन्त्री के नाम पत्र लिखता है-"भाई जी, आप अभी दौरे पर थे तो एक जगह आपके सामने पाँच सौ आदिवासियों ने शपथ खायी कि हम शराब नहीं पियेंगे। आप बहुत खुश हुए। पर भाई जी, आपको पता नहीं कि इन आदिवासियों को यह वायदा करके इकट्ठा किया गया होगा कि शपथ के बाद तुम्हें ठर्रा पिलायेंगे। और आपके हटने के बाद उन्हें ठर्रा पिलाया गया होगा। पर आपको क्या पता, कितने लोगों ने नशे में यह शपथ ली कि नशा नहीं करेंगे। भाई जी, ये सरकारी अफसर बड़े चतुर हैं। ये प्रधानमन्त्री का शौक या सनक समझते हैं। जवाहरलाल नेहरू के सामने ये गुलाब के गमले रख देते थे। आपके सामने ये मूत्र (जीवन-जल की बोतलें) रख देंगे।"

इतिहास को समझने वाला कोई भी व्यक्ति 'क्रांति' शब्द की व्यापकता, गहराई और वजन को समझ सकता है। क्रांति शब्द सुनने में अच्छा लगता है और आमतौर पर जन-सामान्य को आकृष्ट करता है। यही कारण है कि छोटे-मोटे आन्दोलनों पर भी क्रांति का लेबल चस्पा करने की प्रवृत्ति देखी जाती है। श्वेतक्रांति और हरितक्रांति सरकारी और कांग्रेसी क्रांतियां थीं जबकि सम्पूर्ण क्रांति गैरसरकारी क्रांति थी जो कालांतर में अर्द्धशासकीय क्रांति बनी। कांग्रेसी क्रांतियाँ आम आदमी को सुखद भविष्य के भ्रम में रखकर सत्ता में बने रहने की चाल थीं तो सम्पूर्ण क्रांति कुछ यूरोपियाई विचारों का गुच्छा था। इस तथाकथित क्रांति रूपी आन्दोलन को बहुत जल्दी सत्ता-प्राप्ति के इच्छुक दलों और नेतागिरी की सूची में नाम दर्ज करवाने वालों ने हथिया लिया। इसलिए पिछली क्रांतियों की तरह इस क्रांति ने

भी समाज के ढाँचे में तथा जीवन-मूल्यों में कोई बुनियादी परिवर्तन नहीं किये। इस बात को समझने के लिए समाजवादी आस्था के साथ ही समसामयिक आन्दोलनों के बीच उनके अन्तर्विरोधी रुखों की गहरी पहचान भी जरूरी है। निकट अतीत में गुजरे हादसे का स्पर्श अधिकांश व्यंग्य लेखक करते रहे हैं लेकिन उस पर अपनी बेलाग सम्मति कम ही लेखक दे सके हैं। 'ये माजरा क्या है'-में परसाई जिस सहजता और तीखेपन से इसे सामने रखते हैं, वह द्रष्टव्य है। जयप्रकाश के नाम 'आदम' के पत्र में बात इस तरह सामने आती है-''विधायकों को पीटो, बन्द कर दो। विधानसभा को मत चलने दो, खोमचा लूट लो, लड़कियों का दुपट्टा छीन लो, कालेज के काँच तोड़ दो, यह सब क्रांति का कार्यक्रम तय हुआ। दुनिया में क्रांतियाँ इसी तरह हुई हैं। अब क्रांति एक बार चालू हो गयी तो उसे लगातार चलना ही है। क्रांति एक चिरंतन प्रक्रिया है। वह रुकी तो प्रतिक्रांति का खतरा है। हमने जब एक बार हुल्लड़ को क्रांति का दर्जा दे दिया तो इस क्रांति के अगले चरण में आपके ऊपर चप्पल उछलनी ही थी।''

भारतीय राजनीति के संदर्भ में यह द्रष्टव्य है कि हर सरकार ने अपने सामान्य कार्यों का उदात्तीकरण किया। प्रत्येक देश की सरकार को कमोवेश यह करना पड़ता है किन्तु जनता सरकार ने सभी से बाजी मार ली। आपात्काल के बाद देश की जनता ने मताधिकार का प्रयोग कर सत्ता परिवर्तन किया। यह राजनैतिक परिवर्तन महत्त्वपूर्ण अवश्य था किन्तु इसे दूसरी आजादी के नाम से प्रचारित करना असंतुलित प्रसन्नता का विस्फोट मात्र था। जनता सरकार का गठन भी एक ऐतिहासिक घटना मानी जा सकती है लेकिन उसे आत्म-निर्भर पार्टी कहना सत्य को अनदेखा करना था। जनता सरकार के खिचड़ी व्यक्तित्व और उससे उत्पन्न कर्महीनता की स्थिति को 'ये माजरा क्या है'-बड़ी सूक्ष्मता से प्रस्तुत करता है। इस 'आत्म-निर्भर पार्टी' का चित्र 'आदम' की दृष्टि में इस तरह बनता है-''नेता ने मुझे गुस्से से देखा। वे आँखों से चरणसिंह, कानों से मोरारजी भाई, दाढ़ी से चन्द्रशेखर, मुस्कान से अटल बिहारी और सिर से राजनारायण लगते हैं। जैसे अर्द्धनारीश्वर में नर भी हैं व नारी भी, वैसे ही उनमें जनता पार्टी के सब तत्त्व एक साथ हैं। आँखों से वे नेहरू की निंदा कर लेते हैं और दाढ़ी से तारीफ। उन्होंने कहा-'हम बाहर विपक्ष बिल्कुल नहीं चाहते, हम अपना की विरोध करने में समर्थ हैं। विपक्ष हमारे भीतर ही है। इसीलिए तो कांग्रेस अपनी व्यर्थता समझकर अपने आपको नष्ट कर रही है।

मैंने पुछा-आपने दो उपप्रधानमन्त्री क्यों बनाये?

मोरारजी ने कहा-मैंने कहा तो कि मजबूरी में।

मैंने कहा–ऐसी कैसी मजबूरी थी?

मोरारजी ने कहा–मजबूरी जनता पार्टी का चरित्र है। एक पार्टी बनना भी इसकी मजबूरी थी। मैं भी प्रधानमन्त्री मजबूरी में बना था। चरणसिंह और जगजीवन राम में झगड़ा होने वाला था। मजबूरी में मैं ही प्रधानमन्त्री बनाया गया था। अब भी मैं प्रधानमन्त्री मजबूरी में हूँ। मैं नहीं तो फिर कौन? चरणसिंह को जनसंघ और जगजीवन गुट नहीं चाहते। जगजीवन राम को भालोद नहीं चाहता। कुछ अधेड़ जो अपने को युवा कहते हैं, भी महत्त्वाकांक्षी हैं पर उनमें आपस में झगड़ा है कि कौन ज्यादा युवा है। एक चन्द्रशेखर हैं। उन्हें भालोद कभी नहीं बनने देगा। तुमने पार्टी की मजबूरी समझी। इसी मजबूरी में मैं प्रधानमन्त्री बना हुआ हूँ। सब कहते हैं–क्या करें, मजबूरी है! मोरारजी ही भले हैं।''

देश में प्रगतिशील चिन्तन के मार्ग में बाधक प्रतिगामी विचारधारा पर, राजनैतिक–सामाजिक कार्यक्रमों में बाधक सत्तालोलुपता पर, आर्थिक–सामाजिक समानता के विरोध में षड्यंत्र रचती हुई पूँजीवादी व्यवस्था पर तीखे प्रहार ये 'माजरा क्या है' का प्रमुख कथ्य है। सामाजिक–वैज्ञानिक चेतना की ओर अग्रसर होने वाली भारतीय जनता को साम्प्रदायिक संगठन पीछे की ओर लौटाने का प्रयास करते रहे हैं। ऐसे संगठनों में सर्वाधिक संगठित और व्यापक संगठन 'राष्ट्रीय स्वयं सेवक संघ' के नकाब को परसाई हमेशा उधेड़ते रहे हैं। तथाकथित 'दूसरी आजादी की' प्राप्ति के बाद हर जगह छा जाने की जल्दबाजी करने वाले संघ के कारण ही जनता पार्टी और सरकार टूटी। संघियों के बीच घुसकर आदम 'शोध संस्थान में शोध' करता है कि संघ ने हिन्दुओं को संघी हिन्दू और गैर–संघी हिन्दू जैसी दो जातियों में बाँट दिया है। 'दीनदयाल शोध संस्थान' में 'आदम' संघियों का वार्तालाप सुनता है। नानाजी का विचार है कि संघ ने 'शो' ज्यादा कर दिया। केदारनाथ साहनी वगैरह को संघ की रैली में चड्डी पहनकर नहीं बुलाना था। जब कि राजेन्द्रसिंह का विचार है–नहीं हमने देर कर दी। शिकार पर झपट्टा नहीं मारा। धीरे–धीरे उसके पास सरकते रहे। लोगों को भड़कने का मौका नहीं देना था।

'जनता पार्टी आक्सीजन पर कब तक चलेगी', 'गयाराम आयाराम हुए,' 'महामिलन की कथा', 'क्या आपने इस्तीफा दे दिया' एक डगमगाती सरकार के कच्चे चिट्ठे हैं। फिर इस डगमगाती सरकार का बहुप्रतीक्षित अन्त कुर्सी की राजनीति के कारण ही हुआ। अल्प समय में, पिछली सरकार से विरासत में मिले दोषों का प्रदर्शन कर जनता सरकार अपने ही अन्तर्विरोधों से धराशायी हुई। इसके पतन के पूर्व से लेकर पतन के बाद तक का नाटक

बूढ़े राजनीतिज्ञों की जघन्य सत्तालोलुपता को प्रदर्शित करता है। मोरारजी का सत्ताच्युत होना और चरणसिंह का सत्तासीन होना–असमाप्त प्रकरण की कड़ियाँ मात्र हैं। इसलिए 'आदम' 'आगामी प्रधानमन्त्री से भेंट' करता है–

''आदम– मगर बाबूजी, चालाकी में शेर नहीं, एक दूसरा प्राणी उस्ताद होता है। शेर जब शिकार को मारकर खा लेता है तब वह हड्डियों में लगे बाकी मांस को चाट जाता है। बताइये वह कौन है?

बाबूजी– सियार है ना। अरे, तो मैं कौन कम हूँ! मैंने इन्दिरा गाँधी के मारे शिकार का मांस खाया फिर अब मोरारजी के मारे शिकार का मांस खा रहा हूँ।

आदम– आप चरणसिंह की सरकार को गिरा देंगे?

बाबूजी– मैं नहीं, बाला साहब देवरस गिरायेंगे। मैं हमेशा शेर के मारे गये शिकार का मांस खाता हूँ। प्रधानमन्त्री मैं बनूँगा।''

इस कालम का उद्देश्य कुछ राजनैतिक घटनाओं को आधार बनाकर हँसना-हँसाने का नहीं है और ना ही बखिया उधेड़ने का। यह तो घटनाओं को गंभीरता से परखकर और उनके दूरगामी परिणामों को ध्यान में रखकर किया गया व्यंग्य है। 'देशहित जिज्ञासा', 'रजाशाह को अफगानाइटिस रोग', 'अंकल सैम की टाफी' या 'कार्टर साहब के नाम'–जैसे व्यंग्य देश के आम आदमी को सत्ता के दक्षिणपंथी चरित्र से परिचित कराते हैं। इतिहास की व्याख्या मात्र घटनाओं के वर्णन, तिथियों और व्यक्तियों के नामों की फेहरिस्त से संभव नहीं है। राजनीति युग की केन्द्रीय शक्ति है, अतः उसके स्वभाव को परखे बिना इतिहास को भी सही-सही नहीं समझा जा सकता। समकालीन भारतीय, इतिहास का अन्तःसंघर्ष पूरे जोर पर है, जहाँ प्रगतिशील और प्रतिगामी, वामपंथी और दक्षिणपंथी तत्त्वों के बीच निर्णायक लड़ाई चल रही है। इस लड़ाई में मौजूदा राजनीति के रोल को परखना आवश्यक है। इसे परखते समय परसाई की पक्षधरता स्पष्ट है और यही उनके व्यंग्य की विशिष्टता और शक्ति है।

–रमाकान्त श्रीवास्तव

अपने लोगों का कुतर्क

परसाई की व्यंग्यदृष्टि प्राय: दो प्रकार की कही जा सकती है; समकालीन इतिहास दृष्टि के माध्यम से सामाजिक अन्त:सम्बन्धों का यथार्थपरक वस्तुवादी विश्लेषण, जिसमें प्राय: सामाजिक विद्रूपताओं पर सीधा प्रहार किया गया है; दूसरा है: प्राचीन पौराणिक इतिहास के मिथकों और कथाओं का संदर्भगत दृष्टिकोण रखते हुए वर्तमान समाज की प्रासंगिकता का विश्लेषण, प्रकारान्तर से उसकी खामियों और गैर-सामाजिक हरकतों पर ठेठ डपट। व्यंग्य में केवल भाषा ही एकमात्र हथियार के रूप में इस्तेमाल न की जाकर समय की हरकतों पर लगातार दृष्टि रखना और उनके अन्तर्विरोधों का वैज्ञानिक विश्लेषण करने की क्षमता का पूरा-पूरा उपयोग करना भी हिन्दी में केवल परसाई की विशेषता है। परसाई का व्यंग्य-संसार सीमित नहीं है। उनके यहाँ पूरा भारतीय समाज मौजूद है, समाज में पल और जी रहा हर वर्ग है; लेकिन फिर भी मध्यवर्गीय नौकरी-पेशा, राजनीतिक और बुद्धिजीवी वर्ग परसाई के रचना-केन्द्र में स्थित है।

वर्तमान समाज-व्यवस्था के समाजार्थिक सम्बन्धों की पहचान परसाई के रचनाकार को उन्मुक्तता प्रदान करती है। आज जबकि हर परिवर्तन सुधार-संशोधन और प्रतिक्रियात्मक होता जा रहा है; संपूर्ण शासनतंत्रपुरोहित, चारण और ज्योतिष के घेरे में सिकुड़ता जा रहा है, सभी योजनाएँ और कार्यक्रम भाषा के तहत खड़े किए जा रहे हैं। क्या कारण है कि परसाई का लेखक इन सबको एक-एक कर तोड़ता है और हमारी असली पहचान को सामने प्रस्तुत करता है। अभिव्यक्ति के सारे खतरे उठाने वाला रचनाकार ही यह सब कर सकता है और यही कारण है कि हिन्दी-व्यंग्य में परसाई पहले और आखिरी सिरे पर तने खड़े रहते हैं। इस अमानवीयता के बर्बर पूँजीवादी युग में मानवीयता के लिए संघर्ष ही सबसे बड़ा खतरा है और जहाँ पर भी बुद्धिजीवी वर्ग ने अमानवीय का समर्थन अमानवीयता के द्वारा किया है या कहीं भी गैर मानवीय सोच की ओर गया है, परसाई ने उसको बख्शा नहीं है; प्रकारान्तर से खुद

के ऊपर व्यंग्य के रूप में सामने आया है। इसीलिए परसाई जैसे व्यंग्य-लेखक के विषय में कोई एक निश्चित धारणा बना कर नहीं चला जा सकता क्योंकि परसाई के पास न तो स्थिरता है और न ही आवृत्तियाँ, उनका रचनाकार उन्मुक्त और स्वतंत्र है। परसाई लाल बुझक्कड़ लेखकों की तरह मूल वस्तु को एक सिरे से गायब नहीं करते, वे सिरे से उसे उघारना चालू करते हैं और पर्त-दर-पर्त उघारते चले जाते हैं।

यह बात साफ तौर पर जाहिर कर देनी चाहिए कि परसाई सर्वहारा वर्ग से जुड़े रचनाकार हैं। वे उन्हीं के लिए संघर्षरत हैं, अतः शेष वर्ग उनके निशाने में रहते हैं तथा वे रचनाकार; जो कहीं-न-कहीं क्रान्तिकारी परिवेश के लिए बाधा बनते हैं, अपने वर्गीय चरित्र और उससे जुड़े हुए हितों के कारण तो परसाई उन्हें सबसे पहले जवाब देते हैं। बुद्धिजीवियों के चरित्र को पहली बार परसाई ने इतनी ईमानदारी और सत्यप्रमाणों के साथ प्रस्तुत किया है (एकलव्य ने गुरु को अँगूठा दिखा दिया, अर्थ रिसर्चाय आदि)। मैं इस बात को और साफ कर देना चाहता हूँ कि परसाई को उन विश्वविद्यालयीन बुद्धिजीवियों पर तरस आता है जो नंगे हो जाने के बावजूद इस बात का विश्वास दिलाना चाहते हैं कि हम अलौकिक वस्त्र पहने हैं। अगर वे आदमी, बुद्धिजीवी होने का बार-बार दावा ही करते हैं तो उन्हें जन-सामान्य की इस लड़ाई में परसाई जैसे जीवट के रचनाकारों का सहयोगी होना चाहिए।

शोषणवादी व्यवस्था के संचालकों तथा ईजारदारों का चरित्र क्या है और वे इस व्यवस्था को किस तरह से यथास्थिति की सीमा में बनाये रखना चाहते हैं। 'जैसे उनके दिन फिरे' के माध्यम से वह बताया गया है कि प्रतिक्रियावादी व्यवस्था सदैव यही प्रयास करती है कि परिवर्तन न हो। इसलिए शासक बनने की योग्यता उसी के पास हो सकती है जो सबसे अधिक लुटेरा हो और शोषण करने के सारे नियम-कानूनों में पारंगत हो। 'पिंजरापोल' इन शासकों की विलासिता तथा असमय राजा का बूढ़ा होना सामंती अन्तर्विरोध है जो व्यक्तिवादी विलासिता और सामन्तवाद का आवश्यक लक्षण है। 'राजसिंहासन पर राजासाहब विराजमान थे, उनके पास ही कुछ नीचे आसन पर प्रधानमंत्री बैठे थे। आगे भाट, विदूषक और चाटुकार शोभा पा रहे थे।' शासक को साहसी और लुटेरा होना चाहिए, बेईमान और धूर्त होना चाहिए। याने राजा के प्रजा से धन वसूल करने की विद्या आनी चाहिए। एक प्रतिबद्ध रचनाकार कभी निर्णय नहीं देता, वह केवल कुछ सूत्र देता है और निर्णय की जिम्मेदारी दूसरों पर छोड़ देता है, इसलिए ऐसा लेखक प्रतिक्रियावादी नहीं हो सकता।

क्या एक शोषक भी अपना चरित्र बदल सकता है? आश्चर्य नहीं होना चाहिए। वह हर बार अपना रूप बदलकर सामने आ सकता है। राष्ट्रीय बुर्जुवा हर चुनाव में नये रूप, नये नारों और नये वादों के साथ आता है। कुल मिलाकर वे सब सियार की खाल ओढ़े भेड़िए होते हैं। 'भेड़ और भेड़िए' में अवाम भेड़ तथा राष्ट्रीय बुर्जुबा भेड़िए के रूप में प्रस्तुत है। सत्ता में कुण्डली मारे बैठा यह वर्ग और इनसे जुड़ा बुद्धिजीवी तथा सबसे बड़ा संबल धार्मिक पुरोहित वर्ग सदैव इस बात का प्रयास करते हैं कि अवाम वास्तविकता को बिना समझे इनकी बात को सत्य रूप में स्वीकार करे। और यह वर्ग जब सारी संभावनाओं को समाप्त कर देता है तब अपने वास्तविक चरित्र को सामने लाता है। कई बार जब अवाम जागृत होता है और अपने अधिकारों के प्रति जागरूक होता हैं तो किसी न किसी प्रकार उनके इस जागरण की दिशा को या तो गुमराह किया जाता है या फिर उसको पूँजीवादी और कभी-कभी सामन्ती तरीके से दबा दिया जाता है। अवाम को जीतने के लिए और शोषणतंत्र को बरकरार रखने के लिए ये सनातनी, अहिंसावादी-वानप्रस्थी और सम्पूर्ण-क्रान्तिकारी तक बन जाते है और इस देश का मध्य वर्ग उनका पक्षधर बनता है, वह भूल जाता है कि अंततोगत्वा यह हमारे वर्ग के खिलाफ बात होगी। ये अपने वर्गीय चरित्र को नहीं बदलेंगे। वे इस दुनिया को छोड़कर नहीं जाएँगे। वे अवाम को धोखे में रखकर, नयी-नयी विकास योजनाएँ बताकर भेड़िए की तरह भेड़ खाते रहेंगे। वे हृदय-परिवर्तन की बात करेंगे और उनके गुर्गे उन्हें सन्त, महात्मा और गरीबों का मसीहा तक सिद्ध करेंगे। उनकी आवाज पूँजीवादी हितों का संरक्षण करेगी जो अवाम की समझ से बाहर होगी। जनता उनकी बात इसलिए नहीं समझेगी क्योंकि उन्हीं के शब्दों में वह मूर्ख और नासमझ होती है। इसलिए योग्य और समझदार आदमी की बातों का समर्थन करना उनका नैतिक धर्म होना चाहिए। इस प्रकार की भ्रमपूर्ण बातों के माध्यम से जैसे ही वह अपने पैर जमा लेते हैं, अवाम का शोषण अत्याचार की सीमा तक करने लगता है। कवि, विचारक, बुद्धिजीवी, धर्मगुरु, पत्रकार सब इस जमात में शामिल हैं।

परसाई जी ने बुद्धिजीवी और राजनीतिज्ञ के अन्तर्सम्बन्धों को बड़ी कुशलता और वास्तविकता के साथ अन्तर्ग्रथित किया है (इतिश्री रिसर्चाय)। एक बिना कुछ किये-धरे अमर हो जाने की चिन्ता में है। अपनी सभी विरासत अपने पुत्र-शिष्यों और आगे आने वाली पीढ़ियों पर लाद जाना चाहता है, नहीं तो वे शान्ति के साथ मर भी नहीं सकेंगे। राजनीतिज्ञ के लिए बलिदान, त्याग, देश-सेवा और देश-प्रेम की बात करना फैशन है तथा

इसी किस्म के बुद्धिजीवी के लिए गरिबों की दुर्दशा देश-प्रेम पर लिखने का फैशन है। यह एक प्रकृतवादी तथा यथास्थितिवादी दृष्टिकोण है और यह जन-सामान्य का विरोधी भी हो सकता है क्योंकि सामाजिक परिवर्तन में इस साहित्य की कोई भूमिका नहीं होती। राजनीतिज्ञ अपने पुत्र को बुद्धिजीवी बनाना चाहता है, वह इस रहस्य को भी अपने तक सीमित रखना चाहता है। दूसरी तरफ एक शोध-निर्देशक खुदाई में मिले बलिस्तम्भ पर खुदी इस राजनीतिज्ञ-पुत्र की कविता को अपने जमाने की सर्वश्रेष्ठ कविता घोषित करने के लिए सभी प्रकार के प्रमाण जुटा देते हैं। मसलन् 'जो प्राचीन है वह सबसे उत्तम है' बुरा केवल वर्तमान है। और सबसे बड़ी बात तो यह है कि उस राजनेता ने प्रतिभा को पहचान कर ही उस कवि को मान्यता दी थी। याने रचनाकार राजनीति के पीछे चलने लगे हैं और वास्तविकता को ढकने के लिए सदैव प्रयत्नशील हैं; याने आज के राजनेता खुद कवि होते जा रहे हैं; याने कवि को मान्यता राजनेता देता है। राजनेता और बुद्धिजीवी की मिलीभगत पर व्यंग्य करते हुए परसाई कहते हैं, ''शोध अनुमान पर चलती है।''

'मौलाना का लड़का: पादरी की लड़की' धार्मिक शोषकों तथा उन्हीं की दो पीढ़ियों के अन्तर को विश्लेषित करता है। इस जमाने के 'ईश्वर' अमीर और गरीब खेमों में बँट गये हैं। गरीबों के लिए सस्ते देवालय हैं जहाँ कुत्ते मूतते हैं और अमीरों के लिए काफी चमक-दमक वाले, जहाँ आरती और अखण्ड पाठ चला करता है, धार्मिक उपासनागृह बनाये जाते हैं-बिड़ला मंदिर जैसे। लेखक जानता है 'धर्म, धन के हिसाब से टीम-टाम धारण कर लेता है।' एक मौलाना बुतशिकन ने अपना घर चर्च के लिए आर्थिक कारणों से किराये के लिए दिया था। यह धार्मिक रूप से शोषण करने का आपसी समझौता था। पादरी की लड़की और मौलाना के लड़के का प्रेम भी हो जाता है-आध्यात्मिक प्रेम। पुरानी पीढ़ी की रुचि इस बात में है कि कौन किसके मजहब में शामिल होता है, जब कि इस प्रेम की परिणति सिविल विवाह में होती है। युवा पीढ़ी जाति-धर्म के बन्धनों को लगातार तोड़ती जा रही है, लेकिन रूढ़िवादी धार्मिक शोषक इस बात को पचा नहीं पाते। वे बिना परिस्थितियों को जाने अपने-अपने खुदा-पैगम्बर से प्रार्थना करते रहते हैं-सद्बुद्धि की। 'राग-विराग' के माध्यम से लेखक ने इस समाज में फैले, साईं, रजनीश, जयगुरुदेव और महेश जैसे तमाम छद्म साधु-संयासियों और ब्रह्मचारियों की वास्तविकता को प्रस्तुत किया है। क्योंकि समाज के सामने ये साधु-संयासी बेहद निर्विकार रूप से जनता की सहानुभूति को प्राप्त करते ही हैं, उसका शोषण भी करते हैं। जिस स्त्री

को देवी कहकर सम्बोधित करते हैं, उसी के प्रति इनकी नियति दुरुस्त नहीं रहती। दुनिया के सामने ये जितना पवित्र अपने को पेश करते हैं, अन्दर से वे उतने ही दूषित होते हैं और एक प्रकार से भाववादी धर्म की आड़ में सामाजिक पतन के लिए ये सबसे अधिक दोषी हैं।

परसाई की विशेषता है कि प्राचीन मिथकों को अपने समय-संदर्भ में इतनी बारीकी के साथ प्रासंगिक बना देते हैं कि वर्तमान व्यवस्था का चरित्र नंगे रूप में प्रस्तुत हो जाता है। 'सुदामा के चावल' 'बैताल की कथाएँ', 'लंकाविजय के बाद', 'मेनका का तपोभंग', 'त्रिशंकु' आदि इसी प्रकार के व्यंग्य हैं। 'सुदामा के चावल' में राजधानी में बैठा व्यक्ति अनेक स्त्रियों से घिरा रहता है, गोपिकाओं के कृष्ण की तरह। वह व्यक्तिपूजा, घूसखोरी और तोहफा के बिना आगे नहीं बढ़ता। जिसका परिणाम यह होता है कि सम्पूर्णतंत्र इसी प्रकार की बुराइयों में फँसा रहता है और इस रहस्य के जानने वाले हर व्यक्ति को हर प्रकार से चुप रखा जाता है, कोशिश यह की जाती है कि उसका भी वर्गीय चरित्र बदल जाय। इसके बावजूद वह अपनी उदारता, सदाशयता, परोपकारिता और दानशीलता के पोस्टर, विज्ञापन निकलवाता है। वह कभी हल जोतते दिखाई पड़ता है, कभी दान देते और कभी हरिजनों और बाढ़-पीड़ितों को वस्त्र वितरित करते हुए। इसके विरुद्ध मुँह खोलने का मतलब मौत होता है। "सारा धन सिमटकर द्वारिका में आ गया था। और सारी विद्या इकट्ठी हो गयी थी। बड़े-बड़े कलावन्त, पण्डित, कवि और गायक राजधानी में आकर बस गये थे। क्योंकि यहाँ राजपुरस्कार खूब बँटते थे। अच्छे शासन तो शब्दों और आँकड़ों के बल पर चलते हैं" और कि शासन हमारे पास केवल कर वसूल करने पहुँचता है या वोट माँगने। वेश्या का भी कोई पति होता है। राज्य का एक गुप्त रहस्य प्रकट न करने के लिए एक लाख स्वर्णमुद्रा, मकान और ग्राम पर सौदा होता है। ऐसे लोगों को ज्ञानपीठ पुरस्कार से सुशोभित किया जाता है। वर्तमान प्रजातंत्री व्यवस्था के इस दिगम्बरी नृत्य को तथा प्रजातंत्री व्यवस्थापकों का चरित्र 'लंकाविजय के बाद' में प्रस्तुत है। जैसा कि मैंने पूर्व में कहा, परसाई प्राचीन मिथकों के माध्यम से वर्तमान समय-समाज को प्रस्तुत करते हैं। जिन्होंने स्वतंत्रता-संग्राम में शिरकत की थी वे ही सर्वेसर्वा हैं "राज्य के नागरिक इनके दिन दूने उपद्रवों से तंग आ गये थे। ये वानर लंकाविजय के मद से उन्मत्त हो गये हैं। वे किसी भी बगीचे में घुस जाते हैं और उसे नष्ट कर देते हैं, किसी के भी घर पर बरबस अधिकार जमा लेते हैं, किसी का भी धन धान्य छीन लेते हैं। किसी की भी स्त्री का अपहरण कर लेते हैं। नागरिक विरोध करते हैं तो कहते हैं कि हमने तुम्हारी स्वतंत्रता के लिए संग्राम

किया था, हमने तुम्हारी भूमि को असुरों से बचाया, हम न लड़ते तो तुम अनार्यों की अधीनता में होते; हमने तुम्हारी आर्य भूमि के हेतु त्याग और बलिदान किया है। देखो, हमारे शरीर पर के ये घाव।'' और मजे की बात तो यह है कि इनमें से अधिकांश ने युद्ध में भाग ही नहीं लिया, नकली घाव बनाये फिर रहे हैं और अवाम को लूट रहे हैं। अब मेनका का ही वृतभंग किया जा रहा है, समाज सेवा के नाम पर कुछ व्यक्तियों ने इसका ठेका ही ले रखा है। मेनका का पाला ऐसे ही व्यक्ति से पड़ा जो तीस साल से समाज-सेवा में लगा है। स्वतंत्रता आन्दोलन के दौरान दो बार जेल जाकर बाद में कई महत्त्वपूर्ण पदों पर रहा और हरिजन कल्याण मंत्री रहकर हरिजनों का कल्याण करता रहा। भारत सेवक-संघ, महिला-संघ, सर्वोदय नियम से रोज फूल-माला पहनाते हैं। लेखक का व्यंग्य उन राजनीतिज्ञों पर है जो अवाम को भुलावे में रखकर आभिजात्य और विलासिता का जीवन बिता रहे हैं और आखिर में स्वयं मेनका का वृतभंग कर देते हैं। आखिर मेनका तो उनके जीवन का प्राप्य है?

'त्रिशंकु' भी इसी प्रकार के पौराणिक आख्यान पर आधारित है जिसमें एक निम्नवर्गीय अध्यापक को मकान के लोभ में मकान से बाहर कर लावारिस छोड़ दिया जाता है। यह एक व्यवसायी तथा सरकारी अधिकारी के षड्यंत्र का परिणाम है, पूँजीवादी शासनतंत्र प्रायः व्यापारियों के सहयोग से ही संचालित होता है। व्यवसायी उसी को मकान दे सकता है जिसके पास विलासिता के तमाम उपकरण हैं। परिणाम होता है घर-द्वारहीन निम्नमध्यवर्गीय अध्यापक त्रिशंकु की तरह बीच में लटका रहता है, न इधर का रहा न उधर का। क्योंकि उसका वर्ग इन दोनों लोगों से अलग है।

'बैताल की कथाएँ' गाँधीवादी हृदय परिवर्तन के सिद्धान्त पर व्यंग्य हैं। सत्ताइसवीं कथा में डाकुओं की समस्या है जिनको समाज पैदा करता है। शासन की शक्ति इनको पराजित करने में सक्षम नहीं हो पाती और अन्त में सन्त महोदय को हृदय-परिवर्तन का नुस्खा याद आ जाता है। भैया सा'ब डाकू का हृदय बदल कर डाकू का हृदय अपने पास बचा लेते हैं। राजनीतिक भइया सा'ब उस डाकू को ही खरीद लेते हैं। इसी प्रकार अट्ठाइसवीं कथा में एक व्यवसायी भी घूस के द्वार नेकदिल आदमी का हृदय बदल देता है और कालाबाजारी के मुकदमों में उसकी जीत हो जाती है।

और भी ऐसे तमाम व्यंग्य हैं (आमरण अनशन, फैमिली प्लानिंग आदि) जिनकी मूलवल्तु लगभग इसी प्रकार की है। एक बात जो लगातार मथती रहती है वह यह कि परसाई की व्यंग्य-रचनाएँ आकार में बहुत बड़ी नहीं

हैं और उनका व्यंग्य विश्वस्तर के व्यंग्यकारों की तरह व्यापक परिवेश को भले ही न बाँधता हो और भले ही वह उतना प्रभावशालीन हो लेकिन एक बात तय है कि परसाई पाठक के साथ इस तरह यात्रा करते हैं कि लगता है बात परसाई न कहकर हम खुद कह रहे हैं। क्योंकि परसाई भारतीय परिवेश के रचनाकार हैं और भारतीय परिस्थितियों को ज्यादा बखूबी समझते हैं। परसाई तात्कालिक घटनाक्रम तथा परिस्थितियों को नजरअंदाज करते हैं और उनका वस्तुपरक वैज्ञानिक विश्लेषण करते हैं। परसाई को जितना मनोवैज्ञानिक अनुभव भारतीय दिमाग का है उतना हिन्दी में मुश्किल से किसी के पास होगा। और सबसे महत्त्वपूर्ण है। परसाई की भाषा। उनका एक शब्द ही पूरी असलियत को प्रस्तुत कर देता है। हास्य की जो भी मात्रा परसाई के लेखन में है वह व्यंग्य से उपजी है, अलग से उसका अस्तित्व उनकी रचनाओं में नहीं है। परसाई के इर्द-गिर्द है-तात्कालिक घटनाक्रम, राजनीतिज्ञ, व्यापारी, बुद्धिजीवी, धार्मिक मठाधीश, मध्यवर्ग और बीच-बीच में शोषण से पिसता हुआ भारतीय सर्वहारा। परसाई की सफलता यही है कि वे हमारे अन्दर नफरत पैदा करते हैं-शोषकों के प्रति और सर्वहारा के साथ सक्रिय सहानुभूति उत्पन्न करते हैं।

-वीरेन्द्र मोहन

दिखते चलचित्र

व्यंग्य-लेखन की समीक्षा करना तो यूँ भी कठिन कार्य है, फिर परसाई जी की व्यंग्य-रचनाओं की समीक्षा। हिन्दी के व्यंग्य-लेखन में परसाईजी का व्यक्तित्व किसी विराट सत्ता-सा असर रखता है। उनकी व्यंग्य-रचना की समीक्षा करते हुए कोई भी व्यक्ति उनके व्यक्तित्व के मनोवैज्ञानिक दबाव से मुक्त होकर कार्य करे ताकि उसके निष्कर्ष मनोगत न होकर वस्तुगत रहें, जो साथ ही कठिन भी है। मैं उस मनोवैज्ञानिक दबाव से मुक्त होने का प्रयास करते हुए ही लिखना चाहता हूँ।

समीक्षा के कई डाईमेन्शन्स हैं। कुछ समीक्षक रचनाकार के पूरे लेखन का मूल्यांकन कर उसे इंस्टीट्यूशनलाइज्ड करते हैं। इसी आधार पर वे लेखक की वैचारिक आस्था, सम्बद्धता और प्रतिबद्धता की घोषणा करते हैं। कुछ समीक्षक रचनाकार के शिल्प को एक नये आन्दोलन या पैटर्न के रूप में देखते हैं, कुछ रचनाकार के शिल्प की 'सूक्ष्म कलात्मकता' या 'पूर्ण कलात्मकता' का प्रश्न उठाते हैं, तो कुछ रचना की सम्प्रेषणीयता और विश्वसनीयता का मूल्यांकन करते हैं। परसाईजी ऐसी 'चीज' हैं कि उनके लेखन के साथ यह सब कुछ किया जा सकता है। परसाई की व्यंग्य-रचनाओं की एक विशिष्टता यह है कि वे 'पूर्ण कलात्मकता' एवं 'सूक्ष्म कलात्मकता' के हर अज्ञेयवादी सवाल का भरपूर जवाब देती हैं। उनकी रचनाओं के पात्रों में बहुत बारीक अन्तर होता है। उस बारीक अन्तर को समझे बगैर एक रचना के बाद दूसरी रचना पढ़ने पर पाठक को रिपिटीशन लग सकता है।

व्यंग्य एक बिल्कुल भिन्न विधा है जो कविताओं, निबन्धों आदि की तुलना में बिल्कुल और बैठती है, भले ही उन्हीं रूपों में हो। जब व्यंग्य भिन्न विधा है तो इसे अपनाने वाला रचनाकार भी किसी विशिष्ट व्यक्तित्व का स्वामी तो होगा ही, उसके चिन्तन का रूप भी कुछ भिन्न होगा! और तब, जब वह रचनाकार परसाई हो। कुछ लोगों का कहना है कि जब से व्यवस्था को बदलने का आत्मविश्वास आ गया है तब से व्यंग्य का उदय

हुआ है। मुझे लगता है कि व्यंग्य में व्यवस्था को बदलने का आत्मविश्वास आवश्यक नहीं है। व्यवस्था, जो लोगों के लिए दुनिया के रूप में है, दुनिया की मूर्त संस्थाओं और व्यक्तियों के रूप में है, उसके छिछोरेपन का एहसास ही व्यंग्य को जन्म देने के लिए पर्याप्त एवं सक्षम है। उसके लिए आवश्यक है कि व्यंग्यकार में गहराई से महान आदर्शों और महान नैतिक मूल्यों की घुसपैठ हो, एक आदर्शपूर्ण जीवन जीने का निश्चय हो। जब अपने आदर्शों से वह दुनिया और लोगों के व्यवहार की तुलना करते है तो वे उसे मूर्ख, छिछोरे, घृणास्पद तथा हास्यास्पद लगते हैं। वह उनका उपहास करता है, उन पर व्यंग्य करता है। जब वह स्वयं अपना व्यवहार भी अपने मान्य आदर्शों के प्रतिकूल पाता है तो आत्मव्यंग्य करता है, स्वयं अपना उपहास करता है और जो यह सब करता है न! वही परसाई है। जो अपनी बेईमानी, समझौते और आत्मसमर्पण का मजाक उड़ाता है, अपनी मूर्खता और बुजदिली पर हँसता है, अपनी बेईमानी से घृणा करता है। इस तरह अपने मूल्यों को फिर भी वजनदार और महत्त्वपूर्ण सिद्ध कर उन्हें टूटने से बचा लेता है। उनके आसपास के लोक और वे स्वयं उन आदर्श मूल्यों पर नहीं बल्कि परसाई द्वारा उनके प्रतिकूल किये गये व्यवहारों पर हमला बोलते हैं, उनकी आलोचना करते हैं। यह आत्मालोचना करने, उन आलोचनाओं को प्रोत्साहित करने और आत्मसुधार करने का एक तरीका है, जिसमें बचाव का मौका नहीं मिलता। वे अपने जैसे अनेक व्यक्तियों पर चोट कर उन्हें भी सावधान कर देते हैं। 'बोलती रेखाएँ' ऐसा ही संकलन है।

'मुफ्तखोर' एक आत्मव्यंग्य है। इसका कथ्य है कि लेखक जैसे योग्य और प्रतिभावान व्यक्तियों की इस व्यवस्था में क्या स्थिति है? अभिव्यक्ति की स्वतन्त्रता की औपचारिक घोषणा करने वाले इस प्रजातंत्र में प्रकाशक की सम्पन्नता और अपनी आर्थिक असहायता के कारण लेखक को आत्मसमर्पण करता हुआ देखकर क्या पाठक ऐसी व्यवस्था से घृणा नहीं करता? अयोग्य किन्तु सम्पन्न प्रकाशक के द्वारा लेखक का शोषण करने के लिए अपनाये गये घृणास्पद और टुच्चे तरीके प्रकाशक का मालिक की तरह बर्ताव, उसकी संवेदनहीनता के सामने किसी मजदूर की तरह असहाय लेखक को देखकर क्या पाठक को प्रकाशक-लेखक के मालिक-मजदूर की तरह के सम्बन्ध से खीज नहीं होती? क्या इससे उसके सामने अभिव्यक्ति की स्वतंत्रता की गारंटी की पोल नहीं खुल जाती? पाठक प्रकाशक को सर्वशक्तिमान मालिक और लेखक को असहाय, पराधीन और आत्मसमर्पण करने वाला मजदूर बनाने वाली व्यवस्था के प्रति वितृष्णा से भर जाता है। साथ ही वह लेखक के आत्मसमर्पण पर खीजता भी है। यहाँ परसाई से केवल वे रचनाकार नहीं

जुड़ते-जिन्हें व्यवस्था से प्रश्रय मिलता है या मिलने की आशा है। इस तरह परसाई अपने आत्मसमर्पण के खतरे से चौकन्ने रहते हैं। इसी आत्मालोचना से व्यवस्था के विरोध को ताकत मिलती है।

'आइलकिंग' अर्थतंत्र पर नियंत्रण रखने वाला बड़ा उद्योगपति है, जिसकी तेल के बाजार में इजारेदारी कायम है। वह आर्थिक रूप से इतना शक्तिशाली है कि परसाई से मिलने से पहले वह जिस राजनीतिज्ञ, सत्ताधारी, अफसर, शिक्षाविद्, पत्रकार या बुद्धिजीवी से भी मिला, उसे उसने सहजता से खरीद लिया। उसका जीवन-इतिहास व्यक्ति, योग्यता, प्रतिभा और प्रतिष्ठा को खरीद लेने की सहजता का इतिहास है। अत: उसे विश्वास है कि वह सब कुछ खरीद सकता है। इससे वह दम्भी हो गया है। पैसे के दम्भ में अपने-आपको सर्वशक्तिमान और शेष सबको तुच्छ समझता है। परसाई उसके सामने अपने-आपको मूक श्रोता के रूप में प्रस्तुत करते हैं। अब सिर्फ उसे बोलना है और वह बोलता है। बोलने के लिए उसके पास सिर्फ अपना अहम् और अपनी चालबाजियों का इतिहास है। इस तरह परसाई अपने-आपको मूक श्रोता के रूप में प्रस्तुत कर उसे बेपर्द करते हैं। वाचाल होकर वे ऐसा शायद न कर पाते। अत: परसाई उन पात्रों को 'एक्सपोज' करने के लिए अपनी मौन भूमिका को अर्थ प्रदान करते हैं। परसाई उसके अहंकार और जीवन-इतिहास में हर व्यक्ति की खरीद की क्षमता को चित्रित करते हैं। क्या पाठक इससे यह निष्कर्ष नहीं निकालता कि इस समाज में पैसे की प्रतिष्ठा एवं शक्ति के सामने योग्यताएँ और प्रतिभाएँ अपमानित होती हैं, राजनीति से लेकर पत्रकारिता और सामाजिक प्रतिष्ठा भी बिकाऊ माल हो गया है जिसे 'आइलकिंग' जैसे धन कुबेर सहज ही खरीद लेते हैं? क्या वह ऐसे 'आइल किंग्स' से और उनको बढ़ावा देने वाली व्यवस्था से नफरत नहीं करता? क्या वह इस व्यवस्था में चल रही पूँजी (पैसे) की ताकत और साजिश को पहचान नहीं पाता?

यदि पाठक में मन में ये सभी भाव और प्रश्न उत्पन्न होते हैं तो पाठक ने परसाई की रचना पढ़कर क्या वही निष्कर्ष नहीं निकाले जो परसाई ने दुनिया देखकर निकाले हैं? यही है परसाई जी की खूबी कि वे अपने पात्रों एवं उनके व्यवहार के माध्यम से अपने निष्कर्षों को पाठक के ऐसे फैसले उसे परसाई के पास ले जाते हैं, उसे उनका हमदर्द और मित्र बना देते हैं। यही उनकी सम्प्रेषणीयता और विश्वसनीयता का सबसे बड़ा प्रमाण है।

परसाई व्यक्तियों के विशिष्ट व्यवहार और उसके माध्यम से उनके विशिष्ट मनोविज्ञान को चित्रित करते हैं। तब फिर पाठक जो निष्कर्ष निकालता है वह पूरी व्यवस्था के चरित्र की व्याख्या क्यों कर पाता है?

यह वही प्रश्न है जिसका उत्तर सूक्ष्म कलात्मकता की कृत्रिम शंका का मुँहतोड़ जवाब है। मात्र एक व्यक्ति के व्यवहार द्वारा पूरी व्यवस्था के चरित्र को उजागर करना क्या सूक्ष्म कलात्मकता नहीं है? सामान्य पाठक के लिए व्यवस्था अमूर्त्त है और वे व्यक्ति तथा पात्र मूर्त्त हैं जो परसाई की इन रचनाओं की बोलती रेखाएँ हैं। पाठक रचना के मूर्त्त पात्रों से व्यवस्था के चरित्र सम्बन्धी अमूर्त्त निष्कर्षों तक का सफर कैसे तय कर पाता है और परसाई उनसे यह सफर कैसे तय करवाते हैं? इस प्रश्न के उत्तर का दारोमदार दूसरे प्रश्न के उत्तर में है कि स्वयं परसाई दुनिया में मूर्त्त व्यक्तियों को देखकर व्यवस्था के बारे में अमूर्त्त निष्कर्ष कैसे निकाल पाये?

परसाईजी प्रत्येक व्यक्ति को, उसके विशिष्ट व्यक्तित्व, मनोविज्ञान एवं व्यवहार को सामाजिक व्यवहार तथा विकास की उपज के रूप में देखते हैं। वे व्यक्ति द्वारा परिवेश तथा परिवेश द्वारा व्यक्ति को परिवर्तित करने के प्रयासों के द्वन्द्व की परिणति के रूप में ही व्यक्ति के मनोविज्ञान, व्यक्तित्व और व्यवहार को पढ़ते हैं। 'एक तृप्त आदमी' एन० एल० मास्टर, परिवेश से हार मानकर समझौता कर लेते हैं। उन्हें मालूम है कि परिवेश (दुनिया या व्यवस्था) बड़ी बेरहम और साथ ही बहुत शक्तिशाली है। इस दुनिया से कुछ नहीं मिल सकता और दुनिया से लड़कर भी कुछ लिया नहीं जा सकता। बस! इस सत्य को जान लेने से उनकी सारी महत्त्वाकांक्षाएँ मर जाती हैं। वे संघर्ष से भी बचते हैं और जो कुछ मिल रहा है उससे कुछ अतिरिक्त प्राप्त करने की इच्छा करने से भी। देखिये परसाई किस तरह परिवेश का ज्ञान प्राप्ा होने से मर चुकी महत्त्वाकांक्षाओं को ही एन०एल० मास्टर की तृप्ति का कारण बताते हैं–

लोग कहते हैं–"एन० एल० मास्टर पूर्ण तृप्त आदमी हैं।" इसी रचना में परसाई के एक मित्र कहते हैं–"ऐसा आदमी दुर्लभ है। दुनिया में निराशा, विफलता, पिपासा और कुण्ठा के पुतले ही देखने में आते हैं।... वह पूर्ण तृप्त आदमी है। उसे कोई भूख नहीं है। और मुझे (परसाई को) याद आता है कि पिछले साल जब मैं बीमार पड़ा था, तब मेरी भी भूख मर गयी थी। अच्छे से अच्छे पकवान मेरे सामने रखे रहते थे और मैं मुँह फेर लेता था।" (पृ० 31, बोलती रेखाएँ, 1971)

क्या यह एन० एल० मास्टर की तृप्ति का कारण बताने के लिए पर्याप्त नहीं है? पड़ोसी भाभी से मास्टर का रोमांस उसके सामान्य जीवन से एक भटकाव है, पत्नी के टोकते ही वे वापस अपनी लीक पर आ जाते हैं और किसी अन्य स्त्री के सत्संग की इच्छा भी उन्हें फिर नहीं होती। पड़ोसी भाभी के साथ बैंक मैनेजर के रोमांस की चर्चा सुनकर भी उनमें जरा-सी

उत्तेजना पैदा नहीं होती, उन्हें कोई पछतावा भी नहीं होता। वे सहज भाव से कहते हैं–''ठीक है। समरथ को नहिं दोष गुसाई।'' कहीं कोई ईर्ष्या भी नहीं। क्योंकि उनकी महत्त्वाकांक्षाएँ, आकांक्षाएँ या इच्छाएँ उभरें, इससे पहले ही सामाजिक यथार्थ की कटु घटनाओं से उनका परिचय हो गया और वह पहले ही अच्छी तरह जान गए कि ''दुनिया से कुछ नहीं मिलेगा, कुछ चाहोगे तो रहा-सहा भी छिन सकता है।''

'असहमत' का परिचय सामाजिक यथार्थ से बहुत याद में हुआ, तब जब उसे भी इस व्यवस्था से कुछ नहीं मिला। जबकि उसकी महत्त्वाकांक्षाएँ पहले ही जन्म ले चुकी थीं। 'असहमत' में परसाई अपने-आपको कमजोर व्यक्तित्व के रूप में प्रस्तुत कर अपने मुख्य पात्र की आक्रमणक्षमता को पूरी तरह उभरने का अवसर देते हैं। कोई भी दबंग और अकड़ा व्यक्ति उस पात्र को पूरी तरह एक्सपोज नहीं कर पाता। अतः परसाई ने अपने-आपको दब्बू और बकवादी व्यक्ति के रूप में प्रस्तुत कर एक्सपोज़र का काम किया है। 'असहमत' ऐसे व्यक्ति की कहानी है जो खासे खाते-पीते परिवार में जन्म लेता है। जीवन के आरम्भ में अपने जमाने की कड़वी सच्चाई से उसका टकराव नहीं हो पाया और महत्त्वाकांक्षाएँ जन्म लेने लगीं। ऐसा परिवेश आदर्श मूल्यों को जन्म नहीं लेने देता, जहाँ 'कैरियर' और सुविधाओं की चर्चा से महत्त्वाकांक्षाएँ इतनी प्रबल हो जाएँ कि जब बहुत देर से सामाजिक यथार्थ के नये सन्दर्भों से टकराव हो तो वे मजबूत कवच बनकर व्यक्ति को उसकी हार की कड़वी सच्चाई का एहसास भी न होने दें। यथार्थ से दूर उसकी महत्त्वाकांक्षाएँ उसकी योग्यता का ऐसा मूल्यांकन कर रही थीं, जो पुराने सन्दर्भों में भले ही सही रहा हो, व्यवस्था के गहराते संकट और बढ़ती जा रही बेरोजगारी के नये संदर्भों में अतिशय मूल्यांकन था। वह हार जाता है। प्रबल महत्त्वाकांक्षा का अपना प्रबल अहंकारी मनोविज्ञान होता है जो उसे अपनी हार, योग्यता का सही मूल्यांकन स्वीकार नहीं करने देता। अपने से कम योग्य व्यक्तियों को बेहतर हालत में देखकर वह खीज उठा। उसकी महत्त्वाकांक्षाएँ और अहम् उसे यह भी नहीं स्वीकार ने दे रहे थे कि योग्यता से ही इस दुनिया में कुछ नहीं मिलता। वह जिद पकड़ बैठा कि वह योग्य है तो उसे मिलना चाहिए, फिर क्यों दुनिया उसे कुछ नहीं दे रही है? वह दुनिया पर अपनी योग्यता सिद्ध करने पर उसे परास्त करने पर तुल गया। वह हर व्यक्ति को दुनिया का प्रतिनिधि मानकर, उसकी हर बात काटकर उस पर अपनी योग्यता सिद्ध करने का प्रयास करता है।

प्रश्न किया जा सकता है कि आज तो दोनों व्यक्तियों के परिवेश में कोई अन्तर नहीं है। एन०एल० मास्टर को भी इस व्यवस्था से कुछ नहीं

मिल रहा है और असहमत को भी यह दुनिया कुछ नहीं दे रही है, फिर दोनों के व्यवहार के अन्तर का कारण उनके परिवेश का अन्तर तो नहीं है? दोनों एक जैसे परिवेश में रहते हैं और साधारण नौकरी करते हैं, फिर परिवेश कहाँ भिन्न है? यह भी सुझाया जा सकता है कि दोनों के व्यवहार में अन्तर उनकी मानसिकताओं और मनोविज्ञान में अन्तर के कारण क्या है? व्यक्तिवादियों के पास जवाब नदारद है। जवाब हम देते हैं। महत्त्वाकांक्षाओं के जन्म लेने और अपने परिवेश से टकराने, उससे परिचित होने के दो भिन्न क्रमों ने एन० एल० मास्टर को सन्तोषी और असहमत को क्रुद्ध बना दिया है। क्या यह उनके जीवन-इतिहास में दो भिन्न परिस्थितियों, दो भिन्न परिवेशों के कारण नहीं है? क्या वे दोनों अपने जीवन-इतिहास के दो भिन्न परिवेशों के दो भिन्न परिणाम नहीं, भले ही उनका वर्तमान परिवेश एक जैसा हो? क्या एन०एल० मास्टर अपने शौक में सामाजिक यथार्थ की कड़ुवाहट को जरा जल्दी पी गए और असहमत का मूड उसे 'सिप' करने का था? नहीं! एन० एल० मास्टर जैसे लोगों की मजबूरियाँ ही उस सामाजिक यथार्थ की कड़ुवाहट से परिचित होने को बाध्य करती हैं। 'असहमत' जैसे लोगों के सामने अपने जीवन की प्रारंभिक अवस्थाओं में कोई मजबूरी नहीं होती, वे खाते-पीते परिवारों में जन्म लेते हैं, जहाँ उन्हें सामान्य कष्ट नहीं होते और 'कैरियर' की चर्चाएँ महत्त्वाकांक्षाओं को जन्म देती तथा प्रबल बनाती हैं। सामान्यतः कोई एन०एल० मास्टर किसी खाते-पीते परिवार में जन्म नहीं लेता, वहाँ की सुविधाओं और 'कैरियर' की चर्चाओं में नहीं पलता-बढ़ता। दूसरी ओर सामान्यतः कोई भी व्यक्ति किसी अभावग्रस्त परिवार में पलने पर 'असहमत' नहीं होता। वह शुरू से ही 'सहमत' होता है। उसकी आकांक्षाएँ, इच्छाएँ, महत्त्वाकांक्षाएँ और अहम् उसमें होश आते ही मर जाती हैं। दोनों की अन्तिम भौतिक उपलब्धियाँ और अन्तिम परिवेश भले ही एक जैसा रहा हो पर उनके जीवन-इतिहास में उनके परिवेश अलग-अलग रहे हैं। इससे जाहिर है कि एक ही व्यक्ति के जीवन में उसकी परिस्थितियाँ बदल जाती हैं। इतिहास में मिले अलग-अलग परिवेश, अलग-अलग परिस्थितियाँ वर्तमान में एक-सी परिस्थितियाँ होने पर भी एक-दूसरे से भिन्न मूल्यों, मनोविज्ञान और व्यवहार वाले दो अलग व्यक्तित्वों के स्वामियों को जन्म देती हैं। परसाई अपने पात्रों को मात्र वर्तमान से प्रभावित नहीं बनाते, वे उन्हें उनके जीवन-इतिहास के असर के साथ, उनके जीवन-इतिहास पर उनकी पुरानी परिस्थितियों और परिवेशों के असर के साथ खड़ा करते हैं। वे पात्रों के व्यवहार की विशिष्टता को बड़ी बारीकी से एक-दूसरे से भिन्न बताते हैं कि पाठक मजबूर होकर सोचता

है कि वर्तमान में एक जैसा परिवेश होने पर कोई स्वार्थी है, कोई तृप्त, कोई चालबाज, तो कोई क्रुद्ध, कोई निराश और क्षुब्ध है, तो कोई निराश पर फाकामस्त; क्या कारण है कि उनके व्यवहार में यह अन्तर आया और वह अन्तर उनके जीवन-इतिहास में झाँकता है। तब उसे सभी पात्रों के अलग-अलग जीवन-इतिहास, जीवन-इतिहास की भिन्न-भिन्न परिस्थितियाँ नजर आती हैं। उसे अपने इतिहास में अपने परिवेश से टकराते पात्र नजर आते हैं। उन पात्रों पर दुनिया के बेरहम हमले दिखाई देते हैं, अपने परिवेश से घबराये हुए, सहमे हुए, हड़बड़ा कर दौड़ते हुए और हारकर टूटते हुए, पहाड़ से तने हुए उस परिवेश पर खिसियाते हुए या उससे झेंपते हुए पात्र दिखते हैं। जिनकी अन्तिम परिणति देखकर उसे उस दुनिया से घृणा हो जाती है जो व्यक्ति की महत्त्वाकांक्षाओं, आकांक्षाओं, इच्छाओं, योग्यताओं और प्रतिभाओं का गला घोंट देती है, उनकी ईमानदारी का अपमान करती है और बेईमानी को सामाजिक प्रतिष्ठा और शक्ति देती है, भावनाओं, आदर्शों और संवेदनाओं को कुचल-मसल डालती है। दुनिया के प्रति पाठक की घृणा ही व्यवस्था के प्रति उसकी घृणा है, क्योंकि उसके लिए दुनिया ही व्यवस्था है। परसाई वर्तमान में विशिष्टता (भिन्नता) और सार्वत्रिकता (सादृश्यता) के अन्तर को समझते हैं। वे जानते हैं यह अमूर्त्त है। वे मूर्त्त रूप में उसे अपने पात्रों के व्यवहार कि विशिष्टता और सार्वत्रिकता (सादृश्यता) तथा वर्तमान में उनके परिवेशों की विशिष्टता अथवा सार्वत्रिकता के रूप में देखते और पेश करते हैं। वे इतिहास (अतीत) में भी विशिष्टिता और सार्वत्रिकता के अन्तर को समझते हैं। वे इस अमूर्त्त परिकल्पना को अपने पात्रों के जीवन-इतिहास में परिवेश एवं परिस्थितियों की विशिष्टता अथवा सार्वत्रिकता के रूप में देखते और प्रस्तुत करते हैं। वे इतिहास की विशिष्टता का वर्तमान की विशिष्टता से सम्बन्ध जानते हैं। बल्कि वे वर्तमान की विशिष्टता को इतिहास की विशिष्टता की उपज, परिणाम, परिणति और प्रभाव के रूप में देखते हैं। वे वर्तमान में, पात्रों के परिवेश की सादृश्यता (सार्वत्रिकता) होने पर भी, बड़ी बारीकी से अपने पात्रों के व्यवहार की विशिष्टता को चित्रित कर, पाठक का ध्यान उस विशिष्टता के कारण की ओर आकर्षित करते हुए उनके व्यवहार की भिन्नता को उनके जीवन-इतिहास में उनकी अलग-अलग परिस्थितियों (परिवेशों) की परिणति के रूप में प्रस्तुत करते हैं। पात्रों के जीवन-इतिहास में उसके आसपास के व्यक्तियों और परिस्थितियों द्वारा पात्र का दबोचा जाना देखकर वह इस दुनिया के बारे में सतर्क हो जाता है, क्योंकि उसके जीवन में, उसके आसपास भी वैसे ही लोग हैं, वैसी ही परिस्थितियाँ हैं, वैसी ही दुनिया

है। परसाई जानते हैं कि अमूर्त्त व्यवस्था अपने-आपको सामाजिक व्यवहार के विशिष्ट संगठन में व्यक्त करती है, इस दुनिया के लोगों और संस्थाओं के व्यवहार के रूप में ही पाठक उसे पहचानता है। परसाई परिस्थितियों, व्यक्तियों, संस्थाओं के विशिष्ट, सामाजिक व्यवहार को पूरा चित्रित करने की बजाय उन सबका व्यक्ति की मानसिकता के विकास पर प्रभाव को चित्रित करते हैं। यह प्रभाव उनके पात्रों का विशिष्ट व्यवहार होता है जिसकी विशिष्टता का कारण खोजते हुए पाठक को दुनिया की परिस्थितियों, व्यक्तियों और संस्थाओं का (पात्र के समूचे जीवन में) पात्र से व्यवहार ही इस प्रभाव के कारण के रूप में दिखते हैं। मानना ही होगा कि परसाई को मूर्त्त और अमूर्त्त के रिश्तों की अच्छी समझ है। तभी तो वे पात्रों का व्यवहार चित्रित करते हैं और पाठक को दिखती है पूरी दुनिया, पूरी व्यवस्था। हम मान सकते हैं कि व्यक्ति, वर्ग, वर्ग के उपवर्ग या तबके, क्षेत्र, अंचल, समुदाय, सम्प्रदाय और यहाँ तक कि राष्ट्रों की विशिष्टता का कारण उनके अपने इतिहास की कुछ विशेष घटनाओं, कुछ विशिष्ट ऐतिहासिक परिस्थितियों की छाप होती है। वर्तमान की विशिष्टता इतिहास की विशिष्टता का परिणाम है, वर्तमान की विशिष्टता वस्तुतः वर्तमान की ऐतिहासिकता है।

'मनीषी जी' एक ऐसे व्यक्ति का रेखा चरित्र प्रतीत होता है जिसने अपने जीवन-इतिहास के प्रारंभ में जनसेवा का बीड़ा उठाया होगा, कोई बड़ा और महत्त्वपूर्ण कार्य कर डालने का निश्चय किया होगा, शुरू में ही आदर्श मूल्य अपना लिए होंगे, जिसे ऐसा कर पाने की अपनी क्षमताओं और प्रतिभा पर पूरा आत्मविश्वास भी होगा। उस समय उस व्यक्ति का जीवन का कटुता से परिचय न हुआ होगा। दुनिया के बाजार में उतरने पर उन्होंने जनसेवा या 'कुछ बहुत महत्त्वपूर्ण' कर डालने के कई प्रयास किये होंगे। लम्बे अरसे तक प्रयास करने पर असफल होकर उनका यथार्थ से परिचय हुआ, अपने आर्थिक अभाव की सीमाओं का ज्ञान हुआ। दुनिया में अभावग्रस्त व्यक्ति की गिरती हुई सामाजिक प्रतिष्ठा और जनसेवा करने की असमर्थता ज्ञात हुई। उनकी महत्त्वाकांक्षाएँ मर गयीं, किन्तु उनकी महत्त्वाकांक्षाओं में स्वार्थ के बजाय संवेदनशीलता, आदर्श और मानवीयता थी, वह सब तो नहीं मरा। लोगों को हँसाकर तरह-तरह से खुश करते हुए उनकी सहायता करते हुए मनीषी जी की संवेदनशीलता और मानवीयता तृप्त होती है। अपनी असफलता जानकर अपने जीवन को निरर्थक समझते हुए स्वयं कष्ट में रहकर भी परेशान लोगों की मदद करते हैं। लोगों को हँसाना, खुश रखना उनका स्वभाव बन चुका है, वे अपने स्वयं के कष्टों के प्रति संवेदनहीन हो चुके

हैं इसलिए वे हमेशा हँसते रहते हैं। उनका दर्द भी हँसी बन गया है। दुनिया के तिरस्कृत लोगों को संरक्षण देकर वे उन्हें दुनिया के हमलों से बचाकर उनकी सुरक्षा करते हैं। इस तरह वे अब भी बेरहम दुनिया के सामने अपने आपको असहायों को छाया देने खड़ी मजबूत चट्टान की तरह महसूस करते हैं। इसमें उन्हें अपनी महानता की अनुभूति होती है। इस कारण वे सामान्य मनुष्य की तरह जीविका चलाने के प्रयास नहीं करते जिससे उनके कष्ट कुछ अधिक ही हो जाते हैं। लम्बे अरसे तक अपने-आपको महत्त्वपूर्ण जन-सेवक मानकर किये गये व्यवहार ने उनके अहम् को बहुत मजबूत कर दिया था। यहाँ अहम् महत्त्वाकांक्षा या व्यक्ति की किसी भी मानसिकता के जड़ हो जाने की प्रक्रिया को परसाई जी बखूबी चित्रित कर पाते हैं। वे जानते हैं कि हमारे आसपास की दुनिया देखकर हमारे मूल्य तय होते हैं। प्रत्येक नयी घटना इन मूल्यों पर असर डालती है। इनसे मूल्य बदलते हैं या टूटते हैं। आसपास की दुनिया देखकर तय किये गये या बदले गये मूल्यों से हमारा व्यवहार तय होता है, विशिष्ट होता है। इस विशिष्ट व्यवहार के लगातार अभ्यास से हमारा मनोविज्ञान तैयार होता है तथा हमारे व्यवहार की वह विशिष्टता परिपक्व हो जाती है। ऐसी स्थिति में नयी घटनाएँ जो सामान्यतः हमारे मूल्यों, मनोविज्ञान और मानसिकता को परिवर्तित कर सकती थीं, वे उन पर या तो लेशमात्र भी प्रभाव नहीं डाल पातीं, उन्हें विकृत ही करती हैं या उन्हें बहुत कम परिवर्तित कर पाती हैं। हमारे विशिष्ट व्यवहार के लगातार अभ्यास से तैयार मनोविज्ञान और इस व्यवहार की विशिष्टता की परिपक्वता गैंडे की खाल की तरह हमारे मूल्यों, मानदण्डों और मानसिकता को ढँककर घटनाओं और परिवेश से लगभग अप्रभावित रखती हैं। इस तरह व्यक्ति अड़ियल, परिवर्तन विरोधी, रूढ़िवादी और फलतः प्रगति-विरोधी भी हो जाते हैं। परसाई का पाठक उनकी रचनाओं में पात्रों की यह नियति देखकर अपने स्वयं के अड़ियलपन से सतर्क हो जाता है। वह जान जाता है कि एक लम्बे अरसे तक अपने-आपको महान मानकर मनीषी जी ने जो व्यवहार किया उससे मनीषी जी का मनोविज्ञान अहंकारी हो गया और वे साधारण व्यक्तियों की तरह जीविकोपार्जन को हेय समझकर अपने कष्टों में स्वयं ही वृद्धि करते रहे जबकि वे कोई महत्त्वपूर्ण जन-सेवक नहीं बन सके। वह सतर्क हो जाता है कि विशिष्ट व्यवहार के लगातार अभ्यास से उसमें अड़ियलपन न आ जाय वह अपने मनोविज्ञान और व्यवहार का विश्लेषण करने का प्रयास करने लगता है। परसाई उसे यह बता सकने में पूरी तरह सफल लगते हैं कि विशिष्ट व्यवहार के लगातार अभ्यास के बिना व्यवहार की विशिष्टता और मनोविज्ञान की परिपक्वता के अभाव में हम

सहज की नयी घटनाओं के सत्य तथा परिवर्तन को स्वीकार भी कर लेते हैं और उन्हें सहजतापूर्वक अपना भी लेते हैं।

'रामदास' उनकी व्यंग्य कलात्मकता में बिल्कुल नयी दिशा है। कौन कहता है कि सिर्फ हास्य ही व्यंग्य पैदा करता है? परसाई रामदास का उपहास नहीं करते, वे उसके अवसाद को चित्रित कर पूरी समाज-व्यवस्था का उपहास करते हैं। रामदास ने एक सामान्य, सुविधामय, प्रतिष्ठित, आत्मसम्मानजनक और स्वाभिमानी जीवन की कामना की होगी। उसने इन आकांक्षाओं के जन्म लेने से पहले ही बेईमानी न करने के आदर्श मूल्य अपना लिए होंगे, जो लगातार अभ्यास से मजबूत हो चुके होंगे। सामाजिक यथार्थ से परिचय होते ही वह जान गया कि दुनिया उसे ईमानदारी से जीने नहीं देगी, किन्तु उसके मन में आदर्श की स्थापना इतने गहरे तक हो चुकी थी कि वह अपने आदर्श किसी भी कीमत पर त्यागने के लिए तैयार न हुआ। उसने कष्ट सहना ही श्रेयस्कर समझा, अब फिर कष्ट उसकी मजबूरी बन गये। कष्ट सहते-सहते वह अपने परिवार के कष्टों के प्रति संवेदनहीन होता गया। उसे सब कुछ निरर्थक लगने लगा। उसे विश्वास हो गया कि कोई 'निस्वार्थ सहायता' नहीं करता। लोगों की मानवीयता पर शंका करने और स्वाभिमान के कारण वह अपना दुख किसी से नहीं बताता था। उसके बेटे की मौत का अर्थ था उसका मन-मन घुलना और चुपचाप आँसू बहाना। बीच में अचेतन में दबी आकांक्षाएँ उभर आएँ तो परिवार को 'अच्छा'-सा मकान मिल जाये तो ले आऊँ' कहना। क्या कहीं रामदास का उपहास है? नहीं, यह रामदास का अवसाद है जो किसी ईमानदार व्यक्ति के प्रति समाज की निर्दयता का उदाहरण है। पूरे समाज का उपहास है। परसाई ने अपने पात्र का चित्रण बड़े आदरपूर्वक किया है जो सामान्य जन के प्रति उनके दृष्टिकोण और संवेदनशीलता को ही व्यक्त करता है। इसमें रामदास अपने पूरे इतिहास और पारिवारिक पृष्ठभूमि के साथ खड़ा है।

'गाँधी भक्त' सेवक जी की महत्त्वाकांक्षा और मूल्यों के टूटने की कथा है। सेवक जी के जीवन-इतिहास में केवल दो ही विशिष्ट घटनाएँ हुई थीं,- एक यह कि वे गांधीजी के साथ ही जेल में थे, दूसरी यह कि गांधीजी स्वयं उनकी शादी में आकर शाल भेंट कर गये थे और आशीर्वाद भी दे गये थे। बस इन्हीं दो घटनाओं ने सेवक जी का जीवन बदल डाला, उनके व्यक्तित्व को विशिष्टता प्रदान कर दी। उनकी मुलाकात इतने महान पुरुष से हुई कि वे फिर किसी अन्य को महान या महत्त्वपूर्ण नहीं मान सके। वे जानते थे कि भारत के लोग गांधी को महान नेता मानते हैं, उन्हें विश्वास था कि यदि लोग ऐसे महान नेता से मेरे सम्बन्धों को जान पायेंगे तो मेरा

सम्मान करने लगेंगे, मेरी प्रतिष्ठा बढ़ जाएगी, मेरी पूछ होने लगेगी। उन्होंने गांधी भक्ति में साधनों की पवित्रता का आदर्श भी अपनाया। स्वतंत्रता-प्राप्ति के बाद स्वतंत्रता-संग्राम में महत्त्वपूर्ण योगदान करने और त्याग करने वाले अपने साथियों को पतित होते देखकर सेवकजी हताश हुए। बापू के बाद कोई ऐसा न रहा जिससे साधनों की पवित्रता की प्रेरणा मिल सकती। सेवक जी के मूल्य कमजोर पड़ने लगे। साथियों को सत्तारूढ़, सम्पन्न और प्रतिष्ठित होते देख महत्त्वाकांक्षाएँ बढ़ने लगीं। गांधीजी से अपने प्रगाढ़ सम्बन्धों की स्मृति ही उनका मनोबल भी थी और सामाजिक प्रतिष्ठा का आधार भी। जिसका एकमात्र प्रमाण था एक नीला शाल। शाल के खो जाने से उनका मनोबल टूटने लगा, सामाजिक प्रतिष्ठा भी भूमिल होती हुई प्रतीत हुई। उसे पुनः अर्जित करने के लिए नकली नीला शाल खरीदा। मूल्य पहले ही कमजोर पड़ चुके थे। महत्त्वाकांक्षाएँ विजयी हुईं, नैतिक मूल्य हार गये। सेवक जी ने सामाजिक प्रतिष्ठा को फिर से अर्जित करने के लिए साधनों की पवित्रता को त्यागा, लेकिन लोगों पर यह प्रकट न होने देने के पूरे प्रयास किये वरना उन्हें कोई भी गांधी-भक्त न मानता और वे अपनी रही-सही सामाजिक प्रतिष्ठा भी खो देते जिसके लिए उन्होंने साधनों की पवित्रता का भी परित्याग कर दिया। परसाई जी सेवक जी के जीवन में घटी मात्र दो घटनाओं और उनके साथी राजनेताओं के नैतिक पतन को ही उनके व्यक्तित्व के बिल्कुल विचित्र एवं विशिष्ट विकास के आधार के रूप में चित्रित कर पाने में पूरी तरह सफल हैं। सेवक जी का यह व्यवहार कितना ही विचित्र या विशिष्ट लगे पर विश्वसनीय भी लगता है।

'बातूनी' और 'गांधी-भक्त' के सेवक जी में अन्तर यह है कि सेवक जी की मुलाकात एक ऐसे महान व्यक्ति से हुई जिसके सामने उन्हें सभी 'फीके' लगे। जबकि बातूनी कई महत्त्वपूर्ण, विशिष्ट और महान व्यक्तियों से मिल चुका है। जिसमें न तो कोई भी उसे इतना महत्त्वपूर्ण लगा और न ही दूसरे इतने फीके लगे। यही कारण है कि वह अपने जीवन के महत्त्वपूर्ण व्यक्तियों से मुलाकातों की स्मृतियाँ तो सुनाता ही है, कुछ और महत्त्वपूर्ण लोगों से परिचय बढ़ाने के लिए लालायित भी है। उसमें निराशा नहीं उत्साह है। अतः वह उन महत्त्वपूर्ण व्यक्तियों से सम्बन्ध बनाकर, उन पर एहसान लादकर उनसे अपने सम्बन्धों को प्रगाढ़ बनाकर स्वयं महत्त्वपूर्ण बनने का प्रयास करता है। इस कारण उसके पास बात करने को मात्र एक स्मृति नहीं बल्कि बहुत 'मसाले' हैं। यही वजह है क्रि वह बहुत बातूनी है। इन्हीं बातों से वह महत्त्वपूर्ण बनने का प्रयास करता है। वह अपनी सीमाएँ जानता है कि इस समाज में महत्त्वपूर्ण होने के लिए योग्यता न होने

पर पैसा या पद होना चाहिए जो उसके पास नहीं है। उसे मालूम है कि इस व्यवस्था में सामान्य व्यक्ति और उसके श्रम की प्रतिष्ठा नहीं है, वह हेय माना जाता है। तब महत्त्वपूर्ण दिखने के लिए वह बातूनी होने के अलावा कर भी क्या सकता है!

'ठण्डा शरीफ आदमी' और 'संयोजक' दोनों ही व्यवस्था को इतना शक्तिशाली मानते हैं कि उससे लड़कर कुछ नहीं लिया जा सकता, किन्तु वे यह नहीं मानते कि व्यवस्था से किसी को कुछ नहीं देती। वे जानते हैं कि कुछ लोग हैं जिन्हें व्यवस्था कुछ देती है, जो व्यवस्था को, उसके 'ठेकेदारों' और स्तम्भों को 'डिस्टर्व' नहीं करते, उनकी हित-साधना में सहयोग करते हैं। यह सत्य उनकी आकांक्षाओं और महत्त्वाकांक्षाओं को जन्म लेने से नहीं रोकता, उन्हें मरने नहीं देता, बल्कि उन्हें जीवित रखता है। साधारण परिवारों में जन्म लेने के कारण सामाजिक यथार्थ से इतने गहरे और इतने शीघ्र परिचय से वे महत्त्वाकांक्षी, अर्थ-लोलुप, पद-लोलुप और स्वार्थी हो जाते हैं। 'ठण्डा शरीफ आदमी' अपने जीवन में ऐसे कर्मचारियों को ही नजदीक से देख सका, जिन्होंने व्यवस्था के 'स्तम्भों' की अधीनता स्वीकार कर, उनकी चाटुकारिता में पर्याप्त लाभ लिखा और वह चाटुकार हो गया, उसने अधीनता स्वीकार कर ली। 'संयोजक' उस सत्य को तो जानता ही था जो 'ठण्डा शरीफ आदमी' जानता था लेकिन साथ ही वह एक और सत्य भी जान गया जिसे ठण्डा शरीफ आदमी नहीं जान पाया। अपने जीवन के प्रारम्भ से ही अधिक सामाजिक होने के कारण ऐसे व्यक्ति सार्वजनिक समारोहों को तथा उनके 'स्वयमभू संस्था प्रमुखों' को बड़ी बारीकी से देखकर उनके अधिक से अधिक करीब रहकर आसानी से उनके गुर सीख सकते हैं। संगत से गुर सीखने की कला जानने के कारण ही तो संयोजक परसाई जी को भी साथ रहने पर वे गुर सिखाने का आश्वासन देता है। 'संयोजक' व्यवस्था के स्तम्भों की सामाजिक प्रतिष्ठा अर्जित करने की स्वार्थपूर्ति हेतु बड़े महत्त्वपूर्ण, समारोहों का आयोजन कर उन्हें अध्यक्ष या उद्घाटनकर्ता बनाने की क्षमता से स्वतंत्रतापूर्वक, सम्मानपूर्वक, बिना अधीनता स्वीकार किये वा बिना चाटुकारिता किए ही उनसे कुछ प्राप्त किये जा सकने के सत्य को जान गया। इस अतिस्क्ति सत्य के ज्ञान के कारण लगभग एक से 'वर्तमान परिवेश' में रहकर भी, वह 'ठण्डा शरीफ आदमी' की तरह चाटुकार नहीं बनता अपितु वह स्वतंत्र और दबंग रहता है। यहीं परसाई न केवल एक से वर्तमान परिवेश बल्कि जीवन-इतिहास में भी लगभग एक से परिवेश होते हुए उनके इस बारीक अंतर के कारण (चाटुकार कर्मचारियों के नैकट्य तथा सामाजिक होने के कारण सार्वजनिक समारोहों

के 'स्वयमभू संस्था प्रमुखों' के नैकट्य की दो भिन्न परिस्थितियों के अन्तर के कारण) एक से स्वार्थी, मूर्त्त और महत्त्वाकांक्षी किन्तु फिर भी दो भिन्न मानसिकता और दो भिन्न विशिष्ट व्यवहारों वाले दो व्यक्तियों के विकास का अन्तर कितना बारीकी से चित्रित कर पाते हैं। कहीं 'रिपीटीशन' नज़र नहीं आता। यह सूक्ष्म कलात्मकता नहीं तो और क्या है!

'साहब महत्त्वाकांक्षी' की चर्चा को भी उनके विशिष्ट व्यवहार पर उनके जीवन-इतिहास के प्रभाव तक सीमित रखने का प्रयास करूँगा। साहब महत्त्वाकांक्षी सम्पन्न हैं, उन्हें कभी भी जनसामान्य से मिलने की आवश्यकता ही नहीं जान पड़ी। अतः वे जनसामान्य की प्रतिक्रियाओं से अनभिज्ञ विशिष्ट व्यक्तियों के बीच में बैठने के कारण उनके हर फैशन और व्यवहार को अच्छी तरह जानते हैं, उसे अपनाए हुए हैं। अपने बड़े पद में होने के कारण वे बड़ी सफलता से बेईमानी कर लेते हैं। सुविधा या सामाजिक प्रतिष्ठा बढ़ाने वाली किसी भी वस्तु को खरीद लेने में उन्हें कभी कोई कठिनाई नहीं हुई। इससे उनमें अतिरिक्त अहम् और आत्मविश्वास आ गया कि वे इस व्यवस्था में कुछ भी कर सकते हैं। फलतः उन्होंने 'मूर्ख जनता' के वोट बटोर कर संसद सदस्य की प्रतिष्ठा प्राप्त करने का निश्चय कर डाला। लेकिन इस बीच जनता थोड़ी-बहुत समझदार हो चुकी थी, राजनीति में अचानक कूद पड़ने वाले पर विश्वास न कर पायी। साहब महत्त्वाकांक्षी की जमानत जब्त हुई। राजनीति में अपनी अज्ञानता को स्वीकार करने में अहम् बाधा बन गया। वे खीजकर जनता को गाली देने लगे। फैशनेबुल, सम्पन्न लोग जब सार्वजनिक जीवन में खुलकर उतरते हैं तो उनका अतीत ही उनकी इस परिणति का कारण बनता है। ऐसे सम्पन्न व्यक्ति जनसामान्य के बीच जीवन बिताने की आवश्यकता न होने के कारण बिना जन-सेवा किये फ़ैशनेबुल तरीके से आपस में ही एक-दूसरे पर अपनी संवेदनशीलता, मानवीयता, समाज-प्रेम, देश-प्रेम, नैतिकता और मैनरिज़्म की धाक जमाते हैं। जनसामान्य को हेय समझने के कारण उनके इन भावों में कृत्रिमता होती है।

'एक भक्त' साधारण कर्मचारी है। उसका सामाजिक यथार्थ है उसका आफिस, उस आफिस के कानून और तौर-तरीके तथा उसके अफसर। वह व्यवस्था के इस हिस्से को बहुत ही शक्तिशाली मानता है। वह अपने-आपको असहाय और कमजोर समझता है। भगवान को अपने आपसे अधिक शक्तिशाली सत्ता मानकर वह उनकी भक्ति के सम्मुख स्वयं की पत्नी की तथा सभी साधारण व्यक्तियों की उपेक्षा कर देता है, क्योंकि वह भगवान को इन सभी से अधिक शक्तिशाली मानता है। वह अधिक शक्तिशाली को

नाराज नहीं करना चाहता, जानता है कि इससे कष्ट बढ़ेंगे। लेकिन उसने अपने जीवन में बड़े अफसरों को सर्वशक्तिमान पाया है, वे किसी से भी नहीं हारते। भगवान की पूजा और ब्राह्मण देवता की आह का उन पर कोई असर नहीं पड़ता। वे उन सबकी उपेक्षा कर दण्ड दे देते हैं। भौतिक जगत के इस वस्तुगत सत्य के सामने उसने अपने भगवान को असहाय देखा है। वे समझ चुके थे कि अफसर तो भगवान से अधिक शक्तिशाली है। अधिक शक्तिशाली को प्रसन्न करने की प्रवृत्ति के कारण वे भगवान की भक्ति के सम्मुख सबकी उपेक्षा तो कर सकते हैं, लेकिन अफसर की नहीं। उसके सामने तो वे ईश्वर-भक्ति भी त्याग सकते हैं, लेकिन अफसर की नहीं। उसके सामने तो वे ईश्वर-भक्ति भी त्याग सकते हैं, उसकी भी उपेक्षा कर देते हैं। आफिस के इस वस्तुगत सत्य से उनका आध्यात्मिक सत्य हार जाता है। वैसे शरीर अस्तित्वमान 'सैक्रेटरी ट् दि गवर्नमेंट' को ब्रह्म की अपेक्षा अधिक सत्य मानते हैं। वे अपने अनुभव से देख चुके हैं कि जगत मिथ्या नहीं सत्य है। पाठक जी की पत्नी का यथार्थ यह आफिस नहीं है। अतः आफिस के सत्य के सामने उनका आध्यात्मिक सत्य नहीं टूटता और वे पाठक जी को पूजा छोड़कर आफिस जाने पर टोक देती हैं, किन्तु परिवार में पति-पत्नी के सम्बन्धों का सत्य उनका यथार्थ है। उन्होंने पारिवारिक सम्बन्धों के इस सत्य के सामने अपने आध्यात्मिक सत्य को असहाय पाया है। वे भी अपने अनुभव से जगत (परिवार) को मिथ्या नहीं सत्य मानती हैं। अतः पाठक जी के भौतिक जगत (आफिस) के वस्तुगत सत्य के सामने उनका आध्यात्मिक सत्य भले ही न हारा हो अपने भौतिक जगत (परिवार) के वस्तुगत सत्य के सामने उनका आध्यात्मिक सत्य ही हार जाता है। वे पाठक जी की डाँट से खामोश हो जाती हैं। इस रेखा-चित्र में परसाई बताते हैं कि मानवमात्र का इस भौतिक जगत के अस्तित्व की सत्यता का ज्ञान, उस पर उनका विश्वास कितना अधिक हो चुका है। वे यह चित्रित करने में पूरी तरह सफल हैं कि मनुष्य का भौतिक जगत के अस्तित्व की सत्यता का ज्ञान, उस पर उनका विश्वास कितना अधिक हो चुका है। वे वह चित्रित करने में पूरी तरह सफल हैं कि मनुष्य का भौतिक जगत की सत्यता पर विश्वास बढ़ रहा है और उसी अनुपात में किसी पारलौकिक सत्ता के अस्तित्व पर, उसकी शक्ति पर विश्वास घट रहा है। यह साधारण रूप से तो दो व्यक्तियों का विशिष्ट व्यवहार दिखता है किन्तु वस्तुतः यह रेखाचित्र पिछले लगभग ढाई हजार वर्षों से चले आ रही दो दार्शनिक प्रवृत्तियों (भौतिकवादी और भावनावादी) के संघर्ष की नियति को बहुत ही सफलता से चित्रित कर पाता है। व्यक्तियों के व्यवहार मात्र से ही ढाई हजार वर्षों

से चले आ रहे दार्शनिक संघर्ष की नियति को चित्रित कर देना क्या सूक्ष्म कलात्मकता नहीं है? परसाई इन दोनों दार्शनिक प्रवृत्तियों के मूल आधार–पारलौकिक शक्ति और जगत के प्रति व्यक्ति के दृष्टिकोण पर उसके पूरे जीवन में उसके आसपास की दुनिया के सत्य की शक्ति द्वारा उसके प्रभावित करने के प्रयासों के द्वन्द्व के प्रभाव को ही उन पात्रों के व्यवहार के रूप में चित्रित करते हैं। यह उनके अतीत पर उनके परिवेश के प्रभाव के रूप में चित्रित है।

दल बदलने वाला स्वयं इस व्यवस्था की राजनीति का अंग है। उसकी स्थिति ऐसी है कि वह घर के अन्दर बैठकर घर का भेद अच्छी तरह याद गया है। कोई आदर्श तय करने के पहले वह इस व्यवस्था के यथार्थ के उस पहलू से परिचित हुआ जो इस व्यवस्था में नैतिक पतन की चरम परिणति है। वह अच्छी तरह जान गया कि इस समाज में नैतिक मूल्यों का कोई अर्थ नहीं है। परसाई हरचरन के व्यवहार को उस पर व्यवस्था की टूटन और बिखराव के प्रभाव के रूप में बड़ी खूबसूरती से चित्रित करते हैं। वे पूँजीवादी पार्टियों के राजनीतिज्ञों की सारी चालबाजियों की पोल खोल देते हैं और उनके पाठक की इस पूँजीवादी राजनीति और राजनेताओं पर बची–खुची आस्था भी समाप्त हो जाती है। यह 1947 के बीस वर्ष बाद अर्थात् 1967 की घटना है। जिसमें कांग्रेसी और जनसंघ, संसोपा और प्रसोपा के विरोधी गठबन्धन के नेता, सभी हरचरन जैसे लोगों को दल बदल करने के लिए लालच देते हैं। उन पर दबाव डालते हैं। पार्टियों का नाम लिए बिना ही परसाई ने सब कुछ कह दिया।

'अनशनकारी' सारे रेखाचित्रों में बिल्कुल अलग स्थान बनाता है, जिसमें वे एक साथ कई वर्गों के प्रतिनिधियों को बेनकाब करते हैं। स्वयं शामिल हुए बिना ही उनको आपस में टकराते हुए चित्रित करते हैं। स्थानीय नेता और नगरपालिका अध्यक्ष गोवर्धन बाबू, स्थानीय सम्पन्न व्यापारी ('आइल किंग' की तरह धन कुबेर नहीं!) सेठ किशोरीलाल और सत्ता दल के महत्त्वपूर्ण प्रान्तीय नेता भैया साहब के अहम् और स्वार्थों का सामंजस्य भी होता है और टकराव भी। वे एक-दूसरे के लिए सीधे ही बहुत महत्त्वपूर्ण नहीं हैं, अतः वे एक-दूसरे से हार नहीं मानते। दूसरी ओर मुख्यमंत्री जैसे सभी सत्ताधारियों की अधीनता वे आसानी से स्वीकार कर लेते हैं जो उनके बहुत बड़े स्वार्थ को पूरा कर सकता है। ऐसे लोगों का स्वार्थ सदा ही बड़े सत्ताधारियों को सहयोग करता है, जब भी उनका अहम् हारता है, उनका बड़ा स्वार्थ जीतता है और वे उन सत्ताधारियों की अधीनता स्वीकार कर लेते हैं। गोवर्धन बाबू, सेठ किशोरीलाल और भैया साहब का स्वार्थ

वह सत्ताधारी पूरा और सेठ किशोरी लाल कर सकता है लेकिन स्वयं उसका स्वार्थ गोवर्धन बाबू जैसे स्थानीय नेता जैसे साधारण स्थानीय धनाढ्य नहीं पूरा कर सकते बल्कि वही पूरी तरह से उनका भाग्यविधाता है, जबकि भैया साहब जैसे महत्त्वपूर्ण प्रांतीय नेता राजनीतिक संकट के समय उसकी स्वार्थ-पूर्ति कर सकते हैं। इस कारण सत्ताधीश भैया साहब के पक्ष में निर्णय देता है। गोवर्धन बाबू और सेठ किशोरीलाल के स्वार्थ उसके निर्णय का समर्थन करते हैं, उनका स्वार्थ जीतता है, अहम् हारता है। भैया साहब के अहम् की विजय सत्ताधारी के स्वार्थ की और फलस्वरूप गोवर्धन बाबू और सेठ किशोरीलाल के स्वार्थों की उनके अहम् पर विजय है। अतः इन सम्बन्धों से भैया साहब का अहम् गोवर्धन बाबू और सेठ किशोरीलाल के स्वार्थों के रूप में ही विजयी होता दिखता है। परसाई जी ने विभिन्न वर्गों के इन अमूर्त्त सम्बन्धों को पूरी सफलता और कलात्मकता के साथ कुछ व्यक्तियों के व्यवहार द्वारा चित्रित कर दिया।

मैंने अपने पूरे लेख में जान-बूझकर 'मुक्तिबोध' और 'क्रोधित-निराश' की चर्चा अब तक नहीं की। उनका विशेष महत्त्व है। 'मुक्तिबोध' बिल्कुल ही अद्भुत प्रयोग है। इससे स्पष्ट है कि व्यंग्य में किसी पात्र से घृणा करना या उसका उपहास करना हमेशा आवश्यक नहीं है। इस रेखाचित्र में किससे घृणा करते हैं परसाई? किसका उपहास करते हैं? मुक्तिबोध का, ज्ञानरंजन का, शरद कोठारी का, शान्ता भाभी का, प्रमोद वर्मा का, रमेश का या स्वयं अपना? किसी का उपहास तो नहीं करते परसाई! किसी से भी तो घृणाा नहीं करते वे! उनके पात्र अपनी परिस्थितियों के कारण भले ही हँस सके हों, उनकी हँसी में उपहास नहीं है। पाठक के लिए तो वे गहरी आहें हैं। उसमें मुक्तिबोध का अवसाद है। उनके कारण उनके मित्रों का अवसाद है। यह निराश और कमजोर व्यक्ति का अवसाद नहीं है। यह उस व्यक्ति का अवसाद है जो अपने जीवन के अन्तिम क्षणों में भी समाज को कुछ देकर जाना चाहता है जिसमें उस समय भी कुछ कर गुजरने की ललक है जिसमें आत्महत्या करने की इच्छा नहीं, कुछ दिन और जीकर कुछ कर गुजरने की तमन्ना है। जो क्षण-भर के लिए अकेला पड़कर भयंकर पीड़ा के क्षणों में भले ही निराशा की कविता लिख डाले, लोगों से मिलते ही उसमें साहस का संचार हो जाता है और वह आशा से भरकर नयी कविता लिखने को तैयार है। अब वह पहले की निराशा-भरी कविता को गलत कहने का साहस भी रखता है जिसे सहानुभूति का पात्र बनना स्वीकार नहीं। जो अपने शिष्य का दिल नहीं दुखा सकता। अतः अपना अहम् (जो उसे बहुत प्रिय है) मारकर भी उसके पैसे स्वीकार कर लेता है। परसाई उस

महान कवि के कष्टों की ओर ध्यान दिलाकर पाठक को मजबूर कर देते हैं कि वह इसका कारण खोजे। पाठक को साफ नजर आता है कि ऐसे प्रतिभावान रचनाकार इसी तरह उपेक्षित होकर कष्टमय जीवन बिताता है और बितायेगा। यहीं इस रेखाचित्र द्वारा समूची व्यवस्था का उपहास कर व्यक्ति की स्वतंत्रता और सुरक्षा की गारंटी करने वाले प्रजातंत्र को निरर्थक सिद्ध किया गया है। इतनी यातनाएँ देने के बाद भी क्या यह व्यवस्था मुक्तिबोध के मूल्यों को, उनके उत्साह को, उनकी संवेदनशीलता, आत्मीयता और समाज-प्रेम को क्या जरा भी कमजोर कर पाती है? बिल्कुल नहीं। इस तरह क्या व्यवस्था अपनी पूरी क्रूरता के बावजूद मुक्तिबोध जैसे मार्क्सवादी प्रतिबद्धता वाले रचनाकार के सामने असहाय नहीं सिद्ध हो जाती? व्यवस्था का इससे बड़ा उपहास और क्या होगा! ज्ञानरंजन से सही कहा था–पहली कविता भी ठीक है! इस व्यवस्था की एक रचनाकार के प्रति क्रूरता, भयंकरता और अमानवीयता की कथा होगी।

रिपीटीशन?

'क्रोधित निराश' की चर्चा सबसे अन्त में करने के पीछे कारण यह था कि यह उस रेखाचित्र के माध्यम से मध्यवर्ग के ऐसे व्यक्तियों की स्थिति पर, इस व्यवस्था पर तो व्यंग्य है ही, साथ ही इस रेखाचित्र की एक और खूबी भी है। इसमें परसाई अकेले व्यंग्यकार नहीं हैं। उनका यह पात्र भी अच्छा-खासा व्यंग्यकार है। यह स्वयं ही अपने चारों ओर के मध्यवर्गीय लोगों की बेईमानी, स्वार्थ और झूठे अहंकार पर भरपूर चोट करने में सक्षम है। वह इस व्यवस्था का उपहास करने में सक्षम है। परसाई एक महान लक्ष्य के लिए प्रतिबद्ध हैं, एक बहुत बड़े संघर्ष का हिस्सा हैं। इस कारण आशावादी भी हैं और व्यक्तियों के व्यवहार को उनके वस्तुगत रूप में उद्घाटित करने में सक्षम हैं। 'क्रोधित निराश' अपने जीवन के बाद के समय में किसी भी संघर्ष या महान लक्ष्य के लिए प्रतिबद्ध तो क्या उससे सम्बद्ध भी नहीं रह पाता। फिर भी उसने अपने आदर्श तय कर रखे हैं। उन्हें त्याग कर बेईमानी करना उसे छिछोरापन लगता है। उसमें उस आदर्श जीवन को जीने का बड़ा स्वाभिमान है जिसके सामने सम्पन्नता और पद के छोटे-छोटे अहंकार उसे बहुत ओछे लगते हैं। यही कारण है कि कोई व्यक्ति उसे जब छोटी-छोटी बेईमानियाँ करता हुआ, अपने छोटे-मोटे अहंकार का प्रदर्शन करते हुए नजर आता है तो वह उनका उपहास करता है, वे उसे बहुत घटिया लगते हैं। बाद में अपनी असमर्थता जान लेने पर वही उसे अपमानजमक लगता है। वह खीजता है, कुढ़ता है। इसका विकास भी

'असहमत' जैसा ही हुआ है, व्यवहार भी एक हद तक 'असहमत' जैसा ही है। बहुत बारीक अन्तर है। असहमत क्रुद्ध होता है और यह कुढ़ता है। असहमत हर व्यक्ति पर अपनी योग्यता प्रमाणित करने और उसे परास्त करने के लिए उसकी हर बात काटने का प्रयास करता है, विषय भले ही कुछ भी हो। 'क्रोधित निराश' प्रत्येक विषय पर व्याख्यान नहीं देता, हर बात पर प्रतिक्रिया नहीं देता। केवल अपने प्रति दूसरों के व्यवहार पर ही कुढ़ता है। अपने असम्मान के प्रति सतर्क रहकर दूसरे पर अपमान करने की शंका करता है। उसे मालूम है कि साधनहीन व्यक्ति का आत्मसम्मान अभिजात्य वर्ग की इस व्यवस्था में कितना असुरक्षित है। व्यवहार का यह बारीक अन्तर भी दोनों व्यक्तियों के जीवन-इतिहास में अन्तर के कारण है। 'असहमत' के परिवेश ने उसे कोई आदर्श मूल्य तो नहीं दिये, अलबत्ता महत्त्वाकांक्षाएँ जरूर दे दीं। स्वार्थ अवश्य सिखा दिया। महत्त्वाकांक्षाओं ने परिपक्व होकर उसे अपनी हार नहीं स्वीकार करने दी जबकि वह हार चुका था। वह दूसरों के ओछेपन पर नहीं चिढ़ता था क्योंकि उसके पास कोई आदर्श मूल्य नहीं थे। वह उनसे इसलिए चिढ़ता था कि कम योग्य व्यक्ति उससे जीत क्यों गये। वह अपनी हार पर चिढ़ता था, हराने वाले लोगों और हराने वाली व्यवस्था से चिढ़ता था, लेकिन उसकी महत्त्वाकांक्षाएँ उसे सत्य स्वीकार नहीं करने देती थीं कि इस व्यवस्था में योग्यता से 'कुछ नहीं मिलेगा'। उसे इस सत्य पर विश्वास नहीं हुआ, वह क्रुद्ध हो गया, खूँख्वार हो गया। 'क्रोधित निराश' के परिवेश ने उसे आदर्श मूल्य तो दिये पर उसे सुविधा और ऐश्वर्य का महत्त्वबोध नहीं दिया। वह स्वार्थी और महत्त्वाकांक्षी बनने से पहले ही जान गया कि इस व्यवस्था से 'कुछ नहीं मिलेगा'। लेकिन उसके आदर्श मूल्य परिपक्व हो चुके थे, वे नहीं टूटे। महत्त्वाकांक्षा मर चुकी थी। अपनी योग्यता का ज्ञान था। व्यवस्था में योग्यता की असमर्थता और सम्पन्नता के कारण के रूप में जान लेने पर उसे ओछा समझता था। बिना बेईमानी 'कुछ नहीं मिलेगा' इस सत्य का ज्ञान होने के कारण वह निराश था। क्रुद्ध और खूँख्वार नहीं हुआ। कुढ़ने लगा, क्षुब्ध हो गया, छोटी-मोटी बेईमानी और अहंकार के प्रदर्शन को छिछोरापन समझने लगा। जब व्यक्ति बेईमानों को अपने से तुच्छ और अपने-आपको आदर्श मानता है तो वह व्यंग्यकार हो जाता है। वह खूँख्वार नहीं हुआ, व्यंग्यकार हो जाता है। वह खूँख्वार नहीं हुआ, व्यंग्यकार हो गया! इस रचना के कुछ उद्धरणों से यह स्पष्ट हो जायेगा।

(मैंने कहा-"चाय पियोगे?" वह बोला-"हाँ, जरूर पियूँगा। आपकी कृपा है। कृपा तो आप लोग करते ही रहते हैं। कृपा करना तो आप लोगों

का शौक है। लक्जरी है। भला हम गरीब आप लोगों के शौक में बाधक बनने की हिम्मत कैसे कर सकते हैं।") पृ० 47 'बोलती रेखाएँ'

–क्या यह क्रोध है? नहीं, यह ताना है। यह 'क्रोधित निराश' नहीं 'क्षुब्ध निराश' या 'कुढ़ने वाला' है।

(वह चाय को गौर से देखकर दुकानदार से बोला, "भाई, चाय में कम-से-कम दूध की सुगन्ध तो होती ही! निर्मल जल! इतना शुद्ध सत्य न बाँटा करो दुनिया को!" फिर मेरी ओर देखकर बोला, "क्या आपकी कृपा की डोर में फँसकर एकाध बिस्किट मेरे पास तक नहीं आ सकता?" (पृ० 48 'बोलती रेखाएँ')

क्या यहाँ भी वह क्रोधित है?

ये उद्धरण उसे व्यंग्यकार सिद्ध करने के लिए पर्याप्त हैं। किसी परिचित के नमस्कार के जवाब में परसाई और वह एक साथ नमस्कार करते हैं, तब परसाई लिखते हैं–वह भड़क उठता है। वह क्रुद्ध होता है कि नमस्कार परसाई को नहीं उसे किया गया, फिर परसाई ने जवाब क्यों दिया। वह परसाई के माध्यम से अपनी एकमात्र उपलब्धि परिचित का अभिवादन छीन लेने का आरोप हर उस व्यक्ति पर लगाना चाहता है जिसके पास पेट भर खाने को कुछ है। यह क्रोध नहीं 'चिड़चिड़ाहट' है, अपनी असहाय स्थिति तथा अपने आत्म-सम्मान के प्रति असुरक्षा की भावना है। क्रोधित व्यक्ति दूसरों के सम्मुख शक्तिहीन और असहाय पाता है, इसीलिए खीजता है। परसाई का अपमान करने पर जब परसाई चुप रहते हैं, तब उसका गला भर आता है। कहता है–

"देखो, मैं तुमसे सत्य बात कहता हूँ। आज मेरी आत्मा का सत्य जागृत हो गया है। जब पेट भरा होता है, तब भोजन के नीचे सत्य दब जाता है। मैंने तीन दिन से कुछ खाया नहीं है। मैं आज शुद्ध बुद्ध हूँ। मैं सत्य कहूँ। मैं तुमसे ईर्ष्या करता हूँ। कारण यही, कि तुम्हारे इतने मित्र हैं, परिचित हैं, तुम्हारी प्रसिद्धि है। मैं वास्तव में तुमसे ईर्ष्या करता हूँ।"–पृ० 53 'बोलती रेखाएँ'।

परसाई जी ने उसे क्रोध्रित निराश कहा है। मुझे वह क्रोधित नजर नहीं आता। वह क्षुब्ध नजर आता है, चिड़चिड़ा नजर आता है, कुढ़ता है, क्रोधित तो असहमत है। यह तो 'क्षुब्ध निराश' है। परसाई को गलत सिद्ध करने का दुस्साहस तो कैसे करूँ, पर लगता है उन्होंने शीर्षक का चुनाव करते समय अपने इस पात्र पर गम्भीरता से ध्यान नहीं दिया। रचना के तैयार हो जाने पर रचनाकार एक बार फिर से उसे बारीकी से पढ़ता है–आलोचक की नजर से। शायद यही कमी रह गयी हो। इस रचना को पढ़ते समय

मेरे मस्तिष्क में जो शीर्षक उभरे थे, वे 'क्षुब्ध निराश', 'कुढ़ने वाला' और 'चिड़चिड़ा' थे। शेष सभी शीर्षक परसाई जी के पात्रों को अच्छी तरह चित्रित करने में पूरी तरह सक्षम हैं, बस यही एक शीर्षक खलता है।

परसाई अपने पात्रों के व्यवहार की विशिष्टता के इतने बारीक अन्तर को चित्रित करते हैं कि सरसरी नजर से देखने पर दोनों रचनाएँ लगभग एक-सी दिखती हैं। कई लोगों का कहना है कि परसाई की रचनाओं में 'रिपिटीशन' है। मैं समझता हूँ यह 'रिपिटीशन' नहीं बहुत बारीक अन्तर वाले दो पात्रों का चित्रण है, सूक्ष्म कलात्मकता है। हो सकता है मेरी समझ गलत हो या वह अन्तर पूरी तरह सम्प्रेषित न हो पाता हो। बहरहाल परसाई की रचनाओं में 'रिपिटीशन' करने वाले ठोस उदाहरणों सहित अपनी बात को नहीं कहते, वे उन 'रिपिटीशन' वाली एक जैसी रचनाओं के नाम नहीं गिनाते, वरना उनसे बहस की जा सकती थी। सम्भवतः वे बहस से बचते हैं। परसाई जी हमारे समाज में लोगों की प्रवृत्तियों को अच्छी तरह समझते हैं। वे जानते हैं कि यदि पाठक ने अपने-आपको उनके पात्रों से जरा भी भिन्न पाया तो वह सन्तुष्ट हो जाएगा-"मैं अभी ठीक हूँ, मुझमें व्यवस्था का कोई प्रभाव नहीं है। मैं असामान्य नहीं हो सकता। परसाई मेरी नियति नहीं बता रहे। वे मेरा उपहास नहीं कर रहे, उनका पात्र तो मुझसे भिन्न है।" भले ही वे व्यवस्था से पूरी तरह प्रभावित हों और उतने ही स्वार्थी, बेईमान, अहंकारी या महत्त्वाकांक्षी हो रहे हों। यही कारण है कि परसाई बारीक अन्तर वाले पात्रों को चित्रित कर पाठक को बचने का कोई मौका नहीं देना चाहते। यह 'रिपिटीशन' नहीं कलात्मक सूक्ष्मता है। कम-से-कम मैं तो यही समझता हूँ।

पाठक के लिए भी आवश्यक है कि वह सभी रचनाओं को पढ़े। वह एक रचना को पढ़कर उसके पात्र के व्यवहार की विचित्रता तक ही अपने विचार सीमित रखता है। कई रचनाओं को पढ़कर वह उनके पात्रों के अलग-अलग व्यवहार में विशिष्टता और भिन्नता देखता है। इतने सारे विचित्र पात्रों के व्यवहार में भिन्नता देखकर वह इस अन्तर का कारण जानने को उत्सुक होता है। सारी रचनाओं को पढ़कर ही उत्सुकता होती है कि उनके व्यवहार के बारीक अन्तर के कारण को जानने के लिए पाठक उन पात्रों का जीवन-इतिहास जाने। इस तरह उनके इतिहास पर उनके विशिष्ट परिवेश (पारिवारिक या स्थानीय) का असर देखता है और सामान्य परिवेश (व्यवस्था) से उन पात्रों का टकराव तथा उसके परिणाम देखकर उस सामान्य परिवेश (व्यवस्था) का चरित्र जान पाता है। वह उन रचनाओं को पढ़कर वही निष्कर्ष निकालता है जो परसाई ने जीवित दुनिया को देखकर निकाले

हैं। परसाई ने दुनिया में बहुत-सी घटनाएँ देखीं–कुछ अनिवार्य तो कुछ आकस्मिक। उनमें से 'अनिवार्य घटनाक्रम' का चुनाव उसे पूरे जीवन के अनुभव से करना पड़ा। सामान्य पाठक यही नहीं कर पाता, अतः उसे व्यवस्था का चरित्र आसानी से समझ में नहीं आता। परसाई की रचनाओं में घटनाएँ अपने अनिवार्य और स्वाभाविक क्रम में ही चुनकर गूंथी जाती हैं, फलतः वही पाठक इन रचनाओं में व्यवस्था का चरित्र आसानी से समझ लेता है। घटना-क्रम की इस अनिवार्यता को मैंने खाते-पीते परिवार में 'असहमत' और अभावग्रस्त परिवार में 'ठण्डा शरीफ आदमी' ('हमेशा सहमत') के विकसित होने की अनिवार्यता के रूप में पहले ही चित्रित कर दिया है। इससे परसाई की रचना पूरी तरह सम्प्रेषणीय और विश्वसनीय हो जाती है। उन रचनाओं को पढ़कर निकाले गये निष्कर्ष पाठक को परसाई के पास पहुँचा देते हैं। वह उनसे व्यक्तिगत रूप से बिना मिले उनका प्रशंसक, हमदर्द और मित्र बन जाता है। वह जितनी अधिक रचनाएँ पढ़ता है, यह मित्रता उतनी ही बढ़ती जाती है।

–प्रवीण अटलूरी

विष भी: औषधि भी

समकालीन रचना परिदृश्य में मुक्तिबोध और परसाई, दोनों ही ऐसे लेखक हैं जिन्हें अपने रचना-मूल्यों और जीवन-मूल्यों के लिए सबसे अधिक विश्वसनीय हैं और उनकी रचना हमारी सबसे बड़ी जरूरत है तो इसका स्पष्ट मतलब उन मूल्यों की पराजय भी है जिनके लिए नयी कविता और नयी कहानी आन्दोलन ने अपनी सम्पूर्ण प्रगतिशील परम्परा को नकार दिया था। 'नयी कविता का आत्मसंघर्ष और अन्य निबन्ध' में मुक्तिबोध ने इस ओर स्पष्ट संकेत किया था कि नयी कविता प्रतिगामी मूल्यों की ओर मुड़ गयी है और इस तरह वह दो भागों में बँट गयी है। मुक्तिबोध ऐसे तनाव और आत्मसंघर्ष से गुजर रहे थे कि उनकी रचना जटिल से जटिलतर होती गयी और उन्हें अपनी पक्षधरता और रचना में अंतर्निहित मूल्यों की स्पष्टता के लिए निबन्ध और टिप्पणियाँ लिखने को बाध्य होना पड़ा। परसाई ने अपनी लड़ाई को स्तरों पर विभाजित होकर नहीं लड़ा, उन्होंने कमोबेश एक अधिक कठिन और कारगर रास्ता अख्तियार किया-व्यंग्य का रास्ता। व्यंग्य का यह विशिष्ट गुण है कि वह लेखक के समकालीन संसार की प्रक्रियाओं का सीधा विरोधी होता है। अपनी प्रवृत्ति में ही व्यंग्य शोषित की अभिव्यक्ति का माध्यम है, क्योंकि वह बेहद तीखे गुस्से के साथ अपने समय की विद्रूपताओं को बेनकाब करता है। व्यंग्य निश्चित ही एक कठिन शैली है, उसके लिए बेहद संतुलित दक्षता और काफी महीन शिल्पकारिता की आवश्यकता होती है। परसाई की रचना के विकास को देखें तो यह स्पष्ट हो जाता है कि प्रारंभिक रचनाओं वाली भावुकता एक वयस्क संवेदना की तरह विकसित हुई है और शिल्पगत अनुशासन केवल बढ़ा ही नहीं है, बल्कि उसमें विविधता भी आयी है। इसके ठीक विपरीत नयी कहानी के अन्य कथाकारों ने अपने लिए जिस भाषा और मुहावरे की खोज की थी वे आज भी उसी में गोते लगा रहे हैं।

'तिरछी रेखाएँ' के पहले लेख 'व्यंग्य क्यों? कैसे? किसलिए?' में व्यंग्य

के संदर्भ में कुछ मान्यताएँ दी हैं। परसाई ने लिखा है, "सच्चा व्यंग्य जीवन की समीक्षा होता है" और "व्यंग्य मानव सहानुभूति से पैदा होता है ××× अच्छे व्यंग्य में करुणा की अन्तर्धारा होती है।" एवनेरजिस (AVNERZIS) ने अपनी पुस्तक 'फाउन्डेशन्स ऑफ मार्क्सिस्ट एस्थेटिक्स (Foundations of Marxist Aesthetics)' में लिखा है-"व्यंग्य-वस्तुनिष्ठ और आत्मनिष्ठ दोनों ही कारणों से पैदा होता है, इसका नुकीलापन केवल उन चीजों की ही आन्तरिक सड़न का परिणाम नहीं होता, जिन्हें वह सुधारना या दण्ड देना चाहता है, बल्कि वह उन लोगों की मानवीय चिन्ता (या उत्सुकता) को भी प्रतिबिम्बित करता है जो ऐसी तमाम चीजों को समाप्त कर देना चाहते हैं, जो प्रतिगामी हैं।" परसाई ने जिसे मानव सहानुभूति कहा है, वह वस्तुतः सर्वोदयी हवाई सहानुभूति नहीं है। वह निश्चित ही शोषित के प्रति सहानुभूति है, जो उनकी रचना से एकदम स्पष्ट है। व्यंग्य में कामेडी के अन्य रूपों के बनिस्बत हास्य का एक अधिक कारगर और जीवन्त उपयोग होता है। व्यंग्य में वह एक धमकाने वाला, एक क्रूर हास्य होता है, जो निहत्थे शोषित का हथियार भी है और विसंगतियों को उद्‌घाटित करने में जो व्यंग्य को तीखे और आलोचना के उच्चतम रूप में परिणत कर देता है। परसाई मानते हैं कि संगति के गड़बड़ हो जाने से चेतना में चमक पैदा होती है और "इस चमक से हँसी भी आ सकती है और चेतना में हलचल भी पैदा होती है।" परसाई ने प्रच्छन्न हास्य का प्रयोग किया है और अतिनाटकीयता तथा मसखरेपन का भी। कई रचनाओं में वे क्लासिक के पात्रों या पौराणिक कथाशैलियों द्वारा इस नाटकीयता को रचते हैं और कुछ जगहों पर घटनाओं की अतिरंजना द्वारा। पात्रों के बोलने की टोन्स मुद्राएँ या वैयक्तिक विशिष्टताओं का उनकी रचना में भरपूर उपयोग है। लेकिन यह कोरा चरित्र चित्रण नहीं है बल्कि समाज में स्थित विशिष्टताओं और विविधताओं और भाषा के डायलेक्ट के प्रति एक सूक्ष्म और संवेदनशील दृष्टि का परिणाम है।

'भोलाराम का जीव', 'वाक आउट-स्लीप आउट! ईट आउट', 'सुदामा के चावल', 'फेल होना कुँअर अस्तभान का' (उपन्यास-अंश) तथा 'और अंत में' आदि रचनाओं में जिस मसखरेपन का उपयोग परसाई ने किया है, वह केवल 'मजा' पैदा करने के लिए नहीं है। लेनिन ने एक जगह कहा है, "मसखरापन प्रचलित रीतियों की तार्किक असंगतियों को रेखांकित करके एक व्यंग्य-उद्देश्य की पूर्ति करता है।" इस वाक्य में दो महत्त्वपूर्ण बातें हैं (एक) तार्किक असंगतियों को रेखांकित करना और (दूसरी) व्यंग्य-उद्देश्य की पूर्ति। याने पूरा व्यंग्य न तो एक मसखरापन है, ना ही इस अकेले

औजार से पूरी रचना संभव है, वह केवल व्यंग्य के उद्देश्य की 'पूर्ति' मात्र है। लेकिन इसके साथ ही यह मसखरापन निरुद्देश्य नहीं है, वह 'तार्किक असंगति' को रेखांकित करता है। परसाई भी संगतियों की गड़बड़ को ही इसका मुख्य कारण मानते हैं।

यह अप्रत्याशित नहीं है कि परसाई ने मुक्तिबोध पर एक लेख 'मुक्तिबोध: एक संस्मरण' लिखा। जितनी आत्मीयता और वस्तुनिष्ठता के साथ इस लेख में मुक्तिबोध के व्यक्तित्व और रचना का विश्लेषण उन्होंने किया है, उतना बेबाक और आत्मीय ढंग से अपने समकालीन का विश्लेषण हिन्दी में दूसरा दुर्लभ है। ऐसा क्यों है कि मुक्तिबोध के विरोधाभासों का विश्लेषण परसाई इतनी आत्मीयता के साथ करते हैं? क्या केवल इसलिए कि वे मुक्तिबोध से व्यक्तिगत रूप से तथा विचारधारात्मक रूप से जुड़े हुए हैं? यह एक कारण हो सकता है पर यही एकमात्र कारण नहीं है। परसाई की अपने पात्रों के प्रति या कहें मनुष्य के प्रति एकांगी दृष्टिय कभी नहीं रही। 'करुणा की अन्तर्धारा' जो उनकी रचना प्रक्रिया का मुख्य हिस्सा है, उसने उन्हें मनुष्य को उसकी पूर्णता में देखने की दृष्टि दी है। वे जिसके विरुद्ध हैं, क्रूर हैं, उसके प्रति भी एक 'साफ्ट कार्नर' उनमें हर वक्त मौजूद होता है, जो उन्हें एक बड़ा और मानवीय लेखक बनाता है। वे व्यक्ति के प्रति हिंसक नहीं हैं। गलत व्यवस्था और प्रतिगामी विचार के विरुद्ध हैं, उनको संचालित करने वाली शक्तियों के विरुद्ध हैं। मुक्तिबोध पर लिखना, मुक्तिबोध में अपने को और अपनी तकलीफों को तथा अपने में मुक्तिबोध को तलाशना भी है। यदि इस लेख और आत्मकथ्य (गर्दिश के दिन) को बारीकी से मिला-जुलाकर देखें तो इस बाध्यता और आन्तरिक निकटता की परतें खुलती चली जाती हैं। मुक्तिबोध के बाबत उन्होंने लिखा "वे गहरे अन्तर्द्वन्द्व और तीव्र सामाजिक अनुभूति के कवि थे", एक दूसरे पैरे में लिखा, "मुक्तिबोध जैसे पारदर्शी सचाई के सरल आदमी को अपने आसपास की यह विश्वसनीयता और अकेलापन देती थी" और आत्मकथ्य में परसाई ने लिखा, "मैं एक निहायत बेचैन मन का संवेदनशील आदमी हूँ।" इसके अतिरिक्त–आर्थिक तंगी, प्रतिक्रियावादियों के हमले, यारबाजी, मस्ती, शक्की नजर और उसी स्कूल में नौकरी जहाँ पहले मुक्तिबोध थे, आदि अनेक बातें हैं जहाँ परसाई ने मुक्तिबोध की तकलीफों और प्रवृत्तियों में अपने को भी खोजा होगा। इसके बावजूद दोनों की रचना के स्वभाव में अंतर है। मुक्तिबोध की रचना में व्यंग्य की जगह तकरीबन नहीं है। वहाँ आतंक है, बेचैनी है। परसाई के पास लड़ने का माध्यम दूसरा है। एक-

से जीवन-संघर्षों के बीच रहते भी मानसिक बुनावट भिन्न है-पर रचना और जीवन के मूल्य एक हैं-पक्षधरता एक है।

परसाई की काव्यदृष्टि पर बात करना कुछ लोगों को नागवार गुजर सकता है। लेकिन उनके लेखन में कविता की एक महीन बुनावट है। यह एक 'तीव्र सामाजिक अनुभूति' की कविता है। कलावादी कविता नहीं-बल्कि कलावादी कविता और यथार्थ के विरोधाभासों को खोलते हुए, जो कलावादी रचना को हास्यास्पद स्थिति में ला खड़ा करती है। ऋतुराज बसन्त को पहले तो परसाई उधारी के तगादे लगाने वाला बसन्त समझ लेते हैं और आखिरकार जब दरवाजा खोलते हैं तो कहते हैं "उमंगें तो मेरे मन में भी हैं पर यार ठण्ड बहुत लगती है। वह जाने के लिए मुड़ा तो मैंने कहा- जाते-जाते एक छोटा-सा काम मेरा करते जाना। सुना है तुम ऊबड़-खाबड़ चेहरों को चिकना कर देते हो; फेसलिफ्टिंग के अच्छे कारीगर हो तुम। तो जरा यार मेरी सीढ़ी ठीक करते जाना, उखड़ गई है।" (घायल वसन्त)

या

"मगर अमराई और कुंज बगीचे भी हमें प्यारे हैं। हम कारखाने को अमराई से घेर देंगे और हर मुहल्ले में बगीचा लगा देंगे। अभी थोड़ी देर है। पर कोयल को धीरज के साथ हमारा साथ तो देना था। कुछ दिन धूप तो हमारे साथ सहना था। जिसने धूप में साथ नहीं दिया, वह छाया कैसे बँटायेगी? नहीं, तब तक तो कौए अमराई पर भी कब्जा कर लेंगे। कोयल को अभी गाना चाहिए।" यहाँ एक पूरा दृश्य है, एक पूरा बिम्ब, जो कविता की तरह हमारी सामाजिक विसंगतियों को खोलता है। एक तीव्र सामाजिक अनुभूति और एक सच्चे समाज का स्वप्न जहाँ कारखाने अमराई से घेरे जायेंगे।

फंतासी और यथार्थ के समन्वय के अद्‌भुत प्रयोग परसाई ने किये हैं। वे कहानी और निबन्धों में एक समर्थ शिल्पकार भी हैं। उनकी कला में लोक-कथाओं की सरलता और नाटकीयता, दोनों है। आत्मकथ्य में उन्होंने लिखा, 'जिम्मेदारी को गैर-जिम्मेदारी की तरह निभाने' की कला उन्होंने सीखी। इसका एक निश्चित उपयोग परसाई के लेखन में भी स्पष्ट दीखता है। रचना का ऊपरी कलेवर हर बार यह एहसास देता है जैसे फक्कड़िया अन्दाज में कोई सामाजिक विद्रूपताओं को उधेड़ रहा है, पर उसके भीतर एक गहरी सामाजिक जिम्मेदारी अन्तर्निहित है। यह अप्रत्याशित नहीं है कि कबीर और गालिब को ही बार-बार परसाई ने अपनी रचना में याद किया है। परम्परा में सबसे अधिक लगाव इन्हीं दोनों कवियों के प्रति जाहिर किया

है। क्यों? इसलिए कि फक्कड़ता और सामाजिक जिम्मेदारी का गहन बोध जो इन कवियों में है, परसाई की अपनी मानसिकता के एकदम निकट है।

एक कहानी है 'जैसे उनके दिन फिरे', यह लोककथा शैली में एक राजनैतिक कहानी है। राजनीति परसाई की रचना का एक सबसे महत्त्वपूर्ण पक्ष है। परसाई ने लिखा है, "राजनीति मनुष्य की नियति तय कर रही है।" यह केवल सतही राजनीति नहीं है, यह मुख्य राजनीति अर्थात् वर्गों की राजनीति है जो सारे सामाजिक सम्बन्धों और समाज के तमाम क्रियाकलापों में हस्तक्षेप करती है। समाज की संरचना, विसंगतियों और रूढ़ियों, यथास्थिति को कायम रखने वाली शक्तियों और गतिशीलता के लिए जूझने वाली शक्तियों की गहरी पड़ताल परसाई ने अपनी रचना में की है। इसीलिए राजनीति भी यहाँ दिखती है। समाज को उसकी सम्पूर्ण विविधता में समझने और पकड़ने को यह परिणाम है कि कथ्य और शिल्प दोनों ही स्तरों पर विराट विविधता उनकी रचना में है। 'जैसे उनके दिन फिरे' में लोककथाओं वाली शैली है तो 'भोलाराम का जीव' में पौराणिक पात्रों और धार्मिक कथाओं के शिल्प का प्रयोग है। इसी तरह 'सुदामा के चावल' में क्लासिक की कथा को एकदम नये संदर्भ में बदल डाला है। नयी कहानी आन्दोलन के अधिकांश कथाकार जिस 'तथाकथित आधुनिकता' को ओढ़-बिछा रहे थे उससे उनकी रचना ने अपनी जातीयता की पहचान को पूरी तरह खो दिया था। जबकि परसाई की रचने में 'भारतीयता की पहचान' निरंतर गहरी होती गयी है। केवल इसलिए नहीं कि उन्होंने जातीय सूत्रों और बिम्बों का प्रयोग किया, वरन् इसलिए भी कि उन्होंने हमारे समाज की संरचनात्मक विशेषताओं और सामान्य प्रवृत्तियों को गहरे में जाकर पकड़ा है। परसाई की रचना की दो और विशिष्टताएँ हैं। एक तो यह कि अधिकांशतः कहानी के बीच जो मुख्य कहानी और मुख्य पात्र हैं वे मात्र रचना को रचने की सामग्री होते हैं और रचना का जो मुख्य उद्देश्य है, या वह बात जो वस्तुतः परसाई कहना चाहते हैं, उसे कहानी से भीतर एक सेकेण्ड्री इम्पार्टेन्स की तरह कहा जाता है। जैसे बात में से बात निकल गयी हो, इसलिए कह दी गयी हो। 'भोलाराम के जीव' में इस खूबी का बेहद अच्छा उपयोग हुआ है। दूसरी विशिष्टता है-परसाई रचना का जब अंत करते हैं। वहां रचना कनक्ल्यूड होती है। उसका एक निश्चित अंत भी होता है-लेकिन प्रक्रिया की निरंतरता-या कहें विचार की निरंतरता जारी रहती है। लेकिन ऐसा अंत होते हुए भी वह अटपटा नहीं होता। यहाँ दो उद्धरणों से बात अधिक स्पष्ट होगी।

धर्मराज और चित्रगुप्त में भोलाराम के जीव के गायब होने पर चर्चा

चल रही है। चित्रगुप्त इसी संदर्भ को बढ़ाते हुए कहते हैं, ''महाराज आजकल पृथ्वी पर इस प्रकार का व्यापार बहुत चला है। लोग दोस्तों को चीज भेजते हैं और उसे रास्ते में ही रेलवे वाले उड़ा देते हैं। ××× राजनैतिक दलों के नेता विरोधी नेता को उड़ाकर बन्द कर देते हैं।''

इस कहानी का अंत इस प्रकार होता है।

''नारद ने कहा–मैं नारद हूँ। मैं तुन्हें लेने आया हूँ। चलो स्वर्ग में तुम्हारा इंतजार हो रहा है।

आवाज आयी–मुझे नहीं जाना। मैं तो पेंशन की दरख्वास्तों में अटका हूँ। यहीं मेरा मन लगा है। मैं अपनी दरख्वास्तें छोड़कर नहीं जा सकता।'' परसाई कहानी को यहीं समाप्त कर देते हैं, याने तंत्र का भ्रष्टाचार और नौकरशाही की सारी लालफीताशाही की निरंतरता यहाँ जारी है। भोलाराम के जीव के गायब होने और उसके पेंशन के मामले को लेकर बुनी गयी यह फंतामी वस्तुतः एक आफिस की कहानी से उठकर पूरे देश की व्यवस्था और उसमें फैले भ्रष्टाचार, असंगतियों और अन्याय को बेहद ठण्डे ढंग से परत-दर-परत उधेड़ती चली जाती है। अपने समय और परिवेश का यह सूक्ष्म अन्वेषण ही परसाई को प्रेमचन्द की परम्परा से जोड़ता है। अन्य अनेक कथाकारों की तरह न तो उन्होंने प्रेमचन्द की परम्परा जुड़ने के मुखर दावे किये और ना ही गाँव की फार्मूला कहानी लिखने का छद्म और शार्टकट का रास्ता उन्होंने चुना। वस्तुतः परम्परा से जुड़ने का यह अर्थ है भी नहीं, कि आप उन अग्रेजों (जिनसे आप जुड़ना चाहते हैं) द्वारा अर्जित मुहावरे की नकल करने में जुट जायें। मीर की परम्परा के नाम पर उर्दू में मीर की अंदाजेबयानी की भरपूर नकल हुई और हिन्दी में वही तमाशा प्रेमचन्द की परम्परा का ढिंढोरा पीटने वालों ने किया। परम्परा से जुड़ने का अर्थ 'उस' गहन दृष्टि को प्राप्त करते हुए, अपने वर्तमान को विश्लेषित करना और अगली रचना लिखना होता है। रवीन्द्रनाथ त्यागी ने ठीक ही लिखा है, ''आजादी के पहले का हिन्दुस्तान जानने के लिए जैसे सिर्फ प्रेमचन्द पढ़ना ही काफी है, उसी तरह आजादी के बाद के भारत की पूरी दस्तावेज परसाई की रचनाओं में सुरक्षित है।''

परसाई की संवेदनशीलता, पक्षधरता और व्यंग्य की शक्ति उनके जीवनानुभवों का ही रूपान्तरण है। निराला की ही तरह उन्होंने भी प्लेग की विभीषिका का सामना किया। इस महामारी के बीच अनेक आत्मीयों की असामयिक मृत्यु और विलाप का साक्षात्कार उन्हें बचपन में ही करना पड़ा। फिर जंगल विभाग की नौकरी और बेरोजगारी के निरंतर सिलसिले, आर्थिक कठिनाइयों और उसके बीच आने वाले सामाजिक (रूढ़) दायित्वों

ने उन्हें निराशा और अस्तित्ववाद के अँधेरे में नहीं धकेला, वरन् अपने इस सारे संघर्ष और मृत्यु के भयावह साक्षात्कार के बाद उनकी जीवन में आस्था अधिक दृढ़ हुई। आत्मकथ्य में पिता की मृत्यु के बारे में लिखते हुए परसाई ने लिखा, ''माँ के जेवर बेचकर पिता का श्राद्ध किया।'' होने को यह एक साधारण घटना है। परसाई ने इसके आगे-पीछे कोई कमेन्ट भी नहीं किया है। पर इस वाक्य को लिखने का ही मतलब है कि परसाई पर इस घटना का एक विशेष प्रभाव पड़ा है। पतनशील बूर्ज्वा मूल्यों, धार्मिक बाध्यताओं के प्रति जो तीखी आलोचनात्मक दृष्टि परसाई ने अर्जित की है उसमें इसी तरह के छोटे-छोटे निजी अनुभवों ने प्रारम्भिक भूमिका अदा की है।

एक घटना का जिक्र 'गर्दिश के दिन' में परसाई ने किया है। नौकरी की तलाश में होशंगाबाद जाना था और जेब का एकमात्र रुपया भी वे कहीं खो चुके थे। दूसरे महायुद्ध का जमाना था, गाड़ियाँ बेहद लेट चल रही थीं। परसाई ने लिखा-''पेट खाली। पानी से बार-बार भरता। आखिर बेंच पर लेट गया। 14 घंटे हो गये। एक किसान परिवार पास आकर बैठ गया। टोकने में खरबूजे थे, मैं उस वक्त चोरी भी कर सकता था। किसान खरबूजा काटने लगे। मैंने कहा-तुम्हारे ही खेत के होंगे। बड़े अच्छे हैं। किसान ने कहा-सब नर्मदा मैया की किरपा है भैया! शकर की तरह हैं। लो खाके देखो। उसने दो बड़ी फाँकें दीं। मैंने कम-से-कम छिलका छोड़कर खा लिया।'' यहाँ 'कम-से-कम छिलका छोड़कर' बहुत सरलता के साथ, बिना किसी अतिरंजना के भूख की सारी तकलीफ को उजागर कर देता है। परसाई तकलीफों को बेहद साधारण और सरल ढंग से कहकर उनकी आंतरिक पीड़ा को अधिक ठण्डेपन से उजागर कर देते हैं, यही कारण है कि वह हमारे अन्दर अधिक दूर तक हलचल पैदा करती है।

हमारे समाज की शासक राजनीति के ढोंग कठमुल्लेपन, क्रूरताएँ और विसंगतियों को जितना परसाई ने बेनकाब किया है, उतना हमारे समय के किसी अन्य लेखक ने नहीं। (यहाँ कुछ उद्धरण देना चाहूँगा)

(1) ''धर्म की नजर अक्सर ऐसी ही विसंगत हो जाती है। जो पानी छानकर पीते हैं, वे आदमी का खून बिना छना पी जाते हैं।''

(गेहूँ का सुख)

(2) ''आखिर मन्त्री ने जवाब दिया-विरोधी सदस्यों के सब आरोप झूठे हैं! हमने उस कुत्ते का पोस्टमार्टम कराया है। बस के पहिये की भी रासायनिक जाँच कराई है। रासायनिक की रिपोर्ट है कि कुत्ता बस से कुचलकर नहीं मरा। पहिये पर जो खून लगा था, उसके सम्बन्ध में रासयनिक का मत है कि वह कुत्ते का खून नहीं है।

एक सदस्य–तो वह किसका खून है?

मन्त्री–वह आदमी का खून है।'' [वाक आउट! स्लीप आउट! ईट आउट!]

(3) ''लेकिन हम नहीं बजा रहे हैं, फिर भी तालियाँ बज रही हैं। मैदान में जमीन पर बैठे वे लोग बजा रहे हैं जिनके पास हाथ गरमाने के लिए कोट नहीं है। लगता है गणतन्त्र ठिठुरते हुए हाथों की तालियों पर टिका है।''

(ठिठुरता गणतन्त्र)

(4) ''उन्होंने कागज की पर्ची पर लिखा–हिन्दू राष्ट्र, गोरक्षा, भारतीय संस्कृति ××× वे एक औजार से कृष्ण का सिर खोलने लगे। कृष्ण चौंककर हट गये। बोले–क्या कर रहे हो?

उन्होंने समझाया–आपका बौद्धिक संस्कार कर रहे हैं। सिर खोलकर ये विचार आपके दिमाग में रखकर ताला लगा देंगे और चाबी नागपुर गुरुजी के पास भेज देंगे।''

ऐसे अनेक उद्धरण हैं जिनमें परसाई ने मानव विरोधी राजनीति की क्रूरताओं को उद्‌घाटित किया है, लेकिन यहाँ उनके व्यंग्य के निशाने और उनकी सहानुभूति एकदम स्पष्ट है। मैदान में बैठकर जो लोग तालियाँ बजा रहे हैं उन पर राजनीति को न समझने पर परसाई कमेन्ट भी करते हैं लेकिन इसके साथ ही वे यह नहीं भूलते कि उनके पास 'हाथ गरमाने के लिए कोट नहीं है।' ठीक इसी प्रकार पूंजीवादी संसद के अमानवीय स्वरूप को वे 'वाक आउट, स्लीप आउट, ईट आउट' में उजागर करते हैं।

प्रसिद्ध मध्यकालीन फिजीशियन पेरासेलसस (Paracelsus) ने लिखा है, 'all is poison—all is physic' व्यंग्य की भूमिका के सन्दर्भ में परसाई ने भी यही बात कही है अर्थात् वह विष भी है औषधि भी। परसाई ने लिखा है, ''डाक्टर के पास जो लोग जाते हैं उन्हें वह रोग बताता है। तो क्या डाक्टर कठोर है? अमानवीय है? ××× जीवन की कमजोरियों का निदान करना कठोर होना नहीं है।''

–राजेश जोशी

चादर ही बदलनी पड़ेगी, जनाब!

'माटी कहे कुम्हार से' संकलन श्री हरिशंकर परसाई के पिछले दिनों 'करंट' में छपे इसी शीर्षक के साप्ताहिक कालम के निबंधों का संकलन है। ये निबंध जनता पार्टी शासन के प्रति जनता की ओर से निगरानी की तरह हैं। एक सच्चा लेखक जनता का प्रतिनिधि होता है, सरकार का नहीं। सरकारी लेखक और संपादक भी होते हैं, पर परसाई जी उनमें से नहीं हैं। उन्होंने लगातार, चाहे वह कांग्रेस का शासन हो या जनता पार्टी का शासन, अपने-आपको इतना सतर्क रखा है कि इस सरकारों का कोई भी जन-विरोधी कदम उनकी आँख से ओझल नहीं हुआ। वस्तुस्थिति को पहचानना एक बात होती है और उसके भोंड़ेपन की खिल्ली उड़ाना, मजाक करना, उसकी चीर-फाड़ करते हुए चोट करना, उनकी नीयत तक पहुँचकर उसे खोलना-ये खतरे के काम हैं। खतरा अनुभूति में उतना नहीं होता है बल्कि अभिव्यक्ति में होता है। सीधी और स्पष्ट अभिव्यक्ति तो और भी खतरनाक होती है, क्योंकि तब पूरी व्यवस्था अपनी पूरी खतरनाक कार्यवाही पर उतर आती है। परसाई जैसे लेखक यदि इस पूरे दौर में जयप्रकाश नारायण, मोरारजी देसाई, चरणसिंह, जार्ज फर्नाण्डीज, अटल बिहारी वाजपेयी, लालकृष्ण अडवानी, राजनारायण जैसे स्वतः स्फूर्त और सामंती-पूँजीवादी वर्ग के प्रतिनिधियों पर एक साथ चोट करते हैं, इनकी भाषा में छिपे दोगलेपन को उजागर करते हैं, तो वह कौन-सी चीज उन्हें इतना बड़ा खतरा लेने की शक्ति प्रदान करती है, निश्चय ही यह कबीर की यह प्रेरक शक्ति है- ''हम न मरिहैं, मरिहै संसारा।'' परसाई की आत्मा में कबीर पूरी संजीदगी से मौजूद है और कबीर जनता का प्रतीक है। जनता की ही शक्ति का सहारा परसाई को है। लाखों-करोड़ों ज्ञात-अज्ञात मित्रों के लिए सपना सँजोकर उनकी शक्ति को-अपनी चेतना में महसूस कर वह खतरे उठाता है। बड़े-से-बड़े सरकारी तंत्र और फैसलों को वह चुटकी में उड़ा देता है। लगता है कि जिस तरह वर्तमान में शोषकों ने बहुत ही चालाकी पूर्ण

बारीक औजार गढ़ लिये हैं, उन औजारों को तोड़ने और उनकी तह-दर-तह को समझने के लिए परसाई के पास भी बहुत ही बारीक पहचान वाली दृष्टि है। यह दृष्टि उन्हें एक झटके से वैज्ञानिक फैसले तक पहुँचा देती है। इसी फैसले के कारण देश की जनता के बीच अलख जगाता हुआ यह लेखक घनघोर अँधेरी रात में 'जागते रहो' का नारा लगाता है। मुझे तो यह कहने में संकोच नहीं कि लगातार परसाई को पढ़ने वाला पाठक दर्शन की महीन गुत्थियों में उलझे बगैर स्थितियों को सही तरह से समझता रह सकता है और इस तरह वह गुमराह होमे से बचा रह सकता है।

'माटी कहे कुम्हार से' मुख्यत: जनता पार्टी शासन का ही पक्षधर संवेदनशील इतिहास है। जनता पार्टी परसाई की नजर में एक सरकस है। जैसे-''जनता पार्टी, एक ऐसा प्राणी है जिसे 'प्रकृति वैचित्र्य' कहते हैं। इसका आकार मनुष्य है। सिर बारहसिंगा का है। दिमाग बंदर का। बारहसिंगों से यह दल हमला करना चाहता है, तो खरगोश का दिल रोक देता है। घोड़े के पाँवों से दौड़ना चाहता है तो बंदर का दिमाग वहीं कौतुक करने लगता है। भालू खाऊँ-खाऊँ करता है और हाथी का पेट भरता ही नहीं है।'' (माटी कहे कुम्हार से, पृष्ठ 101) इस पार्टी ने संपूर्ण क्रांति का नारा दिया और वादा किया कि वह जनता की सेवा करेगी। उस संपूर्ण क्रांति को परसाई जी ने परिभाषित किया है-''क्रांति आखिर क्या है? प्याऊ है, जिसे पैसे वाला खोल देता है और हम उसका खैराती पानी पीते हैं? संपूर्ण क्रांति की प्याऊ भी तो लोकनायक ने गोयनका वगैरह से खुलवा दी है।'' (वही, पृष्ठ 80) जयप्रकाश जी ने हमेशा समाजवाद का नारा दिया और बिड़ला से दोस्ती की, अमेरिका का पक्ष लिया, जाहिर है कि यह संपूर्ण क्रांति जनता को धोखा देने के लिए एक विषैला नुस्खा थी। इस पार्टी ने अपना नेता चुना मोरारजी देसाी को जिनकी पहली चिंता थी कि वे लगातार प्रधानमंत्री बने रहें और जयप्रकाश से अधिक लोकप्रिय हो जायें। जनता पार्टी में शामिल घटक आपस में लगातार लड़ते रहे, मोरारजी को प्रधानमंत्री पद से उतार देने की धमकी देते रहे और वे निश्ंचित होकर प्रधानमंत्री बने रहे। एक बार जब मोरारजी अमेरिका गये तो लेखक टिप्पणी करता है। ''बड़ी कठिनाई थी। जिमी कार्टर भी पसोपेश में होंगे कि मैं यूरेनियम किसे दे दूँ? दिल्ली में इनकी पार्टी और सरकार का तो यह हाल है। मैं यूरेनियम दे दूँ और वहाँ चरणसिंह और नाना जी देशमुख आधा-आधा बाँट लें तो जगजीवनराम कहेंगे-हमारी लोकतंत्री कांग्रेस के साथ हमेशा अन्याय किया गया है। अब हम आगे बर्दाश्त नहीं करेंगे। हम कम-से-कम एक टन यूरेनियम लेंगे और कहीं शाही इमाम ने ऐलान कर दिया कि आधा टन

यूरेनियम जामा मस्जिद भेजो वरना जेहाद बोल दिया जायेगा और सरकार को गिरा दिया जायेगा।'' (वही, पृष्ठ 74) जिस देश को चलाने वाली पार्टी में सैद्धांतिक एकता न हो और महत्त्वपूर्ण पदों पर रहकर जो स्वार्थों की लड़ाई लड़ते हों, संतुष्ट-असंतुष्ट का झगड़ा जहाँ जनहित को एक ओर रखकर कुर्सी का खेल खेलता हो, दल के भीतर नये महाभारत की तैयारी होती हो, भूतपूर्व-अभूतपूर्व बनने में जहाँ बिल्कुल देरी न लगती हो, हरिजनों की हत्या जहाँ आँकड़े में बदल जाती हो, समस्याओं के निदान के लिए अनशन जहाँ उपाय हो, जहाँ का प्रधानमंत्री निरंतर मूत्र पीने का उपदेश देना प्राथमिक कार्य समझता हो, उस दल की नीयत के बारे में गंभीर विचार करने की जरूरत नहीं, क्योंकि वह स्वतः स्थूल रूप से उद्घटित है। देश महँगाई से कराह रहा है, लोग उनसे व्यापारियों की शिकायत करते हैं-सांप्रदायिक दंगे हो रहे हैं, खबरें उनके पास जाती हैं और वे केवल कीमतें कम करने और एकता की अपीलें करते हैं। परसाई जी व्यंग्य करते हैं-प्रधानमंत्री ने कहा-''मेरा विश्वास न अर्थशास्त्र में है और न प्रशासकीय कार्यवाही में। यह गांधी का देश है, जहाँ हृदय-परिवर्तन से काम होता है। मैं व्यापारियों से नैतिकता की अपील कर दूँगा। वे कीमतें एकदम घटा देंगे। अपील से उनके दिलों में मैं लोभ की जगह त्याग फिट कर दूँगा। मैं सर्जरी भी जानता हूँ।'' (वही, पृष्ठ 11-12) परसाई जी ने जनता की ओर से कहा कि, ''राजनितिज्ञों के लिए हम नारे और वोट हैं। बाकी के लिए हम गरीबी, भूख, बीमारी और बेकारी है। मुख्य मंत्रियों के लिए हम सिरदर्द हैं और उनकी पुलिस के लिए हम गोली दागने के निशाने हैं।'' (वही, पृष्ठ 61)

जनता पार्टी का प्रमुख घटक जनसंघ था, जिसका प्रेरक राष्ट्रीय स्वयं सेवक संघ है। इस संगठन टके ही द्वारा महात्मा गांधी का वध किया गया था, लेकिन जनता सरकार में शामिल होकर इसके लोग अपन-आपको गांधीवादी कहने लगे। वे गांधी और अपने भेद को समाप्त करके पहले यह सिद्ध करना चाहते थे कि गांधी राष्ट्रीय स्वयं सेवक संघ से संबद्ध थे। उन्हें भगवे झंडे के नीचे दर्शाने के प्रयास शुरू कर दिये गये थे। बाद में वे गौड़से को भगतसिंह का दर्जा देकर यह सिद्ध करते कि गांधी का वध राष्ट्रहित में था। उनकी यह पूरी कोशिश लगातार जनता पार्टी के भीतर काम करती रही। यहाँ मैं यह स्पष्ट और कह देना चाहता हूँ कि देश के अंदर एकमात्र परसाई जी ही ऐसे जागरूक लेखक रहे हैं, जिन्होंने आर०एस०एस० की राज़नीति के चरित्र को लगातार उजागर किया है और परसाई जी ने स्पष्ट तौर पर जनता को बतलाया है कि आर०एस०एस० की तथाकथित

सांस्कृतिक मान्यतायें हैं–घृणा, संकीर्णता, सांप्रदायिकता, हिंसा, द्वेष और हत्या। परसाई जी भविष्यवाणी करते हैं–''आगे चलकर जनता पार्टी पूरी तरह जनसंघ हो ही जायेगी। तब 30 जनवरी का यह महत्त्व होगा–इस दिन परमवीर राष्ट्र भक्त गौड़से ने गांधी को मारा। इस पुण्य के प्रताप से इसी दिन पार्टी का जन्म हुआ, जिसने हिन्दू राष्ट्र की स्थापना की।'' (वही पृष्ठ 25) असंयोग है कि पार्टी का शासन बहुत दिन तक नहीं चला। इसकी अकाल मृत्यु हो गयी; परन्तु यह तो सिद्ध हुआ कि उसके अन्य घटक इधर-उधर छितरा गये। जनता पार्टी के नाम पर केवल भारतीय जनता पार्टी जीवित है। महात्मा गांधी के नाम का दुरुपयोग भी सबसे पहले परसाई जी ने ही पहचाना था। परसाई जी ने इस शासन में शामिल समाजवादियों की अच्छी खबर ली है, उनकी कलई अच्छी तरह से इसी समय खुली। चाहे वे जार्ज हों, कर्पूरी ठाकुर या अन्य नेता, स्पष्ट है कि कोई भी राजनीति मात्र विरोध में अपनी हैसियत और नीयत का खुलासा नहीं दे पाती। उसका रहस्य सत्ता में आने पर खुलता है। उनका समाजवाद समझ में आ जाता है कि वह बिड़ला का सहयोगी समाजवाद है कि जनता का सहयोगी। जनता पार्टी के शासनकाल में सबसे अधिक प्रचार जाँच कमीशन का हुआ, हर छोटी-बड़ी बात के लिए जाँच कमीशन बैठाया जाता था। मोरारजी डरे और सताये हुए लोगों को निर्भय रहने का उपदेश देते थे और अपने देश के मुख्यमंत्रियों को अफीम बेचने नेपाल जाने की अनुमति देते थे। यह सब खेल इस तरह घटित हुआ कि जैसे यही सब कुछ है। इसी खेल ने संभव बनाया कि जनता फिर उनका निषेध करे और जिसका पूरी तरह से निषेध कर चुकी थी उसे फिर पेश करे। परसाई जी जानते हैं कि चाहे इस पार्टी का शासन हो या उस पार्टी का, उनकी लड़ाई किसी सरकार के खिलाफ नहीं बल्कि वह वर्ग के खिलाफ है। अब कांग्रेस सरकार है तो वे उसका विरोध कर रहे हैं और इस विरोध के अंदर पूँजीवादी-सामंतवादी ताकतों का विरोध है जो जनता के विकास में बाधक है। परसाई जी का अभिप्राय तो जनता को यह बताना है–''इस व्यवस्था की चादर फट कर तार-तार हो गयी है। इसमें कहीं पैबंद लगता है। चादर ही बदलनी पड़ेगी, जनाब।'' (वही, पृष्ठ 137) परसाई जी ने संघर्ष को टालने वाली मध्यम वर्गीय शक्तियों को भी नहीं बख्शा क्योंकि वे शक्तियाँ जाने-अनजाने पूँजीवादी हितों का पोषण कर रही हैं। प्रतीक कथन यह है कि वे 'जय संतोषी माता' की फिल्में हैं और मध्यवर्ग उनमें रम जाता है। परसाई जी कहते हैं–''मान लो इस देश में कोई लेनिन प्रकट हो जाये और क्रान्ति की प्रक्रिया शुरू कर दे, लेनिन आवाज दे कि चलो, क्रांति की निर्णायक लड़ाई के लिए। बढ़ो आगे

वीरो! तो लोग कहेंगे–आप ही करो क्रान्ति, हम अभी 'जय संतोषी माता' देख रहे हैं। हमें जीनत अमीन को पूरा तो देख लेने दो। रंग में भंग मत करो। (वही, पृष्ठ 91) कैसी विचित्र संगति है कि मध्य वर्ग और पूँजीपति के बीच। जहाँ वे चाहते हैं, वहीं वह रम जाता है। जैसे वे नचाते हैं, वैसा वह नाचने लगता है। बंदर की तरह मदारी के इशारे पर नाचते हुए भी वह व्यक्तिगत आजादी का नारा लगाता हुआ खुशफहमी में घूम रहा है।

परसाई जी के ये व्यंग्य-निबंध बहुत ही नुकीले हैं। निबंध में निजी स्थापनाओं और राग-द्वेष की भी अभिव्यक्ति होती है, लेकिन परसाई की निजता और उनका राग-द्वेष निरपेक्ष नहीं है। इनके इन निबंधों में तीखापन, स्पष्टता, निर्भीकता और वर्गों की पहचान परसाई के व्यक्तित्व की निजता के गुण तो हैं ही अपने कथ्य में ये उतने ही सार्वजनिक हैं। भाषा का इतना गहरा जनवादी प्रयोग और तथ्य की इतनी भेदक दृष्टि मुझे जमाने के किसी और लेखक में प्राप्त नहीं होती।

–कैलाश प्रसाद 'विकल'

साहब महत्त्वाकांक्षीः अंतरंग पड़ताल

हास्य रचना लिखना उतना ही आसान काम है जितना कि आँखों में आँसू ला देने वाली निरी भावुकतापूर्ण कहानी की रचना करना। लेकिन गहरी चोट और कचोट पैदा करने, तिलमिला देने वाला व्यंग्य लिखना अत्यंत कठिन और बेहद जिम्मेदारी का कार्य है और यह कार्य वही लेखक सफलता से कर सकता है जो हास्य और व्यंग्य के बीच के बारीक अंतर को जानता है और जिसमें सामाजिक, आर्थिक और राजनैतिक शक्तियों के द्वन्द्व और टकराव को सही संदर्भ में देखने-परखने की क्षमता हो अर्थात् जो यह अंतर करना जानता हो कि व्यंग्य का विषय और लक्ष्य शोषित-पीड़ित व्यक्तियों अथवा जनसमुदाय के नहीं बल्कि शोषकों और निहित स्वार्थों को बनाया जाना चाहिए। इसलिए अपने समय की समाज-व्यवस्था और राजनीतिक जीवन-शैली और उससे उत्पन्न विद्रूपमय स्थितियों की परख करने की क्षमता किसी भी ईमानदार व्यंग्यकार के लिए एक अनिवार्य शर्त है।

दरअसल मार्मिक कहकर पेश की गई जिन रचनाओं को पढ़ने-सुनने पर हँसी आती है; वे अपने आप में भोंड़ेपन की श्रेष्ठ मिसाल हैं। हमारा 'गम्भीर साहित्य' ऐसी श्रेष्ठ मिसालों से भरा पड़ा है। दूसरी तरफ जिन व्यंग्य-रचनाओं से होठों पर हँसी, और यहाँ तक कि मुस्कान भी न उभरे, बल्कि आप विसंगतियों से रूबरू होकर होठों को अजीब-सा बनाने लगें, यानी आप की जुबान का स्वाद कसैला-सा हो जाए, वही सबसे सफल व्यंग्य-रचनाएँ हैं। ऐसा ही कुछ परसाई की व्यंग्य-रचनाओं को पढ़कर भी होता है जिनका मूल तेवर विसंगतियों को उकेरना और मूल स्वर विसंगतियों के खिलाफ आवाज उठाना है। लेकिन यहाँ एक बात गौरतलब है कि परसाई हर प्रकार की विसंगति को अपने लेखन का आधार नहीं बनाते, ये उनमें भी सही-गलत की पहचान करके लिखते हैं। कुछ समय पूर्व मैंने एक नवोदित हिन्दी व्यंग्यकार का व्यंग्य पढ़ा जिसमें क्रिकेट खिलाड़ी पटौदी की एक आँख को व्यंग्य का आधार बनाया गया था और टिप्पणी की गई थी

कि अच्छा क्रिकेट खिलाड़ी बनने के लिए काना होना जरूरी है। कुछ लोगों को इस भोंडे व्यंग्य से, जो वस्तुतः व्यंग्य तो क्या हास्य भी नहीं है, हँसी आयी होगी क्योंकि वे ऐसी ही विसंगतियों पर हँस पाते हैं लेकिन परसाई का व्यंग्य-क्षेत्र ऐसी विसंगतियों को लेकर नहीं चलता। इसी कारण परसाई अपने ढंग के अलग व्यंग्यकार हैं। उन्होंने व्यंग्य सम्बन्धी पुरानी मान्यताओं और सिद्धान्तों को कभी स्वीकार नहीं किया। एक अरसे तक हमारे नाटकों में कुबड़ों, लँगड़ों, बौनों आदि को जोकर के रूप में प्रस्तुत किया गया। सरकम और फिल्म वालों ने इस परम्परा को अब भी नहीं छोड़ा है लेकिन परसाई ने अपने लेखन के आरम्भिक काल से लेकर अब तक इस परम्परा को नकारा है। उन्होंने व्यापक सामाजिक-आर्थिक जीवन में उच्च-भ्रू वर्ग, अफसरशाही, पूँजी-पतियों और नेता वर्ग की विसंगतियों को, उनके छलछद्म, उनके दोमुँहेपन को आधार बनाकर व्यंग्य-साहित्य को नयी दिशा दी है। विसंगतियों के संदर्भों में अपनी एक कहानी की चर्चा करते हुए वह कहते हैं-''मैं रोटरी क्लब भाषण देने गया। वहाँ जान-पहचान के लोग थे, जो बाहर आदमी की तरह सादा हिन्दी में बोलते हैं, सादा व्यवहार करते हैं। पर वहाँ वे इन्सान से 'रोटेरियन' हो गये थे। सब बनावट। झुक-झुककर मुझसे हाथ मिला रहे हैं और कह रहे हैं-ग्लैड टु मीट यू! दी प्लेजर इज माईन! इस बनावट और विसंगति पर मुझे हँसी आने लगी। फिर डिनर में सलाद और चटनी के साथ मछली खाते-खाते कहते हैं-यू आर राइट। हम बड़े पतित लोग हैं। देश नाश की ओर जा रहा है। मेरे मुँह से निकल गया-मुझे नहीं मालूम था कि सलाद के साथ देश की दुर्दशा इतनी स्वादिष्ट लगती है।''

जिस कहानी में परसाई ने यह सब लिखा है; वह है-'साहब महत्त्वाकांक्षी'। यह इस कहानी की अत्यंत संक्षिप्त व्याख्या है। परसाई के लेखन को समझने के लिए इस छोटी-सी व्यंग्य-रचना की गहराइयों में जाना होगा क्योंकि इसमें एक साथ कई विसंगतियों, पाखंड, धूर्तता और सरकारी तंत्र में छोटे-बड़े कर्मचारियों के साथ भ्रष्टाचार के अलग-अलग मानदंडों आदि पर व्यंग्यात्मक प्रहार किए गए हैं जो हमारी समाज-व्यवस्था में उच्च-भ्रू वर्ग के दोगलेपन का पर्दाफास करते हैं।

कहानी का पहला वाक्य ही व्यंग्य से आरम्भ होता है। लेखक कहता है-''उस क्लब में देश की दुर्दशा पर भाषण देने के लिए हम चार लोगों को बुलाया गया था।'' वह क्लब एक 'रोटरी क्लब' है। ऐसे क्लब हमारे देश के लगभग हर शहर में हैं जो नवधनाढ्य वर्ग के मनोरंजन और उच्च सरकारी अधिकारियों व अन्य महत्त्वपूर्ण व्यक्तियों से सम्पर्क साधने के स्थान

हैं,। अतः इन क्लबों के सदस्यों को वास्तव में देश की दशा या दुर्दशा की कितनी चिन्ता है, इसे सहज ही समझा जा सकता है। वे क्लब में देश की दुर्दशा पर गम्भीर-से-गम्भीर भाषण को भी शुद्ध मनोरंजन के रूप में लेते हैं। इसीलिए भाषण के अन्त में वक्ता के समक्ष उद्गार व्यक्त करते हैं कि आपका भाषण 'मोस्ट इंटरेस्टिंग, शार्ट एंड स्वीट' रहा। वे आपस में भी कहते हैं कि 'कार्यक्रम अच्छा रहा'। इस दौरान स्वयं उन्हीं के कई विरोधाभास सामने आते हैं–क्लब में आने पर उनका व्यवहार बदल जाता है। वे बाहर सादी हिन्दी में बोलते हैं किन्तु क्लब में अंग्रेजियत पर उतर आते हैं। वे देश की दुर्दशा पर विचार करने के लिए बढ़िया कपड़े पहनकर आते हैं। वे प्रसन्न होकर देश की दुर्दशा पर बातें करते हैं। उनके स्वभाव में कृत्रिमता का यह आलम है कि वे अलग-अलग व्यक्तियों को देखकर अलग-अलग ढंग से मुस्कराते हैं, कभी कम और कभी थोड़ा-सा ज्यादा मुस्कराते हैं और जब वक्ता देश की दुर्दशा पर मार्मिक ढंग से कुछ कहता है तो वे प्रसन्न होकर तालियाँ बजाते हैं। कदम-कदम पर उनके व्यवहार में कृत्रिमता है, विसंगति है, पाखंड है।

परसाई ने अपनी इस व्यंग्य-रचना में रोटरी क्लब के इन सदस्यों में से किसी की भी शरीर-रचना पर टिप्पणी नहीं की है। उन्होंने किसी को कुबड़ा या लँगड़ा दिखाकर पाठक को हँसाने का भोंडा प्रयास नहीं किया है। यही उनमें और अन्य अनेक व्यंग्यकारों में अन्तर है। परसाई ने क्लब के सदस्यों-श्रोताओं के संवादों को भी कतई 'डिस्टॉर्ट' नहीं किया है। लेकिन फिर भी एक-एक वाक्य, एक-एक शब्द व्यंग्य बन गया है। क्यों? कैसे? यही परसाई की रचना-प्रक्रिया की विशेषता है। वह पात्रों के हाव-भावों, स्थितियों (या स्थानों) और संवादों को परस्पर इस प्रकार समायोजित और समन्वित करते हैं कि प्रत्येक पंक्ति व्यंग्य बन जाती है। उदाहरण के लिए इस कहानी के मुख्य पात्र को लिया जा सकता है जिसके हाव-भाव को दर्शाते हुए लेखक कहता है कि 'मुस्कान का अभ्यास उसने औरों से ज्यादा किया था', स्थान के रूप में हमारे सामने है नव कुबेरों का रोटरी क्लब जहाँ सब सूटेड-बूटेड होकर आये हैं, बढ़िया भोजन ले रहे हैं और संवाद के रूप में हैं ये शब्द–"इट वाज वंडरफुल! मोस्ट इंटरेस्टिंग।" अर्थात् देश की दुर्दशा पर आपका भाषण 'बढ़िया और बहुत दिलचस्प रहा'। ये तीनों बातें–हाव-भाव, स्थिति या स्थान और संवाद–मिलकर सहज ही तीखा व्यंग्य बन गयी हैं। यही परसाई की कलम का कमाल है।

परसाई की प्रत्येक रचना में अनेक 'क्लाइमेक्स' होते हैं। 'साहब महत्त्वाकांक्षी' में भी हैं। इसका कारण यह है कि उनका कोई जो व्यंग्य

आम तौर पर किसी एक विचार को, किसी एक केन्द्रबिन्दु को लेकर नहीं चलता। उनके यहाँ हमें एक साथ कई विचार मिलते हैं। प्रत्येक विचार को चरम स्थिति पर पहुँचाकर वह अगली बात कहने के लिए आगे बढ़ते हैं। उदाहरण के लिए 'साहब महत्त्वाकांक्षी' में वह सर्वप्रथम अंग्रेजीदाँ उच्च-भ्रू वर्ग के स्वभावगत पाखंड को वैचारिक धरातल पर चरम स्थिति तक पहुँचाते हैं। यह चरम स्थिति तब आती है जब परसाई बढ़िया भोजन की मेज पर इन लोगों के मुँह से कहलवाते हैं-''रीयली, दी कंट्री इज गोइंग टु डाग्ज। आई से, वी आर दो मोस्ट फालन पीपुल। रीयली, दी होल कंट्री इज स्टारबिंग।'' (सचमुच देश बरबाद हो रहा है। हम बहुत गिरे लोग हैं। सारा देश भूखा मर रहा है।) सलाद, मछली आदि खाते हुए लोगों का यह कहना कि 'सारा देश भूखा मर रहा है' उनकी क्रूरता को, सामाजिक-आर्थिक प्रश्नों के प्रति उनके निर्मम दृष्टिकोण को और उनकी विरोधाभासपूर्ण चारित्रिक विशेषताओं को सामने लाता है। यह पाखंड की चरम सीमा है। इसी सीमा पर पहुँचकर लेखक या कहानी का 'मैं' पात्र अपनी ओर से सटीक टिप्पणी करता है-''मुझे पहली बार मालूम हुआ कि तली मछली और सलाद के साथ देश की दुर्दशा इतनी स्वादिष्ट लगती है।'' लेखक कहीं पर भी देश की गरीबी का रोना नहीं रोता लेकिन फिर भी गरीबी और अमीरी के बाच खाई का विद्रूपमय चित्र उतर आता है। यही परसाई में और अन्य व्यंग्यकारों में अन्तर है। यही उस मार्क्सवादी दृष्टि का परिणाम है जो लेखक को उसके रचनात्मक लेखन में वर्गगत अन्तर्विरोधों को प्रस्तुत करने में मदद करती है। जिस लेखक के पास इस दृष्टि का अभाव है, वह शनीचर और लंगड़ के अंडरवियर पहनने को ही व्यंग्य का निशाना बना सकता है, इससे हटकर नहीं सोच सकता। इसी कारण जहाँ हमारे अन्य व्यंग्यकार या तो व्यंग्य लिखते समय भोंडेपन पर उतर आते हैं या फिर स्वयं रोटेरियनों सरीखे बन जाते हैं, वहीं परसाई जनसामान्य का अंग बने रहकर व्यंग्य के माध्यम से उनकी लड़ाई को सही दिशा देते हैं।

इस चरम स्थिति को प्रस्तुत करने अथवा उच्च-भ्रू वर्ग के पाखंड को उजागर करने की चरम सीमा पर पहुँचने के तत्काल बाद परसाई उस मुख्य पात्र को सामने ले आते हैं जिसने लेखक का विशेष ध्यान खींचा और 'जिसकी किस्मत में कहानी का पात्र होना लिखा था।' यह सम्भवतः क्लब का अध्यक्ष या मुख्य पदाधिकारी था क्योंकि, 'उनमें सबसे अच्छे कपड़े उसी के थे। मुस्कान का अभ्यास उसने औरों से ज्यादा किया था।' इस रूप में परसाई इस मुख्य पात्र का परिचय पहले दे चुके हैं, अब वह उसे पूर्णता के साथ सामने लाते हैं-उसकी स्वभावगत विसंगतियों और विरोधाभासों

सहित। अब वह उसे सामने लाने, यानी उच्च-भ्रू वर्ग के इस प्रतिनिधि को प्रस्तुत करने के लिए रोटरी क्लब की बात को समाप्त करके कॉफी हाउस में आ जाते हैं।

जैसा कि हम कह चुके हैं, रोटरी क्लब जैसे स्थान बड़े लोगों के सम्पर्क साधने के केन्द्र होते हैं। रोटरी क्लब का यह प्रमुख पदाधिकारी कुछ दिन बाद लेखक से कॉफी हाउस में मिलता है। उसे पता है कि वह लेखक है, अतः बात उसके साहित्य से ही आरम्भ करता है यह कहते हुए कि 'परसों रेडियो पर आपकी कविता सुनी। बहुत अच्छी थी।' यहाँ पर लेखक फिर व्यंग्य करता है जो साहित्य-संस्कृति के प्रति उच्च-भ्रू वर्ग के सतही लगाव या संस्कारहीनता पर कटाक्ष है। लेखक जवाब देता है-''वह कहानी थी।'' लेकिन इस पात्र को और उसके वर्ग को कहानी-कविता में अन्तर से कोई मतलब नहीं, साहित्य-संस्कृति से कोई मतलब नहीं, इसीलिए इस अन्दाज में बात आगे बढ़ाता है मानो कुछ हुआ ही न हो। वह कहता है-''कहानी थी? तब तो और भी बढ़िया थी। शार्ट एंड स्वीट!'' देश की दुर्दशा पर भाषण हो, तब भी 'शार्ट एंड स्वीट' और कहानी-कविता हो, तब भी 'शार्ट एंड स्वीट!' उच्च-भ्रू वर्ग के सदस्य के बने-बनाये जुमले हैं जिनका वह हर कहीं इस्तेमाल करता है क्योंकि उसे देश की दशा-दुर्दशा या कहानी-कविता से कुछ नहीं लेना-देना, उसे मतलब है अपने स्वार्थों से। परसाई इसी तथ्य को, इसी सच्चाई को नंगा करते हैं। इस सच्चाई को नंगा करने के लिए वह संवादों; स्थितियों और पात्रों के हाव-भाव के जरिये एक बार फिर कहानी को 'क्लाइमेक्स' पर लाते हैं। वह बार-बार उस पात्र के मुँह से बड़े स्वाभाविक अन्दाज में कहलवाते हैं-''इस वक्त देश की हालत बहुत नाजुक है।'' और फिर व्यंग्यात्मक अन्दाज में-आक्रामक अन्दाज में नहीं मात्र व्यंग्यात्मक अन्दाज में-स्पष्ट करते हैं कि 'देश' से उसका क्या मतलब है? और इस संकट का जन साधारण से क्या वास्ता है? वह कहते हैं, ''बहुत हो गया तो मैंने नक्शा फैलाकर उसका 'देश' ढूँढ़ने की कोशिश की। कहीं नहीं मिला। मेरी भूगोल की पढ़ाई बेकार गयी। आखिर इसका देश है कहाँ? किस देश की चिन्ता कर रहा है? घर और क्लब बनाकर जिसकी दुनिया बनती है, उसका देश क्या बाथरूम है या बार है? अगर उसका वही देश है, जो हम सबका, तो इस देश पर नया संकट क्या आ गया? क्या बाजार में स्कॉच व्हिस्की नहीं मिलती या क्या इसका रसोइया छुट्टी पर चला गया?''

दरअसल उच्च-भ्रू वर्ग के लिए देश का अर्थ कुछ और ही है, वह नहीं जो हम सबके लिए है। वे देश की दुर्दशा पर रोटरी क्लब में चर्चा

करते हैं और स्काच-व्हिस्की न मिलने या रसोइये के छुट्टी पर चले जाने पर उन्हें लगता है कि देश की हालत नाजुक ही नहीं, बहुत नाजुक है। उनके देश की परिधि में देश के वास्तविक प्रश्नों का कोई महत्त्व नहीं है। इसीलिए वे बढ़ती हुई महँगाई, बेरोजगारी, कालाबाजारी, लूट-पाट आदि की कोई फिक्र नहीं करते। इन प्रश्नों के प्रति उनके मन में कोई वास्तविक चिन्ता नहीं है। अगर है तो मात्र दिखावटी चिन्ता। उनके व्यवहार, उनके संवादों और उनके हाव-भावों के जरिये परसाई देश से कटे हुए इन 'रोटेरियनों' की सच्चाई को नंगा करके रख देते हैं और इस प्रकार के व्यंग्य की मारक शक्ति के जरिये उस वर्ग को हमारे सामने वास्तविक रूप मे ला खड़ा करते हैं जो देश से और आम जनता से वस्तुतः कटा हुआ है और 'डीजैनरेट' हो रहा है।

इस प्रकार उच्च-भ्रू वर्ग के स्वभावगत पाखंड और स्वभावगत विसंगतियों को सामने लाने के साथ ही परसाई कहानी को और आगे बढ़ाते हैं तथा इस वर्ग की सच्चाई को पूरे तौर पर पूरी गहराई से सामने लाने में कोई कसर नहीं रख छोड़ते। यदि कोई अन्य लेखक होता तो बहुत सम्भव है कि वह इस वर्ग के इस प्रमुख पात्र का वास्तविक परिचय पहले ही दे डालता। लेकिन परसाई ने ऐसा नहीं किया। उन्होंने पहले केवल उसकी मानसिकता के एक स्तर का परिचय कराया जहाँ वह देश की नाजुक हालत पर तथा कथित चिन्ता प्रकट करता है और अवसरानुकूल अपनी नपी-तुली मुस्कान तथा संवादों के जरिये अपनी स्वार्थी मनोवृत्ति को स्वयं ही उजागर कर देता है। इसके बाद परसाई उसके व्यक्तित्व का यह कहकर वास्तविक परिचय देते हैं, "वह पहले एक सरकारी प्रतिष्ठान का मैनेजर था। दो-तीन साल पहले 'कंपलसरी रिटायरमेंट' मिल गया। बड़े भ्रष्टाचारी को बाइज्जत अलग कर देने की विधि को 'कंपलसरी रिटायरमेंट' कहते हैं। चपरासी या बाबू का भ्रष्टाचार पकड़ा जाय, तो वह 'डिसमिस' होता है। जेल भी भेजा जा सकता है क्योंकि वह सिर्फ पाँच-दस रुपये खाता है; मगर बड़ा अफसर जब पाँच-दस लाख दबा लेता है और सरकार इस पर ध्यान देने को मजबूर हो जाती है तब उससे हाथ जोड़कर कहती है-'हुजूर, आशा है, आप अब तक काफी खा चुके हैं। अब अगर आप उचित समझें तो बाकी जिन्दगी चैन से गुजारें।' वह सरकार के प्रति करुणा से भरकर 'कंपलसरी रिटायरमेंट' ले लेता है और बाइज्जत बाकी उम्र काटता है।"

परसाई के इन वाक्यों में कई बाते ध्यान देने की हैं। जहाँ अन्य अनेक व्यंग्यकार ऐसी स्थितियों में सरकारी या सार्वजनिक प्रतिष्ठानों पर हमले बोलकर अपनी लेखनी को सहज ही उन निहित स्वार्थों के पक्ष में मोड़

देते हैं जो समाजवाद और सार्वजनिक क्षेत्र आदि के विरोधी और निजी क्षेत्र तथा मुक्त व्यापार आदि के प्रबल समर्थक हैं, वहीं परसाई ने अपनी कलम सार्वजनिक क्षेत्र के प्रतिष्ठान पर नहीं बल्कि भ्रष्ट ब्यूरोक्रेसी पर चलाई है जिसके कारण सार्वजनिक क्षेत्र को क्षति उठानी पड़ती है। साथ ही उन्होंने दिखाया है कि किस प्रकार वे लोग 'रोटरी क्लबों' के सदस्य बनते हैं। वे, जो भ्रष्ट हैं। इतना ही नहीं, वह इस तथ्य को भी सामने लाते हैं कि भ्रष्टाचार के मामले में भी सरकारी तंत्र के अन्दर किस प्रकार का भेदभाव किया जाता है। जो लोग सरकारी व्यवस्था से परिचित हैं, वे जानते हैं कि भ्रष्टाचार का मामला हो या कोई अन्य बात, कार्रवाई करने का अधिकार अफसर वर्ग को ही होता है और अफसर वर्ग संगीन से संगीन अपराध में भी अपनी बिरादरी को बचाने का यथासंभव प्रयास करता है। इसीलिए भ्रष्ट अधिकारी को, लाखों रुपया हजम कर जाने पर भी, केवल अनिवार्य रूप से रिटायर किया जाता है, जबकि बाबू या चपरासी को पाँच-दस रुपये के गोलमाल के आरोप में नौकरी से निकाल दिया जाता है। यह एक सच्चाई है। और इस सच्चाई को प्रस्तुत करने में परसाई अपनी मार्क्सवादी दृष्टि का इस्तेमाल करते हुए सटीक व्यंग्य करते हैं–ऐसा व्यंग्य जिसमें दो अलग-अलग वर्गों के साथ किए जाने वाले अलग-अलग व्यवहार की हकीकत सामने आ सके और पाठक को यह भी पता चल सके कि देश की हालत पर चिन्ता प्रकट करने वाले स्वयं कितनी गहराई में हैं और वे देश की हालत पर चिन्ता क्यों प्रकट करते हैं? कोई न कोई कारण तो होगा ही। लेखक इन शब्दों के जरिये कारण की ओर संकेत करता है–"एक सुबह वह मेरे घर आ गया। कार से उतरा, तो पहचानने में देर लगी। वह बदल गया था। कोट, पैंट, टाई छूट गए थे। कुरता, पायजामा, जाकिट पहने हुए था।" उसके पिछले परिचय के संदर्भ में इतना संकेत काफी है। रोटरी क्लब का प्रमुख पदाधिकारी, जो लाखों रुपये हजम करके सरकारी प्रतिष्ठान से बाइज्जत अनिवार्य रूप से रिटायर कर दिया गया था, अब सचमुच बदल गया था। उसने समय देखकर अपनी पोशाक बदल ली थी। समझकर लोग ऐसा ही किया करते हैं। परसाई के शब्दों में–"15 अगस्त 1947 को ऐसा सामूहिक रूप से हुआ था। ज्यों ही तिरंगा झंडा ऊपर गया था, बहुत लोगों के पैंट नीचे खिसक गये थे। उनकी जगह धोती आ गयी थी।" कहना न होगा कि ऐसा वर्ग अवसर के अनुकूल रंग बदलता रहता है। उसकी मानसिकता नहीं बदलती, सिर्फ पोशाक बदलती है क्योंकि पोशाक बदलने से उसकी मनपंसद क्रांति सहज ही हो जाती है। वह जानता है कि इस नयी पोशाक के जरिये वह ऐसी जगह पहुँच सकता है जहाँ अधिकाधिक

सुविधाएँ हों, लाख-दो लाख नहीं करोड़-दो करोड़ बनाने के अधिकाधिक अवसर हों। चूँकि हमारा यह 'प्रजातंत्र' और उसके प्रतीक भ्रष्टाचार के गढ़ बन चुके हैं, इसीलिए यह रोटेरियन चरित्र कहता है-''मैंने संसद् का चुनाव लड़ने का निश्चय कर लिया है।'' और इस पर लेखक की यह टिप्पणी-''अब मैं समझा कि पिछले दो-तीन महीनों से देश की हालत क्यों नाजुक है।''

एमपीगिरी यानी संसद सदस्यता हमारे इस जवान लोकतंत्र में प्रतिष्ठा का सबसे बड़ा प्रतीक है। जब पैसा हो जाये, कार और बंगले हो जायें तो देश की चिंता सताने लगती है और भारत माता की इन अद्भुत संतानों के मन में परिवर्तन लाने की ललक करवटें देने लगती है। उनकी सजी-सँवरी पत्नियाँ कहती हैं कि घर में सब कुछ है, लाख-दो-लाख खाकर आपने 'कंपलसरी रिटायरमेंट' भी ले लिया, अब कुछ ऐसी चीज भी ले आइये; जिससे इज्जत बढ़े, और रोटेरियन महोदय 'लोकसभा' लाने निकल पड़ते हैं। उन्हें लगता है कि पैसे के बल पर सब कुछ खरीदा जा सकता है, क्योंकि 'अपने देश का चुनाव तो एक नाटक है। हमारा गँवारों का देश है। सच पूछा जाय तो हम प्रजातंत्र के लायक ही नहीं हैं। यहाँ वोट पाने के कई तरीके हैं। मैं सब जानता हूँ। सारा प्रबन्ध कर लिया है।' उनके चरित्र की इस विशेषता को उजागर करने के बाद परसाई सम्पूर्ण कहानी को फिर एक 'क्लाइमेक्स' पर ले जाते हैं, जो उनके और अन्य व्यंग्यकारों के बीच सोच के स्तर पर अन्तर को एक बार फिर व्याख्यायित करता है। अन्य व्यंग्यकार, बहुत सम्भव है, उच्च-भ्रू वर्ग के इस प्रतिनिधि और जनता के तथाकथित जाने-माने सेवक को चुनाव में विजयी दिखा देते और इस प्रकार यह सिद्ध कर डालते कि सचमुच इस चुनाव व्यवस्था में 'सब कुछ' ही पैसे के बल पर खरीदा जा सकता है। ऐसा करने पर यह रचना अंततोगत्वा जनता की निर्णय कर पाने की क्षमता पर ही व्यंग्य होकर रह जाती तो जनवादी विचार-दृष्टि के बिल्कुल प्रतिकूल होती। परसाई ने इस सच्चाई को महसूस किया, इसीलिए कहानी के अन्त में उन्होंने 'इस महान भ्रष्टाचारी' को न केवल पराजित दिखाया है, बल्कि यह भी कहा है कि उसकी जमानत जब्त हो गयी है। यह अंत जनशक्ति पर लेखक के विश्वास का प्रतीक है। परसाई कहानी का ऐसा अंत मार्क्सवादी विचार-दृष्टि के कारण ही कर सके हैं। उन्होंने जनता को एक भ्रष्ट व्यक्ति के धोखे में आ जाने वाली नहीं दिखाया है। और इस प्रकार उनका व्यंग्य अंततोगत्वा उस रोटेरियन, उच्च-भ्रू वर्ग के उस प्रतिनिधि पर ही हुआ है जो क्रोध में कहता है-''आपने उस दिन क्लब में ठीक ही कहा था-वी आर एक मोस्ट फॉलन

पीपुल। दी कंट्री इज गोइंग टू डाग्ज! बड़े गिरे हुए लोग हैं।'' लेकिन कहानी के इस अंत तक पहुँचते-पहुँचते पाठक भली-भाँति जान जाते हैं कि वास्तव में गिरे हुए लोग कौन हैं? लेखक ने 'फॉलन पीपुल' किनके लिए कहा था?

परसाई को अपनी इस कहानी में आजादी के बाद बड़ी तेजी से सामने आये नवकुबेर वर्ग को नंगा करने में, उसके चारित्रिक पतन, उसके दोमुँहेपन, उसके पाखंड, उसके विरोधाभासों और विसंगतियों को उजागर करने में अपार सफलता मिली है—एक ऐसी सफलता जो अधिकांश व्यंग्यकारों को गहरी सामाजिक-राजनैतिक समझ के अभाव के कारण, नहीं मिल पाती। उनकी दृष्टिहीनता प्रायः उनके व्यंग्य को फूहड़ बनाकर रख देती है या पाठकों को असली मुद्दों और प्रश्नों से भटकाने लगती है। यह अकारण नहीं कि औद्योगिक प्रतिष्ठानों से निकलने वाले पत्रों में ऐसे ही तथाकथित व्यंग्यकारों के तथाकथित साहित्य का स्वागत किया जाता है। 'तथाकथित' इसलिए कि उनके पास प्रायः कथ्य नहीं होता बल्कि मदारियों की तरह चटकीले किन्तु बेतुके जुमले होते हैं जिनके सहारे वे पाठकों को शाखामृग बनकर रह जाते हैं और शब्दों तथा शैलीगत प्रयोगों के भँवरजाल में डूब जाते हैं? इसी कारण पाठक घूम फिर कर परसाई जैसे रचनाकारों के इर्दगिर्द ही सिमट आते हैं, जबकि परसाई के पास एक नितांत सपाट भाषा और एकदम शिल्पविहीन कथ्य है। 'साहब महत्त्वाकांक्षी' जैसी सशक्त व्यंग्य-कथा भी शिल्प और भाषा दोनों ही स्तरों पर सपाट है। इस सच्चाई के बावजूद परसाई ने इस कहानी में एक सामयिक विषय को शाश्वत व्यंग्य में बदल दिया है। वस्तुतः परसाई ने अधिकांशतः सामयिकता के रास्ते से चलते हुए ही शाश्वत व्यंग्य लिखे हैं। यही उनकी सबसे बड़ी विशेषता है। जहाँ अनेक लेखक सामयिक प्रश्नों और तात्कालिक समस्याओं से जूझने में प्रायः पिछड़ जाते हैं या कतराने लगते हैं, वहीं हरिशंकर परसाई इनसे सीधे मुकाबला करने के लिए सबसे पहले सामने आते हैं। दरअसल सपाट भाषा और शिल्पहीनता के बावजूद उनकी इस अद्भुत लेखकीय सामर्थ्य और कथ्य की सम्पन्नता के पीछे उस दृष्टि का हाथ है जो मार्क्सवादी जीवन-दृष्टि कहलाती है और जिसके प्रति परसाई प्रतिबद्ध हैं। तमाम जोखिमों के बावजूद उन्होंने इस प्रतिबद्धता को न केवल अंगीकार किये रखा बल्कि उसे अपने समकालीनों की अपेक्षा अपने लेखन में सबसे अधिक जिम्मेदारी और सबसे ज्यादा गंभीरता के साथ उतारा भी है।

—प्रदीप पंत

कहानीकार की तरह

नयी कहानी की अन्तर्वस्तु के विस्तार की दृष्टि से अपने समकालीन कहानीकारों के बीच हरिशंकर परसाई की स्थिति कुछ ज्यादा ही महत्त्वपूर्ण दिखाई देती है। इस दौर के बहुत-से कहानीकारों की तरह न तो कहीं वह स्त्री-पुरुष सम्बन्धों के अंकन में उलझते हैं और न ही शिल्प की बारीकियों को लेकर परेशान मालूम होते हैं। इससे भिन्न उनकी कहानियाँ पतनशील बुर्जुआ समाज में मूल्यगत संक्रमण, विपर्यय और स्खलन की स्थिति में एक नैतिक हस्तक्षेप की हैसियत रखती दिखाई देती हैं। राजनीतिक भ्रष्टाचार और सामाजिक विसंगतियों की जितनी स्पष्ट और प्रामाणिक पहचान हरिशंकर परसाई की कहानियों में मिलती है उतनी उस दौर के कदाचित् किसी दूसरे कहानीकार में नहीं मिलती है। अपने साहित्यिक सरोकार और सामाजिक चिंता की दृष्टि से वह अमरकांत के निकट लगते हैं लेकिन कहानी का विधागत अनुशासन और प्रच्छन्न एवं सूक्ष्म व्यंग्य के उपयोग का कौशल अमरकांत को उनसे काफी अलग भी कर देता है।...

हरिशंकर परसाई अपने लेखन को एक सामाजिक कर्म के रूप में परिभाषित करते हैं। उनकी मान्यता है कि सामाजिक अनुभव के बिना सच्चा और वास्तविक साहित्य लिखा ही नहीं जा सकता। साहित्यकार और सामाजिक अनुभव के अंतर्सम्बन्धों की व्याख्या करते हुए वे लिखते हैं- ''साहित्यकार का समाज से दोहरा सम्बन्ध है। वह समाज से अनुभव लेता है, अनुभव में भागीदार होता है। बिना सामाजिक अनुभव के कोई सच्चा साहित्य नहीं लिखा जा सकता, लफ्फाजी की जा सकती है। साहित्यकार सामाजिक अन्वेषण भी करता है। उन छिपे अँधेरे कोनों का अन्वेषण करता है जो सामान्य चेतना के दायरे में नहीं आते। यह इन सामाजिक अनुभवों का विश्लेषण करता है, कारण और अर्थ खोजता है, उन्हें संवेदना के स्तर तक ले जाता है और उन्हें रचनात्मक चेतना का अंग बनाकर रचना करता है। और फिर समाज से पाई इस वस्तु को रचनात्मक रूप देकर फिर समाज

को लौटा देता है। इस तरह साहित्य एक सामाजिक कर्म हो जाता है।''[1]...लेखन को सामाजिक कर्म के रूप में परिभाषित करने के बाद अपने समय की राजनीति के साथ लेखक का रिश्ता काफी खुद-ब-खुद तय हो जाता है। इस मुद्दे पर परसाई ने और भी साफ ढंग से लिखा है-''राजनीति मनुष्य की नियति तय कर रही है। बुद्धिजीवी जो यह कहते हैं कि हमें राजनीति से क्या मतलब, वे वास्वत में बड़ी गंदी देशद्रोही राजनीति में फँसे हैं। मैं यह नहीं कहता कि हम किसी पार्टी के सदस्य हो जाएँ। पर मैं यह जरूर चाहूँगा कि इतनी समझ हो और निष्ठा भी हो कि यह राजनीति समाज को प्रगति के रास्ते पर ले जा रही है, और यह राजनीति प्रतिगामी और यथास्थितिवादी है।''[2]...

यही कारण है कि हरिशंकर परसाई यूरोप की पतनशील साहित्यिक प्रवृत्तियों के अनुकरण में लिखे जा रहे साहित्य की भर्त्सना करते हैं क्योंकि ऐसा सारा साहित्य अपने केन्द्र से सामाजिक चिन्ता और कर्म को नकार कर आगे बढ़ता है। 'हारर', 'फ्रस्ट्रेशन', 'मृत्युबोध' और 'संकट' के दर्शन को वह अपरिवर्तनीय मानकर नहीं चलते। केवल फैशन के लिए इन चीजों को ओढ़ लेने का कोई अर्थ नहीं हो सकता है। वस्तुतः इस सबको वह रचनाकार के अपने परिवेश से कटे होने या फिर अंशतः जुड़े होने के अनिवार्य परिणाम के रूप में लेते और स्वीकार करते हैं और इस बात पर बल देते हैं कि ऐसा करने वाले लेखक गलत ढंग से अपनी कुंठाओं और हताशा को साहित्य में प्रोजेक्ट कर रहे हैं। ऐसे सारे लोगों के लिए वह हिदायत करते हुए लिखते हैं-''अहंकार के घोंघे से आप बाहर आइये और अपने को व्यापक संपर्क से जोड़ दीजिये।''[3]...

इस संदर्भ में जो लोग संत्रास और अजनबीपन की बातें करते हैं उनके बारे में किंचित कड़ा रुख अपनाते हुए वह लिखते हैं-''यह एक प्रकार की बौद्धिक 'स्नाबरी' होती है। अपने को परिवेश से कटा हुआ और अकेला मानने वाला उस आदमी की तरह हो जाता है, जो किसी विशाल इमारत में बंद हो। वह बोलता है तो उसे अपनी ही प्रतिध्वनि सुनाई पड़ती है। तब वह घबराता है और उसे भय, आशंका और मौत की अनुभूति होने लगती है।''[4]...और ऐसी हालत में अपनी स्थिति और भूमिका का उल्लेख करते हुए वे कहते हैं-''अपने परिवेश से मैं अपने को पूरी तरह जुड़ा हुआ पाता हूँ। सहभागी हूँ, दर्शक नहीं।''[5]

'हँसते हैं रोते हैं' नामक संग्रह में अपनी प्रारम्भिक कहानियों में परसाई अपने आसपास की जिन्दगी से जुड़कर चलते दिखाई देते हैं। इन कहानियों में निम्न-मध्यवर्गीय अभावों और विडम्बनाओं को उभारा गया है लेकिन

उनमें तराश का वह पैनापन और सामाजिक विरूपताओं को लेकर वह तल्खी नहीं है जो आगे चलकर परसाई की एक खास पहचान बनती है। 'सेवा का शौक' और 'भीतर का घाव' जैसी कहानियाँ इस संग्रह में अपवाद जैसी लगती हैं जो मानवीय पीड़ा के संदर्भ में नैतिक-सामाजिक मान्यताओं की विकृतियों को पर्याप्त विश्वसनीय और प्रभावशाली ढंग से अंकित कर सकी हैं। इस संग्रह की अधिकांश कहानियाँ या तो भावुकता का शिकार हैं या शिल्प के कच्चेपन की जिसके कारण उनका संश्लिष्ट प्रभाव बहुत प्रीतिकर नहीं होता। इन कहानियों को आधार बनाकर हरिशंकर परसाई के भावी विकास को समझना भी किसी कदर मुश्किल होता है। आगे चलकर, एक लेखक की हैसियत से वह अपना जो सरोकार तय करते हैं ये कहानियाँ सिर्फ आंशिक रूप से ही उसका संकेत दे पाती हैं। इन्हें पढ़कर इतना पता अलबत्ता चल जाता है कि समाज में जो असत्य और विरूपतायें हैं उनका शिकार वे लोग ही सबसे अधिक हैं जो सरल और ईमानदार किस्म के लोग हैं। और इसी संकेत के सहारे कदाचित् यह अनुमान भी लगाया जा सके कि इन लोगों के सार्थक ढंग से जीने की इच्छा और संघर्ष को लेखक अनदेखा करके नहीं चल सकेगा।...

सामाजिक विकृतियों के चक्रव्यूह में फँसे साधारण आदमी की यातनाओं को केन्द्र में रखकर चलने वाला लेखक शाश्वत साहित्य का प्रभामंडल बनाकर नहीं चल सकता। इसीलिए हरिशंकर परसाई की यह घोषणा एकदम विश्वसनीय लगती हैं–"मैं शाश्वत साहित्य रचने का संकल्प करके लिखने नहीं बैठता। जो अपने युग के प्रति ईमानदार नहीं होता, वह अनन्त काल के प्रति कैसे हो लेता है, मेरी समझ से परे है।"[6]... यही कारण है कि परसाई की परवर्ती कहानियाँ जो अधिकांश में 'जैसे उनके दिन फिरे' और 'सदाचार का तावीज' में संकलित हैं–अपने समय की विडम्बनाओं और कुरूपताओं को बड़ी सहजता के साथ अंकित करती हैं। हरिशंकर परसाई की इन कहानियों के आधार पर आजादी के बाद के भारत की एक मुकम्मिल तस्वीर आसानी से तैयार की जा सकती है जिसमें राजनीति शासनतंत्र, शिक्षा पद्धति, नौकरशाही और साहित्य एवं कला की विकृतियों के साथ शायद ही ऐसा कोई पक्ष होगा जो छूटा हो। 'रानी नागफनी की कहानी' को वैसे एक व्यंग्य-उपन्यास की संज्ञा दी गयी है लेकिन उसके कितने ही अंश स्वतंत्र कहानियों के रूप में भी उतने ही स्वीकार्य हैं और कदाचित् इसी का लाभ उठाकर लेखक ने उनमें से कुछ अलग से कहानियों के तौर पर प्रकाशित भी कराये हों। क्रोधी और विद्रोही पीढ़ी का दर्शन, सरकारी कार्यालयों की कार्यपद्धति, लड़के का कुटीर उद्योग की श्रेणी में रखकर

विवाह के टेंडर की सिफारिश आदि कुछ ऐसे मुद्दे हैं जिनसे मौजूदा समाज की बनावट समझने में मदद मिल सकती है, लेकिन हमारे समय की राजनीतिक जगत लेखक के लिए एक ऐसा स्थायी सरोकार है जिसे लेकर उसकी तल्खी की कोई सीमा नहीं है। जब मुफतलाल के साथ राजकुमार अस्तभान, राजा राखड़ सिंह के अमात्य के पास जाता है तो बदले में ये लोग उसके लिए भी कुछ करने की इच्छा प्रकट करते हैं। बताने में उसे संकोच करते देख मुफतलाल उसे उत्साहित करते हुए पूछता है कि कौन-सा काम करना है–भ्रष्टाचार समाप्त करना है? अफसरों को समय पर दफ्तर बुलाना है? भत्ते के सच्चे बिल बनाने की आदत डालनी है? तो इन सारी बातों को अमात्य यह कहकर नकार देता है कि यह तो शासन की शोभायें हैं! वह अपने विरोधी विधायक के 'जीव' की माँग करता है और उसके लिए अपनी ओर से की जाती रही कोशिशों का हवाला देते हुए कहता है–"गुप्तचर विभाग तो सालों से इसी काम में लगा है। आप तो जानते हैं कि प्रजातंत्र में गुप्तचर विभाग राजनैतिक विरोधियों के पीछे पड़े रहने का ही काम करता है। अपराधियों का पता लगाना तो एक बहाना है।"[7]... हमारे देश की इस तथाकथित जनतांत्रिक राजनीति में जनता और नेताओं का सम्बन्ध भेड़ें और भेड़िये से बहुत बेहतर नहीं रहा है। अभी तक जैसी स्थितियाँ रही हैं उनमें हमारे चुने हुए प्रतिनिधि ही बाकायदा नियम से दिन में तीन बार हमारा भोजन और नाश्ता करते रहे हैं और गीदड़ों–झूठे प्रशंसकों और चाटुकारों का एक दल–उनसे हमेशा जुड़ा रहकर जन-विरोधी नीतियों का समर्थन बेशर्मी के साथ करता रहा है।...वास्तविकता यह है कि समूची नयी कहानी में परसाई अकेले लेखक हैं जो राजनीतिक भ्रष्टता और सत्ता की विकृतियों को इतनी दूर तक जाकर उद्‌घाटित करने का जोखिम उठाते दिखाई देते हैं...

हरिशंकर परसाई की कुछ प्रमुख कहानियों को आधार बनाकर उनके रचना-संसार और सरोकारों का अन्वेषण उपयोगी हो सकता है। 'मौलाना का लड़का: पादरी की लड़की', 'राग-विराग', 'सदाचार का तावीज', 'भोलाराम का जीव', 'मुंडन', 'एक तृप्त आदमी की कहानी', 'मैं हूँ तोता, प्रेम का मारा' और 'सत्य साधक मंडल' आदि कहानियाँ अपने आशयों और अन्तर्वस्तु की व्यापकता की दृष्टि से कमोबेश परसाई के समूचे लेखन के प्रतिनिधि-अंश के रूप में ली जा सकती हैं। इन कहानियों में यदि एक ओर राजनीति और शासनतंत्र की विकृतियों एवं कार्य पद्धति की आलोचना की गयी है तो दूसरी ओर साधारण आदमी की यातनाओं और महत्त्वाकांक्षा-शून्य मानसिकता के निर्माण की विडम्बना को भी रेखांकित किया जा सका

है। इस पूँजीवादी समाज में धर्म और अध्यात्म प्राय: हमेशा ही धूर्तता, छद्म और ढोंग का पर्याय बनकर उपस्थित होता है, अत: स्वाभाविक ही परसाई गहरे कंसर्न के साथ उसकी वास्तविकता के उद्घाटन में दिलचस्पी लेते दिखायी देते हैं। स्त्री-पुरुष संबंधों वाली कहानियों का परसाई के यहाँ प्राय: एकांत अभाव-सा है लेकिन कुछ कहानियों में उन्होंने हमारे सामन्ती और अर्थ-सामन्ती समाज में स्त्री की स्थिति पर बड़े सार्थक और अधिकार-सम्मत ढंग से टिप्पणी करने की कोशिश की है।...

'भोलाराम का जीव', 'सदाचार का तावीज' और 'मुंडन' जैसी कहानियाँ राजनीति, शासन और सरकारी तंत्र की वास्तविक पहचान की दृष्टि से महत्त्वपूर्ण कहानियाँ हैं। इन कहानियों को पढ़कर जिस वास्तविकता से हमारा साक्षात्कार होता है वह इतिहास और सरकारी आँकड़ों से अलग ही नहीं, उस सब के विरोध में भी पड़ता है। 'भोलाराम का जीव' देश की समूची व्यवस्था पर एक रनिंग कमेंट्री जैसी है। भोलाराम ऐसे देश का वासी है जहाँ दोस्तों को भेजी गयी चीजें रेलवे वाले उड़ा लेते हैं और हौजरी के पार्सलों के मोजे रेलवे अफसर पहनते हैं। जहाँ राजनीतिक दलों के लोग विरोधी नेता को उड़ाकर बंद कर देते हैं ताकि विरोध की आवाज को दबाया जा सके। अपनी विशेष योग्यता और कार्यक्षमता के लिए जो लोग नरक में सहायता और नवनिर्माण के लिए भेजे जाते हैं वे अधिकांश में इमारतों के ठेकेदार हैं जो पूरे पैसे लेकर रद्दी इमारतें बनाते हैं, बड़े-बड़े इंजीनियर हैं जो पंचचवर्षीय योजनाओं का पैसा खाते हैं या फिर ओवरसियर हैं जो उन मजदूरों की मजदूरी हड़पते हैं जो कभी काम पर आते ही नहीं। लेकिन खासतौर से कहानी दफ्तरी तंत्र को उद्घाटित करती है जहाँ रिटायर होने के पाँच वर्ष बाद भी भोलाराम की पेंशन नहीं खुलती है क्योंकि उनकी अर्जियाँ उड़ती फिरती हैं-इसलिए कि उन पर दबाने के लिए 'वजन' नहीं रखा गया था। इस हकीकत का पता नारद को दफ्तर की कितनी ही भूल-भुलैयों में घूमकर चलता है। नारद के पास और कुछ न होने की स्थिति में संबंधित अधिकारी को पसंद आ जाने पर उसकी लड़की के उपयोग के लिए अपनी वीणा से बाकायदा भोलाराम के कागज दबाकर अर्थात् 'वजन' रखकर जब वह रुकी हुई पेंशन के लिए कुछ करना चाहते हैं, तभी अपना नाम सुनकर भोलाराम का जीव उस फाइल में से बोलने लगता है-वह जीव जिसने 'गरीबी' की बीमारी के पाँच दिन पहले शरीर छोड़ा था और जिसके अपने गन्तव्य पर न पहुँचने के कारण तरह-तरह की अटकलें लगायी जाने लगी थीं।

'सदाचार का तावीज' वास्तविक आर्थिक सुरक्षा के अभाव में भ्रष्टाचार

निरोधक प्रयासों की असफलता की ओर संकेत करती है। महीने के शुरु के दिनों में जो व्यक्ति भ्रष्टाचार निषेध के लिए एक मजबूत स्टैण्ड ले सकता है, महीने के आखिरी दिनों में आर्थिक तंगी के कारण वह एक बदली हुई स्थिति में भी हो सकता है। इसीलिए इस प्रकार की कहानियाँ स्वयं परसाई के अनुसार, किसी ऊपरी सुधार की जगह, समूची व्यवस्था के बदलाव पर जोर देती हैं। इसी कहानी पर टिप्पणी करते हुए वह लिखते हैं-''संकेत मैं यह करना चाहता हूं कि बिना व्यवस्था में परिवर्तन किये, भ्रष्टाचार के टांके बिना खत्म किये और कर्मचारियों को बिना आर्थिक सुरक्षा दिये, भाषणों, सर्कुलरों, उपदेशों, सदाचार समितियों, निगरानी आयोगों के द्वारा कर्मचारी सदाचारी नहीं होगा। इसमें कोई उपदेश नहीं है सिर्फ विरोधाभासों को सामने लाया गया है और कुछ संकेत दिये गये हैं।''[8] 'मुंडन' शासन और सरकारी तंत्र की उन व्यावहारिक जटिलताओं को सामने लाती है जो आंख के आगे की चीज के लिए भी-परम्पराओं और नीतियों के नाम पर-देखने और स्वीकार करने से इंकार करती है। चीजों को टालकर, समय का लाभ लेकर, विरोधियों की सारी चिल्ल-पों के बावजूद, समितियों और आयोगों के गठन की प्रक्रिया अपनाकर चीजों को कितने ही लंबे समय तक अनदेखा किया जा सकता है क्योंकि अन्ततः फैसला सतारूढ़ दल के पक्ष में ही किया जाना है।...

और यह सारी स्थितियाँ देश के आम आदमी को कैसे और किस सीमा तक प्रभावित कर सकती हैं? अभावों से भरा एक लम्बा जीवन-तिल-तिल करके आदमी को कैसा तोड़ता-सा रहता है और फिर चीजों के न होने के पक्ष में तर्क जुटा सकने की एक मानसिकता विकसित होती जाती है। 'एक तृप्त आदमी की कहानी' के एन०एल० मास्टर-एक सोलहों आने तृप्त आदमी-इसी प्रकार के जीव हैं जो अपने रोजमर्रा के हर अभाव के लिए एक रेडीमेड तर्क की ढाल कसे दिखाई देते हैं। चेखव ने आज से अस्सी वर्ष पहले, अपने देश में, अध्यापकों की जिस स्थिति को गहरी व्यथा और संवेदना के साथ देखा और महसूस किया था-एक आत्मघाती तृप्ति और महत्त्वाकांक्षाहीन जीवन की विडम्बनाओं को-हमारे देश में वही स्थिति अभी भी ज्यों की त्यों बरकरार है। उस हालत में कहानी का अंत स्वयं ही एक ऐसी टिप्पणी का काम करता है जिसके बाद कुछ और कहने या जोड़ने का कोई अर्थ ही नहीं रह जाता है...''और मुझे याद आता है कि पिछले साल जब मैं बीमार पड़ा था तब मेरी भूख भी मर गयी थी, अच्छे पकवान मेरे सामने रखे रहते थे और मैं मुँह फेर लेता था!''[9]... फर्क सिर्फ इतना है कि 'मैं' की बीमारी व्यक्तिगत थी जबकि मास्टर की बीमारी पूरे समाज

और व्यवस्था से जुड़ी है और इतिहास गवाह है कि पिछले बत्तीस वर्षों में उसमें कहीं कोई हेर-फेर नहीं हुआ है।

'राग-विराग' और 'सत्य साधक मंडल' जैसी कहानियाँ धर्म के नाम पर पलने वाली धूर्तताओं को उद्घाटित करती हैं। 'राग-विराग' में बस यात्रियों की व्यवहारगत विचित्रताओं के साथ ही चुस्त जुमलों और उपमाओं के द्वारा पाखंड और छद्म के विस्फोटक उद्घाटन की कोशिश की गयी है। लेकिन उसमें साधु के व्यवहार की स्थूलता और पूरी कहानी का सरलीकृत निष्कर्ष कहानी के प्रभाव को इतना तीव्र नहीं कर पाता है जितना कि 'सत्यसाधक मंडल' के संकेत और व्यंग्य विधायक व्यंजना के द्वार मुमकिन होता है। सत्य साधक मंडल का सबसे बड़ा आकर्षण क्या है? वहाँ व्यापारी और अच्छे नौकरी-पेशा लोग इसलिए आते हैं कि इन्कमटैक्स और सेल्सटैक्स अधिकारियों के आने की संभावना बनी रहती है-भले ही वे अपनी एकांत साधना के कारण अब तक आ न सके हों!...

''कालेज की एक युवा सुन्दरी अध्यापिका मिस सक्सेना आती थीं। पर उनका तबादला हो गया और वे अपने सामान के साथ हमारे चार साधकों का सत्य बाँधकर ले गयीं। चारों ने आना छोड़ दिया...''[10] ईगो, अहं और सेल्फ को गलाने का उपदेश देने वाले चोपड़ा साहब जो आज तक किसी शनिवार को बीमार नहीं पड़े और प्रसाद के रूप में मिठाई बाँटने के बाद नियमित रूप से आधा घंटा प्रवचन देते रहे हैं, एक दिन शुक्ला जी के द्वारा प्रसाद ले आने पर और उत्तेजना में उनसे पहले ही बाँट देने पर यकायक अस्वस्थ महसूस करने लगते हैं। उस दिन फिर न तो वे प्रसाद ही बाँटते हैं और न ही प्रवचन दे पाते हैं जैसे उनका एकाधिकार किसी ने जबरन छीन लिया हो। उसके बाद कई शनिवारों तक मुतवातिर उनकी प्रतीक्षा रही लेकिन फिर धीरे-धीरे लोगों ने समझ लिया कि वह अहं को गलाने की साधना में लग गये हैं!...

'मौलाना का लड़का: पादरी की लड़की' और 'मै हूं तोता प्रेम का मारा' के सरोकार निश्चय ही कुछ भिन्न प्रकार के हैं। 'मौलाना का लड़का...' में धार्मिक कट्टरता और धर्मोन्माद का संघर्ष प्रगतिशील वैज्ञानिक आग्रहों से होता है। मौलाना और पादरी दोनों ही का एतराज बच्चों के प्रेम-विवाह को लेकर इतना नहीं है जितना कि यह आग्रह है कि वे अपने-अपने धर्म में उनका बाकायदा मत-परिवर्तन कर पुण्य हासिल करें। लेकिन रफीक और बेला आध्यात्मिक प्रेरणा से शुरू करके क्रमश: भौतिक आवश्यकताओं से अनुशासित होने लगते हैं। उनके अपने इस निजी अनुशासन का टकराव जब उनके अपने-अपने पिता के अनुशासन से होता है तो बहुत सोच-विचार

कर जो रास्ता वे चुनते हैं वह वही है जिसके लिए उनके पिता अलग-अलग, अपने-अपने प्रभुओं से प्रार्थना करते हैं-उन नादानों को माफ करके सही रास्ता दिखाने की प्रार्थना। और यह सचमुच आश्चर्यजनक है कि दोनों की प्रार्थना का असर एक ही होता है... "दोनों के अलग-अलग प्रभुओं ने उनकी संतानों को सही रास्ता दिखाया। लगभग दस बजे वे दोनों एक ताँगे में बैठे उस रास्ते पर जा रहे थे। उस रास्ते का नाम था अल्वंट रोड, जिसके उस छोर पर सिविल मैरिज के रजिस्ट्रार का दफ्तर था..."[11]

'मैं हूँ तोता प्रेम का मारा' बड़े सहज ढंग से हमारे सामाजिक अन्तर्विरोधों को खोलकर रखती है। भारतीय समाज में पत्नी, आर्थिक निर्भरता के अभाव में, न तो तोते की मादा जैसा व्यवहार कर सकती है और न ही उस काछिन की तरह जो अपने पति को किसी और से फँसा देखकर अपनी जमापोटली बाँधकर और चार खरी-खोटी सुनाकर अपने घर चल देती है। इसके विपरीत पढ़े-लिखे और सभ्य माने जाने वाले लोगों में पहले तो यह आँखमिचौली चलती है कि पड़ोसी की लड़की को भरसक अपनी बहन न बनाकर अपने पति का बहन बनाना ही संस्कारों की दृष्टि से सुरक्षित स्थिति मालूम पड़ती है। फिर भी यदि होनी हो के ही रहती है तो अपनी खीज और हताशा वह किसी और पर उतारने पर विवश है क्योंकि पति कमाऊ जीव है और उसके प्रति संचित सारी घृणा और आक्रोश के बावजूद उससे विनम्र समर्पण के साथ पेश आने के अलावा और कोई रास्ता ही नहीं है। तोते की निश्छल जिज्ञासा हमारे सामाजिक अन्तर्विरोधों की कितनी ही परतें छील देती है..."मगर यह सरला भी अजीब है। प्रोफेसर साहब ने प्रेम ही तो किया है न? लड़ाई तो नहीं की। किसी से लड़ाई करते तो बुरा मानती, पर प्रेम तो बुरी चीज नहीं है। और अगर प्रेम दंडनीय ही है, तो उसे दंड दो जिन्होंने प्रेम किया है। पर उनकी तो हँस-हँसकर चाकरी करती हो और मुझ बेकसूर को दंड देती हो। मैंने तो किसी से प्रेम नहीं किया?"[12]... और यदि एक विवाहिता स्त्री की स्थिति यह है तो अविवाहिता की स्थिति तो और भी बुरी है। उमा तो प्रोफेसर साहब को लिखे गये अपने पत्र में स्वयं ही स्वीकार करती है कि प्रेम करके उसकी स्थिति पिंजरे में बंद उस तोते से बेहतर नहीं है जिसे अपने प्यार का प्रतीक मानकर उसकी अनुपस्थिति में, वह उसके लिए, छोड़ आयी है।...

हरिशंकर परसाई मूल रूप से एक व्यंग्यकार हैं। यही कारण है कि कहानीकार के रूप में उन्हें प्राय:अनदेखा किया जाता रहा है।... आज किसी लेखक की व्यंग्य-क्षमता दूसरी तथाकथित रचनात्मक विधाओं के मुकाबले दूसरे दर्जे की चीज समझी जाकर उपहास और उपेक्षा की चीज बने यह

स्थिति अपने में विशेष रूप से विडम्बनापूर्ण रहती है। सच्चाई यह है कि सामाजिक विसंगतियों के प्रति गहरा कंसर्न रखने वाला कोई लेखक ही व्यंग्य की जमीन पर उतरता है। स्थितियों, प्रवृत्तियों और व्यक्तियों पर व्यंग्य करके वह सामाजिक विसंगतियों के प्रति अपने गुस्से का इजहार तो करता ही है, अपने लेखन को वह एक नैतिक हस्तक्षेप के रूप में भी इस्तेमाल कर रहा होता है। एक व्यंग्य-लेखक को लेकर यह शिकायत प्राय: ही दोहराई जाती है कि वह मूलरूप से निराशावादी होता है जो हर कहीं बुराई की तलाश में परेशान दिखाई देता है। लोग यह स्वीकार करने की तैयार नहीं होते कि व्यंग्य का आस्ता से भी कोई वास्ता हो सकता है। जबकि सच्चाई यह है कि व्यंग्य का आस्था से गहरा संबंध है। सामाजिक परिवर्तन में गहरी आस्था रखने वाला लेखक ही सार्थक व्यंग्यकार हो सकता है, क्योंकि सामाजिक बुराइयों के प्रति उसके आक्रोश और कटुता में ही एक बेहतर समाज की आकांक्षा छिपी होती है। विसंगतियों के प्रति सारी कटुता के बावजूद अपने पात्रों के प्रति उसके मन में गहरी ममता और सहानुभूति भी होती है।...

हरिशंकर परसाई व्यंग्य को गंभीरता से लेते हैं और इच्छा करते हैं कि दूसरे भी ऐसा ही करें। सामाजिक विसंगतियाँ और उनसे पैदा हुई स्थितियाँ उनके व्यंग्य की प्रधान उपजीव्य हैं। वह स्वयं इस बात को लेकर पर्याप्त सचेत दिखायी देते हैं कि महत्त्वपूर्ण सामाजिक विसंगतियाँ ही व्यंग्य को अपेक्षित गहराई और व्यापकता दे सकती हैं। इसी ओर संकेत करते हुए वह लिखते हैं, ''मगर विसंगतियों के भी स्तर और प्रकार होते हैं। आदमी कुत्ते की बोली बोले–यह एक विसंगति है। और वन महोत्सव का आयोजन करने के लिए पेड़ काटकर साफ किये जायें जहाँ मंत्री महोदय गुलाब के वृक्षों की कलम रोपें–यह भी एक विसंगति है। दोनों में भेद है, या दोनों में हँसी आती है। मेरा मतलब है–विसंगति की क्या अहमियत है, वह जीवन में किस हद तक महत्त्वपूर्ण है, वह कितनी व्यापक है उसका कितना प्रभाव है–ये सब बातें विचारणीय हैं।''[13] इस 'चेतना के बावजूद', 'चार बेटे', 'मन्नू भैया की बारात' और 'भगत की गत' जैसी कहानियाँ विसंगतियों की व्यापकता के निषेध के कारण एकदम सतही कहानियाँ बनकर रह गयी हैं। किसी सामाजिक या राजनीतिक विसंगति के बदले जब परसाई निजी संबंधों की जमीन पर उतर आते हैं तो उनके चार बेटों में से दो धन के मोह में माँ को कुलटा तक बना देते हैं। इसी तरह 'मन्नू भैया की बारात' भारतीय समाज में लड़के वालों की काटू प्रवृत्ति के बदले अर्थहीन अतिरंजनाओं में उलझकर रह जाती है। 'भगत की गत' में लाउडस्पीकर

पर पूजा और कथा को एक सामाजिक समस्या के रूप में लेने के बावजूद उसका ट्रीटमेंट एकदम स्थूल है। इसके विपरीत जब वह पूरी कहानी या उसमें पिरोये गये चुस्त जुमलों के जरिये सामाजिक विसंगति की ओर संकेत करते हैं तो उसकी मार कहीं गहरी और दूर तक छीलने वाली होती है। 'प्रेमियों की वापसी' नामक कहानी में स्वर्ग का सिपाही प्रेमेंद्र से कहता है–"तुम्हारे पुराने संस्कार अभी छूटे नहीं हैं तभी तो हत्या के लिए पुलिस से सलाह माँगते हो–"[14] या 'मन्नू भैया की बारात' में ही बारात के लिए जरूरी सामान की सूची तैयार करते हुए चाचा मामा से कहते हैं–"दो चोर और दो डाकू भी चाहिए। मैंने अपने दोस्त दरोगा श्याम सिंह से कह दिया है वे प्रबंध कर देंगे।"[15] इस प्रकार वे बड़े सहज ढंग से हमारी जनतांत्रिक व्यवस्था में पुलिस के चरित्र और भूमिका की ओर संकेत कर देते हैं।...

आकार की सृष्टि से परसाई की कहानियाँ बहुत छोटी होती हैं। वे कथानक की पुरानी मर्यादाओं को नकार कर आगे बढ़ती हैं। अपने कथ्य की सघनता के कारण वे शिल्प की मोहताज नहीं हैं बल्कि उसी तथ्य के अनुरूप अपना शिल्प भी वे स्वयं खोज लेती हैं। इतिहास, पुराण, लोककथा, लोकवार्ता और फेंटेसी ये सारी चीजें उनके यहाँ उनकी अपनी शर्तों पर उपस्थित हैं। परसाई जैसे चाहते हैं काम लेते हैं। काल की परिमिति यहाँ स्थगित हो जाती है और सब कुछ एक विराट वर्तमान कर आकर स्थिर हो जाता है। बात चाहे वह दो हजार वर्ष पहले की या दो हजार वर्ष आगे की–समय की दूरी का यह बोध उनके यहाँ महज़ एक रचना कौशल बनकर रह जाता है। जबकि अपने आशयों और सरोकारों में वह पूरी तरह से वर्तमान को समर्पित हैं।

—मधुरेश

संदर्भ

1. 'पूर्वग्रह' अंक 10 पृ० 4
2. 'पूर्वग्रह' अंक 10, पृ० 5
3. 'ज्ञानोदय' फरवरी 66। कलकत्ता कथा समारोह की एक गोष्ठी में दिया गया अभिभाषण पृ० 126
4. 'नयी धारा' कमलेश्वर दारा संपादित समकालीन कहानी अंक, पृ० 10
5. वही
6. रानी नागफनी की कहानी, भूमिका, पृ० 5
7. रानी नागफनी की कहानी, पृ० 91

8. 'सदाचार का तावीज', कैफियत, पृ० 9
9. 'हंस' अर्द्धवार्षिक संकलन, अक्टूबर'57, पृ० 152
10. 'सारिका' 1 अक्टूबर 78, पृ० 54
11. 'जैसे उनके दिन फिरे', पृ० 54
12. 'ज्ञानोदय' दिसम्बर 69–जनवरी 70। श्रेष्ठ संचयन अंक, पृ० 275
13. 'सदाचार का तावीज' कैफियत, पृ० 6
14. वही, पृ० 18
15. वही, पृ० 39

मूल्य और मूल्यांकन

विचारधारा और सौन्दर्य-दृष्टि

इस शताब्दी के रचनात्मक लेखन में मनुष्य, संस्कृति और मूल्य के सन्दर्भों में जितनी अराजकता मिलती है उससे यह साफ जाहिर होता है कि रचनाकार की चिन्ता और उसके लगावों में उसके युग के सामाजिक सम्बन्धों की अभिव्यक्ति के यथार्थवादी आधार स्पष्ट नहीं हैं तथा परिवर्तन और प्रगति के बुनियादी कारणों की समझ अभी तक वैज्ञानिक नहीं हो सकी है। रचनाकार ने अपनी स्वतःस्फूर्त वैयक्तिकताओं के लोभ और मोह में इतिहास को कसौटी नहीं बनाया गया है। रचनाकार की मुश्किल उस समय और बढ़ जाती है जब वह आधुनिकीकरण का तो पक्ष लेता है लेकिन आधुनिकताबोध में मनुष्य को महत्त्वहीन बना देता है। आधुनिकीकरण की प्रक्रिया में तथा आधुनिकताबोध में यह अन्तर्विरोध क्यों समा गया है? क्या रचनाकार इस गहरे अन्तर्विरोध के कारण को समझे बगैर मनुष्य, संस्कृति और मूल्य की सम्भावना पर बोल सकता है? प्रक्रिया और परिणाम के अन्तर्विरोध में जो यथार्थ विसंगति है, उसे वैज्ञानिक दृष्टि सम्पन्न सामाजिक विचारधारा से ही समझा जा सकता है–मार्क्सवाद से ही समझा जा सकता है।

क्या कारण है कि रचनाकार भौतिकवाद में आस्था रखते हुए, विज्ञान में विश्वास रखते हुए तथा बुद्धि और तर्क के सहारे अपने युग की जटिलताओं पर सोचते हुए भी संस्कृति, मूल्य और मनुष्य के संकट को दूर करने का उपाय नहीं खोज पाता? निराश होकर वह पुरातन शास्त्रवादी मिथकों तथा रूमानी-स्मृतियों में वापस लौटने की इच्छा करता है, वह अपनी समकालीनता को छोड़ता-सा नजर आता है, उसे तुच्छ और निरर्थक मानना को बाध्य हो जाता है? या फिर सबसे अलग होकर विद्रोह की मुद्रा में आत्मतुष्टि का अभिनय करता है, उसके आक्रोश में जुनून सवार होने लगता है? भौतिकवाद-विज्ञान और विवेक को स्वीकार करने के बाद भी उसमें अरचनात्मक विस्फोट क्यों होता है? वह जीवन को नकारता-सा क्यों दिखाई

देता है? इसका सही उत्तर मार्क्सवादी साहित्य विचार में मिलेगा। शोषण की व्यवस्था का यह गुण है कि वह प्रक्रिया और परिणति की एकरूपता को तथा उसके सामाजिक प्रभावों को यांत्रिक ढंग से काटती है। अतः अरचनात्मकता से मुक्ति के लिए जरूरी है कि जीवन के द्वन्द्ववाद को ऐतिहासिक-भौतिकवादी दृष्टिकोण से ग्रहण किया जाए। प्रगति के वैज्ञानिक नियमों से परिचित होकर ही अब मनुष्यता को सृजनशील बनाये रखा जा सकता है।

आधुनिक रचनाकार के संवेदन में बिखराव और अन्तर्विरोध क्यों है? इसके लिए रचनाकार के जीवन-दृष्टिकोण को बनाने वाले इतिहास और समाज की विकासमान परिस्थितियों को देखना होगा। इतिहास और समाज से पता चलेगा कि जिस व्यवस्था में मनुष्य का यथार्थ विभक्त हैं, उसका रहन-सहन, खान-पान, अभिरुचि और मनोविनोद के आधार विभक्त हैं, उसको नियमित करने वाले कानून, न्याय-नीति के आधार विभक्त हैं, उसे किसी एकरस और एकविद्य समाजशास्त्र में कैसे समझा जा सकता है? विज्ञान कहता है कि हर भेद को, हर स्तर को, हर श्रेणी को तुलनात्मक ढंग से समझे बगैर समग्रता तक नहीं पहुँचा जा सकता। इसीलिए मार्क्सवादी चिन्तन में उत्पादन-स्रोतों और सम्बन्धों के द्वारा सम्भता और संस्कृति के विकास में जातियों-उपजातियों तथा उनकी सैद्धांतिक और व्यावहारिक मान्यताओं, रीति-रिवाजों, विश्वासों, नैतिक आस्थाओं आदि की वास्तविकता को पकड़ा जा सकता है आद्यरूपों, मिथकों और प्रतीकों की सृष्टि किस प्रकार की मनो-धारणाओं के अमूर्त व्यापार को दर्शाती है तथा उसमें सामूहिक जीवन की कितनी शक्ति लगी है, कौन-सी प्रेरक-अभिवृत्ति क्रियमान है, क्या उद्देश्य हैं? आदि तर्कसंगत विश्लेषण ऐतिहासिक वस्तुवाद में होता है।

क्या आधुनिक रचनाकार ने समूचे समाज की रचनात्मक चेतना को उद्‌बुद्ध किया है? उसे उकसाया है? क्या उसके मन में सामाजिक समग्रता के प्रति कोई नयी दृष्टि पैदा हुई है? मनुष्यमात्र के जीवनमान में प्रगति के लिए क्या कोई पाज़िटिव चुनौती दी गयी है? क्या इन प्रश्नों का उत्तर हमें एकरसतावादी समाजशास्त्र और ऐतिहासिक विकासवाद में मिल सकेगा? उद्योग, विज्ञान और तकनालाजी ने सामाजिक जीवन में विसंगतिबोध, अपराधबोध को क्योंकर पैदा किया है? आत्मनिर्वासन और मानवद्रोह की अरचनात्मकता कैसे पैदा हुई है? कारण क्या है और विकल्प कितना यथार्थ है, इसका समाधान भी द्वन्द्वात्मक तर्क से हो सकेगा। यहीं पर एक सवाल और उठा लिया जाये कि क्या रचनाकार के लिए मनुष्य, संस्कृति और मूल्य की सृजनशीलता के लिए किसी पाज़िटव विज़न की-कि जिसमें संकट से

मुक्त होने का सही विकल्प हो, जरूरत नहीं है? (मनुष्य, संस्कृति और मूल्य को तीन प्रवर्गों में विभक्त करना ठीक नहीं है क्योंकि संस्कृति तो मनुष्य के सामूहिक कर्म की गुणात्मक समृद्धि की द्योतक होती है और मूल्य उस समृद्धि के युग-सापेक्ष और निर्धारक प्रतिमान होते हैं।)

रचनाकार क्या अपने सामाजिक परिवेश में मनुष्य के सामूहिक कर्म की गुणात्मक समृद्धि को व्यक्त करने वाले युगसापेक्ष और निर्धारक प्रतिमानों के रचनात्मक कारकों और प्रेरकों से मुक्त रह सकता है? यदि नहीं तो उसकी पक्षधरता और प्रतिबद्धता का हवाला मिलना चाहिए। इसीलिए तो संस्कृति के रचनात्मक मूल्यों से जुड़ा रचनाकार वर्ग-विभक्त समाज में क्रान्तिकारी होता है, वह यथास्थिति के विपक्ष में होता है। वह आत्मसंघर्ष करता है। उसे अपनी रचनात्मक स्थिति के अन्तर्विरोधों का हल खोजना पड़ता है। वह ऐसा तभी कर पाता है जब उसके रचना-संवेदन में युग और इतिहास की तमाम जटिलतायें किसी श्रेष्ठ संभावना-विकल्प से खुलने संबद्ध हों। रचनात्मक नैतिकता के सारे प्रश्न इसी संभावना-विकल्प से जुड़े होते हैं। यहीं पर होती है संस्कृति और यहीं पर होते हैं मूल्य। इसके बाहर शब्द-ब्रह्म है, अन्हदनाद् है जहाँ शब्दों की आकृतियों तथा उनके वाक्य-बन्धों से ध्वनियाँ फूटती हैं, नाद व्यंजित होता है और लयों का संसार ब्रहाण्ड व्यापी होता है, यहाँ है ध्वनि का विस्फोट, शून्य और विराट का दर्शन। सविकल्पक और निर्विकल्पक के भौतिक और सापेक्ष तथा अभौतिक और निरपेक्ष भेद को शब्द और अर्थ में, ध्वनिशास्त्र तथा अर्ध-तत्त्वशास्त्र में पुनः समीक्षित होना चाहिए।

यदि रचनाकार की संवेदन-संस्कृति में वह सब कुछ नहीं है जिससे मनुष्य और समाज के यथार्थ भविष्य की रचनात्मक स्थितियों का पता चल सके तो कहना पड़ेगा कि रचना ही संस्कृति मृतप्राय और निश्चेष्ट है। वह विश्व-दृष्टिविहीन है। अतः इस तथ्य को दोहराना पड़ रहा है कि भविष्य की जटिल स्थितियों को समग्र रूप में प्रतिपादित करने के लिए इतिहास-बोध तथा यथार्थ-बोध की द्वन्द्वात्मक समझ अनिवार्य होती है। उसे समकालीन गुणों-तत्त्वों के निरन्तर प्रगतिमान प्रारूपों से आश्वस्त होना पड़ता है। उसके प्रेरणा-स्रोतों में एक समूचा समाज और एक समूचा युग अपने भीतरी और बाहरी अन्तर्विरोधों के साथ उद्वेलित होता है।

रचनाकार जब सुनिर्दिष्ट पाज़िटिव विचारधारा के माध्यम से रचना में अपनी सक्रिय हिस्सेदारी का निर्वाह करता है तो वह मनुष्य-संस्कृति और मूल्य के प्रति जवाबदेय हो जाता है। ऐसी हालत में उसके अभिप्राय और उद्देश्य अराजक और विघटनकारी नहीं हो सकते, तब सार्थकता का सवाल

गंभीर होने लगता है। उसके कर्म और कर्त्तव्य स्पष्ट और साकार होने लगते हैं। और ऐसी ही रचना में मूल्यगत संभावनाओं के अक्षय-स्रोत फूटने लगते हैं।

हरिशंकर परसाई का सम्पूर्ण लेखन इसका प्रमाण है जहाँ मनुष्य, संस्कृति और मूल्य के निमित्त उनकी विचारधारा सक्रिय हिस्सेदारी करती मिल जाती है। उनके लेखन में एक ओर तो उन बुनियादी कारणों को स्पष्ट किया गया है जिनसे संकट पैदा होता है, दूसरी ओर उस विकल्प को प्रतिपादित किया गया है जिससे मनुष्य को संकटों से मुक्ति मिलती है तथा जीवन में रचनात्मक उत्साह बना रहता है जो किसी भी परिस्थिति में अनैतिक नहीं होने देता। परसाई का आलोचनात्मक विवेक सृजनशील है। वे मार्क्सवादी विचारधारा से प्रतिबद्ध हैं। उन्होंने पूँजीवादी समाज और संस्कृति के विघटनकारी तत्त्वों का विश्लेषण किया है और समाजवादी जीवनमूल्यों की पक्षधरता को स्पष्ट किया है। परसाई के व्यंग्य सोद्देश्य हैं। परसाई ने आधुनिक भारतीय समाज में बढ़ते हुए वर्ग-वैषम्य के स्तर-दर-स्तर की खोज की है, वे भारत के इतिहास में घुसे हैं, पुरातन-दर्शन, धर्मनीति और आचार मान्यताओं से परिचित हैं। उन्हें भारतीय मन से ऐतिहासकि विकास की जानकारी है। उन्होंने भारतीय इतिहास के प्रत्येक युग के सामाजिक सम्बन्धों का विश्लेषण किया है, इसीलिए परसाई आधुनिक समाज के शत्रुतापूर्ण अन्तर्विरोधों को पकड़ने में सफल हुए हैं।

परसाई ने भारतीय समाज की वर्ग-विसंगति को पहचाना है, उसे अपने लेखन में खोल-खोलकर नंगा किया है। खूब उघारा है तथा उसके मर्म-स्थलों पर चोटें की हैं। इस तरह परसाई ने भारत के जीवन-दर्शन की मार्क्सवादी मीमांसा की है। उसकी क्षुद्रतापूर्ण असलियत को निर्ममतापूर्वक सामने रख दिया है। माईथालाजी ने जिस तत्त्व और गुण को, चरित्र और उसके आचरण को गौरवान्वित किया है और जिस पर हमें बड़ा गर्व है, परसाई ने अपने इतिहास के तर्क से उस सबको उपहासास्पद बना दिया है तथा भारतीय जीवन की नूतन सम्भावनाओं के प्रति सावधान भी किया है। ऐसा करते समय परसी आधुनिक युग के ज्ञान-विज्ञान का आधार लेते हैं, तथा उसको विकृत करने वाले सामाजिक, आर्थिक और राजनीतिक षड्यन्त्रों पर आक्रमण करते हैं।

परसाई के लेखन के केन्द्र में राजनीति-तत्त्व है, राजनीति-दृष्टि है जो आधुनिक युग में मनुष्य और समाज की नियति को निर्धारित करती है। परसाई इस राजनीति के प्रति सजग हैं, इसके प्रति बेखबरी से ही अनेक प्रकार के छल, फरेब पैदा होते हैं और समाज में विसंगति का भाव पैदा

होता है। उनके व्यंग्य राजनीतिक विचारधारा से प्रेरित हैं। उनके व्यंग्य का जन्म ही मनुष्य की रचनात्मक पक्षधरता से होता है। परसाई मनुष्यता के प्रति किये जाने वाले हर षड्यन्त्र के विरुद्ध दिखाई पड़ते हैं। परसाई अपने लेखन में उस सिस्टम या व्यवस्था को बदलना चाहते हैं, जिसमें मनुष्य अर्थहीन हो चुका है। इस प्रकार परसाई व्यक्ति की नियति और अस्मिता के लेखक नहीं हैं; वे तो सामाजिक जीवन की विडम्बनाओं के विश्लेषक हैं।

परसाई के लेखन में प्रेमचन्द की तरह विविधता और विस्तार है। लेकिन अन्तर यह है कि प्रेमचन्द ने शोषण के दुष्परिणामों से भावात्मक हल निकाले हैं। परसाई की वर्गदृष्टि परिपक्व है, अतः इन्होंने शोषण की व्यवस्था और उसके परिणामों का चित्रण आलोचनात्मक ढंग से किया है, जो अधिक यथार्थवादी है। प्रेमचन्द ने सामन्तवादी सामाजिक सम्बन्धों की जटिलता को अपनी रचना का विषय बनाया था जबकि परसाई ने मुख्य रूप से पूँजीवादी सामाजिक सम्बन्धों की जटिलता को अपने व्यंग्यों में उतारा है। इस तरह परसाई का लेखन प्रेमचन्द युग के लेखन से आगे की कड़ी है, प्रेमचन्द को पुनरुत्थानवादी-नवजागरणवादी परिवेश मिला था, परसाई को पूँजीवादी उत्थान और ह्रास का परिवेश मिला है। इसीलिए स्पष्ट दिखाई देता है कि प्रेमचन्द की रचना में शोषण की, परपीड़न की राजनीतिक दृष्टि मुखर नहीं है। सामाजिक, आर्थिक स्थितियों के स्पष्टीकरण में प्रेमचन्द ने नैतिक, धार्मिक परम्परावादी, रूढ़िवादी मान्यताओं का ही आधार लिया है। (यद्यपि 'गोदान' के रचनाकाल तक 'कफन' कहानी और 'महाजनी सभ्यता' निबन्ध के लिखते समय तक प्रेमचन्द पुनरुत्थानवादी से बाहर आ गये थे।) जबकि परसाई ने पूँजीवादी व्यवस्था पर व्यंग्य करते हुए राजसत्ता के चरित्र को प्राथमिकता दी है। उसमें निहित राजनीति को पकड़ा है। प्रेमचन्द में पुनरुत्थानवादी नैतिकता के ह्रास का यथार्थवाद है। परसाई में पूँजीवादी राजनीति के ह्रास का विश्लेषण है।

आजादी के बाद प्रेमचन्द के यथार्थवाद को आंचलिक बनाया गया। समूचे देश के जीवन को समेटने वाले यथार्थवाद को अंचलधर्मी बना दिया गया। फणीश्वरनाथ 'रेणु' ने लोकोन्मुखी आंचलिक रोमांचकता के दृष्टांतों की रचना की। रेणु ने भारतीय ग्रामों के आर्थिक और राजनीतिक यथार्थवाद को अप्रमुख बनाया तथा उनकी विशद होती हुई चेतना को खंडित कर दिया। रेणु ने ग्रामीण व्यवस्था में राजनीतिक रोमांसवाद को जन्म दिया और तत्त्वतः व्यक्तिवाद को पुष्ट किया। रेणु के आंचलिक बोध में आजादी के बाद की अमूर्त उमंगों और महत्त्वाकांक्षाओं को सँजोने वाला व्यक्ति है। एक ईमानदार

सोशल-डैमाक्रेट है-जो समाज को एक फोटोग्राफर की तरह देखने में अधिक रुचि रखता है। लेकिन कभी-कभी वह आंचलिक दबावों से उत्पन्न संकटों में शरीक भी होता है। सामयिक समस्याओं के समाधान के निमित्त किये गये संघर्ष में शामिल होता है, वह उस भीड़ में सबसे आगे होता है जो राजसत्ता के निहित उद्देश्य को नहीं समझता। रेणु और उन जैसे अनेक ईमानदार तथा आदरणीक लेखक और रचनाकार राजसत्ता के विरोध में अति उत्साह के कारण उस पहलवान की तरह शेर के सामने आते रहे हैं, जिन्हें मुँह की खानी पड़ी है। राजसत्ता की राजनीति के अभिप्रायों, उद्देश्यों को समझने के बाद जब तक विचाराधारात्मक अनुशासन के तहत संगठन मजबूत नहीं होगा, हर प्रकार का विरोध असफल रहेगा। भीड़ की स्वत:स्फूर्त भावना को विचाराधारात्मक अनुशासन की संगठित चेतना में बदलने के लिए व्यक्ति और समाज के वर्गीय आधारों को पकड़ना होगा। रेणु के लेखन में आंचलिकता के जो तत्त्व हैं, वे वर्ग-दृष्टि के विपरीत गुणवाले हैं। इसीलिए रेणु ने प्रेमचन्द के यथार्थवाद को अमूर्त कर दिया, विभक्त कर दिया और उसकी समग्रता में छेद कर दिया। रेणु ने ग्राम्य जीवन के यथार्थवाद को रूपवादी सौष्ठव में बदल दिया। उनके लेखन में शब्द 'नपोरशंख' की तरह बोलते हैं। ध्वनियाँ और लय यांत्रिक हैं। रेणु ने प्रेमचन्द के समाज में व्यक्ति को बैठा दिया

हरिशंकर परसाई आजादी के बाद के रूमान से मुक्त हैं। वे रेणु तथा उन सरीखे लेखकों की तरह आजादी की उमंगों से गाफ़िल नहीं हुए, बल्कि सर्वहारा-बोध के तथा श्रम की संस्कृति के सजग द्रष्टा बन गये। फिर भी परसाई के लेखन में नगरबोध और मध्यवर्गीय जीवन की अभिव्यक्ति मुक्त रूप से होती है। रेणु की सर्वग्राही समाजवादी विचारधारा पर परसाई ने समय-समय पर व्यंग्यों से आक्रमण किया है। 'पहल' (12) के 'दूसरी आजादी का एक साल' लेख में तथा 'कथायात्रा' (प्रवेशांक) के 'तीसरी आजादी का जाँच कमीशन' में सर्वग्राही समाजवादी आदर्शवाद के विचारों में निहित प्रतिक्रियावाद और फ़ासीवाद के खतरों को स्पष्ट किया है। जब तक स्वत:स्फूर्त और विचारधारा के अन्तर को नहीं समझा जाएगा तब तक मतभेद, विरोध, विद्रोह, आंदोलन और क्रांतिकारी चेतना के यथार्थवाद तक नहीं पहुंचा जा सकेगा। परसाई ने अपने व्यंग्यों में स्वत:स्फूर्त और विचारधारा के भेद को धार्मिक, नैतिक, सामाजिक, आर्थिक, राजनीतिक भूमिका में प्रस्तुत किया है।

जिस समय हिन्दी-कथा में मोहन राकेश, राजेन्द्र यादव और कमलेश्वर का दबदबा था, हिन्दी कथा इस त्रिमूर्ति के चारों ओर घूम रही थी, रचना

का कथ्य व्यक्तिबोध तथा अराजनीति-बोध में सीमित होता जा रहा था, स्त्री-पुरुष के काम-सम्बन्धों में यथार्थ-परिवेश और क्रान्तिकारी समझ की बहसें हो रही थीं, सामाजिक जीवन में समकालीन और सामयिक अर्थ को तोड़-मरोड़ कर पेश किया जा रहा था, बदलते हुए आर्थिक और राजनीतिक माहौल को योजनाबद्ध ढंग से विरूपित किया जा रहा था, उस समय हरिशंकर परसाई के लेखन में वर्ग-संघर्ष की राजनीतिक मुद्रा देखने लायक रही है। आश्चर्य और दु:ख इस बात का है कि हिन्दी के प्रगतिशील आलोचकों ने परसाई के यथार्थ और प्रासंगिक प्रश्नों पर कलम क्यों नहीं उठाई? क्या यह मान लिया जाए कि यथार्थवादी व्यंग्य-रचना की विशदता को समझने की कूवत हिन्दी के समीक्षकों में नहीं थी? या यह माना जाए कि व्यंग्य-साहित्य को एकैडेमिक स्तर पर स्वीकार करने की बुद्धिमत्ता का अभाव रहा है? हिन्दी में एकैडेमिक मान्यता को जरूरी माना जाता है, इसके बगैर सच्चा लेखक और रचनाकार यथोचित स्थान नहीं पा सकता, इसके बगैर वह भीड़ का लेखक बनकर रह जाता है।

लेकिन सातवें दशक के बाद हिन्दी रचना और लेखन में हर प्रकार के एकैडेमिज़्म की धज्जियाँ उड़ चुकी हैं। अब एकैडेमिज़्म के आचार्यत्व का नशा उतर चुका है। सही बात तो यह है कि परसाई के राजनीतिक व्यंग्य के यथार्थ की पड़ताल करने से समीक्षकों को खतरे उठाने पड़ सकते थे, वे खतरे जिन्हें मुक्तिबोध ने झेला था। मुक्तिबोध बनकर लिखने और रचने की ललक किसी में नहीं रही है। सभी तो किसी न किसी खूँटी से बँधे रहे हैं। सभी ने खालें ओढ़ ली हैं। सभी ने झंडे हाथों में थाम लिए हैं। मुक्तिबोध के संघर्ष-पथ पर चलने का दम्भ भी कोई नहीं कर सकता। हरिशंकर परसाई मुक्तिबोध के संघर्ष-पथ पर चलते रहे हैं। 'स्वतन्त्रता और न्याय' के सामाजिक संघर्ष में परसाई के लेखन का महत्त्व कम नहीं है। 'मुक्तिबोध-एक संस्मरण' लेख में परसाई ने व्यंग्य किया है, "जो प्रगतिवादी आन्दोलन के कन्धे पर चढ़कर 'नया पथ' में फ्रन्टपेजित भी होते थे, फिर पंडित द्वारिका प्रसाद मिश्र की 'कृष्णायन' का धूप-दीप के साथ पाठ करके फूलने लगे, अब जनसंघ राजमाता की जय बोलकर फल रहे हैं।" चूँकि मुक्तिबोध की तरह परसाई के लेखन में भी 'गहरे अन्तर्द्वन्द्व और तीव्र सामाजिक अनुभूति' है। उन्होंने 'निष्क्रिय ईमानदार और सक्रिय बेईमान के षड्यन्त्र' को समझा है। मुक्तिबोध की तरह परसाई को भी मालूम है कि लेखक यदि स्वतंत्रता का पक्षधर है तो फ़ासीवादी ताकतें रूप बदल-बदलकर उस पर चोटें करेंगी, कभी लुकछिपकर, कभी साथी-संगी बनकर और कभी सीधे दुश्मन बनकर सामने आयेंगी। यहां यह कहना

प्रासंगिक है कि मुक्तिबोध के संस्मरण में परसाई का तमतमाया हुआ बौद्धिक आक्रोश इसी समूची व्यवस्था के विरुद्ध है।

परसाई ने निजी महत्वाकांक्षाओं की पूर्ति तथा पैसे के लिए नहीं लिखा, उनका लेखन व्यवसाय-धर्मी नहीं है। वे सुख-भोग और विलासिता के लेखक नहीं हैं। समाज को लेखक और उसके लेखन की आवश्यकता क्यों है? कौन-सा लेखन अपने समाज के लिए अनिवार्य होता है? किस प्रकार के लेखन के बगैर समाज अरचनात्मक होकर ठंडा पड़ने लगता है? इन प्रश्नों के बीच में परसाई के व्यंग्यों को देखें तो मालूम होगा कि समाज और व्यवस्था के अन्तर्विरोधों को पकड़ने तथा विचारधारात्मक परिप्रेक्ष्य से उनका समाधान करने में कितनी जोखिम उठानी पड़ती है। परसाई ने अपने हर व्यंग्य में लड़ाई लड़ी है। वे व्यक्ति, समाज और समूचे राष्ट्र की भीतरी कक्षाओं में घुसते हैं और गुँथी हुई, उलझी हुई, गाँठों भरी व्यवस्था में विद्रूपों, विसंगतियों और विडम्बनाओं को सामने लाते हैं। इस तरह परसाई ने समूची सांस्कृतिक अधिरचना को अपने व्यंग्य-लेखन का विषय बनाया है।

कभी-कभी तो लगता है कि जैसे हरिशंकर परसाई एक कुशल डाक्टर की तरह इतिहास और समाज के बीमार, जर्जर शरीर और प्राण की डाइग्नोस करते हैं। परसाई ने आधुनिक भारत के सामन्तवादी-पूँजीवादी, सामाजिक व्यवस्था की शल्य-क्रिया की है। उसके बीमार दिमाग और भ्रष्ट आचरण की गन्दगी और बदबू को साफ किया है। वे बड़े दुलार-प्यार से, पुचकारते हुए, मरीज-समाज और व्यवस्था को मुहब्बत-भरी निगाहों से निरवस्त्र करते हुए, आवरण हटाते हुए, दर्द-भरे प्रत्येक घाव को सहलाते हुए, शीघ्रतापूर्वक धारदार औजार चला देते हैं। सड़ाँध निकालकर रख देते हैं और निर्भाव हाथ धोकर सहज हो जाते हैं।

हरिशंकर परसाई हिन्दी के प्रगतिशील लेखन से सम्बद्ध रहे हैं। उनका सम्बन्ध एक तरह से ट्रेड-यूनियन आंदोलन से भी रहा है। और फिर एक मार्क्सवादी ट्रेड-यूनियनिस्ट 'समस्या' और 'घटना' का सामूहिकता को पकड़ता है। लेखक उस सामूहिकता की समग्रता का प्रतिपादन करता है। परसाई ने अपने लेखन में कथ्य और दृष्टांत, सिद्धान्तों को बघारने वाले नहीं हैं, वे सिर्फ बोलते ही नहीं हैं, काम भी करते हैं, काम करने की स्थितियों को स्पष्ट करते हैं तथा निहित उद्देश्य तक पहुँचते हैं। इसीलिए उनके व्यंग्यों में मानवीय आस्था और विश्वास की स्वीकृति है। परसाई ने शोषण की काली ताकतों के मूल-स्रोतों पर चोट की है, उनके मंसूबों का पर्दाफाश किया है। आदमी 'कीड़ा' कब और कैसे बनता है? वह नाचीज बनकर

क्यों रह जाता है? परसाई ने शोषण की व्यवस्था में मनुष्य के अरचनात्मक हो जाने के कष्ट को छेदकर उसे पार किया है और इंसान की हिपोक्रेसी को उद्‌घाटित किया है।

परसाई के व्यंग्य लेखन का क्षेत्र व्यापक है। उन्होंने मानव-समाज और संस्कृति की युगयुगीन जटिलताओं को ऐतिहासिक वस्तुवाद के द्वन्द्वात्मक तर्क से खोला है। मनुष्य और जाति के सामूहिक अवचेतन की धारणा ने माइथालाजिकल फ़न्तासी के द्वारा 'देवता और राक्षस', 'पाप और पुण्य' को प्रतिपादित किया है। किस तरह जादू-टोना, अपार्थिव आत्मा और आकस्मिक चमत्कार के अबौद्धिक उन्माद ने धर्म और नीति के नाम पर मनुष्य समाज के साथ अपराधपूर्ण व्यवहार किया है। रीति-रिवाजों, अन्ध-परम्पराओं ने सामाजिक चिंतन को कितना रूढ़ और जड़ बनाया है। पुराकथाओं ने मनुष्य को कीट, पतंग जितना क्षुद्र बनाया है। ऐसा क्यों हुआ? परसाई ने अपने व्यंग्यों में मनुष्य तथा उसके भौतिक-सामाजिक परिवेश में गहरे जाकर इसको उसकी सम्पूर्णता में स्पष्ट किया है। 'आवश्यकता', 'स्वतन्त्रता' और 'न्याय' के अभिन्न योग से समाज निश्चेष्ट नहीं हो सकता, संघर्ष करना उसका स्वभाव हो जाता है। आवश्यकता की वृद्धि ने उत्पादन-स्रोतों को विकसित किया, स्वतन्त्रता की कामना ने उत्पादन सम्बन्धों में क्रान्तियाँ की तथा न्याय पाने की इच्छा ने उच्च वंशावलियों को धूल चटा दी, चर्च और राज्य की निरंकुशता को मिटा दिया। उत्पादन-स्रोतों के विकास का अर्थ ही सामाजिक सम्बन्धों में परिवर्तन और प्रगति से होता है। इसी अर्थ में मनुष्य अपने उत्पादन-महत्त्व के बल पर इतिहास और समाज को समृद्ध करता है, अपने चिंतन और आचरण को समृद्ध करता है। वह पुरातन प्रारूपों को नये-नये परिधानों में, नये-नये शिल्पों में रूपान्तरित करता है।

परसाई ने इस तथ्य को पकड़ा है कि वह कौन-सी शक्ति है और कैसी व्यवस्था है, जो सामाजिक आवश्यकता की पूर्ति के लिए किये गये संघर्ष को रोकती है? तथा मनुष्य और प्रकृति के संघर्ष को व्यक्तिमुख करती है व उसे सामाजिक नहीं होने देती? यहीं पर परसाई ने सामंतवाद और पूँजीवाद की सांस्कृतिक शिक्षा-दीक्षा पर कड़े से कड़े प्रहार किये हैं।

परसाई की प्रगतिशीलता के आयाम बहुमुखी हैं। वे मानते हैं कि सांस्कृतिक चिन्तन और आचरण के पुराने पैमाने बेकार हो गये हैं। अब धर्म भी सामन्तवादी गिरजाघरों, मन्दिरों और मस्जिदों से बाहर निकल चुका है। उसमें बदले हुए समाज के अनुरूप काफी परिवर्तन हो गया है। यह बदला हुआ धर्म मनुष्य के द्वारा निर्मित समाज की भौतिक समृद्धि में बाधा उपस्थित नहीं करता। वह

आधुनिक युग के वैज्ञानिक परिप्रेक्ष्य में जगह पाने लायक बने रहने के लिए अपनी ऐतिहासिक विरासत को तेजी से बदल रहा है। वह धीरे-धीरे मनुष्य के जीवन में क्रान्तिकारी परिवर्तन के अनुकूल होता जा रहा है। वह जाति-वर्ण और नस्ल के स्थान पर वर्ग-वैषम्य की समस्याओं से जुड़ने लगा है तथा वर्गविहीन समाज की ठोस-धारणा को आत्मसात करने में ही अपने अस्तित्व की रक्षा मानने लगा है। लेकिन इस तरह के विचार के विकास की परिस्थितियां अभी तक खुली नहीं हैं। संघर्ष छिड़ चुका है। धार्मिक समाजों की आँखें भी खुल रही हैं। अब धर्म अपनी पिछड़ी हुई सामंतवादी विरासत से मुक्त होकर एक ओर तो विज्ञान-युग के पूँजीवादी षड्यंत्रों में फँस गया है दूसरी ओर समाजवादी मूल्यों में रुचि रखने लगा है। कहीं-कहीं तो वर्ग-संघर्ष में सहायक भी होने लगा है। उद्योग, विज्ञान और तकनालाजी ने धर्म के रूढ़, संकुचित संस्कारों को काट-छाँट दिया है। वह बचे-खुचे सामंती-समाजों में उन्माद-पूर्ण ढंग से अपनी मौत की लड़ाई लड़ रहा है। उसका कोई राजनीतिक परिप्रेक्ष्य नहीं है, वह अपनी सामाजिक सार्थकता से रहित हो चुका है, लड़ाई सड़कों पर आ चुकी है। अतः स्पष्ट है कि दुनिया के किसी भी हिस्से में जहाँ भौतिक समृद्धि के वैज्ञानिक साधनों का विकास हो रहा है, वहाँ धर्म अपनी सामंतवादी कुंडली में नहीं रह सकता। पूँजीवादी समाज में भी धर्म की आभ्यांतरिक शक्ति क्षीण और हीन हो चुकी है। वह प्रदर्शन, विज्ञापन और खोखले आरोपण तक सीमित रह गया है। उसकी सामाजिक नैतिकता समाप्त हो चुकी है। अब तो वह शोषण को भी गौरवान्वित करने में असमर्थ हो गया है। शोषण के प्रतिष्ठापन में धर्म की भूमिका अर्थहीन हो चुकी है। अब पूँजीवादी जीवन-व्यवस्था में फ़ासीवादी सैन्य-तंत्र का इतना प्रभाव है कि धर्म केवल राजनीतिक स्वार्थों की बलात् पूर्ति का यांत्रिक ढंग बनकर रह गया है। वह मनुष्य के विरुद्ध किये जाने वाले षड्यंत्र की एक शैली बन गया है। इसीलिए परसाई के व्यंग्यों में धर्म की ह्रासमान स्थितियों का खुला चित्रण हुआ है। परसाई के व्यंग्यों ने यह प्रमाणित कर दिया है कि धर्म बीते युग का सिक्का था, जो खोटा हो गया है। उसकी मूल्यवत्ता समाप्त हो गयी है। क्योंकि मध्ययुग तक जो स्थान 'धर्म और ईश्वर' का था, आधुनिक युग में वैसा ही स्थान 'विज्ञान और मनुष्य' का है। मध्ययुग में धर्म नीतितत्त्व निर्धारक था, आधुनिक युग में विज्ञान राजनीति-तत्त्व निर्धारक है। अब जीवन की परिभाषा में राजनीतिक आचरण प्रमुख हो गया है। अब व्यवस्थापिका, कार्यपालिका और न्यायपालिका की राजनीति के बाहर कुछ भी नहीं है। परसाई ने राजनीतिक परिप्रेक्ष्य के द्वारा ही युग-युगीन धर्म की निर्बाध सत्ता की खिल्ली उड़ाई है, उसे उपहासास्पद बना दिया है।

आधुनिक युग में संस्कृति का परिचय विविध प्रकार की संस्थाओं, संस्थानों और प्रतिष्ठानों से मिलता है। पूँजीवादी व्यवस्था में प्रत्येक संस्था, संस्थान और प्रतिष्ठान स्वायत्त होता है, उसकी अपनी अलग सत्ता होती है। उसकी अपनी वर्गीय स्थिति होती है, वर्गीय कार्यप्रणाली होती है। एक संस्था या संस्थान दूसरी संस्था या संस्थान से संबद्ध नहीं होता। वह ज्ञान-विज्ञान के अनुशासनों की तरह पृथक्-पृथक् होता है। उनमें सादृश्यता हो सकती है, लेकिन आन्तरिक तारतम्य नहीं हो सकता। पूँजीवादी व्यवस्था के सांस्कृतिक संस्थानों में भेदोपभेद है, श्रेणियाँ हैं। जिनमें पद और पगार के हिसाब से संस्कृति की पहचान होती है। इसीलिए इन संस्थानों-प्रतिष्ठानों की संस्कृति में अफसरशाही होती है। रोने से लेकर हँसने तक की अपनी-अपनी पिच होती है, तर्ज होती है। हर संस्था और प्रतिष्ठान की सांस्कृतिक अदाएँ होती हैं। इस तरह के स्वायत्त और आत्मपूर्ण संस्थानों में संस्कृति के चिन्तन और आचरण के केन्द्रीय सूत्र को पकड़ना संभव नहीं हो पाता। उसकी समग्रता का आकलन नहीं किया जा सकता क्योंकि इसमें इतनी यांत्रिकता होती है कि पूर्वापर संबंधों में ताल-मेल नहीं बिठाया जा सकता।

हरिशंकर परसाई की व्यंग्य-संस्कृति में उस संस्थानगत संस्कृति के प्रदूषण का सजीव चित्रण हुआ है। उनके अधिकांश व्यंग्यों में आधुनिकता-बोध के संकट को स्पष्ट किया गया है। परसाई ने पूँजीवादी व्यवस्था के आध्यात्मिक संकट को एक जोकर की तरह, एक कार्टूनिस्ट की तरह व्यक्त किया है। हँसते-हँसते दर्द के मूल को छू लेने और पकड़ लेने में परसाई अकेले हैं। हद से गुजरे हुए दर्द की दवा परसाई के पास है। उन्होंने अपने व्यंग्यों में पूँजीवादी, सामाजिक, आर्थिक और राजनीतिक क्रियाकलापों की आलोचनात्मक पड़ताल की है। परसाई को मालूम है कि पूँजीवादी व्यवस्था में संस्कृति, कार्यालयों में यंत्र की तरह स्वचालित है और समाज में आत्मनिर्वासित है। परसाई को मालूम है कि संस्कृति की राजनीतिक लाबी है और हर राजनीतिक लाबी के विशिष्ट सदस्य हैं, उनके अपने हित हैं। और आज तो इस कार्यालयीन संस्थागत, प्रतिष्ठानगत संस्कृति में भी वर्ग-वैषम्य पैदा हो गया है। कुछ संस्थानों का अन्तर्राष्ट्रीय सांस्कृतिक संस्थानों से सहकार है। कभी-कभी तो विदेशी संस्थानों की प्रभाव छाया में हमारे देशी संस्थान अपनी औकात से बाहर आ जाते हैं, भारतीय जनता के विरुद्ध हो जाते हैं।

परसाई ने 'कबिरा खड़ा बजार में', 'सुनो भाई साधो' तथा 'आदम' के नाम से सांस्कृतिक शोषण की षड्यंत्रकारी नीतियों का पर्दाफाश किया है। पूँजीवादी राष्ट्रों की राजनीति के मूल मन्तव्यों को तथा आर्थिक

साम्राज्यवाद के मंसूबों को स्पष्ट किया है। मनुष्य को गुलाम बनाने के छल की संस्कृति को परसाई ने बड़ी दिलचस्पी के साथ स्पष्ट किया है। इस तरह परसाई ने संस्कृति के तहखानों को खोला है और बन्द किया है। ऐसा करते समय परसाई जनता को भूलते नहीं हैं, संबोधन किसी को भी क्यों न हो, उद्देश्य में जनता रहती है। यद्यपि परसाई ने पूँजीवादी व्यवस्था में आत्म-निर्वासित भीड़ जैसी जनता की भी भरपूर हँसी उड़ाई है, लेकिन ऐसा करते समय वे विचारधारा से अनुशासित संगठन की आवश्यकता को ध्यान में रखते हैं, जिससे क्रान्तिकारी परिवर्तन आ सकता है। परसाई इस तथ्य को जानते हैं कि भीड़ "दिल वाली होती है, दिमाग वाली नहीं।" भीड़ में उन्माद होता है, वह अराजक होती है, उसमें आवेग भी होता है और उदासीन भी रह सकती है। भीड़ के अपने बुद्धिजीवी होते हैं, नेता होते हैं तथा उसकी अपनी राजनीति होती है। परसाई ने अपने व्यंग्यों में विशिष्ट संस्थान को, प्रतिष्ठित व्यक्ति और वर्ग को तथा जनता को हमेशा आमने-सामने रखा है। तीनों में कन्फ्रन्टेशन बनाये रखा है।

परसाई यथार्थवादी व्यंग्यकार हैं यथार्थवाद से फन्तासी की कितनी कलात्मक, प्रभावपूर्ण और आकर्षक सृष्टि हो सकती है, इसके लिए मुक्तिबोध और परसाई के लेखन का उदाहरण दिया जा सकता है। 'रानी नागफनी की कहानी' के यथार्थवाद को समझने वाले कितने लोग हैं? वह आधुनिक भारत की प्रजातांत्रिक राजसत्ता और समाज-व्यवस्था के चरम पतन की व्यंग्य-कथा फन्तासी है। इस रचना ने समूचे देश की लोकतंत्री नियति पर प्रश्नचिह्न लगा दिया है क्योंकि हमारे प्रजातंत्र में रजवाड़ों-जमींदारों और नौकरशाहों के हित सर्वोपरि हैं। फलस्वरूप शेष समाज भ्रष्ट हो गया है। राजसत्ता में अपराधबोध पैदा हो गया है। इस व्यंग्य-कथा-फन्तासी में यह स्पष्ट किया गया है कि सामाजिक निष्ठाओं से विहीन व्यक्ति के जीवन में डार्विन की शक्तिमत्ता का उन्माद तथा फ्रायडियन रति-पीड़ा पैदा हो जाती है। व्यक्तिवादी तिकड़म-फरेब मक्कारी का वातावरण हो जाता है।

वर्ग विभक्त समाज की यह विडम्बना है कि मनुष्य निजी स्तर को प्राथमिकता देने लगता है और तरह-तरह के मुखौटों में जीने को बाध्य होता है, वह अपनी स्वार्थ-सिद्धि के लिए काइयाँ हो जाता है और हर तरह की प्रतिबद्धता को तोड़ने में जुट जाता है। वह प्रतिज्ञाविहीन व्यक्ति बनकर रह जाता है। 'नागफनी की कहानी' में यह भी स्पष्ट किया गया है कि शत्रुतापूर्ण अन्तर्विरोधों के दीर्घकाल तक बने रहने से उनके समाधान की यथार्थ दृष्टि क्षीण हो जाती है, फलस्वरूप समकालीन अनिवार्यताएँ अर्थहीन होने लगती हैं, जीवन-तत्त्व क्षीण होने लगता है और विसंगति को गौरवान्वित किया

जाने लगता है। प्रस्तुत रचना में विडम्बनापूर्ण जीवन की सारी पोल-पट्टी खुल जाती है, नकाब उतर जाते हैं, स्तरहीनता प्रकट होने लगती है। व्यवस्था घिनौने रूप में दिखाई पड़ने लगती है जिसमें उचक्कों, लफंगों की बन आती है। इस उपन्यास में भारतीय प्रजातंत्र के गर्भपात का चित्रण हुआ है। क्योंकि उसके जन्म से ही रजवाड़ों और सामन्तों, भ्रष्ट नेताओं और कर्मचारियों ने हस्तक्षेप करके उसके लोकतांत्रिक सारतत्त्व को पूरे अंगों के साथ बाहर आने का अवसर ही नहीं दिया।

परसाई के व्यंग्यों में आधुनिक जीवन की विडम्बनाओं को स्पष्ट करने वाली मिथक-योजनाएं और फन्तासियाँ भी मिलती हैं। परसाई ने मिथक और फन्तासी को स्वच्छन्दतावादी व्यक्तिवादी की मनोगत धारणाओं से मुक्त किया है। उन्हें सामाजिक, आर्थिक, राजनीतिक आधार प्रदान किया है। इस प्रकार मिथ और फंतासी को प्रासंगिक बनाया है। गद्य के मिथ और गद्य की फंतासी कविता की अपेक्षा अधिक मूर्त होती हैं, उनमें वास्तव की जटिलताएँ संग्रहित होती हैं। परसाई की रचना में वास्तव के तर्क का आधार रहता है, चूँकि परसाई का यथार्थवाद द्वन्द्वात्मक है, इसीलिए वे उसकी सृजनशील संभावनाओं को उद्‌घाटित कर सके हैं।

परसाई ने कहा है: "व्यक्ति तथा समाज के जीवन की भीतरी तहों में जाकर विसंगति खोजना; उन्हें अर्थ देना तथा उसे सशक्त विरोधाभास से पृथक् करके जीवन से साक्षात्कार कराना दूसरी बात है-जीवन की कमजोरियों का निदान कराना कठोर होना नहीं है-जीवन के प्रति कन्सर्न्ड होना है।-अपने बाहर निकलकर सबमें मिल जाने से व्यक्तित्व और विशिष्टता की हानि नहीं होती। लाभ ही होता है।... मैंने अपने को विस्तार दे दिया है। दु:खी और भी हैं। अन्याय-पीड़ित और भी हैं। अनगिनत शोषित हैं। मैं उनमें से एक हूँ। फिर मेरे हाथ में कलम हैं, मैं चेतना सम्पन्न हूँ। जो हथियार हाथ में है उसी से लड़ना है। ...मैंने तब ढंग से इतिहास, समाज, राजनीति और संस्कृति का अध्ययन शुरू किया। लेखन को दुनिया से लड़ने के लिए एक हथियार के रूप में अपनाया। इसी में मैंने अपने व्यक्तित्व की रक्षा का रास्ता देखा। क्योंकि मुक्ति अकेले नहीं होती। अलग से अपना भला नहीं हो सकता। मनुष्य की छटपटाहट है मुक्ति के लिए, सुख के लिए, न्याय के लिए। पर यह लड़ाई अकेले नहीं लड़ी जा सकती।"

तिरछी रेखाएँ, "व्यंग्य क्यों तथा आत्मकथ्य से-"

परसाई के लेखन का यथाथवादी मान्यताएँ स्पष्ट हैं। हिन्दी रचना और समीक्षा में यथार्थवाद संबंधी तरह-तरह के भौंड़े मत और ऊलजलूल विचार

मिलते हैं। हिन्दी के अधिकांश रचनाकार और समीक्षक आज भी प्रकृतिवाद और अन्तश्चेतनामूलक यथार्थवाद से भ्रमित हैं। वह इनके स्रोतों को, इनकी शैलियों को ठीक से समझ नहीं पाते। वे यथार्थवाद को भी स्वतःस्फूर्त बना देते हैं तथा मात्र इन्द्रियानुभव के आधार पर ग्रहण करते हैं। हिन्दी में कुछ ऊँची कुर्सी वाले हैं जिन्होंने दुनिया-भर के उद्धरणों को इकट्ठा करके अपना पाठ्यपुस्तकीय यथार्थवाद बना लिया है। कुछ लोग हैं जो फोटोग्राफिक चित्रों, यथातथ्य वर्णनों तथा निजी जीवन की अंडरग्राउंड, बैकग्राउंड लाइफ़ की बौद्धिक व्याख्याओं को यथार्थवाद कहते हैं। हिन्दी में यथार्थवाद संबंधी मान्यताएँ यांत्रिक अधिक हैं लेकिन यथार्थवाद के द्वन्द्वात्मक परिप्रेक्ष्य की समझ के बगैर जीवन के गुणात्मक वजन को महत्त्व नहीं मिल सकेगा। रचना के संवेदन-व्यापार में जीवन की संभावनायें रहती हैं। यदि यथार्थवाद को द्वन्द्वात्मक न रहने दिया जाये तो समस्त संभावनाएँ यूतोपिया बनकर रह जायेंगी। फैंसी बनकर रह जायेंगी।

रचना अपने ऐतिहासिक द्वन्द्वों के क्षीण हो जाने से जीवन की मुख्य धारा से कटने लगती है। वह किसी घटना या परिस्थिति के सामयिक और क्षणिक अभिप्राय तक सीमित रह जाती है। इसके अलावा स्थान-स्थिति और परिस्थिति-परिवेश के दबाव तथा सापेक्षिक संबंधों के ज्ञापन और प्रदर्शन से ही यथार्थवाद नहीं बन जाता है। घटना या फैनामिना को, उसके प्रभाव को, मूल कारण से अलग करके, उसके घटित होने या उपस्थित होने की ऐतिहासिक परिस्थितियों से अलग करके, उसके घटित होने या उपस्थित तथा उसकी अनिवार्यताओं और आकस्मिकताओं को समझे बगैर-कुछ लोग हैं, जो यथार्थवाद में विश्वास करते हैं। यथार्थवाद यदि सृजनशील है तो उसमें संभावना विकल्प का ठोस और मूर्त आधार भी होगा।

परसाई के रचना-संवेदन में उपस्थित होने वाली वस्तु अपने ऐतिहासिक परिवेश में विकसती है। अपनी मूलभूत विशेषताओं और चारित्रिक गुणों को निरन्तर समृद्ध करती है। इसीलिए उनकी प्रत्येक व्यंग्य-रचना में गहरा संघर्ष होता है। इसी संघर्ष में परसाई ने अपने कथ्य-विचार की रक्षा के लिए तमाम तरह की विसंगतियों को उठाया है और पटका है। वे कथ्य-विचार की सम-विषम भूमियों तक पहुँचते हैं, उसे विशद् बनाते हैं और तब संभावनाओं को खोजते हुए अपना हल या निष्कर्ष देते हैं। यह निष्कर्ष कभी अप्रत्यक्ष और सांकेतिक होता है, तो कभी एकदम प्रत्यक्ष होता है। लेकिन इतना गूढ़ नहीं होता कि ऐम्बीग्युटी पैदा हो जाये। परसाई कथ्य-विचार को रूप देते समय सजग रहते हैं। उन्होंने हिन्दी के अन्य कथाकारों, नाटककारों की तरह

रूप-रचना में लापरवाही नहीं की है क्योंकि रूप-रचना भी सृजन अभिप्राय से बाहर नहीं होती। रूप-समृद्धि में मूलमन्तव्य खिले हुए पुष्प की तरह होता है। इसीलिए तो शब्द-शब्द में, वाक्य-वाक्य में वैचारिक गति का उतार-चढ़ाव दिखाई देता है। परसाई की रूप-रचना में अवरोध और व्यवधान तो पैदा ही नहीं होता, क्योंकि उनका परिप्रेक्ष्य स्पष्ट है, उनका अभिप्राय साफ है तथा उनकी पकड़ द्वन्द्वात्मक है। वे अपने व्यंग्यों में आसपास की तमाम स्थितियों को समेटते हुए, उन्हें निर्देशित करते हुए अपने मूल विचार को चरमोत्कर्ष तक पहुँचा देते हैं।

इतिहास-बोध और राजनीति-दृष्टि ने परसाई ने यथार्थवोद को न केवल प्रासंगिक और अनिवार्य बनाया है बल्कि समूचे जीवन की खुली सच्चाई का दस्तावेज बना दिया है। मार्क्सवादी दिमाग की ताकत से जो परिचित है वह परसाई के व्यंग्यों में निहित सांस्कृतिक मूल्यों की वास्तविक परख कर सकता है। मूल्य के धरातल पर वे कितने निर्मम हैं, बेरहम हैं, इसे वे लोग नहीं समझ पायेंगे जो परसाई को हास्य और मनोरंजन की दृष्टि से पढ़ते हैं। उनकी निष्पत्तियाँ चट्टानी विश्वासों से भरपूर हैं, वैज्ञानिक समाधान से युक्त हैं। इसी लिए उनके व्यंग्यों में मनुष्य के ओछेपन और खोखलेपन की त्रासदी तथा उससे मुक्ति के लिए क्रान्तिकारी विकल्प की प्रतिबद्धता मिलती है। इसके लिए परसाई ने मानव संस्कृति के सम्पूर्ण भौतिक-आत्मिक परिवेश की द्वन्द्वात्मक विश्लेषण किया है।

व्यंग्य की विश्व-दृष्टि

विश्व-दृष्टि की रचना मनुष्य की प्राकृतिक अवस्था के सम्बन्धों को स्पष्ट करने वाले युगों और समाजों से नहीं हो सकती। विश्व-दृष्टि का निर्माण जीवन के एकान्तिक विस्तार से नहीं हो सकता। अनन्तता और अमरता, क्षणभंगुरता और माया के रहस्यात्मक भ्रमों से विश्व-दृष्टि टूटती है, विनष्ट होती है। विश्व-दृष्टि की रचना के लिए तो मनुष्य की ऐतिहासिक अवस्थाओं के प्रगतिमान सारतत्त्व को पकड़ना पड़ता है। विश्व-दृष्टि के स्रोतों और हेतुओं को समझने के लिए उसके रूप-धात्री अंगों का अध्ययन करना होगा। यहाँ माध्यम और शैली की विशेषताओं को देखना होगा। क्योंकि शब्द और अर्थ के द्वन्द्वात्मक सम्बन्ध योग में व्यवधान आते ही रचना-दृष्टि के अमूर्ततावादी आयाम खुलने लगते है, यहीं से रहस्यवाद का तथा चमत्कार का जादू छाने लगता है। आकस्मिकता प्राधान्य हो उठती है तथा निरपेक्ष अध्यात्म की नींव पड़ने लगती है। इस रास्ते पर आते ही शब्द और अर्थ के सम्बन्धों में मनुष्य जीवन के वास्तविक गुणों का विकास-क्रम धूमिल हो उठता है।

शब्द और अर्थ के तन्त्र में मिथकीय अनियमितताओं और असंघटनाओं का जाल बुनने लगता है। यहीं से वेद, उपनिषद, गीता, योग और तंत्रादि की मनोगत प्राकृतिक सम्बन्ध दृष्टि के सूत्र बनने लगते हैं। व्यक्ति अपने युग और समाज के ऐतिहासिक सम्बन्धों से बाहर होने लगता है, मुक्त होने लगता है-वह भव्य और दिव्य होने लगता है। यह विश्व-दृष्टि नहीं है। यह तो विश्व-दृष्टि की आत्मवादी प्रतिक्रिया है। उसकी अन्तर्मुखी विपरीत अवस्था है। यह विश्व-दृष्टि का विलोम है। यहाँ मनुष्य सांख्य का पुरुष बन जाता है लेकिन समाज की इकाई नहीं रह पाता। मनुष्य के जीवन की सच्चाई क्या इसी तरह शाश्वत होती है? इतिहास, समाज और मनुष्य को निरपेक्ष बनाने वाली तथा उसे ब्रह्म रूप प्रदान कराने वाली, आत्मा की अमरता का बोध कराने वाली दृष्टि फ़ासीवादी शुद्धतावाद से प्रेरित होती हैं। यहाँ आर्यत्व का प्रकृतिवादी माहात्म्य-बोध होता है, जो मिथक-शैलियों में धीरे-धीरे विकृत होता हुआ धर्मशास्त्रों, स्मृतियों, पुराणों तथा नीति काव्यों में बिखरता रहा है।

आज, विश्व-दृष्टि की वैज्ञानिकता स्पष्ट है। उसकी रचना में मनुष्य के ऐतिहासिक, सामाजिक सम्बन्धों के जटिल विकास का योगफल है। इस तरह विश्व-दृष्टि तो एक प्रकार से यथार्थवाद की धन-संश्लिष्ट मानसिकता होती है। कविता और कला में उसका परावर्तन होता है, रूपान्तरण होता है।

सार्थक व्यंग्य की सृष्टि तो इतिहास और समाज की प्रगतिमान यथार्थताओं और वास्तविकताओं के बगैर सम्भव ही नहीं हो सकती। क्योंकि व्यंग्य की प्रकृति ही निहित फूहड़पन और मूर्खता को सही और साफ करे की होती है। अतः व्यंग्य हर हालत में यथार्थ और सोद्देश्य होता है, वह उचित का पक्षधर होता है। व्यंग्य की रचना ही जीवन के सही अर्थ की पहचान कराने, उसे महत्त्व दिलाने के लिए होती है। व्यंग्य कलावादी नहीं होती।

व्यंग्य आधुनिक युग की कला-विधा है, शैली या प्रणाली नहीं है। व्यंग्य का जन्म जीवन में यथार्थवाद की प्रतिष्ठा के साथ हुआ है। अतः स्वभावतः वह अयथार्थ के विरुद्ध होता है। इब्सन-शा-मार्क ट्वेन आदि ने व्यंग्यों के माध्यम से बदलते हुए सामाजिक सम्बन्धों में वैज्ञानिक परिप्रेक्ष्य को ही पुष्ट किया है। सभी व्यंग्यकारों ने अपने युग की व्यवस्था और समकालीन राजनीति के गतिरोधों को पकड़ा है क्योंकि सामंतवादी और पूँजीवादी व्यवस्था में प्रतिक्रियावादी राजनीतिक विषयवस्तु का समाज और संस्कृति के तमाम प्रगतिशील तत्त्वों से अन्तर्विरोध बढ़ने लगता है। व्यंग्यकार अमानवीय और मानवद्रोही राजनीति की सूक्ष्मताओं को जानता है। हरिशंकर

परसाई ने तुर्गनेव, गोर्की तथा अन्य रचनाकारों की व्यंग्यविश्व-दृष्टि का उल्लेख किया है। वे व्यंग्य रचना के विचारधारात्मक परिप्रेक्ष्य पर सदैव जोर देते हैं। परसाई मानते हैं कि "राजनीति बहुत बड़ी निर्णायक शक्ति हो गयी है।"

परसाई ने अपने व्यंग्यों में "युग की विसंगतियों को गहराई से खोजा है।" "व्यंग्य, चेतना में हलचल पैदा करता है, जीवन में व्याप्त मिथ्याचार, पाखंड, असामंजस्य और अन्याय से लड़ने के लिए तैयार करता है।" ..."व्यंग्य मानव सहानुभूति से पैदा होता है। वह मनुष्य को बेहतर मनुष्य बनाना चाहता है।" ..."मैं सुधार के लिए नहीं, बदलने के लिए लिखना चाहता हूँ।" परसाई ने 'व्यंग्य क्यों?' में अपनी व्यंग्य-रचना-प्रक्रिया को स्पष्ट किया है, प्रकृति, प्रकार और प्रयोजन को स्पष्ट किया है। व्यंग्य की रचना-प्रक्रिया जटिल होती है। उसमें वस्तुपक्ष का आत्मिक ग्रहण अन्य कलाओं की तरह नहीं होता। व्यंग्य में वस्तु की विशेषतायें क्षीण नहीं होतीं, बल्कि उसकी गुण-स्थितियाँ अधिक सघन और मूर्त हो जाती हैं। इस तरह व्यंग्य की सृष्टि का कारण, उसका विकास तथा उसकी परिणति में व्यंग्यकार के व्यक्तित्व के साथ उसका बाह्य परिवेश मुख्य होता है। अतः परसाई के व्यंग्य खंडित और स्खलित व्यक्तित्व तथा अधूरे भौतिक परिवेश की सृष्टि नहीं है। उनमें अनिवार्यताओं के दबाव और विशदताओं के फैलाव दिखाई देते हैं। परसाई के व्यंग्यों की तुलना 'धर्मयुग' और 'साप्ताहिक हिंदुस्तान' के टुटपुंजिया मसखरेपन से नहीं की जा सकती। परसाई के व्यंग्य व्यवसायी-सिनेमाई नहीं हैं। परसाई के व्यंग्य वर्ग-विहीन, शोषण-विहीन मानवीय व्यवस्था से प्रेरित हं।

परसाई ने कहा है कि "व्यंग्यकार के जीवनबोध, व्यंग्यकार की दृष्टि सामाजिक, आर्थिक, राजनीतिक परिवेश के प्रति उसकी प्रतिक्रिया, विसंगतियों की व्यापकता और उनकी अहमियत, व्यंग्य-संकेतों के प्रकार, उनकी प्रभावशीलता, व्यंग्यकार की आस्था, विश्वास आदि बातें समझ और मेहनत की माँग करती है।" (सदाचार का तावीज)

परसाई ने भारतीय समाज की संरचना और जीवन-दृष्टि की ऐतिहासिक स्थितियों को स्पष्ट किया है। विडम्बना तो देखिए कि भारतीय भी अपनी दार्शनिक, धार्मिक और नैतिक मान्यताओं के द्वारा अपनी सामाजिक विसंगतियों को अमूर्त बनाकर गौरवान्वित हुए हैं। उसमें स्वप्न, फैंसी-फैंटेसी तथा भ्रम-अतिरंजना अविवेक के हानिकर तत्त्व समा गये हैं। भौतिक परिवेश के प्रति अपार्थिव-उन्माद के कारण असामंजस्य, अनुपातहीनता और असंतुलन बढ़ता गया है। कहीं-कहीं तो पदार्थ की सत्ता का संपूर्ण नकार मिलता है। उसकी

नगण्यता और तुच्छता को सिद्ध करने के लिए हमारे देश की प्रतिभा का दुरुपयोग हुआ है। परसाई ने अपने अधिकांश व्यंग्यों में भारतीयों की क्षीण होती हुई शक्ति की फिजूलखर्ची और कृपणता पर कटाक्ष तो किये हैं, लेकिन यथार्थवादी ढंग से नये समीकरण बनाने का प्रयास भी किया है। मात्र विसंगति को दूर करने के रचनात्मक उपक्रमों में परसाई अधिक गंभीर हैं। इसलिए उनकी रचना में हास्य तत्त्व की स्थितियाँ स्पष्ट हैं। दूसरी ओर विरोधाभासों को मिटाने के प्रयत्न में परसाई एक त्रासदी रचनाकार की तरह भी दिखायी देते हैं। वे कहते हैं, ''अच्छे व्यंग्य में करुणा की अन्तर्धारा होती है। वह अधिक सच्चा, मानवीय और न्यायी बनाता है।''

परसाई का व्यंग्य, विश्व-दृष्टि का सर्वाधिक सशक्त पहलू है। राजनीति-क्या राजनीतिक परिप्रेक्ष्य से रहित व्यंग्य-रचना प्राणवान, प्रासंगिक और अनिवार्य हो सकती है? आज राजनीति में समूची मान्यतायें, परम्परायें, आस्थायें अपनी अपनी उपयोगिता और सार्थकता सिद्ध कर रही हैं। हमारी युग-युगीन जीवन-दृष्टि भी आज की राजनीतिक गतिविधि में अपनी संभावनाओं को परखने लगी है। आज संस्कृति का राजनीतिकरण हो रहा है। इसलिए परसाई ने विचारधारात्मक अनुशासन की राजनीति के सबल तर्कों से मिथ्याचारी सांस्कृतिक आचरण और चिन्तन के विरुद्ध यथार्थवादी विकल्प को सामने रखा है। उसके प्रति प्रतिबद्ध हुए हैं यही मार्क्सवादी विश्व-दृष्टि है।

आधुनिक रचना के इतिहास-दर्शन पर टिप्पणियाँ

परसाई ने आधुनिक लेखन की समस्याओं पर विचार किया है। लेखक की स्थिति और उसकी नियति से लेकर उसके कर्म-कर्त्तव्य, सहकार-सरोकार तथा लेखकीय अभिप्राय और उद्देश्य पर लिखा है। जब संस्कृति में विसंगति है तो लेखन में सामंजस्य नहीं हो सकता और फिर आज तो विदेशी विचारों की मिलावट ने लेखन में प्रदूषण पैदा कर दिया है, फलस्वरूप बड़े-बड़े लेखकों की हैसियत और औकात पर छींटाकशी की जाने लगी है। हिल्ले-रोज़ी के चक्कर से वास्तविक लेखन में गिरावट आयी है। लेखक स्वतंत्र नहीं रह गया है। तहखानों में कैद होते हुए भी स्वतंत्रता का पोज़ करने लगा है। परसाई ने लेखक और लेखन के संदर्भ में स्वतंत्रता और न्याय की बात उठाई है, इसके लिए उन्होंने व्यंग्यों की रचना की है और स्वयं अपने लेखन में संघर्ष किया है। वे अपनी व्यंग्य-रचनाओं में कहीं-कहीं एक कार्यकर्ता की तरह उपस्थित होकर निर्देश देते हैं।

परसाई ने पुनरुत्थानवादी मूल्यों और आधुनिकताबोध की ऐतिहासिक, सामाजिक संकीर्णताओं को स्पष्ट किया है और जोर देकर कहा है कि विज्ञान, तकनालाजी के युग में व्यक्तिवादी आत्मपरकता मृतप्राय है। पुनरुत्थानवादी हमेशा ही इतिहास को पीछे ढकेलते हैं। आधुनिकतावादी उसे व्यक्ति और जाति के अहंकार की अवचेतनीय अवस्थाओं में अमूर्त बना देते हैं। अतः इतिहास की गतिमान संभावनाओं को द्वन्द्वात्मक भौतिकवाद के द्वारा ही उकेरा जा सकता है। परसाई ने इस दृष्टि से अपने लेखन में वैज्ञानिक और भौतिकवादी नजरिये के सांस्कृतिक संघर्ष को बढ़ावा दिया है। वे अपने लेखन में समाजवादी जीवन-मूल्यों की रचना के लिए प्रतिबद्ध रहे हैं। लोकतंत्र और धर्म-निरपेक्षता तो विज्ञान और तकनालाजी के सामाजिक संस्कार की शर्त है। परसाई का समूचा व्यंग्य-लेखन इतिहास के संदर्भ में भारत की सांस्कृतिक क्रान्ति का प्रतीक है। उसमें मनुष्य और समाज के अस्तित्व की चिन्ता का वैज्ञानिक समाधान खोजा गया है, उसमें जीवन के रचनाशील तत्त्वों को संघटित किया गया है। उनके व्यंग्यों में जो विचाराधारात्मक संघर्ष है; उससे आधुनिक भारत की सांस्कृतिक क्रान्ति को दिशा और दृष्टि मिली है।

आजादी के बाद भारत में सोशल-डैमाक्रेट्स की संस्कृति का विकास हुआ है। इसे मिश्रित अर्थव्यवस्था की संस्कृति कहा जा सकता है। इसमें व्यक्ति के गौरव की रक्षा के लिए समाज के परिवेशगत यथार्थ की सच्चाई को पीछे धकेल दिया गया है। इसमें मुनाफा और उसके विरोध की वैज्ञानिक दृष्टि को भ्रमित किया गया है। इसमें मध्यवर्ग की वैयक्तिक महत्त्वाकांक्षाओं की पूर्ति के अवसरों को स्थान मिला है। इसके अपने बुद्धिजीवी हैं, अपना आम आदमी है। इसने वर्ण और वर्ग को भ्रमित किया है, धर्म और विज्ञान को भ्रमित किया गया है। उत्पादक और उपभोक्ता को तथा शोषक पूंजीपति और शोषित मजदूर के आर्थिक, सामाजिक तथा राजनीतिक सम्बन्धों को अमूर्त बनाया है। परसाई ने सोशल-डैमाक्रेट्स की संस्कृति पर चोटें की हैं। लुम्पेन वर्ग के कारनामों का कच्चा चिट्ठा पेश किया है। 'कांग्रेसी समाजवादी', 'लोहियावादी समाजवादी' तथा 'प्रजावादी समाजवादी' पर व्यंग्य लिखे हैं। परसाई ने माना है कि इन सोशल-डैमाक्रेट्स की संस्कृति से हिन्दी लेखन में लफ्फाजी को महत्त्व मिल गया और अतिशय आवेग और बनावटी तेवर सही अभिव्यक्ति को ढकने लगे; जिससे लेखन में भी बड़बोलापन बढ़ता चला गया।

हिन्दी लेखन में सांस्कृतिक संघर्ष की ऐतिहासिक अनिवार्यता तथा उसके जनवादी चरित्र को गलत दिशा में मोड़ने का कार्य इस सोशल-डैमाक्रेट्स

ने किया है। परसाई ने आधुनिक हिन्दी लेखन की सामाजिकता चेतना में पाये जाने वाले जनवादी-संघर्ष को गति दी है। 'मुक्ति-बोध: एक संस्मरण' में परसाई ने आधुनिक रचनाकार और व्यवस्था के प्रश्न को उठाया है। 'लेखक संरक्षण, समर्थन और असहमति' में लेखन की यथार्थ परिस्थितियों को स्पष्ट किया है। उन्होंने कहा है, "क्रान्तिकारिता की बात करने वाले बुद्धिजीवी अक्सर बुर्जुआ के एजेन्ट होते हैं। वे सामाजिक क्रान्ति की तर्कपूर्ण, योजनाबद्ध और यथाविधि प्रक्रिया में अड़ंगा डालते हैं। भारतीय बुद्धिजीवी और लेखक को, रचनात्मक ईमान तथा जन-आंदोलन में सहभागिता के साथ इन प्रश्नों पर गंभीरता से विचार करना चाहिए। कभी-कभी एकैडैमिक अन्दाज में कुछ कह देने से कुछ नहीं होगा।"

परसाई ने ऐतिहासिक वस्तुवाद की बुनियाद पर 'कबीर समारोह क्यों नहीं?' लेख लिखा है। इस लेख में परसाई ने हिन्दी साहित्य के इतिहास दर्शन में तुलसीदास की समन्वयवादी, मर्यादावादी दृष्टि के स्थान पर कबीर की क्रान्तिकारी लोकदृष्टि को अपनाने का आग्रह किया है। हिन्दी प्रदेश की लोकधर्मी रचना चेतना पर सरहपा, कबीर, निराला और मुक्तिबोध का कितना प्रभाव है, इसका वास्तविक मूल्यांकन होना चाहिए। वैष्णव-सम्प्रदाय के प्रतिमानों से साहित्य के इतिहास के नार्म्स को, उसके मोटिव्स को, उसके एटीट्यूड्स को पूरी तरह से नहीं समझा जा सकता। "मध्ययुग में सम्प्रदाय-निरपेक्षता और धर्म-निरपेक्षता का आन्दोलन सक्रिय था और लोकव्यापी था।" इस आन्दोलन को अनदेखा नहीं किया जा सकता। "यह आन्दोलन उच्चवर्ण की शोषण-प्रधान धार्मिक, नैतिक परम्पराओं की प्रतिक्रिया के रूप में था।" इसके पीछे कोई सनिश्चित भौतिकवादी विचार नहीं था। "यद्यपि, अकबर ने इसे राजनीतिक स्तर पर चलाने का प्रयास किया था।"

काव्यबोध में युग और इतिहास समाहित होता है। परसाई ने 'कबीर समारोह क्यों नहीं?' लेख में तुलसी और अकबर के योगदान का तुलनात्मक मूल्यांकन किया है। "अकबर ने संघराज्य की राजनीतिक संरचना पर ध्यान दिया था। क्योंकि हिन्दू क्षत्री राजा आपस में लड़ते थे।" वे मुसलमानो को भारतीय इतिहास का अंग नहीं मानते थे। अकबर ने हिन्दू-मुस्लिम एकता को राजनीति के स्तर पर स्वीकार किया था, तो कबीर ने अकबर से पहले ही उस एकता को संस्कृति की आँख से देखा था। "कबीर मध्ययुग के ऐसे कवि-व्यक्तित्व थे जिन्होंने अपने समय के सत्य को आरपार देखा था। उन्होंने एक फक्कड़ाना शक्तिशाली भाषा को गढ़ा। वे जीवन के अनुभवों से सीधे जुड़े थे। कबीर धर्म-निरपेक्षता के महान प्रतीक थे।" (परसाई, कबीर उत्सव, रायपुर) "तुलसी के मूल्य वैष्णवपंथी थे।" उन्होंने हिन्दू-

जीवन दर्शन के कल्पित आदर्शों को नीतिबद्ध छंदों में ढाल दिया था। परसाई ने इतिहास की गतिमान यथार्थ दृष्टि के आधार पर "हिन्दू काव्य और मुसलमान काव्य की संकीर्ण मूर्खताओं" पर आपत्ति की है। और तुलसीदास पर खुली बहस के लिए आमंत्रित किया है। परसाई ने जायसी की अवधी भाषा और हिन्दू नायक तथा मुसलमान खलनायक के प्रश्न को भी उठाया है। वे मानते हैं कि इस बहस से मध्ययुग के इतिहास की द्वन्द्वात्मक वस्तुवादी चेतना को पकड़ा जा सकता है। इस बहस से 'ब्राह्मण', 'ब्राह्मणत्व' और 'ब्राह्मण-संस्कार' की ह्रासमान परिस्थितियाँ स्पष्ट हो जायेंगी तथा छोटी जातियों और उपजातियों का भारत के इतिहास में और संस्कृति में योगदान का भी पता चल जाएगा।

परसाई ने कहा है: "तुलसी का अनुभव-क्षेत्र विशाल था। उनका जीवन-चिन्तन गहरा था, लेकिन उनके मान-मूल्य सामंती थे। वे समर्पित भक्त थे।" "उन्होंने सामन्ती राजनीतिक परिवेश में बैनीवोलैन्ट मानर्क के रूप में राम की कल्पना की थी।" यहीं पर परसाई मध्ययुग के अन्तर्विरोध को पकड़ते हैं और कबीर की आवश्यकता को पहचानते हैं। यथास्थिति के विरुद्ध कबीर ने आत्म-संघर्ष किया था। तुलसी ने अन्तर्विरोधों को समन्वित करके रिनासा-मूल्य की रचना की। कबीर ने तुलसी से पहले ही अन्तर्विरोध के यथार्थ का विश्लेषण किया था। वे जानते थे "उच्च वर्ण वाले शोषक ने समाज के बहुसंख्यक शोषितों को ज्ञान-विज्ञान और संस्कृति से वंचित कर दिया है, उसे अछूत कर दिया है और उससे हीन सेवायें कराई हैं।" कबीर ने उच्च वर्ण की शोषक मनोवृत्ति पर आक्रमण किया है। इसलिए परसाई ने कहा है, "कबीर के सिवा किसी में युगीन सामाजिक चेतना नहीं थी। उसने पाखंड को तथा निहित स्वार्थों को समझा था। तिलमिला देने वाली चोट की थी। वह पलीता लेकर कुसंस्कारों को जलाने के लिए घूमा करता था।" इस तरह परसाई ने मध्ययुग से लेकर आधुनिक युग तक की रचना-दृष्टि के ऐतिहासिक-सामाजिक आधार को पकड़ा है और रचना की राजनीति के भीतरी सत्य को उद्‌घाटित किया है।

हर प्रकार के रचना-संवेदन में राजसत्ता की संस्कृति व्यक्त होती है। जिस रचना में राजसत्ता के ऐतिहासिक चरित्र की जटिलताओं को स्पष्ट करने की जितनी जीवन-शक्ति होती है, वह रचना उतनी ही गतिमान होती है। इतिहास की गतिमानता से ही रचना-संवेदन में वर्तमान के द्वन्द्व और भविष्य की संभावनायें बनी रहती है। इसके बगैर रचना या तो ऋचा बनकर रह जायेगी या मंत्रसिद्ध हो जायेगी-वह प्रार्थना बन जायेगी।

यदि नाटक, उपन्यास, कहानी, निबंध, संस्मरण, जीवनी और रिपोर्ताज आदि विधाओं को घुला–मिलाकर एकरूप बना दिया जाय तो परसाई के व्यंग्य–कथ्य का विधान बन जायेगा। परसाई अपने व्यंग्यों में एक साथ संवाददाता, पत्रकार, आलोचक, कलाकार और सहृदय पाठक की तरह उपस्थित होते हैं। उनके व्यंग्यों में सूचनायें हैं, वक्तव्य हैं, लेकिन विज्ञापन और फैशन का व्यावसायिक भौंडापन नहीं है। परसाई कला और शिल्प के सजग व्यंग्यकार नहीं हैं, वे कथ्य–सजग हैं तथा प्रभावपूर्ण संप्रेक्षण की दृष्टि से अन्यों की अपेक्षा अधिक सफल हुए हैं। परसाई ने जनता के लिए लिखा है। विशिष्ट बुद्धिजीवियों में अपनी वैयक्तिक श्रेष्ठता की पहचान के लिए नहीं लिखा है। उनके लेखन में लोक तत्त्व की यथार्थ छवियाँ मिलती हैं।

भारतीय जीवन में एक जोकर से मिलती–जुलती त्रासदी को आत्मसात किये हुए, समूचे युग और इतिहास के आध्यात्मिक संकट को भोगते हुए, परसाई अस्तित्ववादियों की तरह मृत्युबोध का वरण नहीं करते, निराश और हताश होकर एकांत को नहीं खोजते बल्कि एक सजग कार्टूनिस्ट की तरह सभी तरह के संकटों के कारणों को समझते हुए, उन्हें विश्लेषित करते हुए अपनी पाजिटिव दृष्टि से दम्भ, छल, छद्म, फ़रेब, कपट, पाखंड और मक्कारी पर प्रहार करते हैं। एक व्यंग्यकार में जोकर और कार्टूनिस्ट समाहित होता है। वह जोकर की निर्यात को जीते हुए कार्टूनिस्ट की तरह उस नियति की निर्माता–स्थितियों पर अपनी टिप्पणी करता है। व्यंग्यकार के हास्य में एक जोकर और कार्टूनिस्ट की सोद्देश्य संवेदनशीलता होती है। उसके हास्य की सृष्टि तो जीवन में गहराई से बैठी हुई और छिपी हुई हिपोक्रेसी की पकड़ के साथ होती है। और तब व्यंग्यकार तमाम प्रकार की अबौद्धिकताओं, वैचित्र्यों और सनक को उपहासास्पद बना पाता है।

परसाई ने 'विसंगति की अहमियत' को स्वीकार किया है। वह "जीवन में किस हद तक महत्त्वपूर्ण होती है, कितनी व्यापक है तथा उसका कितना प्रभाव है।" व्यवस्था के दिवालियेपन और खोखलेपन को गौरवान्वित करने वाली हर चेष्टा और हर शैली को परसाई ने समझा है तथा आलोचनात्मक यथार्थवादी की तरह उघारा है। देश के व्यवस्था–चरित्र पर व्यंग्य करते हुए कहा है: 'ईमान और मात्रा में चुनाव करना पड़े तो हम मात्रा चुन लेते हैं। मात्रा बराबर हो, ईमान भाड़ में जाये। इस देश का दुर्भाग्य यह है कि सदियों से यह मात्रा, गति और यति को ठीक रखने में लगा हुआ है। परिवर्तन का आवेग उठता है तो यह फौरन उसे मात्रा, गति और यति में बाँध लेता

है। रीति तोड़ना यह जानता ही नहीं है। आज भी कौम के रहनुमा कहते हैं, क्रान्ति तो होनी ही चाहिए, पर मात्रा, गति और यति न टूटे।'' (ठिठुरता हुआ गणतंत्र)

'मजाक' और 'उपहास' के गुण-भेद को समझकर व्यंग्य में निहित मनोरंजन के कलात्मक स्वरूप को समझा जा सकता है। व्यंग्य और हास्य के प्रति परसाई की दृष्टि नकारात्मक नहीं है। जीवन के नये सृजन के लिए पत्थर जैसी जड़ व्यवस्था की परतों को तोड़ना आवश्यक है, लेकिन तोड़ने के कार्य में मस्त होने के लिए, मौज लेने के लिए तथा अल्हड़ बने रहने के लिए, हास्य के खुलेपन की जरूरत होती है। जीवन का अनुभव यदि भरा-पूरा हो तो उसका आनन्द लाभ भी कम नहीं होगा। परसाई के व्यंग्य उनके भरे-पूरे अनुभव की आनन्ददायी वृत्ति को कलात्मक बनाते हैं। परसाई ने हिन्दी-व्यंग्य की वर्ण-विशेषता पर लिखा है: ''व्यंग्य की प्रतिष्ठा इस बीच साहित्य में काफी बढ़ी है, वह शूद्र से क्षत्री मान लिया गया है। व्यंग्य, साहित्य में ब्राह्मण बनना भी नहीं चाहता क्योंकि वह कीर्तन करता है।'' (वैष्णव की फिसलन)

कुल मिलाकर ब्रेख्त के नाटकों की सिचुयेशन्स की बनावट में जो संघर्ष तत्त्व है, दृष्टांतों के उतार-चढ़ाव में जैसी नाटकीय क्षिप्रता है तथा उत्कर्ष की ओर बढ़ती हुई कथा में प्रभाव की समग्रता को आच्छादित करने की जैसी यथार्थवादी चेतना है और उन सबके साथ सार्थक संवाद-सृष्टि और उसके कथन की अभिनेयता में रंग-तत्त्व सामंजस्य का जितना विशाल अर्थफलक है, कुछ वैसा ही विधान परसाई के व्यंग्यों का है। इतना अवश्य है कि नाटककार ब्रेख्त में अद्‌भुत कन्ट्रोल है, जो नाटक के लिए अनिवार्य होता है, परसाई के व्यंग्यों में खुलापन और विस्तार है जो उत्कृष्ट व्यंग्य-कला की विशेषता है। परसाई के व्यंग्य निर्वैयक्तिक गुणों से संपन्न हैं।

पुनरुत्थानवादी और पूँजीवादी व्यवस्था के आंतरिक संघर्ष से उत्पन्न नये मुहावरे, नई उक्तियाँ और नई कहावतें

कहावते, लोकोक्तियाँ और मुहावरे अभिव्यंजना-संस्कृति के गूढ़ार्थ तो व्यंजित करने वाले सूत्रकथन हुआ करते हैं। वे परिवर्तनशील होते हैं। युग और इतिहास के जीवन की नाटकीय छबियों के प्रतीक होते हैं। हर मुहावरे, हर उक्ति और हर कहावत की रचना सामाजिक-अभिव्यंजना-की आवश्यकता के अनुरूप होती है। उसमें चिन्तन और व्यवहार के किसी एक कोण की परिस्थिति सापेक्ष बोधव्यता रहती है। समाज के जीवन में कितना लालित्य है, वह कितने रंगों वाला है, इसका अंदाजा भी मुहावरों, उक्तियों और कहावतों के चलन-प्रचलन और प्रयोग से लग जाता है। ये लोक-प्रचलित

छंदों की तरह मुखाग्र होती हैं। इसमें अभिव्यंजना और संप्रेषण के तमाम गुण समाहित होते हैं। इनमें जाति के मिथक-कोष का सारतत्त्व भी रहता है। इनमें फैंटेसी की कलात्मकता होती है, किन्तु ये लक्ष्यप्रेरित होती हैं। इनमें फैंटेसी की कलात्मकता होती है, किन्तु ये लक्ष्यप्रेरित होती हैं। इनमें सुलक्षित कथ्य की सूत्रगर्भित जीवन-चेतना रहती है। अभिव्यंजना में कितनी विकासमान-प्रगतिमान जीवनशक्ति है; इसका पता भी पुराने मुहावरों, उक्तियों, कहावतों के मुरझाने और मरने तथा नयों के पैदा होने से लगता है। रचनाकार की प्रतिभा के गुणधर्म भी इनसे स्पष्ट होते हैं।

खड़ी बोली-हिन्दी में उक्तियों, कहावतों और मुहावरों का पुरातन भण्डार है। परसाई ने इस भंडार की साफ सफाई की है और सड़े गले को निकाल फेंका है। उन्होंने नये युग की आवश्यकता के अनुरूप खड़ी बोली की संप्रेषण-क्षमता और अभिव्यंजना-क्षमता को आगे बढ़ाया है, प्रौढ़ बनाया है। उनकी हर व्यंग्य-रचना में नये-नये मुहावरों का प्रयोग हुआ है, श्रेष्ठ और कलात्मक व्यंग्य एक मुहावरे के रूप में होता है। उदाहरण के लिए कुछ को चुना गया है, जैसे-

"नारी मन से खूब प्यार करके भी, ऊपर से निरपेक्ष भाव बनाये रख सकती है, यह छल नहीं है, उसकी प्रकृति है।"

"बड़े दर्द के रहते, छोटा दर्द प्रभावहीन होता है, जब बड़ा दर्द समाप्त हो जाता है, तब छोटी-सी खरोंच भी पीड़ा देती है।"

"भीड़ का हृदय होता है, मस्तिष्क नहीं।"

"प्रतिष्ठा के बोझ के नीचे सत्य किस कदर चीखता है।"

"दूसरे के मामले में हर चोर मजिस्ट्रेट हो जाता है।"

"कमजोरी नैतिकतावाद की माँ होती है और फिर क्षुद्रता तो हमेशा से ही महत्ता का उपदेश देती आई है।"

"पाप के हाथ में हमेशा पुण्य की पताका लहराती है।"

"राधा और कृष्ण के यमुना-कुंज-मिलन के गीतों से भक्ति-विभोर हो जाने वाले लोग, आदमी के बारे में कंजूस होते हैं।"

"ठुकराई हुई धूल आँधी की राह देखती रहती है, जब वह सिर पर चढ़ सके। मोम तो आधात से दबकर रह जाता है, पर पत्थर पर आघात पड़ने से दरार पड़ जाती है।" (तट की खोज)

"कुछ बड़े आदमी, जिनकी हैसियत है, इस्पात की नाक लगवा लेते हैं और चमड़े का रंग चढ़वा लेते हैं।"

"बिगड़ा रईस और बिगड़ा घोड़ा एक तरह के होते हैं, दोनों बौखला जाते हैं।"

"बनिया मन्दिर में भगवान का मुकुट बनवा देगा, पर किसी को नकद एक पैसा भी नहीं देगा।"

(बुद्धिजीवी की खरीद-फरोख्त के बारे में) "यह शिकायत उस चूहे की तरह है जो रोटी देखकर चूहादानी में फँस गया है। यह शिकायत उस चूहे की भी है जिसे अभी तक चूहादानी नहीं मिली है, वह तलाश में है।"

"सड़ा विद्रोह एक रूपये में चार आने किलो के हिसाब से बिक जाता है।"

"मछलियों को दस पैसे का दाना चुगाकर फिर उन्हें जाल में पकड़वा कर किस भाव बेचा जाता है।"

"दानशीलता, सीधापन, भोलापन असल में एक तरह का इनवेस्टमेन्ट है।"

"इस देश में सामान्य आदमी के खून का उपयोग फूलों के रंग और खूशबू देने के काम आ रहा है।"

"आत्मा बड़े लोगों का शौक है... अध्यात्म भी धंधा है।"

"अमरीका हो आने से ईश्वर खुद ही पास सरक आता है और ईश्वर पास सरक आये तो बिजनेस ही बिजनेस हैं।"

"स्वार्थ और परमार्थ ने हाथ मिला लिये हैं–या ईश्वर बिजनेसमैन हो गया है।"

"धर्म धन्धे से जुड़ जो इसी को योग कहते हां।" (एक लड़की पाँच दीवाने)

"शुद्ध आत्मा चालाक होती है, उसे कोइ धोखा नहीं दे सकता।"

"जिसकी जितनी मुश्किल से शादी होती है, वह बेचारी उतनी ही बड़ी माँग भरती है।"

"जो पानी छानकर पीते हैं, वे आदमी का खून बिना छना पी जाते हैं।"

"जिन्हें पसीना सिर्फ गरमी और भय से आता है, वे श्रम के पसीने से बहुत डरते हैं।"

"प्रश्न पूछना और विचार करना हमारे यहाँ अनुशासन के विरुद्ध माना जाता है।"

"गणतंत्र ठिठुरते हुए हाथों की तालियों पर टिका है।"

"पिटे हुए राजनीतिज्ञ के लिए या तो भारत सेवक समाज है या सर्वोदय।" (तिरछी रेखायें)

"हमने हर चीज का शील भंग हो जाने दिया है, पर शर्म के शील की रक्षा की है।"

"संस्कृति की हड्डी को अब कुत्ते चबाते घूम रहे हैं।"

"इस देश के बुद्धिजीवी शेर हैं, पर वे सियारों की बारात में बैंड बजाते हैं।"

"मानवीयता उन पर रम के किक की तरह चढ़ती-उतरती है, उन्हें मानवीयता के फिट आते हैं।"

"शासन का घूँसा किसी बड़ी और पुष्ट पीठ पर उठता तो है, पर न जाने किस चमत्कार से बड़ी पीठ खिसक जाती है और किसी दुर्बल पीठ पर घूँसा पड़ जाता है।"

"पैसे कम हों तो आदमी परमहंस हो जाता है। सच्चा संयासी पैसे की तंगी का शुभ परिणाम है।"

"सफलता की चाँदनी रात में चारों तरफ उल्लू बोल रहे हैं।"

"बेइज्जती में अगर दूसरे को भी शामिल कर लो, तो अपना आधी इज्जत बच जाती है।"

"मैदान से भाग कर शिविर में आ बैठने की सुखद मजबूरी का नाम इज्जत है।"

"इज्जतदार ऊँचे झाड़ की ऊँची टहनी पर दूसरे के बनाये घोंसले में अंडे देता है।"

"नशे के मामले में हम बहुत ऊँचे हैं। दो नशे खास हैं-हीनता का नशा और उच्चता का नशा, जो बारी-बारी से चढ़ते रहते हैं।"

"महिमाशाली किसी गधे को पकड़कर उसकी पीठ पर अपनी महिमा का चंदन लादकर बेचता है, गधा दूसरे गधों की पीठ सुँघाकर प्रतिष्ठा पाता है।"

"तैमूर की महिमा से लदे होटल में सलाम करके टिप लेते हैं। 'वसुधैव कुटुम्बकम्' की महिमा वाले दंगा कराते हैं।"

"इस सभ्यता में अपनी जेब बचाने का तरीका है, दूसरों की जेब काटो।"

"सत्य को झूठ से ज्यादा शर्म आती है।"

"धर्म अच्छे को डरपोक और बुरे को निडर बनाने लगा है।"

"सत्य क्या है? बढ़िया कपड़े पहना हुआ झूठ।"

"ईसा अपनी सलीब खुद ढो रहा है-उसे अपने पाँवों पर अपने हाथों से कील ठोकने को मजबूर किया जा रहा है।"

"बहुत-सी हस्तियाँ मात्र रेफ्लेक्टर होती हैं।"

"गुलाब की माला पहनाओ या गेंदे की, चाहे भटकटैया की, सब एक है। फूल की पंखुड़ी सिक्के का एहसास देती है।"

"इस कौम की आधी ताकत लड़कियों की शादी करने में जा रही है।" (ठिठुरता हुआ गणतंत्र)

"हमारे समाज में कुचले हुए का उपहास किया जाता है।"

"भारतीय दंड संहिता अगर महाकाव्य है तो जब-तब रचे जाने वाले अध्यादेश ललित गीत हैं।"

"इस देश में गेहूँ और शक्कर अश्रु-गैस में कैसे बदल जाते हैं।"

"अर्थशास्त्र जब धर्मशास्त्र के ऊपर चढ़ बैठता है तब गोरक्षा आन्दोलन के नेता पंडित जूतों की दुकान खोल देते हैं।"

"आत्मविश्वासहीन सत्य झूठ हो जाता है और आत्मविश्वासपूर्ण झूठ सत्य माना जाता है।"

"इस देश का आम आदमी अपनी ही ज़मीन से बेदख़ल कर दिया जाता है।"

"ठेकेदारी-सभ्यता की यह बड़ी वैज्ञानिक देन है कि सफल आदमी बन्द हुए हृदय को लेकर भी जिन्दा रहता है।"

"मातृभूमि की भक्ति इनकमटैक्स के हिसाब से तय होनी चाहिए।"

"दुनिया में कहीं भी गाय की पूजा नहीं होती, इसलिए वह दूध के काम आती है। यहाँ गाय पूजी जाती है, इसलिए दंगे के काम आती है।"

"गाय के दूध से बच्चों को पुष्ट होना चाहिए, वे गाय के दंगे में मारे जाते हैं।"

"वे (अंग्रेज) देश को पश्चिमी सभ्यता के सलाद के साथ खाते थे। ये (भारतीय) जनतंत्र के अचार के साथ खाते हैं।" (शिकायत मुझे भी है)

"धोके की लंबी परंपरा है, धोका, जो हमें विरासत में मिला है, हम तुम्हें देते हैं।"

"इतना निश्चित है विचार पेट से ही पैदा होते हैं। वह भरा हो चाहे खाली, मुख्य बात है पेट को पहचानना।"

"वे और होते हैं जिनके चरण-स्पर्श से पत्थर भी स्त्री बन जाती है, वे अपनी स्त्री को छोड़ देने वाले होते हैं।"

"अच्छी आत्मा फोल्डिंग कुर्सी की तरह होनी चाहिए। जरूरत पड़ी तब फैलाकर बैठ गये, नहीं तो मोड़कर कोने में टिका दिया।"

"मुझे लगता है सभ्यता के बोरे में चूहे घुसकर सड़ गये हैं।"

"भुखमरी और भ्रष्टाचार हमारी राष्ट्रीय एकता के ताकतवर तत्त्व बन गये हैं। धर्म, संस्कृति और दर्शन कमजोर पड़ गये हैं।"

"जो कौम भूखी मारे जाने पर सिनेमा में जाकर बैठ जाए, वह अपने दिन कैसे बदलेगी!"

''अद्‌भुत सहनशीलता और भयावह तटस्थता है इस देश के आदमी में। कोई उसे पीटकर उसके पैसे छीन ले तो वह दान का मंत्र पढ़ने लगता है।''

''अब मनुष्यता डीजल तत्त्व से चलती है।''

''अमरीकी शासक हमले को सभ्यता का प्रसार कहते हैं। बम बरसते हैं तो मरने वाले सोचते हैं, सभ्यता बरस रही है।''

''चीनी नेता लड़कों के हुल्लड़ को सांस्कृतिक क्रान्ति कहते हैं, तो पिटने वाला नागरिक सोचता है मैं सुसंस्कृत हो रहा हूँ।''

''अपनी अर्थव्यवस्था को डेंगू हो चुका है। लेटती है तो उठा नहीं जाता। बिठा दो, तो लुढ़क जाती है।'' (पगडंडियों का जमाना)

अतः प्रश्न उठता है कि परसाई के व्यंग्य-परिप्रेक्ष्य और व्यंग्य-प्रयोजन को समझ लेने के बाद किस तरह का व्यक्तित्व निर्मित होगा? परसाई का साहित्य असत्य के प्रति खबरदार करता है तथा सत्य को आमने-सामने पेश करता है। वह तरह-तरह की नैतिक यातनाओं से मुक्ति दिलाने वाला साहित्य है।

–राजेश्वर सक्सेना

व्यंग्य की साहित्यिक हैसियत

क्या कारण है कि उपन्यास, कहानी या कविता की साहित्यिक हैसियत प्रश्नातीत लगती है और जिसे हम 'व्यंग्य-लेखन' नाम देते हैं, उसकी साहित्यिक हैसियत तय करने जैसी जरूरत हमें महसूस होती है। यह भी कहा जा सकता है कि हैसियत तो व्यक्ति की, साहित्यकार की होती है, साहित्यिक विधाओं के प्रसंग में यह सवाल उठाना ही बेमानी है। मगर तब शायद एक दूसरा ही सवाल उठ खड़ा होगा और वह यह कि क्या 'व्यंग्य-लेखन' उसी मानी में और उसी स्तर पर एक स्वत:सम्पूर्ण और अपनी एक निश्चित परम्परा रखने वाली साहित्यिक विधा है जिस तरह कि उपन्यास, कहानी और कविता स्वतन्त्र विधाएँ हैं।

जाहिर है कि अब यहाँ कोरी सिद्धान्त-चर्चा में उलझने की बजाय ठोस उदाहरणों पर से बात करना जरूरी होगा। व्यंग्य-लेखन से हमारा अभिप्राय आखिर क्या है? 'अन्धेर-नगरी' और 'शिवशम्भु का चिट्ठा' को हम हिन्दी के आरम्भिक काल के व्यंग्य-लेखन का ही नहीं बल्कि सभी कालों के व्यंग्य-लेखन की उत्कृष्टतम रचनाओं में गिन सकते हैं। इस पर शायद ही किसी को ऐतराज हो, मगर हम भारतेन्दु को व्यंग्यकार या व्यंग्य-लेखन नहीं कहना चाहेंगे: कवि और नाटककार ही कहेंगे। इसी तरह हम बाबू शिवप्रसाद गुप्त को भी व्यंग्यकार या व्यंग्य-लेखक शायद नहीं कहना चाहेंगे: उनके चिट्ठों को हम उनकी निबन्धकार या पत्रकार प्रतिभा की ही एक सशक्त अभिव्यक्ति मानेंगे। हालाँकि मुझे ऐसा लगता है कि हम लोग अगर यह जिद पकड़ ही लें कि व्यंग्य-लेखन एक स्वतन्त्र, अपने आपमें मुकम्मल विद्या है जो कि हिन्दी में पिछले दो-एक दशकों में प्रतिष्ठित हो चुकी है और इसलिए साहित्यिक मूल्यांकन के दफ्तर में उसका अलग खाता खुल ही जाना चाहिए तो फिर इस जिद को प्रतिष्ठित करने के लिए इस व्यंग्य-लेखन नामक विधा की जो भी जन्मकुण्डली हमारे विद्वान अध्यापकगण बनायेंगे, उसमें उनका साबका सबसे पहले 'शिवशम्भु' से ही

पड़ेगा। भारतेन्दु को एक बार वे नजरअन्दाज़ कर भी जाएँ तो भी 'शिवशम्भु' को वे उलाँघ नहीं सकेंगे और झख मारकर उन्हें मानना ही पड़ेगा कि भाई, व्यंग्य-लेखन की परम्परा वहीं से शुरू हो रही है।

यहाँ पर एक रोचक बात सामने आ जाती है। अगर हम यह मान लें कि 'शिवशम्भु का चिट्ठा' से हिन्दी व्यंग्य-लेखन की शुरुआत होती है, तो इसका मतलब यह हुआ कि व्यंग्य-लेखन वह विधा है, जो अखबार के कालम की कोख से जन्म लेती है। मगर यही बात निबन्ध के बारे में भी कही जा सकती है। जग-जाहिर बात है कि अगर 'लन्दन मैगजीन' के सम्पादक को चार्ल्स लैम्ब का दरवाजा अपने कालम का पेट भरने के लिए खटखटाने की नहीं सूझती तो निबंध विधा के सर्वोच्च कलाकार का जन्म ही नहीं होता। निबन्ध का जो रिश्ता मासिक पत्रिका से है, वही व्यंग्य-लेखन का 'दैनिक' और 'साप्ताहिक' से, और अपने आप में यह कोई दुर्घटना नहीं है। मगर जो चीज हमारा ध्यान खींचती है, वह यह है कि इन अस्सी बरसों में एक फर्क जरूर पड़ गया है और वह फर्क यह है कि बालमुकुन्द गुप्त तो निबन्ध की स्वतन्त्रता में अपनी व्यंग्य-प्रतिभा का उपयोग कर रहे थेः ठीक उसी तरह जिस तरह ड्रायडन या पोप ने अंग्रेजी कविता का क्षेत्र-विस्तार किया था कि जोनाथन स्विफ्ट और एडीसन ने अंग्रेजी गद्य और अंग्रेजी निबन्ध की सम्भावनाओं का मार्ग प्रशस्त किया। दूसरे शब्दों में व्यंग्य वहाँ एक विशेषीकृत विधा नहीं है बल्कि एक पूर्व-स्वीकृत प्रतिष्ठित साहित्यिक विधा के अन्तर्गत, उसी की रूपगत विशेषताओं का भरपूर उपयोग करते हुए अपने साहित्यिक व्यक्तित्व की सामाजिक सार्थकता खोजने का उद्यम है और चूँकि युग-विशेष की सामाजिक परिस्थितियों का विशिष्ट दबाव ही साहित्यकार को अपने इस व्यंग्यास्त्र का विशेष उपयोग करने की ओर प्रवृत्त करता है। अगर हम यह मान लें कि साहित्यकार के तरकस में रहनेवाले अनेक अस्त्रों में से एक अस्त्र व्यंग्यास्त्र भी है तो इसके यही नतीजा निकलेगा कि एक विधा के रूप में व्यंग्य-लेखन की प्रतिष्ठा स्वयं व्यंग्यास्त्र की साहित्यिक महिमा और प्रभविष्णुता के विरुद्ध जाती है। इसलिए कि आज तक जिस अस्त्र का उपयोग कवि, उपन्यासकार और निबन्धकार करते रहे हैं—उसके इस तरह के विशेषीकरण से आखिर ऐसा कौन सा प्रयोजन सिद्ध होने वाला है जो पहले नहीं होता था? एक सशक्त कविता या उपन्यास में व्यंग्य मानवीय अनुभव के जितने बड़े फलक पर और संवेदन के जितने गहरे स्तरों पर रचा हुआ रहता है, क्या एक अखबार के स्तम्भ का 'व्यंग्य' उसकी जगह ले सकता है? निश्चय ही मेरा आशय यहाँ अखबारी कालमों के 'व्यंग्य' या व्यंग्य-लेखकों पर

व्यंग्य करना नहीं है: उनकी भी जरूरत और उपयोगिया असन्दिग्ध रूप से है और उसे अपनी लोकप्रियता से परे किसी प्रमाणपत्र की भी जरूरत नहीं है। पर जब हम साहित्यिक हैसियत का सवाल उठाते हैं तो हमें इस अप्रिय तथ्य का सामना करने के लिए तैयार रहना चाहिए कि दुनिया के किसी भी बड़े साहित्यकार ने-उस साहित्यकार ने भी जिसकी प्रतिभा में व्यंग्य का तत्त्व या प्रवृत्ति गहनतम स्तर पर क्रियाशील रही है-वैसे साहित्यकार ने भी, अपनी साहित्यिक कीर्ति और सामाजिक मुक्ति इस तथाकथित व्यंग्य-लेखन के बल पर नहीं, बल्कि उस कृतित्व के बल पर अर्जित की है जिसका ताल्लुक कथा, काव्य तथा निबन्ध संरचनाओं से है। सर्वांतीज का जो क्लासिक है 'डान क्विक्जोट'-कौन कहेगा कि उसमें व्यंग्य शुरू से आखिर तक गहरे भिदा हुआ नहीं है? पर हम उसे व्यंग्य-लेखन कैसे कहेंगे? जोनाथन स्विफ्ट का 'गुलीवर्स ट्रैवल्स' व्यंग्य का प्रक्षेपणास्त्र ही है पर उसे भी हम सिर्फ 'सैटायर' कहके नहीं निपटा सकते। वह इतनी अद्‌भुत और दूरद्रष्टा फैण्टेसी है कि उसकी बात करते हुए हम बहुत बड़ी काव्य-संरचनाओं और विचारक-कृतियों की ओर ही संकेत कर सकते हैं। यही बात 'एनिमल फार्म' जैसी कृति के लेखक पर भी लागू होगी।

कहा जा सकता है कि आज के जमाने में जब सभी विधाएँ अपनी धुरी से छिटक गयी हैं तो साहित्य में ही ऐसे कौन से सुरखाब के पर लगे हुए हैं कि हम विधागत निष्ठाओं से चिपके रहें। जब सभी कुछ पिघल रहा है तो गद्य और पद्य, उपन्यास और कहानी के बीच का विभाजन कहाँ तक टिकेगा? निश्चय ही इस बात में दम है और मैं तो यहाँ तक कहूँगा कि स्वयं रचनात्मक साहित्य और पत्रकारिता के बीच जो बड़ी स्पष्ट-सी विभाजन रेखा हुआ करती थी, उसे भी कुछ ऐसी तेजस्वी प्रतिभाओं ने जगह-जगह पर धुँधला के रख दिया है जो किसी और जमाने में शायद कवि या कथाकार होते मगर आज सिर्फ पत्रकार हैं क्योंकि उनकी प्रतिभा और अन्तरात्मा तत्काल और प्रत्यासन्न के अभूतपूर्व तकाजों से इस कदर बिंध गयी है कि उन्हें ईमानदारी से साहित्य की दुनिया और साहित्य की प्रणालियाँ न केवल अपर्याप्त बल्कि कुछ अवास्तविक और पुरुषार्थहीन-सी लगने लगी हैं। मगर तब वे व्यंग्य-लेखक भी नहीं कहलाना चाहते, सिर्फ 'रिपोर्टर' कहलाना चाहते हैं। यह दूसरी बात है कि उनके रिपोर्ताज पढ़ के नामी-गरामी उपन्यासकार भी एक क्षण के लिए ईर्ष्या से छटपटा उठें।

और हमें विधाओं की इस पारस्परिक घुलनशीलता से कहाँ कोई ऐतराज है? हमरा ऐतराज तो उल्टे यह है कि जिसकी साहित्यिक हैसियत तय करने की बात हो रही है, उस व्यंग्य-लेखक का अधिकांश इस घुलनशीलता के

पक्ष में नहीं, बल्कि विरोध में कार्यरत है। सतही तौर पर कहानी या पद्य की तरकीबें अपना लेने से कुछ भी नहीं हासिल होता। उससे न कहानी का भला होता है, न कविता का। व्यंग्य का होता होगा। पर व्यंग्य अपने भले के लिए नहीं लिखा जाता। विधाओं की पारस्परिक घुसपैठ ने आधुनिक युग में साहित्य की प्रत्येक विधा को प्रभावित किया है तो इसके बहुत अच्छे नतीजे भी निकले हैं। मगर व्यंग्य विधा नहीं, विधि और दृष्टि है: जिस व्यंग्य को कृति के समूचे रचाव में से अलग प्रदर्शित किया जा सके उसका साहित्यिक मूल्य उतना ही कम हो जा सकता है। क्या हम चेखोव की कहानियों की कल्पना उनके अन्तर्निहित व्यंग्य-तत्त्व के बगैर कर सकते हैं? क्या हम पोप या ड्रायडन की काव्य-कला को उसकी व्यंगात्मक प्रेरणाओं से विच्छिन्न कर सकते हैं? नहीं कर सकते। मगर दोनों में से कोई भी व्यंग्य-लेखन नहीं कर रहा था। एक ने कहानी-कला को विकसित किया तो दूसरे ने काव्य-कला को। व्यंग्य की सर्जनात्मक भूमिका दोनों जगह अत्यन्त महत्त्वपूर्ण है किन्तु वह स्वत:चालित व्यंग्य नहीं है; कहानी और कविता की अंगीभूत व्यंग्य है, कहानी और कविता की रचना-प्रक्रिया में चरितार्थ हो सकने वाली शब्द की शक्तियों से एकजान होकर पैदा हुआ व्यंग्य है। इसीलिए उसकी मार और धार भी तथाकथित शुद्ध व्यंग्य की तुलना में विशेष होगी।

हिन्दी में एक तो वैसे ही हास्य और व्यंग्य की वह रचनात्मक स्फूर्ति और ऊर्जा, जो उपन्यास और कविता की समूचे संरचना के भीतर से प्रकाशित हो और स्वयं उस रचना को प्रभावित याकि प्रेरित कर सके–कम ही दिखाई देती है। तिस पर जितनी जो कुछ प्रतिभा या सम्भावना जुटने की गुंजाइश हो, वह भी अपनी असली जमीन छोड़के काव्य, कथा या चिन्तन-मनन की संश्लिष्ट संरचनाओं के भीतर से प्रकाशित होने की बजाय 'व्यंग्य-लेखन' नामक एक निराली विधा के रूप में अपने को स्थापित करने पर तुल जाय तो ऊपर से देखने पर तो इसमें कोई हर्ज की बात नहीं लगेगी, पर जरा गहरे पैठने पर साफ प्रतीत होगा कि ऐसा करके हम अपनी जातीय विपन्नता को ही और अधिक बलपूर्वक उजागर कर रहे हैं। हम एक ओर तो व्यंग्य की साहित्यिक हैसियत जहाँ घटित होती है, उन विधाओं में ही व्यंग्य के निरन्तर ह्रास और क्षरण का दृश्य देख रहे हैं और इस स्थिति को चिन्ता का विषय नहीं मानते। हमें इससे दुख नहीं होता कि बाल मुकुन्द गुप्त और प्रतापनारायण मिश्र ने निबन्ध को हाथ लगाते ही उसे जितना समावेशी और लचीला एक साथ बना डाला था–जैसी जिन्दादिली, जैसे आन्तरिक प्रतिरोध से संयुक्त नये जमाने को पचानेवाली, सम्पूर्ण समाज से एकात्मता

स्थापित करने वाली और सम्पूर्ण समाज की आकांक्षाओं और चिन्ताओं को वाणी देने वाली व्यंग्यविनोदात्मकता, जो सिर्फ शैली नहीं, दृष्टि थी, वह क्यों हमारे निबन्ध-साहित्य से गायब हो गई है। हमें यह भी चिन्ता का विषय नहीं लगता कि हमारे उपन्यासों में हमारे अस्तित्व का वह आयाम क्यों नहीं उद्‌घाटित होता जो हमारे जीवन और जातीय चरित्र की परिस्थितियों में बद्धमूल हास्य और व्यंग्य को समाविष्ट कर सकने वाली दृष्टि के लिए सम्भव हो सकना चाहिए। आखिर अभिव्यक्ति और संवेदन के अन्य तत्त्वों की भाँति व्यंग्य की साहित्यिक हैसियत भी तो हमारे जातीय अस्तित्व और व्यक्तित्व के दुहरे और अन्योन्याश्रित स्तरों पर ही तो घटित होंगी। इसमें सन्देह नहीं कि कविता में व्यंग्य ने काफी हद तक घुसपैठ करके कविता को व्यक्ति और समाज के नये यथार्थ के साक्षात्कार में समर्थ बनाया। निराला के 'नये पत्ते' की कविताएँ ही इस तथ्य को उदाहृत करने को काफी होंगी। हालाँकि यह प्रश्न फिर भी बचा रहेगा कि क्या निराला के बाद हिन्दी कविता में व्यंग्य की वह काव्य-संश्लिष्ट वेधकता और तेजस्विता सचमुच आगे बढ़ी? दूसरी ओर गद्य में-जहाँ तक सृजनात्मक गद्य का प्रश्न है, क्या हम निरन्तर अधिकाधिक संश्लिष्टता की तरफ बढ़ने की बजाय अधिकाधिक विश्लिष्टता की तरफ और इसीलिए अपेक्षाकृत विपन्नता की तरफ नहीं बढ़ते गये हैं? इस तथ्य के बावजूद कि इस बीच गुण और परिमाण दोनों ही दृष्टियों में व्यंग्य-साहित्य खासा धनाढ्य हो चला है। जितनी उत्कृष्ट व्यंग्य-रचनाएँ पिछले बीस वर्षों में सामने आयीं, उतनी शायद पहले कभी नहीं आयीं। यह भी एक तथ्य है कि इन्ही व्यंग्यकारों ने अपनी प्रतिभा के उन्मेषकाल में ऐसी रचनाएँ भी दी हैं जिन्हें सहज ही हिन्दी निबन्ध, यहाँ तक कि हिन्दी कहानी के इतिहास में भी गौरव का स्थान दिया जा सकता है। मगर देखने में यह आया कि कालान्तर में इनकी व्यंग्यात्मक प्रतिभा स्वयं को रचना की संश्लिष्टता से तोड़कर व्यंग्य-लेखन की विविक्त शुद्धता में रूपान्तरित करने लगी। निश्चय ही इससे एक नये प्रकार के लेखन का रास्ता खुला और वह बेहद लोकप्रिय भी हुआ। मुझे इसमें भी सन्देह नहीं कि किसी औपन्यासिक प्रतिभा और गहरे चिन्तन-कृतित्व के अभाव में हिन्दी गद्य की जो हालत इस वक्त है, वह इससे बदतर होती यदि हरिशंकर परसाई जैसे प्रतिभाशाली व्यंग्यकार हमारी भाषा में सक्रिय न हुए होते। यह कम बड़ी बात नहीं है कि हिन्दी गद्य में जो गहरे स्तर पर समाज-संपृक्ति का संस्कार शुरू से ही विद्यमान रहा है, उसे किसी हद तक क़ायम रखने का काफी कुछ श्रेय परसाई जी जैसे व्यंग्यकारों को जायेगा। मगर सवाल यह है कि क्या इस प्रकार की स्व रचनशीलता

साहित्य की परम्परा पर वैसा सीधा दबाव डाल सकती है कि उपन्यास और निबंध जैसी विधाओं में काम करनेवाले लोग अपनी विधाओं के कलात्मक स्वभाव और अनुशासन को अक्षुण्ण रखते हुए इस व्यंग्यात्मक संवेदना से गहरे में प्रतिकृत हो सकें और इस तरह व्यंग्य को एक अलग से ध्यान आकर्षित करने वाली चीज़ के बजाय हमारी जीवन-प्रक्रिया और रचना-प्रक्रिया के अविभाज्य अंग के रूप में उसे उसकी सही जगह रख सकें। मुझे ऐसा लगता है कि मानवीय अनुभव और बोध की स्वाभाविक संरचना में व्यंग्य और हास्य एक मूल्यवान् तत्त्व के रूप में निहित हैं। मैं यह भी मानता हूँ कि जिन सामाजिक और ऐतिहासिक कारणों से यह संरचना विक्षुब्ध होती है, उनके रचनात्मक साक्षात्कार और प्रतिकार के लिए अन्यान्य तत्त्वों के साथ इस तत्त्व की भी सक्रियता अनिवार्य है। ऐसा न होने पर रचना में इकहरापन आ सकता है। मगर इसी तर्क से यह भी प्रतीत होता है कि इस पूरी संरचना से अलग छिटककर यदि यह हास्य-व्यंग्य की वृत्ति एक स्वयंपर्याप्त, स्वयंसिद्ध और केन्द्रापसारी गति-विधि अपना लेती है तो इससे एक तो वृत्तियों के रचनात्मक सामंजस्य को (जो साहित्य की एक केन्द्रीय प्रेरणा और समस्या रही है, हमेशा,)-उसे कोई बल नहीं मिलता और दूसरी तरफ़ साहित्य की जो समाज-सम्पृक्त और क्रान्तिकारी भूमिका है, उसे भी इस विविक्त व्यंग्य से वह कुमुक नहीं पहुँच सकती जो कि अन्यान्य वृत्तियों के साथ संरचनात्मक तर्क से संश्लिष्ट व्यंग्यात्मकता से पहुँच सकती है।

इस दूसरी बात पर से, हो सकता है, कोई वाल्तेयर का जिक्र उठाए। पर मुझे लगता है कि हमारा जातीय संस्कार फ्रांसीसियों जैसा तर्कमूलक क़तई नहीं है: पहले तो हम 'कान्दीद' जैसी चीज लिख ही नहीं सकते। वैसा तीखापन हममें हो नहीं सकता और अगर व्यंग्य को ही मेरुदण्ड और हृदय की धड़कन बनाते हुए हम वैसा कुछ करने की हाथ-पाँव मारें भी तो उसमें से जो निकलेगा वह 'राग दरबारी' के ही आसपास की चीज होगा। मैं यह मान लेने को तैयार हूँ कि 'राग दरबारी' या 'रानी नागफनी की कहानी' जैसी चीजें हिन्दी के अलावा और किसी भारतीय भाषा में नहीं लिखी जा सकतीं। पर मुझे इससे बहुत ज्यादा हर्षित होने की कोई खास वजह नहीं दिखलाई पड़ती। ये चीजें उस 'संरचनात्मक व्यंग्य' के अभाव की क्षतिपूर्ति नहीं कर सकतीं। फिर भी, यह अच्छा ही हुआ कि श्रीलाल शुक्ल ने अपनी व्यंग्यात्मक प्रतिभा को व्यंग्य-लेखन के मैदान में दौड़ाने की बजाय उपन्यास-लेखन के पहाड़ पर चढ़ाने की जरूरत महसूस की। क्योंकि व्यंग्य एक धारदार चीज़ है और उसकी धार बनाए रखने के लिए उसे किसी विधा

की चक्करदार सान जरूर ही चाहिए। व्यंग्य खुद अपने ऊपर ही घिसता-घूमता रहे तो उसकी गति रुद्ध और भोथरी हो जाने का खतरा रहता है। व्यंग्य आदत न बन जाय-पढ़ने और लिखने वाले दोनों की-इसके लिए आवश्यक है कि व्यंग्य की शक्ल में न आये, किसी दूसरे भेष में आये-बल्कि ज्यादे से ज्यादा भिन्न और विपरीत भेष में आए, ताकि चोट पहले से प्रत्याशित न हो। जिसे मुक्तिबोध 'कण्डीशण्ड रिफ्लेक्स' कहा करते थे-उसके बनने का खतरा सबसे ज्यादा इस 'विविक्त व्यंग्य' नहीं रह जाता, विनोद बन जाता है। समकालीन दृश्य को देखें तो यह शंका महज शंकालुता नहीं लगेगी।

क्या यह अकारण है कि हमारे समर्थतम व्यंग्यकार सिर्फ व्यंग्यकार बनकर सन्तुष्ट नहीं हो सके? उन्होंने निबन्ध, उपन्यास, कहानी और नाटक की जटिलतर पूर्णतर रचनाओं में अपनी व्यंग्यात्मक प्रतिभा की चरितार्थता ढूँढ़ने की कोशिश की है। कोई प्रतिभा किस विधा के सहारे अपनी व्यंग्यात्मक ज्ञान-संवेदना और जीवनानुभूति से उत्तीर्ण हो सकती है, यह उसके स्वभाव-धर्म के तकाजों पर निर्भर करता है। आज से कोई पन्द्रह-बीस साल पहले की बात है जब 'कल्पना' के किसी अंक में मुझे हरिशंकर परसाई की एक रचना अकस्मात् पढ़ने को मिली थी। रचना का शीर्षक था 'सफेद बाल'। उन दिनों मुझे निबन्ध की विधा से विशेष लगाव था और हिन्दी-अंग्रेजी के अनेक निबंधकारों का ताजा पठनानुभव मेरे पास था। मैं कभी भूल नहीं सकता उस अद्‌भुत रचनात्मक उत्तेजन को जो परसाई जी उस रचना ने मुझे दिया। उसने जैसे मेरी एक मानसिक और रचनात्मक गुत्थी सुलझा दी। मुझे लगा, हिन्दी निबन्ध के इतिहास में यह एक विशेष घटना है, मोड़ है और उस मोड़ से आगे जो रास्ता झलक रहा है, वही आज के निबन्धकार का रास्ता है। उसके बाद मुझे उनकी कई और रचनाएँ पढ़ने को मिलीं जिनसे मुझे उनकी प्रतिभा के एक और तत्त्व का परिचय मिला-कथामूलक फैंटेसी के तत्त्व का। उन्हें आत्म-निबंध की निर्बन्ध आत्मीयता और कथामूलक फैंटेसी की कल्पनाशील दूरी दोनों चाहिए। इस ताने-बाने से उनकी असली रचनात्मकता प्रगट होती मुझे लगती रही। श्रीलाल शुक्ल की रचनाओं में मुझे एक ऐसी तटस्थ व्यंग्य-वृत्ति दिखाई दी जो किसी हिन्दी लेखक का स्मरण दिलाने की बजाय एडीसोनियन आयरनी का विशिष्ट स्वाद देती जान पड़ती थी। जीवन-स्थितियों के साथ सीधे लगाव-उलझाव वाली आवेगात्मकता वहाँ नहीं थी। उसकी जगह एक आलोचनात्मक, बौद्धिक क्रियाशीलता थी। परसाई की बहिर्मुख 'विद' और सर्वाश्लेषी ह्यूमर की जगह यहाँ एक आयरनी थी जो एक विशेष प्रकार की शृंखलाबद्ध रचना की माँग

करती है जिसमें चरित्र और स्थितियाँ दोनों उस आयरनी की नोंक से बिंधने को ठहरी रहें: गति का आभास हो, घटनाक्रम भी हो पर पहले से नियन्त्रित होकर। हम वही और उतना ही देखें जो जितना लेखक दिखाना चाहे। अनुभव पूरी तरह लेखक की व्यंग्यवृत्ति से अनुकूलित होकर हम तक पहुँचे। यह परसाई से एकदम भिन्न प्रकार का व्यंग्य था। यह दो मानसिकताओं का अन्तर था। यहाँ न तो परसाई जी की तरह आत्मनिबन्ध का खुलापन संभव था, न फैंटेसी का चीजों को बड़ा या छोटा कर सकने वाला लाघव। चीजें यहाँ सिर्फ तेज रोशनी में उघाड़े जाने के लिए ही दृष्टि के फोकस में लाई जाती थीं। जाहिर था कि ऐसी व्यंग्यशीलता अपने को चरितार्थ करने के लिए निबन्ध और नाटक के पास नहीं जाती। क्योंकि निबन्ध और नाटक पूरी वैयक्तिकता और पूरी समाज-सम्पृक्ति वसूल करने वाले माध्यम हैं। उपन्यास ही एक ऐसी विधा बचती है जिसमें इस प्रकार की निरासक्त, सर्वज्ञ, और सर्वग्राही व्यंग्यात्मकता किसी हद तक अपने लायक आलम्बन पा और गढ़ सकती है। 'राग दरबारी' का ताना-बाना व्यंग्य ही है और यह उसकी विशेषता और सीमा दोनों बताता है पर फिर भी वह लिखा उपन्यास की ही शर्तों पर गया है, व्यंग्य-लेखन उसे नहीं कहा जा सकता। यह जरूर है कि उपन्यास के क्षेत्र में व्यंग्य की चालक शक्ति की सीमाएँ बताने के लिए भी 'राग दरबारी' से बेहतर उदाहरण नहीं मिलेगा। यह कृति जहाँ उपन्यास-लेखन की एकरसता को तोड़ती है, एक नये विन्यास की रचनात्मक संभावनाएँ उजागर करती है, वहीं वह उन खतरों का भी स्पष्ट संकेत देती है जो लेखक की व्यंग्यमयी दृष्टि के चरित्र और स्थितियों के स्वतंत्र प्रवाह पर छा जाने और उन्हें चुम्बक के पड़ोस में घिर आये लौह-कणों में तब्दील कर देने में निहित हो सकते हैं। व्यंग्य की साहित्यिक हैसियत का सवाल दरअसल ऐसे कृतित्व के सन्दर्भ में ही उठाया जाना चाहिए, 'व्यंग्य-लेखन' जिसे कहा जाता है आम तौर पर, उसके सन्दर्भ में नहीं। और जहाँ तक 'व्यंग्य-लेखन' नाम की चीज की साहित्यिक हैसियत का सवाल है, जो लेखक खुद जीवन के हाशिए पर अवस्थित है, उसे खुद के साहित्य के केन्द्र में होने की भ्रान्ति हो ही कैसे सकती है?

–रमेशचन्द्र शाह

व्यंग्य की रचनात्मक शर्तें

व्यंग्य किसी भी भाषा की जिन्दादिली और जीवन्तता का प्रतीक होता है, मगर हिन्दी में लोग उसके पहले हमेशा हास्य का उपसर्ग लगाने के आदी रहे हैं और हास्य भी हमारे यहाँ सच्चा और उन्मुक्त नहीं है, दुर्लभ है। हँसी-मजाक के नाम पर या तो उसमें फूहड़ता मिलती है या बफूनरी। उसमें या तो 'टाँगखींचवाद' होता है या 'टोपी उछालवाद'। दरअसल यह हास्य नहीं, हास्यास्पद हो जाता है। व्यंग्य को उसका उचित साहित्यिक दर्जा न मिल पाने का कारण एक ओर तो यह धारणा है कि "वह एक नकारात्मक योजना है और पराजय का सूचक है, अतः अकलात्मक है" और दूसरी ओर यह विश्वास है कि "व्यंग्यकार मूलतः एक दुखी प्राणी होता है और व्यंग्य के पीछे लेखक की व्यक्तिगत हीन ग्रंथियाँ काम करती हैं"। याने व्यंग्य को रचनात्मक साहित्य की विधा मानने से ही इनकार किया जाता रहा है। सच तो यह है कि समकालीन स्थितियों में व्यंग्य शायद सबसे अधिक पुर-असर और सार्थक विधा हो सकती है। आज कम-अज़ कम हिन्दी में वह जितना प्रचलित है, उतना ही कठिन भी है। हिन्दी में जो व्यंग्य लिखे गये या आमतौर पर लिखे जा रहे हैं, उनमें से अधिकांश या तो 'बैठे-ठाले' या 'ताल-बेताल' पाठकों के लिए लिखे जा रहे चुटकले हैं या फिर सस्ते मनोरंजन की सामग्री।

व्यंग्य की रचना मानसिकता की पहचान के लिए उसे हास्य से अलगाने की जरूरत है। हास्य दरअसल संवेदना की वह निर्मलता है जो जिन्दगी के सारे पहलुओं को एक तरह ऊष्मा से स्वीकार करती है। उसमें सोचने की ढंग ही विनोदपूर्ण और क्रीड़ा-भरा होता है। हास्य हमें हमेशा याद दिलाता है कि यह दुनिया पूर्ण नहीं है; विसंगतियों के बीच यदि जीना है तो इन पर हाय-तौबा मचाने की बजाय इन पर हँसिए।

ड्राइडन ने एक दिलचस्प वंश वृक्ष के जरिये हास्य को परिभाषित किया है। वह कहता है-"Truth... was founder of the family and father of good sense. His son was wit who married mirth and humour was their child." जब तक हास्य में वाक्चातुर्य, आमोद और सदाशयता नहीं होगी, तब तक वह न तो सत्य का उद्घाटन कर सकता और न ही हास्य का जीवन का फलसफा बन सकता। हास्य जब तक अपनी तरल संवेदना में हास्यास्पद के साथ खुद भी तादात्म्य नहीं कर लेता, याने जब तक हँसने वाला खुद पर हँसने का माद्दा नहीं रखता तब तक हास्य पूर्णता हासिल नहीं कर सकता। सच्चा हास्य दरअसल किसी खास व्यक्ति पर नहीं, सारी कायनात पर हँसने-हँसाने का दर्शन है। हमें इस बात की पड़ताल करनी चाहिए कि हास्य के इस धरातल पर, हिन्दी के हास्य-लेखन का कितना हिस्सा खरा उतरता है। मेरी फिलहाल कोशिश चूंकि व्यंग्य को चालू हास्य को अलगाने की है, चुनाँचे मैं दोनों के बीच की बारीक विभाजक रेखा को ही रेखांकित करना चाहूँगा।

एक सादृश्य का सहारा लिया जाय तो कहा जा सकता है कि हास्य एक ऐसा दर्पण है जिसमें सारी दुनिया की विरूपताएँ प्रतिबिम्बित होकर हमारा मनोरंजन करती हैं। कभी-कभी उसमें खुद हँसने वाले का चेहरा भी उभरता है। लेकिन व्यंग्य एक्सरे से खींची गयी वह तस्वीर है जो ऊपर से स्वस्थ और भले-चंगे दिखने वाले आदमी और समाज के अन्दरूनी क्षय और कैंसर को उभारती है। व्यंग्य की बुनियादी प्रेरणा वह मेधा है जिसमें बौद्धिक तेजी होती है और जो कटाक्ष और श्लेष के जरिए एक तेज नश्तर की शक्ल अख्तियार कर लेती है। व्यंग्य, रचनात्मक कल्पना के बिना महज 'बड़-बोलापन' होकर रह जाता है और भावना का आवेग और एक मानवीय सहानुभूति खोकर महज निन्दारस हो जाता है। मजा शायद उसमें तब भी होता है कि परनिन्दा से बड़ा सुख और क्या होता है? बहरहाल, हास्य विसंगतियों के विनोदमय पहलुओं को उभारता है, व्यंग्य अपनी निर्वैयक्तिक और बौद्धिक, आलोचनात्मक और वयस्क प्रज्ञा के जरिए उन पर प्रहार करता है। हास्य में स्थितियों के प्रति एक लीलाभाव होता है, व्यंग्य उनके प्रति परिवर्तन की मानसिकता से उत्तेजित होता है। हास्य की अपील हार्दिक होती है, व्यंग्य की बौद्धिक हास्य में अतिशयोक्ति और अतिरंजना के साथ उन्मुक्ता और स्वच्छन्दता होती है, शायद इसीलिए कई बार शिष्टाचार के स्वीकृत प्रतिमानों को वह रास नहीं आता। वह मन की एक निर्बंध दशा भी है जबकि व्यंग्य अधिक सुनियोजित, केन्द्रित और लक्ष्योन्मुख होता है। एडम स्मिथ ने शायद इसीलिए कहा था–If humour is more biverting than wit, it is only as a duffoon is more diverting than a gentleman.

रचनात्मकता के लिहाज के हास्य अधिक स्वच्छन्द ही नहीं, निस्बतन शिथिल लेखन भी है। वह अपने मनमौजीपन में, एक तरंग (जिसे भंग की तरंग भी आप कह सकते हैं) में वह मौजूद विचित्रताओं, विषमताओं और कमजोरियों पर हँसता है जबकि व्यंग्य अधिक अनुशासित रचनात्मकता की वजह से तेज, तल्ख और तुर्श होता है। हास्य में आपको अक्सर की एक किस्म की गीली भावुकता मिल जायेगी, लेकिन व्यंग्य मानसिक और बौद्धिक प्रौढ़ता के बिना लिखा ही नहीं जा सकता। हास्य के जितने उपकरण हैं वे अक्सर ही दया और सहानुभूति के पात्र भी होते हैं। शायद इसीलिए वायरन ने कहा था–If I laugh at any mortal thing it is because I may not weep. मनोविज्ञान भी इस बात की ताईद करता है। मेंक्डूगल कहता है–Laughter saves us not only from depression and grief but from all other forms of vicarious sympathy as well. इसके विपरीत व्यंग्य के जितने भी उपकरण होते हैं वे लगभग हमेशा ही हमारे मानवीय प्रतिवाद, प्रतिरोध और प्रहार के पात्र होते हैं। हास्य में हास्यास्पद के साथ एक समान धर्मिता हो सकती है, बल्कि होती भी है लेकिन व्यंग्य अपने पात्र के साथ एक कलात्मक दूरी बनाये रखता है और उसमें माध्यम का अवरोधक गुण Resistent quality of medium होता है। उसकी यह निर्वैयक्तीकरण की प्रक्रिया ही उसकी रचनात्मकता समृद्धि का भी कारण होती है। यों हास्य में भी किसी हद तक 'वैयक्तिकता' का अतिक्रमण होता है, बल्कि वह उस सार्वजनिकता के सरलीकरण से भी बचता है और 'विशेष' पर चोट करता है। वह विशेष चारित्रिक विसंगतियों को एक वर्गीय प्रतीक बना देता है। इस रास्ते वह कविता की उस objective correlativity पाता है जिसमें चीजें स्थितियाँ, घटनाचक्र, उस खास व्यंग्य भावना के संकेत में रूपांतरित हो जाती हैं। इसीलिए आप गौर करें हास्य में परिहास की कुशलताओं से काम चल सकता है लेकिन व्यंग्य में गम्भीर और व्यस्क रचना की कलात्मक अपेक्षायें जरूरी होती है। यथार्थ के प्रति हास्य का रवैया एक उदार सहिष्णुता का होता है, किसी हद तक समझौतावादी और उसकी मानसिकता 'सब चलता है–वादी' होती है: वह जो है और जो होना चाहिए के बीच की खाई को लगभग ईश्वरीय नियति मानकर स्थितियों की सीमा और कमजोरियों को स्वीकार कर लेता है। यह यथार्थ की अपूर्णता और विषमता को लगभग तय मान लेता है; लेकिन व्यंग्य का दृष्टिकोण न केवल यथार्थवादी होता है, उसमें बेहतर विकल्प की एक आदर्शवादी और मानवीय चेतना भी होती है वह दुनिया को जैसी है वैसी ही स्वीकार करके संतुष्ट नहीं हो जाता, उसकी एक बेहतर तस्वीर उसके जेहन में होती है। "दुनिया

जैसी है, उसमें बेहतर चाहिए। हमें एक मेहतर चाहिए''। चाहें तो आप व्यंग्यकार को ऐसा मेहतर भी मान सकते हैं।

हास्य, विनोद और परिहास के जरिए हमें यथार्थ के गम गलत करने और जीने के बहाने देता है। व्यंग्य गम को गलत करने की बजाय उसकी बेचैनी को इस हद तक बढ़ाता है कि जागरूक और चेतन होकर हम उसमें तब्दीली के एहसास को जी सकें। जो भी हास्यास्पद और छद्म है, विषम और विसंगत है, उसके प्रति हास्य में मजाक का भाव होता है, व्यंग्य में ऊब और उकताहट की हरारत और हरकत। अपने भावात्मक सरगम और असर के इलाकों की वजह से ही शायद हास्य को इस सदी की सांस्कृतिक चेष्टाओं में वह रचनात्मक दर्जा और इज्जत नहीं मिल पायी। एक वजह इसकी यह भी हो सकती है कि इस शताब्दी के आम एहसास में जकड़न, उग्रता, तीव्रता और कर्कशता भी है। और शायद यही वजह है कि समकालीन परिदृश्य में व्यंग्य ही सबसे अधिक कारगर हथियार हो सकता है। अपने परिसर, आयाम और अभियोग की व्यापकता की वजह से वह मानवीय नैतिकता के आह्वान का असरदार माध्यम रहा है। शुरू से ही याने चाहें तो आप आर्कीलोकस से ही शुरू करें, व्यंग्य के तीखे और तुर्श प्रहारों के पीछे एक जबर्दस्त नैतिक और मानवीय जिम्मेदारी की भावना सक्रिय रही है। राजनीतिक दमन और नृशंसताओं के जमाने में व्यंग्य ही मानवीय प्रतिवाद और सामाजिक प्रतिकार का औजार रहा है। खुद ड्राइडन ने उसे राजनीतिक प्रखरता और अभियोग की तल्खी के साथ एक रचनात्मक पूर्णता दी। स्विफ्ट की निर्भीक और तीखी और तार्किक कल्पना ने उन्हें राजनीतिक व्यंग्यकारों का सरताज बनाया। अठारहवीं सदी तो मूलतः व्यंग्य की ही सदी कही जा सकती है। उपन्यास और कहानी ही नहीं कविता तक उससे अभिभूत रही है। पूरा साहित्यिक परिदृश्य एक विराट व्यंग्यकार की प्रतिभा से आच्छादित रहा है: वाल्टेयर की प्रतिभा और आयाम का व्यंग्यकार जिसने सामाजिक परिवर्तन और संघर्ष के दौरान शब्द की भूमिका का सबूत दिया व्यंग्य के स्वतंत्र रचनात्मक व्यक्तित्वका भी सबूत है।

यों व्यंग्य को यहाँ-वहाँ खोज-बीनकर केन्द्रित किया जा सकता है और शब्द की आत्मा की विचार करें तो पूरा साहित्य ही क्यों; समस्त कलायें ही व्यंग्य हैं। लेकिन शब्द की झिल्ली को इस हद तक फैलाने की जरूरत नहीं है कि वह फट जाय। यह काम प्रयोगवादियों और खासकर अज्ञेय जी का रहा है, उन्हें मुबारक हो। इस अति-व्याप्ति-दोष से बचाकर एक स्वतन्त्र विधा के रूप में व्यंग्य की पहचान के लिए जरूरी है व्यंग्य के औजारों की पहचान।

व्यंग्यकार के अस्त्र होते हैं आयरनी, सरकाज्म, इन्वेक्टिव और विट। उसका इलाका है पूरी व्यवस्था, मूल्य-पद्धति और सामाजिक संरचना, उसका माध्यम है किसी विसंगति पर रोशनी केन्द्रित करना, उसका मक्सद है: परिवर्तन और क्रांति और उसके शिकार आत्मतुष्ट और आत्मनिष्ठ व्यक्ति और समाज।

लेकिन हिन्दी व्यंग्य-लेखन में आमतौर पर जिसकी मिकदार सबसे ज्यादा मिलती है वह है महज हास्य-वह भी हल्के स्तर का और सस्ता। इसीलिए वह टुच्चा और जनाना किस्म का होता है। सच्चे व्यंग्य की यह खासियत होती है कि वह मूल्यों की आपाधापी और संक्रांति का चित्र ही नहीं देता बल्कि नये मूल्यों की तलाश की छटपटाहट भी उसमें होती है। वह महज नकारात्मक या चिढ़ाने वाली योजना नहीं वरन् क्रांतिकारी निर्माण चेतना से सम्पन्न लेखन है। वह अनिवार्यत: साहित्य और लेखन की सामाजिक प्रतीति और आसंगों में विश्वास करने वाला लेखन होता है। इसमें युग की, उसको जीने-भोगने वाले लोगों की आदतों, रुचियों, फैशनों और मूल्य-धारणाओं की एक साफ और प्रामाणिक तस्वीर उभरती है। व्यंग्यकार समाज का निन्दक और दोष दिखाने वाला ही नहीं उसका सुधारक भी होता है। एडीसन ने कहा था कि वह व्यंग्य जो सिर्फ चोट करना जानता है, अँधेरे में छूटे तीर के मानिन्द है। सच्चे व्यंग्य का रुख व्यक्तिगत आक्षेपों से उठ-हटकर वर्ग और समूह की ओर होता है। वह गहरे नैतिक दायित्व और निस्बतन अधिक ताकतवर और व्यापक सामाजिक भावबोध का लेखन है। उसके प्रतिवाद और इसीलिए असर का इलाका अधिक व्यापक और विस्तृत होना चाहिए। उसकी तकरार अधिक गहरी और तीखी होनी चाहिए क्योंकि वह मानवीय अस्तित्व के आधारभूत सवालों से सीधे टकराता है और अमानवीय या विसंगत स्थितियों का जायजा ले या देकर ही संतुष्ट नहीं हो जाता, बल्कि उनके कारणों और जिम्मेदार निहित ताकतों की साजिशों को भी उघाड़ता और नंगा करता है। इसीलिए व्यंग्य अधिक प्रतिबद्ध और पक्षधर किस्म का लेखन है, होना चाहिए।

आर्थिक और सामाजिक, राजनैतिक और धार्मिक, साहित्यिक और सांस्कृतिक पूरी व्यवस्थागत हास्यास्पदताओं, विसंगतियों और छद्मों को खोलने-उघाड़ने और उन पर भरपूर प्रहार करने के लिहाज से व्यंग्य की विधा काफी कारगर साबित हो सकती है। ग्रीक और रोमन, लैटिन और फ्रैंच, अंग्रेजी और रूसी साहित्य में व्यंग्य की जो समृद्ध परम्परा है, वह इसी बात का सबूत है। हिन्दी के आरम्भिक काल में भारतेन्दु हरिश्चन्द्र, प्रताप नारायण मिश्र, बालकृष्ण भट्ट आदि लेखकों के व्यंग्य भी अपनी

समकालीनता और प्रासंगिकता के लिहाज से उल्लेखनीय हैं लेकिन कुछ तो भाषा का चरित्र और कुछ जातीय मानसिकता हमारे व्यंग्य-लेखन की शक्ति और सामर्थ्य, हँसी-मजाक के हल्केपन में खोती गयी। हिन्दी में जिसे हास्य-व्यंग्य कहा जाता है, उसके नाम से गोपाल प्रसाद व्यास, बेढब बनारसी, जी०पी० श्रीवास्तव आदि का जो लेखन मिलता है वह साले-बहनोई, ननद-भावज, सास-बहू, नौकर-चाकर आदि के घेरे में लगातार सीमित होता गया है।

उसने लेकन की धार को ही गुट्ठल नहीं किया वरन् व्यंग्य की बफूतरी और विदूषकता तक भी महदूद कर दिया। वे पाठकों के गुदगुदाने और हँसाने के लिए किसम-किसम की उठापटक करते हुए आखिरकार मुँह बिराने को ही अपनी कला-(बाजी) समझने लगे। इसीलिए शायद हिन्दी का औसत व्यंग्य मजमा लगाने वालों के हास्य की तरह छिछला और हास्यास्पद होता गया। सार्थक व्यंग्य केवल मन का एक भाव नहीं है, वह जीवन का एक बौद्धिक आलोचनात्मक दृष्टिकोण भी होता है। वह जिन्दगी और मूल्यों की यथार्थवादी पहचान होता है। वह प्रहार करता है, दया की भीख नहीं माँगता। वह क्रांति चाहता है, महज सुधार नहीं।

एक बौद्धिक, आलोचनात्मक और क्रांतिकारी यथार्थवादी दृष्टिकोण वाला व्यंग्य हिन्दी में केवल और केवल हरिशंकर परसाई के लेखन में मिलता है। इतिहास और परम्परा से रूपायित व्यंग्य की रचनात्मक शर्तों को अधिक से अधिक वही पूरा करता है। समकालीन व्यंग्य-लेखन में परसाई की आवाज सबसे अलग और भारी इसलिए भी है कि उनके लेखन में व्यक्तिगत राग-द्वेषों की अन्तर्क्रिया सबसे कम है। उनका निशाना व्यक्ति नहीं है। उनमें भी नहीं जो सीधे-सीधे व्यक्तियों पर लिखे गये हैं। वहाँ भी व्यक्ति की विसंगतियों के जरिये अपने वक्त के त्रासद-बोध को ही उजागर किया गया है। मिल्टन ने कहा था–A satyre as it was borne out of a tragedy, so ought to resemble his parentage to strike high and adventure dangerously at the most eminent vices among the greatest persons. परसाई के व्यंग्यों में महान व्यक्तियों के प्रभामण्डल और आतंक की जद में आये बिना उनके छद्मों, भ्रमों और मिथ्या मोहों पर वार तो होता है, लेकिन साथ ही उनकी अन्दरूनी त्रासदी भी खासी संवेदनशीलता से उभरती मिलेगी। वहाँ व्यक्ति भी 'प्रतीक' और 'बिम्बों' में रूपांतरित हो जाते हैं। समकालीन 'महानताओं' के टुच्चेपन, मूर्खता और सनकों पर जितनी तीखी चोटें उनकी हैं, उतनी कम-से-कम हिन्दी में तो किसी की नहीं हैं। यह उसके जाग्रत यथार्थबोध और भेदक विवेक चेतना की भी मिसाल है।

उनके व्यंग्यों में कथात्मकता की जो अन्तर्धारा है, वह न केवल पाठक की दिलचस्पी बनाये रखती है बल्कि व्यंग्य की प्रखर बौद्धिकता में भी उसकी अनायास भागीदारी का आधार बनती है। सबसे बड़ी बात उनके व्यंग्यों में सम्बद्धता का जो स्तर है, वह लेखक को दूर खड़े होकर, नैतिक संदेश और आचार संहिता देने वाले मसीहा के रूप में नहीं बल्कि रोजमर्रा की जिन्दगी में शिरकत करने वाले एक भुक्तभोगी का दर्जा देती है। वहाँ 'संवेदना' और 'सहानुभूति' का नहीं, अनुभव और अनुभूति का यथार्थ होता है।

परसाई का व्यंग्य जितना वेधक और तिलमिला देने वाला होता है, उससे आम अनुमान यही होता है कि यह आदमी बेहद कठोर और निर्मम होगा, लेकिन असलियत इसके बिल्कुल विपरीत है। वह आदमी औसत से ज्यादा संवेदनशील है जो उसके व्यंग्य ही बनाते हैं, शायद इसीलिए आदमी के वजूद पर मँडराते किसी भी संकट के प्रति उसकी चौकन्नी आँख सबसे पहले उठती है और उसकी विकृतियों और हास्यस्पदताओं पर भी सबसे करारी चोट उसी की होती है।

पीड़ित और शोषित के प्रति परसाई की हार्दिक अन्तरानुभूति और चिन्ता से उनके सारे व्यंग्यों में जो पक्षधरता और मानवीय संलग्नता आयी है वही उन्हें हिन्दी में नहीं, लगभग सारी भारतीय भाषाओं के व्यंग्यकारों में विशिष्ट बनाती है। उन्होंने व्यंग्य को सामाजिक और राजनीतिक प्रतिवाद का कारगर हथियार बनाया है और हिन्दी में उसको रचनात्मक लेखन की एक सार्थक विधा की शक्ल दी है। व्यंग्य में एक क्रांतिकारी परिवर्तन की मानसिकता और दृष्टिकोण से लैस, उनके व्यंग्य आलोचनात्मक यथार्थवादी लेखन की सबसे प्रासंगिक मिसालें हैं। उनके व्यंग्य हमारे-आपके सोचने और अनुभव करने में एक बुनियादी परिवर्तन करते हैं। जहाँ दूसरे लेखक व्यंग्य करते-करते किसी हद तक हास्यास्पद और क्लाउनिश हो जाते हैं, वहाँ परसाई अपनी गहराई और अनेक स्तरीयता नहीं छोड़ते। वे पूरी गम्भीरता और विश्वास से चौतरफा वार करते नजर आते हैं। दूसरे लेखकों में उस विराट सामाजिक-बोध की विरलता होती है जो परसाई की खास विशेषता है। इसकी वजह भी शायद यह है कि परसाई की हद तक राजनीतिक, पक्षधर और प्रतिबद्ध व्यंग्यकार हिन्दी में दूसरा कोई नहीं है। मगर इधर कुछ दिनों से परसाई ने भी कुछ खास वृत्तों में ही चक्कर काटना शुरू कर दिया है। उनके एक साथ चार-पाँच व्यंग्य पढ़ लिए जायें तो एक अजीब-सी एकरसता और मैनरिज्म का एकसास हाेने लगता है।

–धनंजय वर्मा

व्यंग्य के सौन्दर्यशास्त्र के परिप्रेक्ष्य में

व्यंग्य एक भावना है जो त्वरित होकर समय और कर्तव्य-कर्म से प्रेरित रहती है और इसीलिए वह समाज के सड़े-गलेपन पर-सड़ी-गली व्यवस्था पर 'प्रहार और सृजन' के रास्ते अख्तियार करती है। व्यंग्यकार का प्रहार और सृजन (विदूषकत्व और हँसाना नहीं) मनुष्य समाज के क्रांतिकारी विचार, संहार और सृजन की द्वन्द्वात्मकता से ही आगे आते हैं। यह बात विवाद का विषय हो सकती है कि किसी भी व्यंग्य-रचना में प्रहार के सिवाय सृजन का कितना अंश रहता है, लेकिन यह विवाद से परे है कि सृजन के लिए किया गया संहार, सृजन का ही अंग होता है। इसीलिए व्यंग्यकार-जो है, जो स्थापित है उसके उपस्थित और अनुपस्थित अन्तर्विरोधों-की समझ की माँग, उसके लेखन की पहली शर्त हो जाती है। और हम जानते हैं कि समाज के अन्तर्विरोधों की सही पहचान, उनके अन्दर पैठने की दृष्टि और उन्हें उधेड़ने की पकड़ और युक्ति, एक क्रांतिकारी विचारधारा के स्वीकार और संधान से ही आती है। इसीलिए लेखन का कर्म, अन्तर्विरोधों की पहचान से शुरू होता है और उसका रास्ता भी सीधा उसी दिशा में जाता है जहाँ व्यंग्यकार की बौद्धिक चेतना के साथ मानसिक बनावट तक, उसके निरन्तर क्रांतिकारी लगाव के कारण मनुष्य की स्वतन्त्रता और मुक्ति में प्रतिफलित होने के रास्ते अख्तियार करती है।

जैसा कहा गया है कि मनुष्य की आवश्यकताओं को न समझ पाने का अंधापन उसकी स्वतंत्रता की पहचान नहीं कर सकता। इसीलिए व्यंग्यकार समाज की (और विकासमान समाज की) आवश्यकताओं की समझ के लिए अन्तर्विरोधों की जटिल एवं गुँथी हुई बारीकियों के छोरों को हासिल करके, उन्हें लेखन में आमने-सामने की संयोजना से प्रताड़ित करके, स्वतंत्रता और मुक्ति के प्रकाश की धारणा मजबूत करता है और एक सीमा तक उसे आकार देता है, उसे विकसित करने के लिए (सिर आयी जिम्मेदारी के साथ) समाज में संघर्ष करता है।

हर रचना रचनाकार से (पूर्ण रचना होने के लिए) एक गहरे आवेग की माँग करती है। लेकिन इस आवेग के साथ या इसके समानान्तर व्यंग्य की कुछ अपनी निजी स्थितियाँ हैं। या व्यंग्य की अन्तर्वस्तु अपनी अन्त:विशिष्टता के कारण, रूपात्मक संजोजना में, विशिष्ट तत्त्वों से जुड़कर रूपित होती है-आगे आकार लेती है और सामने आती है। व्यंग्य में हास्य और समझ (बुद्धि का प्रत्यक्ष हस्तक्षेप) और फिर कभी क्रोधावेश का वरण किया जाते है। बल्कि यह सब एक तरह की समायोजना न होकर, एक अन्तर्धारा के लिए अपनी आग की अनुकूलता का बहाव और विकास का रास्ता है। जिसमें उपस्थित घाल-मेल या जिनकी वियोजित विकसित स्थितियों में आकार-प्रकार व्यंग्य के रूपों की योजना कर देते हैं। व्यंग्य की अन्तर्वस्तु, अपने विभिन्न इच्छित आत्म-उद्देश्यों के संधान में, जिस तरह सूक्ष्म, तरल, गहन, सपाट या घमंड-उत्तेजना में अभिव्यक्त होती है, उसी आधार पर व्यंग्य-रूपों का एक भरा-पूरा परिवार-सा सामने आ जाता है। दूसरे शब्दों में, व्यंग्यकार अपनी रचना-प्रक्रिया में, अपने सामने की वस्तु से, जिस कोण से संवेदित होता है और अपनी अन्त:प्रक्रिया में (मूल अन्तर्वस्तु के आधार पर) उसे जितना और जिस तरह से महत्त्व देता है, उसी ठोस आधार पर, अभिव्यक्ति की द्वन्द्वात्मक प्रक्रिया में, व्यंग्य का एक खास रूप गढ़ जाता है। एक रूप आकार ले लेता है। लेकिन एक ही वस्तु-लेखक की अपनी धारण क्षमता, अन्तर्लक्ष्य का आवेगित कार्य-व्यापार प्रवाह गहनता के अभाव और सभाव में, अन्तर्वस्तु के आकारित-वैभिन्य के कारण-अपनी रूपात्मक परिणति में बदल जाती है। वस्तु की समझ लेखक को लेखकीय परिणतियों तक ले जाती है तो विशिष्ट परिवेश और स्थान और काल विशेष की मुद्राओं से गुजरकर, एक रूप-रचना का गवाह बन जाता है। इस भिन्न-भिन्न परिवेशों के बीच, व्यंग्यकार का लक्ष्य, केन्द्रीय रूप से अपनी विचार-दिशा के लिए ही होता और भिन्न-भिन्न स्थितियों से पहचानी और उपजायी गयी, भिन्न-भिन्न परिणतियों तक जाता है। इसीलिए एक व्यंग्यकार अनेक अलग-अलग व्यंग्य-रूपों में रचना करते मिल जाता है। लापरवाह या नासमझ व्यंग्य-लेखक जहाँ हल्के-फुल्केपन, फुदककर फुल-फुलाने में सुख लेने लगता है (अपनी नासमझी में नष्ट होता है), वहीं समझदार और समर्थ व्यंग्य-लेखक, जिम्मेवारी और जरूरी होकर व्यंग्य के निन्दा-विनोद जैसे पतले रूप में भी, सार्थक व्यंग्य रचता है। मतलब यह कि व्यंग्य-रूप कोई भी हो, अपने कोण और आधार में कम नहीं है, कमी तो केवल व्यंग्यकार की नासमझी में होती है। जो विषयवस्तु के चयन और परिणाम की अदृश्यता या कुल मिलाकर उसके अधकचरेपन से पैदा होती

है। जहाँ व्यंग्यकार की अपेक्षित सामर्थ्य, व्यंग्य-रूपों की अभियोजना उनकी अपनी अन्तर्वस्तु की अभिव्यक्ति है, वहीं व्यंग्यकार की असमर्थता-अयोग्यता, कुंठाग्रस्त अभिव्यक्ति के रूप में उतरा जाती है।

सहज तौर से व्यंग्य की अभिव्यक्ति अलग-अलग (अन्तर्वस्तु की निजता के आधार पर–बौद्धिक योग्यता, सदाशयता, एकनिष्ठ प्रहारात्मकता, हीनता, तिरस्कार, विनोद, एकोन्मुखजलन, भर्त्सना या सीधे युद्ध की घोषणा के साथ) सामने आती है। व्यंग्यकार समाज के बीच, एक हथियारों से सुसज्जित खड़े हुए समझदार आदमी के समान है, जिसमें हथियारों के रखने के ढंग, देखने का अंदाज, शत्रु पर झपटने का तौर-तरीका, हथियार के हाथ की झपट और झेल, हथियार का वजन और उसे पटकने का होश, उसका तेज और बातचीत की तह, आक्रमण का सीधा और तिरछापन, उसकी चंचलता और चालाकी, समय और स्थान की पहचान, उसके सही और सीधे मंतव्य, समझ और चेतना की गहराई, उसकी ऊँची बढ़कर उठती दिशा या गिरते उतार का ज्ञान करा देते हैं। इसीलिए यह सही है कि व्यंग्यकार की मज़ामारी यह सोद्देश्य उद्दाम आवेग, सुविधा-बचाव के रिश्ते या जंग के तरीके हमें गलत भँवर में डालने वाले या सीधे लक्ष्य तक पहुँचाये बिना नहीं रहते।

अभी मैंने व्यंग्य के भिन्न-भिन्न रूपों की बात की है। मैं चाहूँगा कि व्यंग्य के इन रूपों और उनके सम्बन्ध-स्वभाव पर भी कुछ विचार कर लिया जावे। व्यंग्य के प्रमुख नौ रूप बनते हैं। अपनी-अपनी स्वभाव-सच्चाई के कारण, ये नौ रूप, उपरूप और अनुरूप के तीन वर्गाकारों में बँट जाते हैं। रूप तीन होते हैं–तीक्ष्ण-वैदग्ध्य, विडम्बना और व्यंग्य। उपरूप भी तीन होते हैं–उपहास, निन्दा-विनोद और हेयहास। अनुरूप भी तोन होते हैं–कटाक्ष, प्रभर्त्सना और आक्षेप। इन रूपों की केवल स्वभावगत क्षमता पर विचार करें तो इन तीनों वर्गों में से प्रत्येक पहले, प्रत्येक दूसरे और प्रत्येक तीसरे के कर्मगत स्वभाव का गुण और क्षेत्रगत समझ का संगठन भी बहुत कुछ एक-सा रहता है। लेकिन यहाँ पर इस विवेचना में उलझना ठीक न होगा पर इस संबंध में सूत्र-संकेतों को ग्रहण करना भी जरूरी है क्योंकि व्यंग्यशास्त्र की इस प्रारंभिक पहचान के बगैर, व्यंग्य-रचना की गहराई में सक्रिय–विशेषकर उसके प्रतिफलित रूपाकार और उसमें अन्तर्निहित सत्व की–मूलेच्छा को जान पाना संभव नहीं है। अत: व्यंग्य-रूपों की (इसलिए अन्तर्वस्तु की भी) विभिन्नता को लेकर थोड़ा विचार करना भी जरूरी है। व्यंग्य की कर्मण्यता प्रहार में निहित तो है लेकिन इसकी प्रक्रिया क्या है? यह सवाल भी कम महत्त्वपूर्ण नहीं है।

व्यंग्यकार तीक्ष्ण-वैदग्ध्य में प्रत्युत्पन्नमति से हास्यास्पद (शत्रु) का हथियार छीनकर उसी पर प्रहार करता है, तो विडम्बना में एक ओढ़ी हुई विनम्रता से घेरकर उसका खात्मा करता है, व्यंग्य-रूप में वह खुलकर योद्धा की भाँति आक्रमण करता है। (इन सभी रूपों की विषय-वस्तु सामाजिक विस्तार में निहित होती है) जिसमें सारे समाज को प्रत्यक्ष रूप में (विशेष तरह से) भाग लेने के लिए आमंत्रण होता है। तब ये लोग निरे पाठक न रहकर व्यंग्यकार के साथी भी होते जाते हैं।

उपहास, निन्दा-विनोद और हेयहास में (अपने सामाजिक दुश्मनों की पहचान करके) व्यंग्यकार (अपने संश्लिष्ट सामाजिक स्वभाव से) उन्हें निजी शत्रु मानकर व्यवहार करता है। उपहास में वह सामाजिक शत्रुओं से अपने को (सामाजिक शक्ति के संगठन के अभाव या प्रभाव में) हीन या सबल मानता है, पर वह अपनी हीन भावना पर विजय पाने के लिए अपनी अभिव्यक्ति में उनका तिरस्कार ही नहीं करता बल्कि उसके द्वारा लोगों में, समाज में उनके प्रति तिरस्कार भावना जाग्रत करता है। जबकि निन्दा-विनोद में व्यंग्यकार उनके ही द्वारा स्वीकृत मूल्यों की, उनके व्यवहारों को सामाजिक दयनीयता के रूप में (निन्दा द्वारा) मनोरंजन की वस्तु बना देता है। इस तरह भले ही वह उन आचरण या व्यवहारों को रोक पाने में पूरी तरह सफल न दिखता हो पर दूसरे व्यक्ति उन आचरणों-व्यवहारों को अपनाने की हिम्मत नहीं कर पाते। तब हास्यास्पद अपने ही घेरों में कोसे के कीड़ा जैसा मरने को माध्य हो जाता है। हेयहास में व्यंग्यकार शत्रु पर सीधी घृणा फेंकता है। उसका (सामाजिक प्रतिबद्धता से, सामाजिक शत्रुओं के प्रति उत्पन्न) द्वेष उन्हें पूरी तरह घृणास्पद बनाकर छोड़ता है।

व्यंग्य अनुरूपों में कटाक्ष, प्रभर्त्सना और आक्षेप पूरी तरह आक्रोश की पकड़ में ढलने-बनने वाले रूप हैं। आक्रोश की एकबद्ध सत्ता इन रूपों में प्रत्यक्ष या अप्रत्यक्ष रास्ते से प्रवाहित देखी जा सकती है। जैसे-कटाक्ष में व्यक्ति का उपहास करके मज़ा लेने की बजाय, सीधा तीर छोड़कर उसको छेदना सही होता है। इससे अलग प्रभर्त्सना में एकदम अन्तरंगता को शामिल करके, सारे समाज के बीच भर्त्सना कर सकने के हालातों को सामाजिक विस्तार में से, हास्यास्पद के चरित्र के कोनों तक जाकर खोज लिया जाता है। और इस तरह, हजारों-लाखों की दृष्टि में, उसे तुच्छ-अयोग्य या बदमाश और सारे समाज के खिलाफ़ प्रपंची साबित किया जाता है। जबकि आक्षेप एक सीधा क्रोधातुर प्रहार है-सीधी लड़ाई का बिगुल है। लेकिन कभी-कभी व्यंग्यकार लड़ाई के तरीके में इतनी सिद्धहस्तता प्राप्त कर लेता हैं कि सीधा आक्रोश उसके लड़ने के तरीके में डूब जाता है और उसकी

घेरने और नष्ट करने वाली लहरों से ही आक्रमण की गहराई का पता लगता है। यह व्यंग्यकार की सफलता की सबसे ऊँची जगह है।

कुछ और व्यंग्य-विधि रूप भी होते हैं-जिनकी क्रियात्मक स्वाभाविकता के कारण उन्हें दो वर्गों मे विभाजित कर सकते हैं-1. केन्द्रनिहित और 2. केन्द्र सहित। बात यह है कि व्यंग्य का एक भरा-पूरा परिवार होता है जिसकी पहचान और उसकी विकास-प्रक्रिया की जानकारी जरूरी है। इन सभी व्यंग्य-रूपों की पहचान के साथ लेखक की सुचिंति सामर्थ्य भी जुड़ी रहती है जिसका प्रतिफलन व्यंग्य-लेखन के भिन्न-भिन्न रूपों के विकास के रूप में सामने आता है। इतना ही नहीं, व्यंग्यकार की अपनी अन्तर्वस्तु की अभिव्यक्ति-उत्तेजना इन रूपों को तोड़कर नये रूपों की सम्भावनाओं को रचनात्मक-यथार्थ में बदल देती है और यदि व्यंग्यकार ऐसा नहीं कर पाता या करना ही नहीं चाहता (हँसोड़ बनने-बनाने तक चक्कर लगाता है) तो इस बात की पड़ताल भी एकदम जरूरी है। इनके क्या कारण हैं? उसका आधार ठोस न होकर भुरभुरी मिट्‌टी का ही क्यों है? यह उसकी चाही हुई जमीन है या अनचाहे उसकी नासमझी का परिणाम है। ऐसे अनेक सवाल हैं समय को समझने के लिए, उसमें से आगे बढ़ने के लिए और जिनके उत्तर ढूँढ़ निकालने के लिए हम बाध्य हैं एक इतिहास बन रहा वर्तमान और भविष्योन्मुख हमारे कार्य इन बातों के बीच से तैरते हैं। हम जानते हैं कि मनुष्य की मुक्ति का सरोकार क्रांतिकारी दिशा में जाने के लिए अब अधिक प्रतीक्षा नहीं कर सकता। इसके लिए, अपने रास्ते पर पैर जमाने के लिए-एक सामाजिक पड़ताल की मंशा लेकर यदि हम व्यंग्यकार के समूचे लेखन की पड़ताल करें तो हमारे लिए यह एकदम जरूरी है और अब हमारे विकसित स्वभाव की वस्तु भी है। यह हम सबके अस्तित्व का ऐसा सवाल है जहाँ हमारा समय और संधान दोनों एक साथ सामने आते हैं। मतलब यही कि यह एक ठोस धरातल की पड़ताल भी है। इसीलिए परसाई के व्यंग्य एक दूसरी तरह से बनते ऐतिहासिक सन्दर्भ में पहुँच जाते हैं या पहुँच रहे हैं, जहाँ किसी समाज या देश के अन्तर्विरोध उनकी पड़ताल और पहचान, स्वीकृत रास्ते पर चलने के लिए ताकत देते हैं। वास्तव में यह विचार की वस्तु है कि लेखन की परिणतियाँ हमें आगे बढ़ाती हैं या एक स्थान पर खड़ा रखती हैं। हमें भ्रमित करती हैं या हमारी भूल को हथेली पर रखकर हमें सतर्क करने के साथ, सामने के प्रपंच को उघाड़कर हमें ताकत देती हैं। दूसरी बात यह कि वे हमारी रुखाई का मजाक उड़ाती हैं या हमारी लड़ाई का भूभाग होती हैं। यह भी कि वे हमारी किस कमजोरी को खतम करती हैं और मजबूत बनाती हैं या मजबूरी को कमजोर करने

में संलग्न हैं-प्रपंच रच रही हैं। ऐसे बहुत सारे सवाल हैं जो एक ही सवाल से जुड़े हैं-मनुष्य की मुक्ति के लिए क्रांतिकारी चेतना का सवाल। और जिसको बढ़ाने या जिसके खिलाफ षड्यंत्र करने वाले बहुत सारे प्रतिगामी सवाल। यहाँ से प्रतिगामी सवाल परसाई के लेखन के लिए महत्त्व नहीं रखते। फिर भी यदि हम इस बात को खुद देखना चाहें तो गलत नहीं है।

इस पड़ताल की यात्रा में हम व्यंग्य-रूपों के क्रम में तीक्ष्ण-वैदग्ध्य से शुरू करेंगे और उन विकासात्मक रास्तों को ढूँढ़ने का प्रयत्न करेंगे जो परसाई के व्यंग्यों में फैले हुए हैं-

हम जानते हैं कि तीक्ष्ण-वैदग्ध्य रूप उसकी संवादिक यथार्थता में निहित होता है। इसमें व्यक्तियों के बीच का संवाद, एक हथियार की लोच होता है। व्यंग्यकार शत्रु के हथियार-चालन के ढंग की, इस तरह और इतना आगे (अपने झटके से) बढ़ा देता है कि उससे आक्रामक स्वयं घायल हो जाता है। लेकिन यह सब कुछ तीक्ष्ण-वैदग्ध्य की विकसित यात्रा का बिन्दु है। इसके पहले वह इतना सशक्त हथियार नहीं था। वह एक बौद्धिक-समारोही पटा-बिनैती घुमाने की चीज भर थी। दूर नहीं स्वयं परसाई के लेखन में इसका विकास देखा जा सकता है, जो आरम्भ में एक तरह की चुटकी लेने से शुरू हुआ।

मंच पर बैठे भवानी मिश्र अपनी कविता सुनाने को तैयार नहीं थे। जनता आग्रह कर रही थी। इस पर भवानी मिश्र ने कहा-"भाई, मैं कविता नहीं सुनाऊँगा। मेरी आँखों में दर्द है।" यह सुनकर मंच पर ही बैठे परसाई ने तत्काल कहा-"आप कविता सुना दीजिए, आँखें मैं मटका दूँगा।" जनता में जोरदार ठहाका गूँज गया। कह सकते हैं कि यहाँ पर व्यंग्यकार ने कविता की अभिव्यक्ति की समृद्धि को उसकी अपंगता में बदलकर कवि पर सीधा 'अटैक' कर दिया। एक हल्के उपहास जैसा जोर का धक्का वाला। परसाई के इसी व्यंग्य-रूप के विकास-क्रम में अगला कदम इस तरह है-

"... शहर में गणेशोत्सव बड़ी धूम से मनाया जाता है... आखिरी दिन गणेश-विसर्जन के लिए जो जुलूस निकलता है, उसमें सबसे आगे ब्राह्मणों के गणेश होते हैं। इस साल ब्राह्मणों के गणेश का रथ उठने में जरा देर हो गयी। इसलिए तैलियों के गणेश जी आगे हो गये। जब यह बात ब्राह्मणों को मालूम हुई तो वे बड़े क्रोधित हुए। बोले-तैलियों के गणेश की ऐसी-तैसी, हमारा गणेश आगे जायेगा।" (देवभक्ति) यहाँ पर देवता, भक्त और भक्ति के अन्त विरोध खुलकर सामने ही नहीं आते बल्कि एक-दूसरे से शत्रु जैसा व्यवहार करते हैं। धर्म और धार्मिकता आज कितने गहरे पानी में है? यह धार्मिक मनुष्य (?) का हाल है। भक्ति जो कभी ईश्वरीय

माध्यम से ही समाज को किसी स्तर पर जोड़ने वाली थी, वह आज अपने पूरे व्यक्तिपरक घेरों में जकड़कर तोड़ने वाली अधिक हो गयी है। यहाँ की भक्ति, समारोही जड़ता में घमंड की पुत्री है और आज के समाज में दूसरी वस्तुओं की तरह भक्ति और ईश्वर भी, व्यक्तिगत संपत्ति के रूप में एकाधिकार, ईर्ष्या, जड़ प्रतियोगिता का रूप ले चुके हैं। दूसरी बात यह कि जातिवाद को जातिवादी मुक्के से ही चुनौती दी जा रही है। एक और दूसरी रचना का अंश है–

"'गोहत्या बन्द करो' आन्दोलन के सिरमौर सेठ को सपने में गोमाता दिखती है। वह अपने मुँह में तृण दबाये है। गाय सेठ से प्रार्थना करती है–'सेठ तुम 'गोहत्या बन्द करो' आन्दोलन चला रहे हो। कलकत्ता में तुम्हारा खुद का गो काटने का 'स्लाटर हाऊस' काम कर रहा है। ऐसा क्यों है सेठ?' सेठ हाथ जोड़कर तपाक से बोला–'माता तू बड़ी भोली है। हमारी माता को हमीं काटेगा। दूसरा क्यों मारे? उसे क्या अधिकार है?' "(गोभक्ति)

देखिए चालाकी किस तत्परता से, समझदारी को भोलेपन के धुएँ में छिपाकर अपना काम करती है। पूँजीवादी दौर में मानवीय संबंध भी किस तरह सम्पत्ति की कमाई के अंग के सिवाय कुछ नहीं रहे हैं। यहाँ पर एक थोथी ओढ़ी हुई भावुकता का उपयोग विकसित पाखण्ड किस तरह करता है। बात यही कि धर्म अपने पाखण्ड में शेष रह गया है और शोषण का हथियार बनने और सम्पत्ति कमाने के तरीके के रूप में विकसित हो गया है–यह रहा धर्म का विकास? यहाँ व्यंग्यकार एक क्रियाशील प्रवंचना को उघाड़ने में तीक्ष्ण-वैदग्ध्य के रूप में अपनी अभिव्यक्ति को सार्थक बनाता है लेकिन सामाजिक संसक्ति की गहरी भावना का दबाव होने के कारण वह अपनी अन्तर्वस्तु की बनावट में और उसके अभिव्यक्त रूप में भी केवल तीक्ष्ण-वैदग्ध्य न रहकर, व्यंग्य-रूप की निकटता के लिए झपटता है, जो उसकी बढ़ती हुई सामाजिक समझ और संघर्ष की दिशा का संकेत करता है।

विचार और आवेग की द्वन्द्वात्मकता जब (जिससे वह बात करता है उसे) अपनी दिशा के घेरे में समेट लेने को आतुर होती है, तब संवाद उत्पन्न होता है। इसीलिए संवाद का आरोही ऊर्जा में (बिना सम्बोधन के भी) अपनत्व का एक ऐसा तारल्य होता है जिसकी सहज विश्वसनीयता की गहरी पहचान है और उनका समूचा व्यंग्य-लेखन इससे रँगा हुआ है। उन्होंने अपनी अभिव्यक्ति को बहु आयामी बनाने के लिए इसका सार्थक उपयोग भी किया है। ऐसे अनेक प्रमाण हैं जहाँ परसाई ने शत्रु को, ओढ़ी हुई विश्वसनीयता से घेरकर उसकी असामाजिक वास्तविकताओं को उघाड़कर रख दिया है–

"मंत्री ने उत्तर दिया–महाराज, हमारे राजा इस लोक के सुख के लिए नहीं, उस लोक के सुख के लिए विवाह करना चाहते हैं। वे ज्ञानी हैं। वे जानते हैं कि यदि उनकी अर्थी पर तरुण पत्नी की चूड़ियाँ नहीं फूटीं तो उस लोक में उन्हें सुख नहीं मिलेगा।" यहाँ पर कुछ ही वाक्यों में–देखिए, एक ओर तो हमारे समाज में व्याप्त सामंतीय विलासिता को उजागर किया गया है जहाँ नारी केवल एक विलासिता की वस्तु बनकर रह गयी है और जहाँ का समाज, बहु पत्नी प्रथा को मान्यता देता है। दूसरी ओर मुख्य रूप से नारी–दुरवस्था का चित्रण भी है, जहाँ उसके अधिकारों की बात कौन करे, उसका जीवन भी उसकी ही अपनी परवशता में सुरक्षित नहीं है। तीसरी ओर, बारीकी से व्यंग्यकार, ज्ञानियों की उस परलोक–कातरता का संकेत भी करना चाहता है, जो इस लोक की स्वार्थ–पूर्ति के साथ (वासना भुक्ति के साथ) समाज या नारी–समाज की परवाह किये बगैर अपना परलोक (जो एक बहाना है) सुरक्षित कर लेना चाहता है। लेकिन जिस सामंती व्यवस्था से टूटकर पूँजीवादी व्यवस्था में नारी का प्रवेश हुआ है, उसमें आकर नारी की चेतना में विकास हुआ है, यद्यपि वहाँ भी पूँजीवादी अन्तर्विरोध कम नहीं है। इस बात का प्रमाण (इस उपन्यास के) नागफनी और करेलामुखी के चरित्रों की समानान्तर वैभिन्नता में अच्छी तरह उजागर होते मिल जाते हैं। लेकिन इतने व्यापक परिवेश को समेटकर चलने की क्षमता, व्यंग्यकार की अपनी सफलता, कम नहीं है। इसके पीछे मुख्य रूप से इस विडम्बना रूप के पीछे–वह संवादिक प्रखरता है जिसमें प्रज्ञा के द्वारा अपने आवेग को नियंत्रित किया गया है। यहाँ एक ओढ़ी हुई अन्तरंगता का ज़हर सारे कथन में चुपचाप फैलकर अपना कार्य करता है और यही भावावेश के उबाल से उत्पन्न मुखरता तक पहुँच जाता है। आगे एक और विडम्बना रूप का अंश है देखिए–"...... हमें अपने देश का विकास करना है, निर्माण करना है। प्रश्न उठता है निर्माण कैसे होगा? निर्माण अकेली सरकार से नहीं होगा। जनता के हर आदमी को परिश्रम करके निर्माण करना होगा। आज हमें जनसेवा की संस्थाओं की बड़ी आवश्यकता है। अनाथालय एक ऐसी ही संस्था है। इन अनाथालय का निर्माण करके आप लोगों ने देश के विकास में महत्त्वपूर्ण योगदान किया है। ऐसी संस्थाएँ बड़ी संख्या में खुलनी चाहिए। मैं तो कहता हूँ हम ऐसे प्रयत्न करें कि हर मुहल्ले में अनाथालय खुलें। घर-घर विधवाश्रम हों। भाइयो! एक अनाथालय से देश का निर्माण नहीं होगा, दो अनाथालयों से नहीं होगा। तीन से भी नहीं होगा। लाखों अनाथालयों की हमें आवश्यकता होगी। मैं देश के तरुणों का, नयी पीढ़ी का आह्वान करता हूँ कि वे पूरी लगन से इस कार्य में जुट जायें।"

इस अंश में व्यंग्यकार ने संसदीय प्रजातंत्र की अयोग्य–योग्यता या

पूँजीवादी रुझान की, जनता को मूर्ख रखकर और समझकर अपने 'जनता की सेवा' के जाल को फैला रखने की हार्दिक मंशा को उजागर करने का प्रयत्न किया है। वैसे तथाकथित लोकतंत्र में निरर्थकता और मूर्खता से भरे भाषण बहुत आम बात है। पर यह आम बात जब किसी वर्ग विशेष के लिए लाभकारी होती है तो वह एक चाल के रूप में सामने आती है। इस अंश का प्रारम्भ एक बड़ी सहज आत्मीयता से होता है। यह आत्मीयता देश के विकास की सहज उत्कंठा को सामने लाती है लेकिन यह सहजता जो कि व्यंग्यकार की ओढ़ी हुई अज्ञानता से भीगी हुई है–जिसमें लोकतंत्र के प्रतिनिधि का छद्म भावावेश का जाल भी, उस समय लहरता दिख जाता है, जब व्यंग्यकार अन्त में अनाथालयों के निर्माण की बात करता है। यह एक विस्फोट है जो संसदीय प्रतिनिधि की मंशा को सामने लाकर सभी तथाकथित हितकारी सम्भावनाओं को ध्वस्त कर देता है। यद्यपि अनाथालय के अन्दर पनपने वाले प्रपंचों का सम्पूर्ण भंडाफोड़ तो यहाँ नहीं होता लेकिन संसदीय प्रजातंत्र की उपलब्धियों की दिशा को बराबर सामने ला देता है कि यह अनाथालयों के बढ़ाने की दिशा के सिवाय और क्या है? वैसे धूर्तता पूरी तरह उघड़ नहीं पाती। इसलिए आक्रोश की बजाय समझ के कारण उत्पन्न एक प्रकार की कडुआहट मुँह के अन्दर घुल जाती है। पाठक की समझ के आधार पर एक ही रचना में प्रभावों की भिन्नता उस समय विशेष रूप से विचारणीय हो उठती है जबकि बहुत सारी बातें संश्लिष्ट रूप में ही कह दी जाती हैं। इससे थोड़ा भिन्न विडम्बना का एक और रचनांश देखिए और विचार कीजिए–

"इतना कह राजा ने निजी सचिव को बुलाया और कहा–कुँवर पर जितना खर्च हुआ है, उसका हिसाब तुमने रखा है? बताओ! ××× राजा ने पूछा–जन्म से ही खर्च लगाया है? प्रसव का खर्च क्यों छोड़ दिया? वह भी तो लड़की वाले से लेना पड़ेगा? वह भी जोड़ो, 25 लाख के ऊपर होगा। ...मेरे सामने चालाकी नहीं चलेगी। अस्तभान का अब तक का सारा खर्च देना होगा। आखिर मैंने लड़का इसलिए तो पैदा किया है और पाला है कि उनकी लड़की को पति मिल सके। मैंने क्या उसे अपने लिए पाला है? अगर मैं उसे नहीं पालता तो लड़की को पति कैसे मिलता? तू समझता नहीं कि लड़का पैदा करना व्यवसाय है, यह गृहउद्योग है। अभी तक मैंने इसमें पूँजी लगायी है।"

इस रचनांश में ओढ़ी हुई अज्ञानता का रूप पतला होता गया है। इसमें सभी कुछ साफ-साफ देखा-समझा जा सकता है। बल्कि यहाँ पर आवेग की प्रबलता के साथ विचारों की आग्रह-अनिवार्यता इतनी सघन हो गयी है कि

जो कुछ कहा गया है, उसमें लाग-लपेट नहीं रह जाती और संवादीय स्वाभाविकता में से ही व्यंग्य का रूप उभर आता है। वैसे यह उपन्यास का अंश है और वह भी जिसमें एक लम्बी फन्तासी के माध्यम से बात कही गयी है–फिर भी राजा के बजाय यदि कोई सेठ (आधुनिक राजा) इस बात को कहता तो बात और भी तर्कसंगत हो सकती थी क्योंकि इस पूँजीवादी व्यवस्था ने, मानवीय संबंधों को भी विक्रय के बाजार में ठेल दिया है, जहां परिवार में पुत्र, गृहउद्योग की (पैसा कमाने की) वस्तु हो गया है या पैसे के लिए, संबंध भी एक-दूसरे को छलने की वस्तु में ढल गये हैं। मानवीय संबंधों के बीच पनपने वाले ये पूँजीवादी अन्तर्विरोध स्वयं पूँजीवादी व्यवस्था की पहचान और उसके पतन का सच्चा रूप हैं। 'रानी नागफनी की कहानी' में विडम्बना और व्यंग्य रूप के ताने-बाने, ढहती सामंती व्यवस्था और पनपती पूँजीवादी व्यवस्था के अन्तर्विरोधों को समझने, और उन पर प्रहार करके, इससे मुक्ति के लिए लेखक केवल एक छुपी चेतना और खुली उत्तेजना की पहल के रूप में सामने आता है। वैसे इसमें प्रस्तुत अन्तर्विरोधों के बहुत-से बारीक रेशे स्पष्ट रूप से एक्सपोज्ड होने के लिए छूटते गये हैं। फिर भी उपन्यास अपनी सम्बद्धता में कम महत्त्वपूर्ण नहीं है। क्योंकि वह मानवीय संबंधों को–संबंधों में व्यक्त संवेदना को समझने के लिए वैज्ञानिक विश्लेषण का बीजारोपण करता गया है–यह सब विडम्बना और व्यंग्य की आवेगात्मक क्षमताओं के अन्तर्गत किया गया है, जहाँ प्रहार और संहार की सक्रियता बराबर मिलती है। लेकिन इससे एकदम अलग, व्यंग्य रूप का पूरा सबल पक्ष, परसाई के स्वतंत्र निबंधों में मिल जाता है।

"सरकार कहती है, चूहे पकड़ने के लिए हमने चूहेदानियाँ रखी हैं, एकाध चूहेदानी की हमने भी जाँच की है। उसमें घुसने के छेद से बड़ा एक छेद पीछे से निकलने के लिए है। चूहा इधर से फँसता है और उधर से निकलता है। पिंजड़े बनाने वाले और चूहा पकड़ने वाले, चूहों से मिले हैं। वे इधर हमे पिंजड़ा दिखाते हैं और उधर चूहे को छेद दिखा देते हैं। हमारे माथे पर सिर्फ एक चूहेदानी का खर्च बढ़ रहा है।... सुन्दर सपने वाले रवीन्द्रनाथ की जिज्ञासा थी कि ये हिन्दू, मुसलमान, पारसी और ईसाई, सब जिसके आह्वान पर भारत महासागर में इकट्ठे होगये हैं? मैं पूछता हूँ कवि, वे तो ठीक आये, मगर ये सब जातियों के लुच्चे किसके आह्वान पर इधर आ गये...... जौ कौम भूखी मारी जाने पर सिनेमा में जाकर बैठ जाये, वह अपने दिन कैसे बदलेगी। अद्‌भुत सहनशीलता है इस देश के आदमी में। और बड़ी भयावह तटस्थता। कोई उसे पीटकर उससे पैसे छीन ले तो वह दान का मंत्र पढ़ने लगता है।" (अन्य की मौत)

अपनी प्रतीकात्मक पैठ और चयन तथा ऐतिहासिक और सांस्कृतिक संदर्भ की संवेदनशील चुस्ती के कारण रचना अपनी रूपगत क्षमता को गहरा और पैना बनाने में सीधी और तीखी है। प्रतीकों की पर्त-दर-पर्त अर्थवत्ता और अनुकूल अर्थ-गुंफन के छोरों को जिस तरह, जिस आधार पर लाकर जोड़ा जाता है, वह रहस्यों को, उनकी कटु यथार्थता को, उघाड़ने और उधेड़ने तथा अनुकूल तीखापन पैदा कर पाने में सक्षम है। व्यंग्य में हास्य का एक रूप तैरता होता है लेकिन हमें याद रखना चाहिए कि यह अक्सर वैचारिक सघनता और पुष्टता के अभाव का पूरक भी होता है। इसीलिए व्यंग्य की सबल होती यात्रा हास्य को पीछे छोड़कर आक्रोश की दिशा को देखती है। वैचारिक पुष्टता, आवेग सघनता और लक्ष्य का ताप, हास्य को अनदेखा कर आगे बढ़ जाता है। यहाँ पर व्यंग्यकार अपनी रुपगत सामर्थ्य के प्रति इतना सतर्क है कि रोषपूर्ण अभिव्यक्ति में ऊपर उतरा आने से बचने के लिए और उसके हल्केपन को गाढ़ी और वजनदार प्रौढ़ता में बदलने के लिए भी वह एक सांस्कृतिक ग्रहणशील उत्फुल्लता के उन्मेषी उभार पर स्वयं खड़ा होकर अपनी क्रियाशील समझ और वैचारिक पवित्रता को स्थापित करता है। तो वहीं पर, उसी में से उभर आई 'लुच्चई' को चीरकर सामने रख देता है। 'लुच्चई' को चीरने का आक्रोश-आक्रोश के अन्ध-हल्केपन के बजाय, आवेग की प्रखरता और भार प्रबलता में बदला हुआ है, जिसके लिए उसकी जड़ें सांस्कृतिक समझ की गहराई से उठकर व्यंग्यकार की अपनी लक्ष्यबद्धता से पुष्ट हुई हैं। यहाँ पर व्यंग्यकार को सांस्कृतिक मोह तो नहीं है लेकिन सांस्कृतिक चेतना की मानवीय मूल्यवत्ता बराबर उसकी संवेदना को ताकत देकर सक्रिय बनाये हुए हैं। वैसे सांस्कृतिक मोह से पराभूत होने से व्यंग्य का (उसकी अन्तर्वस्तु का) कितना क्षय होता है इस पर भी विचार कर लिया जाय। देखिए-

"कृष्ण ने कहा, मैं तुमसे सौदा कर सकता हूँ। तुम्हारे पास राज्य का गुप्त रहस्य है (जिसे प्रकट करने से शायद कम ही सही, पर राजा कलंकित होता) बोलो, इस रहस्य को गुप्त रखने का क्या लोगे?... कभी जब ये पृष्ठ प्रकाश में आयेंगे तो यह सत्य प्रकट होगा कि चावल का एक दाना भी कृष्ण को नहीं मिला। चावल तो 'कर्मचारियों' के खुरचन हो गये। यह भी लोग जानेंगे कि मैंने कृष्ण से दान नहीं लिया, सौदा किया था, कुछ काल के लिए ईमान गिरवी रख दिया था।" (सुदामा के चावल)

कुल मिलाकर यह अंश उतना प्रहारक नहीं है, जितना इससे पहले का है। (अपनी प्रतीकात्मकता में) इसका वर्तमान भी ऐतिहासिक सांस्कृतिक परिवेश से छनकर आता है। फिर भी वैसा नहीं है (वैसा हो भी नहीं सकता,

क्योंकि) हर एक रचना का अपना समय और स्थान और उसको घेरने वाली दृष्टि की प्रखरता में अन्तर हो जाता है। लेकिन यहाँ पर इसको सामने रखने के पीछे मेरा मतलब केवल यह है कि रचना में सांस्कृतिक मोह भी क्या रोल अदा कर जाता है या यह भी कि अवांछित उदासीनता, सतर्कता को ढकेलकर कहाँ ले जाती है। इसके कई कारण हो सकते हैं लेकिन पहला और महत्त्वपूर्ण तो यह है कि कृष्ण का जो कल्याणी रूप–ईश्वरीय रूप–जो आप भी स्थापित है, उसका प्रभाव व्यंग्यकार पर किसी न किसी स्तर पर रहा है। लेकिन कृष्ण की प्रतीकात्मकता सत्ता की सम्पूर्णता में भी है। इसलिए कोई भी प्रहार जो सत्ता के शीर्ष को छोड़कर केवल उसकी मशीनरी पर किया जायेगा, यथार्थ रूप से कमजोर और अपने परिणाम में अधूरा ही नहीं, एकांगी भी होगा। बल्कि सत्ता को अँधेरे में डाल देने से, उतने समय में उसे, खुद को मजबूत कर लेने का मौका दे देता है। मेरा मतलब साफ है कि अधिकारियों के भ्रष्टाचार पर प्रहार करके, और कृष्ण को उसे छुपाने वाला बताकर, सत्ता का सतर्क (भ्रष्टाचारी और भ्रष्टाचार विरोधी आडम्बर का) चेहरा सामने तो आता है, लेकिन सत्ता अपने इस चेहरे के अन्दर कितनी अमानवीय और घातक है यह पक्ष एकदम ओझल रह जाता है। यह वह पक्ष है जिसके कारण सुदामा खुद भूखों मरता है। इसके पीछे का कारण वही है कि व्यंग्यकार पर कृष्ण के सांस्कृतिक नायकत्व का प्रभाव, किसी कोण से असरदार बना रहा और वे इस दौर में आधी दूर से ही लौट आये–कृष्ण से सत्ता के उस चेहरे को छूने से बच गये जिसकी विकराल स्थितियाँ उनका गहरा और सार्थक अंग हो सकती थीं। यह सांस्कृतिक मोह ही है कि "भ्रष्टाचारी अधिकारी और (शायद) बेचारे कृष्ण" की अभिव्यक्ति (न चाहकर भी) सामने आ जाती है। इसमें शायद सुदामा की "दीन हीन गरीबी" की गहराई में रची हुई कथा भी है, जिसका दूसरा छोर सत्ता पक्ष पर आक्रमण करने का तेज, क्रांतिकारी साहस नहीं दे पाता–वैसे यह भी सही है कि भुखमरे ही क्रान्ति के वाहक होते हैं लेकिन तब उनमें दीनता के लिए दुत्कार और हीनता के बदले (उनके हाथ में) हथियार होता है। व्यंग्य-लेखक परसाई इन सारी बातों से अच्छी तरह वाकिफ भी हैं इसलिए जहाँ लेखक पूरी तरह से सांस्कृतिक चेतना से हथियारबन्द हो गया है वहाँ देखिए–

'प्रिय तुम बहुत भोली हो। मेरे दौरे का कार्यक्रम, यह कौआ थोड़े ही बनाता है, वह कौआ बनाता है जिसे हम 'बड़ा साहब' कहते हैं। इस कलूटे की चोंच सोने से क्यों मढ़ाती हो। हमारी दुर्दशा का यही तो कारण है कि तमाम कौए सोने से चोंच मढ़ाए हैं, और इधर हमारे पास, हथियार

खरीदने को सोना नहीं है। हमें तो कौओं की चोंच से सोना खरोंच लेना है। जो आनाकानी करेंगे उनकी चोंच काटकर सोना निकाल लेंगे। प्रिये, यह बहुत बड़ी गलत परम्परा है, जिसमें हंस और मोर की चोंच तो नंगी रहे और कौए की चोंच पर सुन्दरी खुद सोना मढ़े।''

यह एक प्रमाण है परसाई की व्यंग्य-चेतना का। सांस्कृतिक आवेग का उभार और सामाजिक परिवेश के विकार नहीं, जहर से ही द्वन्द्वात्मक चेतना का विकास होता है। यहाँ का रूमानी प्रसंग, रूमानी प्रसंग नहीं है बल्कि है यह कि गहरे पारिवारिक और सामाजिक सरोकार किस तरह क्रांतिकारी धारणा तक ले जाते हैं। परसाई अपनी वस्तु के लिए सांस्कृतिक खोज में संस्कारों से सुचिंतित ओज को सुरक्षित रखते हैं जो एक छोर पर अन्धता तो दूसरे छोर पर धूर्तता को उखाड़ने में सक्षम है। वैसे इस रचनांश में एक-दो शब्द बराबर खटकते हैं जैसे-'हथियार खरीदने'[1] क्योंकि रचना में हम अर्थ के सतहीपन के बजाय उसकी वैचारिक परिणति में अधिक होते हैं। इसलिए यह 'युद्धवाद' हमारी आकांक्षा नहीं है। जिनकी हो वे हमारे विपरीत पड़ते हैं। इसी तरह कुछ सवाल 'बड़ा साहब' के सम्बन्ध से भी हो सकते हैं लेकिन सम्पूर्ण रचना और विशेष रूप से रचना का अन्त हमें जहाँ पहुँचाता है, उसमें और वहाँ पर, इन शंकाओं की धज्जियाँ उड़ जाती हैं। देखिए व्यंग्यकार के साथ ही आगे चलिए-

''... मौसम के इन्तजार से कुछ नहीं होता। वसंत अपने आप नहीं आता, उसे लाया जाता है। सहज आने वाला तो पतझड़ होता है, वसंत नहीं। अपने आप तो पत्ते झड़ते हैं। नये पत्ते तो वृक्ष का प्राणरस पीकर पैदा होते हैं। वसंत यों नहीं आता। शीत और गरमी के बीच से जो जितना वसंत निकाल सके, निकाल ले। दो पाटों के बीच में फँसा है देश का वसंत। पाट और आगे खिसक रहे हैं। वसंत को बचाना है तो जोर लगाकर, इन दोनो पाटों को पीछे ढकेलो-इधर शीत को-उधर गरमी को। तब बीच में से निकलेगा हमारा घायल वसंत।'' (घायल वसंत)

यहाँ यह बात स्पष्ट हो जाती है कि व्यंग्य कोई अधूरा क्रिया-कलाप नहीं होता। वह पूरी सांस्कृतिक चेतना के धनुष पर, अपने वर्तमान की सामाजिक समझ और हथियारबन्द साहस का तीर होता है-तमाम जड़ और षड्यंत्रकारी शक्तियों के खिलाफ। वह वर्तमान में छूटकर वर्तमान को गुँजाता है और अपनी चरितार्थता भविष्य के लिए छोड़ देता है। इसीलिए वर्तमान की दायीं और बायीं समझ व्यंग्यकार के लिए एकदम जरूरी होती है। तभी तो 'घायल वसंत' को दो पाटों के बीच से निकालने के लिए हमें आधुनिक श्रवण कुमारों तक पहुँचना भी जरूरी होगा। और वहां पर पहुँचने का मतलब

है हमारा ठहाका (यदि वह शेष है तो) और हँसना एक कड़ुवाहट में बदल जायेगा, जैसे हमारे मुँह में कोई नीम की पत्ती आ गयी हो–मूल रूप से यह कड़ुवाहट संवेदना को गहरा और त्वरित करती है तो उसमें डूबी हुई समझ के रेशों को आधार देकर फैलाती और प्रबल बनाती है। इस विचार संवेदन में डूबने के लिए या तैरकर शक्ति ग्रहण करने के लिए व्यंग्यकार के निकट पहुँचिए–

"... कितनी कांवड़ें हैं–राजनीति में, साहित्य में, कला में, धर्म में, शिक्षा में, अंधे बैठे हैं और आँख वाले उन्हें ढो रहे हैं। अंधों में अजब काइयांपन आ जाता है। वह खरे और खोटे सिक्कों को पहचान लेता है। पैसे सही गिन लेता है। उसमें टटोलने की क्षमता आ जाती है। वह पद टटोल लेता है, पुरस्कार टटोल लेता है, सम्मान के रास्ते टटोल लेता है। आँख वाले जिन्हें नहीं देख पाते वह उन्हें टटोल लेता है। नये अंधों के तीर्थ भी नये हैं। वे काशी, हरिद्वार, पुरी नहीं जाते। इस कांवड़े वाले अंधे से पूछो कहाँ ले चलें। वह कहेगा तीर्थ। कौन सा तीर्थ? जवाब देगा कैबिनेट! मंत्रिमंडल! उस कांवड़े वाले से पूछो तो वह भी तीर्थ जाने को प्रस्तुत है। कौन सा तीर्थ चलेंगे आप? जवाब मिलेगा–अकादमी! विश्वविद्यालाय!...

मगर कांवड़े हिलने लगी हैं। ढोने वालों के मन में शंका पैदा होने लगी है। वे झटका देते हैं तो अंधे चिल्लाते हैं–ओ पापी! यह क्या कर रहे हो? क्या हमें गिरा दोगे? और ढोने वाला कहता है–अपनी शक्ति और जीवन हम अंधों को ढोने में नहीं गुजारेंगे।" (कंधे श्रवण कुमार के)

व्यंग्यरूप की इस विवेचना में व्यंग्यकार की रचना-प्रक्रिया में उपस्थित कुछ तत्त्वों पर विचार करने उत्सुक हों तो यह बात साबित है कि व्यंग्यकार में यथार्थ की गहरी समझ, सांस्कृतिक पर्तों को तोड़ पाने का युक्तिमय विवेक, और इन सबके केन्द्र में लक्ष्य का उत्तेजित ताप (जो आपूरित वस्तुओं को एकरस करता हुआ अपनी दिशा में ले जाता) है। बुर्जुआ सुविधावादी जड़ता और पूँजीवादी समाज का विकसित 'व्यक्तिवादी स्वर्ग' वास्तविक रूप से स्वार्थ के घेरों में घिरकर कितने अमानवीय हैं। इनसे घिरा हुआ 'सामाजिक प्राणी' अपने इर्द-गिर्द देखने के सिवाय अपनी आगामी पीढ़ी के भविष्य पर भी कुछ चिंता नहीं करता। कितना शोचनीय और कष्टदायक यह अंधापन है इसीलिए इस व्यंग्य-रचना की अंतिम परिणति 'ठहाकावाद' में नहीं है बल्कि एक ऐसा विस्फोट है, जिसका धुआँ आँखों से भले ही न दिखे पर दिमागों में भरकर चिरपिराने लगता है। यह व्यंग्यात्मक ताप दुर्गम रास्तों को सहज बनाने वाली अपार शक्ति और चेतना की संयोजना भी करता है। व्यंग्य का यह विधेयात्मक पक्ष, कितना प्रखर, गहरा और

दिशागामी निष्कर्षों तक ले जाता है। उसमें अनेक संभावनाओं के वृत्त उसी तरह छुपे और उभरते होते हैं जैसे किसी एक रेखा में समायी बिन्दुओं के वृत्त अपने उभारों से रेखा को बल देते हैं। यह सब कुछ ठीक है। लेकिन अभी तक वैचारिक आधार लोगों में पूरी तरह उत्पन्न नहीं हो पाया है–पुष्ट होने का सवाल बाद का है। लोगों में अंध संस्कार भरे हुए हैं। ये संस्कार परस्पर एक-दूसरे को न केवल बाँटे हुए हैं बल्कि वे ही दोनों को आमने-सामने स्वार्थ और मूर्खताओं के घेरे में घेरकर आपस में लड़ने के लिए खड़ा कर देते हैं। और यह विजय (?) लोगों को अंधा बनाकर उनके रक्त को किसी बैंक में बन्द करती है। वे घिरे हुए अँधेरे को नहीं देख पाते–ये सारे अन्तर्विरोध व्यंग्यकार की दृष्टि से बच नहीं सकते और वह उन्हें किसी तरह क्षमा भी नहीं कर सकता जो आदमी को इस तरह का आदमी बनाते हैं–

"...दुनिया तुम्हारे सामने खुल गयी। दोस्त धोखा दे गये, अपने पराये हो गये, पर तुम्हारा हाल क्या हुआ। तुम्हारा तो कचूमर निकल गया। भला यह भी कोई सन्तोष हुआ कि हम तो डूबे तो डूबे, तुम्हें तो नंगा नहाता देख लिया?" (नीलकण्ठ)

असल में परसाई की व्यंग्य-यात्रा एक सुचिंतित आधारों पर विकसित, अपनी अन्तर्वस्तु की उस केन्द्रीय प्रखरता से जुड़ी और सँभली है जो विचारधारा से छनकर प्रकाशित होती है। जहाँ व्यंग्यकार अंधेपन को चीरने के लिए त्वरित समझ, बिखरे बिन्दुओं को जोड़ने के लिए संवाद-आवेग, हास्यास्पद की चिंदिया उड़ाने के लिए लुभावना विस्फोट और हर रचना के अन्त में अपनों के लिए विश्वसनीय साहस की सृष्टि करता है। वास्तव में व्यंग्य के कार्य-चरित्र की उत्कृष्टता, हास्यास्पद की अपनी 'सुधर-श्रेष्ठता' इस तरह मटियामेट कर देने में भी होती है कि वह दोबारा उस जगह उस तौर-तरीके के साथ खड़े होने की जुर्रत न कर सके।

व्यंग्य-रूपों से व्यंग्य-उपरूपों का क्षेत्र थोड़ा-सा भिन्न होता है। जिसमें उपहास, हेयहास और निन्दा-विनोद जैसे रूप अपनी अन्तर्वस्तु की विशिष्टता से उभरते हैं। यहाँ पर यह उल्लेखनीय है कि जहाँ अंग्रेजी भाषा में उपहास तिरस्कार को ही गहरा करता है वहाँ उसमे हिन्दी भाषा के बीच थोड़ी-बहुत तुच्छता की भावना का पुट भी देखा जा सकता है। उपहास में भी बुद्धि का एक विशिष्ट संतुलन पाया जाता है और क्षरित् होने पर यह कटाक्ष के क्षेत्र में कदम रखने की ओर बढ़ने लगता है। इसीलिए उपहास के संतुलन का केन्द्र-बिन्दु व्यंग्यकार की प्रज्ञा में ही निहित रहता है। उसका यह प्रज्ञात्मक संतुलन भिन्न तरह से कार्य करता है। देखिए–

"दो लेखक थे। आपस में खूब झगड़ते थे। एक-दूसरे को उखाड़ने में लगे रहते। मैंने बहुत कोशिश की कि दोनों में मित्रता हो जाये, पर व्यर्थ। मैं तीन-चार महीने के लिए बाहर चला गया, लौटकर आया तो देखा दोनों में दाँत-काटी दोस्ती हो गयी है। साथ बैठते हैं, साथ चाय पीते हैं। घंटों गपशप करते रहते हैं। बड़ा प्रेम हो गया है। एक आदमी से मैंने पूछा- क्यों भाई, अब इनमें ऐसी गाढ़ी मित्रता कैसे हो गयी? इस प्रेम का क्या रहस्य है? उत्तर मिला-ये दोनों मिलकर अब तीसरे लेखक को उखाड़ने में लगे हैं।"

अपनी कटु असामाजिकता के कारण यह प्रहार तिरस्कार भावना के साथ तुच्छता और घृणा के घालमेल को भी एकात्म कर लेता है। वैसे 'उखाड़ने' की प्रक्रिया एक साहस से उत्पन्न प्रक्रिया ही होती है। स्वयं व्यंग्यकार की स्थिति भी यही है। इसलिए (कभी-कभी) साहसी हास्यास्पद पर घृणा के बजाय सीधा प्रहार ही किया जाता है, और यह ठीक भी है, इसलिए ऊपर के रचनांश में व्यंग्यकार ने तिरस्कार की अपेक्षा उनकी असामाजिकता पर प्रहार ही किया है जबकि यह सब कुछ उपहास के क्षेत्र में ही घटित होता है, इसीलिए उपहास के इस रूप की बनावट एक ओर व्यंग्यकार की (अन्तर्वस्तु को विशिष्ट कोण से प्रक्षेपण से) रूपात्मक प्रतिफलन को स्पर्श करने वाली समझ में और दूसरी ओर स्वार्थों की घेरेबन्दी के प्रति बरती जाने वाली सतर्कता में निहित है। उपहास की एक नरम केशिका निन्दा-विनोद तक जाती है तो दूसरी ओर दूसरी केशिका एक द्वेषपूर्ण कड़ुवाहट में डूबकर अधिक वजनदार होकर फिर संश्लिष्ट होकर तलस्पर्शी बन जाती है। देखिए हेयहास की एक अभिव्यक्ति-

"ग्लानि मुझे तब हुई जब एक आस्थावान लेखक ने डाँटा। वे कहने लगे-तुम लोग सबके सब आस्थाहीन हो। कहीं तुम्हारी आस्था नहीं है। किन्हीं मूल्यों के प्रति तुम आस्थावान नहीं हो। मैं चुपचाप उनके पीछे हो लिया कि पता तो लगाऊँ कि इनकी आस्था कहाँ है? मैं भी नयी आस्था जोड़ लूँगा।... एक बार मुख्य मंत्री की नजर पड़ जाय। सिर्फ एक कृपा कटाक्ष के लिए वे लालायित थे। शाम को मैंने उनसे पूछा-आपकी आस्था कहाँ है? उन्होंने कहा-देखा नहीं तुमने? पाठ्य-पुस्तक समिति में। शिक्षा मंत्री में और मुख्य मंत्री में मेरी आस्था है। तुम्हारी तो इनमें भी नहीं। मैंने कहा-मगर किन मूल्यों में आस्था है? वे बोले-जो पुस्तक मैं पाठ्यक्रम में लगवा रहा हूँ, उसका मूल्य पौने पाँच रुपये है। इसमें मेरी कट्टर आस्था है। मैं इसे कम नहीं करने दूँगा। और जैसा कि शिक्षा मंत्री ने आश्वासन दिया है। और जैसा मुख्य मंत्री की करुणामय दृष्टि से विदित होता है, अगर

मेरी दो पुस्तकें पुस्तकालयों के लिए खरीद ली गयीं तो कुल मूल्य लगभग 25 हजार रुपये होगा। तुम लोगों सरीखा मैं नहीं कि किसी मूल्य में आस्था न हो।''

इस रचना में हेयहास अपनी समग्रता के साथी ही निहित तुच्छता से ऊपर उठा हुआ लगता है। इसका प्रमुख कारण है कि व्यंग्यकार ने संवाद की आत्मीयता (और विडम्बना रूप की ओढ़ी हुई विश्वसनीयता) के साथ ही लेखक-प्रकाशक की तुच्छता को उजागर किया है। इसलिए एक समग्र प्रभाव–अपनी प्रहारात्मकता में तुच्छता और तिरस्कार के बजाय, पूरी तरह बखिया उधेड़कर रख देता है। वैसे रचना अपनी अन्तर्वस्तु के रूप में 'आस्था' और 'मूल्य' और 'एक बार मुख्यमंत्री की नजर पड़ जाए'–सारी बातें घृणा और तिरस्कार को उभारने के बजाय कुछ नहीं करतीं। लेकिन पूँजीवादी 'आस्था' का गुलाम इतना हीन नहीं होता, घृणा और तिरस्कार चरकर तो वह और भी मोटा होता है। इसलिए व्यंग्यकार की प्रहारात्मक पकड़ यदि अपेक्षातर अधिक शक्ति से पेश आती है तो यह उसकी समझ और प्रौढ़ता का प्रमाण है।

जैसा कि मैंने कुछ पहले कहा, कि उपहास की एक नरम केशिका निन्दा-विनोद तक जाती है जिसके कारण ही इसे 'दी ह्यूमर इन सटायर' भी कहा गया है। इसीलिए कि विनोद के एटीट्यूड के कारण निन्दा का तीखापन कम हो जाता है (हल्की मजा के रस की मिठास के कारण)। इसीलिए निन्दा-विनोद में अक्सर मूर्खता के विषय विनोद के आधार बनकर एक 'विचारापन' पैदा करते हैं। देखिए–

''जब तक पत्नी खाना बनाती है, मास्टर बच्चों को लिखाते हैं या पढ़ाते हैं। उद्देश्य यह कि वे ऊधम न करें। कभी कुछ साथी शिक्षक आ गये तो वह दो घड़ी गप्पें भी हाँक लेते हैं। छोटी-छोटी बात पर सब खूब हँसते हैं। क्योंकि शाम का हँसना स्वास्थ्य के लिए लाभदायक होता है। भोजन करके मास्टर ने बच्चों को सुला दिया और बाल्टियाँ लेकर सामने सड़क पर के नल से पानी लाकर घड़ों में भरने लगे। घर का नल रोता-रोता चलता है, इसलिए सुबह के लिए पानी रात को ही सड़क के नल से भर लेते हैं। (मास्टरनी कैसे पानी भरने जाए, कुलीन घराने की जो है।)

काम-काज समाप्त कर मास्टरनी 'हे राम' के साथ थकान-भरी साँस लेकर छोटे बच्चे के पास आकर लेट जाती है। मास्टर उसे एकटक निहारते हैं, श्रम की हँफनी से चढ़ते-उतरते उसके वक्ष को देखते हैं। उनके नेत्रों में असीम प्यार है। वे कहते हैं, तुम मुझे बहुत अच्छी लगती हो, और सो जाते हैं।'' (एक तृप्त आदमी की कहानी)

यहाँ पर व्यंग्यकार किसी मनुष्य की परवशता का मजाक नहीं उड़ाता, वह सामाजिक दायित्व बोध को वहन करने के कारण ऐसा कर भी नहीं सकता, वह तो हमारा ध्यान ऐसे मनुष्यों के जीवन की ओर ले जाता है जो मनुष्य होने की तेज आकांक्षित गति से कटकर या सामाजिक विसंगति की निरी जड़ता में सूखकर (घरेलू किसिम का आदमी) समाज के लिए क्या? अपने और अपने परिवार के लिए भी (समझदार आदमी न होने के संदर्भ में) निस्सार और निरर्थक हो गया है। बल्कि आश्चर्य और कष्ट तो इस बात में है कि वह निरर्थकता को चचोरने में ही–उसे चचारते जाने में ही अपने जीवन की सार्थकता मान लेता है। इसीलिए व्यंग्यकार ने इसे 'एक तृप्त आदमी की कहानी' कहा है।

यहाँ पर व्यंग्यकार के इस रचना-रूप पर यदि हम विचार करें तो कह सकते हैं कि निन्दा-विनोद की सक्षम अभिव्यक्ति में ऐसा कुछ होता है कि एक बार हास्यस्पद को लज्जाबोध भले ही न हो, पर पाठक को तो होने ही लगता है। वैसे परसाई के निन्दा-विनोद हेयहास की पतली रेखा के साथ अपनी विशिष्ट रूपाभिव्यक्तियों से भरे पड़े हैं। इसीलिए सम्पूर्ण रचना की परिणति, एक तुच्छता के साथ विनोदी मनोरंजन में होती है। लेकिन यह ध्यान रखना चाहिए कि निन्दा-विनोद का विनोद जब अन्ततः हेयहास में अन्त होकर घृणा पैदा करता है तो वह एक तरह से अपनी प्रयोजनबद्ध संचेतना के लिए, एक सामाजिक अंग को कम कर देता है। जो गलत निर्णय है। लेकिन जब वह निन्दा-विनोद में तिरस्कार भावना को बढ़ाता है तो तिरस्कृत व्यक्ति या उस जैसों के लिए एक तरह की 'शुद्ध होने की' प्रक्रिया में ढकेलता है। यह स्वाभाविक है कि घृणित करार कर दिया व्यक्ति समाज की ओर एक होने नहीं बढ़ेगा, दूर हटेगा, छुपेगा। लेकिन तिरस्कृत व्यक्ति की आकांक्षा स्वीकार की दिशा की ओर अधिक तेज नहीं तो गहरी तो होगी ही। इसीलिए निन्दा-विनोद के जिन रूपों में हेयहास की प्रवृत्ति का रंग उभरा हुआ है (जैसे एक तृप्त आदमी की कहानी ही) उनकी अपेक्षा जिसमें तिरस्कार और अपमान गाढ़ा है (गांधी जी की शाल) वे व्यंग्यकार के लक्ष्य के ताप की दृष्टि से अधिक कारगर लगते हैं। लेकिन निन्दा-विनोद इस तरह की मूर्खताओं के बजाय आज उन चालाकियों की ओर भी उन्मुख हो गया है जो चालाकियाँ और धोखाधड़ी (जिसमें आज के प्रेम के रास्ते पुष्ट होते हैं)) फैशन में शामिल होकर आम बन गयी हैं। और एक तरह की योग्यता जैसी धारणाओं में बदल रही हैं। यह सब कुछ इतना आम और आकर्षक हो गया है कि जिन्होंने इसे विकसित कर लिया है उन्हें ही बुद्धिमान और आधुनिक माना जाने लगा है। इसलिए

वे विनोद के बहाने निन्दा के बजाय मनोरंजन के विषय बन गये हैं। मतलब यही कि निन्दा-विनोद का विकास निन्दा-मनोरंजन में बदलकर पैनी धार को और भी भोथरी ही नहीं करता, समाप्त कर देता है। लेकिन 'एक जोरदान लड़के की कहानी' एक बेहद प्रौढ़ निन्दा-विनोद है। जिसकी अन्तर्दस्तु कटाक्ष को भी नासमझी के हाथों उठाकर विनोद के तारल्य में भीगकर निन्दा का मोहनी रूप तैयार कर लेती है।

परसाई जी के लेखन में भरे-पूरे कटाक्ष के उदाहरण कम मिलते हैं। वैसे उनके भाषणों, सभा-गोष्ठियों या किसी विशेष बातचीत में-कटाक्ष कुछ खास-खास जगहों में उछलकर सामने आ जाता है। अक्सर जब वे किसी धब्बे की छुपी-छुपी फैलने की कोशिश को ताड़ लेते हैं। यहाँ पर बहुत समय पहले कलकत्ता में आयोजित 'कथामंच' की गोष्ठी से लिया गया यह अंश सामने है, जिसमें परसाई जी के पहले नागर जी बोल चुके थे। "... नागर जी ने जिस तरह का सबको मरहम लगाया, उससे तो स्नेह, वात्सल्य आदि भाव पैदा होने लगे हैं। ...गांधीवाद की हृदय परिवर्तन वाली बात पर यह डिसकव्हरी हो गयी कि हृदय ही नहीं हो तो बदलोगे कैसे... बहुत बार ऐसा होता है कि भीतर से अवसरवाद बोलता है और हम समझते हैं कि आत्मा बोल रही है।" इस अंश में कटाक्ष की प्रहार करने की अपनी विशिष्ट प्रकृति और प्रक्रिया बराबर मिल जाती है। कटाक्ष का स्वभाव घाव को धीरे-धीरे लौट-लौटकर बढ़ाना होता है। कटाक्ष जो कुछ और जितना कष्ट पहुँचाना चाहता है, वह एकदम एक साथ नहीं करता। वह 'केलकुलेटेड' ढंग से हर बार में सुनिश्चित प्रहार करके बार-बार के प्रहार से कष्ट को गुणित आधारों में बढ़ाता जाता है। वह एक बार ही पूरा प्रहार करके-हास्यास्पद को उतने ही प्रहार की 'प्राप्त निश्चिंतता' नहीं देता। बल्कि हर बार उसे चोट पहुँचा-पहुँचाकर निरन्तर थोड़ा-थोड़ा (पर तीव्र पीड़ादायक) काटता है। जैसे आरी लकड़ी को लौट-लौटकर एक खास मात्रा में चीरती भी है, और घाव को उतना-उतना हर बार गहरा करती है। बल्कि बार-बार का घाव अपनी सीमाओं में हर बार अधिक भयावह और गतिशीलता में प्रहारक होता है। यहाँ भी-नागर जी, मरहम लगाते हैं-पहली दाँती, उसमें वात्सत्य भाव भी पैदा करते हैं-दूसरी दाँती, जिन्दा मनुष्य भी हृदयहीन होता है (व्याख्या मेरी है)-तीसरी दाँती और अवसरवाद आत्मा का मुखौटा लगाकर सामने आता है (व्याख्या मेरी है)-चौथी दाँती-इन सबसे बार-बार एक ही घाव को गहरा किया गया है। हम समझ सकते हैं कि यह कटाक्ष कितना संश्लिष्ट, केलकुलेटेड, और चीरने वाला है।

कटाक्ष स्वयं आक्रोश को पूरी तरह दबाकर प्रतिफलित होता है। और

हास्यास्पद शत्रु पर अपने ढंग से प्रहार करता है। लेकिन आक्रोश की आवेगमयी प्रौढ़ता हिन्दी में प्रभर्त्सना एवं आक्षेप रूपों में प्रतिफलित होती है। परसाई के लेखन में प्रभर्त्सना रूप की रचनाओं की कमी नहीं है। देखिए–

"...हिन्दी में शोध का बड़ा हल्ला है। साहित्य में डाक्टरों, कम्पाउंडरों और मरहम पट्टी करने वालों का क्रम लगा है। ऐसे में जो शोध न करे, वह अभागा है।... मैंने दूसरा विषय चुना 'छायावादी काव्य में नारी'। यह विषय इसलिए चुना कि मुझे प्रसाद की दो पंक्तियाँ याद हैं 'नारी तुम केवल श्रद्धा हो, विश्वास रजत नग पगतल में।' ...आखिर वे कौन सी चीजें हैं, जिनकी शोध होगी और विषय में पी-एच० डी० मिल जायेगी।... तब मेरे अनुभवी मित्र ने मेरे शोधकार्य की भूमिका बना दी। जो शोधात्मक छात्रों के लाभार्थ यहाँ दे रहा हूँ। विषय–छायावादी काव्य में नारी। शोध कार्य की रूपरेखा-(अ) आचार्य की शोध करनी जो किसी विषय का विशेषज्ञ न हो पर जिसके सम्बन्ध अन्य विश्वविद्यालयों में ऐसे हों कि डिग्री दिला दें। (विशेषज्ञ से दूर रहना, क्योंकि वह कष्ट देता है) (अ) ऐसे आचार्य को निर्देशक के रूप में प्राप्त करना–शोध प्रक्रिया–प्रथम चरण–आचार्य की रुचियों की शोध–वे सब्जी कौन–सी पसन्द करते हैं? लौकी या बैंगन। वस्त्र कौन से धारण करते हैं? पान कौन–सा खाते हैं? तम्बाकू कौन–सी? मनोरंजन का माध्यम सिनेमा, संगीत, नाटक, निन्दा या मिथ्या भाषण? द्वितीय चरण–आचार्य तथा आचार्य संतति की रुचियों की शोध। विशेष–आचार्य की ईर्ष्यापात्रा नारियों के चरित्र की शोध। तृतीय चरण–आचार्य के साहित्यिक और गैर-साहित्यिक शत्रुओं की तालिका बनाना। और हर एक की व्यक्तिगत कमजोरियों की शोध करना। जहाँ कमजोरियाँ न मिलें, वहाँ अपनी प्रतिभा का उपयोग करके कमी को पूर्ण करना। चतुर्थ चरण–ऊपरलिखित शत्रुओं की हानि करने के साधनों की खोज। इस बात का ध्यान रखना कि वहाँ किसका हित साधन हो रहा है। उसमें यथाशक्य बाधक होना। पंचम चरण–आचार्य की साहित्य सम्बन्धी मान्यताओं की शोध करना–(यदि हों तो) और उनके मुख से झरने वाले निर्णयात्मक वाक्यों को मंत्र की तरह रट लेना। जैसे-'प्रेमचन्द प्रचारक हैं।' 'यशपाल नारेबाज हैं।' 'उग्र गन्दा है।' 'नया साहित्य कचरा है।' 'नयी कविता हुश्ट!' षष्ठम चरण–आचार्य की महत्त्वाकांक्षाओं की शोध करना–जैसे (क) पद-सम्बन्धी (ख) सम्मान, अभिनन्दन सम्बन्धी। (ग) प्रशस्ति श्रवण। (घ) अपने ऊपर पुस्तक लिखवाना आदि। सप्तम चरण–आचार्य की सेवाओं के प्रकारों की शोध–बाजार से खरीदा आम बनारस से लाया बताना। पान खिला। बच्चों को नाटक दिखाना।

सौदा सुलुफ कर देना, प्रशंसा लेख लिखना, फोटो खिंचवाना आदि।"

इस प्रभर्त्सना में आक्षेप होने की पूरी संभावनाएँ है। यदि यह किसी एक आचार्य के नाम से तथा कुछ उनकी और भी व्यक्तिगत बातों की पहचान से जोड़ जाता तो आक्षेप हो सकता था। लेकिन इसमें बहुत-सी ऐसे बातें हैं-वही अधिक हैं जिसके कारण यह आक्षेप न होकर प्रभर्त्सना ही है। पहली बात तो यह कि यहाँ जिन बातों को आधार बनाया गया है वे (कभी रही हों) आज किसी एक हिन्दी आचार्य भर की न होकर, एकाध अपवाद (जो विषय का विशेषज्ञ है) को छोड़कर हिन्दी आचार्य वर्ग (रिसर्च कराने वाले) समाज की है। यहाँ तक कि वे हिन्दी आचार्यों के सिवाय बहुत कुछ हर एक ऐसे आचार्यों के स्वभाव की या उनके स्वभाव की निकटता की हैं जो रिसर्च की कमाई में एक व्यापारी बन चुके हैं। मतलब इसमें रिसर्च-व्यापार का जायजा लिया गया है। इसमें रिसर्च के नाम से एक सामाजिक भ्रष्टाचार पर 'अटेक' किया गया है या इन नामधारी रिसर्च-केन्द्रों से समाज के लिए क्या निकलता है? और क्या निकलना चाहिए-इसके बीच एक प्रपंच का पर्दाफाश, व्यंग्यकार ने-आक्रोश को गहरे बौद्धिक-संतुलन में पचाकर आवेग के लम्बे और गहरे हाथों से वस्तुओं की खोज करके किया है। एक-एक कर विचारिये, किस तरह इस सामाजिक भ्रष्टाचार का पर्दाफाश हुआ है? ऐसे आचार्यों को निर्देशक बनाना जो विषय के विशेषज्ञ न हों और जिनकी पहचान और भी ऐसे (व्यापारोन्मुख?) आचार्यों से हो। इसके सिवाय यहाँ चमचेबाजी और झूठ और फरेब का प्रशिक्षण होता है। आचार्य या आचार्यों की अनुकूलता के लिए-आचार्य की ईर्ष्यापात्रा नारियों की खोज और पहचान का मतलब रिसर्च स्कालर शत्रुता के गुणों की गहराई में सिद्धहस्त होता है। वह अपनी प्रतिभा से विषय की गहराई का स्पर्श करने के बजाय शत्रुता के विकास की जड़ों के लिए खाद तैयार ही नहीं करता-कोई-कोई तो स्वयं खाद बन जाता है। वह शत्रुता का विकास करके समाज में अमानवीयता का अंग हबनता है। उसमें दूसरे के हित साधन में बाधक बनने की दुष्प्रवृति का बीजारोपण और पोषण भी होता है। उसका ज्ञान, खोज और विकास के रास्ते से अलग जाकर आचार्यों की जड़ मान्यताओं, बल्कि मूर्खता की रटन्त से स्वयं जड़बद्ध हो जाता है। वह बाजार का लाया आम बनारस का बतलाकर शोषण की मुखालफत न करके घृणा और तिरस्कार की धार को द्विधर्मी स्वार्थपूर्ति के पत्थर पर घिसकर नष्ट कर देता है और झूठ और छद्म को आचरण का अंग बना लेता है। और बहुत कर यह व्यक्ति जो मूर्खता के स्तर का होता है-आगे जाकर आचार्य के पवित्र आसन को (गुरु कृपा? से) रौंदने का हकदार बन जाता है। कुल

मिलाकर सब ऐसी बातें हैं जो आचार्यनुमा व्यक्ति के इर्द-गिर्द सामाजिक-भ्रष्टता की संभावनाओं के साथ चक्कर लगाती रहती हैं। इसलिए प्रभर्त्सना का यह प्रहार कितना समाजबद्ध और तीखा है इसकी घातक पीड़ा का अनुभव रिसर्च करने और कराने वाले आचार्यों के सिवाय समाज के साधारण पढ़े-लिखे लोग भी कर सकते हैं। मैंने हिन्दी के भूतपूर्व शोध छात्रों को (जो अब डाक्टर हैं) अलग-अलग अपने-अपने 'आचार्य प्रवर' की इसी तरह की प्रभर्त्सना करते और उनके आचरण की असामाजिक दुर्गन्ध से नाक सिकोड़कर हँसते-गोया हँसकर निन्दा करते देखा-सुना है। जो भी हो यहाँ पर व्यंग्यकार की सृजनात्मक दृष्टि कितनी सक्षम और सक्रिय है कि उसने इस प्रभर्त्सना रूप में और अधिक प्रभाव-विस्तार के लिए भिन्न-भिन्न (यत्किंचित्) रूपों के पतले एहसास-बिन्दुओं की अन्तर्वस्तु की प्रवृत्यात्मक पकड़ और उसके सक्रिय घालमेल से प्रभर्त्सना को पूरी तरह नये प्रभाव-क्षेत्र में विकसित कर लिया है। एक सरसरी दृष्टि से देखिये-कटाक्ष (नारी तुम केवल श्रद्धा हो, विश्वास रजत नग पग तल में-ज्ञान की अपूर्णता पर) निन्दा-विनोद (आचार्य की ईर्ष्यापात्र नारियों की शोध) उपहास (आचार्य की साहित्य संबंधी मान्यताओं की खोज-नया साहित्य कचरा है, यशपाल नारेबाज है, नयी कविता हुश्ट!) हेयहास (पान खिलाना, बच्चों को नाटक दिखाना, सौदा सुलुफ कर देना), आदि को विशेष-विशेष रीति से मिलाकर, आक्रमण की तेज रफ्तार के उठते क्रम में-(एक प्रपोरशन के साथ) जोरदार प्रहार किया गया है। व्यंग्यकार अपनी शक्ति की सम्पन्नता और सहज्र सफलता के विवेक के लिए व्यंग्य के विभिन्न रूपों से अनुकूल रेशे निकालकर मजबूत जाल तैयार करता है जो फँसाने के बजाय अपने स्पर्श में अधिक जहरीला साबित होता है। वह प्रभर्त्सना के द्वारा सुधार की गुंजाइश का कायल न होकर, उसे ध्वस्त करने का आकांक्षी रहता है। सबसे पहले वह सामाजिक अपराध ही नहीं, अपराधिक प्रवृत्तियों की बाढ़ की छानबीन करता है और फिर उन सबको ध्वस्त करने के लिए अपराधी या अपराधियों को ध्वस्त करने की मंशा लेकर आगे आता है। वह उन्हें सामाजिक तिरस्कार का अंग कम मानता है, वह तो उन्हें सामाजिक रोग के रूप में समाज से अलग कर देना चाहता है-उसको काटकर अलग फेंकना चाहता है। इसीलिए वह दुष्प्रवृत्तियों को उघाड़कर उनके जनक उन व्यक्तियों की ओर जाता है जो ऊँचाई पर बैठे हैं। वह वहीं पहुँचकर वहीं से ढकेलकर, ढेर कर देने के लिए, आगे आता है। अपराधों को खोलकर सामने लाना और अपराधियों को नष्ट करना उसका लक्ष्य है। वह इस कर्म के द्वारा पाठकों में प्रभाव और परिणाम के माध्यम से-उनकी मानसिकता को अपनी

अनुकूलता में बदल देता है और यही प्रभर्त्सना का मुख्य कार्य है। उसमें व्यंग्यकार अकेला नष्ट करने को तैयार (अंत में) नहीं रहता बल्कि सारे पाठक अपनी मानसिक सघनता में उसके उतने ही शत्रु हो जाते हैं जितना कि स्वयं व्यंग्यकार है। परसाई की प्रभर्त्सना का अन्तरंग विकास और उसकी अपनी मौलिकता, आक्रोश के उभार में न होकर, आक्रोश की प्रौढ़ता के आवेगात्मक संतुलन में निहित रहती है–यह आधार परसाई के लेखन में इतना विकसित है कि आक्षेप तक में आक्रोश की गहनता और अन्धता तक में बौद्धिक प्रकाश का संतुलन और प्रहार की सतर्क दिशा का चयन मिल जायेगा। देखिए इस आक्षेप को–जो विडम्बना रूप की संवादिक सहज आत्मीयता के साथ सामने आता है। जहाँ व्यंग्यकार आक्रोश की सघनता को ताकत में बदलने के लिए विचारधारा के द्वन्द्वात्मक हथियारों को अन्तर्विरोधों के साथ नाकाम आचरण और परिणाम का खात्मा करता है।

"...कमीशन–पर सम्पूर्ण क्रांति का नारा तो आपने ही दिया था? जय प्रकाश–सही है, पर रिकार्ड है कि पूरी जिंदगी मैंने वही नारा दिया, जो हो नहीं सकता। यह मेरी आदत है, और नियति भी। 1952 के पहले आम–चुनाव में, मैंने नारा दिया था कि प्रजा समाजवादी दल सरकार बनायेगा... हमारी पार्टी की खटिया खड़ी हो गई। पार्टी का टूटना शुरू हुआ। मैं छिटककर विनोबा के पास चला गया। मैंने भूदान का नारा विनोबा के साथ दिया। पर भूमि नहीं मिली। ग्रामदान का नारा दिया। ग्राम नहीं मिले। मैं देशदान का नारा भी दे रहा था, पर जवाहरलाल ने नहीं देने दिया। मैंने जीवनदान का नारा दिया, पर मेरे सिवा किसी ने जीवन नहीं दिया। आखिर मैंने ही अपना जीवन वापस ले लिया। मैंने पार्टीहीन लोकतंत्र का नारा दिया। वह नहीं हुआ। मैंने बुनियादी लोकतंत्र का नारा दिया। वह नहीं हुआ। मैंने जनेऊ तोड़ने का नारा दिया, पर लोगों ने दो–दो जनेऊ पहन लीं। मैंने नारा दिया जात तोड़ो, तो ऊँची और नीची जात वालों में आपस में सिरफुटौवल होने लगी। जो मैंने कहा वह कभी नहीं हुआ। मेरे चाल–चलन का ऐसा बढ़िया रिकार्ड है। ...सरकार बदली और इसका रिकार्ड मेरे माथे मढ़ दिया गया! मैं बेकसूर हूँ।" (तीसरी आजादी का जाँच कमीशन)

प्रस्तुत आक्षेप में व्यंग्यकार ने अपने आक्रोश को तह देने के लिए उसे तह देकर अनुकूल वस्तुओं में छुपा देने के लिए विडम्बना रूप का सहारा लिया है, जिसमें अपने कार्यों की तार्किक स्वीकृति की सहजता, हास्यास्पद को कायरता से भी दूर रखकर निरर्थकता तक ले जाती है। जहाँ उसका अस्तित्व समाप्त नहीं होता पर धुएँ की रेखाओं जैसा उभर–उभरकर फुस्स होता रहता है। व्यंग्य के आक्षेप रूप में व्यंग्यकार छुपकर हत्या करने वाला

हत्यारा होता है जिसमें हास्पास्पद को समाप्त होते तो देखते हैं किन्तु समाप्त करने वाले को नहीं देख पाते। विडम्बना के सहारे से ठोस आधार और अधिक प्रबलता के साथ प्रमाणित होता हुआ प्रहारात्मक सफलता अर्जित करता है। आक्षेप में समाज में किये गये कार्य अकार्य-दुष्कार्य बिन्दुओं से हास्यास्पद पर एक संगठित अस्त्र धारा उसके सिर पर एक साथ टूटती है–गिरती है। इस तरह अवांछित कार्य समाज से निर्णीत अवांछित कार्यों के रूप में उस पर ही 'अटेक' करने आगे आते हैं। सामाजिक अस्वीकृति और फिर यही दण्ड स्वीकृति की भावना उसका विध्वंस करती है। लेकिन यहाँ स्थिति थोड़ी भिन्न है–क्योंकि व्यंग्यकार ने यहाँ हास्यास्पद को इतना छोटा बना दिया है–हीन कर दिया है कि समाज उस पर प्रहार करना ठीक नहीं मानता तो यह अस्वाभाविक नहीं। क्योंकि हास्यास्पद स्वयं अपने हाथों ही ढेर हो रहा है यह समाज अपनी आँखों से देखता है। बहरहाल यही कि व्यंग्यकार ने हास्यास्पद को दयनीय और निरीह बनाकर–'निष्फल अकर्मण्य' बनाकर 'नाकुछ' की निरीहता में डुबो दिया है, जहाँ उसकी साँस थोड़ी-थोड़ी चल भर रही है, वह अपने कार्यों की अकर्मण्य स्वीकृति के साथ स्वयं ढेर हो रहा होता है।

जो भी हो, परसाई के इन व्यंग्यात्मक रूपों के विकास के पीछे उनकी सामाजिक अन्तर्वस्तु के, विचारधारा के वे आधार हैं जिनका सत्त्व अपनी रूपात्मक प्रक्रिया में समय और स्थान के आयामों के साथ, अपनी अनुकूलता के लिए अनुकूल तेज हथियारों को प्राप्त करके, उनके चलाने, उपयोग कर लेने की प्रक्रियाओं का भी विकास कर लेते हैं। वास्तव में उनके समूचे व्यंग्यात्मक विकास के पीछे स्वयं उन नये-नये सरोकारों की सृष्टि भी है, जो मनुष्य की मुक्ति से सम्बद्ध हैं। यह सृष्टि अपनी सार्थकता में (तब तक) होती रहेगी जब तक मुक्ति की प्रत्याशा उन उच्च सम-भूमियों तक ले जाया करेगी जो वांछित, आकांक्षित और संघर्ष तथा वर्गहीन समाज की विजय और स्थापना की निश्चिंतता से जुड़ी है। यदि परसाई के लेखन का यह आधार बिल्कुल सही है (और जैसा कि अभी इस निबन्ध में सही प्रमाणित होता है) तो यह निश्चित है कि उनका लेखन इतिहास और वर्तमान के साथ उन भविष्योन्मुख वास्तविकता में उजागर होकर मनुष्य की मुक्ति को आकार देने में संलग्न है। इसीलिए यह सब संघर्ष का एक दस्तावेज भी है।

वैसे हमें इस पिटी-पिटाई बात पर भी विचार करना चाहिए कि व्यंग्यकार का काम क्या केवल हास्यास्पद पर प्रहार करना होता है? और इस प्रहार में वह पाठकों को मजा देता है! यह दृष्टिकोण आज के विकसित

व्यंग्य के लिए बहुत कुछ अध-बना और अधूरा भी है। वास्तव में सच्चा और समझदार व्यंग्यकार, अपनी लड़ाई में, पाठकों को अपने साथ करता है। और साथ करने के लिए वह दो काम करता है। एक तो वह अपनी जैसी दृष्टि प्रदान करके, वस्तुओं को उनके परिवेश के साथ, पूरी तरह समझ पाने का विवेक देता है। और दूसरी बात यह है कि वह उनके मानसिक आधार को अपने अनुरूप मजबूती देकर, उनकी संवेदनात्मक रुझान में अपने आवेग की दिशा का समायोजन और अन्तर्प्रवाहन करके उन्हें साहसी योद्धा बनाता है। लड़ाई के लिए भीतर-बाहर से तैयार करता है। साहित्य के दूसरे रूपों की अपेक्षा व्यंग्य माध्यम की तैयारी कुछ दूसरे तरह की होती है-जो तात्कालिक उद्वेगों की पूर्ति और भविष्योन्मुख जिज्ञासाओं के लिए खाली मैदान निर्मित करने वाली–लड़ाई के मैदान की जगह तैयार करने वाली कही जा सकती है। दूसरी तरह से यह कि वह सामाजिक परिवेश से सीधा सम्पर्कित करके बौद्धिक दृष्टि से विकास और प्रकाश एक साथ देता है-जैसे कोई पक्की नहर बनाता है। यहाँ तक आते-आते व्यंग्य में न तो हँसी रह जाती है और न हँसने वाले हजरत रह जाते हैं। यहाँ केवल अपनी ज़मीन से उठकर, व्यंग्यकार के साथ शामिल होने वाले लोगों का समाज ही रह जाता है। जो व्यंग्य-रचनाओं के अनेक छोरों के, अन्त के संश्लिष्ट बिन्दुओं से आकारित, एक ठोस केन्द्रीय भूभाग होता है, जहाँ सब खड़े हुए प्रतीक्षारत होते हैं। परसाई इस प्रतीक्षा में योग करने वाले लोगों के बीच कितने बड़े भागीदार हैं, अब इतिहास स्वयं इस बात को उजागर करने की प्रतीक्षा में हो तो आश्चर्य नहीं। परसाई का लेखन, उनकी परख और प्रकाश हमारी पहचान की द्वन्द्वात्मकता से जुड़कर कितने सार्थक हो सकेंगे, हमें अब इस बात की प्रतीक्षा है।

–मलय

1 यह रचना पाकिस्तान या चीनी आक्रमण के समय लिखी गई थी–शायद यही कारण है।

व्यंग्य का सर्जनात्मक कर्म

हरिशंकर परसाई ने परिमाण और गुण दोनों की दृष्टि से एक जनवादी कथाकार के दायित्व की पूर्ति की है। व्यंग्य-कथा ने आज हिन्दी में एक विशिष्ट विधा के रूप में जो अपनी पहचान बनायी है, इसका नब्बे परतिशत श्रेय परसाई की रचनाओं को ही है। व्यंग्य-रचना उनके लिए देश-विदेश के अनेकानेक व्यंग्यकारों की तरह मात्र 'फनी थिंग्ज'[1] (हास्यजनक विषय-वस्तु) नहीं है; वह 'विद्रूप का उद्घाटन', 'परदाफाश', 'करारी चोट', 'गहरी मार' या सिर्फ झकझोर देने[2] की प्रक्रिया का एक लम्बा सिलसिला ही नहीं है; यह तो गहरे और व्यापक 'सामाजिक-राजनैतिक अर्थ-संकेतों'[3] की सम्प्रेषक सर्जनात्मक प्रक्रिया का एक अंग है। ऐसी सर्जनात्मक प्रक्रिया तभी तक जीवंत और सार्थक रह पाती है जब तक कि वह समष्टि से अपनी ऊर्जा ग्रहण करती रहे। यह सर्जनात्मक प्रक्रिया का एक अंग है। ऐसी सर्जनात्मक प्रक्रिया तभी तक जीवंत और सार्थक रह पाती है जब तक कि वह समष्टि से अपनी ऊर्जा ग्रहण करती रहे। यह सर्जनात्मक प्रक्रिया व्यापक और गहन जीवन-बोध, वैज्ञानिक विश्वदृष्टि, रचनाकार की आस्था और विश्वास पर निर्भर रहती है। अपने आर्थिक, सामाजिक, राजनैतिक और सांस्कृतिक परिवेश के प्रति एक साथ संवेदनात्मक और आलोचनात्मक संवाद स्थापित करती हुई, उसके प्रति क्रियावान-प्रतिक्रियावान होती हुई, उसकी विसंगतियों के व्यापक और गहन अहसास को एक तर्कसंगत परिणति प्रदान करती हुई वह हमें और अधिक जागरूक और मानवीय बने रहने का सुझाव देती है। सामंती, अर्द्ध-सामंती, अर्द्ध-पूँजीवादी और पूँजीवादी मानसिकता से उत्पन्न विकृत रुचियों को गुदगुदाने की बजाय वह आदमी की चेतना को प्रखर और धारदार बनाने में अपनी सांस्कृतिक-साहित्यिक भूमिका का निर्वाह करती है। व्यंग्य-रचना की ऐसी सर्जनात्मक प्रक्रिया से भी कुछ 'आत्ममुग्ध-स्वतन्त्रचेता' बुद्धिजीवियों को उपदेश की गंध आती है (क्योंकि उनकी नासिकाएं व्यक्तिवाद के विषाणुओं को सूँघ-सूँघकर लगभग सड़ रही

हैं)। ऐसे परिभू स्वयंभू-ओं को आचार्य मम्मट के इस वाक्य की याद दिलाना अप्रासंगिक न होगा-"...व्यवहार विदे, शिवेतर क्षतये। कान्ता सम्मतयो उपदेश युजे" साथ ही ऐसे 'बुद्धिजीवी' अक्सर वही होते हैं जो (परसाई के ही शब्दों में) "किसी के प्रति दायित्व का कोई अनुभव नहीं करते । वे सिर्फ अपने को मनुष्य मानते हैं और सोचते हैं कि हम कीड़ों के बीच रहने के लिए अभिशप्त हैं। ये लोग तो कुत्ते की दुम में पटाखे की लड़ी बाँधकर उसमें आग लगाकर कुत्ते के मृत्यु-भय पर भी ठहाका लगा लेते हैं।"[4] शायद इसी तरह की मानसिकता एक समय रूस में भी वहाँ के 'बुद्धि-जीवियों' पर हावी हो गयी थी जिसका हवाला देते हुए मैक्सिम गोर्की ने अपने 'व्यक्तित्व का विघटन' शीर्षक निबन्ध में लिखा था-"हमारे देश में एक नयी किस्म का लेखक पैदा हुआ है-एक पब्लिक मसखरा, एक विदूषक किस्म का लेखक, जो सस्ते मनोरंजन के भूखे फिलिस्टाइन लोगों की विकृत रुचियों को गुदगुदाने का काम करता है। ऐसा व्यक्ति 'देश' की नहीं 'पब्लिक' की सेवा करता है। उसकी सेवा ऐसे आदमी की सेवा नहीं है जिसे अपनी साक्षी देने और अपना निर्णय सुनाने के लिए आमन्त्रित किया गया है। बल्कि, उसकी सेवा इस प्रकार की है जैसे एक मेंढक-भक्षी गरीब आदमी अपने मालिक की खिदमतगारी करता है। वह पब्लिक में अपने-आपको ही मुँह बिचकाता है और स्वयं अपना मखौल उड़ाता है।"[5]

निश्चय ही ऐसे 'व्यंग्य-लेखकों' की रचना-प्रक्रिया और परसाई की सर्जनात्मक प्रक्रिया में एक गुणात्मक अन्तर है। उदाहरण के लिए 'गेहूँ का सूख' शीर्षक उनकी एक छोटी-सी व्यंग्य-रचना है। लेखक अपने घर से ही प्रारम्भ करता है-"भाई ने ठेले पर से बोरे उतरवाकर बरामदे में रखवाये और एक हाथ कमर पर रख दूसरे से पसीना पोंछते हुए कुछ इस तरह मेरी ओर देखा मानो कह रहा हो...आज देखो मेरी सामर्थ्य! तुम कभी इतना गेहूँ लाये? ठीक कहता है। मुझसे कभी यह नहीं बना। जो-जो मुझसे कभी नहीं बना, यह भाई कर दिखा रहा है।" इसके बाद बातचीत का सिलसिला काले बाजार में गेहूँ के बोरों की ओर हमारा फोकस ले जाता है-"एक जून का आटा अँगोछे में बाँधकर चलने वाले को सजा हो जाती थी और उधर हजारों बोरे गेहूँ रातोंरात सीमा पार हो जाता था।" यहाँ आकर लेखक सामाजिक अन्याय के एक वर्ग-विशिष्ट पक्ष की ओर हमारा ध्यान आकर्षित करता है-"न्याय को अन्धा कहा गया है-मैं समझता हूँ, न्याय अन्धा नहीं काना है, एक ही तरफ देख पाता है।" व्यंग्य यहाँ तक पहुँचते-पहुँचते एक सार्थक परिणति का रूप लेने लगता है। यानी न्याय की पक्षधरता देखिए.

वह अँगोछे में आटा बाँधकर ले जाने वाले गरीब को नहीं बख्शता क्योंकि उसे एक आँख से ही दिखायी देता है, लेकिन अपने दाहिनी तरफ का कालाबाजार उसे दिखायी नहीं देता। अतः न्याय अन्धा नहीं है, काना है। इसी के पीछे एक ओर महत्त्वपूर्ण अर्थ-संकेत है। प्रायः यह धारणा रही है कि काने की एक रग फालतू होती है। जो अन्धा है, वह सहानुभूति का अधिकारी हो जाता है, लेकिन काना, वह तो काइयाँ भी होता है। विद्यमान न्याय-प्रणाली के प्रति कोई सहानुभूति रखने की जरूरत नहीं है। वह एक तरह के काइयाँपन पर आधारित है। इसके बाद लेखक भूलोक से स्वर्गलोग का दृश्यावलोकन कराता हुआ कहता है–"आदम इस न्याय धर्म का शिकार हुआ। स्वर्ग के निवासियों को गेहूँ खाने वाले से इतनी नफरत क्यों हुई?...स्वर्ग के वासियों ने सोचा होगा कि आदमी का चस्का लग गया है; अब यह गेहूँ पैदा करेगा, खेत जोतेगा, अनाज बोयेगा, फसल काटेगा–यानी परिश्रम करेगा। वे स्वयं तो बिना खुद पैदा किया खाद्य खाते थे। जिन्हें पसीना सिर्फ गरमी और भय से आता है, वे श्रम के पसीने से बहुत डरते हैं। स्वर्ग के आलसी, निठल्ले, परोपजीवी निवासी कर्मी मनुष्य से डरे होंगे और घबड़ाहट में उसे बाहर निकाल दिया होगा।" रचनाकार प्रकारान्तर से यह व्यंजित कर रहा है कि 'स्वर्गलोक' की कल्पना आलसी, निठल्ले और परोपजीवी वर्ग ने की थी। इसके अतिरिक्त यह भी व्यंजित किया गया है कि श्रम के पसीने से डरे हुए 'देवताओं' और अपने परिश्रम से अपनी जीविका अर्जित करने वाले आदमियों का संघर्ष बहुत पुराना है।

लेखक पुनः अपने घर की ओर लौटता है–"गेहूँ के बोरे ने जादू कर दिया। कल भाई-बहन में किसी बात पर खटपट हो गयी थी। आज दोनों ने बोरे का एक-एक सिरा पकड़कर घसीटा तो मन मिल गया। बोरा सेतु बन गया।" व्यंग्य यह है कि यह गेहूँ का बोरा ही मानव और मानव के बीच सेतु बन सकता है क्योंकि इसका अभाव ही संघर्ष को जन्म देता है। अन्न का अभाव ही सारे क्लेशों का एक प्रमुख कारण है।

अन्त में रचनाकार की टिप्पणी एक विशिष्ट अर्थ-संकेत की वाहक है–"कुछ लोग गेहूँ की बात को 'भौतिक' कहकर मुँह चिढ़ाते हैं। अगर भौतिक बुरा है तो सबसे बड़ी भौतिक क्रिया तो जन्म धारण करना है। तो भाई, भौतिकता से पिंड छुड़ाने के लिए मरते क्यों नहीं? उपनिषद का वह ब्रह्मचारी मूर्ख नहीं था, जिसने छूटते ही कहा कि अन्न ब्रह्म है। लेकिन अब कुछ लोग गेहूँ से गुलाब की ओर इस तरह ले जाते हैं, जैसे गेहूँ जरूरत से ज्यादा हो गया, इसलिए गुलाब की खेती करनी चाहिए।" यहाँ गुलाब के बहाने सौदर्न्य-चेतना और गेहूँ के बहाने मानव की आत्यंतिक

आवश्यकता के बीच के अन्तर्विरोधों को व्यंजित किया गया है। गुलाब के मुकाबिले परसाई गेहूँ को तरजीह देते हैं। गेहूँ की बालों से लहलहाते खेतों का सौन्दर्य गुलाब की क्यारियों के सौन्दर्य से निस्सन्देह उन्नत स्तर का होता है। यही वह अन्तर है जो दो तरह की मानसिकताओं को अलग कर देता है। परसाई के व्यंग्यों में गुलाबी मानसिकता का मजाक उड़ाया जाता है। गेहूँ यहां मानव-समाज की आवश्यकताओं की तरजीह देने वाली सामाजिक चेतना का प्रतीक बन जाता है। 'भौतिक चेतना' कहकर मुँह बिचकाने वाले 'अध्यात्मचेताओं' की खबर लेते हुए परसाई उपनिषद के ही ब्रह्मचारी का हवाला देते हैं (यानी उन्हीं का जूता उन्हीं के सिर पर दे मारते हैं)। "...जैसे गेहूँ जरूरत से ज्यादा हो गया..." कहते हुए उस राजनीति की ओर इशारा करते हैं जो जनता का ध्यान असली मुद्दों और आवश्यक समस्याओं के हटाती हुई तथा फालतू और अनावश्यक किस्स की समस्याओं में उलझाये रखती हुई अपना उल्लू सीधा करती जाती है।

इस प्रकार 'गेहूँ का सुख' शीर्षक व्यंग्य-रचना का उदाहरण देते हुए, बानगी के तौर पर, मैंने यह स्पष्ट करने की कोशिश की है कि परसाई की सचेतन और व्यापक व्यंग्य-रचनाओं में किस प्रकार एक सिलसिलेवार बातचीत की-सी विधा होती है, बोलचाल की भाषा में बातचीत का यह सिलसिला किस प्रकार व्यक्ति से समष्टि की यात्रा तय करता हुआ एक तर्कसंगत परिणति का स्वरूप ग्रहण कर लेता है और इस यात्रा के मार्ग के दोनों ओर पड़ने वाले, सारे जीवन-संदर्भों को ध्वनित करता हुआ तथा एक कुशल योद्धा की तरह अपने अनुभव-कोष के तूणीर से व्यंग्यों की बाणवर्षा करता हुआ अग्रसर होता है। इस जीवन-संदर्भों में 1. व्यक्तिगत सुख-दुःख, राग-द्वेष 2. पारिवारिक और सामाजिक समस्याएँ, 3. राजनैतिक, आर्थिक, धार्मिक, और अन्य प्रकार के अनेकानेक प्रसंग शामिल होते हैं। इस यात्रा के अन्तिम पड़ावों के रूप में रचनाकार नये युग के क्रान्तिकारी जीवन-मूल्यों को सम्प्रेषित करता है।

परसाई की व्यंग्य-रचनाओं में व्यंजित अर्थ-संकेतों को ग्रहण करने के लिए एक जागरूक मानसिकता की अपेक्षा रहती है। वरना अक्सर ऊपरी और सतही छींटाकशी का आनन्द तो मिल जाता है लेकिन अभिप्रेत अर्थ-संकेतों की ओर पाठक का ध्यान नहीं जाता। उनकी प्रत्येक व्यंग्य-रचना की तह में मानवीय करुणा और मानवीय कल्याण के गम्भीर अहसास की अन्तर्धारा होती है। "Reader will have to prepare himself" का आधुनिक पाश्चात्य साहित्य-सिद्धान्त यहाँ पूरी तरह लागू होता है। बहरहाल पाठक को सिर्फ इतनी तैयारी करना पर्याप्त होता है कि उसकी गुलाबी

मानसिकता टूट जाये और वह गेहूँ वाली मानसिकता अपना ले। यह कोई आश्चर्य की बात नहीं है; निराला ने 'कुकुरमुत्ता' की रचना हिन्दी पाठकों की गुलाबी मानसिकता को तोड़ डालने के लिए ही तो की थी!

मानवीय करुणा और मानवीय कल्याण के गम्भीर, गहरे और व्यापक अहसास की अन्तर्धारा के उल्लेख के रूप में उनकी दो व्यंग्य-कथाओं 'इंस्पेक्टर मातादीन चाँद पर' और 'मन्नू भैया की बारात' के उदाहरण देना अप्रासंगिक न होगा। 'इंस्पेक्टर मातादीन चाँद पर' अपने सतही रूप में पुलिस की ज्यादतियों (Police excesses) की ओर देश की जनता का (और देश के कर्णधारों का) ध्यान ले जाने वाली एक व्यंग्य-कथा है, जो फैंटेसी की शैली में लिखी गयी है। अपने-आपमें सतही तौर पर सही, यह भी कोई कम महत्त्वपूर्ण उपलब्धि नहीं है। लेकिन इस व्यंग्यकथा की सार्थक परिणति उस मानवीय करुणा और मानवीय कल्याण के गम्भीर, गहरे और व्यापक अहसास के सम्प्रेषण में है तो उक्त कथा की अन्तिम पंक्तियों में व्यंजित की गयी है–"आपके मातादीन ने हमारी पुलिस को जैसा कर दिया है, उसके नतीजे ये हुए हैं: कोई आदमी किसी मरते हुए आदमी के पास नहीं जाता, इस डर से कि वह कत्ल के मामले में फँस जायेगा। बेटा बीमार बाप की सेवा नहीं करता। वह डरता है, बाप मर गया तो उस पर कहीं हत्या का आरोप नहीं लगा दिया जाये... बच्चे नदी में डूबते रहते हैं और कोई नहीं बचाता, इस डर से कि उस पर बच्चों को डुबोने का आरोप न लग जाये।"

जरा पाठक गौर करें कि देश की आम जनता कितने भयावह संत्रास में जी रही है। (वो बात भला क्या बिगड़ेगी जो बात यहाँ तक आ पहुँचे) यदि थोड़ी भी मानवीय संवेदना हो तो समाज की यह स्थिति हृदय को हिला देती है। मानवीय करुणा का यह अहसास एक अर्थपूर्ण आक्रोश की दिशा में सक्रियता प्रदान करता है।

इसी तरह 'मन्नू भैया की बारात' शीर्षक व्यंग्य-कथा के ऊपरी कलेवर में बारातियों का उचक्कापन ही उभरता है; लेकिन कन्या के पिता की मृत्यु पर जो कारुणिक अवसाद उभरता है, वह किसी भी बेटी वाले के लिए 'रोदिति ग्रावाडपि, गलति वज्रस्य हृदयम्' से कुछ कम नहीं है। भारतीय परिवारों में विवाह के महोल्लास की पृष्ठभूमि में कन्या का पिता कितना अभागा होता है, इस तथ्य का जितना गहरा अहसास यह व्यंग्य-कथा कराती है, समीक्षा की शैली में उसका संकेत कर पाना भी असंभव प्रतीत होता है।

विषय-वस्तु की व्यापकता और विविधात्मकता की दृष्टि से परसाई की

व्यंग्य-रचनाओं का एक विराट संसार है। मानव-समाज और प्रकृति (जिसमें मानव-प्रकृति भी शामिल है) से सम्बन्धित शायद ही कोई ऐसा विषय हो जिस पर उनका ध्यान नहीं गया। धर्म, दर्शन, राजनीति सम्बन्धी सभी समस्याओं पर उनका ध्यान जाता है। धर्मान्धता, मतान्धता, विचारान्धता ('संस्कारों की लड़ाई', 'भारत को चाहिए जादूगर और साधू'), छद्म कर्मशीलता, और झूठे प्रकृति-प्रेम ('आचार्य जी, एक्सटेंशन और बगीचा'), और छद्म बुद्धिजीविता ('बुद्धिवादी') की उन्होंने कड़ी और निर्मम आलोचना की है। सुविधा भोगी थैलीशाहों ('असुविधाभोगी'), जमाखोरों ('जमाखोर की क्रान्ति'), भ्रष्ट और अवसरवादी राजनैतिक नेताओं ('राजनीति का बँटवारा'), जन-जीवन से कटे भ्रष्ट प्रोफेसरों ('बेताल की छब्बीसवीं कथा'), कुत्ते की तरह फेथफुल ब्यूरोक्रैटों ('साहब महत्त्वाकांक्षी'), चुनाव के दिनों में नयी नस्ल की तरह पैदा होने वाले राजनैतिक कार्यकर्त्ताओं ('धर्मक्षेत्रे कुरुक्षेत्रे'), सेक्स-त्रस्त साधुओं ('राग-विराग'), देशद्रोहियों, समाज-विरोधी तत्त्वों ('चावल से हीरे तक') और प्रतिक्रियावादियों की उन्होंने निर्भय होकर भर्त्सना की है। झूठी प्रतिष्ठा ('लघुशंका न करने की प्रतिष्ठा'), झूठी साहित्यिकता ('अमरता'), महत्त्वाकांक्षा ('साहब महत्त्वाकांक्षी'), झूठी देशभक्ति ('देश के लिए दीवाने आये'), उत्सववादिता (अकाल-उत्सव) आदि जैसी कितनी ही मनुष्य और समाज की कमजोरियों की उन्होंने आलोचना की है। अपने देश-काल और समाज का कोई ऐसा क्षेत्र नहीं बचा होगा जिसकी विसंगतियों और विडम्बनाओं का उन्होंने चित्रण न किया हो। मनोवृत्तियों की तह जमें हुए हर तरह के पाखंड को उन्होंने अपनी कलम से कुरेदा है। किसी व्यंग्य-रचना में आलोचना का केन्द्र 'व्यक्ति' है ('एक तृप्त आदमी') तो किसी में पूरा मोहल्ला है ('एक लड़की, पाँच दीवाने'); किसी में नगर ('कर कमल हो गये') तो किसी में पूरा देश ('पेट का दर्द और देश का')। रचना-सामग्री का इतना व्यापक आयाम शायद ही किसी समकालीन कथाकार ने संजोया हो। कहीं-कहीं तो एक ही व्यंग्य-कथा के अन्तर्गत एक ही स्वीप (Sweep) में व्यापक से व्यापकतर उड़ानें भरती हुई उनकी प्रतिभा आश्चर्यचकित कर देती है। पेट के दर्द से शुरू करते हैं और देश के दर्द पर खत्म करते हैं। लेकिन संवाद का सिलसिला नहीं टूटता और तर्क की संगति बनी रहती है।

विधा और स्वरूप दोनों ही दृष्टियों से उन्होंने बहुविधात्मक और बहुरूपात्मक व्यंग्य-साहित्य की सृष्टि की है। विधा की दृष्टि से यदि देखें तो कुछ व्यंग्य-रचनाएँ निबन्धपरक हैं जैसे 'भूत के पाँव पीछे' शीर्षक पुस्तक में संकलित रचनाएँ तो कुछ रचनाएँ टिप्पणियों के रूप में हैं, जैसे 'अपनी-

अपनी बीमारी'। कुछ इन्टरव्यूपरक हैं, जैसे 'सज्जन, दुर्जन और कांग्रेस जन', 'प्रजावादी समाजवादी', 'लोहियावादी समाजवादी'। कुछ संस्मरणपरक, जैसे 'बारात की वापसी'। कुछ लघु कथात्मक, जैसे 'हनुमान की रेलयात्रा'। कुछ मिनी कथाएँ भी हैं (लघुतम आकार की ऐसी कुछ छोटी-छोटी कथाएँ मन्टो ने भी लिखी थीं)-जैसे 'मित्रता', 'देवभक्ति', 'जाति', 'लिफ्ट', 'खेती' आदि। ये 'सदाचार का तावीज' में संकलित हैं। कुछ लम्बी कहानी हैं, जैसे 'एक लड़की: पाँच दीवाने'। कुछ लघु उपन्यास, जैसे 'ज्वाला और जल', 'तट की खोज', 'रानी नागफनी की कहानी' आदि-आदि। स्वरूप की दृष्टि से भी इन व्यंग्य-रचनाओं के अनेक प्रकार हैं। फैंटेसीपरक कथाएँ, जैसे 'प्रेमियों की वापसी', जिसमें नायक-नायिका प्रेम करने की स्वतन्त्रता न मिलने पर आत्महत्या कर लेते हैं लेकिन स्वर्ग-लोक में प्रेम करने की स्वतन्त्रता से ही ऊबकर वापस भूलोक में आना चाहते हैं। कुछ कथाएँ मिथक और पुराण प्रसंगात्मक हैं, जैसे-'लंका विजय के बाद', 'सुदामा के चावल'। कुछ बैताल कथाओं की शैली में हैं-जैसे 'बैताल की छब्बीसवीं कथा' आदि। कुछ कथाओं में फैंटेसी और मिथक के मिश्रित प्रयोग हैं-जैसे 'भोलाराम का जीव', 'त्रिशंकु बेचारा'। लघु प्रेमाख्यानों के रूप में कुछ प्रयोग किये हैं। आधुनिक भारतीय फिल्मों की चलताऊ कथानक रूढ़ियों पर एक महत्त्वपूर्ण व्यंग्य-कथा ('एक फिल्म कथा') है जो फिल्मी कथानक के ही रूप में अभिकल्पित है। इस कहानी को पढ़ने के बाद फिल्मों के कथानक सम्बन्धी सारे टोटकों और नुस्खों की कुंजी मिल जाती है और फिर कोई आधुनिक फिल्म देखने की जरूरत नहीं रह जाती। कुछ कहानियाँ दिनचर्यात्मक विवरणों के रूप में लिखी हैं-जैसे 'दस दिन का अनशन'। कहानियों के इतने तरह-तरह के प्रयोग हिन्दी में और किसी भी कहानीकार ने नहीं किये।

कुल मिलाकर बड़ी-छोटी रचनाओं की गिनती करें तो उन्होंने लगभग एक हजार से ज्यादा व्यंग्य-रचनायें की हैं। प्रत्येक रचना सर्जनात्मक क्षमता और मूल्यवत्ता का पारदर्शी क्रिस्टल है। परिमाण और गुण दोनों ही दृष्टियों से उन्होंने एक महान रचनाकार के दायित्व की पूर्ति की है।

निष्कर्ष रूप में यह कहा जा सकता है कि परसाई ने अपनी रचनाओं द्वारा मानव-समाज के कलुष और अशिव को क्षत-विक्षत करने की भरसक कोशिश की है। व्यक्तिगत, पारिवारिक, सामाजिक जीवन के सभी क्षेत्रों से अनुभवों को बटोरते हुए, इस प्रक्रिया में अपने पैने आब्जर्वेशनों का इस्तेमाल करते हुए, अपनी जागरूक और वैज्ञानिक विश्वदृष्टि द्वारा उन्हें एक तर्क-संगत परिणति प्रदान करते हुए और इस पूरे प्रोसेस में अपनी प्रतिभा का

उत्तरोत्तर विकास करते हुए व्यंग्य-लेखन के क्षेत्र में उन्होंने एक ऐसी सिद्धावस्था प्राप्त कर ली है जिसका मूल्यांकन करना अतिशयोक्ति कहला सकता है। क्योंकि जीवनकाल में ही लेखक का मूल्यांकन करना हिन्दी की परम्परा के अनुकूल नहीं है; ऐसे किसी भी मूल्यांकन को 'स्तुति', 'पक्षपात' या 'प्रशस्ति' आदि के फतवे दिए जा सकते हैं। तथापि यह तो कहा ही जा सकता है कि पूँजीवादी-अर्द्धसामन्ती माहौल में मानव के निरंतर होते हुए अवमूल्यन को इस रचनाकार ने बड़े सार्थक और सटीक ढंग से चित्रित किया है। प्रेमचंद ने कहा था कि साहित्य समाज की आलोचना है। इस दृष्टि से हरिशंकर परसाई हमारे समकालीन समाज के सबसे समर्थ समालोचक हैं। इस आलोचना करने के जो जोखिम होते हैं, उन्हें उन्होंने निर्भय होकर आगे बढ़ते हुए अंगीकार किया है। शाहेवक्त की भी उन्होंने कड़ी से कड़ी आलोचना की है। 'उखड़े खम्भे' शीर्षक उनकी प्रसिद्ध व्यंग्य-कथा में उस ऐलान का संदर्भ है जो भूतपूर्व प्रधानमंत्री श्री जवाहरलाल नेहरू ने मुनाफाखोरों के खिलाफ किया था। इस व्यंग्य-कथा में जब मुनाफाखोरों को बिजली के खम्भे से लटकाए जाने की घोषणा की जाती है तो रातोंरात सब खम्भे उखाड़ दिए जाते हैं। मुनाफाखोरों को दंड देने के श्री नेहरू के हवाई साहस की जो परिणति हुई वह इतिहास के तर्क को देखते हुए स्वाभाविक ही थी। इसी प्रकार 'अकाल-उत्सव' शीर्षक फैंटेसी में रचनाकार को अनेक दुःस्वप्न आते हैं। ऐसी ही एक दुःस्वप्न में भूखी जनता ''विधान सभा और संसद की इमारतों के पत्थर और ईंटें काट-काटकर'' खाती हुई दिखाई देती है। 'भोलाराम का जीव' शीर्षक फैंटेसी में हम देखते हैं कि रिटायर्ड कर्मचारी भोलाराम की मृत्यु हो चुकी है। स्वर्गलोक में धर्मराज परेशान हैं कि भोलाराम के प्राण-पखेरू उड़ने के पाँच दिन बाद भी उसका जीव स्वर्गलोक में नहीं पहुँचा। बाद में भू-लोक की खाक छान लेने के बाद नारद मुनि यह पता लगाने में सफल होते हैं कि भोलाराम का जीव तो उसके दफ्तर की उस फाइल में अटका है जिस पर अभी भोलाराम की पेंशन का मामला तय होना है। मामला तय नहीं हो पा रहा क्योंकि भोलाराम की ओर से पेंशन संबंधी आवेदन पर कोई 'वजन' नहीं रखा गया था। 'वजन (रिश्वत) न रखे जाने के कारण कितने ही ऐसे कागज अफसरों की मेजों से उड़-उड़कर इस देश के वायुमंडल में उड़ रहे हैं.

व्यंग्य करने की उनकी-सी क्षमता हिन्दी के दूसरे किसी भी समकालीन लेखक में नहीं है। इस दृष्टि से कुछ समर्थ वाक्यों की बानगी देना अप्रासंगिक न होगा। 'चुनाव के ये अनन्त आशावान' शीर्षक रचना में कहते हैं– ''नेतागिरी आवाज के फैलाव का नाम है।'' 'धर्मक्षेत्रे कुरुक्षेत्रे' शीर्षक रचना

में कहते हैं–''मतदान का 'पवित्र' अधिकार जिसे कहते हैं, उसे यह रिक्शा वाला हाथ पर काला धब्बा लगाना कहता है।'' 'भेड़ें और भेड़िए' शीर्षक रचना में बूढ़ा सियार (जो बूढ़े पूँजीवादी राजनैतिक नेता का प्रतीक है) जब आकाश की ओर देखता है तो उस पर टिप्पणी करते हुए कहते हैं–'बूढ़ा सियार अब ध्यानमग्न हो गया। उसने एक आँख बन्द की। नीचे के होंठ को ऊपर के 'दाँत' से दबाया और एकटक आकाश की ओर देखने लगा जैसे विश्वात्मा से कनेक्शन जोड़ रहा हो।'' 'पाठक जी का केस' शीर्षक व्यंग्य-कथा में पाठक जी अपने केस के लिए अनुष्ठान कर रहे हैं। वे रोज नियम से सुबह-शाम दो-दो घण्टे पूजा करते हैं। पड़ोसी की तबियत खराब हो जाए 'वे पूजा के बीच नहीं उठते चाहे दुनिया इधर की उधर हो जाए' लेकिन दफ्तर के साहब (सेक्रेटरी साहब) का बुलावा आने पर उनकी पूजा भंग हो जाती है। पत्नी उनके इस तरह भगवान की पूजा छोड़कर उठ आने पर कैफियत देने का कमजोर प्रयत्न करती है तो पाठक जी दाँत पीसकर कहते हैं–''क्या भगवान भगवान लगा रखा है! 'केस' भगवान के पास है कि सेक्रेटरी के पास?'' और अफसर से मिलने के लिए चल देते हैं। 'शहादत जो टल गई' में एक 'क्रान्तिकारी' कवि पर टिप्पणी करते हुए कहते हैं–''उन्हें कविता में क्रान्तिदेवी के उरोज दीखते थे। एक दिन उन्होंने कविता पढ़ी तो ऐसा लगा कि आज उन्हें क्रान्तिदेवी मिल जाए तो बलात्कार कर लेंगे।'' क्रान्तिकारी लफ्फाजी पर इससे अधिक तीखा व्यंग्य और क्या हो सकता है! 'गुड़ की चाय' शीर्षक व्यंग्य-रचना में कहते हैं कि ''दाने-दाने पर काला बाजार वाले का नाम लिखने लगा है।'' एक पुराने प्रचलित मुहावरे का आधुनिक संदर्भ में इससे अधिक सर्जनात्मक इस्तेमाल और क्या होगा! 'दूसरे के ईमान के रखवाले' में आने वाली घटनाओं का संकेत देते हुए कहते हैं–''बिहार के भूखों की आँखों में भी पीड़ा के साथ लाल डोरे दिखने लगे हैं।'' इसी व्यंग्य-रचना में एक स्थान पर सवाल करते हैं कि ''अगर सब मिथ्या माया है, तो मठ की गद्दी के लिए शंकराचार्य हाईकोर्ट में मुकदमा क्यों लड़ते हैं?'' इससे अधिक अर्थपूर्ण और सवाल क्या होगा? 'सज्जन, दुर्जन और कांग्रेस जन' शीर्षक व्यंग्य-रचना में 'भैया साहब' नाम के एक कांग्रेसी नेता पर टिप्पणी करते हुए कहते हैं–''भैया साहब का ब्राह्मणवाद जनसंघ के हिन्दुवाद के खिलाफ एक कवच है।'' यह 'भैया जी' नाम का पात्र उनकी रचनाओं में बार-बार आया है, तो यह अचानक नहीं है। 'भैया जी' शुद्ध 'गांधीवादी' हैं। 'खादी जी' की पूजा करते हैं। उनके घर में 'तकली जी' और 'चरखा जी' भी हैं। 'पगडंडियों का जमाना' में कहते हैं कि ''अच्छी आत्मा फोल्डिंग कुर्सी की तरह होनी चाहिए।''

झूठी नैतिकता पर इससे बेहतर व्यंग्य क्या होता! "सोचना एक रोग है, जो इस रोग से मुक्त हैं, वे धन्य हैं" ('भारत को चाहिए: जादूगर और साधु') और "आदमीयत पानी बनकर निकल रही है, पता नहीं खून बनकर कब निकलेगी।" ('देश के लिए दीवाने आए') जैसे अर्थवान वाक्य वही लिख सकते हैं।

'एक और जन्म-दिन' में जन्म-दिन मनाने के लिए लालायित रहने वाले सामाजिक, राजनैतिक और साहित्यिक नेताओं की खिल्ली उड़ाते हुए स्वयं को भी शामिल कर लेते हैं। फिर साम्प्रदायिक शक्तियों पर व्यंग्य करते हुए कहते हैं–"कुछ लोग फिरकापरस्त होते हैं, मैं 'फिकरापस्त' हूँ। फिकरा जबान पर आ गया तो निकल जाता है, और उसके नुकसान मैं भुगतता हूँ" 'फिकरापस्त' कहकर आत्मालोचन भी करते हैं। 'नुकसान भुगतता हूँ' कह कर अपनी निर्भय वृत्ति को भी व्यंजित करते हैं। साथी ही साम्प्रदायिक शक्तियों द्वारा उन पर जो प्रहार किये गये हैं, उन घटनाओं की ओर भी संकेत कर जाते हैं। उनकी व्यंग्य करने की क्षमता इतनी परिपूर्ण है कि वह अनेक स्तरों पर विभिन्न अर्थ-संकेतों की व्यंजक होती है। यहाँ व्यंग्य के कई लेअर्ज (Layers) होते हैं और उन सभी के बीच एक तर्क-संगति (Logical consistency) से होती है।

इस प्रकार हम देखते हैं कि परसाई की व्यंग्य-कथाओं में पतनोन्मुख बुर्जुआ और पेटी-बुर्जुआ मन:स्थितियों को गुदगुदाने को कोशिश नहीं होती। ये व्यंग्य-सचेतन और व्यापक अर्थ-संकेतों की गूँज के साथ प्रतिध्वनित होते हैं। 'हास्य-रस', 'फन', 'व्हिट' या 'सैटायर' कहकर उन्हें व्याख्यायित नहीं किया जा सकता। जैसा कि एक पश्चिमी विद्वान ने गेटे के संबंध में कहा था–उनका साहित्य-सृजन सूर्य की तरह आलोकित तो करता है लेकिन निकम्मे बुद्धिजीवियों की चुरुट जलाने के काम नहीं आता। चटपटे मजाकों और फूहड़ हास्यों का वहाँ अभाव मिलेगा। मिर्च-मसालेदार किस्सागोई की मिसाल वहाँ ढूँढ़ने पर भी नहीं मिलेगी। जिस हास्य की सृष्टि के लिए रचना को ही हास्यास्पद होना पड़े, उसे व्यंग्य-रचना मान लेना व्यंग्य से उसकी वह प्रतिष्ठा भी छीन लेना है, जो प्राचीन साहित्य-चिंतकों ने उसे दी थी। हिन्दी में आज यही हो रहा है। व्यंग्य की शक्ति उसकी सार्थक व्यंजना-प्रधान शैली में होती है। यह व्यंजना-प्रधान शैली जीवन-मूल्यों की सम्प्रेषक होती है। ऐसी किसी भी व्यंग्य-रचना में सामाजिक यथार्थ ध्वनित होता है। सीधे-सादे वाक्यों में जटिल और व्यापक अर्थ-संकेत छिपे होते हैं। परसाई की अधिकांश रचनाएं ऐसी ही हैं। साथ ही परसाई की सर्जनात्मक प्रक्रिया सामाजिक दायित्व से मुँह मोड़ने वाले, अपने को

'तटस्थ', 'निष्पक्ष' कहकर सभी तरह के जोखिमों से अपने को बचाकर भी लेखक बने रहने वाले और इस प्रकार शोषित गरीब जनता को उनके हाल पर छोड़कर अपने सफेदपोश मासपिंडों को बूर्ज्वा कला-तंत्र के 'सिंहासनों' (शृंगालासनों?) पर प्राणान्त होने तक आरूढ़ किये रहने वाले तथाकथित कलाबाजों और 'बुद्धिजीवियों' की मुद्राएँ नहीं ओढ़ती; पुरानी, नयी या किसी और तरह की कहानी के प्रवर्तक कहलाने का भी दम नहीं भरती। इसके बावजूद परसाई ने परम्परित कथा-रूपों के विकास और नये से नये कथा-रूपों के अन्वेषण तथा निर्माण में एक महत्त्वपूर्ण भूमिका अदा की है। 'एक जोरदार लड़के की कहानी' शीर्षक व्यंग्य-कथा में वे आधुनिक चालू किस्म की 'रचना-प्रक्रिया' पर तीखा व्यंग्य करते हैं। हिन्दी के कई कहानीकार ऐसा रचना-प्रक्रिया की गिरफ्त में हैं। कलावादी नुस्खों (नये या पुरानों) को उन्होंने हमेशा हेय दृष्टि से देखा है क्योंकि उनकी दृष्टि इन बातों से ऊपर रही है। एक व्यापक, सामाजिक विश्वदृष्टि सम्पन्न इस रचनाकार ने अनुचित के विरुद्ध उचित का, ह्रास के विरुद्ध विकास का, मृत्यु के विरुद्ध जीवन का, सामंतवाद-पूँजीवाद के विरुद्ध साम्यवाद का हमेशा पक्ष लिया है। व्यक्ति की मानसिकताओं की स्पष्ट और रहस्यात्मक पर्तों से लेकर समष्टि के अनेक ज्ञानात्मक संवेदनों, घर-परिवार से लेकर समाज की व्यापकतम इकाइयों के विविध कार्यकलापों की उन्होंने व्यंग्यात्मक समीक्षा की है। मुक्तिबोध की कविता कभी खत्म नहीं होती थी, परसाई के व्यंग्य भी सार्थक बातचीत के एक ऐसे सिलसिले की शुरुआत करते हैं, जो कभी खत्म नहीं होगी।

–राजकुमार सैनी

संदर्भ

1. सदाचार का तावीज, कैफियत, भारतीय ज्ञानपीठ प्रकाशन, 1971, पृ० संख्या 5
2. वही
3. वही
4. सदाचार का तावीज, कैफियत, भारतीय ज्ञानपीठ प्रकाशन, 1971, पृ० 10
5. 'व्यक्तित्व का विघटन'-गोर्की। अनुवादक: शिवदान सिंह चौहान, श्रीमती विजया चौहान। राजकमल प्रकाशन, दिल्ली; 1969; पृ० सं० 72

साहस और दृष्टि का खुलापन

वस्तु सत्य और विज्ञापित सत्य के बीच भीतरी और बाहरी सचाइयों-असलियत और दिखावा के बीच विरोध उत्पन्न होने पर, किन्हीं विकृतियों के व्यापक रूप लेने के बाद उनके साथ सामाजिक समायोजन की नौबत उत्पन्न होने पर, सत्ता के निरंकुश और दमनकारी तथा जनसामान्य के असहाय और मूक-प्राय होने की स्थिति में जब आलोचना और आक्षेप या तो असंभव हो जाते हैं अथवा तंत्र की उपेक्षा के कारण बार-बार दुहराये जाने पर अपना प्रभाव खोकर व्यर्थ हो जाते हैं अथवा उनको कुचल दिया जाता है, तब लोगों का मनोबल इतना गिर जाता है कि संगठित होकर विरोध के लिए सामने नहीं आते। वे वस्तु-स्थिति को ही अपनी नियति मानकर उसमें जीने की अभ्यस्ति गढ़ने लगते हैं। इस घुटन-भरे वातावरण में किसी प्रबुद्ध व्यक्ति का साँस ले पाना भी कठिन हो जाता है। वह यदि यथास्थिति में समायोजन नहीं कर सकता तो लड़ भी कैसे सकता है? अकेला वह किन-किनसे लड़े? किस-किस चीज़ को तोड़े और खास तौर से उनकी मानसिक जड़ता को कैसे तोड़े? लोग धीरे-धीरे अर्ध या पूर्ण समायोजन की स्थिति में पहुँच चुके हैं और उसकी आलोचना को स्वयं अपनी आलोचना मानकर उसे चुप करने की कोशिश करेंगे। उसे उपद्रवी, द्रोही और अनाचारी की संज्ञा देकर वही उसका नैतिक हनन स्वयं कर डालेंगे और क्या वह स्वयं भी उसी समाज का अंग नहीं है? क्या बहुत बड़ा पाखंड और प्रवंचना भय और असुरक्षा से मुक्ति की आकांक्षा उसमें भी नहीं है जिसने बहुजन का समायोजन की स्थिति में पहुँचाया है? अपने विरुद्ध भी तो लड़ना होगा, किस हथियार से लड़े वह एक साथ इन सभी मोर्चों पर?

अलग-अलग परिस्थितियों में, अलग-अलग युगों में इस प्रश्नों से जूझने के जिसे हथकंडे की प्रबुद्ध लेखकों ने सृष्टि की है उसे ही हम व्यंग्य के नाम से जानते हैं। यदि सीधी बात का असर नहीं हो रहा है तो हम ब्याज से कहेंगे। सीधे आक्षेप से खीजकर लोग अपनी कमजोरी के कारण

तिलमिला उठते हैं और विरोध को दबाने में एकजुट हो जाते हैं तो हम अपनी बात को कुछ इशारे से कहेंगे, पर कहेंगे अवश्य, चुप नहीं रहा जा सकता इस सड़ाँध के भीतर। उपहास और विनोद की प्रवृत्ति नहीं, अपितु सामाजिक और व्यक्तिगत देश की तीखी अनुभूति, करुणा का गहरा भाव, सामान्य कृत औचित्यों को नकारने वाला आंतरित विद्रोह होंठ की इस तिरछी शिकन को और आवाज की इस फीकी और किंचित बेपरवाह अभिव्यक्ति को जन्म देती है। यह एक प्रकार का प्रहार है अपने भीतर से लेकर बाहर तक व्याप्त ढोंग, दबाव और उत्पीड़न के विरुद्ध। जहाँ आसपास के तथाकथित प्रबुद्ध और पंडित जन भी अपनी शानदार समूर वाली दुम को गर्व से हिलाते, अपने पोषकों की गोद में मचलते हुए दुबक रहे हों वहाँ चतुर्दिक् व्याप्त इस दूषण के विरुद्ध अकेले खड़े होना बहुत बड़ी चुनौती बन जाता है। इसके साथ थोड़ा 'हीरोइज्म' भी स्वभावतः ही आ जुड़ता है। यहाँ यह कहना उचित होगा कि जहाँ सामाजिक परिवर्तन का समर्थन करने वाली शक्तियाँ हर व्यक्ति के भीतर सोये हुए हीरो को जगाने का प्रयत्न करती हैं, वहाँ तंत्र और तंत्र पर हावी जन इस अहसास को जगाने की चेष्टा में रहते हैं कि आदमी मात्र हमारे तंत्र का पुरजा है। वे उसे लघुमानव में बदलने के लिए अग्रसर होते हैं ताकि अपनी हीनता से ग्रस्त वह अपने समस्त विद्रोह और पौरुष को छोड़कर नपुंसक समायोजन के लिए तैयार हो जाये या चीत्कार भी करे तो इस अर्थ में कि हाय हम कुछ नहीं हैं, इससे कुछ नहीं हो सकता है।

कबीर जब चुनौती देते हैं कि वह लुकाठी लेकर बाजार में खड़े हैं और जो अपना घर फूँकने को तैयार हो वही उनके साथ आ सकता है, तो वह व्यंग्यकार की प्रतिबद्धता, साहस, शिल्प की प्रौढ़ि को तो परिभाषित करते ही हैं; लेखकीय स्वतंत्रता की भी व्याख्या करते प्रतीत होते हैं। वह लघुमानव के अहसास से ग्रस्त सामान्य मानव के भीतर सोयी महामानवीय संभावना को उद्‌बोधित करते प्रतीत होते हैं। यह मात्र संयोग नहीं है कि कबीर नाम का वह क्रान्तिकारी, ढोंग और पाखण्ड पर सीधा प्रहार करनेवाला वह फकीर हिन्दी का सबसे बड़ा व्यंग्यकार भी है। सबसे जागरूक और प्रतिबद्ध और लेखकीय स्वतंत्रता का सबसे बड़ा हामी भी। और यदि भारतेन्दु-युग अपने व्यंग्य के लिए प्रसिद्ध है तो लेखकीय प्रतिबद्धता और स्वतंत्रता का भी जीवन्त दृष्टान्त है।

जब व्याजोक्तियाँ निजी शेखी या श्रेष्ठता बोध का साधन बनकर आती हैं तब वे व्यंग्य नहीं अपितु छींटाकशी का रूप ले लेती हैं। इतिहास के ऐसे भी अनेक युग आते हैं जिनमें गिरावट अपने पूरे रूप में रहती है पर

व्यंग्यकार की प्रतिभा के स्थान पर केवल चाटुधर्मी तंजबाजों और विदूषकों का ही विकास होता है। रीतिकाल और नयी कवितावाद का काल इसके दो अच्छे उदाहरण हैं।

व्यंग्यकार केवल अपने प्रहार को तेज और अचूक बनाने के लिए ही नहीं अपितु विरोधी शक्तियों की जकड़ से बचने के लिए भी कुछ हथकंडे अपनाता है। वह वस्तु सत्य के अनुपात, संदर्भ, आयाम को विरूपित करके उसकी अन्तर्निहित कुरूपता को उद्‌घाटित करता है, पर इस क्रम में वह वास्तविकता के अभिज्ञान को भी कुछ धुँधला बना देता है। यदि विरूपण इतना अधिक हो जाये कि अभिज्ञान पूरी तरह मिट जाये तो उसका प्रहार व्यर्थ होता है और यदि प्रहार का लक्ष्य ही लुप्त रहे अर्थात् किसी भी चीज का जैसा-तैसा विरूपण करना अपने आपमें ही उसका लक्ष्य बन जाय-कला कला के लिए की भाँति, तो वह मात एक मजाकिया खाका या हास्य बनकर रह जाता है। मात्र वाक्चातुर्य विदग्ध भंगी से युक्त भणिति जिसकी अगली परिणति भँड़ैती होती है। सुविधावादी और तंत्र के सेवक सदा व्यंग्य को मजाकिया खाका बनाने की ओर प्रवृत्त रहते हैं क्योंकि यदि व्यंग्य किसी क्रान्ति दृष्टि से प्रेरित हुआ तो वे स्वयं भी इसके शिकार होने से नहीं बच सकते। हरिशंकर परसाई की रचनाओं की परीक्षा हम इस पृष्ठभूमि को सामने रखकर ही करेंगे। हरिशंकर परसाई की रचनाओं का प्रकाशन दो प्रकार के पत्रों में हुआ है, जिनमें से कुछ तो छोटी पत्रिकाएँ रही हैं और कुछ व्यावसायिक तंत्रसेवी पत्र। इनमें से दूसरे का लक्ष्य निश्चय ही व्यंग्य को बैठेठालों की सर्जना, बैठेठालों की पाठ्‌यवस्तु मानकर चलता है और संघर्षोन्मुख शक्तियों को बैठेठालों की जमात में बदलने को प्रतिश्रुत रहता है। वह व्यंग्यकार और चुटकलेबाज में फर्क नहीं करता और यदि प्रत्यक्ष घोषणा सहित नहीं तो व्याज रूप से लेखकीय ऊर्जा का अपमान करता है। जब व्यंग्यकारों को यह शिकायत हो कि क्या लोग उनकी रचनाओं को मात्र मनोविनोद की सामग्री समझने की भूल करते हैं और उनको गम्भीरता से नहीं लेते तो उन्हें आत्मलोचन भी करना चाहिए कि क्या अपने आलस्य या असावधानी में इस तरह का प्रभाव उत्पन्न करने में उन्होंने स्वयं भी तो योग नहीं दिया है। मैं नही समझता कि परसाई की उन रचनाओं के विषय में भी पाठकों की आम धारणा वही रही होगी जो छोटी पत्रिकाओं में प्रकाशित हुई थी और जिनमें वह एक तंत्र भंजक व्यंग्यकार की सच्ची भूमिका में प्रकट होते हैं।

परसाई एक बहुत सशक्त व्यंग्यकार हैं। शायद प्रतिबद्धता, लेखकीय साहस और दृष्टि के खुलेपन के ख्याल से स्वातंत्र्योत्तर भारत के सबसे सशक्त

व्यंग्यकार। उनकी अधिकांश रचनाओं में एक खुला प्रहार है, यथास्थिति पर, व्यवस्था पर प्राचीन रूढ़ियों और संस्कारों पर और प्राय: सभी रचनाओं में बदलते मूल्यों और क्रान्तिकारी शक्तियों और सम्भावनाओं के प्रति गहरा सम्मान भाव है, अपेक्षित और शोषित वर्गों के प्रतिसहानुभूति है और ढोंग का उद्घाटन है। वह विचारत: मार्क्सवादी हैं। गांधीवादी हृदय परिवर्तन के नहीं अपितु भौतिक क्रान्ति के समर्थक हैं। उनकी दृष्टि में हृदय परिवर्तन और इसलिए सुधारवाद भी अपने उत्कृष्ट रूप में एक सद्इच्छापूर्ण आत्मवंचना है और अपने घटिया रूप में एक कुत्सित और स्वार्थप्रेरित षड्यन्त्र। 'सदाचार का तावीज', 'दस दिन का अनशन', 'जैसे उनके दिन फिरे', 'बेताल की सत्ताईसवीं कथा' आदि में वे इस तरह के हृदय परिवर्तन की विद्रूपता को सफलता के साथ उद्घाटित करते हैं। हृदय तभी तक शुद्ध रह सकता है जब तक अल्पतम आर्थिक निर्भरता बनी रहे। महीने-भर कारगर रहने वाला सदाचार का तावीज 31वीं तारीख को अपना प्रभाव खो देता है। शाब्दिक सुधारवाद कितना बड़ा छल है इसका उदाहरण 'जैसे उनके दिल फिरे' में देखा जा सकता है। मोटे और सादे कपड़े पहिने पवित्रता की मूर्त्ति प्रतीत होने वाला सबसे छोटा राजकुमार अपने मेहनती, मिलावट करने वाले, डाका डालने वाले तीनों भाइयों से अधिक भ्रष्ट, अधिक मालदार, और अधिक खतरनाक है, पर राज्य का उत्तराधिकारी भी है वह अपनी इस कपट चातुरी के कारण। 'बेताल की सत्ताईसवीं कथा' में प्रसिद्ध नेता भैया साब के पास हृदय की रक्षा के लिए तरह-तरह के मंत्र हैं, दर्शन है, नीति है, अच्छे-अच्छे प्रस्ताव हैं, अच्छे-अच्छे नारे हैं और इसलिए हृदय बदलने वाले संत के जादू से अप्रभावित भैया साब जालिमसिंह डाकू का हृदय जीत लेते हैं और डाकू अन्ततोगत्वा एक सेठ के बच्चे खिलाने लगता है। सर्वोदय दर्शन के स्वामी जी की आचार संहिता में बालों का रूखा रहना, धोती का घुटनों के ऊपर रहना अधिक महत्त्वपूर्ण है। आपन्न स्थिति से अधिक महत्त्व पैदल चलने का है, पर जहाँ तक आन्तरिक लालसाओं का प्रश्न है, श्रेय की कामना वहाँ भी उतनी ही बलवती है। अत: डाकुओं का हृदय परिवर्तन करने के उपलक्ष्य में मेडिल उन्हें भी चाहिए। यदि राष्ट्रपति ने मेडिल नहीं दिया तो डाकुओं से दिलवायेंगे।

वर्तमान व्यवस्था की सड़ाँध और भृष्टाचार-नीचे के ऊपर तक-भ्रष्टता और उसके गोपन का प्रयत्न। 'सुदामा के चावल' में सुदामा को जो श्रीसमृद्धि मिलती है वह पुरातन मैत्री के कारण नहीं, राज के उच्च पदस्थ से निम्नतम कर्मचारियों की घूसखोरी का रहस्य जान लेने के बाद मुँह बंद करने के लिए दिया जाता है। 'लंका विजय के बाद' में वानर सीता के परित्याग

के बाद 'सीता सहायता कोष' खोलकर अयोध्या की उदार और श्रद्धालु जनता से चन्दा लेकर खा गये हैं। महान तपोव्रती और समाजसेवी भैया साब का तपोभंग मेनका क्या करेगी वह तो तपोभंग के लिए स्वयं उद्योगरत हैं। 'आमरण अनशन' में गांधी जी की प्रतिभा के नाम पर मंत्री, नगरपालिका के अध्यक्ष तथा सेठ सभी अमर होने के लिए प्रयत्नरत हैं। 'न्याय का दरवाजा' असल में अन्याय का दरवाजा बन गया है जहाँ ईसा को अपने पाँवों पर अपने हाथ से कील ठोकने को मजबूर किया जा रहा है। और वह कह रहा है, "पिता इन्हें हरगिज़ माफ न करना क्योंकि ये साले जानते हैं कि ये क्या कह रहे हैं।" 'उखड़े खम्भे' में मुनाफाखोरों को फाँसी देने के खम्भे बड़े लम्बे खर्च और समय से बन पाते हैं पर फाँसी से पहले की रात को सारे खम्भे उखाड़ दिये जाते हैं; क्योंकि ठीक उस रात को एक विशेषज्ञ के मत से बहुत तेज विद्युत धारा धरती के नीचे से होकर बहने वाली थी और उससे पूरे नगर का जीवन संकट में पड़ जाता। लोग खुश हैं कि उनकी जान बच गयी। और उसी सप्ताह सेक्रेटरी की पत्नी के नाम श्रीमती बिजली इंजीनियर, श्रीमती विशेषज्ञ और ओवरसियर के नाम क्रमशः दो लाख, एक लाख, एक लाख पचीस हजार, और पाँच हजार जमा हो जाते हैं और मुनाफाखोर संघ के हिसाब से ठीक इतनी ही रकम धर्मादाखाता के विविध मदों में डाल दी जाती है। सरकारी पक्ष की दृष्टि में झूठ जो प्रत्यक्ष दिखाई दे वह झूठ नहीं अपितु वह जिसे एक लम्बी और थका देने वाली जाँच पद्धति से स्थापित किया जाये, जिसके दौरान झूठ और भ्रष्टता का शेष चिह्न भी न रहने पाये। इसकी बहुत सफल अभिव्यक्ति 'मुंडन' में देखने में आती है। दलीलें कितने रूपों में दी जा सकती हैं, औचित्य कितने विचित्र तर्कों से सिद्ध किया जा सकता है, इसका एक नमूना है 'असहमत'। 'भेड़ें और भेड़िये' में राजनेताओं के चरित्र और उनके विज्ञापित रूप को 'देशभक्ति का पालिश' में विविध कोषों में मुक्त या अमुक्त दान करने वालों के लुटेरे चरित्र को 'नगर पालक' में स्वार्थपरक शक्तियों के स्वहित और लूट को आधार बनाकर निर्धारित होने वाली नीतियों का लक्ष्य बनाया गया है, तो देश ने बहुत विकास किया है, हम गरीबी को दूर करने के दिशा में क्रान्तिकारी कदम उठा रहे हैं जैसे दावों पर 'विकास कथा' अच्छा प्रकाश डालती है। गरीब आदमी की नियति यहाँ क्या है। दलबन्दी ने सामाजिक संस्थाओं को किस सीमा तक दूषित कर डाला है यह 'रामभरोसे का इलाज' में स्पष्ट है।' 'रामसिंह की ट्रेनिंग' का दर्शन-सार यह है कि इस भ्रष्ट तंत्र में कोई व्यक्ति भ्रष्ट हुए बिना जीवित नहीं रह सकता।

'शिवशंकर का केस' में साहब का दिल अपने ही बाग में फूल तोड़ते हुए धड़कता है। ऐसा अभ्यास पड़ गया है कि जैसे पौधे से घूस ले रहे हों। राष्ट्र का नया बोध तब होता है जब लेखक विज्ञापित जमाखोरी विरोधी अभियान की रपट अधिकारी को देता है और रपट करने वालों को अन्ततः पता चलता है कि जमाखोरी को तो अधिकारियों ने सूचना देकर और कार्यवाही में शिथिलता बरत कर बचा लिया; पर रपटदाता बाद में राष्ट्रविरोधी के रूप में गिरफ्तार कर लिया जाता है। पूरी स्थिति बिगड़ते-बिगड़ते यह हो गयी है कि पगडंडियों ने सड़कों का स्थान ले लिया है। लोग बेधड़क चोर दरवाजों से घुस रहे हैं और संकोच तक नहीं रह गया है। जो सही रास्ते भीतर जाना चाहे उसे पता चलता है कि रास्ता बंद है।

ऐसी स्थिति में क्या प्रजातांत्रिक प्रक्रिया का भरोसा किया जा सकता है? 'वाक आउट, स्लीप आउट, ईट आउट' में लगे हैं विधायक, 'चाचा नेहरू जिन्दाबाद' जवाहर चाचा जिन्दाबाद में समाप्त हो जाता है। कांग्रेस का समाजवाद आग जी को प्रजावादी समाजवादी समाजवाद पुराना शब्द लगता है। पार्टी का कोई नाम चाहिए, इसलिए उन्होंने समाजवादी नाम रख लिया। सैद्धान्तिक विरोध का अर्थ है, टिकिट मुझे न देकर मेरे प्रतिस्पर्धी मोहन लाल को दे दिया गया। बस मेरा सैद्धान्तिक मतभेद हो गया और मैंने कांग्रेस छोड़ दी। स्वस्थ विरोध का अर्थ है–जिस पार्टी के नेता कमजोर और बीमार रहते हैं उनका विरोध स्वस्थ विरोध है। 'लोहियावादी समाजवादी' क्रान्तिनाद जी नेहरू की फोटो को उल्टा टाँगकर शीर्षासन करके उसे सही दृष्टि से देखते हैं। 'हम बिहार में चुनाव लड़ रहे हैं' उस सिद्धान्तहीन गुटबंदियों और प्रचार-साधनों का अच्छा मजाक है जिनका प्रयोग सभी दलों के लोग करते हैं। न तो चुनाव सिद्धान्तों पर लड़े जाते हैं और न ही सरकारें सिद्धान्त पर बनती हैं। सत्ता को हाथ में लेने के लिए सभी विरोधी दल और विरोधी सिद्धान्त वाले दल संयुक्त सरकार बना डालते हैं। आग जी का समाधान बहुत सुन्दर है, ''वे भी विरोधी हैं हम भी विरोधी हैं, विरोधी सब एक होते हैं और साथ काम करना क्या मुश्किल है, देखो साथ काम करने के लिए कुछ छोड़ना पड़ता है। दक्षिण भारत हम डी०एम०के० को दे देंगे कि लो भाई तुम अपना हिस्सा सम्भालो। स्वतंत्र पार्टी के संतोष के लिए हम राजा-रानियों को उनके रजवाड़े वापिस कर देंगे और भिलाई जैसे सार्वजनिक उद्योग प्राइवेट कम्पनियों के दे देंगे, जनसंघ के संतोष के लिए कहेंगे कि भाई तुम दक्षिण अफ्रीका जैसे कानून बना लो और हिन्दू को वही दर्जा दे दो जो दक्षिण अफ्रीका में गोरों को दिया गया है। पंजाब हम मा०तारासिंह को सौंप देंगे। अब जितना हिस्सा देश का बचेगा उसमें सब ठीक चलेगा।''

जब स्थिति इतनी बिगड़ चुकी हो और सभी दलों का यह पतन हो तब क्या तटस्थ द्रष्टा बनकर ही सब्र करना होगा? तटस्थ रहने का मतलब है आजादी का घास खाते हुए किनारे बैठे रहना, उस मानसिकता में पहुँच जाना जिसमें कुछ भी करने या न करने से कुछ फायदा नहीं। यह एक दीवार की तरह जड़ हो जाने का ही पर्याय है।

परसाई के इस तरह के व्यंग्यों में एक तीखापन सर्वत्र मिलेगा, बीच-बीच में कुछ ऐसी चिनगारियाँ जिनकी उपेक्षा नहीं कर सकता पाठक। इस देश में जो जिनके लिए प्रतिबद्ध है वही उसे नष्ट कर रहा है। लेखकीय स्वतंत्रता के लिए प्रतिबद्ध लोग ही लेखक की स्वतंत्रता छीन रहे हैं। सहकारिता के लिए प्रतिबद्ध इस आन्दोलन के लोग ही सहकारिता को नष्ट कर रहे हैं। सहकारिता तो एक स्प्रिट है। सब मिलकर सहकारितापूर्वक खाने लगते हैं और आन्दोलन को नष्ट कर देते हैं।

समाजवाद को समाजवादी ही रोके हुए है। ठिठुरता हुआ गणतंत्र में समाजवाद को देश के कोने-कोने में पहुँचाने की बात कुछ इस अदा से की जाती है मानो देश के दौरे पर वी०आई०पी० को भेजा जा रहा हो और नौकरशाही के हाथों पड़कर उसका क्या अन्जाम होता है, हम समाजवाद की सुरक्षा का इन्तजाम करने में असमर्थ हैं उसका आना अभी मुल्तवी किया जाए। और इस पर लेखक की टिप्पणी जनता के द्वारा न आकर अगर समाजवाद दफ्तरों के द्वारा आ गया तो ऐतिहासिक घटना हो जायेगी। कितनी काँवड़े हैं, राजनीति में, साहित्य में, कला, में, धर्म में, शिक्षा में। अंधे बैठे हैं और आँख वाले ढो रहे हैं। पर परसाई की सभी रचनाओं में यह तल्खी नहीं देखने में आती। अपनी सशक्त रचनाओं में जहाँ वह यथार्थ पर सीधे चोट करते प्रतीत होते हैं वहाँ कमजोर रचनाओं में मात्र गुदगुदी उत्पन्न करके रह जाते हैं। 'फोन टालने की कला', 'स्नान', 'आँगन में बैंगन', 'प्रेमी के साथ एक सफर', 'विज्ञापन में बिकती नारी', 'एक तृप्त आदमी की कहानी', 'फिर ताज देखा', 'एक सुपर मेन', 'बारात की वापसी' आदि ऐसी ही रचनाएँ हैं। कुछ स्थलों पर तो परसाई का स्वर उस तटस्थता की सृष्टि करता है जिस पर वह स्वयं प्रहार कर चुके हैं। "एक साहित्यिक बन्धु जब मुझे मिल जाते हैं, पाँच-दस मिनट साहित्यिक चर्चा करते हैं। वह इस तरह होती है।

वे-माचवे हिन्दी परामर्शदाता हो गये।

मैं-हाँ।

अज्ञेय दिनमान के संपादक हो गये।

हाँ, भारती तो पहले ही भरती हो गये।

हाँ, कमलेश्वर भी बम्बई जा रहे हैं।

हाँ, सुना है। बच्चन राज्य सभा के सदस्य हो गये हैं।

हाँ–राकेश के बारे में अभी कुछ सुना! (चुप) और क्या चल रहा है? सब ठीक है। अच्छा चलूं। अच्छा!' ठीक वही स्वर ठीक वही तटस्थता। एक साथ इतने दिग्गजों को सलाम मारने का यह तटस्थ अन्दाज!''

इन रचनाओं के पढ़ने पर लगता है कि परसाई की आरंभिक रचनाओं में जो एक आग थी वह 'तंत्र पोषी' पत्रों के द्रव से प्रभावित हुए बिना नहीं रह सकती है। यदि क्रान्ति सरकारी दफ्तरों से नहीं आ सकती तो क्रान्ति उस लेखन से भी नहीं आने की जो क्रान्ति को एक बिकाऊ सौदा बना देता है। ऐसे ही क्षणों में लेखक को अपने आप में कुछ सवाल पूछने चाहिए और अपनी ईमानदारी की भी परीक्षा करने की कोशिश करनी चाहिए।

परसाई अपनी रचनाओं में ललित निबंध, कहानी, चुटकुलेबाजी आदि का प्रायः मिला–जुला प्रयोग करते हैं। वह प्रायः स्थितियों को अतिरंजित करके उनको नंगी करने का प्रयत्न करते हैं। क्षेपकों के माध्यम से वह प्रायः व्यंग्य गढ़ने की कोशिश में लगे दिखाई देते हैं। और वहाँ व्यंग्य बहुत कमजोर पड़ जाता है। अनेक रचनाओं में व्यंग्य इकहरा और सपाट हो जाता है यथार्थ और उसके प्रस्तुतिकरण के बीच का अंतराल इतना बढ़ जाता है कि व्यंग्य विनोद में बदलने लगता है, अमरजेंसी आचरण को ऐसी ही रचनाओं में रखा जा सकता है।

पर परसाई के व्यंग्य की शक्ति उन वाक्यों में उभरकर आती है जिनमें वह कलम की नोक से नहीं बिच्छू के डंक से लिखते प्रतीत होते हैं। इन रचनाओं में वह कथाकार से अधिक एक व्याख्याकार का रूप ले लेते हैं और संदर्भों को यथार्थ घटनाओं पर टिकाये रहते हैं। इस तरह के व्यंग्यों में भाषा बड़ी सादी, लहजा बड़ा भोला बना रहता है पर लक्ष्य अचूक रहता है और जब–तब वह सूक्तियाँ गढ़ते प्रतीत होते हैं। सद्‌गुरु का कहना है, ''बेटा, जो भी करना है 'लार्ज स्केल' पर कर, चाहे उद्योग हो, चाहे बेईमानी। और हमेशा किसी की छाया में कर। बेटा, तंत्र कोई भी हो, अपनी पीठ पर हमेशा वैसलीन चुपड़े रहो। घूँसा तुम्हारी पीठ से फिसलकर किसी सूखी पीठ पर चढ़ जाएगा। जल्दी ही इस देश में हिन्दू ठुमरी, मुस्लिम ठुमरी और सिख ठुमरी होगा, अकाली दादरा और द्रुमुक दादरा भी हो सकता है। ... बेइज्जती में यदि दूसरे को शामिल कर लो तो अपनी आधी इज्जत बच जाती है।'' ऐसे स्थलों पर न केवल उनकी शैली मुक्तिबोध की डायरी के अंशों का स्मरण दिलाती है बल्कि जब–तब वह मुक्तिबोध की जबान

भी बोलते नजर नहीं आते। मुक्तिबोध कहते थे, ''पार्टनर, रिस्पेक्टेविलिटी की ऐसी-तैसी'' वे और भी कहते थे, ''पार्टनर, चारों ओर देखो, सफलता की चाँदनी रात में उल्लू बोल रहे हैं।''

परसाई पौराणिक प्रसंगों को समकालीन यथार्थ पर व्यंग्य करने के लिए जतनी सफलता से प्रयोग में लाते हैं वह अन्य व्यंग्यकारों में देखने में नहीं आता। 'एकलव्य ने गुरु को अँगूठा दिखाया', 'पहला पुल', 'सुदामा के चावल', 'त्रिशंकु बेचारा', 'लंका विजय के बाद', 'कंधे श्रवण कुमार के' आदि रचनाओं में उन्होंने इस शैली का प्रयोग किया है।

परसाई का फलक जितना बड़ा है उतना ही वैविध्य है उनकी शैली में। उनकी रचनाओं में एक स्वस्थ और प्रतिबद्ध व्यंग्यकार का स्वर सर्वत्र फूटता है और उनकी यह विशेषता ही न कि कोरी वाग्विदग्धता उन्हें अपने समकालीन व्यंग्यकारों से अधिक महत्त्वपूर्ण बनाती है।

–भगवान सिंह

परिप्रेक्ष्य की परतों के भीतर

परसाई की रचनाधर्मिता पर बात करने से पूर्व कुछ मुद्दों को स्पष्ट कर लेना जरूरी हो जाता है, पहली बात परसाई की रचनाओं के स्वरूप को समझने की है, दूसरे यह कि अन्ततः व्यंग्य क्या है? यह विधा है, शैली है, या कि जैसा परसाई ने स्वयं कहा है, यह 'स्प्रिट' है, जो अब साहित्य की सभी 'विधाओं' में प्रखरता से विद्यमान है। तीसरे, हिन्दी में व्यंग्य का स्वरूप और प्रकार क्या रहा है तथा व्यंग्य-लेखन की परम्परा में आज के व्यंग्यकारों का योग किस सीमा तक विशिष्ट है। और अन्त में यह भी कि व्यंग्य को लेकर स्वयं परसाई की दृष्टि क्या रही है? इन सब बातों को स्पष्ट रूप से समझ लेने के बाद ही परसाई के व्यंग्य की सार्थकता और सामयिकता के संदर्भ में उसका महत्त्व सही भूमिका पर समझा जा सकता है।

साहित्य के अध्येताओं और समीक्षकों ने अभी तक व्यंग्य को शैली के रूप में ही ग्रहण किया है, विधा के रूप में नहीं। विधा के रूप में जिस प्रकार का विभाजन अभी तक साहित्य में हुआ है, उसके अन्तर्गत व्यंग्य को विधा का रूप देना सम्भव नहीं हो सकता, ठीक है, लेकिन प्रश्न उठता है कि साहित्य में व्यंग्य का परिमाण और प्रदेय इतना अधिक है कि उसको मात्र शैली मानकर संतोष नहीं कर लिया जा सकता। जैसा कि परसाई ने कहा है कि व्यंग्य मूलतः एक स्प्रिट है, लेकिन हम मानते हैं कि उसमें एक विधा कहलाने की काफी सम्भावनाएं हैं। अभी तक विधाओं के विभाजन का जो शास्त्रीय आधार रहा है, उसमें भी व्यंग्य को उस प्रकार की विधा मानने का अवकाश नहीं है जैसे कहानी, कविता, उपन्यास, नाटक और निबन्ध आदि हैं। किन्तु व्यंग्य की स्थिति सब विधाओं में विद्यमान है। प्रश्न उठता है कि व्यंग्य का यह विस्तार क्या इसे एक स्वतंत्र विधा के रूप में प्रतिष्ठा देने में सहायक हो सकता है? सुधी चिंतकों के लिए यह एक अच्छा विषय है। फिलहाल, परसाई की भाँति हम व्यंग्य को व्यंग्यकार की 'स्प्रिट' ही मानकर चलते हैं।

अब तक परसाई के 9-10 व्यंग्य-संकलन प्रकाशित हो चुके हैं। इन रचनाओं में परसाई की परिस्थितियों को देखने-परखने की गहरी अन्तर्दृष्टि, अपने परिवेश की विसंगतियों और व्यवस्था के बीच आम आदमी के प्रति षड्यंत्र को पाठकों तक सही रूप में पहुँचाने तथा समाज की निरंतर पतनोन्मुख स्थितियों में सुधार लाने का संकल्प बहुत स्पष्टता से परिलक्षित होता है। इस सब के लिए जिस राजनैतिक-सामाजिक चेतना की अपेक्षा होती है, परसाई के पास वह ठोस रूप से विद्यमान है। इस चेतना के कथ्य का स्वरूप निश्चित होता है और इस स्वरूप को व्यक्त करने के लिए मात्र प्रतिभा की ही आवश्यकता नहीं होती, साधना की भी होती है, और हम पाते हैं कि परसाई ने इसकी साधना की है। व्यंग्य परसाई की अभिव्यक्ति का सर्वाधिक विशिष्ट माध्यम है और व्यंग्य करने की अपनी प्रतिभा को उन्होंने साधना की सान देकर तीव्र किया है। इसके लिए उन्होंने विदेशी व्यंग्यकारों की शैली, उनकी प्रस्तुति के ढंग तथा शब्द-चयन की कुशलता का बहुत गहरे जाकर अध्ययन किया है। इसका प्रमाण 'मेरी श्रेष्ठ व्यंग्य रचनाएँ' की भूमिका 'लेखक की बात' है। इस भूमिका में उन्होंने व्यंग्य लिखने की अपनी प्रेरणा और व्यंग्य के स्वरूप को तो स्पष्ट किया ही है, साथ ही स्पष्टीकरणी की इस प्रक्रिया में व्यंग्य की निकटवर्ती देशी-विदेशी अनेकों शब्दावलियों की प्रस्तुति द्वारा व्यंग्य की निश्चित विशेषता को भी रेखांकित करने की कोशिश की है। इसी सन्दर्भ में उन्होंने जॉनसन, मार्क ट्वेन, ए०जी० गार्डनर, ओ' हेनरी मूर, ऑस्कर वाइल्ड, समरसेट मॉम, बर्नार्ड शा, दास्तोवस्की, सर्वेंटीज़, डिकेन्स, गोगोल और चेखव के अनेक व्यंग्य-उद्धरण दे डाले हैं, जो उनके द्वारा व्यंग्य को गम्भीरता और जागरूकता से लेने और उसको समर्थ-शक्तिवान् बनाने के लिए उनके द्वारा किये गये परिश्रम और साधना का प्रमाण प्रस्तुत करते हैं।

परसाई ने भी अन्य प्रतिबद्ध और चेतना-सम्पन्न रचनाकारों की भाँति अपने स्वतन्त्र देश में निरन्तर बढ़ते हुए भ्रष्टाचार, पाखंड, अन्याय, असामंजस्य और विसंगतियों को खुली आँखों से देखा और अनुभव किया है। उनके अपने शब्दों में-''मैंने देखा कि दुखी और भी हैं। इससे मेरी संवेदना का विकास हुआ... मैंने देखा कि जीवन में बेहद विसंगतियाँ हैं। अन्याय, पाखंड, छल, दोमुँहापन, अवसरवाद, असामंजस्य आदि हैं। मैंने इनके विश्लेषण के लिए साहित्य, दर्शन, समाजशास्त्र, राजनीतिशास्त्र का अध्ययन किया। मैंने जाना कि जीवन की सबसे सही व्याख्या कार्ल मार्क्स ने की है। मनुष्य की नियति को बदलने वाला सबसे श्रेष्ठ और अंतिम दर्शन मार्क्सवाद है। पर लेखक

का सम्बन्ध उस दर्शन से, जिसमें उसका बुनियादी विश्वास है, प्रश्न और उत्तर का है। लेखक दर्शन से प्रश्न करता है, समाधान चाहता है। समाधान नहीं मिलता, तो चिंतन आगे बढ़ता है। इसलिए दर्शन को अनुभव से जोड़ना जरूरी है। अनुभव ही लेखक का ईश्वर होता है।... अनुभव बेकार होता है, यदि उसका अर्थ न खोजा जाय, उसका विश्लेषण न किया जाय और तार्किक निष्कर्ष न निकाला जाय। यह कठिन कर्म है, पर इसके बिना अनुभव केवल घटना रह जाता है।'' (मेरी श्रेष्ठ व्यंग्य रचनाएं, पृष्ठ-6) और हम कहें कि परसाई ने अपने अनुभवों का अध्ययन, अनुशीलन और विश्लेषण किया है, वस्तुपरकता के साथ वे उनकी तह में गये हैं, अपने निष्कर्ष निकाले हैं और तब अपनी रचनाओं में एक सोद्देश्य, स्वस्थ दृष्टि के साथ उनको अभिव्यक्ति और प्रतिष्ठित किया है। इस प्रकार से परसाई का लेखक अपनी रचनाधर्मिता के प्रसंग में उस सम्पूर्ण प्रक्रिया से गुजरा है जो एक प्रतिबद्ध और ईमानदार लेखक के लिए बुनियादी रूप से आवश्यक है।

परसाई की रचनाओं के अध्ययन से एक सुखद अनुभूति यह होती है कि उसकी दृष्टि जीवन, समाज और आज की राजनीति में व्याप्त लगभग उन समस्त असंगतियों की ओर गयी है जिससे आज का सामान्य जन पीड़ित और त्रस्त है। इन रचनाओं में विविध आयामी भ्रष्टाचार को उन्होंने बार-बार उघाड़ा है। वह इसलिए कि वे मानते हैं कि राजनीति ही मनुष्य की नियति तय करती है। और इसीलिए उनका विश्वास है कि कोई लेखक अराजनीतिक नहीं हो सकता। इस सन्दर्भ में उनकी यह भी स्थापना है कि राजनीति-सिद्धान्त और व्यवहार की-हमारे जीवन का एक अंग है। उससे नफरत करना बेवकूफी है। राजनीति से लेखक को दूर रखने की बात वही करते हैं जिनके निहित स्वार्थ हैं, जो डरते हैं कि कहीं लोग हमें समझ न जायें। जो यह कहते हैं कि लेखक को राजनीति से क्या लेना-देना, वे खुद बड़ी गंदी राजनीति के शिकार हैं (सदाचार का तावीज, पृष्ठ 10 और मेरी श्रेष्ठ व्यंग्य रचनाएँ, पृष्ठ 14)

अतः हम सबसे पहले उनके राजनैतिक व्यंग्यों से ही अपनी बात शुरू करें।

राजनैतिक विसंगतियों से प्रेरित रचनाओं में राजनेताओं और नौकरशाहों के भ्रष्टाचार, उनकी स्वार्थलोलुपता और महत्त्वाकांक्षा, चरित्रहीनता और अनैतिकता, भाई-भतीजावाद, पॉवर पॉलिटिक्स, लाल फीताशाही, अवसरवाद, पाखंड और मुखौटे तथा जनहित के सन्दर्भ में उनकी सतत निष्क्रियता पर तीखे और सीधे व्यंग्य किये गये हैं। इस सन्दर्भ में 'सज्जन, दुर्जन और

कांग्रेसजन', 'प्रजावादी समाजवादी', 'लोहियावादी समाजवादी', 'फिर ताज देखा', 'चावल से हीरे तक', 'अन्न की मौत', 'पेट का दर्द और देश का' (पगडंडियों का जमाना), 'जैसे उनके दिन फिरे', 'इति श्री रिर्सचाय', 'भेड़ें और भेड़िए', 'सुदामा के चावल', 'लंका विजय के बाद', 'मेनका का तपोभंग', 'त्रिशंकु बेचारा', 'बैताल की सत्ताईसवीं कथा' (जैसे उनके दिन फिरे), 'धर्मक्षेत्रे कुरुक्षेत्रे', 'जिनकी छोड़ भागी है', 'इतिहास का सबसे बड़ा जुआ' (अपनी-अपनी बीमारी), 'शिकायत मुझे भी हैं', 'वह जो आदमी है न', 'राम की लुगाई और गरीब की लुगाई', 'एक दीक्षांत भाषण', 'कर कमल हो गये' (शिकायत मुझे भी है) 'सदाचार का ताबीज', 'उखड़े खम्भे', 'एयरकंडीशंड आत्मा', 'होनहार' (सदाचार का तावीज), तथा 'ठिठुरता हुआ गणतंत्र', 'हम बिहार से चुनाव लड़ रहे हैं' और 'छोटी-सी बात' (ठिठुरता हुआ गणतंत्र) आदि अनेकानेक रचनाओं की सूची दी जा सकती है। 'सज्जन, दुर्जन, और कांग्रेसजन' में लेखक ने सत्ताधारी नेताओं की ऐय्याशी, उनके व्यवहार के पाखंड और उनके उन षड्यंत्रों की पोल उघाड़ी है जिनकी सहायता से वे अपनी कुर्सी से चिपके रहना चाहते हैं। समाजवाद से प्रतिबद्ध ये पाखंडी नेता जातिवाद को संप्रदायवाद का उतार मानते हैं-यही इनका खादी-प्रेम है। अपने स्वार्थ के लिए ये देश के महान नेताओं के वक्तव्यों और नीति-नियमों को तोड़-मरोड़कर अपने हक में बना लेते हैं। इनकी यही स्वार्थपरता देश की दुर्गति का कारण बनी हुई है। 'प्रजावादी समाजवादी' तथा 'लोहियावादी समाजवादी' में लेखक ने इन पार्टियों के छुटभैये नेताओं की फूहड़ मानसिकता और कुतर्कता को सम्मुख रखा है। लोहियावादी समाजवादियों को तो लेखक ने इतना घसीटा है कि लगता है कि जो स्थान राष्ट्रीय स्वयं सेवक संघ में गुरु गोलवलकर का उनके अनुयायियों के लिए था, वही स्थान डॉक्टर लोहिया का उनके कार्यकर्त्ताओं के लिए है। अर्थात् उनमें स्वतन्त्र चिन्तन का कहीं कोई प्रयास नहीं है। इनके द्वारा हर बात पर लोहिया के उद्धरण प्रस्तुत किये जाते हैं। दूसरी और राजनैतिक क्षेत्रों का भ्रष्टाचार और स्वार्थ निजी क्षेत्रों में भी प्रवेश कर गया है। लेखक ने देखा है कि इस प्रजातन्त्र में भी हजारों छोटे-बड़े शाहजहाँ हैं, उन्हें जब भी मौका मिलता है, अपनी प्रिया के लिए जनता के पैसे से कुछ कर देते हैं (फिर ताज देखा)। इस प्रजातन्त्र में मंत्रियों की जबान का कोई भरोसा नहीं है। वे समय और परिस्थितियों के अनुसार अपने वचन और व्यवहार को बड़ी सुविधा से बदल लेते हैं। जो मंत्री कल तक कहते थे कि आत्म-सम्मान खोकर हम एक दाना भी किसी से नहीं लेंगे, वे आज कहते हैं कि चाहे हमें झुकना पड़े, अनाज तो लेना ही होगा।

यही स्थिति नौकरशाहों की है। अपनी खेती का गेहूँ अपने शहर तक लाने के लिए परमिट लेना पड़ता है और परमिट इन भ्रष्ट नौकरशाहों के कारण सामान्य तरीके से मिल नहीं सकता। इन्होंने अपना भेट भरने के लिए कुछ असाधारण तरीके निकाल रखे हैं, जिनसे जल्दी काम हो जाता है। (अन्न की मौत)। वास्तव में इस पूरी व्यवस्था में नेताओं और नौकरशाहों की मिली भगत है और इसीलिए जनता के शोषण की प्रक्रिया पूरे जोर पर चल रही है। और मजा यह है कि शोषण का यह षड्यन्त्र जनता की सेवा ने नाम पर हो रहा है। ये नेता जनता के 'आग्रह के कारण' चुनाव लड़ते है और मित्रों के दबाव के कारण 'अनिच्छा' से मंत्री बन जाते हैं, अनिच्छा से, प्रशंसकों पर अहसान करने के लिए सम्मान करा लेते हैं... कहते हैं, उन्हें पद का बिल्कुल मोह नहीं है, पर जनता नहीं छोड़ने देती। वस्तुतः अपनी प्रवृत्तियों को झुठलाने और निस्पृहता का अभिनय करने की इनकी आदत बन गयी है। जिसे ये देश के दर्द के रूप में प्रस्तु कर उसे भुनाते रहते हैं। ये नेता अपनी स्वार्थ-साधना में अत्यन्त परिश्रमी, दुस्साहसी और लुटेरी प्रवृत्ति के हैं, साथ ही बेईमान और धूर्त भी हैं (जैसे उनके दिन फिरे)। नेतृत्व में घुस आए ये भेड़िए कवि, लेखक, विचारक, पत्रकार और धर्मगुरुओं की सहायता से देश की निरीह जनता पर अपना कुशासन जमाए हुए हैं (भेड़ें और भेड़िए) और अपने भाई-भतीजों के भविष्य को सुरक्षित रखने के लिए निरन्तर अनेक हथकंडे अपनाते रहते हैं (इति श्री रिसर्चाय)।

परसाई ने एक पौराणिक कथा को लेकर पौराणिक कथाओं की शैली में ही अत्यन्त कुशलता के साथ आजादी के बाद देश में व्याप्त राजनैतिक भ्रष्टाचार को 'लंका विजय के बाद' में अत्यन्त सशक्त अभिव्यक्ति दी है। लेखक ने निष्कर्ष निकाला है कि आज की शासन-व्यवस्था उच्छृंखल बन्दरों के हाथ में आ गयी है। साथ ही, यह भी कि आज के नेतृत्व की मानसिकता पूजित होना तथा नारी का अपनी कुंठाओं की तृप्ति के लिए उपयोग करना बन गयी है (मेनका का तपोभंग) और इसके साथ जुड़े हुए अफसरशाहों के भ्रष्टाचार ने समाज-व्यवस्था में और भी अनिश्चितता की स्थिति उत्पन्न कर दी है (त्रिशंकु बेचारा)। लेकिन ऊपर से जनता को बहलाने के लिए इन नेताओं, मंत्रियों और अफसरों के पास दर्शन, धर्म और नीति की सैद्धांतिकता है, अच्छे-अच्छे प्रस्ताव और नारे हैं (बैताल की सत्ताइसवीं कथा)।

हमारे देश की राजनीति को अवसरवाद और दल-बदल ने बहुत भ्रष्ट बना रखा है। मात्र अपने स्वार्थ के प्रति प्रतिबद्ध नेतृत्व ने सब नीति-नियमों और आदर्शों को ताक पर रख दिया है। राजनीति के इन मर्दों पर परसाई

ने बहुत करारा व्यंग्य किया है। उनके शब्दों में–"ये मर्द उसी के घर में बैठ जाते हैं, जो मंत्रिमण्डल बनाने में समर्थ हो। शादी इस पार्टी से हुई थी, मगर मंत्रिमण्डल दूसरा पार्टी वाला बनाने लगा तो उसी की बहू बन गये। राजनीति के मर्दों ने वेश्याओं को मात कर दिया। किसी-किसी ने तो घंटे भर में तीन खसम बदल डाले" (जिसकी छोड़ भागी है)। सर्वत्र इसी प्रकार का पॉवर-पॉलिटिक्स चल रहा है। आज नेता के जीवन का सत्य मंत्री बनना है। वह इस सत्य को कभी नहीं छोड़ता और क्योंकि सत्य के लिए बड़े से बड़ा त्याग करना पड़ता है, इसलिए उसने ईमान और धर्म सबका परित्याग कर दिया है (एक दीक्षान्त भाषण)। ये नेता नवयुवकों को राजनीति में भाग न लेने का उपदेश देते हैं, क्योंकि उन्हें भय है कि नवयुवक वर्ग के राजनीति में प्रवेश से उनकी पोल खुलनी शुरू हो जायेगी और उनके षड्यन्त्र अधिक समय तक न चल सकेंगे। इन राजनेताओं ने ही अंग्रेजों की दाढ़ी से बचे भारत को खा लिया है (वह जो आदमी है न)। इस प्रकार अपने इस स्वतन्त्र देश में शोषण की प्रक्रिया निरन्तर चल रही है। अंग्रेज देश को पश्चिमी सभ्यता के सलाद के साथ खाते थे, ये (देशी नेता) जनतन्त्र के आचार के साथ खाते हैं (वही)। इन नेताओं के मुखौटे सदाचारियों के से हैं। सदाचार का तावीज पहन कर ये भ्रष्टाचार का बढ़ावा देते हैं और स्वयं भ्रष्टाचार करते हैं (सदाचार का तावीज)। दिन-भर ये अपने स्वार्थ का धन्धा चलाते हैं जिससे शाम होते-होते स्नायुओं में तनाव आ जाता है। इस तनाव को शमित करने के लिए इन्हें शराब और छोकरी चाहिए (एयर कण्डीशण्ड आत्मा)। इस सब बातों के लिए इनके पास समय है लेकिन जनता के दुख-दर्दों को सुनने के लिए ये नितान्त निष्क्रिय हैं। वे स्वयं कुछ नहीं करते, बस दूसरों को निर्देश देना ही उनके कर्तव्य की इतिश्री है (होनहार)।

और तब लेखक को लगता है कि हमारा गणतंत्र ठिठुरते हुए हाथों की हथेली पर टिका है। गणतंत्र को उन्हीं हाथों की ताली मिलती है जिनके मालिक के पास हाथ छिपाने के लिए गर्म कपड़ा नहीं है (ठिठुरता हुआ गणतंत्र) और इस गण कहलाने वाले आदमी की अहमियत बस इतनी-सी है कि उसके वोट से मंत्रिमण्डल बनते हैं (हम बिहार में चुनाव लड़ रहे हैं)। इसके विपरीत 'राष्ट्रीय' बना हुआ व्यक्ति 'सोर्स' ढूँढ़ता और चिक उठाता हुआ घूम रहा है (राम की लुगाई और गरीब की लुगाई)।

परसाई ने सत्ता में व्याप्त इन असंगतियों के साथ-साथ उन समाजवादियों को भी आड़े हाथों लिया है जिन्होंने आपस में धौलधप्पा करके समाजवाद की प्रतिष्ठा के अवकाश को धुँधला कर दिया है–"समाजवाद परेशान है...

समाजवाद आने को तैयार खड़ा है, मगर समाजवादियों में आपस में धौल-धप्पा हो रहा है। समाजवाद एक तरफ उठना चाहता है कि उस पर पत्थर पड़ने लगते हैं-खबरदार! उधर से मत जाना... लहूलुहान समाजवाद टीले पर खड़ा है (ठिठुरता हुआ गणतंत्र)।''

लेखकीय अनुभूति और अध्ययन के समन्वय से उद्भूत ये रचनाएँ आज के राजनीतिक भ्रष्टाचार को उघाड़ने में पूर्णतः समर्थ हैं। इन रचनाओं में कहीं भी मात्र हास्य का हल्कापन नहीं है। लेकिन साथ ही, दर्शन और सिद्धांतों की कृत्रिम गम्भीरता से भी ये मुक्त हैं। किन्तु इनमें लेखक का गम्भीर दायित्वबोध और लेखन की सोद्देश्यता सर्वत्र व्याप्त है।

राजनैतिक और प्रकाशकीय मिथ्याचार के साथ-साथ परसाई ने कितने ही चित्र सामाजिक जीवन की असंगतियों के भी प्रस्तुत किये हैं और इनमें भी वे समान रूप से प्रभावी रहे हैं, इस संदर्भ में 'वैष्णव की फिसलन', 'साहब महत्त्वाकांक्षी', 'बेईमानी की परत', 'चूहा और मैं', 'सुजलां-सुफलां', 'अकाल उत्सव', 'पहला सफेद बाल', 'जमाखोर की क्रांति' (मेरी श्रेष्ठ व्यंग्य-रचनाएँ), 'हम, वे और भीड़', 'प्राइवेट कॉलेज का घोषणा-पत्र', 'समय पर मिलने वाले', 'वो जरा वाइफ हैं न', 'चावल से हीरे तक', 'बेचारा भला आदमी', 'पगडंडियों का जमाना' (पगडंडियों का जमाना), 'इतिश्री रिसर्चाय', 'अपने-अपने इष्टदेव', मौलाना का लड़का, पादरी की लड़की', 'बैताल की छब्बीसवीं कथा', 'राग-विराग', 'दो कथाएँ', 'आमरण अनशन' (जैसे उनके दिन फिरे), 'अपनी-अपनी बीमारी', 'समय काटने वाले', 'बुद्धिवादी', 'प्रेम की बिरादरी', 'जिसकी छोड़ भागी है', 'इंस्पेक्टर मातादीन चाँद पर', 'असुविधा भोगी (अपनी-अपनी बीमारी), 'संस्कारों और शास्त्रों की लड़ाई', 'न्याय का दरवाजा', 'एक और जन्मदिन', 'अभिनंदन', 'परमात्मा का लोटा', 'गुड़ की चाय', 'कर कमल हो गए', 'छुट्टी वाला शोक, 'शहादत जो टल गयी', 'दूसरे के ईमान के रखवाले' (शिकायत मुझे भी है), 'उखड़े खंभे', 'भगत की गत', 'टार्च बेचने वाले', 'मन्नू भैया की बारात', 'भोलाराम का जीव', 'एक फिल्म कथा', 'आत्मज्ञान क्लब', 'गांधी जी का शाल', 'अमरता', 'उपदेश', 'दवा', 'देव-भक्ति', 'दण्ड', 'मित्रता', 'जाति' (सदाचार का तावीज), 'फिल्मी रोमांच' तथा 'ग्रांट अभी तक नहीं आई' (ठिठुरता हुआ गणतंत्र) आदि कितनी ही रचनाएँ उद्धृत की जा सकती हैं। इन रचनाओं में प्रस्तुत सामाजिक असंगतियाँ पाठकीय स्तर पर व्यक्ति को बुरी तरह बेचैन कर देती हैं। यह नहीं कि पाठक इन असंगतियों से बेखबर है, लेकिन इनकी जड़ें कितनी गहरी जमी

हैं और एक वर्ग विशेष के हितों की रक्षा के लिए योजनाबद्ध तरीके से बुरी तरह दोहन का कितना गहरा षड्यंत्र चल रहा है–इसकी अप्रतिम जानकारी उसे इन्हीं रचनाओं से मिलती है। ये रचनाएँ हमें उस संसार में ले जाती हैं जहाँ अपने व्यवसाय की प्रगति के लिए व्यक्ति अपने धंधे को धर्म से जोड़ता चलता है और उसकी आत्मा उसकी मानसिकता के अनुरूप उसे निर्देश देती रहती है। परिणाम यह होता है कि वैष्णव के होटल में शराब, गोश्त, कैबरे और औरत–सब कुछ प्राप्य होने लगता है और इससे उसके धर्म के निभाने में कोई कमी नहीं आती (वैष्णव की फिसलन)। ये रचनाएँ हमें स्वार्थ-केन्द्रित उन सामाजिकों से साक्षात्कार कराती हैं जिनके लिए देश का अर्थ घर और क्लब हैं (साहब महत्त्वाकांक्षी), जहाँ सामान्य मध्यवर्गीय व्यक्ति अपनी निष्क्रियता में ही जीवन की तृप्ति मान लेने के लिए विवश हो गया है (एक तृप्त आदमी)। ये रचनाएँ उस परिवेश को उजागर करती हैं जहाँ एक ओर बिना चाकू के दूसरों का पेट काट कर अपना पेट बड़ा कर लिया जाता है (बेईमानी की परत) और दूसरी तरफ अपनी निष्क्रिता में आदमी की स्थिति चूहे से भी बदतर हो गयी है। और लेखक सोचता रह जाता है कि क्या आदमी चूहे से भी बदतर हो गया है। चूहा तो अपनी रोटी के हक के लिए मेरे सर पर चढ़ जाता है (चूहा और मैं)।

'बड़े' आदमियों के चारित्रिक पतन की कहानियाँ पीढ़ियों से चली आ रही हैं। इस पर लिखा भी कम नहीं गया है। किन्तु परसाई ने ही सम्भवतः पहली बार इसे अत्यंत स्पष्टता से अभिव्यक्ति दी है। उनके अनुसार "बड़े आदमियों के दो तरह के पुत्र होते हैं। वे जो वास्तव में हैं, पर कहलाते नहीं हैं, और वे, जो कहलाते हैं पर हैं नहीं। जो कहलाते हैं वे धन-सम्पत्ति के मालिक बनते हैं और जो वास्तव में हैं, वे कहीं पंखा खींचते हैं या बर्तन माँचते हैं। होने से कहलाना ज्यादा लाभदायक है।" अपने समाज की चारित्रिक विसंगति का इससे बड़ा उदाहरण और क्या हो सकता है।

चारित्रिक स्तर पर ही नहीं, मानसिक स्तर पर भी यह विसंगति और षड्यंत्र सर्वत्र व्याप्त है, चाहे वह क्रांतिकारी छात्रों की मानसिकता हो अथवा जमाखोर पूँजीपति की। छात्र पोस्ट ऑफिसों, बसों, सिनेमाघरों और होटलों को नष्ट करके, आपस में मारपीट और छुरे बाजी करके क्रांतिधर्मी बनते हैं। उनकी वह क्रांतिधर्मिता जमाखोर के गोदामों की ओर मुड़ती है तो जमाखोर उनके बीच अपने किराये के गुण्डे सम्मिलित कराकर पुलिस पर पत्थर फिंकवा देता है। बस, पुलिस और विद्यार्थियों में ठन जाती है और गोदाम सुरक्षित रह जाता है। (जमाखोर की क्रांति)। पूँजीवादी सभ्यता में प्रचलित ऐसे कितने ही षड्यंत्रों

पर परसाई की नजर गयी है जिनसे जीवन की स्वस्थ परंपराएँ धूमिल हो जाती हैं। परसाई ने लक्ष्य किया है कि इस देश में लेखक को पुरस्कार और आर्थिक सहायता उसकी प्रतिभा की दृष्टि से नहीं, आयु की दृष्टि से मिलती है। इस व्यवस्था में गरीब को अपनी गरीबी प्रमाणित करने के लिए प्रतिष्ठित लोगों का प्रमाण-पत्र प्रस्तुत करना होता है। यहाँ अवसरवादी 'प्रगतिशील' आलोचक प्रति-क्रियावादी लेखकों से हाथ मिलाते हैं (हम, वे और भीड़)। प्राइवेट कॉलेज को दान देने वाला कॉलेज पर अपना प्राइवेट घोषणा-पत्र लादता है ताकि कॉलेज की व्यवस्था समिति पर हमेशा के लिए उसका अंकुश बना रहे (प्राइवेट कॉलेज का घोषणा पत्र)। कॉलेजों के अध्यापक सुंदर काव्य-पंक्तियों को क्लास में तो अश्लील घोषित करते हैं किन्तु छात्राओं को वे अंश अलग से समझाने के लिए तत्पर रहते हैं। और अपनी गलित मानसिकता में हर व्यक्ति दूसरे की बीवी की खोज करता है कि वह स्टेज पर आये, अपनी न आये। दूसरे की नहीं आती तो कहता है कि बड़े पिछड़े हुए लोग हैं। और अपने को पिछड़ा हुआ नहीं मानता जिसने पत्नी का मुरब्बा बनाकर घर में रख छोड़ा है (वो जरा वाइफ है न)।

'पगडंडियों का जमाना' परसाई की एक और सशक्त रचना है जिसमें लेखक ने पूरे जीवन और व्यवस्था में व्याप्त भ्रष्टाचार पर अँगुली रखी है। सरकारी तंत्र का भ्रष्टाचार सामाजिक जीवन में भी व्याप्त हो गया है। आम आदमी को मजबूरन गलत और भ्रष्ट तरीके अपनाने पड़ते हैं। छोटे दूकानदार को अपने सच्चे हिसाब को सच्चा मनवाने के लिए घूस देनी पड़ती है। एक नौकरी के सिलसिले में किसी बड़े आदमी से प्रमाण-पत्र चाहने वाली महिला को बड़ा आदमी सच्चरित्रता का प्रमाण पत्र देने से पहले अपने शयन-कक्ष में ले जाना चाहता है। परीक्षक से अंक बढ़वाने के लिए आये हुए अभिवावक बेझिझक, नि:संकोची और निर्लज्ज हो गये हैं। जीवन-यापन और सफलता की आम सड़कें बंद हो गयी हैं, लोग पगडंडियों से चलने के आदी होते जा रहे हैं-पगडंडियाँ ही आम रास्ता बन गयी हैं। लेखक ने देखा है कि शिक्षा-जगत भ्रष्टाचार का अड्डा बन गया है। वह देखता है कि पुस्तक को पाठ्यक्रम में लगाने के लिए किस प्रकार अपने इष्टदेव की पूजा होती है (अपने-अपने इष्टदेव)। व्यक्ति अपनी उन्नति के लिए अपने दाँत भी उखड़वाने के लिए तैयार है (बैताल की छब्बीसवीं कथा)। धर्माचार्यों के मानस में निरंतर शैतान घुसा रहता है। सहायता कोष के नाम पर किस प्रकार चंदा बटोरुओं की एक जमात ही बन गयी है जो नागरिकों से चंदा लेकर अपना पेट भरते हैं (लंका विजय के बाद)। इस व्यवस्था

में धर्म के नाम पर पाखंड खूब पनप रहा है। इस संदर्भ में लेखक ने गीता पाठियों और साधु-सन्तों पर करारी चोट की है (राग-विराग)।

और वस्तुतः परसाई की रचनाओं में इस प्रकार के व्यंग्यों की भरमार है जो हमारे जीवन और अनुभव-क्षेत्र में व्याप्त अनेकानेक विसंगतियों को प्रखरता के साथ उभारते हैं। इनसे सम्भवतः कोई भी पक्ष नहीं बचा है। नेताओं की चरित्रहीनता, सौदेबाजी, सिद्धांतहीनता, निष्क्रियता, नौकरशाही, साम्प्रदायिकता, धार्मिक पाखंड, अनेकमुखी राजनीतिक षड्यंत्र और इन सबके साथ दोमुँहापन, अवसरवाद, असामंजस्य, अन्याय, शोषण, स्वार्थपरता, संकीर्णमानसिकता, विज्ञापनबाजी, सस्ती लोकप्रियता, पॉवर-पॉलिटिक्स, सुविधाभोगी प्रवृत्ति, पुलिस अत्याचार, न्याय के क्षेत्र में व्याप्त अराजकता, शिक्षा-संस्थाओं, विश्वविद्यालयों तथा अध्यापक-वर्ग में निरंतर तिरोहित होती आदर्शवादिता, रईसों की अनैतिकता, संस्कृति का खोखलापन, प्रणय का बाजारूपन और व्यावसायिकता, फिल्म-कलाकारों और रचनाकारों की कुंठित मानसिकता और बुद्धिजीवियों की अनैतिकता और यहाँ तक कि वामपंथी पार्टियों में चल रही परस्पर सर-फुटौवल को भी परसाई ने नजरअंदाज नहीं किया है। अनेक व्यक्ति-चरित्रों को टाइप के रूप में प्रस्तुत करके उन्होंने उस पूरी व्यवस्था में भीतर तक फैले भ्रष्टाचार को साकार करने का भी अत्यंत सफल प्रयत्न किया है। और हम जानते हैं कि इस तरह का प्रयत्न और साहस वही कर सकता है जो अपने भीतर की ईमानदारी के साथ अपने समय की सामाजिक-राजनैतिक विद्रूपताओं, असंगतियों और असामंजस्य से चिंतित हो और जिसकी दृष्टि अपने हितों पर न लगी होकर आवश्यक रूप से समाजोन्मुखी हो और जिसे स्वयं इन व्याप्त क्रूरताओं का शिकार होना पड़ा हो।

परसाई के व्यंग्य में बाह्य निरपेक्षता और तटस्थता के साथ ही जो आंतरिक संलग्नता और संश्लिष्टता दिखलाई देती है, उसका कारण यह है कि उन्होंने विषपायी बनकर अपनी लेखनी उठायी है और लिखने से पहले लेखन की उद्देश्य-परकता को भली भाँति समझ लिया है। उनमें एक ओर जीवन-बोध की सही पहचान है तो दूसरी ओर व्यंग्यकार की सफल दृष्टि भी है। वे व्यंग्यकार की आस्था और विश्वास से विज्ञ हैं इसीलिए एक निश्चित दिशा और सोच को दृष्टिपथ पर रखकर उन्होंने रचनाधर्मिता का निर्वाह किया है। कहने की आवश्यकता नहीं कि परसाई की इसी जनवादी रचनाधर्मिता ने हिन्दी लेखकों की नयी पीढ़ी को एक स्वस्थ और रचनात्मक दिशा और प्रेरणा दी है।

–देवेश ठाकुर

व्यंग्य का प्रजातंत्रीकरण

समय के बदलते हुए तेवरों में रचना यदि अपनी सार्थकता बनाए रखना चाहती है तो उसे उस सामाजिकता की सही पहचान करनी होगी, जिसे हम समय-विशेष का प्रतिनिधित्व करते देख सकते हैं। पर यह कोई ऊपर-ऊपर तैरती हुई चीज नहीं है कि इतनी आसानी से उसे पा लिया जाय। हमें उन सारे अन्तस्सम्बन्धों और जटिलताओं की भी जानकारी होनी चाहिए जो समय के यथार्थ को बनाती हैं। कई बार कमजोर रचना विवरण, वृत्तान्त तो ढेर सारे दे जाती है, पर उसमें वह समग्रता हमें देखने को नहीं मिलती, जिससे हम कह सकें कि 'समय की जटिलता' का पूरा प्रतिनिधित्व यहाँ हो सका है। आखिर हम अपने समय को पहचानते कैसे हैं? इस सवाल को लेकर बहस-मुबाहिसे हुए हैं, अब भी हो रहे हैं। पर यह बात सच है कि आगे आने वाले कल में भी यदि पिछले समय का सही अन्दाज लेना हो तो हमें सार्थक रचनाओं की ओर मुड़कर देखने के लिए बाध्य होना पड़ेगा। किसी जीवन्त रचना की एक बड़ी पहिचान मेरी समझ से यह भी है कि उसमें उसके समय का वर्तमान पूरी समग्रता में उजागर होता है, रास्ते अलग-अलग हो सकते हैं, जैसा हिन्दी गद्य के संदर्भ में प्रेमचन्द, यशपाल और हरिशंकर परसाई में देखा जा सकता है।

हरिशंकर परसाई मेरी समझ में उन लेखकों में हैं जो अपने वर्तमान को सही परिप्रेक्ष्य में देखने-समझने की कोशिश करते हैं। वे समय के हर मोड़ पर मौजूद मिलते हैं, संदर्भों पर सही निगाह रखे हुए, सामयिक जिन्दगी के हर बदलते रूप को अपनी लेखनी में बाँधते हैं। परसाई के लिए यह इसलिए संभव हो सका क्योंकि वे हिन्दी के सबसे सजग लेखकों में हैं–समय, समाज की नब्ज पर हाथ रखे हुए। लोग शिकायत जरूर करते पाये जाते हैं, जरा दबी जबान से ही सही कि उन्होंने अपने को दुहराना शुरू कर दिया है। पर जो लेखक बराबर स्वयं को समय के यथार्थ से जोड़े रहते हैं और खुद की परिक्रमा करके नहीं रह जाना चाहते, उनके लिए

इस प्रकार का खतरा प्राय: कम होता है। परसाई के लिए उनका वर्तमान केवल एक तिथि या घटना नहीं है। इसीलिए जबकि दूसरे कई व्यंग्यकार पत्र-पत्रिकाओं के लेखक बनकर रह जाने के खतरे में हैं, परसाई से असहमत होने वाले लोग भी उन्हें नकार नहीं पाते।

परसाई की सजग सामाजिक चेतना, स्थिति के आर-पार देख सकने की उनकी क्षमका और तेज, पैनी, गैर-रोमानी निगाह उन्हें सामयिकता से ऊपर उठाती है। मतलब यह कि वे सारे अन्तसम्बन्धों की पड़ताल करना चाहते हैं, केवल फोटोग्राफी करके नहीं रह जाते। उनकी प्रतिबद्धताएँ यहाँ उनकी सहायता करती हैं, यद्यपि जहाँ तक उनके राजनीतिक लेखन का सवाल है (जैसे 'सारिका' या 'नई दुनिया' आदि का) उसे काफी विवादों का शिकार होना पड़ा है।

हास्य, व्यंग्य के बीच बहुत पतली रेखा है और कई बार उन्हें अलगा पाने में कठिनाई होती है। सामंती दौर में वह दरबार की चीज थी और 'तर्जेबयाँ' या कहने की कला पर आग्रह था। पर चेखव जैसे लेखकों ने उसे सामाजिक यथार्थ की अभिव्यक्ति का माध्यम बनाया, जबकि फेवियन समाजवादी शॉ के आग्रह बौद्धिक अधिक थे। हमारे सामने जो विसंगतियाँ हैं उन पर प्रहार करके बदलाव के लिए रास्ता खोलने का काम आधुनिक युग में व्यंग्य के द्वारा लिया गया। हास्य बतौर मनोरंजन गुदगुदाना चाहता है, पर व्यंग्य एक कदम आगे बढ़कर हमलावर होता है। हिन्दी में व्यंग्य को सामाजिक संदर्भों से जोड़ने में जिन लोगों ने पहल की, उनमें परसाई सबसे प्रमुख हैं। रचना को गैर-रोमानी दिशा में मोड़ने का श्रेय मेरे विचार से नये काव्य के आरंभिक हस्ताक्षरों को एक अंश तक ही है, खास तौर पर लिजलिजी भावुकता से मुक्ति दिलाकर उसे अधिक बौद्धिक, तार्किक दिशाओं में मोड़ने के लिए। पर वहाँ रोमांस पूर्णतया अनुपस्थित नहीं है और बीच-बीच में आदर्शवादी रेखाएँ भी झलक जाती हैं, जिससे छुटकारा पा सकने के लिए हमें समकालीन कविता की प्रतीक्षा करनी पड़ी। गैर-रोमानी परिवेश बनाने में और उसे सामाजिक यथार्थ की ऊबड़-खाबड़ दुनिया से जोड़ने में नये कथा-साहित्य ने ज्यादा कारगर काम किया है और परसाई के व्यंग्य-लेखन को इसी संदर्भ में देखना चाहिए।

व्यंग्य की कई सीमा-रेखाएँ बन जाती हैं, जैसे वह इतना हमलावर हो जाता है कि प्राय: उसका रुख नकारात्मक बन जाता है। पर यहीं परसाई व्यंग्य को उसकी सीमाओं के ऊपर उठाकर एक बहुत जिम्मेवार लेखन का रूप देते हैं। चीजें तब तक साफ नहीं दिखाई देतीं जब हम उन्हें निरपेक्ष मान लेते हैं, पर यदि इतिहास की समझ हो और सही संदर्भों की जानकारी

हो तो घटना, स्थितियाँ, पात्र सभी कुछ ठीक-ठाक जगह पर रक्खे जा सकते हैं और उनकी वैयक्तिकता टूट जाती है। परसाई के लेखन की शक्ति सामाजिक संदर्भों की इसी सही पहचान में निहित है और इसीलिए सुनने में विरोधाभास जैसा लगते हुए भी यह सच है कि व्यंग्य में भी वे अपने संवेदन के साथ उपस्थित हैं। वे रचना में गैर-रोमानी ढंग से अनुपस्थित होकर भी सब जगह हाजिर हैं। बिना गहरी मानवीय संलग्नता और सामाजिक शिरकत के ऐसा संभव नहीं होता। बुढ़ापे का अहसास कराने वाला 'पहिला सफेद बाल' परसाई को डरा-धमकाकर भी उनके जीवट को तोड़ नहीं पाता और वे व्यंग्य को नया मानवीय मोड़ देते हैं, नयी पीढ़ी को सम्बोधित करते हुए वे कहते हैं-"मेरी-पीढ़ी के समस्त पुत्रो-मैं तुम्हें वह भविष्य ही देता हूँ-। हम नींव में धँस रहे हैं कि तुम्हारे लिए एक भव्य भविष्य रचा जा सके-। हमें तुमसे कुछ नहीं चाहिए। हम नींव में धँस रहे हैं, लो हम तुम्हें कलश देते हैं।"

परसाई हिन्दी के सबसे सचेत लेखकों में हैं, हर मौके पर मौजूद, जैसे घटनाएँ जानती हैं कि वे आने ही वाले हैं, और उनका लेखन पूर्वापर सम्बन्धों की तलाश करता हुआ आगे बढ़ जाता है। जहाँ सामयिकता उन्हें दबोच लेती है, वहीं उनके रचनाकार में कमजोरी आती है क्योंकि कई बार राजनीति के सम्बन्ध साप्ताहिक मैत्री की तरह होते हैं, यहाँ तक कि शाम को शादी, सुबह तलाक। परसाई ने ढेर सारा राजनीतिक लेखन किया है और लगभग हर मुद्दे पर अपनी राय देनी चाही है, पर ऐसा करने में वे उस दल को भी नहीं बख्शते, जिससे उन्हें जोड़ा जाता है। मसलन 'ठिठुरता हुआ गणतंत्र' में वे सभी राजनीतिक दलों से पूछते हैं, "सूर्य बाहर क्यों नहीं आ रहा है? बादलों में क्यों छिप गया है" उनकी टिप्पणी है: "साम्यवादी ने मुझसे साफ कहा: यह सब सी०आई०ए० का षड्यंत्र है? सातवें बेड़े से बादल दिल्ली भेजे जाते हैं।" यह बात दीगर है कि हर बार ऐसी तटस्थता वे न बरत पाये हों। या फिर स्थितियों का जायजा लिए बिना उन्होंने घटनाओं को ऊपर-ऊपर छूकर कोई बात कह दी हो जैसे और 'अन्त में' के कुछ हिस्सों में। पर ऐसे प्रसंग अपेक्षाकृत कम हैं।

सामाजिक सदाशयता से परिचालित परसाई के लेखन ने अपने लिए सही मुहावरा तलाश किया, इसलिए उन्हें अपनी बात साफ ढंग से कह सकने में कठिनाई नहीं हुई। यहाँ रहस्यवाद जैसा कुछ भी नहीं है, खुलासा है, दो टूक, बेलाग। इसीलिए उनके सबसे मनचाहे दोस्त हैं-कबीर-फक्कड़, मनमौजी, घर फूँक तमाशा देखने वाले और दुनिया के सामने निडर होकर जीने की हिम्मत रखने वाले।

परसाई के लिए व्यंग्य विद्रूपता मुखौटेबाजी को सामने लाने का, उस पर चोट करने का एक कारगर हथियार है और उसकी सामाजिक जिम्मेवारी का उन्हें एहसास है। बिना सही सामाजिक बोध के हम चीजों को ठीक संदर्भ में नहीं देख पाते और वे या तो अलग-अलग पड़ी दिखाई देती हैं या निजी प्रतिक्रियाएँ बनकर रह जाती हैं। 'ठंडा शरीफ' आदमी है, परसाई टिप्पणी करते हैं: ''यों वह बोलता बहुत कम है-। ऐसे सब प्रसंग टालता है जिनसे आहट हो। आहट नहीं होती, पर सफलता उसे मिलती जाती है-।'' और वे कहते हैं: ''सोचता हूँ किस साधना से आदमी ऐसा ठंडा हो जाता है? जिन्दगी में इतनी तरह की आगें हैं। कहीं कोई गर्मी इसे महसूस क्यों नहीं होती? जिन्दगी की जटिलता को सुलझाकर इसने किस तरह सीधा और सपाट कर लिया है?'' जाहिर है कि यहाँ समाज से बिल्कुल कटे हुए, अपने लिए जीने वालों का खाका है। पात्रों की स्थितियों को समाज के प्रवाह से जोड़ने के हुनर के बिना प्रेषणीयता जैसे अकादमिक सवाल उठते-गिरते रहेंगे।

लेखन में जीवनानुभव को संयोजित कर पाने की कला तभी आ सकती है जब रचना में असमंजस, अनिर्णय खत्म हो चुके हों। तो लेखन में ताक-झाँक, दल-बदल, लुका-छिपी, दाँव-पेच और गोलमाल की बहुतायत हो जाती है। परसाई के सामने भी ऐसे अवसर आए होंगे, आवेंगे भी जब सामाजिक, राजनीतिक उतार-चढ़ाव के बीच उनके सामने निर्णय का प्रश्न उठा होगा, उठेगा भी, पर उन्होंने बगलें नहीं झाँकी और अपनी बात कही...चाहे आप उनसे बिल्कुल असहमत ही क्यों न हों। बदलते माहौल में कई बार उनकी बातें एक-दूसरे को काटती भी दिखाई देती हैं। पर राजनीतिक लेखन की तो यह स्वाभाविक स्थिति है।

परसाई का मुहावरा उनका अपना है, उनके सम्पूर्ण व्यक्तित्व को प्रतिबिम्बत करता हुआ, बिना आडम्बर के रहते हुए सहज, निरायास शब्द, पर निडरता से बोलते हुए, और आपको सावधान करते हुए। उनका लेखन हमें न चौंकाता है, न डराता है, वह मुखौटे उघाड़ता है और अपने पाठक की ऊँगली पकड़कर उसे साथ लेकर चलता है। कम शब्दों में बात कह सकने की क्षमता उनके जीवनानुभव के विस्तार से ही सम्भव हो सकी है, वह कलावादी की चौखट में फिट नहीं होती, ध्यान देने पर ही व्यंग्य पकड़ में आ सकेगा: इस देश के बुद्धिजीवी सब शेर हैं, पर वे सियारों की बारात में बैंड बजाते हैं (कर कमल हो गये), निन्दा कुछ लोगों की पूँजी होती है (निन्दा रस), सुलझे विचारों ने बार-बार मारा है (गली तो चारों बन्द हुईं), गणतन्त्र ठिठुरते हाथों की तालियों पर टिका है (ठिठुरता हुआ

गणतन्त्र), चाँद में जाओ चाहे क्रान्ति में, दुनियादारी नहीं छोड़ती (चाँद पर नहीं जा सका), ज्यादा खुश हो जाना गँवारूपन है (साहब महत्त्वाकांक्षी), चिकनी बात पर आदमी का पाँव फिसला कि वह गया रसातल को (आइलकिंग), सारी नैतिकता पिछवाड़े के दरवाजे से आती जाती है (फिर ताज देखा), बसन्त अपने आप नहीं आता, उसे लाया जाता है (बसन्त), डबरे के कीचड़ में नहाने वाला गंगा-स्नान करने वाले को उपदेश देता है (बने हैं दोस्त नासेह) आगजी राखजी हो जाते हैं, बाहर वीर रस होता है, भीतर करुणा रस आदि से लेखक के गहरे अहसास की पुष्टि होती है।

परसाई के व्यंग्य को उसमें सामन्ती, मनोरंजक परिवेश से ऊपर उठाकर उसका प्रजातन्त्रीकरण किया और उसे गहरे सामाजिक आशयों से जोड़ा। बेहद जल्दी में लिखी हुई उनकी राजनीतिक टिप्पणियों को छोड़ दिया जाय, तो बहुत कुछ है जो अपनी सामाजिक जिम्मेदारी निभाता है और जो आगे आने वाले पाठक को भी अपने साथ ले चल सकेगा। सामाजिक विसंगतियों पर हमला करते हुए भी परसाई गहरी मानवीय संवेदना से परिचालित हैं, इसे जाने बिना उनकी रचना के साथ इन्साफ नहीं किया जा सकता क्योंकि यह इन्सानी संलग्नता ही उनके लेखन को सार्थकता देती है।

–प्रेमशंकर

निर्गुण जनतंत्र के खिलाफ

चार सौ वर्ष पहले तुलसीदास के 'रामचरितमानस' की मन्थरा ने कैकेयी से आजिजी में कहा–"कोऊ नृप होंहि, हमहिं का हानी। चेरि छाँड़ि, अब होब कि रानी॥" उसने यह इसलिए नहीं कहा था कि राजनीति में उसकी कोई रुचि नहीं थी, वह तो राजनीति में सक्रिय रुचि ले रही थी, क्योंकि वह चाह रही थी कि राजगद्दी पर राम नहीं, भरत बैठें और राजमाता कैकेयी बनें, कौशल्या नहीं। अपनी इस इच्छा को मूर्त करने के लिए उसने प्रयत्न भी किया। फिर भी यदि उसने एक अवस्था में कैकेयी से उपर्युक्त बात कही, तो वह उस समय की सामाजिक बनावट, राजनीतिक प्रणाली और उसमें मन्थरा की स्थिति से उत्पन्न राजनीतिक चेतना की अभिव्यक्ति थी। सामाजिक बनावट सामन्तवादी अर्थ-व्यवस्था पर आधारित थी और राजतंत्र की राजनीतिक प्रणाली का आधार भी वही था। राजतंत्र में राजा का बेटा राजा होगा, यह तो तय रहता था। राजा राम हों या भरत, मन्थरा जैसी चेरी की स्थिति में कोई फर्क नहीं आने को था। अतः मन्थरा की उक्ति में सामन्तवाद और राजतंत्र की आर्थिक-राजनीतिक व्यवस्था से विकसित राजनीतिक चेतना सुनायी पड़ती है।

आज के भारत में सामन्ती व्यवस्था के कुछ अवशेष अवश्य मौजूद हैं, लेकिन अर्थतंत्र पूँजीवादी है और राजनीतिक व्यवस्था भी उसी के शिकंजे में है। पूँजीवाद ने आम तौर से सामन्तवाद को हर जगह समाप्त कर दिया है, इंग्लैंड, फ्रांस, इटली, अमेरिका, जापान आदि देशों में ऐसा हुआ। लेकिन भारत में अंग्रेजी साम्राज्य ने सामंतवाद को संरक्षण दिया और आजादी मिलने के बाद भारतीय पूँजीवाद ने भी उसे पूरी तरह समाप्त नहीं किया। खैर, यह मामला दूसरा है। यहाँ हमें यह कहना है कि यद्यपि पूँजीवाद भी जनता का शोषण करता है, फिर भी वह जनता को सामंतवाद के चंगुल से मुक्त कर देता है, जिससे जनता को जन-कार्रवाई का, राजनीति में प्रत्यक्ष रुचि लेने का मौका मिल जाता है। भारत में तो गौर करने की बात यह है कि

भारतीय पूँजीपति वर्ग ने अँग्रेजी साम्राज्यवाद के खिलाफ लड़ाई में हिस्सा लिया और अपने स्वार्थ की सीमा में उसने जनता को कार्रवाई में उतारने की भी कोशिश की। भारतीय जनता ने ब्रिटिश साम्राज्यवाद से मुक्ति के संघर्ष के दरम्यान राजनीति में रुचि लेने का अभ्यास किया और यह अभ्यास बहुत लम्बी अवधि तक उसे करना पड़ा। आजादी मिलने के बाद उसने अपनी आकांक्षाओं एवं आवश्यकताओं की पूर्ति के लिए जो संघर्ष किये हैं, वे राजनीतिक संघर्ष की ओर उन्मुख होते रहे हैं, क्योंकि जनता के हर हिस्से को अपनी माँगों की पूर्ति के लिए या समस्याओं के समाधान के लिए सरकार से टकराना पड़ा है। जनता का सरकार से या सरकारी नीतियों से टकराना राजनीतिक संघर्ष का रूप ले लेता है। इसके अलावा आजाद भारत में बालिग मताधिकार पर आधारित आम चुनावों में तो जनता को प्रत्यक्षतः राजनीतिक प्रक्रिया से गुजरने का मौका मिला है। अतः राजनीति आज की जनता के जीवन का अंग है। इस युग में साहित्य को राजनीति से अलग करने की कोशिश जनता और साहित्य के सम्बन्ध को तोड़ने की कोशिश है। यह वास्तव में साहित्य को उसके उद्‌गम स्रोत से काट देने की कोशिश है। राजनीति आज के साहित्य का एक गुण है।

इस प्रसंग में कुछ पंक्तियों में इस प्रश्न पर भी विचार कर लेना चाहिए कि राजनीति है क्या? यह जरूरी इसलिए है कि हमारे देश में लोग राजनीति में भाग लेते हुए कहते हैं कि राजनीति गंदी चीज़ है। लेखक को ही नहीं, हर भले आदमी को राजनीति से अलग रहना चाहिए। असल में ऐसा कहने वाले यह नहीं देख पाते कि भारत के समाज में कई वर्ग हैं। यह समाज शोषक और शोषित में बँटा हुआ है। दोनों के आर्थिक स्वार्थ एक नहीं हो सकते, इसलिए दोनों की राजनीति भी एक नहीं हो सकती। इस दृष्टि से देखने पर कम से कम दो तरह की राजनीति तो दिखाई पड़ेगी ही, एक शोषकों की राजनीति, दूसरी शोषितों की राजनीति। तब आपको कहना पड़ेगा कि कौनसी राजनीति अच्छी है और कौनसी गंदी? इस ढंग से सोचने पर यह भी समझ में आता है कि राजनीति समाज के विभिन्न बर्गों के बुनियादी हितों एवं वर्गीय सम्बन्धों की अभिव्यक्ति है। वर्ग-विभाजित समाज में विभिन्न वर्गों के स्वार्थ आपस में टकराते हैं, इसलिए दो तरह की राजनीति आपस में टकराती है। शासक वर्ग की राजनीति शोषण, छल और फरेब से चलती है, गुंडा-गर्दी से चलती है। शोषित वर्ग यानी मेहनतकश वर्ग की राजनीति उसके खिलाफ संघर्ष से चलती है। दोनों तरह की राजनीति गंदी नहीं हो सकती। मेहनतकश वर्ग की राजनीति जनता के जीवन को बदलने वाली राजनीति है, इसलिए आवश्यक एवं क्रांतिकारी राजनीति है।

इस राजनीति से जुड़ना मानव-जीवन को बेहतर बनाने की लड़ाई से जुड़ना है। जहाँ तक साहित्य और राजनीति के सम्बन्ध का सवाल है, मैं समझता हूँ कि साहित्य और राजनीति दोनों एक ही सामाजिक प्रक्रिया के अंग हैं। जब समस्याओं को राजसत्ता के प्रश्न से जोड़कर सुलझाने की कोशिश होती है, तो उसे राजनीति कहते हैं और जब उन्हें संवेदना के स्तर पर सुलझाने की कोशिश होती है, तो वह साहित्य का रूप लेती है।

हरिशंकर परसाई जैसे लेखक जनता के बीच से आते हैं, जनता के बीच रहते हैं, जनता की समस्याएँ हैं, जनता के प्रश्न उनके प्रश्न हैं, इसलिए आम जनता की तरह वे भी मानव-जीवन को बेहतर बनाने की कोशिश में सामाजिक प्रक्रिया से गुजरते हुए राजनीति से जुड़ते हैं। अतः परसाई जी के लेखन की राजनीति मानवीय संवेदना को सामाजिक आधार देने की राजनीति है, मानव-मूल्य को प्रतिष्ठित करने वाली राजनीति है। अतः उनके बारे में यह कहना सही होगा कि राजनीति उनके लेखन का संस्कार है। यह संस्कार जनता के लगाव, जनसंघर्षों से जुड़ाव और मानव-मूल्यों को प्रतिष्ठित करने की प्रतिबद्धता से विकसित हुआ है। यह संस्कार मध्यकालीन चेतना से मुक्ति और आधुनिक वैज्ञानिक एवं समाजवादी चेतना की स्वीकृति से विकसित हुई है। अतः यह स्वाभाविक है कि परसाई ने साहित्य में राजनीति के गुण का साफ-सुथरे ढंग से विनियोग किया है। इस ढंग की राजनीति से लेखन कैसे श्रेष्ठ बनता है, यह परसाई जी के लेखन में देखना चाहिए।

परसाई जी स्वतंत्र भारत के लेखक हैं, उनके लेखक रूप का विकास स्वतंत्र भारत के वातावरण में हुआ है। अतः पिछले बत्तीस वर्षों के सामाजिक, राजनीतिक संघर्षों के दौर में विकसित सामाजिक चेतना परसाई जी के लेखन की अन्तर्धारा है। इन बत्तीस वर्षों की अवधि में हिन्दी-साहित्य में लेखन और राजनीति के सम्बन्ध कई स्तरों से गुजरे हैं। आजादी मिलने के तुरंत बाद लेखन और राजनीति का सम्बन्ध ढीला पड़ गया, इसका वस्तुगत आधार यह था कि लम्बे संघर्ष के बाद जनता ने ब्रिटिश साम्राज्य की दासता से मुक्ति पायी थी। मुनाफाखोरों और चोरबाजारियों को फाँसी पर लटका देने की घोषणा करने वाले नेता जवाहरलाल नेहरू प्रधान मंत्री बने थे, इसलिए लोगों ने उम्मीद लगायी थी कि अब जनता की हालत बदलेगी, उसका दुःख-दर्द दूर होगा। इसलिए बुनियादी सामाजिक परिवर्तन की राजनीति को वह जन-समर्थन नहीं मिला, जिसकी आशा उसके नेताओं ने की थी। इस दौर के लेखन में यथास्थितिवादी राजनीति का प्रभाव बढ़ा। लेकिन परसाई जैसे लेखक स्वतंत्रता को वर्गीय दृष्टिकोण से देख रहे थे,

इसलिए समझ रहे थे कि देश की आजादी का लाभ सम्पत्तिशाली लोग ही उठा रहे हैं, मेहनतकश जनता इसके जरिये शोषण से मुक्त नहीं हो सकती। इसलिए उन्होंने आजादी मिलने के बाद की राजनीति और समाज-व्यवस्था को अपने लेखन का निशाना बनाया है। यह यथास्थितिवादी लेखकों की राजनीति से गुणात्मक रूप में भिन्न राजनीति है। इस राजनीति का प्रभाव लेखन में बढ़ता गया, जैसे-जैसे जनता का मोह-भंग काँग्रेसी शासन से होता गया।

अन्तर्राष्ट्रीय स्तर पर द्वितीय विश्व-युद्ध में फासीवादी तत्त्वों के पराजित होने, साम्राज्यवाद के संकटग्रस्त एवं पतनोन्मुख हो जाने तथा विश्व समाजवादी व्यवस्था के उदय से परिस्थिति में नया मोड़ आ गया था, शक्तियों के संतुलन में परिवर्तनकारी शक्तियों का पक्ष भारी हो गया था। देश के भीतर यथास्थितिवादियों के लिए नयी बात यह हुई कि देश के राजनीतिक मंच पर कम्युनिस्ट पार्टी कांग्रेस के बाद दूसरी बड़ी पार्टी बनकर उभर गयी और कई राज्यों में सरकार बनाने का स्वप्न देखने वाली सोशलिस्ट पार्टी नगण्य बनकर रह गयी। इस घटना के राजनीति ही नहीं साहित्य क्षेत्र के यथास्थितिवादी भी चौंके और घबड़ाये। यह आकस्मिक नहीं था कि 1953 में 'कांग्रेस फॉर कल्चरल फ्रीडम' का जो सम्मेलन बम्बई में हुआ था, उसके संयोजक अज्ञेय थे और जय प्रकाश नारायण ने उसकी अध्यक्षता की थी तथा कन्हैयालाल माणिकलाल मुंशी, मीनू मसानी, अशोक मेहता आदि ने उसमें सक्रिय हिस्सा लिया था, उक्त संस्था के अन्तर्राष्ट्रीय नेता आर्थर कोएस्लर भी उसमें मौजूद थे। हमारे लिए उल्लेखनीय बात यह है कि उस सम्मेलन के मंच से उपर्युक्त महानुभावों ने लेखकों को निर्देश दिया कि साहित्य को राजनीति और मार्क्सवाद के असर से दूर रखना चाहिए। चूँकि आम जनता, खास कर मध्यवर्गियों का मोहभंग अभी शुरू ही हुआ था, उनकी आशा अभी बनी हुई थी। इसलिए सन् 1950 ई० के बाद के लेखन को कुछ दिनों तक राजनीति से दूर रखने और प्रयोग, बिम्ब आदि को लेखकीय धर्म के रूप में स्वीकार कराने में उन्हें सफलता मिली। वैसे यह बात कविता के क्षेत्र के रूप में स्वीकार कराने में उन्हें सफलता मिली। वैसे यह बात कविता के क्षेत्र में ज्यादा हुई। कथा-साहित्य इस अवधि में भी सामाजिक संघर्ष से जुड़ा रहा। उन्हीं दिनों 'नदी के द्वीप' कथा-साहित्य में वह जगह नहीं पा सका जो 'बलचनमा' ने ग्रहण कर लिया।

परसाई जी उन लेखकों में हैं जो कभी मोह में नहीं पड़े, लेकिन जनता के मोह-भंग की प्रक्रिया को पकड़कर उन्होंने किस तरह व्यक्त किया, यह देखिये-"नया साल आ गया। पहले मैं 15 अगस्त से नया साल गिनता

था। मन में दर्द उठता है कि हाय, इतने साल हो गये फिर भी जवाब मिलता है–कोई जादू थोड़े ही है। पर तरह-तरह के जादू तो हो रहे हैं। यही क्यों नहीं होता? अफसर के इतने बड़े मकान बन जाते हैं कि वह राष्ट्रपति को किराये पर देने का हौसला रखता है। किस जादू से गोदाम में रखे गेहूँ का हर दाना सोने का हो गया?'' (हम, वे और भीड़-पगडंडियों का जमाना, पृ० 7-8) इसी क्रम में वे और कहते हैं–''जनवरी के साल बदलने में न दर्द उठता, न हाय होती हैं। 23 जनवरी याद दिलाती है कि सुभाष बाबू ने कहा था–'तुम मुझे खून दो, मैं तुम्हें आजादी दूँगा।' खून तो हमने दिया, मगर आजादी किन्हें दे दी गयी?'' (वही)

आजादी जनता को नहीं, उसके शोषकों को मिली। आजादी की लड़ाई के नेताओं की लड़ाई के समय की कथनी और गद्दी मिलने के बाद की करनी में जो भयंकर फर्क आया, उसकी दर्द-भरी संवेदना परसाई जी के शब्दों में सुनिए–''हमारे बापों से कहा जाता था कि आजादी की घास गुलामी के घी से अच्छी होती हैं...... आजाद हो गये तो हमने कहा, अच्छा अब घास भी खा लेंगे।...... मगर हमने देखा कि कुछ लोगों ने अपनी काली-काली भैंसें आजादी की घास पर छोड़ दीं और घास उनके पेट में जाने लगी। तब भैंस वालों ने उन्हें दुह लिया और दूध का घी बनाकर हमारे सामने ही पीने लगे।'' (वही)

इस तरह के लेखन को यदि कोई राजनीति कहता है, तो एतराज करने की जरूरत नहीं, राजनीति तो यह है ही। सवाल यह है कि किसकी राजनीति है, किसके हित की राजनीति है? परसाई स्वयं और उनके विरोधी भी इसे समझते हैं। इसलिए परसाई स्वयं उसी रचना में यह बात छेड़ देते हैं–''मेरा एक मित्र सही कहता है–परसाई, तुम पर भीड़ हावी है। ...देखते नहीं, लेखकों की सबसे बड़ी चिन्ता यह है कि भीड़ के दबाव से कैसे बचा जाये।'' (वही) परसाई अपने ऐसे मित्रों से कहते हैं–''यारो, तुम भी आजादी की घास खाओ न।'' परसाई ने इतना ही किया है कि भैंसों की मारफत आजादी को घी बनाकर खाने वालों की श्रेणी में वे नहीं गये। घास खाने वाले मेहनतकशों की भीड़ में वे शामिल हैं, इसलिए भीड़ उन पर हावी है। लेकिन गौर करना चाहिए कि अब वह भीड़ नहीं रह गयी है, संघर्षशील कतार बनती जा रही है।

आजादी मिलने के बाद गांधीजी का सपना कैसे हवा में उड़ गया, यह आज भी बहुत से लोग सोचते रहते हैं और जवाब नहीं मिलने पर मायूस हो जाते हैं। परसाई का लेखक एक गांधीवादी से मिलता है। वह अपने को नियम का पक्का कहता है इसलिए–'नियमपूर्वक दोपहर को लेटे-लेटे

बीस पान' खाता है। इस पान-प्रक्रिया में दो घंटे लगते हैं, इस बीच वह आँख उतनी ही खोलता है, जितने से पान दिख जाये और हाथ उतना ही हिलाता है, जितने से पान पकड़ में आ जाये। उसके 'नियमित कार्यक्रम' में यह भी शामिल है कि 'रोज एक घंटे शाम को छज्जे पर बैठकर जन-सम्पर्क करता है। नीचे जनता गुजरती रहती है।' वह 'नियमपूर्वक' खादी जी की पूजा करता है। वह कहता है-"पुराना गांधीवादी हूँ न। धर्म नहीं छोड़ा मैंने, औरों की तरह। अभी भी खादी जी की पूजा करता हूँ। मेरे घर में तकली जी और चर्खा जी भी हैं।" यह गांधीवादी असल में कांग्रेसी है और वह खादी की पूजा करके गांधी जी के प्रति श्रद्धा व्यक्त करता है और शेरवानी-अचकन पहनकर तथा सीने पर गुलाबों का गुच्छा खोंस कर नेहरू के सिद्धान्तों में आस्था रखने का सबूत पेश करता है। सत्ताधारी राजनीति के दिवालयेपन का इससे अच्छा वर्णन और क्या होगा?

देश की राजनीति में आजादी के बाद सोशलिस्टों का क्या हाल हुआ, यह परसाई जी ने 'प्रजा समाजवादी' में दिखाया है। साथी तेजराम 'आग' अपने कमरे में बाबू जयप्रकाश नारायण के एक बड़े चित्र के सामने खड़े हो रहे थे और कहते जाते थे-"साथी, अब लौट आओ। बहुत साल हो गये। संयास तो तुमने लिया, पर बनवास हमें हो गया।" लेखक जब आग जी से कहता है-"कल शाम तो आम सभा में सरकार से इस्तीफा माँग रहे थे, संघर्ष की धमकी दे रहे थे। और इधर आप..." तो वे कहते हैं-"वह सार्वजनिक मामला था, यह प्राइवेट है।" यह रोने का कार्यक्रम आधार बदलकर चलता रहता है। आग जी कहते हैं-"कभी-कभी मैं राजा जी के सामने और गुरू गोलवलकर के सामने भी रो लेता हूँ कि तुम्हीं कुछ करो हमारे लिए।" जब लेखक उनसे सत्ता की योजना में समाजवाद की बात पूछता है, तो वे कहते हैं-"समाजवाद को गोली मारो। वे शब्द पुराने पड़ गये हैं। पार्टी का कोई नाम तो होना चाहिए, इसलिए हमने 'समाजवादी' नाम रख लिया।" जब कम्युनिस्टों का साथ लेने के बारे में पूछा जाता है तो वे कहते हैं-"कम्युनिस्ट हमारे साथ क्यों होंगे?...... वह भिलाई किसी प्राइवेट कम्पनी को देगा?" (पगडंडियों का जमाना)

इस साहित्यिक बातों में जो राजनीतिक प्रक्रिया व्यक्त हुई है, उसकी एक परिणति तब देखने को मिली, जब जनता पार्टी के शासन में सोशलिस्टों की सहभागिता के बावजूद (बल्कि उनकी पहल पर) बोकारो में अमरीकी कम्पनी को प्रवेश दे दिया गया।

'लोहियावादी समाजवादी' के बारे में उन्होंने जो लिखा है, वह इस बात से शुरू होता है कि सात वर्षों में सत्ता पर कब्जा करने की घोषणा

उन्होंने की थी और फिर लग गये वर्ष का हिसाब जोड़ने। वे 'हिसाब की क्रान्ति' चाहते हैं, जनसंघर्ष की नहीं। वे पंडित नेहरू की तस्वीर को शीर्षासन करके देखते हैं। कहने का मतलब यह कि एक जनवादी संघर्ष के नकारात्मक कार्यक्रम के बदले वे नकारात्मक राजनीति करते हैं। इसका सजीव वर्णन परसाई ने किया है। यह राजनीति किस तरह दक्षिणपंथियों के खेमे में जाकर यथास्थिति का पोषण करती है, इसका अनुभव भारत के लोगों को अब हो चुका है। ऐसा क्यों होता है? लोहियावादी समाजवादी क्रान्तिकारी जी के मुँह से सुनिए-"एक बात समझ लीजिए कि मजबूत संगठन बनाना और आन्दोलन करना क्रान्ति को टालना है।" यहाँ आन्दोलन से परसाई जी का मतलब है समाजवाद के लिए वर्गीय दृष्टि से संघर्ष।

मोरारजी भाई वित्तमंत्री थे, तभी उन्होंने भारत के आर्थिक संकट को दूर करने के नाम पर देश में छिपा सोना निकालने की बात की। पर निकला कहाँ? परसाई जी इस घटना का वर्णन 'सोने का साँप' में करते हैं। बूढ़ी दादी मुन्ने से कहती है-"मुना, तुम्हारी जेब में चाकलेट है, हम ले लेंगे।" मुन्ना कुछ लजाकर, कुछ घबड़ा कर, झट जेब से चाकलेट निकालकर खा लेता है, फिर ताली बजाकर, अँगूठा दिखाते हुए कहता है-"ले, ले ले चाकलेट।" दोनों खिलखिला पड़ते हैं। सरकार भी उसी बूढ़ी दादी की तरह व्यवहार करती है। वह जमींदारों, भूस्वामियों, मुनाफाखोरों, डाकुओं आदि को वात्सल्यपूर्ण चेतावनी देती है और वे चले जाते हैं, फिर उनका कुछ नहीं बिगड़ता। इस स्थिति को साफ करने के लिए परसाई जी दूसरी उपमा देते हैं सँपेरे और साँप की। सँपेरा साँप को पिटारी में रखता है। दूध पिलाता है और संगीत सुनाता है। सरकार है सँपेरा और जमींदार, पूँजीपति आदि हैं साँप। इसी तरह सरकार के चरित्र और रवैये को वे और एक जगह चूहे और चूहेदानी के जरिये व्यक्त करते हैं-"सरकार कहती है कि हमने चूहे पकड़ने के लिए चूहेदानियाँ रखी हैं। एकाध चूहेदानी की हमने भी जाँच की है। उसमें घुसने के छेद से बड़ा छेद पीछे से निकलने के लिए है। चूहा इधर से फँसता है और उधर से निकल जाता है।" (पगडंडियों का जमाना, पृ० 89)

राजनीति हमारी समाज-व्यवस्था का ऊपरी ढाँचा है। इसलिए राजनीति की सही पकड़ के लिए समाज-व्यवस्था का, उसकी विभिन्न शक्तियों का अध्ययन करना भी आवश्यक है। परसाई जी ने इस दृष्टि से भी समाज का अध्ययन किया है। वे कहते हैं-"बचपन से देख रहा हूँ, यह सड़क का रोलर वैसा ही भयंकर और बेडौल है। इस बीच दुनिया के सारे कुचलने वाले सुडौल हो गये। साम्राज्यवाद ने पहले की कुरूपता त्यागकर सुन्दर रूप ले लिया है। कुचलने

वाले को निरन्तर सुडौल होते जाना चाहिए। तभी कुचले जाने वाले उसे अपने ऊपर चलने देते हैं।'' (सड़क बन रही है–वही, पृ० 113) इस तरह की पंक्तियाँ समाज की वर्गीय बनावट को समझने वाला ही लिख सकता है। इन पंक्तियों में समाज में शोषकों और शोषितों के सम्बन्ध भी अभिव्यक्ति हुई हैष शोषकों का रूप बदल रहा है, चरित्र नहीं। रूप बदलने की जरूरत उन्हें इसलिए पड़ती है कि शोषित लोग शोषण के खिलाफ उठकर लगातार और अधिकाधिक खड़े हो रहे हैं। शोषक सुडौल बनकर यह भ्रम पैदा करना चाहते हैं कि वे शोषण करना छोड़ चुके हैं। इस हालत में घुटन इतनी बढ़ रही है कि परसाई जी के शब्दों में, ''खूबसूरत डीजल इंजन चलने से आत्महत्याओं की संख्या बढ़ी है।'' (वही)

हमारे देश की पूँजीवादी व्यवस्था की राजनीति में कल्याण और निर्माण, सहानुभूति और संवेदना भी चुनाव केन्द्रित हो गयी है। इस तरह की मनोवृत्ति ने वातावरण इतना दूषित कर दिया है कि ''पहले कोयल का स्वर मीठा लगता था। अब वह कूकती है तो शक होता है कि इसने किसी संगीत विद्यालय में नौकरी के लिए दरखास्त दी है और सिफारिश कराना चाहती है। कोई आदमी मुहल्ले में 'मौत मट्टी' में ज्यादा शामिल होता है, तो सोचता हूँ यह अगली बार वार्ड-मेम्बरी का चुनाव लड़ेगा। जिसे वोट नहीं चाहिए, वह क्यों किसी के दुःख में शामिल होगा?'' यह है इस व्यवस्था में मानव-मूल्य और मानवीय संवेदना की दशा। परसाई जी इस ढंग से बात को रखकर मानव-मूल्य और मानवीय संवेदना के प्रति आकर्षण जगाते हैं और पूँजीवाद की अमानुषिकता के प्रति नफरत पैदा करते हैं। यही है लेखक की वह सार्थक सामाजिक भूमिका जो मानव-जीवन को बेहतर बनाने की लड़ाई के लिए मददगार होती है।

परसाई जी की रचनाओं में व्यंग्य जब चलता है तो सहज भाव से, इसलिए यह ठीक नहीं रहता कि अचानक कहाँ किस पर चोट पड़ जायेगी। 'सड़क बन रही है' में एक ही पैरा में कितनी बातें व्यंग्य से गूँथ गयी हैं यह देखिए। वे कहते हैं-''मैं बैठा-बैठा सोच रहा हूँ कि इस सड़क में से किसका बँगला बन जाएगा?... बड़ी इमारतों के पेट से बँगले पैदा होते मैंने देखे हैं।...'' बड़ा चमत्कारी प्रसंग है। आल्हा-ऊदल की कथा में ऐसा प्रसंग है कि भैंस गढ़ महोवे व्यायी तो बच्चा फर्रूखाबाद में जाकर गिरा। इमारत से बँगला प्रकट होना तो स्वाभाविक है, पर सड़क के पेट से बँगला पैदा होना चमत्कार है-भैंस के पेट से कुत्ता पैदा होने की तरह। सड़क बनवाने के पुण्य प्रताप से ऐसा होता होगा। ''दशरथ की रानियों को यज्ञ की खीर खाने से पुत्र हो गये थे। पुण्य का प्रताप अपार है।

अनाथालय से हवेली पैदा हो जाती है।'' (वही, पृ० 114) इन पंक्तियों में पहले तो पूँजीवादी व्यवस्था के निर्लज्ज भ्रष्टाचार को अत्यंत बेधक ढंग से बेपर्द किया गया है। सड़क के पेट से बँगला पैदा होना इसी का इजहार है। फिर इसी प्रसंग में यज्ञ की खीर खाने से दशरथ की रानियों को पुत्र होने की बात कहकर उन्होंने अंधविश्वास पर चोट की है और चोट का हथियार है विज्ञान। इसी तरह स्त्रियों के जनतांत्रिक अधिकार की मान्यता से प्रेरित होकर ही परसाई जी अपने लहजे में कहते हैं–''भय कातर सुन्दरी पुरुष को हमेशा अच्छी लगती है। बेवकूफ हो, तब तो और अच्छी लगती है।'' इस पंक्ति में नारी संबंधी शोषणमूलक मान्यता पर चोट की गयी है। ये सारे सवाल आज के राजनीतिक संघर्ष से जुड़े हुए हैं।

देश की राजनीति का अन्तर्राष्ट्रीय रिश्ता भी होता है। अन्तर्राष्ट्रीय स्तर पर राजनीतिक संघर्ष का अत्यंत प्रमुख मुद्दा है शान्ति का। लेकिन शोषक वर्ग के शासक शांति को नापसन्द करते हैं। शान्ति से प्रेम करना मनुष्य से, मनुष्य की प्रगति से, संक्षेप में नापसन्द करते हैं। शान्ति से प्रेम करना मनुष्य से, मनुष्य की प्रगति से, संक्षेप में मानवता के विकास से प्रेम करना है। युद्ध मनुष्य की जिंदगी को चूसता है, उसका आहार लूट लेता है। इसलिए शान्ति को पसन्द करने का अर्थ है युद्ध और युद्ध भड़काने वालों से नफरत करना। परसाई जी को शान्ति से अगाध प्रेम है, युद्धोन्माद से नफरत है और अपने पाठकों में भी यह नफरत उतार देने में समर्थ हैं। ''मेरे सामने एक कैलेण्डर टँगा है। तस्वीर में एक बच्चा फौजी पोशाक पहने बर्फ पर बैठा है। सामने शिवलिंग है और बगल में राइफल संगीन के जरिये बर्फ में गड़ी है। बच्चा हाथ जोड़े बैठा है।'' यह कैलेण्डर तो बहुतों के घर में होगा, लेकिन परसाई ने जो देखा वह सबसे सम्भव नहीं, क्योंकि उन्हें देखने के लिए मानवता से प्रेम से साथ ही देखने की वैज्ञानिक दृष्टि भी चाहिए। बच्चे के हिस्से का दूध बन्दूक पी रही है–यह कहकर परसाई जी युद्ध की अमानुषिकता को पाठकों की संवेदना में उतार देते हैं।

परसाई जी के लेखन का राजनीति का आधार है पूँजीवादी व्यवस्था के खिलाफ, पूँजीवादी मूल्यों के खिलाफ संघर्ष और यह संघर्ष-चेतना ठोस एवं यथार्थ अनुभूति से प्रेरित है। इस अनुभूति की गूँज 'ग्रीटिंग कार्ड और राशन कार्ड' में सुनिए। लेखक को किसी मित्र ने ग्रीटिंग कार्ड भेजा, लेकिन उससे टकरा रहा है राशन कार्ड। लेखक के शब्दों में –''शुरू से ही राशन कार्ड इस ग्रीटिंग कार्ड को गुर्रा कर देख रहा था। जैसे ही मैं ग्रीटिंग कार्ड पढ़कर खुश हुआ, राशन कार्ड ने उसकी गर्दन दबाकर कहा–क्यों वे साले, ग्रीटिंग कार्ड के बच्चे, तू इस आदमी को सुखी करना चाहता है? जा, इसका

गेहूँ आधा कर दिया गया। बाकी काला-बाजार से खरीदे या भूखा रहे।'' (पगडंडियों का जमाना, पृ० 122) ग्रीटिंग कार्ड सामान्य लोगों को जीवन का सपना है और राशनकार्ड यथार्थ। ''बीस सालों से इस देश को ग्रीटिंग कार्डों के भरोसे चलाया गया है। अम्बार लग गये हैं।'' (वही, पृ० 125) ग्रीटिंग कार्ड और राशन कार्ड का यह द्वन्द्व जीवन का द्वन्द्व है, जो पूँजीवादी व्यवस्था के अन्तर्विरोध का व्यक्त रूप है और इस अन्तर्विरोध की रक्षा करने वाली राजनीति पूँजीवादी राजनीति कहलाती है। इस तरह देखने से यह समझ में आता है कि राजनीति है ऊपरी ढाँचा और अर्थतंत्र या अर्थनीति है आधार। हर अर्थतंत्र या अर्थनीति की अपनी अलग-अलग राजनीति होती है, अपनी-अपनी सभ्यता-संस्कृति होती है। जो आधार और ऊपरी ढाँचे के यानी अर्थनीति और राजनीति के इस संबंध को नहीं समझते, वे जब राजनीति को अपने व्यंग्य का विषय बनाते हैं, तो ऊपरी ढाँचे को ही पीटते रह जाते हैं। ऐसे लेखक राजनीति पर व्यंग्य करने के कारण लोगों को परिवर्तनवादी या कभी-कभी क्रान्तिकारी भी लगते हैं, लेकिन अलग-अलग अर्थनीति यानी अलग-अलग वर्गहित की राजनीति में भेद नहीं कर पाने के कारण वे पूँजीवादी राजनीति के साथ ही वास्तविक क्रांतिकारी राजनीति या मेहनतकश जनता के संगठित वर्ग को राजनीति पर भी चोट करते रहते हैं। इस तरह वे अपने को 'तटस्थ', 'स्वतंत्र' और 'ईमानदार' भी समझते रहते हैं, लेकिन वास्तव में दोनों तरफ कलम मारने के कारण ऐसे लेखक अपनी 'ईमानदारी' के बावजूद यथास्थिति के यानी वर्तमान शोषणमूलक व्यवस्था के समर्थक बनकर रह जाते हैं। परसाई जी ऐसी निर्गुण ईमानदारी के लेखक नहीं हैं। वे आधार और ऊपरी ढाँचे के संबंध को जानते हैं, इसलिए राजनीति के साथ उसके आधार अर्थतंत्र के मूल्यों को भी अपने लेखन में लपेट देते हैं और उनकी कुरूपता लोगों के सामने खोल कर रख देते हैं।

प्रतिभा-पलायन यानी भारतीय प्रतिभाओं के इंग्लैंड, अमेरिका, कनाडा आदि देशों में जा बसने की समस्या पर आर्थिक राजनीतिक क्षेत्रों में लोग विचार करते रहे हैं। देश से पलायन करने वाली प्रतिभाओं की निन्दा देशभक्तिपूर्ण भावना की पृष्ठभूमि में बहुत लोग करते रहे हैं। लेकिन परसाई जी इस समस्या को उस भावना से अलग हटकर देखते हैं-''डॉ० खुराना के मामले को लेकर ये शिकायतें कुछ लोग सोच रहे हैं। मगर मुझे शिकायत नहीं। विदेशों से हम गेहूँ, चावल, वगैरह मँगाकर खाते हैं, मगर उसके दाम चुकाने की हैसियत है नहीं। उसके चुकाने में अगर प्रतिभाएँ दे देते हैं तो क्या बुरा है? तुमने गेहूँ दिया-लो, चार वैज्ञानिक ले जाओ। मुझमें

कोई खास प्रतिभा नहीं है। मगर मेरे बदले में अगर एक किलो गेहूँ मिलता है तो मैं बिकने को तैयार हूँ। प्रतिभा को यहीं रखकर क्या करेंगे? यह खाने के काम भी तो नहीं आती।'' (शिकायत मुझे भी है, पृ० 9) परसाई जी ने इस समस्या को भावना से नहीं व्यवस्था के ठोस धरातल पर रखकर वस्तुगत दृष्टि से देखा है। इसीलिए प्रतिभा-पलायन के पीछे एक तरफ रोजगार दे सकने तथा प्रतिभाओं का उपयोग कर सकने में अपने देश की पूँजीवादी व्यवस्था की अक्षमता और दूसरी तरफ नव-उपनिवेशवादी आर्थिक शोषण की समझ भी उपर्युक्त पंक्तियों में है। नव-उपनिवेशवाद भी पूँजीवाद का ही अन्तर्राष्ट्रीय और आधुनिक रूप है। परसाई ने बड़े ठिकाने से बताया है कि पूँजीवाद ने किस तरह प्रतिभाओं को भी खरीद-बिक्री का विषय बना दिया है। परसाई उन लेखकों से गुणात्मक रूप से भिन्न हैं, जो पूँजीवाद को जनतंत्र और स्वतंत्रता का आदर्श रूप मानते हैं। लेकिन समझने की बात यह है कि जो व्यवस्था प्रतिभा तक को बिकाऊ बना देती है, जैसे गेहूँ, वह जनतंत्र और स्वतंत्रता कैसे दे सकती है? इसमें जनतंत्र और स्वतंत्रता खरीदने वाले के लिए रहती है, बिकने वाले को नहीं, इसके लिए गुलामी है, लेकिन इस तरह कि गुलामी को देख नहीं सके।

परसाई का राजनीतिक लेखन अपने पाठकों की चेतना को माँजता है। उनके लेखन को खुले दिमाग से पढ़ने वाला अवश्य जीवन और इससे सम्बद्ध सवालों को समझने की बेहतर दृष्टि पा सकता है। एक जगह वे लिखते हैं-''अगर किसी सामाजिक क्रान्ति में बौद्धिक विश्वास के साथ लगा हो और तभी चाची कह दे कि बेटा, तुम्हारे चाचा की आत्मा को दुःख होगा, और परलोक में उनकी दुर्गति हो जाएगी, तब क्रान्तिकारी क्या करेगा? परिवार की भावना की रक्षा भी तो करनी पड़ती है। तब क्या वह यह कहेगा कि चाची, अगर तुम्हारी यह भावना है तो मैं क्रान्ति को छोड़े देता हूँ।'' (वही, पृ० 15) यह है 'संस्कारों और शास्त्रों की पढ़ाई' का असर जो मनुष्य के बौद्धिक विकास और सामाजिक परिवर्तन को अवरुद्ध करने की भूमिका अदा करती है। लेकिन परसाई का लेखन इस अवरोध को काटने का काम करता है, इस तरह सामाजिक विकास में, मनुष्य की चेतना के विकास में सहायक बनता है। यही है उनके लेखन की राजनीतिक दिशा। इस राजनीति से जिनको ऐतराज है, वे विकास को अवरूद्ध करने वाली रूढ़ियों के पक्षधर बन जाते हैं।

पूँजीवादी राजनीति के कुरूप और जनविरोधी चरित्र को बेपर्द करने के अनेक रूप परसाई जी जानते हैं। 'जीते हुए उम्मीदवार के नाम' पत्र का एक अंश यों है-''इस क्षेत्र की जनता आपसे बहुत कुछ कराना चाहती है,

पर आप सिर्फ महत्त्वपूर्ण काम ही किया करें। महँगाई, पानी की कमी, सड़कों की खराबी, शिक्षा आदि ऐसी बातें हैं, जो साधारण हैं। आपको बड़े काम करने चाहिए। उदाहरण के लिए, यहाँ जुए के काफी अड्डे हैं। जुआ एक महत्त्वपूर्ण गृह-उद्योग है। मगर इन लोगों को पुलिस कभी कभी तंग करती है। इनकी रक्षा करना पहला कर्त्तव्य है। आप इनके और पुलिस के बीच एक समझौता करवा दीजिए। फिर बहुत लोगों की जमानत होने में कठिनाई आती है। यह काम भी आपके सुपुर्द है। इस क्षेत्र में ठाकुरों में काफी एकता है। यह अच्छी बात नहीं। आप कृपा करके ठाकुरों के दो दल बनवा दीजिए। कभी-कभी लाठी चल जाए तो सीट सुरक्षित रहेगी। इधर गाँजा, अफीम स्मगल करने वालों को भी तकलीफ होने लगी है। आप इनकी रक्षा कीजिए। जिससे आपके क्षेत्र के निवासी नशा करके देख भूल सकें।'' (शिकायत मुझे भी है,पृ० 92) पूँजीवादी राजनीति के ठेकेदार असामाजिक और अपराधित कार्यों की रक्षा करने में जो रुचि लेते हैं, यह आम लोगों से छिपा नहीं है। परसाई जी ने आम लोगों के इस कटु अनुभव को ही अपने लहजे में सजा दिया है।

बर्नार्ड शॉ ने एक जगह कहा है कि व्यंग्य लिखने का सर्वोत्तम तरीका है: सत्य कहना। हिन्दी-व्यंग्य साहित्य के इतिहास में इस तरीके का सर्वोत्तम इस्तेमाल परसाई जी ने किया है। इस तरीके का इस्तेमाल करके परसाई जी ने अपने पाठकों को अनुभव करा दिया है कि राजनीति के सम्पर्क से लेखन किस तरह श्रेष्ठ बनता है, साथ ही जनता का प्रिय भी। हमारे देश की राजनीति पिछले दो दर्शकों में अत्यंत पेचीदे और जटिल रास्ते से गुजरती रही है। ऐसे दौर में राजनीतिक लेखन अत्यंत कठिन काम है, लेखन-कार्य की दृष्टि से और जीवन की व्यावहारिकता की दृष्टि से भी। लेकिन परसाई जी की कलम कभी अवरुद्ध नहीं हुई है। उन्हें व्यावहारिक कठिनाई का अनुभव हुआ भी। जनसंघियों ने उनकी किसी रचना से चिढ़कर उनको घर में घुसकर पीटा। यह अवश्य जनसंघ की प्रतिक्रियावादी राजनीति के अधिनायकत्व का इजहार था, जो लेखकीय स्वतंत्रता पर चोट करता है। लेकिन यह घटना परसाई जी के लेखन की बेधकता और प्रभावोत्पदकता का प्रमाण है। इस पूरे दौर में भी परसाई जी की कलम बेधड़क उसी बेधकता से चलती रही है। इसका श्रेय मार्क्सवाद से उनकी प्रतिबद्धता को है। मार्क्सवाद ने उन्होंने राजनीति की वैज्ञानिक समझ के साथ ही जीवन में अडिग आस्था भी प्राप्त की है। इस आस्था की स्रोत है इतिहास और समाज की विकास-धारा की द्वन्द्वात्मक यथार्थवादी समझ।

–खगेन्द्र ठाकुर

लेखक का आत्मव्यंग्य

"कोई आदमी किसी मरते हुए आदमी के पास नहीं जाता, इस डर से कि वह कत्ल के मामले में फँसा दिया जाएगा। बेटा बीमार बाप की सेवा नहीं करता। वह डरता है, बाप मर गया तो उस पर कहीं हत्या का आरोप न लगा दिया जाये। घर जलते रहते हैं और कोई बुझाने नहीं जाता–डरता है कि कहीं उस पर आग लगाने का जुर्म कायम न कर दिया जाये। बच्चे नदी में डूबते रहते हैं और कोई उन्हें नहीं बचाता। इस डर से कि उस पर बच्चे को डुबाने का आरोप न लग जाये। सारे मानवीय सम्बन्ध समाप्त हो रहे हैं।" (इंस्पेक्टर मातादीन चाँद पर)

इन मानवीय सम्बन्धों को बचाने की लड़ाई ही परसाई का सरोकार है। मारता हुआ आदमी, भटकते हुए बेटे, बीमार बाप, जलते हुए घर, डूबते हुए बच्चे परसाई को आतंकित करने वाले दृश्य हैं जो उन्हें मजबूर करते हैं कि वे इस हाहाकार की पृष्ठभूमि में षड्यंत्र करते हुए कारणों की गरदन पकड़ सबके सामने पेश कर दें। इस प्रक्रिया में तीन चीजें सामने आती हैं। एक: दुर्घटनाओं में शिकार होते हुए चेहरे। दो: दुर्घटनाओं को पैदा करने वाली व्यवस्था, उसके घृणित रूप। तीन: स्वयं परसाई की पिटाई करते हुए परसाई। जो दुनिया के व्यापार में हिस्सा लेते हुए अपने अंतर्विरोधों पर हमला कर 'डी-क्लास' होने की तरफ तो बढ़ते ही हैं, साथ ही अपने बहाने अपने वर्ग (मध्य) की पोल खोलते हुए उसकी औकात से साक्षात्कार करा देते हैं। परसाई को पढ़ते हुए मैंने बार-बार दो भावों को प्रमुख पाया है–करुणा और क्रोध। पाखंड पर, नीचता पर, अन्यायपूर्ण समाज-व्यवस्था पर क्रोध है जिसके मूल में करुणा है। जिवह होते हुए भोले-भाले जन के लिए गहरा लगाव है। दिल्ली में गणतंत्र दिवस पर राज्यों की झाँकी देखते हुए लेखक की चुनौती, दुखी जन के लिए गहरी करुणा से पैदा हुए पाखंड के विरुद्ध गुस्सा है–"गुजरात की झाँकी में इस साल दंगे का दृश्य होना चाहिए, जलता हुआ घर और आग में झोंके जाते बच्चे। पिछले साल

मैंने उम्मीद की थी कि आंध्र की झाँकी में हरिजन जलाते हुए दिखाए जायेंगे। मगर ऐसा नहीं दिखा। यह कितना बड़ा झूठ है कि कोई राज्य दंगे के कारण अंतर्राष्ट्रीय ख्याति पाए, लेकिन झाँकी सजाये लघु उद्योगों की। दंगे से अच्छा गृह उद्योग तो इस देश में दूसरा है नहीं। मेरे मध्यप्रदेश ने दो साल पहले सत्य के नजदीक पहुँचने की कोशिश की थी। झाँकी में अकाल राहत कार्य बतलाए गए थे। पर सत्य अधूरा रह गया था। मध्यप्रदेश उस साल राहत कार्यों के कारण नहीं, राहत कार्यों में घपले के कारण मशहूर हुआ था।'' (ठिठुरता हुआ गणतंत्र)

इसी झूठ और अर्धसत्य की परतें उधेड़ने का संघर्ष, परसाई का लेखकीय संघर्ष है। पर दिखायी जो दे रहा है उसके भीतर की भी सचाइयों को खरोंचकर बाहर निकालना आसान काम नहीं है। इसमें खुद को भी खरोंचना पड़ता है। रचनाकार, यथार्थ का उद्‌घाटन करते समय वर्गीय सम्बन्धों और वर्गीय हरकतों को भी उद्‌घाटित करता है जिसमें उसे बहुत सतर्क हो, खोज-खोजकर जटिल तालों पर वार करना है तथा सचाई खुल ही नहीं सकती जब तक वह खुद के तालों पर भी हथौड़े न बरसाए। अन्यायपूर्ण समाज में पिसते हुए आदमी को देखकर परसाई का लेखन जहाँ अन्यायी जमात के दुष्चक्रों का भंडाफोड़ करता है वहीं अपनी मध्यवर्गीय छाती की ग्रंथियों पर भी वार करता है। यह वार इतने सटीक होते हैं कि रचना के भीतर वर्गीय समाज के एक-एक मायावी कपड़े, शरीर छोड़कर जमीन पर आ जाते हैं।

इस प्रक्रिया में लेखक भी हमेशा अपनी सचाइयों के साथ खड़ा है। कोई मुगालता नहीं। मेरे ख्याल से स्वयं के प्रति बेरहमी ही परसाई को निरंतर निखारती तथा बेकसूर लोगों के नजदीक और पक्ष में करती चली गयी है। समूची मानवीय विडम्बनाओं के बीच से गुजरते हुए परसाई खुद को भी उघाड़ते हैं, भीतर पल रहे भ्रम को वर्गीय समाज में अपनी औकात दिखाकर तोड़ देते हैं और उसी क्षण एक नई आस्था और मजबूती के साथ अपने लोगों की ओर बढ़ते हुए झूठ पर वार करते चलते हैं। परसाई का आत्मव्यंग्य सिर्फ एक आदमी नहीं बल्कि आत्मवर्ग पर व्यंग्य होता है। यह उनके लेखन को और भी ज्यादा मानवीय तथा विश्वसनीय बनाता है। लेखक अपनी पोल खोलता है तो उसके समय की पोल भी खुल जाती है; क्योंकि हर हरकत का सामाजिक इतिहास है। यही समझ परसाई को जिम्मेदार और गंभीर निर्णयों की ओर मोड़ती है-''मेरा जूता भी कोई अच्छा नहीं है। यों ऊपर से अच्छा दिखता है। अँगूली बाहर नहीं निकलती पर अँगूठे के नीचे तला फट गया है। अँगूठा जमीन से घिसता है और पैनी गिट्टी पर

कभी रगड़ खाकर लहूलुहान भी हो जाता है। पूरा तला गिर जाएगा, पूरा पंजा छिल जाएगा, मगर अँगुली ढँकी है पर पंजा नीचे घिस रहा है। तुम पर्दे का महत्त्व ही नहीं जानते, हम पर्दे पर कुर्बान हो रहे हैं।'' (प्रेमचंद के फटे जूते)

प्रेमचंद के फटे जूते और बाहर झाँकती अँगुलियाँ केवल जूते और अँगुलियाँ नहीं हैं। वे जिन्दगी के तरीके हैं जिनका रिश्ता संघर्ष से है। जूते परसाई या अन्य समकालीनों के भी फटे हैं, जिन्दगियाँ उनकी भी मुश्किलों में हैं; लेकिन एक के पास दुर्गम टीलों को ठोकर मारते रहने का इतिहास है तो दूसरे के पास व्यवस्था के अगल-बगल से पंजों को बचा-बचाकर तलुवे घिसते-फिरने की दिनचर्या। खूनाखून बेमतलब हो रहे हैं और ठोकर मारने का साहस नहीं हो पा रहा है।

''तुम मुझ पर या हम सभी पर हँस रहे हो; उन पर जो अँगुली छिपाए और तलुवा घिसाए चल रहे हैं, उन पर जो टीले बरकाकर बाजू से निकल रहे हैं। तुम कह रहे हो, मैंने तो ठोकर मार-मारकर जूता फाड़ लिया, अँगुली ढाँकने की चिंता में तलुवे का नाश कर रहे हो। तुम चलोगे कैसे?''
(प्रेमचंद के फटे जूते)

प्रेमचंद के चित्र के सामने खड़े होकर किया गया यह आत्मलोचन आगे परसाई की दिशा तय करता है। लेखक एक ऐसी हास्यास्पद (जिसमें हास्य नहीं है) स्थिति से मुक्त होने की प्रक्रिया में है जिसमें तलुवे लहूलुहान तो हो जाते हैं लेकिन लहू, नाली में निरर्थक बह जाता है। तलुवे को नाश से बचा, अँगुली के दिखने की चिंता छोड़कर चलने की बात ठोस धरातल पर चलते हुए अन्याय को ठोकर मारते रहने की चुनौती है। अँगुलियाँ तो दिखेंगी ही, बस 'अपनी' जमीन और तलुवों में स्वस्थ रिश्ता बना रहना चाहिए। अँगुली छिपाने की चेष्टा सचाई से आँख बचाकर थिगड़े छिपाने की चेष्टा है। परसाई की खासियत यह है कि वे थिगड़ों को ढाँकते नहीं, खोल देते हैं।

लेकिन थिगड़ों के खुलने की कथा सरल-आसान नहीं है। यहाँ कोई अपना मजाक बनाने का 'क्रेज' नहीं है। उसके पीछे ऐसी सामाजिक विडम्बनाएँ हैं जो घीसू-माधो का भी कारण होती हैं, जिन्हें आलसी और अकर्मण्य कह देने मात्र से नहीं बचा जा सकता। जो हो रहा है, जो हरकत घट रही है उसके पीछे रोज़मर्रे के विकट अनुभव हैं, अनुभवों का इतिहास है।

बसंत दरवाज़े खटखटा रहा है और लेखक उधारी वसूलने वाले वसंतलाल के डर से मुँह ढाँपे पड़ा है। दरवाजे पर आने वाला ऋतुराज वसंत

और उधारी वसूलने वाले वसंतलाल में कोई फर्क नहीं रह गया है। आत्मव्यंग्य तो है लेकिन कितनी बड़ी सामाजिक विडम्बना है–''वसंतलाल ने मेरा मुहूर्त बिगाड़ दिया। इधर से कहीं ऋतुराज वसंत निकलता होगा, तो वह सोचेगा कि ऐसे के पास क्या जाना जिसके दरवाजे पर सबेरे से उधारी वाले खड़े रहते हैं।'' (घायल वसंत) यानी ऋतुराज वसंत उन दरवाजों पर क्या आएगा जिनके किवाड़े उधारी वाले खटखटा रहे हैं। और आ भी जाएगा तो उनके जीवन की सीढ़ियाँ नहीं सुधारेगा। इसलिए अपना वसंत हमें खुद छीन कर लाना होगा वरना मुहल्ले से लेकर अंतर्राष्ट्रीय स्थितियों तक वसंतलाल हमारे वसंत हड़पते रहेंगे।

परसाई का आत्मव्यंग्य जब अर्थशास्त्र खोलने लगता है तब आग की तरह फैलता हुआ करोड़ों हिन्दुस्तानियों के पिचके हुए पेट और आँखों से बोलती हुई भूख डराने लग जाती है। ऐसा अभिनय हमारे सामने सम्पन्न हो जाता है जिसमें यहाँ से वहाँ उचकता हुआ एक असामान्य आदमी सच्चाई को तड़ाक से मुँह पर दे मारता है और हाथ-पाँव ठंडे हो जाते हैं–''बड़ी झेंप लगी इन बोरों के सामने...। मैंने बोरों में हाथ डालकर मुट्ठी-भर निकाला और देखकर कहा–'अच्छा है।' कुछ ऐसी अदा से राय जाहिर की गोया जिंदगी-भर गेहूँ की दलाली करता रहा हूँ। मेरे एक प्रौढ़ मित्र, जो गेहूँ से लेकर राजनीति तक की दलाली करते हैं, मुझे निहायत बेवकूफ आदमी समझते हैं, क्योंकि मैं दलाली नहीं करता। और जो करता हूँ वह बहुत बेमतलब है...। पर मैं इस मौके पर बिल्कुल दलाल का अभिनय कर उठा। बहुत से गेहूँ में हाथ डालने को मिले, इस लोभ में कोई भी दलाल हो सकता है।'' (गेहूँ का सुख)

यह केवल तीन बोरा गेहूँ देखकर असामान्य अभिनय का विवरण नहीं। कामेडी की एक झलक जिसने आसपास का वातावरण बहुत भारी और साँय-साँय। ये उन आर्थिक हालातों का आईना है जिसमें तीन बोरे गेहूँ एक साथ अपने घर में देखकर इस प्रजातंत्र का नागरिक झेंप जाता है। वह गेहूँ को जल्दी से छू लेना चाहता है, उसके बारे में गलत ही सही, पर जल्दी से भाष्य करना चाहता है और अभिनय करते-करते एक मुँहतोड़ बात कह देता है–''बहुत-से गेहूँ में हाथ डालने को मिले; इस लोभ में कोई भी दलाल हो सकता है।'' यह चुनौती है। यह परसाई के उन वाक्यों में से है जहाँ दाँत निपोरता एक तरफ घुस जाता है। बहुत से गेहूँ के लोभ में क्यों, थोड़े से गेहूँ के लोभ में ही बच्चे बहनों की दलाली करते पाये जाते हैं और गेहूँ के लोभ में देश के उद्धारक अंतर्राष्ट्रीय स्तर पर कटोरा लेकर दलाली करते हुए फोटो खिंचवाते हैं।

"लेकिन अब कुछ लोग गेहूँ से गुलाब की ओर इस तरह ले जाते हैं, जैसे गेहूँ जरूरत से ज़्यादा हो गया, इसलिए गुलाब की खेती करनी चाहिए।" (गेहूँ का सुख) लेकिन गुलाब की खुशबू गेहूँ के अभाव में दम घुटकर मरने का कारण हो सकती है।

परसाई के लेखन में आत्म व्यंग्य तुरंत सामाजिक व्यंग्य का बाना धारण कर बैठता है और एक वाक्य ही न जाने कितनी चीज़ों का प्रतीक बन जाता है। जैसे एक बहाना है–"यह ग्रीटिंग कार्ड मेरे सुख की कामना कर रहा है।" (ग्रीटिंग कार्ड और राशन कार्ड) इस सम्पूर्ण रचना को पढ़ने के बाद उपरोक्त वाक्य निम्न वाक्यों का प्रतीक भी बन सकता है–

1. ये बहुत बड़े अधिकारी, मंत्री या सेठ हैं जो मेरे सुख की कामना कर रहे हैं।
2. प्रधानमंत्री का यह पत्र मुझसे कह रहा है कि आप अपनी अभिव्यक्ति के लिए स्वतंत्र हैं।
3. मुझे अपनी महानता के लिए जगह-जगब से शुभकामना संदेश प्राप्त हो रहे हैं।

लेकिन इन सारी बातों के बीच में लेखक की टेबल पर एक ठोस चीज़ पड़ी हुई है राशन-कार्ड–"ये ग्रीटिंग कार्ड मेरे सुख की कामना कर रहा है मगर राशन कार्ड बताता है कि इस हफ्ते से गेहूँ की मात्रा आधी हो गयी है। राशन कार्ड ने ग्रीटिंग को काट दिया। जैसे ही मैं ग्रीटिंग कार्ड को पढ़कर खुश हुआ, राशन कार्ड ने उसकी गर्दन दबाकर कहा, क्यों बे साले, ग्रीटिंग कार्ड के बच्चे, तू इस आदमी को सुखी करना चाहता है? जा इसका गेहूँ आधा कर दिया गया। बाकी काला बाजार से खरीदे या भूखा मरे।" (ग्रीटिंग कार्ड और राशन कार्ड) अब ऊपर जो तीन वाक्य हैं जिनके आगे वहाँ से जोड़कर देखें "मगर राशन कार्ड बताता है...।"

परसाई के आत्मव्यंग्य से सामाजिक चिंगारी तब उठती है जब वायवी शब्दों और अर्थशास्त्र का सामना होता है। असलियत यह है कि सेठों की तिजोरियों पर आश्रित इस तथाकथित प्रजातंत्र में ग्रीटिंग, गुलाब, प्रतिष्ठा और स्वतंत्रता राशन से अलग खड़े हैं। गुलाब सूँघिये, ग्रीटिंग झेलिये, प्रतिष्ठित होकर स्वतंत्रतापूर्वक घूमिये मगर पेट का गड्ढा दूसरे की मर्जी से भरा जायेगा।

वर्तमान सामाजिक ढाँचे में उत्पादन के लिए जिम्मेदार वर्ग मुनाफे का अधिकारी नहीं है। वह उतना ही पा सकता है जिसे खाकर उसका शरीर, खटने की हैसियत में आ सके। सितार बनाने और बजाने वाले की हैसियत, सितार का धंधा करने और सितार बजवाने का धंधा करने वाली एजेंसियों

से कम है–''मारा, बिल्कुल मारा। पुस्तक लिखने वाले से पुस्तक बेचने वाला बड़ा होता है। कथा लिखने वाले से कथा बाँचने वाला बड़ा होता है। सृष्टि-निर्माता से सृष्टि को लूटने वाला बड़ा होता है।'' (लिटरेचर ने मारा तुम्हें)

यह पूँजीवादी तंत्र की सचाई है। ये केवल परसाई की असलियत नहीं उन सभी की है जो निर्माण करते हैं और पूँजी के तंत्र से अलग रखे जाते हैं। लेकिन परसाई उस तंत्र में खेल आते हैं, जिसमें कुछ खुशफहमियाँ हों तो दुरुस्त हो जायें। पूँजी के इस खेल में लेखक जब पड़ना चाहता है तब घंटे-भर बीच बाजार में उदास विदूषक की तरह समय गँवाकर, मुँह लटकाये घर लौटता है।

परसाई ने अपने लेखन में जिन बातों की पिटाई और हँसाई की है वह सिर्फ वर्गीय सच्चाई बताने के लिए प्रथम पुरुष के इस्तेमाल की शैली नहीं है। वे प्रामाणिक रूप से व्यक्तिगत सचाइयाँ भी हैं, जिन्हें परसाई बारीकी के साथ पकड़कर दिखा देते हैं। यह बहुत विकट संघर्ष है। परसाई का आत्मस्वीकार उन्हें प्राफेट होने से बचाता है। यदि कभी प्राफेट की छाया भी इर्द-गिर्द मिलती है तो उसे वे लत्ती मारकर पटक देते हैं। स्वयं की कमजोरियों को जिस तरह वे 'एक्सपोज' करते हैं उसका तरीका दूसरों के यहाँ कम ही देखने को मिलता है। दूसरों के यहाँ प्रायः कमजोरियाँ इतने रोमांटिक अंदाज में प्रस्तुत की जाती हैं कि उनके ऐतिहासिक कारण गायब हो जाते हैं।

लेखक की प्रतिष्ठा, सामाजिक गरिमा, राजनैतिक महत्त्व आदि बड़ी-बड़ी बातों की इस वर्ग बँटैया समाज में क्या असलियत है, इसे परसाई ने बार-बार अपने ही माध्यम से नंगा किया है। जिंदगी में हैसियत, प्रतिष्ठा, स्थिति, ये ऐसे अमूर्त शब्द हैं जिनकी मूर्त प्रक्रियाओं पर बिना ध्यान दिये इस इस्तेमाल करते और भ्रमों में जीते रहते हैं। सतही नजर से देखा जाये तो अपनी 'महत्वपूर्ण स्थिति' के बारे में बड़े गलत अंदाज लगाकर खुश हुआ जा सकता है।

लेकिन ये तथाकथित महत्त्वपूर्ण स्थितियाँ हमारे तात्कालिक बिकाऊपन माने सत्ताधारी वर्ग की जरूरतों के क्षणों तक ही साथ रहती हैं और जरूरत समाप्त होते ही हम छिलकों की तरह सड़क पर आ जाते हैं। यदि इस्तेमाल होने वाले क्षणों का झूठ अपने ऊपर लपेटकर जिया जाये तो दूसरी बात है, पर परसाई के लिए यह असम्भव है। जैसे 'ग्रांट अभी तक नहीं आई' में तीन कोण हैं। एक मंत्री, दूसरे विश्वविद्यालयीन अधिकारी, तीसरे कवि विपिन। सभी के अपने वर्ग और हैसियतें हैं। मंत्री के सामने विश्वविद्यालयीन अधिकारियों की हैसियत नगण्य है। उनकी हर हरकत का संचालन-सूत्र

मंत्री के हाथों में है। इन दोनों के बीच में कवि विपिन है जो मंत्री की उपस्थिति तक अधिकारियों से अधिक महत्त्वपूर्ण है। बल्कि कहीं-कहीं ऐसा लगता है जैसे वह मंत्री के बराबर है। लेकिन क्या ऐसा है?

यह ऐसी हालत में है जब मंत्री का अनुगमन अधिकारियों की मजबूरी है। दरअसल कवि विपिन इन दोनों के बीच में मात्र 'माल' है जिसका इस्तेमाल दोनों वर्गों के स्वार्थ के हिसाब से होता है। मंत्री के लिए विपिन को आदरपूर्वक बुलवाना, उसके सांस्कृतिक ढोंग की आवश्यकता है और अधिकारियों द्वारा विपिन को मान्यता देना मंत्री के अनिवार्य अनुगमन का एक हिस्सा मात्र। इस तरह विपिन का दो व्यापारियों के बीच धंधा होता है। लेकिन यह परसाई द्वारा ही संभव है कि इस धंधे पर वह इशारा करते चलते हैं और घटनाएँ इस बात का पूर्वाभास कराने लगती हैं कि मंत्री द्वारा पुकार किये जाने के पूर्व जो विपिन को पहचानने से इनकार कर रहे थे वे मंत्री के जाने के बाद भी उसे पहचानने से इंकार कर देंगे।

अंततः होता वही है-"मंत्री चला गया। मुझे अनाथ कर गया। कार फाटक से बाहर हुई और मैं चेहरों के लिए एकदम अजनबी हो गया। बुझे हुए चेहरे इधर-उधर चल दिये। मैं बरामदे में ऐसे खड़ा हूँ जैसे बियावान हो। कुछ देर पहले के विपिन जी मंत्री की कार स्टार्ट होते ही मर गये... वह मेरा सारा तेज लेकर फरार हो गया। पर वह उसी का दिया हुआ तो था।" (ग्रांट अभी तक नहीं आयी)

दरअसल पिछले क्षणों में विपिन जी का कुछ था ही नहीं। वह मंत्री की जरूरत से महत्त्वपूर्ण हुए और बाजार से फेंके जाने के बाद, जैसे खत्म।

वर्गीय समाज में वर्गों के अंतर्सम्बन्धों के परिणामस्वरुप कई बातें जैसी लगती हैं वे वैसी होती नहीं है। परसाई जब इस सम्बन्धों की प्रयोगशाला में स्वयं को डालते हैं तब ये बाते साफ-साफ खुलती दिखाई देती हैं।

परसाई का व्यंग्य जैसे ही उन पर घटता है वैसे ही वह बिजली की तेजी के साथ सामाजिक सम्बन्धों का, घटनाओं और हरकतों (मनोवैज्ञानिक और शारिरिक) के माध्यम से जो मूर्तिकरण होता है वह भारतीय साहित्य में अन्यतम है। यह मूर्तिकरण इतना सच और सारी जटिलताओं की गाँठ को सफाई से खोलने वाला है कि उसे चुनौती देने का सवाल, दुस्साहस ही हो सकता है। यह तो होता ही है कि अमूर्त चीजों का ठोस मूर्तिकरण हो जाए, दूसरी ओर कोई ठोस दिखने वाली चीजें भी इतने कोण लिये हुए होती हैं कि एक बात जीवन की कई दिशाओं और दशाओं पर लागू होने लगती है। परसाई की नजर इतनी तेज और सतर्क है कि एक जेब कटने की घटना भी बहुत से सवालों को खड़ा कर देती है।

''तूने मेरा जेब काटा तो मैंने महावीर स्वामी का जेब काट लिया। महावीर जयन्ती पर भाषण करके मैंने कुछ ज्यादा ही रुपये कमा लिये। तू अपने मन से ग्लानि को निकाल दे... तू 175 रू० ले गया था न। मैंने 500 रू० कमा लिये। 200 रु० तो महावीर स्वामी का जेब काटने से मिले। 300 रू० दो दोस्तों ने मिलकर दे दिये। अब तू हिसाब कर। तेरे हाथ कुल 175 रु० लगे। मेरे 175 रु० गये, पर 500 रु० मिले। यानी इस पूरे मामले में मैं 325 रु० के फायदे में रहा। अब बता–तू बड़ा जेबकट है या मैं हूँ।''

(मेरे जेबकट के नाम)

वर्तमान की आपाधापी में परसाई के वर्ग की हालत हास्यास्पद कवायद करते विदूषक के समान है जो अपनी निम्न पूँजीवादी महत्वाकांक्षाओं को पोसकर लम्बी कूद लगाने और उचककर ऊँचाई पर बैठ जाने के लिए लार टपका रहा है। लेकिन आर्थिक स्थितियाँ उसे बार-बार जमीन पर ले आती हैं। इस प्रक्रिया में वह ऊपर-नीचे, दाहिने-बायें होता रहता है। इस कवायद को परसाई ने अपने ऊपर जमकर घटाया है। कभी वे थर्ड क्लास में सफर करते हैं और स्वागतकर्त्ताओं से नजर बचाकर उतरते हुए पकड़े जाते हैं, कभी अधिकांश सफर थर्ड क्लास में होता है और गंतव्य के कुछ पहले, पहले दर्जे का टिकट कटाकर तब तक दरवाजे पर खड़े रहते हैं जब तक बुद्धिजीवी को भाषण के लिए बुलाने वाले आयोजक उन्हें पहले दर्जे के दरवाजे पर देख न लें। यह एक अजीब लुका-छुपौबल है। बुद्धिजीवी की आर्थिक हैसियत यही है कि वह पहले दर्जे का पैसा लेकर तीसरे दर्जें में सफर करे। सारा खेल 'कुछ बच जाये' के लिए चल रहा है। एक तरफ देने वालों की आकांक्षा है, दूसरी तरफ पेट और जिंदगी की जरूरतें–''ऐसा हो चुका है कि स्वागतकर्ता मुझे पहले दर्जे में तलाश कर रहे हैं और मैं चुपचाप तीसरे दर्जे से उतरकर उनका इंतजार कर रहा हूँ। जब वे मिलते हैं तो दोनों पार्टियों को शर्म महसूस होती है। वे सोचते हैं कि किस थर्ड क्लासिये को बुला लिया। और मैं सोचता हूँ–इन्होंने मुझे पकड़ लिया। कभी मौका मिला तो नजर बचाकर प्लेटफार्म पर तीसरे दर्जे के सामने से सरककर पहले के सामने आ जाता हूँ और फिर बाबू को टिकट इस तरह देता हूँ कि मेजबान जान न सके कि वह तीसरे दर्जे का है।''

(तीसरे दर्जे के श्रद्धेय)

लेकिन इस तथाकथित प्रतिष्ठा और ललक को अर्थशास्त्र से नहीं बचाया जा सकता। यहीं बुद्धिजीवी 'फाल्स' किस तरह गढ़ता है इसको परसाई अपने ऊपर घटाकर सिर्फ बुद्धिजीवी को 'फाल्स' नहीं रहने देते, बल्कि पूरे राष्ट्रीय दृश्य की विसंगति पर फोकस मार देते हैं–''लौटने में तीसरे

दर्जे में यह कहकर बैठ जाता हूँ कि पहला दर्जा रात को असुरक्षित रहता है। यही बुद्धिजीवी की मिश्रित अर्थ-व्यवस्था है, जो देश की मिश्रित अर्थ-व्यवस्था के अनुरूप ही है। देश के प्रति बुद्धिजीवी बहुत जागरूक है। वह पहले दर्जे से उतरता और तीसरे दर्जे में चढ़ता है।''

(तीसरे दर्जे के श्रद्धेय)

इस मिश्रित और दोगली व्यवस्था में मूल्यों की जो गत हुई है, अपने अस्तित्त्व की शर्त के लिए आदमी को जितना गिरने के लिए मजबूर किया जाता है, वह बहुत क्रूर है। इसके परिणामस्वरूप घटने वाली घटनाएँ, ऊपर-नीचे होता हुआ मनोविज्ञान बहुत जटिल। अलग-अलग धंधे, आदमी के खिलाफ सक्रिय हैं। एक ओर लूट से बचता है, दूसरी ओर न चाहते हुए भी जिंदा रहने के लिए जाने-अनजाने उसका हिस्सा बनता है या उन्हें बर्दाश्त करता है। परसाई के आत्मव्यंग्य की पृष्ठभूमि में यही सब है। घटनाएँ, स्थितियाँ, चार्ली चेप्लिन की तरह। जो एक हल्के मूड में जन्म लेती दिखायी देती हैं और धीरे-धीरे एक भयानकता के सामने लाकर खड़ा कर देती हैं। 'माना कि रहेंगे दिल्ली' को लिया जाये तो यह बात मालूम पड़ती है। इस रचना का अंत थर्राकर रख देता है, एक झटके में। पूरी रचना में लेखक अपनी हरकतों को 'एक्सपोज' कर रहा है। वह बेरहम है खुद के प्रति, लेकिन उससे भी बेरहम जो है उसका आभास साफ-साफ होता रहता है। चारों ओर पूँजीवाद के सारे आकर्षण हैं जिनमें फँसता-बचता लेखक है जिसका गंतव्य कुछ और है। परसाई के साथ मुश्किल यही है कि उनका गंतव्य सर्वहारा है, वरना गिरने में तो दूसरे लोग मजा मार ही रहे हैं। लेकिन उनके पास पहुँचने का सीधा सरल रास्ता नहीं है, रचना के अंदर। यहाँ तो सारे दृश्य की जिम्मेदारी है। फिर लेखक की अपनी वर्गीय दुनिया है, वर्गगत लालच हैं जिनसे जूझकर, जीतकर वह बढ़ रहा है। वह दुनिया देख रहा है। जितनी सतर्कता से वह दुनिया को छान रहा है उतनी ही तेज नजर उसकी श्री हरिशंकर परसाई पर भी है, जिन्हें वह सबके साथ छीलता चलता है। एकदम बेरहमी से। लेकिन हम बेरहमी के पीछे अचेतन में ट्रैजिक स्मृति भी है। और इसी स्मृति और ऐसा कई स्मृतियों से गहरा लगाव फुदकते-पिटते हुए लेखक को सही जगह पर लाकर खड़ा कर देता है।

यहाँ एक तरफ है दिल्ली। जहाँ शोषकों के केन्द्र हैं। एक तरफ है गुमटी और खोमचों तक उतरा हुआ लेखक। पाँच पैसे के पान और चार आने की स्कूटर की हैसियत का। उसके पास भ्रम हैं। यद्यपि उसके पास गँवार सभ्यता नहीं है, लेकिन उसकी सभ्यता चकाचौंध के आगे एक झटके में हार मानने पर उतारू होने लगती है और जैसे ही कनाट प्लेस का सिर

कुचलने के ख्याल में डूबता है कि उसकी शेखीखोरी की उसकी चवन्नी और पाँच पैसे का अर्थशास्त्र चुनौती देने लगता है। तीसरे दिन सस्ते होटल में पहुँच जाता, पाँचवें दिन गुमटी में और खोमचे पर पहुँचने के पहले दिल्ली छोड़कर भागता है या दिल्ली उसे खदेड़ देती है। पर चैन कहीं नहीं है। दिल्ली के पास भीमकाय तंत्र और हर बात में डिप्लोमेसी की घुटन है तो अपने शहर में दंगा है। आसानी कहीं नहीं है इस तंत्र में। देखना यह है कि दिल्ली के आकर्षण और अपने शहर में हजार नमस्कार की लालच के बाद भी लेखक का असली कंसर्न उसे कहाँ ले जाता है जो उसकी प्रतिबद्धता को तय करे।

बार-बार दिल्ली पटक रही है पर छूट नहीं रही है, भले न खाने का ठिकाना है न रहने का। आखिर भ्रम टूटता ही है–"पर सबसे बड़ी चोट मुझे एक होटल मालिक ने दी थी। इधर सड़कों पर मैं लोकप्रिय लेखक के गर्व में फूला-फूला फिरता था। एक दिन मित्रों ने कहा, चलो इस नये होटल में चाय पियें। होटल में घुसे तो मालिक ने मुस्कराहट से स्वागत किया। मैं उसके पहले वाले छोटे होटल में 2-3 महीने खाना खा चुका था।

मित्र नें उससे पूछा–आप इन्हें जानते हैं

उसने कहा–हाँ साहब, जानता हूँ।

मैं फूल उठा–कौन ऐसा है, जो मुझे न जाने? उसे शहर से निकलवा दूँ।

मित्र ने कहा–अच्छा बताइये, कौन हैं ये?

मैं खुशी से फूटा पड़ता था कि यह कहता ही है कि वाह साहब, इन्हें न जानूँ, तो धिक्कार है। ये इतने बड़े लेखक–

तभी होटल मालिक ने कहा–ये तो हमारे ग्राहक रहे हैं।

मेरा पानी उतर गया। मैंने उसी रात शहर छोड़ने का फैसला किया था, पर छोड़ नहीं सका।"

(माना कि रहेंगे दिल्ली)

धन पर चलने वाले समाज में परसाई ने अपनी हैसियतबाजी के भ्रमों को खूब तोड़ा है। दिल्ली के तंत्र में त्रिशंकु की तरह लटकता हुआ लेखक केवल हरिशंकर परसाई नहीं; उनका समूचा वर्ग है। वह रोज भ्रम तोड़ता है और रोज नये भ्रम पाल लेता है। लेकिन परसाई भ्रमों के टूटने के सिलसिले में लगातार उस वर्ग के पास पहुँचते जा रहे हैं जो निर्माणकर्त्ताओं का अवमूल्यन करने वाले धनतांत्रिक समाज के ठेकेदारों की हैसियत मिट्टी में मिलाकर ध्वस्त करने की लिए गोलबंद हो रहा है। इसी रचना में परसाई

ऐसी स्मृति लाकर खड़ी कर देते हैं जो एक तरफ तो थर्राती है दूसरी तरफ उनकी मजबूती और प्रतिबद्धता को जाहिर कर देती है।

''मैं दोस्तों से कहता हूँ–अच्छा यारो, कुछ दिन दिल्ली में रहकर देखूँगा। नहीं जमा तो लौट जाऊँगा।

मित्र ने कहा–अरे, दिल्ली में आकर कोई नहीं लौटता।

मैं सोचने लगता हूँ–'जैसे मुक्तिबोध!' ''

(माना कि रहेंगे दिल्ली)

और मुक्तिबोध का नाम आते ही हत्यारी सभ्यता से साक्षात्कार हो जाता है। लेखक के सारे भ्रम मुक्तिबोध की स्मृतियाँ तोड़कर रख देती हैं। शायद इसके बाद रचना में जो नहीं कहा गया वह यह है–मैं सोचने लगता हूँ– जैसे मुक्तिबोध! और मैंने दिल्ली छोड़ दी। मुक्तिबोध की स्मृति लेखक को मुक्तिबोध के लोगों की ओर बढ़ने का निर्णय है। मुक्तिबोध का नाम एक व्यक्ति का नाम नहीं बल्कि उस जीवन की पहचान है, उन हजारों दलितों की पहचान है जिनकी हत्या के पीछे कनाट प्लेस की दमक के मालिक भी हैं।

परसाई के यहाँ जैसे एक सर्कस होता रहता है जो कभी भी ट्रैजिक मोड़ ले सकता है, कभी भी बेरहमी से नाक काट सकता है या खुद को उघाड़ कर रख सकता है। इसमें बार-बार एक 'मैं' हिस्सा लेता रहता है जो कभी बहुत काइयाँ है, कभी सतर्क, कभी बेलाग हमलावर, कभी पिटा हुआ चेहरा। यह 'मैं' इस सर्कस में खेलता, पिटता और खुद को पीटता हुआ अंततः मजलूमों के पक्ष में पहुँच जाता है, सारी सुविधाओं को लात मारकर। लेकिन यह 'मैं' रास्तों को सरलीकृत ढंग से तय नहीं करता। द्वंद्व करता हुआ जूझता हुआ आगे बढ़ता है। पिटते-पिटते, लुढ़कते और फिर-फिर खड़े होकर हिस्सा लेता हुआ अशुद्ध बेवकूफ–''मगर यह जानते हुए कि मैं बेवकूफ बनाया जा रहा हूँ और जो कहा जा रहा है, वह सब झूठ है–बेवकूफ बनते जाने का अपना एक मजा है... पर यह महँगा मजा है– मानसिक रूप से भी, और तरह से भी....इसमें मजा ही मजा नहीं है–करुणा है, मनुष्य की मजबूरियों पर सहानुभूति है, आदमी की पीड़ा की दारुण व्यथा है। यह सस्ता मजा नहीं है। जो हैसियत नहीं रखते, उनके लिए दो रास्ते हैं–चिढ़ जायें या शुद्ध बेवकूफ बन जायें...। ...मैं शुद्ध नहीं अशुद्ध बेवकूफ हूँ।''

(एक अशुद्ध बेवकूफ)

यह अशुद्ध बेवकूफी अपने प्रति कठोरता है। इस अशुद्ध बेवकूफी में दुनिया की बदमाशियों को समझने की बारीक और तेज समझ है। इस समझ को अकादमी का तमगा देकर नहीं फुसलाया जा सकता। गहरी मानवीय

करुणा से उठी हुई आवाज को बेशर्म और सेठिया चालाकी के तहत हँसकर नहीं टाला जा सकता। जिनको बहुत गुदगुदी लगती है, उन्हें हमेशा याद रखना चाहिए–"एक और बड़े लोगों के क्लब में भाषण दे रहा था। मैं देश की गिरती हालत, महँगाई, गरीबी, बेकारी, भ्रष्टाचार पर बोल रहा था। और खूब बोल रहा था।

मैं पूरी पीड़ा से, गहरे आक्रोश से बोल रहा था। पर जब मैं ज्यादा मार्मिक हो जाता, वे लोग तालियाँ पीटते थे। मैंने कहा, हम लोग बहुत पतित हैं, तो वे लोग तालियाँ पीटने लगे।

और मैं समारोहों के बाद रात को घर लौटता हूँ तो सोचता रहता हूँ कि जिस समाज के लोग शर्म की बात पर हँसें, उसमें क्या कभी कोई क्रान्तिकारी हो सकता है?

होगा शायद। पर तभी होगा, जब शर्म की बात पर ताली पीटने वाले हाथ कटेंगे और हँसने वाले जबड़े टूटेंगे।"

(शर्म की बात पर ताली पीटना)

–अलखनन्दन

मध्यमवर्गीय दोगलेपन के खिलाफ

भारतीय क्षितिज पर अंग्रेज सत्ता के लुप्त होने के बाद राजनीति में, और ब्रिटिश पूँजीवाद के बाद राष्ट्रीय पूँजीवाद के प्रतिष्ठानपन से आर्थिक क्षेत्र में असल हिन्दुस्तान गायब रहा और इसके सहारे एक ऐसी मध्यवर्गीय सभ्यता का विकास हुआ जो शहरों में अमरबेल की तरह पनपी, फैली और बढ़ी। इस सभ्यता में कानून का व्यवसाय अदालतों में वकील, रोग का व्यवसाय डाक्टर, शिक्षा का व्यवसाय विश्वविद्यालय के बुद्धिजीवी, और समाचारों का व्यवसाय पत्रकार, और सम्पादक और सत्ता के व्यवसाय में मदान्ध हाथी की तरह राजनीतिज्ञ व्यस्त रहा, और जरूरी चीजों में जहर मिलाकर पूँजीपति और व्यापारी की बन आयी, परायी चिंता, उधार विचार और बांझ रचनाएँ लेकर रचनाकार सामने आ गये, जिनके रचना संसार में फ्रायड और मार्क्स एक साथ दिखे, सार्त्र और टालस्टाय जोड़ी बनाकर आये उसमें वह सब कुछ रहा जो हमारा नहीं था, केवल वह नहीं था जिसे जिंदा, हरकत करता जीवन्त और यथार्थ हिन्दुस्तान कहते हैं।

पूरी तरह यह परोपजीवी-मध्यवर्गीय मन उपयोग की बाजारू संस्कृति पर टिका था जिसका वास्तविक यथार्थ और कर्म की ठोस उत्पादन-संस्कृति से कोई रिश्ता नहीं था।

यही वजह है कि यह बंद कमरों में अस्तित्व के संकट झेलता था, इसे पीड़ा, दु:ख, संत्रास और मृत्यु भय सताता था। इसे अकेलेपन का त्रास भोगना होता था। यह रहस्यवादी दुख से, गले तक भर आयी लबालब उदासी से और संदर्भच्युत होने की नियति से अभिशप्त था।

अकारण नहीं है कि इसने नपुंसक नायकों और सती या बाजारू होने की अति से पीड़ित असामान्य नायिकाएँ दीं, अजब तरह के दुष्ट खलनायक दिये।

जो अपनी हजारों वर्षों पुरानी संस्कृति के होने पर अभिमान से फूला फिरता था लेकिन अपनी खुराक अस्तित्ववाद से बटोरता था।

जो बिना कर्म किये जीवित था, एक दलाल की तरह, लेकिन हिन्दुस्तान रूपी गोवर्धन को अपनी अँगुली पर उठाये रखने का दंभ करता था। जिसका जमीन से कोई रिश्ता न था, इसीलिए जो हिन्दुस्तान की आत्मा का संवेदन सुन ही नहीं सकता था लेकिन शिकायत यह करता था कि देश मर चुका है और इसमें कोई धड़कन नहीं होती।

क्या इसे हिन्दी रचना का दुर्भाग्य माना जाना चाहिए कि हमारा औसत रचनाकार मध्यवर्गीय है और उसके संस्कार, उसकी रुचि, उसका वर्ग चरित्र, तथा जीवन के अनुभव का दायरा विशुद्ध मध्यवर्गीय चिंता तक भयानक रूप से सीमित है?

यदि यह बात सही नहीं है तो इसकी क्या वजह हो सकती है कि हमारा कथा साहित्य 'होरी' के जैसा दूसरा 'टाइप' पात्र फिर नहीं सिरज सका? यथार्थ का शोर तो बहुत है लेकिन प्रेमचंद की-सी सूक्ष्म दृष्टि जो जीवन की संश्लिष्टता को आरपार भेदती थी, कहीं गायब हो गयी, कहानी में ही हम माधव और घीसू जैसे पात्र एवं इस पात्रों की तकलीफ और गहरे दुख को मूर्त्त क्यों नहीं कर पाये?

आजादी के बाद हिन्दी गद्य के क्षेत्र में विशेष रूप से कहानी वगैरह में कई-कई तरह के आंदोलन पैदा हुए और अकाल मौत मर गये, उनमें भाषा की कीमियागरी और शिल्प के विचित्र लटके-झटके तो बहुत हैं लेकिन 'भोगे हुए यथार्थ' और 'अनुभव की प्रामाणिकता' के तमाम नारों के बावजूद जिंदगी का 'असल अनुभव' कितना कम है?

रचना भी बुरी तरह इस तंग मध्यवर्गीयता से मुक्त नहीं हो पा रही है अन्यथा समय तो इतना क्रूर और परिस्थितियाँ इतनी जटिल हैं कि वे हमें 'क्लर्क की मौत', गुसेव, और 'वार्ड नं० 6' के जैसी रचनाओं के अतिरिक्त कुछ लिखने की इजाजत नहीं देतीं।

नयी कहानी का आंदोलन कितनी बड़ी सम्भावनाओं को सामने लेकर आया था, लेकिन 'स्त्री-पुरुष' संबंधों के औसत शहरी अनुभव में उसकी कितनी दुखद परिणति हुई। यह एक बिल्कुल अलग बात है कि इस दौर ने हमें कुछ रचनाकार ऐसे दिये हैं जो अपनी लेखकीय मंशा में पूरी तरह प्रतिबद्ध और ईमानदार रहे और भले ही उन्होंने प्रेमचंद-सा विराट् लेखकीय व्यक्तित्व न पाया किन्तु नयी जमीन तोड़ने का कार्य उन्होंने निश्चित ही किया।

इन्होंने जैनेन्द्र के रहस्यवादी दार्शनिक ताने-बाने को मरोड़कर फेंका, जो जैन संशयवाद के धागे पर बुना गया था और जो नीलम देश की राज-कन्याओं का सृजन करता था, इन्होंने अज्ञेय का वह 'आभिजात्यीय अहं'

से पूर्ण 'मिथ' कुचला जिसकी मूल चिंता 'वैशिष्टेय का सुरक्षा मात्र थी। कम से कम इस दौर ने आजादी के बाद देश में उभरे कुछ ऐसे सवाल तो उठाये जो साम्प्रदायिक दंगों की भीषण घृणा और देश के शर्मनाक बँटवारे के कारण पैदा हुए थे, इन सवालों में एक दूसरे देश की सीमाओं से आते शरणार्थियों के काफिलों, झूठे राजनैतिक कृत्यों और बदलते रिश्तों के दबाव शामिल थे, जो अपने समय की सामाजिक चेतना को किसी हद तक रचना में पेश करते थे।

हरिशंकर परसाई इसी सामाजिक चेतना के संवाहक के रूप में सामने आये। जबकि हमें मार्क ट्वेन, दाशेक और चैखोव के जैसा व्यंग्य चाहिए था। हमारे रचनाकार समय की इस विद्रूपता को नकारकर, जरूरी सवालों को टालकर बेशर्मी और फूहड़ता के साथ साली-जीजा, पत्नी और भाभी जैसे रिश्तों को केन्द्र में रखकर उद्देश्यहीन हास्य लिख रहे थे।

परसाई ने अपनी ईमानदार प्रतिबद्धता और दृष्टि तथा सोच के बिल्कुल साफ और बेलाग होने के कारण इस परंपरा को बिल्कुल सिरे से उलट दिया, उन्होंने अकेले दम से व्यंग्य को साहित्य में प्रतिष्ठित किया और एक नया ही चरित्र हिन्दी व्यंग्य को प्रदान किया।

परसाई ने सर्वप्रथम अपने व्यंग्यों से यह साबित किया कि दैनंदिन जीवन और परिवेश के प्रति एक निर्मम व्यंग्यदृष्टि कितनी बड़ी संभावनाएँ पैदा कर सकती है, कि कितनी विद्रूपता, कितनी जटिलता, कितना महान् शोषण और कितना चालाक पाखंड इस देश में फैला है कि कोई चेहरा असली नहीं लगता, कितने-कितने मुखौटे हैं जो आदमी की बदसूरती और बदनीयती पर शानदार मेकअप किये हैं। जिन्हें नंगा किया जाना जरूरी है वरना शक्लें गुम होने लगेंगी और यह छद्म ही असली हो जायेगा। आश्चर्यजनक है कि परसाई ने जहाँ एक ओर मामूली आदमी के दर्द को अपनी सहानुभूति दी है वहीं उन्होंने, दोगलेपन से भरे उस मध्यवर्गीय पाखंड को उजागर किया है जिसे अन्य रचनाकार ठीक इसी समय महिमामंडित कर रहे थे।

दोहरे चरित्र की विडंबना में जीने वाले भारतीय मध्यवर्ग के विचार और कर्म, चिन्तन और जीवन तथा रचना और यथार्थ के बीच भयानक फर्क को उन्होंने अपनी व्यंग्य-दृष्टि में पकड़ा है, मुझे कई बार उन्हें पढ़ते हुए लगा है कि एक मध्यवित्तीय ढोंगी चरित्र के वे कपड़े उतारना शुरू कर देते हैं और वह अपनी नंगई छिपाने आखिरी चिथड़ा बचाने बेतहाशा भाग रहा है। यह ध्यान रखा जाना जरूरी है कि परसाई समूचे मध्यवर्ग को एक इकाई या समवाय के रूप में नहीं देखते। वजह बिल्कुल साफ है क्योंकि यह गलत सामाजिक वर्गीकरण है और रचनाकार के द्वारा इस स्थिति में उन लोगों

के साथ न्याय नहीं हो सकता जो कहलाते तो मध्यवर्गीय हैं किन्तु 'एक तृप्त आदमी' की भाँति जीते हैं उनकी आलोचनात्मक व्यंग्य-दृष्टि तो लूटमार करने वाले उन तथाकथित सुसंस्कृतों के प्रति है जिनकी बनावट और चरित्र निहायता ही दकियानूसी और संस्कारी है, जो समाज में कहीं भी उत्पादन के साथ जुड़े नहीं हैं, जो परिवर्तन के लिए आगे आने वाली शक्तियों की कोई सहायता नहीं करते, जिनकी चिंता मात्र एक खोखली सामाजिक प्रतिष्ठा और सुविधायें अर्जित करने तक सीमित हैं, जो भाषा भ्रष्ट करते हैं और पूरी तरह अपने कर्म और विचार में शोषकों के साथ हैं, जिनकी महत्त्वाकांक्षा के दायरे बेहद बढ़े-चढ़े हैं लेकिन इतने समझौतावादी और वैयक्तिक दायरे हैं जिन्हें किसी भी कीमत पर मंजूर नहीं किया जा सकता।

आश्चर्य की बात है कि यही तथाकथित सभ्य मध्यवर्गीय दिन-रात 'मूल्यों' की बात करते नहीं थकते, लेकिन कभी यह स्पष्ट करने का कष्ट नहीं करते कि इनके मूल्य क्या हैं? ये बार-बार सामाजिक जीवन की जड़ता पर अफसोस जाहिर करते हैं लेकिन इतिहास की लम्बी यात्रा में आदमी की तरह जी सकने के लायक माहौल बनाने में जो संघर्षरत जनता है उसे नाममात्र को भी साथ नहीं चाहते, यही नहीं सामाजिक चेतना के हर निर्णायक बदलाव में जो उन दोनों के साथ होते हैं जो जनता की यथास्थिति, अज्ञान और जड़ता में ही फलते-फूलते हैं। यदि धोखे से ऐसा मध्यवर्गीय मन रचनाकार हुआ, बुद्धिजीवी हुआ तो वे घुमा-फिराकर बेहद छद्म के साथ यो बात दोहराते हैं कि समय से सीधा साक्षात्कार किये बिना आज की रचना नहीं समझी जा सकतीं लेकिन मुश्किल ये है कि इन्हें समय के साक्षात्कार का आशय कुल इतना मालूम है कि हमारे पास डिग्रियाँ कितनी हैं, हमारी पदोन्नति कब होगी? हम किस 'महान' से सम्पर्क करें? कुलपति प्रसन्न हैं या नहीं? कोई मंत्री एकाध बार बँगले पर खाना खाने आ जाये! समय से सीधा साक्षात्कार करने उच्चाधिकारी के पास एक बार नित्य सलाम बजाने और वफादारी की कसम खाने जाना लाजिमी होता है, लेकिन इसका मतलब यह बिल्कुल नहीं होता कि कितने करोड़ लोग पशुओं की तरह जी रहे हैं, इन्हें आदमी की जिंदगी मयस्सर क्यों नहीं होती? कब तक चलेगा यह छद्म जिसमें आदमी को इतनी बेइज्जती के साथ जीना पड़ रहा है? भाषा और शब्द की दुनिया में ये ऐसी शक्ल पैदा करने क्यों मजबूर हैं, जिसकी चिंता यह है कि 'वह भीड़ में अकेला है' उसके वैशिष्ट्य को खतरा है, उसके लिए अपनी स्वतंत्रता का सवाल दुनिया का सबसे अहम् सवाल है! और जो राजनीति से घबराता है! परसाई के संवेदन की दुनिया में इसका सीधा और कड़ा विरोध है, एक सचेत रचनाकार के नाते वे अच्छी तरह

जानते हैं कि आपके चरित्र के द्वैत का संकट पैदा कहाँ से होता है? और इन्हें इस पाखंड की जरूरत किसलिए है। यह मध्यवर्गीय चाहे भारतीय राजनीति में 'सज्जन दुर्जन और कांग्रेसजन' के रूप में 'भैया साहब' हों अथवा 'लोहियावादी समाजवादी' की अजीब और हास्यास्पद दशा में साथी तेजराज 'आग' हो। ये 'प्रजा समाजवादी' के रूप में विलाप करने वाले 'क्रांतिनाद बम' हों अथवा अखंड भारत का नारा देने वाले हिन्दूवादी जिनके मूर्खतापूर्ण अनुशासन और कुंद जेहन की चाबी 'नागपुर में गुरुजी' के पास है। सारे दक्षिण पंथ की मुश्किल यह है कि इतिहास के भयानक दबाव उन्हें 'छद्म समाजवादी' का मुखौटा ओढ़ने बाध्य कर रहे हैं और अपनी सत्तावादी महत्त्वाकांक्षाओं को पूरा करने ये भारतीय राजनीति के रंगमंच पर कभी आपस में सुर मिलाकर, गले में बाँहें डाले सरगम गाते नजर आते हैं और डाकुओं की तरह सत्ता में लूट के माल का असमान बँटवारा होने पर एक-दूसरे का चेहरा नोचने लगते हैं, इन्हें 'संत' की मुद्रा अख्तियार करते और थोड़ी ही देर में शर्मनाक तरीके से नंगे हो जाने में कोई फर्क नजर नहीं आता। जिनसे पूरी तरह जनता आजिज आ चुकी है लेकिन उसका दुख ये है कि उसके पास कोई विकल्प नहीं है। वामपंथी शक्तियों के बिखराव से कितना बड़ा शून्य भारतीय राजनीति के रंगमंच पर पैदा हुआ है जिसकी परसाई वामपंथी होकर भी तल्ख आलोचना करते हैं, "मैं एक सपना देखता हूँ, समाजवाद आ गया है और बस्ती के बाहर टीले पर खड़ा है, बस्ती के लोग आरती सजाकर उसका स्वागत करने बाहर खड़े हैं पर टीले को घेरे खड़े हैं कई तरह के समाजवादी, उनमें से हर एक लोगों से कहकर आया है कि समाजवाद को हाथ पकड़कर मैं ही लाऊँगा।" कैसा अद्भुत बना दिया है इस मध्यवर्गीय पेशेवर राजनीति ने समाजवाद के जैसे ताकतवर और असीम संभावनाओं से भरे जीवन दर्शन को! इनके पास समाजवाद जैसा जीवन-दर्शन अवसर-अवसर पर इस्तेमाल हो सकने वाला नारा मात्र है!

यह पाखंड मात्र राजनीति में नहीं है, सामाजिक जीवन की विडंबना इससे कहीं अधिक खतरनाक और दोगलेपन से भरी है। यही समझौतावादी मध्यवर्गीय चरित्र शिक्षा, न्याय, और सांस्कृतिक जीवन के दूसरे सभी पक्षों को अपने खूनी जबड़ों में फँसाये है। ये ही वे लोग हैं जो धर्म-निरपेक्षता और राष्ट्रीय एकता की बातें करते हैं लेकिन गाय की पूँछ कट जाने पर हजारों आदमियों को दंगों की भयानक आग में झोंक देते हैं और उसे एक धार्मिक मामला सिद्ध करते हैं, जो कायस्थ लड़के के साथ विवाह कर लेने पर लड़की को जिंदा जला सकते हैं क्योंकि इससे बिरादरी में इनकी नाक

कट जाने का खतरा है, जो चुनावों में वोट के लिए और सरकारी, गैर-सरकारी नौकरियों में जाति का विशेष ख्याल रखते हैं, जो बढ़-चढ़कर प्रगतिशील होने का दंभ भरते हैं लेकिन 'यज्ञोपवीत' को पवित्र गायत्री मंत्र के साथ श्रद्धापूर्वक धारण करते हैं। जो स्त्री की स्वतंत्रता और बराबरी के दर्जे देने के सवाल पर गोष्ठियाँ आयोजित करते हैं, लेख लिखते हैं, लेकिन घर की स्त्री के प्रति शंकालु और ईर्ष्याग्रस्त इतने हैं कि बात-बात पर उसे 'वो जरा वाइफ हैं न!' के मूर्खतापूर्ण तर्क से उसका शील सुरक्षित रखना चाहते हैं। तभी तो व्यंग्यकार कहता है, "स्त्री को आगे बढ़ाने वाले कुछ अति उत्साही व्यक्तियों से मेरा परिचय है, इन सबकी परेशानी मैं समझता हूँ और सहानुभूति भी रखता हूँ। आगे बढ़ी हुई स्त्री के पति कहलाने का गौरव बहुत स्वस्थ और जायज है। मगर वह बढ़े कैसे? कुछ लोग उसकी आँखों पर पट्टी बांधकर उसे पीठ पर लादकर आगे ले जाकर रख देना चाहते हैं, जब पट्टी खुले तो वह कहे 'अहा! हम तो इतने आगे बढ़ गये!"

इसके आडम्बर की हद है जब वह रहना तो पवित्र 'वैष्णव' की तरह चाहता है लेकिन भगवान के नाम पर मरे और जिंदा माँस, शराब और कबाब के पूरे भोग के लाभ जरूर लेना चाहता है, वह शिक्षा तक का व्यापार करने में नहीं चूकता और उसे भी कपड़े या किराने की दूकान की तरह नफे-नुकसान के साथ जोड़ लेता है। तभी तो परसाई चोट करते हैं, "हमारी फर्म बाबूलाल छोटेलाल के वर्तमान मालिक अपनी प्रसिद्ध फर्म की एक नयी शाखा खोल रहे हैं। इस शाखा का नाम 'गोबरधनदास कालेज' होगा।" हम जानते हैं शिक्षा के धंधे में उतना फायदा नहीं है जितना सीमेंट या चीनी के धंधे में, इसलिए व्यापारी भाई शिक्षा की नई दूकान हमारी बेवकूफी ही समझेंगे।"

क्या यह वही वर्ग नहीं था जिसके बारे में परसाई दुख के साथ कहते हैं, "मगर हमने देखा कि कुछ लोगों ने अपनी काली-काली भैंसे आजादी की घास पर छोड़ दीं और घास उनके पेट में जाने लगी तब भैंस वालों ने उसे दुह लिया और दूध का घी बनाकर हमारे ही सामने पीने लगे।" लेकिन साथ ही उस पीढ़ी से वे साधिकार क्षोभ के साथ इसका जवाब भी माँगते हैं-"और हम अपने बाप को कोसते हैं कि तभी तुमने इस बारे में साफ बातें क्यों न कर लीं। वह काली भैंसों वाली शर्त क्यों मान ली? क्या हक था तुम्हें हमारी तरफ से घाटे का सौदा करने का?" और वह पीढ़ी जिसने काली भैंसों को आजादी की हरी-हरी घास चरने की खुली छूट दी, इसका कोई जवाब नहीं देती।

शर्मनाक तो यह है कि देश की राजनैतिक आजादी और सांस्कृतिक

आंदोलन का सूत्रधार यह मध्यवर्ग ही कभी-कभी बेशर्मी के साथ आजादी की पूरी घास चरता हुआ भी अंग्रेज जाति के रौबदाब, शासन करने की सख्ती और संस्कारों के आभिजात्य की गुलामी भी गौरव से ढोता नजर आता है। 'प्रेम प्रसंग' में पुलिस अफसर 'फादर' अपनी वफादारी इन शब्दों में अर्ज करते हैं-''शासन तो अंग्रेज करते थे, ये जो धोतीवाले राज कर रहे हैं इन्हें तो कुछ आता-जाता नहीं। अगर अंग्रेज होते तो ऐसी धाँधली चल नहीं सकती थी। मैं कहता हूँ अंग्रेज ठीक कहते थे कि हम लोग स्वराज के लायक नहीं हैं।'' यह है इनका वर्ग चरित्र और यही इनकी नैतिकता है, दूसरी ओर दर्शनशास्त्र के प्राध्यापक और पुलिस अफसर फादर की बेटी के बुद्धिजीवी प्रेमी सोचते हैं। मेरे मन में विद्रोह उठता। जी होता है कि फादर को उठाकर जमीन पर दमच दूँ, यह सोचकर कि वे बुरा न मान जायें, मैं हाँ में हाँ करता जाता, अपनी तरफ से मैं यह भी कह देता था कि अंग्रेज अच्छे थे और स्वराज्य आना अच्छा नहीं हुआ।'' लड़की हासिल करना है तो अंग्रेज भक्त फादर को पटाना जरूरी है और ज्ञान मीमांसा के बजाय 'इंडियन पेनल कोड' की धाराएँ कंठस्थ करना मजबूरी! ये हालत है हमारे मध्यवर्गीय आत्मघात की तरफ बढ़ते स्वार्थी बुद्धिजीवी की। इस पर दायित्व है उच्च शिक्षा का, शोध का, साहित्य का और भाषा का। एक पूरी पीढ़ी इन्हें अपने हाथों से गढ़नी है, ये हमारी पीढ़ी के रचनाकार हैं। कैसी अजीब हो जायेंगी रचनाएँ? और क्या करेंगे हम ऐसी पीढ़ी रचकर?

और इन हालातों के चलते, ऐसी बेहूदी और बदरंग दुनिया में जीते वे मध्यवर्गीय लेखक कैसे हैं जिन्हें इन विद्रूपताओं को नंगा करने के प्रयास में राजनीति की बू आती है! एक निहायत व्यक्तिगत दुनिया के ऐकांतिक संसार में जीने की इच्छा लेकर यह अपना वैशिष्ट्य सुरक्षित रखना चाहता है। इसे अपनी पीड़ा, अपने दुख, अपना अकेलापन और अपने अहम् को ग्लोरिफाई करने एक चमकदार छद्म भाषा और उधार का दर्शन मिल गया है जिसे पचाने के प्रयास में उसे भीड़ से डर लगने लगा है। बड़ा डर है कि भीड़ हमें, यानी स्वतंत्र चिन्तकों और लेखकों को दबोच रही है। इन्हें जनता भीड़ नजर आती है मूर्ख और असभ्य, भाषाहीन और फूहड़!

किन्तु इसके बावजूद पूरे राजनैतिक फायदे हासिल करते हुए लेखन में राजनैतिक तेवर इन्हें 'औसत अनुभव' और 'नारेबाजी' नजर आती है, ये राजनीति की मूल्यहीनता से साहित्य की 'पवित्र दुनिया' को बचाना चाहते हैं जैसे साहित्य में रामराज्य का चित्रण करना हो। परसाई ने कहा भी है, ''लेखक दंभ से कहता है, 'पहली बार हमने जीवन को उसके पूर्ण और यथार्थ रूप में स्वीकारा है।'

तूने भाई, किसका जीवन स्वीकारा है? जीवन तो अर्थमंत्री के बदलने से भी प्रभावित हो रहा है और अमरीकी चुनाव से भी!

कल अगर फासिस्ट तानाशाही आ गयी तो हे स्वतंत्र चिन्तक, हे भीड़ द्वेषी, तेरे स्वतंत्र चिन्तन और लेखन का क्या होगा? फिर तो तेरा गला दबाया जायेगा और तूने अपनी इच्छा से आवाज निकालने की कोशिश की तो गला ही कट जायेगा।'' रचना की राजनीति के खतरे से बचाने की धूर्ततापूर्ण राजनीति करना हमारे इसी मध्यवर्गीय लेखक चिन्तक तबके की चाल है जो स्वतंत्रता के सवाल को अस्तित्व का सवाल और प्रेम की समस्या को महानतम मानवीय समस्या घोषित करता है। इनका आचरण वास्तविक अर्थों में उस रंडी की तरह हो गया है जो अपनी 'आत्मा को सुरक्षित' रखकर 'जिस्म का धंधा' करती है और ग्राहक से निपट जाने के बाद जोर-जोर से सबको सुनाकर आरती गाने लगती है। रचना के इस अनुभववादी, क्षणवादी और अस्तिवादियों के लिए सबसे बड़ा संकट 'भाषा का संकट है' और इस संकट से निपटने अक्सर वे बड़ी नफीस, कोमल, संवेदनात्मक और बिंबों की झड़ी लगा देने वाली भाषा पेश करके इस संकट को हल करने में अपना कीमती योगदान देते हैं, वे राजनैतिक मक्कारी, धार्मिक पाखंड, सामाजिक आडंबर और भोगवादी व्यक्तिगत दोगलेपन के निहायत मामूली और औसत सवालों से भरसक अपने को बचाकर एक महान और उदात्त दुनिया की तस्वीर पेश करना चाहते हैं जिसमें ऐसे गैरजरूरी और हाशिये के सवालों को कोई जगह नहीं हो सकती, वे अस्तित्व के गहन और गूढ़ सार्वभौमिक मानव प्रश्न उठाना चाहते हैं, उनके सामने विश्वजनीन मानववादी चिंता है, इसे वे उधार कविता के शब्दों में 'संवेदनात्मक लापरवाही के दौर में सजग चिंता' का नाम देते हैं। इस विराट् मानव चिंता में डूबे लोगों से भूख, रोग, अकाल, शोषण और कुचले जाने की दर्दनाक मौत के छोटे-छोटे सवाल करने की हिम्मत ही नहीं पड़ती। लेकिन परसाई इनसे कुछ कहना चाहते हैं, फरमाते हैं-''अच्छा भोजन करने के बाद मैं अक्सर मानवतावादी हो जाता हूँ, अपना पेट भरकर मानवतावादी होने में सुभीता है। दूसरे के घर भोजन करने के बाद तो बड़े ऊँचे और पवित्र विचार मेरे मन में आते हैं, कुछ लोग भूखे होते हैं तब ऊँचा चिन्तन होता है।''

'आभिजात्य' को भोग लेने की पूरा मंशा अपने भीतर छिपाये ये मध्यवर्गीय लाखों-करोड़ों होकर बिखर गये हैं-अलग-अलग जगह, अलग-अलग क्षेत्रों में, जुदा-जुदा नामों के साथ, लेकिन जिनकी इच्छा एक है, आत्मा एक है, मन एक है, छद्म एक है, महत्त्वाकांक्षा एक है और वर्ग चरित्र एक-सा है। मगर सवाल है-जन की कीमत पर आप कितने दिन

अमरबेल की तरह जिंदा रहना चाहते हैं? क्या निरन्तर जन के सवाल अश्वासनों की भाषा से स्थगित किये जा सकते हैं? यदि जन अपने हकों के लिए संघर्ष की चेतना से स्वतः स्फूर्त होकर निर्णायक लड़ाई का फैसवा लेता है, तो आप कहां होंगे?

क्या आप सोचते हैं कि इस निर्णायक दौर में आप अपने को तटस्थ रख सकेंगे? और क्या तटस्थता का सचमुच कोई अर्थ होता है?

यदि आप उसकी अगुआई करने, उनमें शामिल होने से कतराते हैं तो इतिहास में आपकी जगह क्या होगी?

इतिहास ही समय और सन्दर्भ को नहीं बदलता, आदमी भी उसके साथ इतिहास पर अपना प्रभाव छोड़ता है। अपने संदर्भ से कटे हुए, आत्म पराये मध्यवर्गीय की नियति इन विश्वासों और विचारों को साथ लेकर क्या हो सकती है इसका अनुमान बहुत जटिल नहीं है।

परसाई की पक्षधरता का सवाल यहीं सबसे वजनदार और सार्थक है क्योंकि वे 'मैं' की नहीं 'हम' की भाषा में बोलने पर विश्वास करते हैं।

कहीं मेरी इन तल्ख आलोचनाओं और लेखक के रवैये के प्रति उत्साहपूर्ण तर्कों से यह तो नहीं समझ लिया जायेगा कि 'हिन्दी व्यंग्य का मतलब केवल परसाई है?' या कि परसाई ने अखबारों के कालमों में भी जो कुछ लिखा है उसे महान् और उद्देश्यपूर्ण, कलात्मक और संवेदनात्मक जागरूकता से पूर्ण मान लिया जाये?

एक उबाने वाली लम्बी और थकी दोपहर में मेरा दास्त मेरे घर आया। उसके आने-जाने का कोई वक्त नहीं है, और जो अजीबोगरीब सवाल लेकर कभी भी मुझे सवालों से घेर देने में माहिर है। उसने साहित्यिक बातचीत शुरू करने के लिहाज से परसाई के बारे में ही पूछना शुरू कर दिया, उसकी मुश्किल यह थी कि क्योंकर हम हिन्दी में ऐसा व्यंग्य नहीं लिख पा रहे हैं जैसा कि मार्क ट्वेन, शॉ और चेखब ने लिखा?

क्या उन्नीसवीं सदी के रूसी सामाजिक जीवन की जारशाही से भरी विद्रूप जिंदगी हमारी आज की जिंदगी से बहुत भिन्न थी?

क्या वजह हो सकती है कि 'क्लर्क की मौत' का व्यंग्य एक क्लासिक बन गया? और वार्ड नं० 6 का भीषण होटर अपनी पूरी शताब्दी की सबसे तल्ख आलोचना बन गयी?

इतना गंभीर, करुण और मानव अस्तित्व तथा मानव नियति के सवालों को सामने रखने चेखव ने जिस प्रतिभा, संवेदना और संकेतात्मकता का परिचय दिया है वैसा परसाई, जो हमारे एक मात्र स्थापित व्यंग्यकार हैं, कर सके हैं?

यदि नहीं तो इसकी क्या वजह हो सकती है?

वह जालिम हमेशा की तरह सवालों के जंगल की असुरक्षा और दिमाग को थका डालने वाली चिंता में अकेला छोड़कर सीटी बजाता, मुस्कुराता चला गया। अब मैं अकेला था और मेरे सामने उन्नीसवीं शताब्दी और चेखव तथा बीसवीं शताब्दी के ये बीतते आखिरी साल, हिन्दुस्तान और परसाई थे। मैंने सोचा जिस ट्रेजिक करुणा से चेखव की संवेदना रूपायित होती है उससे मुझे कभी भी परसाई तेज तल्ख और हमलावर कबीरपंथी अंदाज में तुलना के लिए जायज नहीं लगते। जिस खतरनाक समय और विगलित यथार्थ में परसाई ने देखना, सोचना, लिखना शुरू किया उसमें उन्हें व्यंग्य की कोई सोद्देश्य और गंभीर परंपरा नहीं मिली, वे तो हमारे व्यंग्य की सही शुरुआत हैं, लेकिन चेखव उस परम्परा की लगभग आखिरी कड़ी थे, वहाँ ताल्सतोय, तुर्गनेव, गोगोल और दोस्तोएवस्की भी थे। चेखव आदमी की आत्मा के दैन्य और नियति की हताशा पर ही लिख सकते थे, उन्हें परम्परा ने इस बात की कोई गुंजाइश ही नहीं छोड़ी थी कि वे जारशाही की मरती, दम तोड़ती व्यवस्था से तल्खी के अंदाज में वैसे ही खेल सकें जैसे खुराक करने के पहिले बिल्ली चूहे से खेलती है। फिर समय की गतिशीलता और समकालीन प्रश्नों के चरित्र में भी बड़ा फर्क है, बीसवीं शताब्दी के इन अंतिम वर्षों में हिन्दुस्तान जैसे 'टिपिकल' देश की समस्याएँ अपने चरित्र में ही इतनी बुनियादी और आदिम हैं कि वे आदमी की नियति पर उस ढंग से सोचने की गुंजाइश ही नहीं छोड़तीं कि परसाई डाक्टर अलेक्सेई, या वान्का या गुसेव जैसे पाक्षों की सर्जना कर सकें। उन्होंने मानव आत्मा की उस बुनियादी चिंता जिसमें जिंदगी केवल अर्थहीन और निस्सार बीतती है के सवाल दोहरा-दोहराकर अपने व्यंग्यों में सामने रखे एक अवसाद से भरे दुखी और भारी मन के साथ। चेखव थकी हुई आत्मा के उदास लेखक हैं, उनकी पूरी सोच मोन्जाटी के ऐसे सोनाहा की तरह है जिसकी करुण, दुखपूर्ण और धीरे-धीरे अवसाद घोलती धुन संगीत के जादू भरे प्रभाव में यह भ्रम पैदा कर देती है कि 'क्या हम सचमुच जिंदा हैं?' 'हम किसलिए जिंदा हैं?' 'हमारे होने का क्या अर्थ है?' हम आखिर इस माहौल में एक आदमी की हैसियत से करने क्या लगें? यही वजह है, चेखव कहते हैं– ''महत्व की बात नक्शे नहीं है बल्कि मनुष्य की जिन्दगी है, जिन्दगी दुबारा नहीं मिलती, इसलिए इसके प्रति दयापूर्ण व्यवहार होना ही चाहिए।'' (गुसेव/चेखव) एक मध्यवर्गीय कलाकार से चेखव की कहानी का नायक कहता है, ''मेरे विचार में वर्तमान परिस्थितियों में ये स्कूल, अस्पताल, पुस्तकालय, डाक्टरी सहायता केन्द्र आदि जनता की गुलामी की जंजीरों को

और अधिक मजबूत बनाते हैं। किसान एक लम्बी जंजीर में जकड़े हुए हैं और आप लोग उन जंजीरों को नहीं तोड़ते बल्कि उसमें और नयी कड़ियाँ जोड़ते रहते हैं, इस बारे में मेरे यही विचार हैं।''

(एक कलाकार की कहानी/चेखव)

लेकिन परसाई के पास इस उदासी, इस ऊब और करुणा के लिए कोई स्थान नहीं हैं, वे इसके बिल्कुल विपरीत हमलावर अंदाज में निर्मम चोट करते हैं, उनके पास वही पलीता है जो वे कबीर के पास देखते थे, जिनसे कबीर अपने समय की कुरीतियों की आग लगाते फिरते थे।

उनका पूरा व्यक्तित्व तेज तर्रार है और एक कबीरपंथी मानस लेकर उस समय में जब सारा जमाना पगडंडियों के जमाने से गुजरने पर विश्वास करता है, पूरे साहस से जोखिम के राजमार्ग पर चलते हैं।

–कपिल कुमार तिवारी

लेखन एक शक्तिशाली अस्त्र

सामाजिक जीवन में तरह-तरह के दौर आते रहते हैं और हर दौर की अपना साहित्य होता है जिस पर उस दौर की छाप होती है। एक ऐसा दौर भी होता है जब व्यापक स्तर पर समाज के लाखों-लाख सदस्य किसी महान ध्येय से अनुप्राणित होने लगते हैं, जब एक नयी उमंग दिलों में हिलोरें लेने लगती है। तब वायुमण्डल में वह ध्येय व्याप-सा रहा होता है और उसकी अनुगूँज हर दिल में सुनायी देती है। वे बड़ी-बड़ी कुर्बानियों के दिन होते हैं, विकट संघर्ष में भी हँस-हँसकर आत्म-बलिदान करने के दिन, कुछ कर गुजरने के दिन, जब दृष्टि-क्षेत्र के सामने जीवन के प्रसार खुलते चले जाते हैं और लगता है, कुछ भी असम्भव नहीं। हमारे देश में आजादी के पहले का काल कुछ ऐसा ही काल था। कुरीतियाँ, भ्रष्टाचार, विसंगतियाँ उस काल में थीं, लेकिन उस ध्येय के सामने सब गौण जान पड़ता था, ध्येय सर्वोपरि था। और लगता था, ध्येय की प्राप्ति पर समाज की सब विसंगतियाँ दूर हो जायेंगी। यह ऐसी ही स्थिति होती है जब युद्ध में जूझता हुआ कोई देश आत्म-विश्वास ग्रहण कर ले। ऐसे काल में साहित्य को जन्म देने वाली भावना तथा दृष्टि व्यंग्यात्मक नहीं होती।

पर जब समाज में संघर्ष थम जाये, जब सामाजिक तथा राजनीतिक जीवन एक जगह पर ठहर जाये, व्यवस्था अपनी जगह पर स्थिर और निश्चेष्ट हो जाये, जब समाज के कर्णधार सत्ता की बागडोर सँभाल कर संतुष्ट हो जायें और अपनी जगह पर जमकर बैठ जायें, जब विकास के स्थान पर गतिरोध आने लगे और ठहरे हुए जल की सतह पर काई जमने लगे और उसमें से सड़ाँध उठने लगे और लोगों के दिलों में बलबले मरने लगें, जहाँ दृष्टि की विशालता थी, वहाँ तंगनजरी आ जाये और स्वार्थ और धनलोलुपता और कुर्सी के मोह के इर्द-गिर्द सभी ध्येय लोट-पोट जायें, उस वक्त संवेदनशील लेखक व्यंग्य का नश्तर लेकर सामने आता है और समाज के जीवन में पाये जाने वाले नासूरों की चीर-फाड़ करने लगता है।

परसाई जी हमारे साहित्य में इसी काल में उभरे हैं। उन्होंने पहला दौर भी देखा है और उसके स्थान पर दूसरे दौर को भी जड़ जमाते देखा है। उन्होंने ध्येय पर मर-मिटने वाले दिन भी देखे हैं और मोहभंग की यातना-भरे दिन भी देखे हैं। वे दिन भी; जब देश के लाखों-लाख लोग साझे से अनुप्राणित विदेशी शासन से जूझ रहे थे, फिर वे दिन भी; जब आजादी मिलने के बाद, कलम के एक झटके से, इन लाखों-लाख लोगों को मात्र दर्शक बना दिया गया था और राष्ट्रीय जीवन के निर्माण की सभी भूमिकाओं में से अलग कर दिया गया था। प्रशासन और संचालन की बागडोर सरकार के हथ में आ गयी थी, वही योजनाएँ बनाती थी; वही उनकी क्रियान्विति को भी सँभाले हुए थी। अफसरशाही फिर नमूदार हो गयी थी, जन साधारण को, मक्खन में से निकाले गये बाल की तरह, राष्ट्रीय जीवन में से अलग कर दिया गया था। उसके लिए धीरे-धीरे, राष्ट्र-निर्माण दूर-पार की चीज बन गया, वह पहले हैरान हुआ, फिर उदासीन और उसके बाद उसके सभी मोहभंग होने लगे। इतना ही नहीं, राजनीतिक जीवन में से धीरे-धीरे सभी निःस्वार्थ सेवी, जैसे बुहार कर बाहर निकाल दिये जाने लगे, और उनकी जगह पर तिकड़मी, स्वार्थी, चालाक सयासतदानों ने अड्डा जमा लिया। तब राष्ट्रनिर्माण के स्थान पर लाइसेंसों, कोटों, बड़े-बड़े ठेकों की चर्चा होने लगी और स्वयं सयासतदान उनके लिए हाथ फैलाने लगे। पाखण्ड का नंगा नाच चारों और दिखायी पड़ने लगा। काला बाजार गर्म हुआ, भ्रष्टाचार फैला और गरीबों की बस्तियों में से खद्दरधारी मंत्रियों की विलायती मोटरें फर्राटे से भागने लगीं।

यह मोहभंग का काल था जब कथनी और करनी के बीच का अन्तर उत्तरोत्तर बढ़ने लगा था। अतीत के सपने वर्तमान के यथार्थ पर चूर-चूर होने लगे थे। सयासतदानों और सत्ताधारियों की बातों पर से विश्वास उठने लगा था।

इस तरह के माहौल में कौन-सा परसाई चुप रहेगा? व्यंग्य सीधा पाखण्ड पर प्रहार करता है। व्यंग्य का मूल विषय ही पाखण्ड होता है। ऐसे समय में जब सामान्य लेखक किसी हद तक अपने भावना-लोक में बसता है, वहाँ व्यंग्य-लेखक सीधा समाज के अखाड़े में उतर आता है। उसे इस बात की परवाह नहीं रहती कि वह निबन्ध लिख रहा है या कहानी या डायरी, उसे केवल इस बात की परवाह रहती है कि उसकी रचना वार करती है या नहीं और उसका बार निशाने पर बैठता है या नहीं। सामाजिक जीवन की विसंगतियाँ और अन्तर्विरोध उसकी कलम के विषय बनते हैं। व्यंग्यकार सुखद भावनाओं के धुँधलके में नहीं बसता. वह यथार्थ के कठोर

धरातल पर खड़ा रहता है, पाखण्ड, दोमुँहापन, भ्रष्टाचार का भण्डाफोड़ करता है। कुछ व्यंग्यकार मात्र मनुष्य स्वभाव की सनकों, अटपटे व्यवहार और रहन-सहन के तौर-तरीकों का मजाक उड़ाते हैं, पर ऐसे व्यंग्य सतही से बने रहते हैं, जबकि परसाई जी के व्यंग्य समाज के मर्म को छूते हैं, सामाजिक जीवन की मूल विसंगतियों को सामने लाते हैं।

परसाईजी के एक निबन्ध में भगवत भजन करने वाला एक बैष्णव, सेठिया बन जाता है। पहले पैसा सूद पर कर्ज देता है, फिर ढेरों पैसे जमा कर लेने पर होटल चलाता है। होटल में पहले सभी निवासियों को वैष्णव भोजन मिलता है, फिर धीरे-धीरे बहाँ मांस, मछली पकने लगती है, फिर शराब आती है, कैबरे होने लगता है और फिर 'गर्ममाल' भी मिलने लगता है, हर कदम पर वैष्णव अपने इष्टदेव से पूछने जाता है कि अब क्या करूँ, और हर बार ही उसकी अन्तरात्मा प्रस्तावित सुझाव को शास्त्रसम्मत बताती है और इस तरह वह सच्चा बैष्णव की शुद्ध आन्तरिक आवाज यह कहकर उसे संतुष्ट कर देती है: "मूर्ख, यह तो प्रकृति और पुरुष का संयोग है, इसमें पाप क्या और पुण्य क्या।" इस तरह वह धर्म को धन्धे के साथ सफलतापूर्वक जोड़ देता है।

एक अन्य निबन्ध में बुद्धिजीवियों की एक सभा देश की दुर्दशा पर विचार करती है। संयोजकों का विचार है कि देश की जितनी अधिक दुर्दशा होगी, उतनी ही बढ़िया मंच पर से तकरीरें झाड़ी जा सकेंगी। जलसा बड़ा सफल रहता है, संयोजक सन्तुष्ट हैं, सचमुच बहुत बढ़िया भाषण दिये गये।

एक अन्य निबन्ध में एक चोरबाजारिया पकड़ लिया जाता है। फैसला होता है कि दूसरे दिन प्रातः उसे एक खम्भा पर से लटका कर फाँसी दे दी जायेगी। पर दूसरे दिन जब फाँसी का वक्त आता है तो खम्भा ही गायब है, पता चलता है कि रातोंरात खम्भा चोरबाजार में पहुँच गया है।

कहीं घटना द्वारा तो कहीं अपने अनूठे तर्ज-ए-बयान से सामाजिक जीवन की विसंगतियाँ उखाड़ दी जाती है। एक निबन्ध इस तरह शुरू होता है:

"हे सखि, नल के मैले पानी में केंचुए और मेंढक आने लगे। लगता है सुहावनी, मन भावनी वर्षा ऋतु आ गयी।"

एक और निबन्ध में एक आदमी इस बात पर लज्जित है कि वह थोड़ा मुटिया गया है और उसकी शेरवानी उसे तंग पड़ने लगी है। सभी से माफी माँगता फिरता है।

"मेरे देशवासियो, मुझ बेशर्म को माफ करना। भारत माता, क्षमा करना। तेरा यह कपूत मोटा हो गया। मैं तीसरी पंचवर्षीय योजना का एक झूठा

आँकड़ा हूँ, जो तुम्हें धोखा दे रहा हूँ। मंत्री महोदय, माफ करना, तुम्हारी खाद्य व्यवस्था के बावजूद मैं मोटा हो गया।...वर्तमान और भूतपूर्व अर्थमंत्रियों, मैं तुम्हें मुँह दिखाने के काबिल नहीं रहा। मैं पिछले पन्द्रह वर्षों की उलझी अर्थनीति और खाद्यनीति के प्रति अपराधी हूँ।...''

यथार्थ की कसौटी पर खरा उतरकर ही व्यंग्य प्रभावशाली बनता है, और परसाई जी के निबन्धों-कहानियों में वही खरापन झलकता है।

मोह-भंग की एक स्थिति वह होती है जब टूटती सामाजिक मर्यादाओं के साथ व्यंग्यकार का विश्वास मनुष्य मात्र पर से ही टूटने लगता है, जिंदगी बेमानी नजर आने लगती है। पर जहाँ टूटती मर्यादाओं को देखनेवाला व्यंग्यकार उनके पीछे काम करनेवाली कारक-शक्तियों के प्रति सचेत हो, और वांछित विकल्प को भी जानता-समझता हो, कि समाज को किस ओर जाना चाहिए, वहाँ उसके व्यंग्य में कटुता नहीं बल्कि मानवीय सद्भावना अधिक देखने को मिलती है, बल्कि मानवीय सद्भावना से ही उसे अपनी व्यंग्य-रचनाओं के लिए प्रेरणा मिलती है। परसाई जी की रचनाओं को पढ़ते हुए ऐसा नहीं लगता कि हमारा देश ही गिरा हुआ देश है, हमारा राष्ट्रीय चरित्र ही गिरा हुआ है, इसका उद्धार हो ही नहीं सकता या कि सभी सयासतदान स्वार्थी और भ्रष्ट हैं, किसी पर विश्वास नहीं किया जा सकता। परसाई जी के व्यंग्य की श्रेष्ठता इसी बात में है कि जीवन पर उनका विश्वास अडिग और गहरा है, सामान्य जन की क्षमताओं, उनकी ईमानदारी और मानवीय मूल्यों पर उनका विश्वास उनकी चेतना में समाया हुआ है। पाखण्ड पर वही आदमी चोट कर सकता है जिसे पाखण्ड परेशान करता हो। कहीं पर भी, उनकी रचनाओं में ऐसी ध्वनि सुनायी नहीं पड़ती कि ऐसा तो चलता ही रहता है, आगे भी चलता रहेगा। जीवन में गहरी आस्था रखने वाले लोग ही सार्थक व्यंग्य लिख सकते हैं, नहीं तो उनके व्यंग्य विनोदपूर्ण हैं, यह भी इसलिए कि जिन विसंगतियों पर वह चोट करते हैं, उन्हें वह असाध्य नहीं मानते। स्वार्थी, भ्रष्ट लोगों की भौंडी हरकतों पर, लगता है, वह हँस रहे हैं क्योंकि उन्हें विश्वास है कि इन लोगों की भूमिका समाज में स्थायी नहीं है, ये उत्तरोत्तर असंगत होते जा रहे हैं, ये मानवीय मूल्यों की जमीन पर से उखड़े हुए लोग हैं, जिन्हें समाज की स्वस्थ मान्यतायें स्वीकार नहीं करेंगी। इसी कारण उनकी रचनाओं पर एक प्रकार की लौ-सी छिटकी रहती है, और एक तरह की सादगी और खरापन भी। इसी कारण कहीं-कहीं पर हम द्रवित भी हो उठते हैं, उन लोगों कि स्थिति की देखते हुए जो सत्ताधारियों और अवसरवादियों के पाखण्ड का शिकार बनते हैं, जिन विडम्बनाओं पर परसाई जी चोट करते हैं, उन्हें उनका

मस्तिष्क जितने पैने ढंग से देखता-परखता है, उतनी ही गहराई से उनका दिल भी उन्हें महसूस करता है। उनकी हँसी क्रुद्ध हँसी नहीं है, उसकी तय में करुणा की अन्तर्धारा बहती रहती है।

कहने को तो परसाई जी की रचनाओं को हम व्यंग्यात्मक निबन्धों का नाम देते हैं लेकिन वास्तव में वह कहानी के घेरे में भी आसानी से आ जाती हैं, उनकी अनेक रचनाओं का गठन कहानी जैसा ही है और उन्हें पढ़ते समय कहानी का ही रस भी हमें मिलता है।

सामान्यत: यथार्थ की जमीन पर चलते हुए, परसाई जी सहसा एक उड़ान-सी भर जाते हैं, कल्पना की खूबसूरत उड़ान जो एक और उनके व्यंग्य को पैना और महत्त्वपूर्ण बना देती है, दूसरी ओर उनकी रचना को अधिक कलात्मक बना देती है। एक रचना में, किसी वयोवृद्ध क्लर्क की मौत हो जाती है, लेकिन पता चलता है कि उसकी आत्मा न तो स्वर्ग में पहुँची है, न नरक में, आखिर गयी तो कहाँ गयी? पता चलता है कि वह क्लर्क के दफ्तर में उसके प्रॉविडेण्ट फण्ड वाली फाइल में अटकी रह गयी है। इस तरह, मूलत: तर्क के क्षेत्र में विचरते हुए भी, परसाई जी के व्यंग्य को, भावना और कल्पना दोनों ही अपनी-अपनी तरह से सींचते रहते हैं। क्लर्क की आत्मा का फाईल में अटके रह जाता जहाँ व्यंग्यपूर्ण है, वहाँ गहरे में दिल को छूता भी है, क्लर्क की बेबसी की ओर बड़ा हृदयविदारक संकेत भी करता है।

एक जगह पर परसाई जी ने लिखा है:

"दर्शन को चिंतन से जोड़ना जरूरी होता। ...अनुभव बेकार होता है यदि उसका अर्थ न खोजा जाये, उसका विश्लेषण न किया जाये... और तार्किक निष्कर्ष न निकाला जाये... इसके बिना अनुभव केवल घटना बनकर रह जाता है, वह रचनात्मक चेतना का अंग नहीं बन पाता।"

बेशक व्यंग्य-लेखक का ध्यान समाज के नकारात्मक पक्ष की ओर ज्यादा रहता है, भौंडे, पाखण्डी, उचक्के, स्वार्थी लोगों पर व्यंग्यकार की नजर ज्यादा रहती है, संघर्षरत लोगों का सकारात्मक जीवन उनकी रचनाओं का विषय नहीं बनता। लेकिन जीवन का सकारात्मक पक्ष जिसके बल पर देश आगे भड़ते हैं और राष्ट्रीय जीवन तथा व्यक्तिगत जीवन में सार्थकता आती है, इस नकारात्मक पक्ष से अलग भी नहीं होता। वास्तव में उस सकारात्मक पक्ष के बोध से ही परसाई जी के व्यंग्य तीखे बन पाते हैं और उनमें सार्थकता आती है, उसी की प्रेरणा से वह समाज के रुग्ण और जीर्ण तत्त्वों का सफलता से भण्डाफोड़ करते हैं।

फिलस्तीन की एक कवयित्री को इजराइली अधिकारियों ने जेल में बन्द

करते समय कहा कि उस कवयित्री की एक-एक कविता एक फौजी ब्रिगेड के बराबर बार करती है। आज के हमारे विसंगतियों भरे जीवन में परसाई जी की लेखनी भी पाखण्ड, अन्याय, अमानुषिकता पर वैसे ही सशक्त और पैने वार कर रही है। अपने देशवासियों को सामाजिक जीवन की विसंगतियों और अन्तर्विरोधों के प्रति सचेत करना बड़े महत्त्व का काम है और इसे परसाई जी बड़ी खूबी से निभा रहे हैं। उनका व्यंग्य मनोविनोद का तथा पाठक को सचेत करने का ही अस्त्र नहीं, समाज की सही तस्वीर पेश करनेवाला, संघर्ष की प्रेरणा देनेवाला शक्तिशाली अस्त्र भी है।

–भीष्म साहनी

दायित्व की सतर्कता

व्यंग्य-लेखक परसाई की मूल दिलचस्पी जन-साहित्य की रचना में है। इसलिए वे कोरे अर्थों में कितने साहित्यिक हैं, यह सवाल उनके सन्दर्भ में हमेशा बना रहेगा। पर यह भी उतना ही सच है कि इतिहास की विकासमान धारा के साथ-साथ साहित्य के विषय में जनता की धारणा बदलेगी और परसाई जैसे लेखक ही तब सच्चे अर्थों में जनता के लेखक कहे जायेंगे।

आज तो स्थिति बिल्कुल विचित्र है। जो खुद को जनता का लेखक कहते हैं, वे उसके पास आने से घबराते हैं। नकली बुद्धिजीविता और आरोपित आधुनिकता के दबाव में उनकी हिम्मत की ईमानदारी मन मारकर उस ओर मुड़ जाती है जिधर बंद कमरों में साहित्यिक गोष्ठियाँ हो रही हैं। अहो रूपं! अहो ध्वनिम्! का सहकारी नाटक चल रहा है।

परसाई को जनता तक पहुँचना भी है और अपने लेखक को जिन्दा भी रखना है। इसलिए उन्होंने अभिव्यक्ति की नयी पद्धतियों और प्रकाशन के जनप्रिय साधनों का इस्तेमाल एक साथ किया। देखने में यह काफी बड़ा अन्तर्विरोध है। वह, जो अपने समाज के प्रति प्रतिबद्ध है, उन मंचों का इस्तेमाल कर रहा है जहाँ साहित्य और संस्कृति जैसी वस्तुयें भी उपभोग्य-पदार्थ के रूप में परोस दी जाती हैं। पूँजीवादी प्रेस और उसके विक्रय-क्षमता के अधीन ही परसाई का अधिकांश लेखन प्रचारित हुआ है। किन्तु इससे परसाई का उतना नुकसान नहीं हुआ है, जितना कि पूँजीवाद का।

लेखक और व्यवस्था की यह कुश्ती अपने सारे दाँव-पेंचों के साथ संक्रांतिकालीन समाज में चल रही है। व्यवस्था इस मुगालते में रहती है कि वह धीरे-धीरे एक और प्रतिभा को पचा रही है और लेखक इस फिक्र में रहता है कि वह धीरे-धीरे ही सही-सेंध तो लगा रहा है। परसाई और समकालीन सामाजिकता के बीच यह द्वन्द्व मैत्रीपूर्ण शैली में बरसों से चल रहा है और आज जबकि हमारा यह लेखक अपने जीवन के प्रौढ़ काल

में पहुँच गया है, हम यह कह सकने की सुविधा में हैं कि परसाई के बारे में यह धारणा दृढ़तर हुई है कि वे जनता का साहित्य लिख रहे हैं।

जनता के साहित्य के बारे में हमारे पास परिभाषाओं की कोई कमी नहीं है। बल्कि इस समय हम उनकी प्रचुरता में हैं। जन-साहित्य के नाम पर पत्र-पत्रिकाओं के अलावा रचनात्मक प्रयासों और कृतियों की भी कोई कमी आज के वातावरण में नहीं है। किंतु सूक्ष्म सर्वेक्षण से पता लग सकता है कि इनमे से अधिकांश ऐसा है जो कभी जनता का साहित्य नहीं बन पायेगा, न ही धरोहर के रूप में आने वाली पीढ़ियों के लिए सुरक्षित रह पायेगा। परसाई के कृतित्व पर विचार करते हुए हम इस संदर्भ में निम्नलिखित तथ्यों तक पहुँचते हैं-

परसाई का लेखन प्रतिबद्ध साहित्य के अन्तर्गत आता है जिसका मुख्य ध्येय मानसिक परिवर्तन के द्वारा सामाजिक परिवर्त की पूर्व भूमिका तैयार करना है; जो उसे भावात्मक सुख या आनंद की ओर ले जा सकने से समर्थ होता है। तीसरी यह कि भाव-तन्मयता लेखन का एक अनिवार्य प्रसंग तो है किन्तु उसका लक्ष्य अपने पाठकों में वैचारिक ऊहापोह के माध्यम से सामाजिक मूल्यों और कला-मूल्यों पर नये सिरे से बहस की तैयारी करता है।

परसाई को पढ़ते हुए यह बात बार-बार दिमाग में उठती है कि हम व्यंग्य के माध्यम से कुछ निहायत जरूरी सामाजिक और राष्ट्रीय विषयों की दमदार बहस में शामिल हो रहे हैं। जिनकी ओर ध्यान देने तक की फुर्सत हमें नहीं थी, वे समस्याएँ ही हमारे लिए फिलहाल मौजूँ हो उठी हैं। प्रश्न चाहे बेरोजगारी का हो, चाहे अभिनंदन का, भारतीय पुलिस के चरित्र और व्यवहार का हो, चाहे साधु-महात्माओं द्वारा चलाये जाने वाले गोहत्या विरोधी किसी धार्मिक या साम्प्रदायिक आन्दोलन का-सर्वत्र एक-सी जागरूकता इस लेखक में मिलती है। ऐसा नहीं कि यह लेखक बड़ी-बड़ी राजनीतिक और धार्मिक समस्याओं को ही अपने विषय के रूप में स्वीकार करे। प्रेमचंद की तरह परसाई भी जन-सामान्य को अपने विषय बनाते हैं। इस दृष्टि से परसाई की संवेदनात्मक ऊर्जा असाधारण है। गंभीर और शाश्वत विषयों पर लिखने वाले तो खैर छोटी-मोटी बातों पर ध्यान ही क्यों देंगे-हास्य-व्यंग्य और हल्का-फुल्का साहित्य लिखने वाले भी हमारे सामाजिक जीवन के उन विषयों को पकड़ नहीं पाते, जिन्हें परसाई जैसे लेखक पकड़ लेते हैं। बहुत पहले उनके कुछ व्यंग्य-लेख 'नयी कहानियाँ' में प्रकाशित हुए थे-कभी 'निठल्ले की डायरी' कालम के अन्तर्गत कभी 'उलझी-सुलझी' शीर्षक से। उनमें से एक का शीर्षक था-'एक सुलझा आदमी'। इसमें उन लोगों को

निशाना बनाया गया है जो विकास की आधुनिक गति को इस युग की देन मानने को तैयार नहीं हैं और पश्चिमी विज्ञान से जिन्हें घनघोर वितृष्णा है। लेख पढ़ने पर हमें ऐसे लोगों की सांस्कृतिक बेईमानी, हठधर्मी और ईर्ष्या का पता लगता है, साथ ही उनकी प्रचण्ड मूर्खता का सबूत भी मिलता है। अपने देश में ऐसे जड़-विचारकों (?) की एक भरी-पूरी दुनिया है। वस्तुतः परसाई की संवेदना चयन या बँटवारे में विश्वास नहीं करती। पंत की तरह वह कोमल सौन्दर्य की सीमाओं में कैद नहीं है, न ही अज्ञेय की तरह अभिजात शिल्प की ही मुँहताज है। सौन्दर्य के बाजार में अगर इसे खड़ा किया गया तो ग्राहकों के लाले पड़ जायेंगे। पर कहीं संयोग से आपको अपनी रोजमर्रा की जिंदगी की याद आ जाय और आप वन के फूलों, तितलियों के पंखों, घाटी में दुरते और प्रकट होते खिलाड़ी मेघों अथवा शिखर-शैलानियों के करतब से ऊब उठें तो उल्टे पाँव भागकर परसाई के यहाँ आना होगा-अपने राष्ट्र और स्वयं के चेहरे को पहचानने के लिए, धर्म, नीति, संस्कृति और कला की दुहाई देने वाली सामाजिकता के ठीक बीचोबीच बेइंतिहा गरीबी, बदमाशी, कट्टर जातिवाद, कठमुल्ली साम्प्रदायिकता, राष्ट्र-विरोधी प्रादेशिकता, भाषावाद, मानसिक गुलामी, राजनीतिक भ्रष्टाचार, अंधविश्वासप्रियता, स्वार्थपरता और गहरी किस्म की चालाकी और धूर्तता की खतरनाक साजिशों से आँखें चार करने के लिए और मानना पड़ेगा झख मार कर कि यह एक व्यंग्यकार का कल्पना-जगत नहीं, हमारी ही अपनी असली दुनिया है, जिसके निर्माता भी हमीं हैं और शिकार भी। परसाई निर्मल वर्मा किस्म के मार्क्सवादी नहीं हैं जिनका लेखन 'रोजमर्रा की जिन्दगी से' अलग और 'दूर' तथा 'परिष्कृत भावुकता से आक्रांत' है। वे निर्मल बकौल कृष्णा सोबती 'यथार्थ से अलग एक और दूसरी दुनिया बना डालने की सामर्थ्य रखते हैं' किन्तु अपनी गली में थुथनी उठाये घूमते सूअरों को नहीं देख पाते। विपरीत इसके कृष्णा सोबती की आकांक्षा पूरी करते हैं। परसाई जिनका लेखन हमारी यथार्थपूर्ण जिन्दगी का नंगा दस्तावेज है।

सवाल फिर खड़ा होता है कि इस दस्तावेज की कलात्मक हकीकत क्या है? क्या सचमुच इसमें कोई कला है या यह एक नंगी कपड़ाफाड़ शैली है जिसकी एक तात्कालिक उपयोगिता और माँग तो जरूर है किन्तु कालान्तर में हश्र बुरा होने वाला है। कविता में नागार्जुन और गद्य में परसाई जैसे लेखकों के शब्द-कर्म पर यह शंका सहज ही मन में उठती है। नागार्जुन तो खुलेआम यह मानते हैं कि अखबारी रचनाओं की उम्र बहुत लम्बी नहीं है और यह लेखक इस रहस्य से अपरिचित हो-सो बात भी नहीं। परसाई का भी एक बड़ा हिस्सा तात्कालिक जरूरतों के तहत पैदा हुआ है और

ज्यों-ज्यों उसका मकसद पूरा होगा-उसकी उम्र खत्म होती जायेगी। किन्तु जो यथार्थ के तात्कालिक सन्दर्भों को पार करता हुआ ऐतिहासिक विकास-क्रम का अंग बन चुका है, उसके बचे रहने में किसे सन्देह होगा!

परसाई की रचनाओं पर गौर करने पर पता लगता है कि कुछ कहानियाँनुमा व्यंग्य-कृतियाँ हैं और कुछ निबंधनुमा व्यंग्य; जिसमें दो व्यक्ति परस्पर वार्तालाप में संलग्न हैं। वार्तालाप की यह शैली पूर्व और पश्चिम दोनों ही परम्पराओं में अति प्राचीन है। 'खट्टर काका' में हरिमोहन झा ने इस शैली को लोक प्रचलित कर दिया है। किन्तु खट्टर काका में तर्क और विचार-प्रौढ़ता ही सब कुछ है। परसाई फब्ती कसते और चुटकी लेते हुए चलते हैं। वे व्यक्ति को सिरे से नंगा करते हैं पर उसके कपड़े कहीं उतरते दिखाई नहीं देते। अश्लील हास्य में उनकी कोई रुचि नहीं। काका हाथरसी और निर्भय हाथरसी के हास्य की मूल जमीन हमारी सहज मूर्खता है। ये लोग मूर्खता को हास्य का विषय बनाते हैं। परसाई के हास्य का कारण समकालीन आदमी की बेढब चतुराइयाँ हैं। वे मूर्खता की खोज में निकले हुए कलि जन हैं और यहां चालाक बदमाशियों की टोह में चिन्ताग्रस्त एक लेखक है। मूर्खता हँसकर टाल देने की बात हो सकती है पर बदमाशी भी अगर हँसकर टाली गयी तो हद है। परसाई को पढ़ते हुए हमें खतरे की यह घण्टी लगातार बजती हुई सुनायी देती है। यही वह क्षण होता है जब लेखक अपने मकसद के साथ हमारे सामने उपस्थित हो जाता है-

उनकी एक रचना है 'बिना टिकिट का मुसाफिर'-बीच का एक प्रसंग इस प्रकार है-"हर धंधा हर वक्त नहीं चलता। धन्धे जमाने के साथ बदलते जाते हैं। जो पहले खादी बेचते थे, अब खादी का परमिट बेचते हैं। तब भी गांधीवादी थे, अब भी गांधीवादी। काला बाजार करेंगे, तो खादी भंडार के कंबलों का-मिल के कंबलों का नहीं। गबन करना होगा, तो किसी राष्ट्रीय संस्था में करेंगे। सिद्धांत नहीं छोड़ते, पर सिद्धांत वही रहते हुए भी धंधे बदल जाते हैं।" (नयी कहानियाँ, जुलाई 66) यही है जनता को आगाह करने वाली भाषा। सवाल यह है कि लेखक किसके प्रति समर्पित हैं। इसी समर्पण भाव से पहले के प्रति भी दायित्व संपन्न हो सकता है-अन्यथा दोनों में से किसी के प्रति कुछ न किया जा सकेगा। सच्चा लेखक वह नहीं है जो उच्च मानवीय मूल्यों को अपने शब्दों कि पिटारी में भरता है, बल्कि वह है जो उन शब्दों के माध्यम से चालाक और खूँखार व्यवस्था से निपटने में कमजोर किन्तु साहसिक लोगों की मदद करता है। परसाई का रचना-कर्म इस दृष्टि से काफी उपयोगी और दमदार है। वह हमें ऊँचे आदर्शों और अतीन्द्रिय सुन्दरताओं के लोक में बहकाकार ले जाने के बजाय

हमारा सामना इसी दुनिया से कराता है, जिसमें हम रह रहे हैं। यह उनके यथार्थवादी लेखन की पहली विशेषता है। किन्तु वे हमें यहाँ लाकर अकेला नहीं छोड़ते। उन मूल्यों के प्रति हमारी रुचियों को उभारते हैं जिनसे नयी सामाजिकता की रचना होती है। तीसरे बिन्दु पर वे हममें अधिकार-बोध जगाते हैं जिसे हम युयुत्सु भाव भी चाहें तो कह सकते हैं। 'चूहा और मैं' शीर्षक कहानी में उन्होंने हिंसक युद्ध को भी वर्तमान परिस्थितियों में स्वीकार लिया है क्योंकि उनकी यह मान्यता है कि–अपने जमाने में सत्याग्रह, हृदय-परिवर्तन, सर्वोदय, अहिंसक मार्ग की बड़ी-बड़ी बातें सुनी जाती हैं। एक लगभग संत राजनीतिज्ञ वर्ग संघर्ष की बात भी करते हैं– मगर अहिंसक वर्ग-संघर्ष। इस अहिंसक वर्ग-संघर्ष का एक ही छोटा नमूना वे पेश कर देते। इस सारे वितंडावाद में मुझे चूहे का ऐक्शन प्रभावित कर गया–हिंसा, अहिंसा, हृदय-परिवर्तन, ट्रस्टीशिप, सर्वोदय सब फालतू हैं। सिर पर चढ़कर, सिर को ढोंचकर रोटी ले सको तो ले लो, वरना भजन करते मर जाओ। गलत होऊँ या सही पर इस स्पष्ट संघर्ष के बिन्दु पर मैं आदमी को देखना चाहता हूँ।

परसाई के लेखन की यही वैचारिक जमीन है। मोटे तौर पर उनकी पहचान एक कम्युनिस्ट लेखक के रूप में की जायगी, पर उनकी चिंता और गांधीवादियों की चिंता में कोई फर्ख नहीं है। फर्क अगर है तो परिवर्तन लाने वाली शैलियों में है। एक का रास्ता हिंसा से होकर गया है तो दूसरे का अहिंसा और सत्याग्रह से। पद्धतियों की इस भिन्नता से एक को राष्ट्रीय और दूसरे को अराष्ट्रीय नहीं कहा जा सकता। यों तो लोकमंगलवादी तुलसीदास भी क्षात्रधर्म का अनुसरण करते हैं, इस आधार पर उन्हें हिंसावादी ही कहा जायेगा और धर्मराज युधिष्ठिर भी इसी धारणा के शिकार होकर निष्कर्ष रूप में अराष्ट्रीय कहे जायेंगे। प्रश्न यह नहीं है कि एक लेखक सामाजिक बदलाव के लिए किस पद्धति-विशेष की सिफारिश करता है। यह बहुत कुछ उसकी अपनी व्यक्तिगत रुचि और धारणा की भी देन होती है। किन्तु सर्वोपरि प्रश्न यह रहता है कि उक्त लेखक की चिन्ता का संबंध राष्ट्र के किस समुदाय या वर्ग से है? क्या वह अपने लेखन के माध्यम से एक खास प्रकार के सुविधाजीवी, अवसर परस्त सत्तावादी वर्ग का समर्थन कर रहा है या उनकी रक्षा के उपाय जुटा रहा है? क्या उसकी रुचि विगत समाज की मृतप्राय रीतियों को संजीवनी पिलाने में है या वह निरंतर चौकस होकर चीजों, लोगों और घटनाओं के पीछे छिपे हुए असली मकसद को नंगा कर रहा है? और इस करने के पीछे उसकी सांस्कृतिक जिम्मेदारियों का कितना हाथ है? परसाई इस रूप में एक सामाजिक-समीक्षक सिद्ध होते

हैं। कबीर की तरह वे सामाजिक रूढ़ियों और रीतियों की कठोर आलोचना करते हैं। समीक्षक का काम केवल बुराइयों को देखना या उभारना भर नहीं है, उन पर विचार करना भी है। इस विचार करने से ही हम समझ पाते हैं कि लेखक चाहता क्या है? उसकी रुचि के मुद्दे कौन-कौन से हैं और उन मुद्दों पर वह कितना जोर दे पा रहा है? स्पष्टतः परसाई की रुचि सामाजिक वास्तविकताओं की विभिन्न परतों को खोलना भर नहीं है बल्कि उनके विषय में आम सामाजिक राय का निर्माण करना भी है। यही उनके व्यंग्य-लेखन की सफलता है।

इसी वैचारिक पीठिका पर परसाई का लेखक अपना संस्कार-ग्रहण करता है। यही सामाजिक वास्तविकता उनके लिए कच्चे माल का काम करती है। उदात्त और भव्य, सुन्दर और कोमल, नफीस और लजीज के बदले वे सामान्य और ठोस वास्तविकताओं से टकराते हैं। उनका सौन्दर्यबोध उस क्षोभ और व्यंग्य में निहित है, जो किसी सामाजिक बेडौलपन के फलस्वरूप उत्पन्न हुआ है। चरितनायकों वाले महाकाव्यों अथवा उपन्यासों के नायकों पर परसाई आश्रित नहीं हैं। वे आम आदमी के गुस्से पर अपने सौन्दर्य का महल तैयार करते हैं। उसकी परेशानियों की बगल में खड़े होकर वे पड़ोसी की तरह बतियाते हैं। आत्मविश्वास और प्रेषणीयता की हदों को छूते हुए उनका रचना-कर्म यह सवाल पूछने को विवश करता है कि जीवन और साहित्य की दूरी कितनी है? पर दूरी तो है, जिसे तय कर पाने के लिए ही लेखक निरंतर प्रयत्नशील है।

यह कम मजेदार रहस्य नहीं है कि जहाँ से उच्चकोटि का संवेदनात्मक साहित्य पैदा होता है, वही व्यंग्य-लेखन का भी उत्स है। प्रेम और करुणा दो ऐसा ही भावभूमियाँ हैं। आदर्शों की ओर बढ़ जाने वाली भावाकुलता भी इसी गंगोत्री से फूटती है और सूक्ष्म विश्लेषण और प्रहार-मुद्रा का जन्म भी यहीं होता है। बिना प्रेम के व्यंग्य-लेखन संभव ही नहीं। किंतु इसमें इतना ही और जोड़ना बाकी रह जाता है कि यह प्रेम शहीद हो जाने वाले देशभक्तों या दीवानों का न होकर उनका है जिन्होंने इसे मात्र संस्कारतः प्राप्त नहीं किया है, बल्कि अनेक तर्क-वितर्कों के बाद अर्जित किया है। अतः इसको आसानी से न तो पचाया जा सकता है, न ही अस्वीकार किया जा सकता है। इसमें शामिल होने के खतरे हैं और वे जगह-जगह पर हैं। क्योंकि इसमें सिर्फ भावना का अर्ध्य देकर छुट्टी नहीं पायी जा सकती। खतरे मोल लेकर ही इसे चरितार्थ किया जा सकता है। ठीक यही स्थिति करुणा की भी है। शुक्ल जी ने बहुत साफ शब्दों में कहा है–'करुणा सेंत का सौदा नहीं है', और इसे परसाई के लेखन को पढ़ते वक्त अनुभव किया

जा सकता है। जिन लेखकों को व्यवस्था से ऊँचे पुरस्कार अर्जित करने हैं, उन्हें व्यवस्था की त्यौरियों का भी ख्याल रखना पड़ता है। कैरियर और ईमानदार साहसपूर्ण लेखन में फर्क करना पड़ता है। अपने और देश के बारीक रिश्तों को हर खतरनाक क्षण में प्राथमिकता देनी पड़ती है। अन्यथा ऐसे अवसरों की कमी कभी नहीं रहती जब सत्ता लेखक को अपने पक्ष में फुसलाने की कोशिश करती है और लेखक यह कहने पर विवश हो उठता है कि "हमारा कोई ठिकाना नहीं कि हम कब क्या कह बैठें?" इसलिए कोई भी राजनीतिक दल हो या सत्ताधारी पुरुष हो, 'प्रतिबद्ध लेखक' की राजनीति जन-आकांक्षाओं से जुड़ी रहती है और वहीं से निर्देश प्राप्त करती है। खतरे उठाने का साहस भी वहीं से चलकर आता है। परसाई खतरे उठाकर मौज लेते चलते हैं। अपने प्रतिद्वन्द्वी को पटकनी पर पटकनी देते चलते हैं और उनकी यही दृश्य-योजना सारे विवरण को रोचक और सम्प्रेश्य बनाती चलती है। मूलतः गुस्सैल होने पर भी वे आग-बबूला कहीं नहीं होते। सामने वाला भले ही खूँटा-पगहा तुड़ाकर डफरने लग जाय, पर लेखक विचलित नहीं होता। मौका पाते ही वह 'इलेक्ट्रिक शॉक' मारता है और आगे बढ़ जाता है। यही परसाई का सृजन-धर्म है। उसकी रीढ़ गहरी बौद्धिक है। लिजलिजे भावुक अंदाज में प्रेम की सतही कविता तो लिखी जा सकती है, पर व्यंग्य-रचना सर्वथा असंभव है। उसके लिए जरूरी है पैनी निगाह, सूक्ष्म बौद्धिक विश्लेषण और सामाजिक जीवन शैलियों की व्यापक पहचान। परसाई इन बातों के धनी हैं, अन्यथा यह सब किसी के भी बूते के बाहर हो सकता है।

इस सम्पन्नता के सहयोग से परसाई हमारे आस्वाद-संस्कार को भी बदलते दिखाई देते हैं। वे हमे नये सिरे से हँसना और गुस्सा करना सिखाते हैं। रावण और कंस या नारदमोह जैसे प्रसंग अब हमारे सामने नहीं हैं। हमीं अपने लिए रावण-कंस और नारदवत हैं। इसलिए परसाई हमारे चेहरे को ही प्रतिबिम्बित करते हैं, प्रश्न उठता है कि क्या कोई लेखक हमारी सौन्दर्य-रुचियों और संस्कारों को बदल सकता है? क्या यह भी उसकी सृजनगत जिम्मेदारी है? दोनों ही प्रश्नों का उत्तर 'हाँ' में है। समाज-व्यवस्था के साथ-साथ मनुष्य का भीतरी जगत भी बदलता है और उसे अपने संस्कारों में हेर-फेर करनी पड़ती है। इतिहास के इस दौर में लेखक की यह जिम्मेदारी है कि वह उस भीतरी परिवर्तन को पकड़े और नयी रुचियों और मर्यादाओं के सन्दर्भ में नयी मंजिलें तय करें। परसाई जैसे लेखक इसी ओर बढ़ रहे हैं।

–विजय बहादुर सिंह

कलम का प्रतिबद्ध सिपाही

परसाई जी को मैंने उनके व्यंग्य साहित्य के माध्यम से जाना है। उनको पहले बस पढ़ने की तरह पढ़ता था, लेकिन जब आर०एस०एस० वालों ने इनकी घातक पिटाई की थी, तब इन्हें गम्भीरता से 'आदम', 'कबिरा खड़ा बजार में', 'मैं कहता आँखिन देखी' और 'माटी कहे कुम्हार से' स्तम्भों के अन्तर्गत विभिन्न पत्र-पत्रिकाओं में पढ़ने लगा। महसूसा-यह आदमी आदमी के साथ जीता है और भोगे हुए समय के सत्य तथा जनाकांक्षाओं के तेवर को जीवन के द्वन्द्वात्मक अन्तर्विरोधों की वैज्ञानिक प्रक्रिया में एक साहित्यकार के रूप में मोर्चा मानकर लिखता है। वर्तमान जीवन की त्रासक विसंगतियों के प्रति इनके मन में इस हद की घृणा का विकास हो गया कि वर्तमान व्यवस्था, जो इसके लिए पूरी तरह जवाबदेह है, के प्रति अस्वीकार में इनके स्वर प्रतिबद्ध, परिवर्तन कामी हो गये हैं। इस हद तक, कि इनके एक-एक शब्द आक्रमण बन गये। इसीलिए इनके लेखन का मुख्य आधार साहित्यिक विधाओं में व्यंग्य बन गया, जिसमें अपने मन की ज्वालामुखी को जन-चेतना तक जोड़ने का इनको पूरा-पूरा रास्ता मिला। इनके आलेखों में भारतीय समाज का ऐसा परिवेश मिलता है, जो सामाजिक रूप में इतना सत्य, इतना जीवंत लगता है कि जैसे इनके आलेख आलेख न होकर, भारतीय स्वतन्त्र समाजवादी गणराज्य के व्यंग्य-चित्र हों। भारतीय राष्ट्रीय व्यवस्था, नव-उत्थानवादी कला-संस्कृति, ह्रासशील शिक्षा, इस्तेमाल की पतनशील राजनीति, जैसे सबके सबको इन्होंने जनता का अदालत के कटघरे पर लाकर खड़ा कर दिया हो।

ऐसा इसलिए कि जहाँ उन्होंने सामाजिक सत्य को अपने आलेखों में परिवेश की मौलिकता की हद तक अभिव्यक्त किया है, वहीं इस सत्य में रूपांतरण की प्रक्रिया में व्यावहारिक तौर पर शोषित-पीड़ित परिवर्तन का भी लोगों के संघर्षों में कदम से कदम मिलाकर बढ़ने के लिए अपने को प्रतिबद्ध समर्पित भी कर दिया है। इसीलिए इनके स्वर इनके तेवर मात्र इनके

नहीं परिवर्तनकामी सम्पूर्ण शोषित-पीड़ित भारतीय जनता के हैं क्योंकि सामाजिक पृष्ठभूमि में इनकी प्रतिबद्धता जनाधार पाती है और इनकी, इच्छाएँ केवल इनकी नहीं, जनता की होती हैं और सम्मिलित व्यावहारिक आयाम तय करती हुईं परिवर्तन की बुनियाद-सी देती दिखाई पड़ती है। क्योंकि इनकी सैद्धान्तिक प्रतिबद्धता और इन्द्रिय ग्राह्य ज्ञान की व्यावहारिक पृष्ठभूमि है इसीलिए कि "किसी ज्ञान या सिद्धान्त की सच्चाई का निर्णय हमारी मनोगत भावनाएँ नहीं करतीं बल्कि सामाजिक व्यवहार के वस्तुगत परिणाम करते हैं।" (माओ, व्यवहार के बारे में) अगर व्यवहार में इन्होंने अपने आपको परिवर्तन कामी जनता के प्रति प्रतिबद्ध समर्पित नहीं किया होता। तब लाख सैद्धान्तिक बुनियाद के बावजूद इनकी रचनायें सूपर स्ट्रक्चर की होतीं, जीवन की सच्चाई और जनाकांक्षाओं के मौलिक तेवर की इनकी रचनाओं में जमीन ही नहीं होती। क्योंकि "इन्द्रिय ग्राह्य ज्ञान और बुद्धि-संगत ज्ञान के बीच गुणात्मक अंतर होता है...व्यवहार के आधार पर उनके बीच एकता कायम होती है।" (माओ, व्यवहार के बारे में)। जिनका सम्बन्ध समाज से व्यवहार में जुड़कर नहीं होगा, उसकी रचनाओं में सारत्व की जगह निराशा, कुंठा, अपरिपक्वता और सैद्धान्तिक लफ्फाजियाँ ही हो सकती हैं। कदम-दर-कदम चलकर परिपक्व होते संकल्पों के तेवर नहीं। कमरे में बंद होकर अखबारों के समाचार पर चेतना को रडार बनाकर उत्पन्न संवेदनाओं के आधार पर कल्पित परिवेश को अभिव्यक्त करने वाले ड्राइंग रूपी लेखक सामाजिक सच्चाई की जमीन तक पहुँच ही नहीं सकते। इसीलिए वस्तु के मूल अंतविरोधों से कटा हुआ उनका लेखन जनता की चीज हो ही नहीं सकता। इसलिए कि व्यवहार में वे जनता के नहीं हो सकते। लेनिन और स्तालिन भी अपने सिद्धान्तों का प्रतिपादन अपनी प्रतिभा के अलावा मुख्यतः अपने समय के वर्ग-संघर्ष और वैचारिक प्रयोगों के अमल में व्यक्तिगत रूप से भाग लेने के कारण ही कर सके। भारतीय सामाजिक जीवन से जुड़कर परसाई जी ने व्यावहारिक आयाम तय किये हैं। इसीलिए इनकी रचनाओं में हम वस्तु के द्वन्द्व का क्रमिक विकास देखते हैं। व्यक्तिगत तौर पर इनकी व्यावहारिक भागीदारी का ही प्रमाण है कि इन्हें इसके परिणाम भी भुगतने पड़े कि आक्रमण के शिकार भी इन्हें होना पड़ा। किसने इन पर आक्रमण किये? उत्तर की सार्थकता ही इनकी जातीय बुनियाद और प्रतिबद्धता, व्यावहारिक सामाजिक मूल्य और उनके संस्कारों की कसौटी है। क्योंकि मनुष्य का सामाजिक व्यवहार ही बाह्य जगत के बारे में मानव ज्ञान की सच्चाई की कसौटी है। "जैसे-जैसे सामाजिक व्यवहार की प्रक्रिया चलती रहती है, वैसे-वैसे उन वस्तुओं की अनेक बार

पुनरावृत्ति होती है जो व्यवहार की प्रक्रिया में मनुष्य की इन्द्रिय संवेदनाओं और संस्कारों को उत्पन्न करती है।'' (माओ, व्यवहार के बारे में) भारतीय जनता से जुड़कर उनके संघर्षों में परसाई जी की भागीदारी का वस्तुपरक इजहार इनका लेखन ही करता है। इनका एक-एक आलेख भारतीय जन जीवन का ऐतिहासिक दस्तावेज है। मेरा उनके प्रति फर्जी उद्‌गार नहीं, उनके लेखन की सच्चाई है। प्रमाण स्वरुप हम उनके केवल एक आलेख पर भी विचार करके उनकी प्रतिबद्धता और उनके वस्तुपरक चिंतन की जाँच-पड़ताल कर सकते हैं।

भारतीय जन-जीवन पर विचार करने के क्रम में सबसे पहले विचारणीय वस्तु होगी-भारतीय जनता की राजनीतिक उपलब्धि। तब हम सबसे पहले आलोच्य वस्तु अपनी 'स्वतन्त्रता' पर विचार करेंगे। हमारा यह देश राजनीतिक शब्दावलियों में 'स्वतन्त्र समाजवादी गणराज्य' घोषित है। इस स्वतन्त्रता के बारे में परसाई जी की क्या मान्यता है: व्यक्तिगत या जनता का प्रतिमूर्त? हमें इस उपलब्धि का क्रमिक विकास और जनेच्छाओं की पृष्ठभूमि में परसाई को देखना होगा। भारत के औसत आदमियों की तरह वे भी इस स्वतन्त्रता के मूल्यों से प्रभावित रहे हैं और एक सचेत प्राणी की तरह इसके बारे में सोचते रहे हैं। उनके इसी सोच का लेखा-जोखा है उनका-'ठिठुरता हुआ गणतन्त्र'। वे इस ऐतिहासिक उपलब्धि 'गणतन्त्र' के बारे में दो टूक शब्दों में कहते हैं कि इसकी सालगिरह के उपलक्ष्य में मनाये जाने वाले जलसे को पाँचवीं बार देखने की उनकी हिम्मत नहीं हुई। क्यों?

आजादी के पूर्व अंग्रेजी साम्राज्यवादी शोषण के विरुद्ध उठी आवाज को मुक्ति संघर्षों से च्युत कर दलाल भारतीय पूँजीपति वर्ग के हक में राजनीति करने वाले राजनीतिज्ञों ने अहिंसक रास्ते पर मोड़ दिया। उनके पास मोहक नारे थे। अंग्रेजी साम्राज्यवाद के चंगुल में फंसे 'सूरज' को मुक्त कर, पिंजड़े में बन्द तोते की तरह भारतीय जनता को आजाद करने का। सशस्त्र संघर्ष के जरिये जालिम साम्राज्यवाद से मुक्ति चाहने वाले जनता के पक्षधर नेताओं के बीच राजनीतिक अंतर्विरोध उत्पन्न हो गया। इन्हें इन आदर्शवादी नेताओं की आदर्श मुखबिरी के चलते साम्राज्यवादी दलन का शिकार होना पड़ा। इनका एक हिस्सा इसकी प्रतिक्रिया में टूट कर इतना प्रतिगामी हुआ कि हिटलर से जा मिला। अन्ततः भारतीय राजनीति इनके इशारों पर अपना रास्ता तय करने लगी।

द्वितीय विश्व-युद्ध में अंग्रेजी साम्राज्यवाद की जन और धन की इतनी क्षति हुई कि इसकी कमर ही टूट गयी। औपनिवेशिक दासता के विरुद्ध

उठी आवाजों को दबाने की उसकी ताकत द्वितीय विश्व-युद्ध में इस हद तक चूर-चूर हो गयी थी कि वह दिवालिया हो गया था। उसके साम्राज्यवाद से मुक्त होने के लिए इसके तमाम उपनिवेशों से एक जुट आवाजें उठने लगी थीं। मजबूरन इसे इनको स्वतन्त्र करने के लिए रजामंद होना पड़ा था। इसने इन उपनिवेशों को हाथ से निकलता देख समझौते के रास्ते को चुना। भारतीय राष्ट्रीय स्वतन्त्रता भी सामाजिक क्रांति के जरिये नहीं बल्कि साम्राज्यवाद विरोधी दलाल भारतीय पूँजीपति वर्ग से साम्राज्यवादी शर्तों पर हुए समझौते का परिणाम है। इसीलिए भारत में स्वतन्त्रता के बाद भी साम्राज्यवाद के नियंत्रण में उसकी शर्तों में बँधी मदद से जिस पूँजीवाद का जन्म हुआ वह दलाल पूँजीवाद है। हमारी यह राष्ट्रीय स्वतन्त्रता जनता के लिए नहीं, भारतीय पूँजीवाद के विकास के लिए मिली। भारतीय स्वतन्त्रता का तीस वर्षों का इतिहास इस बात का साक्षी है कि अंग्रेजी साम्राज्यवाद द्वारा विध्वंस भारतीय सामाजिक-व्यवस्था को सुव्यवस्थित करने के लिए कुछ भी नहीं किया गया। भारतीय जनता के शोषण का आधार अब तक वही साम्राज्यवाद द्वारा निर्मित सामंतवाद है।

भारत को निर्यातक से आयात करने वाला बाजार बनाने के लिए अंग्रेजों ने जिस हृदय-हीनता से यहाँ की सामाजिक व्यवस्था को चकनाचूर कर दिया वह विश्व-इतिहास में साम्राज्यवादी दानवीयता का काला अध्याय है। पुरानी सामाजिक व्यवस्था को तोड़कर देश की सम्पूर्ण कृषि पर अपना स्थायी पंजा जमाने और देशी उद्योगों को पूरी तरह चौपट कर भारत में भविष्य में भी मशीनी उद्योग के विकास की सम्भावना को रोकने के लिए अंग्रेजों ने 1793 में भारत की देशी रियासतों के घनघोर प्रतिक्रियावादी निरंकुश शासकों के साथ गाँठ जोड़कर स्थायी बन्दोबस्त को चालू कर जमीन को खरीद-फरोख्त की वस्तु बना दिया। कि निरन्तर बढ़ती लगान के बोझ से त्रस्त अलाभकर खेती करने वाले लोग कालांतर में भूमिहीन बनते चले गये। यह प्रक्रिया स्वतन्त्रता के बाद भी पूर्ववत् ही है। हाँ, सामंतवाद का वह रूप थोड़ा बदला जरूर, लेकिन उनके चरित्र में कोई फर्क नहीं आया है। जहाँ देश के मुट्ठी-भर पूँजीपतियों ने सम्पूर्ण अर्थ-व्यवस्था को अपने हाथ की कठपुतली बना लिया है, वहीं देश की सम्पूर्ण खेती होने लायक जमीन का 53% हिस्सा 10% मुट्ठी भर सामंत बड़े किसानों की मिल्कीयत है।

इस स्वतन्त्रता के बाद भी जीवन-निर्वाह-स्तर के नीचे जी रहे सम्पूर्ण आबादी के 72% लोगों, 2 करोड़ मजदूरों, 60 लाख बाल मजदूरों, 4 करोड़ के आस-पास शिक्षित-अशिक्षित बेकारों और ग्रामीण आबादी के 45 करोड़ लोगों में से 18 करोड़ भूमिहीनों की बेहतरी के लिए कुछ भी नहीं होता

देख, परसाई जी को इस गणतन्त्रता दिवस के जलसे निहायत की औपचारिक छद्म-से लगते हैं। और, इसमें शामिल होने की उनकी हिम्मत नहीं पड़ती। इसके सम्बन्ध में उनकी राय भारतीय सचेत जनता से रंच भी अलग नहीं। वे कहते हैं-''जैसे दिल्ली की अपनी अर्थ-नीति नहीं है, वैसे ही अपना मौसम भी नहीं है।'' वैसे इस मौसम को बदलने के लिए हर गणतन्त्रता दिवस पर सत्ता नेताओं के लम्बे-चौड़े भाषण होते हैं लेकिन यह अब तक नहीं बदला। जनता को सूरज देने का अर्थात् समाजवाद लाने का उनका वादा अब तक भाषणों तक ही रहा है। इसके लिए पहली सरकारें मोरार जी ग्रुप के सिर पर सारा दोष थोपती हुई 'गरीबी हटाओ!' नारा देती थी। अब मोरार जी भाई का ग्रुप इसका पूरा दोष इन्दिरा जी ग्रुप के सिर पर मढ़ते हुए 'अन्त्योदय' और 'समग्र क्रान्ति' का नारा दे रहे है। लेकिन जनता की खुशहाली अर्थात् इस समाजवाद की स्थापना में सामाजिक रूपान्तरण की बुनियाद के लिए कुछ देने की जगह सत्ता के और सौ वर्ष से बढ़कर 10 वर्ष और माँगने लगते हैं। इस पृष्ठभूमि में परसाई जी को इस स्वतंत्रता पर ही संदेह होने लगता है। उनकी नजर में स्वतन्त्रता की जड़ में अंग्रेजों की कपट का भंडाफोड़ करने लगते हैं-''अंग्रेज बहुत चालाक हैं। भरी बरसात में स्वतंत्र करके चले गये। उस कपटी प्रेमी की तरह भागे, जो प्रेमिका का छाता भी ले जाय।...'' कितनी अर्थपूर्ण, कितनी वस्तुपरक बातें है परसाई जी की ये! हमें आजादी के नाम पर निराश्रय के सिवा क्या मिला? उस छाता-चोर अंग्रेजों ने हमें ऐसी स्वतन्त्रता दी कि उसके दलालों का इस देश मे आर्थिक, राजनीतिक और सांस्कृतिक विकास उत्तरोत्तर होता गया लेकिन हमारी देह पर की लँगोटी भी पतली ही होती चली गयी। क्योंकि आजादी के बावजूद वह साम्राज्यवादी शोषण का आधार नहीं बदला, रूप जरूर बदले। इससे भारतीय जनता को क्या मिला? भारतीय पूँजीवाद का भी तो बुनियादी चरित्र वही है। इस विरासत को बदले बगैर आखिर जनता को मिल ही क्या सकता! अंग्रेजों से विरासत में मिला भारतीय पूँजीवाद का भी उत्पादन-सम्बन्ध उतना ही दानवीय है। इस पृष्ठभूमि में कम्युनिस्ट इण्टरनेशनल की छठी कांग्रेस में स्वीकृत दस्तावेज की वह बात कि साम्राज्यवाद ''सब से पहले बहु-संख्यक जनता के खिलाफ पुरानी समाज-व्यवस्था के शासक वर्गों-सामंती जमींदारों और व्यापीरी व सूदखोर पूँजीपतियों के साथ गँठजोर कायम कर लेता है। साम्राज्यवाद हर जगह (विशेष कर देहातों में) पूँजीवाद से पहले के शोषण के उन तमाम रूपों को सुरक्षित रखने और स्थायी बनाये रखने का प्रयत्न करता है, जो उसके प्रतिक्रियावादी संश्रयकारियों के अस्तित्व के लिए आधार का काम देते हैं।'' भारतीय

वर्तमान सामाजिक संदर्भों में यह अक्षरशः सही दीखता है। हम स्वतंत्र तो हुए, लेकिन शोषण के वे तमाम साम्राज्यवादी आधार अब तक प्रकारांतर में ज्यों के त्यों ही हैं और साम्राज्यवादी के संश्रयकारी भारतीय दलाल पूँजीवाद के अस्तित्व के आधार बने हुए हैं। क्योंकि 'फूट डालो और राज्य करो!' अंग्रेजों के सिद्धान्त को इस देश के दलाल पूँजीवाद ने तथाकथित गणतंत्र-राजसत्ता के साये में अब तक जिन्दा रखा है। इस स्वतंत्र नाम के भारतीय उपमहाद्वीप में आदमी आज भी आदमी नहीं; हिन्दू, मुसलमान, सिक्ख, ईसाई, बैकवर्ड, फारवर्ड और हरिजन हैं। इनके बीच कौमी उन्माद फैलाकर दंगे अब भी हो रहे हैं कि जनता की नजर अपने शोषण की ओर नहीं जाये। और इनका शोषण–मुनाफाखोरी, महँगाई, मंदी, विकास-कार्यक्रम के अन्तर्गत झूठे मस्टर रोल पर झूठे अँगूठे के निशान बनाकर बिल निकाल लेने के क्रम में चालू ही रहे। सच पूछा जाय तो अब तक चालू ही है। लेकिन हर गणतंत्रता-दिवस समारोह में राजसत्ता की ओर से, विकास कार्यों, उन्नत जन-जीवन, गौरवशाली इतिहास और कला-संस्कृतियों की फर्जी रंगीन झाँकियाँ दिखायी जाती हैं। इस पृष्ठभूमि में परसाई जी की त्रिकाल दृष्टि से कुछ भी नहीं छिप पाता। राजसत्ता के पूरे छद्म, उसके पूरे दोगले चरित्र को उधेड़कर इन शब्दों में रख देते हैं–"गणतंत्र समारोह में हर राज्य की झाँकी निकलती है। ये अपने राज्य का सही प्रतिनिधित्व नहीं करतीं। 'सत्यमेव जयते' हमारा मोटो है मगर झाँकियाँ झूठ बोलती हैं।.....यह कितना बड़ा झूठ है कि कोई राज्य दंगे के कारण अंतर्राष्ट्रीय ख्याति पाये, लेकिन झाँकी सजाये लघु-उद्योगों की। दंगे से अच्छा तो गृह-उद्योग इस देश में दूसरा है नहीं।" इस झूठ के विरुद्ध जनता का अन्तर्विरोध बढ़ने लगा। इस अन्तर्विरोध को आधार मानकर इस देश की राजनीतिक पार्टियाँ अपने जन-संघर्षों का कार्यक्रम तय कर जनवादी हकों के लिए संघर्ष की दिशा में प्रयत्नशील हुईं। इस तथाकथित प्रजातंत्र की आड़ में विकास कर रहे पूँजीवाद के कान खड़े हो गये और राजनीति में छद्म नारे, छद्म घोषणाओं का क्रम शुरु हुआ। सत्ता दल भी एक से एक नारे देने लगा। एक से एक घोषणायें करने लगा। लेकिन शोषित-पीड़ित जनता पर इस चकमे का कोई खास असर नहीं हुआ। बिहार में रेवड़ा का ऐतिहासिक भू-संघर्ष, जिसमें इस देश के महान इतिहासकार, साहित्यकार, महापंडित राहुल सांकृत्यायन भी शरीक थे; बढ़कर टाल, लुटौत, छठियारा से फैलता हुआ आंध्र प्रदेश के तेलंगाना तक में विकसित हो गया। तब इनकी इस लड़ाई को खंडित करने के लिए सत्ता और सेठाश्रयी संत विनोबा भावे को शिखंडी बना कर मैदान में उतार दिया गया। 'एक काली गाय और दो बीघा जमीन' इस

महात्मा के द्वारा दान-पत्र पर हरिजनों और भूमिहीन गरीब किसानों के बीच वरदान के रूप में बाँटी जाने लगी। ग्राम-दान से लेकर जिला और राज्यदान का एक ऐतिहासिक दौर शुरू हुआ। सत्ता दल एक से एक बड़ी-बड़ी घोषणाएँ करने लगा। गरीबी हटाओ से लेकर 20 सूत्री कार्यक्रम तक शुरू हुए। इस बीच राजनीतिक कशमकश इस रूप में बढ़ी कि कार्यक्रम के सवाल पर कम्युनिस्ट, सोशलिस्ट पार्यियों में विभाजन हुआ। कुछ सतही कार्यक्रमों को लेकर सत्ता दल का भी विभाजन हुआ। जनता की बढ़ती राजनीतिक चेतना को देखते हुए, हर दल एक-दूसरे से बढ़-चढ़कर समाजवाद की बातें करने लगा। कोई भारतीय समाजवाद तो कोई लोहिया समाजवाद, कोई हिन्दू समाजवाद तो कोई वैज्ञानिक समाजवाद, कांग्रेस की लफ्फाजियों के अन्दर उसकी फासी क्रूरता से चलते सत्ता हस्तांतरण के बाद इस जनता राज में एक और आडंबर-'अन्त्योदय, समग्र क्रान्ति' का व्यापक प्रचार। लेकिन समाजवाद की स्थापना में सामाजिक रूपान्तरण की बुनियादी शर्त्तों से जैसे किसी को कोई सरोकार ही नहीं रहा। सबके सब समाजवाद लाने की घोषणाओं में लिपटकर जनता के मूल अन्तर्विरोधों से इस हद तक अलग-थलग पड़ गये कि जनता के सामने एक समस्या आ खड़ी हुई कि कौन उनके समाजवाद लाकर देने में विश्वस्त है! क्योंकि कोई भी उनसे समाजवादी रूपांतरण के बुनियादी संघर्षों में एकजुट भागीदारी की अपील करता ही नहीं। समाजवाद के लिए उनकी आँखें प्रश्न बनी तमाम राजनीतिक पार्टियों की जाँच-पड़ताल कर रही हैं। देश की इन स्थितियों को परसाई जी का एक कल्पित सपना जैसे चन्द पंक्तियों में अक्षरशः मूर्त-सा कर देता है, "मैं एक सपना देखता हूँ। समाजवाद आ गया है और बस्ती के बाहर टीले पर खड़ा है।.... समाजवाद टीले से चिल्लाता है, 'मुझे बस्ती में ले चलो।' मगर टीले को घेरे समाजवादी कहते हैं-'पहले यह तय होगा कि कौन तेरा हाथ पकड़कर ले जायेगा!'....... समाजवाद परेशान है। उधर जनता भी परेशान है। समाजवाद आने को तैयार खड़ा है, मगर समाजवादियों में आपस में धौल-धप्पा हो रहा है।......इस देश में जो जिसके लिए प्रतिबद्ध है, वही उसे नष्ट कर रहा है।" क्या यह सच नहीं है? इस देश की वैधानिक राजनीति के कालक्रम में विकसित चरित्र को परसाई जी ने इन चन्द शब्दों में ही पूरी तरह अभिव्यक्त कर दिया है। आज देश की जनता और राजसत्ता के बीच का अन्तर्विरोध चरम बिन्दु पर है। सत्ता दल में निहित स्वार्थों की टकराहट चरम बिन्दु पर है। लेकिन क्रांतिकारी दिशा में इस असन्तोष को परिचालित करने वाले नेतृत्व का अभाव है। इस असन्तोष को नेतृत्व देने वाली शक्तियाँ क्या आपसी मतभेद में उलझी नहीं

हैं? कार्यक्रम के सवाल पर कम्युनिस्ट पार्टियों का विभाजन हुआ। विभाजन के जो मुद्दे थे, वहीं छूट गये। आपसी विवाद में उलझकर ये संसदीय भटकावों के रास्ते पर बढ़ने लगे। आज ये इस मुकाम पर पहुँच गये हैं कि देश की स्थिति समाजवाद के लिए पूरी तरह परिपक्व है लेकिन ये क्रांतिकारी नेतृत्व दे ही नहीं सकते। वर्ग संघर्ष पर से इनकी आस्था उठकर संसद के रास्ते पर जम गयी है। किसी तरह भी संसद इनके हाथों में तो आ जाये! समाजवाद की स्थापना के फर्मान सचिवालय के मार्फत पूरे देश में जारी कर देंगे। समाजवाद की स्थापना की इस प्रक्रिया पर विश्वास रखने वालों को परसाई जी ने अपनी एक कल्पना के माध्यम से पूरी तरह दिवालिया घोषित कर दिया है–"मैं एक कल्पना कर रहा हूँ। दिल्ली में फरमान जारी हो जायेगा। समाजवाद दौरे पर निकल रहा है। उसे सब जगह पहुँचाया जाये। ......दफ्तरों में बड़े बाबू छोटे बाबू से कहेंगे–काहे हो तिवारी बाबू, एक कोई समाजवाद वाला कागज आया था ना! जरा निकालो!.......अरे! यह समाजवाद तो परसों ही निकल गया। कोई लेने नहीं गया स्टेशन। तिवारी बाबू, तुम कागज दबाकर रख लेते हो। बड़ी खराब आदत है तुम्हारी। तमाम अफसर चीफ सेक्रेटरी से कहेंगे...... हम उसकी सुरक्षा का इन्तजाम नहीं कर सकेंगे......पूरा फोर्स दंगे से निबटने में लगा है। मुख्य सचिव दिल्ली लिख देगा, 'हम समाजवाद की सुरक्षा का इन्तजाम करने में असमर्थ हैं। उसका आना अभी मुल्तवी किया जाये'! किसी भी देश की नौकरशाही के सम्पूर्ण चरित्र को इतने कम शब्दों में पूरा का पूरा उतार देना मेरी समझ से एक ऐतिहासिक बात है। और यह गौरव हम परसाई जी को देते हैं। अभिव्यक्ति का यह कला पक्ष किसी भी देश के साहित्य के लिए गौरव का विषय है। उनकी इस छोटी-सी कल्पना में जहाँ भारत की नौकरशाही का पूरा स्वेच्छाचारी गिरोह बेनकाब होता है, वहीं इस प्रक्रिया के मार्फत समाजवाद के स्वप्न देखने वाले राजनीतिक दलों का वैचारिक दिवालियापन भी हमारे सामने स्पष्ट हो जाता है। परसाई जी का स्पष्ट मत है कि समाजवाद वर्ग-संघर्ष के सिद्धान्त पर अपनी वैज्ञानिक प्रक्रिया से ही स्थापित हो सकता है, इन कागजी घोड़ों से नहीं। वकील परसाई– "जिस शासन व्यवस्था में समाजवाद के आगमन के कागज दब जायें और जो उसकी सुरक्षा की व्यवस्था न करे, उसके भरोसे समाजवाद लाना है तो ले आओ। मुझे खास एतराज भी नहीं है। जनता के द्वारा न आकर, अगर समाजवाद दफ्तरों के द्वारा आ गया तो एक ऐतिहासिक घटना हो जायेगी।"

इस तरह परसाई जी के लेखकीय आधार पर मुझे मजबूरन यह कबूल

करना पड़ता है कि सुविधाभोगी पेट्टी बुर्जुआजी संस्कार के बावजूद वह आदमी भारतीय जनता के लिए समर्पित कलम का एक प्रतिबद्ध सिपाही है; जो जनता की खातिर किसी को भी नहीं, यहाँ तक कि खुद को भी नहीं क्षमा करता।

–शेखर

लिखने का मतलब?

परसाई का लेखन समीक्षकों के लिए एक चुनौती है। पाठकों के लिए, वह अपने भीतर और बाहर को पहचानने-जानने की एक ऐसी भाषा है, जिसका सीधा रिश्ता हिन्दुस्तानी आदमी की बेहतरी की लड़ाई से है। संभवत: यही कारण है कि हिन्दी के बुद्धिजीवी लेखकों-समीक्षकों ने परसाई पर कुछ भी महत्त्वपूर्ण नहीं लिखा, जबकि पाठकों ने परसाई के साथ सीधा संवाद स्थापित किया। पिछले तीसेक बरसों से परसाई निरन्तर लिख रहे हैं और इस बीच साहित्य को समझने-समझाने की कोशिश में जाने कितनी सारी 'आलोचना' लिखी गयी है लेकिन बहुत कोशिश करके याद करो तो भी याद नहीं आता कि अपने समय के इतने महत्त्वपूर्ण लेखक पर, सार्थक, ईमानदार और परिश्रम के साथ लिखी गयी समीक्षा कहीं है। परसाई पर लिखते हुए सबसे पहले इसी दुख से सामना होता है और फिर इस तथ्य से भी कि सूक्ष्म सुन्दर और कलात्मक की ओर तेजी से दौड़ने वाले बुद्धिजीवी, दरअसल उस तकलीफ और संघर्ष का सामना ही करने में अक्षम हैं, जो परसाई की रचना में प्राणधारा की तरह प्रवाहित है। जो इस संघर्ष को नहीं जानते, वे कला-रचना के जीवन्त मानवीय सौन्दर्य को, म्यूजियम की चीज बनाना चाहते हैं, बेशक उस पर अपनी कम्पनी की शाश्वतता का लेबल भी चिपकाना उनका मकसद है। परसाई का लेखन, सबसे पहले मध्यवर्गीय बुद्धिजीवी की आत्मा में बैठे इसी सुविधाखोर शाश्वतवादी को, हमारे निजी अनुभव के स्तर पर नंगा करता है। तब हम पाते हैं कि परसाई, हमारे भीतर छिपे इतिहास और संस्कार के इस हिस्से को उधार रहे हैं, जिसे ढांपकर एक खास बौद्धिक समुदाय में, हम अपनी कम्पनी का माल चलाते हैं।

परसाई की एक रचना है 'टॉर्च बेचने वाले'-इसे आप किस्से की तरह भी याद करें, तो आप पाते हैं कि यह सिर्फ किस्सा नहीं है। सूक्ष्मता और अध्यात्म का टॉर्च बेचने वाली कम्पनी के ऊपर वार करने की सहज साहसिक

और मानवीय इच्छा है रचना में, लेकिन सिर्फ यही नहीं कि परसाई के मन में सूक्ष्मतावादी महंतों के खिलाफ कोई आत्मपरक गुस्सा है, बल्कि यह भी कि इसमें करुणा है। दो टॉर्च बेचने वालों में से एक अपने को बचाने की लड़ाई लड़ता हुआ एक साधारण इन्सान है और दूसरा है जो बड़ी कम्पनी का सूक्ष्म टॉर्च बेच रहा है। उजाले का व्यापार कर रहा है। एक के बरक्स दूसरे को खड़ा करने का कोरा कौशल (दरअसल परसाई के यहाँ कोरा कुछ भी नहीं है, उसकी अधिकांश रचना में आदमी के जिन्दगी की रंगारंगता को मूर्त्त करने वाले असली अनुभव हैं) परसाई की रचना-प्रक्रिया के मूल में नहीं है। भाषा के साथ खेलना परसाई के लिए 'इंटेलेक्चुअल पास-टाइम' मात्र नहीं है। वह अपने मन में जानते हैं कि मेहनत करने से बावजूद पेट नहीं भर सकने वाले आदमी के दुख की शक्ल क्या होती है। वे इस दुख को, निरे यथार्थवादी की तरह नहीं जानते-एक छोटी-सी घटना को असरदार पैरेबल में बदल सकने की जोखम उठाते हुए वे अपनी भाषा के पास जाते हैं। तब उनकी करुणा अपनी सुरक्षित हैसियत की गुडी-गुडी करुणा नहीं होती, बल्कि उसमें मानो मुक्तिबोध की कविता के जीवित जागृत शब्द होते हैं, जो पुकार कर कहते हैं कि अपनी मुक्ति के रास्ते अकेले में नहीं मिलते।

मुक्तिबोध का जिक्र अकारण नहीं किया गया है। रचना की ओर उन्मुख करने वाले दुख के मामले में दोनों जैसे एक ही परिवार के सदस्य हैं। मुक्तिबोध की तरह परसाई ने भी यह बात हमेशा याद रखी है कि उसे 'खूँखार सिनिक और संशयवादी' नहीं बनना है और मुक्तिबोध की रचना की तरह ही परसाई की रचना में, भीतर से बाहर और बाहर से भीतर की एक जटिल यात्रा के साक्ष्य मिलते हैं। हिन्दी समीक्षा ने रचनात्मक जटिलता और सौन्दर्य की जो सँकरी परिभाषा गढ़ रखी है, उसमें बँधकर परसाई की रचना को समझ पाना मुश्किल है। मुश्किल यह है कि परसाई जिस भाषा में लिखते हैं-वह आसान है, और पुरअसर भी। इन दोनों ही बातों को नयी समीक्षा शक की नजर से देखती हैं-लेकिन परसाई की भाषा में जो ठेठपन है, उसी से यह बात स्पष्ट होती है कि परसाई को इस या उस समीक्षा की फिक्र नहीं है।

साहित्य की दुनिया में परसाई एक बेचैन और लड़ते हुए आदमी की तरह हैं। वे अपने लेखन के लिए ब्राह्मणत्व का प्रमाण-पत्र नहीं चाहते। वे शब्द को सचमुच 'कर्म' की गरिमा देने का अनथक प्रयास कर रहे हैं। उनकी भाषा कुशल आदमी की चिकनी और रिझाऊ भाषा नहीं है। ये जानते हैं कि भाषा में अपनी रचना खोजना, उस पूरी परम्परा के साथ जुड़ना है,

जिसे हमारे पुरखों ने अपनी दुर्दम जिजीविषा से रचा था और जिसे आज की प्रगतिशील शक्तियाँ निरन्तर सुदृढ़ कर रही हैं। आत्मा के द्वैत की यातना की पहचान परसाई के यहाँ भी कम प्रखर नहीं है, लेकिन उनकी भाषा आत्मेतर वास्तव को, जबर्दस्ती धुँधला करने की हिकमत मात्र नहीं है। यथातथ्य वर्णन या निरे किस्से की अपर्याप्तता को, वे कलाबाजी की किसी अदा की तरह ही नहीं जानते–और इसलिए भाषा में उनकी तकलीफ, अपनी साधारण सार्वजनिक स्तर पर भोगी जाने वाली तकलीफ है। वे अपनी वैचारिक दृष्टि से, अपनी निजी तकलीफ के चरित्र को पहचानने की कोशिश करते हैं। अनुभवों को भाषा में सोचने की इस प्रक्रिया में वे इस बात के लिए ही सतर्क नहीं होते कि उनकी रचना पंडितों के हिसाब से क्या बन रही है? याने वे इस अर्थ में फॉर्म की चिन्ता नहीं करते कि अपने शब्दों से उन्हें निबन्ध, कहानी या कविता जैसी दीखने वाली कोई चीज तैयार करनी है, बल्कि वे अपने मन की असलियत को, उन अनुभवों में जानने की कोशिश करते हैं कि जो अनुभव दूसरों के साथ रहने की अनिवार्य मनुष्यता से जुड़ी तकलीफ और संघर्ष के वास्तविक गवाह है। वे हर तरह की अद्वितीयतावादी अदा से परे, अपने मन में घुसे समय को लिखते है, तो वह समय सिर्फ वर्तमान की अखबारी शक्ल नहीं रह जाता क्योंकि यह भी सच है कि भाषा की कलात्मक जटिलता को एक खास चश्मे से देखने वाले के लिए, परसाई की रचना, महज अखबारी टिप्पणी की तरह लग सकती है।

परसाई पर सोचते हुए हम अपने उस 'जातीय-मन' से परिचित होते हैं, जो सबके मन की तरह है, और बाहरी परिस्थितियों की मार सह-सहकर अब इस कदर औसत ही गया है कि लगभग अदृश्य है। मजे की बात यह है, इस अदृश्य मन से ही, हमारे बुद्धिजीवी और संस्कृति चिन्तक समुदाय के असल चरित्र का निर्माण हुआ है–याने उस चरित्र का, जो इस गरीब देश की वास्तविक तकलीफ के लिए केन्द्रीय रूप से जिम्मेदार है। परसाई तकलीफ बढ़ाने वाले इस कर्त्ता-मन के नंगेपन को अपनी भाषा में मूर्त्त करने की जोखम उठाने के लिए, करुणा और क्रोध की ऐसी भाषा के पास जाना चाहते हैं–जिसकी कलात्मकता अनुभवों की मसृण ऐंद्रिकता में ही कैद नहीं। उदाहरण के लिए उनकी रचना 'अकाल-उत्सव' ही ली जा सकती है–

"इन्द्र का कोप अब भीषण वर्षा में नहीं, अवर्षा में प्रकट होता है। गोवर्धन को तस्कर यूरोप में बेच आयेंगे।"

"हर आदमी का अपना अकाल होता है, इन्हें सिर्फ ग्यारह क्विंटल

विधायक मिल जायें तो अकाल समस्या हल हो जाये।''

''यह जीवित रहने की इच्छा ही गोंद है। यह हड्डी जोड़ देती है, आँतें जोड़ देती है।''

''आप जानते है प्रियजन की मौत के बाद हम श्राद्ध करते हैं और तब हाथ पर मलकर शुद्ध घी की परीक्षा करते हैं और उसका लड्डू खाते हैं।''

''वे कितने सुखी हैं जिन्हें सपने नहीं आते। मेरा पहले ख्याल था, सूअर और कुत्ता ऐसे प्राणी हैं जिन्हें सपने नहीं आते।''

''त्रिजटा मुझसे अधिक देखती और समझती थी। उसे बहुत आगे दिखता था। वह कहती है–

यह सपना मैं कहौं विचारी
हुई है सत्य गये दिन चारी।''

गिरिगोवर्धन से लंका कांड तक को, अपने में समेटने वाली इस भाषा के चरित्र की जटिलता स्वतः सिद्ध है। यहाँ अपने भीतर के औसत दुख को बाहर के वास्तविक भयानक दुख से, समग्र बौद्धिक ऊर्जा के साथ जोड़ने की कोशिश है। परसाई इसीलिए इसमें 'फैंटेसी' रचते हैं, लेकिन उसे अतियथार्थवादी शिल्प के चाकचिक्य से मुक्त रखते हुए, अर्थ और अनुभव को एक-दूसरे से मिलते हुए, हमारे सामूहिक अवचेतन और हमारे रेशनल सेल्फ दोनों के करीब लाते हैं। परसाई को एक महत्त्वपूर्ण व्यंग्य-लेखक मानकर चुप रह जानेवाली तथाकथित गम्भीर आलोचना के लिए यह एक आत्म-शोधी संकेत है कि हम आत्ममुग्धता की कैद से बाहर आयें, तभी अपनी आलोचना की उस दयनीय भाषा को समझ पायेंगे जिसके चलते हमने कला रचना की बेहद सँकरी, स्थिर और लगभग सांप्रदायकि परिभाषा गढ़ रखी है।

मैंने शुरू में ही कहा था कि परसाई का लेखन समीक्षकों के लिए एक चुनौती है। सिर्फ इस अर्थ में नहीं कि वह कलावाद की ऐसी-तैसी करनेवाला जीवंत मानवीय लेखन है, बल्कि इस अर्थ में कि वह रचना और कला की ऐसी भाषा है, जिसके पीछे व्यक्ति परसाई की उत्कट और विवेकपूर्ण हिस्सेदारी है। संवेदना की उत्कटता और विवेकपूर्ण विचार से, परसाई अपने गद्य का मुहावरा गढ़ते हैं तो सबसे पहले यह जानते हैं कि लिखने का मतलब संवाद की दुनिया को चौड़ा करना है। लिखने का मतलब हिन्दी में लिखना है। लिखने का मतलब अपने मन को एकविशिष्ट जातीय भूगोल और इतिहास के बीच रखकर पढ़ना है। परसाई के लिए भाषा में अपना होना, दुनिया में अपने होने का सरल मानवीय साक्ष्य है।

परसाई की दुनिया अपरिचित और धुँधली दुनिया नहीं है, लेकिन परसाई

अपने सघन और निविड़ परिचय को रचना में लाते हुए, भाषा को विवरण मात्र बनने नहीं देते। उनकी रचना, कथा-साहित्य में स्वीकृत विवरण-बहुलता की सीमा को, अपने आलोचनात्मक विवेक के चलते लगातार तोड़ती है। मध्यवर्ग की समस्याएँ और उसका दुख, परसाई की थीमें जरूर हैं, लेकिन वे इस दुख की, फैली हुई और जमीन में गहरी धँसी हुई, जड़ों तक जाने की कोशिश करते हैं। वे दुख को राजनीति के बरक्स रखकर देखते हैं। परसाई की पकड़ के पीछे भीतरी क्षोभ से संवलित एक तीखी आयरनी होती है। यही कारण है कि परसाई पात्र या चरित्र की मनोवैज्ञानिक हरकतों से परे जाकर-अपने समय के एक जरूरी और तकलीफदेह सवाल की तरह खड़ा करते हैं। मुझे उनकी एक रचना अभी अनायास याद आ रही है, जिसमें उन्होंने एक मध्यवर्गीय आदमी के शूकर संतोष को, अपने व्यंग्य का लक्ष्य बनाया है। परसाई की मार इतनी सधी हुई होती है कि पाठक तुरन्त उसके असल रचनात्मक इरादे के करीब पहुँच जाता है। दरअसल 'इरादे' की यह सक्रिय मौजूदगी, परसाई के पूरे कथ्य को, भावातिरेकी आत्मपरकता से बचाती है। जैसे इसी रचना में जिस तृप्त आदमी से परसाई हमें मिलाते हैं, जो पर्यवेक्षण के स्तर पर हमारे दैनिक जीवन के करीब है, लेकिन सिर्फ इतना नहीं, इसे देखकर हम अपने पुरखों की याद भी करते हैं। इसे पढ़ते हुए अनायास ही कबीर याद आते हैं-रात गँवाई सोई के, दिवस गँवायो खाय, हीरा जनम अमोल था कौड़ी बदले जाय।

हीरा जनम को कौड़ियो के मोल बेचने वाले वर्ग के अपराधों को परसाई हमारी स्मृति में एक मूल्य-चेतना के साथ उपस्थित करते हैं। तटस्थता की जगह एक पक्षधर आदमी की नैतिकता परसाई के लेखन की महत्त्वपूर्ण खासियत है-और जहाँ तक परसाई अपने लेखन में निरे राजनैतिक नहीं होते वहाँ तक हमें लगता है वे हमारा मन कह रहे हैं; तब अपने मन को पढ़ते हुए हम अपने आपको बदला हुआ पाते हैं।

संस्कार के स्तर पर (जो कि भारत में स्वभाव से कहीं बड़ी चीज है) हमारे अमानवीय आचरण को खासकर दोमुँहेपन और छद्म से जुड़ी हमारी मानसिकता को, परसाई किस्से की तरल सूचनाओं के बजाय, देसी-मार की एक नाटकीय भाषा में पकड़ते हैं। याने वे उस जगह पर मार करते हैं जहाँ बुद्धिजीवी के शरीर-केन्द्रित लालची जीवन की असलियत खुलती है और तब हमें लगता है कि बुद्धिजीवी के चरित्र की केन्द्रीय रेखाओं को, मध्यवर्ग के अबुद्धिजीवी तबके से अलग नहीं किया जा सकता। दरअसल इस तरह के सामान्यीकृत प्रहार के पीछे, परसाई का गहरा निजी अनुभव होता है। परसाई सुविधाखोर वर्ग की जन-विमुखता और प्रतिगामिता के कई स्तरों

पर परिचित हैं और इसे लेकर बेहद संयत ढंग से आलोचनात्मक की भी। वे जानते हैं कि भूगोल के इस खास हिस्से में रहते हुए, शब्दों के इस्तेमाल को, निरे साहित्यिक इस्तेमाल के स्तर पर घटाया नहीं जा सकता। अत: परसाई उस असली भाषा के करीब जाते हैं, जिसमें हमारी सांस्कृतिक विरासत के सामंतवादी पहलू को ठीक-ठीक उजागर किया जा सके।

मुमकिन है कि हिन्दी के प्रखर कलावादियों को परसाई का यह रवैया बहुत अखबारी लगे, लेकिन मेरा ख्याल है कि यह बहुत बुनियादी है। भारतीय संस्कृति को पोथियों से ही, संस्कृति की व्याख्या करने की कोशिश, क्या बेहद अकादमिक और प्रोफेशनल काम नहीं है? परसाई हमारे जातीय जीवन के अन्तर्विरोधों को सतह पर दिखाई पड़ने वाले बिम्बों में पकड़ते हैं और बड़ी गहरी सूझ के साथ उसे, हमारी धार्मिक-पौराणिक मनोरचना से जोड़ देते हैं। अरसा पहले लिखी गयी उनकी रचना 'लंका विजय के बाद' को याद करें तो हम इस तथ्य को आसानी से समझ सकते हैं कि सत्ता के चरित्र को भीतर से जानने वाली यह भाषा, निरे राजनैतिक दृष्टिकोण से सम्भव नहीं थी। परसाई के लेखन के सुन्दर ताकतवर और जरूरी हिस्से में, निरा राजनैतिक दृष्टिकोण नहीं बल्कि राजनीति के साथ एक जरूरी मानवीय मुठभेड़ है। इस मुठभेड़ की जमीन देसी है और इसका मुहावरा ठेठ हिन्दी का मुहावरा है।

परसाई उन चंद जिन्दा लेखकों में से एक हैं जो सूक्ष्मता और आध्यात्मिकता से पगी आधुनिकता से कभी आतंकित नहीं रहे। और यही वजह है कि न तो उनके लेखन में यूरोपीय उदासीनता का भारतीय संस्करण है, और न ही उग्र आक्रामकता की मुद्रा। दरअसल परसाई के रचनात्मक मन में, आलोचना की भाषा बद्धमूल है और परंपरापोषित भी। उनके यहाँ आलोचनात्मक साहस, अभियोग लगाने के स्थायी आधुनिक भाव से पूरी तरह मुक्त है। वे आत्मभियोगी संशय की तर्क धारणा को (बेशक उनका संशय रहस्यवादी मुद्राएँ नहीं अपनाता, बल्कि आत्मालोचन की ओर बढ़ता है) अपने समय की हलचलों से जोड़ते हुए उसे मजबूत बनाते हैं। कला में तर्क या तर्कातीत की निरी साहित्यिक बहस में उलझे बगैर, वे अपने सोचने वाले मन को, जीने वाले मन और शरीर के करीब खड़ा करते हैं और इसलिए उनके यहाँ दोनों में सार्थक संवाद का रिश्ता है।

परसाई की सीमा परसाई स्वयं हैं। वे अपने इरादे में किसी जनवादी कार्यकर्त्ता की गँवई नैष्ठिकता से इस कदर जुड़े हैं कि उनकी रचनात्मक महत्त्वाकांक्षा फौरी इरादों के बीच सिमटने लगती है। उनके यहाँ अपना काम करने की लगन तो है-लेकिन उनकी कल्पनाशीलता धैर्यपूर्वक सुदीर्घ चिंतन

नहीं करती। उनके पास साफ देखने वाली दृष्टि, समझ और मानवीय संवेदना सब कुछ है–लेकिन व्यंग्य लेखक होने, बने रहने का एक देसी जिद्दीपन उनके मन में गहरे बस गया है और अपनी इस 'इमेज' को तोड़कर रचनात्मक स्तर पर आउट-ग्रो करने की इच्छा को वे शायद सैद्धांतिक रूप से कोई ज्यादा महत्त्वपूर्ण नहीं मानते। परसाई को अपने समय के साथ गहरा लगाव है, एक सामान्य भारतीय के भीतर मौजूद पौराणिक समय की गहरी जानकारी भी, लेकिन इसका इस्तेमाल वे सामाजिक आलोचना की तरह ही करते हैं–उनके यहाँ समय को समग्रता में रचने का वैसा रचनात्मक धैर्य नहीं है, जैसा बर्टोल्ट ब्रेश्ट के यहाँ है। मुझे लगता है कि परसाई में अपने को कहने की एक ईमानदार जल्दबाजी है या शायद साहित्येतर कारणों से यह उनकी जरूरत भी है–पर मेरा ख्याल है कि व्यंग्य-दृष्टि के उचित सार्थक और पुर असर इस्तेमाल के लिए यह भी जरूरी है कि परसाई अपनी छोटी रचनाओं में मौजूद रचनात्मक जटिलता के बीजत्व को, वृक्ष की तरह बड़ा करने की सोचें ताकि इस समय की ठेठ हिन्दुस्तानी रचनात्मकता की भाषा को, आने वाली पीढ़ियाँ सांस्कृतिक धरोहर की तरह सहेजकर रख सकें।

–प्रभात कुमार त्रिपाठी

बदलाव की पक्षधरता

हरिशंकर परसाई को हिन्दी के सशक्त एवं सर्वश्रेष्ठ व्यंग्यकार कह देने से उनका अधूरा परिचय बनता है। यह 'कम्पलीमेंट' न होकर उनके व्यक्तित्व को बौना कर देने की गलती है। प्रेमचंद के समान परसाईजी ने भी विविध विषयों–मध्यवर्गीय विसंगतियाँ, धार्मिक पाखंड, राजनीति आदि पर बड़ी बेबाकी एवं खालखेंचू तेवर में लिखा है। उनका लेखन हमें अन्य व्यंग्यकारों के समान मात्र हँसाता ही नहीं है बल्कि हमारी कमजोरियों, धूर्तताओं, काँइयापन एवं बेवकूफियों को एक-ब-एक बेनकाब करके हमें नंगा कर देता कर देता है और हम झेंप कर, खीझकर या शर्मिन्दा होकर रह जाते हैं। परसाई जी वास्तव में क्रान्तिकारी एवं जागरूक चिंतक तथा लेखक हैं जिन्होंने व्यंग्य शैली को अपनाया है बल्कि व्यंग्य को 'पेट्रोनाइज' किया है, वे स्वयं लिखते हैं, "...व्यंग्य की प्रतिष्ठा इस बीच साहित्य में काफी बढ़ी है–वह शूद्र से क्षत्रिय मान लिया गया है। व्यंग्य-साहित्य में ब्राह्मण बनना भी नहीं चाहता क्योंकि वह कीर्तन करता है।" परसाई जी का लेखन भी समस्याओं का सतही स्पर्श नहीं करता, हलकी-फुलकी भाषा में मनोरंजक बातें नहीं करता बल्कि वह पाठक को भीतर तक झकझोर कर रख देता है। उनके लेखन में मात्र भाषा का कमाल या शब्दों का इन्द्रजाल नहीं है, वहाँ है विचारों का स्पष्ट, तीखा एवं चुभता हुआ अहसास। उनकी रचनाएँ हमें बेतहाशा लहूलुहान कर देती हैं और हम तिलमिला जाते हैं। इतना ही नहीं, उनका लेखन हमें दिशा-ज्ञान भी देता है। उनकी 'चूहा और मैं', जिसे उनकी सर्वश्रेष्ठ रचनाओं में से एक कहा जा सकता है, क्रान्ति का बिगुल-सा फूँकती है। वे लिखते हैं, "...चाहता तो लेख का शीर्षक 'मैं और चूहा' रख सकता था; पर मेरा अहंकार इस चूहे ने नीचा कर दिया है...जो इस देश का सामान्य आदमी नहीं कर पाता, वह इस चूहे ने मेरे साथ करके बता दिया..." पाठकों को पूरी कहानी याद ही होगी जिसमें लेखक अपने घर के एक चूहे से बुरी तरह परेशान है और उससे निजात पाने के लिए

एक तरकीब निकाल लेता है। वह चूहे को रोज रात को सोते समय रोटी के कुछ टुकड़े डाल देता है, यही तो चूहे की माँग है। इस तरह चूहा अपनी भूख शान्त हो जाने के कारण लेखक की नींद हराम नहीं करता। यहीं पर परसाई जी का सजग व तीखा लेखन हमारे केंचुएपन का अहसास कराता है। वे लिखते हैं, "...आदमी क्या चूहे से भी बदतर हो गया है? चूहा तो अपनी रोटी के हक के लिए मेरे सिर पर चढ़ जाता है, मेरी नींद हराम कर देता है। इस देश का आदमी कब चूहे की तरह आचरण करेगा।" किसी भी सत्ता या व्यवस्था को परसाई जी की इस रचना से खतरा हो सकता है। यही किसी भी सार्थक रचना की उपलब्धि भी होनी चाहिए।

लेखक मात्र पत्रकार या कैमरामैन नहीं है, उसे समाज के सजग प्रहरी व पथ-प्रदर्शक की भूमिका अदा करनी पड़ती है, इस बात को परसाई जी स्वयं समझाते हैं, "...अनुभव ही लेखक का ईश्वर होता है। अनुभव बेकार होता है यदि उसका अर्थ न खोजा जाये, उसका विश्लेषण न किया जाये और तार्किक निष्कर्ष न निकाला जाए...इसके बिना अनुभव केवल घटना रह जाता है-वह रचनात्मक चेतना का अंग नहीं बन पाता... एक ही अनुभव के विभिन्न लोगों के लिए भिन्न-भिन्न अर्थ होते हैं। किसी कारखाने के फाटक पर प्रदर्शनकारी मजदूरों पर गोली चली और पाँच मजदूर मारे गये। खबर अखबार में छपी। इस घटना का एक अर्थ कारखाने के मालिक के लिए है-मजदूर बहुत सिर पर चढ़ गये हैं... दूसरा अर्थ मजदूरों के लिए है, बोनस भी नहीं देता और गोली भी... तीसरा अर्थ श्रमिक नेता के लिए है-लाठी, गोली से मजदूर आंदोलन दब नहीं सकता... चौथा अर्थ कवि के लिए है-

सितम-ए-राह पर रखते चलो सरों के चिराग़,
जब तलक कि सितम की सियाह रात चले।

और पाँचवा अर्थ, बड़ा दिलचस्प अर्थ एक संवेदनहीन तटस्थ आदमी के लिए है, वह कहता है-देखो भय्या, मौत कहाँ ले जाती है (इस श्रेणी में वे लेखक भी शामिल हैं जो प्रतिबद्ध लेखन से घृणा करते हैं तथा तटस्थ (?) होकर चीजों को देखने के आदी हैं जिससे कभी भी व किसी भी व्यवस्था से टकराने की नौबत नहीं आती)। छठा अर्थ लेखक के लिए होगा। वह भावुक नहीं होगा। तह में जाएगा। वर्ग-संघर्ष देखेगा। अनुभव को विश्लेषित करके उसे रचना का रूप देगा...।" यहीं पर परसाई जती सार्थक लेखन को परिभाषित करते हुए लिखते हैं कि, "व्यापक, सामाजिक, आर्थिक, राजनीतिक परिवेश की विसंगति, मिथ्याचार असामंजस्य, अन्याय आदि की तह में जाना, कारणों का विश्लेषण करना, उन्हें सही परिप्रेक्ष्य

में देखना, इससे सही व्यंग्य बनता है। जरूरी नहीं है कि व्यंग्य में हँसी आए, यदि व्यंग्य चेतना को झकझोर देता है, विद्रूप को सामने खड़ा कर देता है, आत्म-साक्षात्कार कराता है, सोचने को बाध्य करता है, व्यवस्था की सड़ाँध को इंगित करता है और परिवर्तन की ओर प्रेरित करता है तो वह सफल रचना है। जितना व्यापक परिवेश होगा। जितनी गहरी विसंगति होगी और जितनी तिलमिला देने वाली अभिव्यक्ति होगी, रचना उतनी ही सार्थक होगी।''

एक सजग लेखक को राजनीति से कतराना नहीं चाहिए बल्कि उसे सही राजनीति की समझ पैदा करना चाहिए। 'राजनीति से दूर रहो' अपने आप में बड़ी घिनौनी व ओछी राजनीति है; जिसे व्यवस्था छात्रों से लेकर लेखकों में प्रचरित करती रहती है। परसाई जी पर कम्युनिस्ट होने का आरोप (या) सम्मान है और वे सहर्ष स्वीकार करते हैं कि, ''मनुष्य की नियति को बदलने वाला सबसे श्रेष्ठ और अंतिम दर्शन मार्क्सवाद ही है।'' लेखक को 'फैंस के इधर व उधर' होना ही पड़ेगा-शोषकों या शोषितों का पक्षधर बनना पड़ेगा। परसाई जी फैंस के किस तरफ हैं यह पाठकों को जाहिर ही है। इसीलिए पिछले दस-पंद्रह वर्षों से उन्होंने राजनीति-देश व विदेश की, पर बहुत लिखा है। और फिर राजनीति में भी तो काफी उथल-पुथल हुई है व हो रही है। विभिन्न पत्रिकाओं व अखबारों में परसाई जी के कालम, 'आदम की बात', 'सुनो भई साधो', 'कबिरा खड़ा बाजार में, 'माटी कहे कुम्हार से' आदि बहुत चर्चित हुए हैं। इन कालमों में परसाई जी हर महत्त्वपूर्ण घटना पर अपना तीखा विश्लेषण देकर हमें सच्चाई से अवगत कराते रहे हैं। मार्च 77 का चुनाव हर मायने में चौंकाने वाला रहा है और जनता पार्टी तथा सरकार का उदय एक अहम घटना रही है। सेठाश्रयी पत्रिकाओं-अखबारों के पत्रकारों, सम्पादकों तथा लेखकों ने इसे 'दूसरी आजादी' की संज्ञा दी थी। गोया कि संसदीय जनतंत्र के लिए यह कोई नई एवं चौंकाने वाली बात हो। दुम हिलाने वाले, रीढ़हीन व मौकापरस्त लेखकों ने जनता पार्टी नेताओं की आरती उतारना शुरू कर दी तथा उनकी बहादुरी को बखानते-बखानते ढेरों कूड़ा श्रेणी की रचनायें रंगीन पत्रिकाओं में छपवा दी। परसाई जी की अडिग व पैनी कलम ने अपनी तीखी व चुभने वाली व्यंग्य-रचनाओं द्वारा जनता पार्टी की विसंगतियों, प्रतिक्रान्तिकारी, साम्प्रदायिक व दिशाहीन विचारधारा की भली-भाँति बखिया उधेड़ी।

हमारे देश में जहाँ मूर्ति-पूजा आदि काल से होती रही है, और जहाँ 'इन्दिरा इज इण्डिया' का नारा दिया गया हो वहाँ भला जनता पार्टी क्यों पीछे रहने वाली थी। सेठाश्रयी रंगीन पत्रिकाओं के पालतू व किराये पर

लिखने वाले लेखकों-पत्रकारों को जयप्रकाश नारायण, चन्द्रशेखर, जगजीवन राम, मोरारजी देसाई, अटल बिहारी बाजपेयी आदि में एकाएक महान युग-प्रवर्तकों के दर्शन होने लगे और लगा कि अब देश में घी-दूध की नदियाँ बहने लगेंगी। इसी सन्निपात की हालत में स्व० जय प्रकाश नारायण को 'दूसरा गांधी' व 'क्रांति का मसीहा' सिद्ध करने के हास्यास्पद करतब भी दिखाये जाने लगे। ऐसे समय परसाई जी ने सच्चे मूर्त्ति-भंजक के रूप में जयप्रकाश की दिशाहीन राजनीति, अपरिभाषित 'सम्पूर्ण क्रान्ति' तथा उनका साथ देने वाले दलों को अपनी तेज तर्राट लेखनी से बेनकाब किया। हालांकि यह एक बेहद जोखिम का काम था। परसाई जी ने 'तीसरी आजादी का जाँच कमीशन' लिखकर उस आड़े समय में बड़े महत्त्व का काम किया। उसे यहाँ उद्धृत करना आवश्यक है-

कमीशनः जयप्रकाश जी, आपने सम्पूर्ण क्रान्ति का नारा दिया?

जयप्रकाशः सही है। पर रिकार्ड है कि पूरी जिन्दगी मैंने वही नारा दिया, जो हो नहीं सकता। यह मेरी आदत है और नियति भी। 1952 के पहले आम चुनाव में मैंने नारा दिया था कि प्रजा समाजवादी दल सरकार बनायेगा.... हमारी पार्टी की खटिया खड़ी हो गयी... मैं छिटककर विनोबा के पास चला। मैंने भू-दान का नारा दिया। पर भूमि मिली नहीं। ग्रामदान का नारा दिया। ग्राम नहीं मिले... मैंने पार्टी विहीन लोकतंत्र का नारा दिया। वह हुआ नहीं... मैंने नारा दिया-जाति तोड़ो, तो ऊँची और नीची जाति में आपस में सिर-फुटौबल होने लगी... मेरे चालचलन का ऐसा बढ़िया रिकार्ड है। जीवन में पहली बार न जाने क्या उलट-सुलट हुआ कि सरकार बदल गयी और इसका कलंक मेरे माथे मढ़ दिया गया है...

कमीशनः 'सम्पूर्ण क्रांति' क्या है? इसकी व्याख्या कीजिए।

जयप्रकाशः मैं नहीं जानता। जिंदगी में जो भी मैंने किया, उसकी व्याख्या कभी नहीं कर सका... मैं एक व्याख्याहीन जिन्दगी जीता रहा हूँ।

कमीशनः क्या 'सम्पूर्ण क्रान्ति' के लिए आपका कोई संगठन था?

जयप्रकाशः नहीं... मैंने तो संगठन तोड़ने का काम किया है। समाजवादियों का संगठन तोड़ने का क्रम मैंने ही शुरू किया था। फिर मैंने सर्वोदय को तोड़ा।

सरकारी वकीलः क्या समाजवादियों के संगठन ने आपका साथ दिया?

जयप्रकाशः अरे साहब, समाजवादियों में संगठन नहीं बनता, नेता बनता

है। सब नेता होते हैं। सब लड़ाकू होते हैं, पर यह नहीं जानते कि किससे लड़ रहे हैं। इनके साथ भीड़ होती है, जो बदलती जाती है, उनके पास कार्यक्रम नहीं, मुहावरे होते हैं। समाजवादी मेरे साथ नहीं थे, कांग्रेस के खिलाफ़ थे। वे जयप्रकाश-समर्थक नहीं, इन्दिरा-विरोधी थे। वे इसी एक्सीडेंट से मेरे साथ हो गए... हाँ नानाजी ने कहा, 'देखिए, आपके पास संगठन नहीं है और हमारे पास लोकनायक नहीं है, तो हम मिल जायें।' मैंने उनकी बात मान ली...

कमीशन: तो क्या संघ ने 'सम्पूर्ण क्रान्ति' के लिए संघर्ष किया?

जयप्रकाश: नहीं, संघर्ष नहीं गिया। 'डूब पड़े तो हर गंगा' बोलने लगे। संघ के लोगों को संघर्ष की ट्रेनिंग नहीं है। वे कष्ट नहीं उठा सकते ... वे जानते कि 19 महीने जेल में रहना पड़ेगा तो वे पहले ही युवक कांग्रेस में भरती हो जाते (बाद में बाहर बचे संघी धड़ाधड़ कांग्रेस में शामिल हो ही रहे थे।) जेल में बेचारे बड़े दुखी रहे हैं। बहुत ने माफी माँग ली।''

परसाई जी ने कितनी वेबाकी से आम आदमी की बोलचाल की भाषा में जे० पी०, सम्पूर्ण क्रान्ति, संसोपाइयों व संधियों के परखचे उड़ा दिये। जनता पार्टी के जनतंत्री स्वरूप को परसाई जी ने केवल दो वाक्यों में नंगा कर दिखाया। उसी साक्षात्कार से–

''सरकारी वकील: मगर कहा तो जाता है कि आपने जनता सरकार बनवायी?

जयप्रकाश: नहीं, नसबंदी और जगजीवन राम ने जनता सरकार बनवायी। मैंने व कृपलानी ने मिलकर तो धाँधली से मोरार जी को प्रधान मंत्री बनाया?''

गोकि हमारे देश में मरने वाले के बारे में केवल अच्छी बातें कहने की प्रथा है। पर यह एक बेहद खोखला व ढोंगी सोच का नमूना है। हमें वस्तुस्थिति को समझना व सच्चाई को उजागर करना सीखना चाहिए। हाँ, नंगा सत्य कड़ुवा अवश्य होता है। इसीलिए जयप्रकाश जी की महानता, ईमानदारी व देश-सेवा के बावजूद उनकी गलतियों, भटकावों, व दिशाहीन राजनीति को उजागर करना आवश्यक है और परसाई ने यह काम बखूबी कर दिखाया। कुछ लेखकों-पाठकों को अवश्य लगा होगा कि परसाई जी जयप्रकाश के प्रति अति कठोर एवं आक्रामक रहे हैं। ध्यान रहे यह वैचारिक मतभेद की बात है और परसाई जी का जय प्रकाश जी से कोई पारिवारिक, पुस्तैनी या व्यक्तिगत झगड़ा नहीं रहा है (यह बात परसाई जी ने एक कहानी लेखक से कही थी जो श्रीकांत वर्मा व कमलेश्वर के जनता पार्टी

विरोधी रुख से क्षुब्ध थे, वे परसाई जी से बोले, "परसाई जी आप जय प्रकाश जी पर अनावश्यक ही अत्यधिक नाराज हैं।" मैं उस बातचीत के दौरान परसाई जी के पास ही बैठा था)। जनता पार्टी को अंततः टूटना था, यह परसाई जी जैसे लेखक अच्छी तरह समझते थे। उन्होंने बहुत पहले लिखा, "... टाइम बाऊंड प्रोग्राम। जिस पार्टी और सरकार ने अपने नाश तक का समयबद्ध कार्यक्रम चला रखा है, वह दूसरे वायदे जरूर समय से पूरे करेगी..." जनता पार्टी वाले इंदिरा गांधी से किस कदर भयग्रस्त थे इसका बयान परसाई जी ने बड़े मजेदार ढंग से किया, "...इंदिरा गांधी वह लपट है जिससे जनता पार्टी में वैल्डिंग होती है..."

जनता पार्टी पर साम्प्रदायिक तत्त्वों की पकड़ मजबूत होती जा रही थी। इस ओर मधु लिमए ने समय रहते राष्ट्रीय स्वयं सेवक संघ की दोहरी सदस्यता वाले सवाल को हल करने की नेक सलाह दी। पर दुर्भाग्य रहा कि एक समय के युवा तुर्क व समाजवादी नेता चन्द्रशेखर स्वयं ही आर० एस० एस० की वकालत करने लग गये तथा उसे गैर-साम्प्रदायिक होने का सर्टिफिकेट पुराने समाजवादी नेता आरिफ़ बेग तथा प्रख्यात लेखक राही मासूम रज़ा भी प्रदान कर रहे थे। मजे की बात यह थी कि यह सब उस समय किया जा रहा था जिन दिनों संभल, अलीगढ़, राँची, जमशेदपुर आदि में भयानक हिन्दु-मुस्लिम दंगे तथा सवर्णों (जिसमें आर० एस० एस० विचारधारा के लोग अधिक होते हैं) द्वारा हरिजनों-आदिवासियों पर कातिलाना हमले हो रहे थे। परसाई जी ने इस विरोधाभास पर 'करंट' में 'चन्द्रशेखर के नाम एक पत्र' छापा जो पाठक को आर०एस०एस० की (कु) छवि एवं चन्द्रशेखर की दयनीय तथा हास्यास्पद स्थिति से साक्षात्कार कराता है। वे लिखते हैं, "...मेरे युवा तुर्क! इन दिनों तुम्हें दो चिन्ताएँ हैं-पार्टी की छवि सुधारना और राष्ट्रीय स्वयं सेवक संघ को बचाना। प्यारे, ये दोनों बातें एक साथ नहीं हो सकतीं। संघ बचता है तो पार्टी की छवि बिगड़ती है। पार्टी की छवि सुधरने का मतलब है, संघ से तुम्हारा संबंध टूटना। तुम दोनों असम्भवों को साधना चाहते हो। तुम दूध में खटाई भी डालते हो और चाहते हो कि दूध फटे भी नहीं ... साथी! तुम्हें जनता पार्टी की छवि की क्यों पड़ी है? जब कोई जनता पार्टी की छवि बनाने की बात करता है, तब मुझे ऐसी बदचलन औरत की याद आती है, जो माँग में जोरदार सिंदूर भरकर पतिव्रता दिखना चाहती है। वह चरित्र नहीं सुधारती। छवि सुधारना चाहती है... तुम्हारी पार्टी एक प्रकृति वैचित्र्य है-'फ्रीक आफ नेचर'... यह पार्टी तो कैंसर से पीड़ित है, बिस्तर पर पड़ी कराह रही है और तुम उसके चेहरे पर स्नो-पाउडर मलकर चाहते हो कि कोई उस पर

मुग्ध होकर शादी कर ले। ना, जो पार्टी बूढ़ी ही जन्मी है और जन्म से बीमार है, तुम चाहते हौ कि वह जवान छोकरी की तरह नखरे करे... तुम्हारी पार्टी के कुछ लोग सोचते हैं कि अपनी छवि दूसरे की छवि बिगाड़ने से सुधरेगी। वे जवाहरलाल नेहरू की छवि बिगाड़ने में लगे हैं। बदशक्ल औरत विश्व-सुंदरी के मुँह पर कालिख पोत कर एलान करती है कि मैं विश्व-सुंदरी हूँ... तुम्हारे चेहरे पर संघ की चेचक के जो दाग पड़ गये हैं, उन्हें तुम कैसे मिटाओगे... नाना जी ने तुम्हें राजनीति में अनाथ बालक समझकर गोद ले लिया है। तुम्हें याद है पूतना राक्षसी ने कृष्ण को दूध पिलाकर मारना चाहा था... सब कह रहे हैं कि मुसलमानों पर हमले संघ आयोजित करता है। दो आदमी इस बात को नहीं मानते-बाला साहब देवरस और चन्द्रशेखर। तुम कहते हो कि अगर संघ दंगे करवाता है तो उन राज्यों में दंगे क्यों नहीं होते जहाँ भूतपर्व संघी मुख्यमंत्री हैं ...अरे, यह भी संघ की योजना से हो रहा है... जहाँ संघ का मुख्य मंत्री नहीं है, वहीं वे दंगे करायेंगे और इस तरह सिद्ध करेंगे कि संघी के सिवा बाकी मुख्य मंत्री अक्षम, अयोग्य है... सब जगह संघ का मुख्य मंत्री बनाओ।''

एक समय चरणसिंह ने भी आर०एस०एस० की वकालत की थी और फिर एकाएक वे भी उसे फासिस्ट मानने लगे। उनके इस अवसरवादी पैंतरे पर परसाई जी ने लिखा, ''चरणसिंह की हालत उस चालू औरत जैसी हो गयी है, जो चौराहे पर खड़ी होकर कहती है-सब लोग उस आदमी को गुंडा और बदमाश कहते हैं, कोई बात नहीं। उसने मेरी इज्जत लूटी कोई बात नहीं। पर उसे मेरे नाम दस एकड़ जमीन तो करना थी। उसने नहीं की। अभी भी मेरे नाम वह जमीन कर दे तो मैं उसकी रखैल बनने को तैयार हूँ....'' सभी जानते हैं कि झगड़ा सिद्धांत का नहीं; चरणसिंह के प्रधान मंत्रित्व का था। भारतीय राजनीति के इतिहास का यह एक ऐसा पड़ाव था, जहाँ समाजवादियों का एक दल सामंती शक्तियों का साथ दे रहा था तथा दूसरी समाजवादी खेमा धार्मिक व साम्प्रदायिक ताकतों का पिछलग्गू बना हुआ था। इसी प्रकार बाबू जगजीवन राम की 'कुर्सीप्रियता' का जायजा लेते हुए परसाई जी ने लिखा, '' ...बाबूजी, राजनीति में जिंदा रहने की क्षमता आपमें मेंढक से भी ज्यादा है...आप बुद्धिमान हैं, संतुलित हैं, प्यारे काँइयाँ हैं...पर आप प्रधान मंत्री इसलिए नहीं बन पाते कि आप हिसाब लगाकर चलते हैं। आप 'रिस्क' नहीं लेते...आप उस अपर डिवीजन क्लर्क की तरह करते हैं जो क्लर्की सुरक्षित रखकर तहसीलदारी की कोशिश करता है। वह खतरा उठाकर, छोड़कर, कोशिश नहीं करता। इसलिए वह हर बार तहसीलदारी का उम्मीदवार होकर भी यू०डी०सी० बना रहता है... बाबूजी,

आपका हास्यास्पद उपयोग ये लोग कर रहे हैं। आपने भिखारियों की वह टोली देखी होगी, जिसमें एक आदमी को झूठमूठ घायल करके एक गाड़ी में बिठा देते हैं, उसके सिर पर पट्टी बाँध देते हैं कुहनी और घुटने पर लाल रंग लगा देते हैं, खून सरीखा। गुड़ चिपड़ देते हैं जिससे मक्खियाँ... पीछे तीन-चार आदमी होते हैं। वे इस गाड़ी को खींचते हैं और भीख माँगते हैं...इस तरह आपको घायल, अपंग बनाकर ये लोग वोट माँग रहे हैं। कहते हैं, देखो बाबू लोगो, इस जगजीवन राम को। राष्ट्रपति ने इस बेचारे को प्रधान मंत्री नहीं बनने दिया...बाबूजी, ठीक यही हालत है आपकी। क्या आपको यह अच्छा लग रहा है! यह कोई चुनाव-प्रचार है...जनता पार्टी के पास वोट लेने के कोई प्रोग्राम नहीं, कोई नारा नहीं...संघ आपको आगे करके, आपको मुद्दा बनाकर कितने खतरनाक जातियुद्ध को भड़का रहा है... जनता पार्टी वाले बाबू जी के फोटो का पोस्टर छापकर उन्हें बाँध लेना चाहते हैं। बाबूजी की हालत चंचल बहू की तरह है। खिड़की से झाँकती है, आँखें मिलाती है-इस-उससे। इशारे करती है। उसका घरवाला, सास-ससुर सब परेशान हैं। यह किसी के साथ भाग न जाए...बाबूजी को इस प्रचार पोस्टर से हाथ-पाँव बाँधकर जनता पार्टी में डाल दिया गया है। मगर बाबूजी को कुछ रोक नहीं है। वह एक ऐसी बहू है जो अस्पताल में बच्चा पैदा होने के बाद भी अपने चहेते के साथ भाग जाए...यों पिछले 5-6 महीनों में भारत के राजनीतिक लोग सूरजमुखी फूल हो गये हैं... बाबूजी सूरजमुखी बनना पसंद करते हैं।''

जनता पार्टी की सरकार बनने के बाद हमारे तथाकथित बुद्धिजीवियों, लेखकों व पत्रकारों ने बेहद भौंड़े, घटिया एवं अश्लील ढँग से सत्ता की जी-हुजूरी व दुम हिलाना शुरू कर दिया था। वह अपने आप में बेमिसाल घटना तो है ही, साथ ही शर्मनाक भी है। पूँजीवादी प्रेस में अटलबिहारी बाजपेयी की कविताओं को थोक के भाव छापा जा रहा था, शांता कुमार, डॉ० प्रताप चंदर चुन्दर को महान साहित्यकार घोषित किया जा रहा था और जनता नेताओं की जेल-व्यथा को बढ़ा-चढ़ाकर छापने की होड़ मची थी। ऐसे आड़े समय में परसाई जी पूरी मुस्तैदी से जनता महारथियों के चेहरे बेनक़ाब कर रहे थे। यह कम जोखिम का काम न था। सत्ता का डर व लालच बड़ों-बड़ों को डिगा देता है, पर परसाई किसी और ही मिट्टी के बने हुए हैं। ऐसे ही कठिन दौर में संघर्षशील लेखक व रचना की पहचान बनती है। छोटी पत्रिकाओं ने भी अपनी सही भूमिका इस समय निभायी। किसी पोलिटिकल कमेंटेटर ने भी किसी राजनीतिक दल के बारे में इतना अधिक व लगातार, साथ ही 'बिटर' भी, न लिखा होगा जितना

परसाई जी ने जनता पार्टी पर लिखा। राष्ट्रीय स्वयं सेवक संघ की छवि सुधारने के लिए आन्ध्र के तूफान, दिल्ली व मोरवीं की बाढ़ का हवाला देते हुए सरकारी प्रचार तंत्र रेडियो व टेलिविज़न का भरपूर दुरुपयोग किया जा रहा था। परसाई जी ने आर० एस० एस० के सच्चे स्वरूप को उजागर करने का जोखिम-भरा काम किया। वे आर०एस० एस० को शुरू से ही एक अर्द्धसैनिक, साम्प्रदायिक तथा फासिस्ट दल के रूप में लेते रहे हैं। इसका खामियाजा भी उन्हें भुगतना पड़ा है। आठ-नौ वर्ष पहले अपनी इसी बेबाक व निर्भीक बातों के कारण उन्हें अपने निवास-स्थान जबलपुर में आर०एस०एस० के वालंटियरों (?) के हाथों पिटना पड़ा था। देश के साहित्यकारों व स्वतन्त्र चिन्तन के लिए वह एक शर्मनाक घटना थी। महान प्रगतिशील साहित्यकार यशपाल ने परसाई जी को उस घटना पर अपनी प्रतिक्रिया जाहिर करते हुए लिखा था-"तुम्हारी लेखनी महान है जिसे पढ़कर लोग तिलमिला जाते हैं और लाठी उठा लेते हैं......।" इस हमले के बावजूद परसाई जी की अलमस्ती बरकरार रही। और तो और उनके प्रति सहानुभूति प्रदर्शित करने आने वालों की मानवमन की बड़ी मनोरंजक बातें अपने एक लेख 'पिटने-पिटने में फर्क' में लिखी हैं। मुलाहिजा फरमाइये-"जो लिखता है, वह साहित्य है क्या? अरे, प्रेम-कहानी लिख। उसमें कोई नहीं पिटता।" "पिटे तो तबादला करवाने, नियुक्ति कराने की ताकत आ गयी-ऐसा लोग मानने लगे हैं, मानें, मानने से कौन किसे रोक सकता है! यह क्या कम साहित्य की उपलब्धि है कि पिटकर लेखक तबादले कराने लायक हो जाए। सन् 1973 की यह सबसे बड़ी साहित्यिक उपलब्धि है। पर अकादमी माने तो।" अपने आप पर भी हँसने का कितना बड़ा फलसफा है यह!

परसाई जी ने लगभग सभी राजनीतिक पार्टियों की शल्य-चिकित्सा की है तथा उनके वर्ग चरित्र तथा विसंगतियों को उजागर किया है। कांग्रेस के बारे में वे लिखते हैं, "...... यह जो कांग्रेसमैन है, बड़ा अद्‌भुत मैन है। ऐसा 'मैन' दुनिया में कहीं नहीं ...... इसे सत्ता में रहना आता है। चुनाव जीतना इसने सिद्ध कर लिया है। यह बिल्कुल नहीं बदलने देता। खुद भी बिल्कुल नहीं बदलता। क्या यथास्थितिवाद की सुरक्षा की सबसे बड़ी गारंटी यही कांग्रेसमैन है......"

समाजवादियों का खाका खींचते हुए वे लिखते हैं "...... इन समाजवादियों की चिन्तन-प्रक्रिया की विशेषता यह है कि ये निष्कर्ष पर पहुँचते नहीं, निष्कर्ष से शुरू करते हैं। पहले निष्कर्ष निकाल लिया कि गधे के सींग होते हैं और आगे सोचने लगे...... ये लोग साम्यवाद विरोध से सोचना

शुरू करते हैं। ऐसा नहीं है कि सोचते-सोचते साम्यवाद विरोध के निष्कर्ष पर पहुँचते हैं। इससे लगातार अवैज्ञानिक चिन्तन होता है...... अटपटे मुहावरे वाला यह अवैज्ञानिक और अयथार्थ चिन्तन समाजवादी को पूँजीवाद का रक्षक बना देता है और वह कदम कुआँ के बाबा जी के आश्रम में तीसरा विकल्प खोजता है......।''

सेठाश्रयी पत्रिकाओं तथा पश्चिमी प्रचार तंत्र ने हमारे देश के पढ़े-लिखे लोगों में साम्यवाद विरोध बड़े गहरे तक पैठाया है। साम्यवाद विरोध का ऐसा उन्माद व फैशन चला है कि कम्यूनिस्ट देशों (विशेषकर रूस) के विरुद्ध कितना फूहड़ व निम्न प्रचार किया जाता है जिसे परसाई जी ने हूबहू प्रस्तुत किया है, "...... रूस में तो पिस्तौल दिखाकर सम्भोग कराता जाता है और पिस्तौल के डर से ही वैज्ञानिक शोध भी करायी जाती है...... मुस्कराते हुए लोग देखें तो कहेंगे-कैसा अत्याचार है! लोगों को जबरदस्ती मुस्कराने को मजबूर किया जाता है। आदमी को रोने तक की स्वतंत्रता नहीं है......'' साम्यवाद विरोधी प्रचार गोयबल्स को मात देने वाला है और हम पढ़े-लिखे हिन्दुस्तानी 'बोलने की आजादी' प्रेस की स्वतंत्रता, स्वतंत्र न्यायपालिका आदि का राग अलापते हैं तथा हमारे तथाकथित ड्राइंगरूम बुद्धिजीवी, सखारोव व सोल्झेनित्सीन को दी जाने वाली यातनाओं (?) पर अपना रोष जाहिर करते हैं। इससे आगे हमारी साम्यवाद की समझ नहीं है।

परसाई जी का कैनवास बहुत विशाल है और वे विश्व के किसी भी कोने में होने वाली महत्त्वपूर्ण घटना का वस्तुपरक विश्लेषण कर देते हैं। ईरान में शाह के सामंती शासन को अपदस्थ किये जाने और वहाँ अयोतुल्लाह खुमैनी की सत्ता की स्थापना एक विशुद्ध अन्दरूनी घटना नहीं थी। यह पूरा का पूरा हादसा उस कुचक्र का एक अंग था जिसे असरीकी साम्राज्यवादी व विस्तारवादी ताकतें अपने सी० आई० ए० तंत्र द्वारा विश्व के हर कोने में फैलाने का प्रयत्न करती रही हैं। अमरीकी जंगखोरों ने द्वितीय विश्व युद्ध के बाद अरब देशों के सामंती शासकों को अपने चकाचौंध में फाँसकर वहाँ से सस्ते भावों मे तेल ले जाकर अपनी अर्थ-व्यवस्था को लगातार सुदृढ़ बनाया है। इसके दोहरे फायदे थे। परसाई जी ने अमरीका की इस साम्राज्यवादी कूटनीति का जायजा लेते हुए लिखा, "...शाह की और ईरान की ट्रेजडी एक आजमाए हुए नुस्खे के मुताबिक हुई। यह नुस्खा दूसरे महायुद्ध के बाद का है। जिस शासक या शासक गुट को अपनी दुर्गति करानी है और जनता पर कहर ढाना है, वह साम्यवाद-विरोध के नाम पर अमरीका को दावत दे दे...... एशिया, अफ्रीका के जिन शासकों ने 'बड़े

भाई' को बुलाया, उन सबकी दुर्गति हुई है। कहीं बड़े भाई बिना बुलाये घुस गये और नाश किया...... अमरीका की एक नीति है-'कन्टेनमेंट आफ कम्यूनिज़्म' यानी साम्यवाद के प्रसार को रोकना। मगर जहाँ-जहाँ अमरीका साम्यवाद को 'कन्टेन' करने घुसा, वहाँ साम्यवाद पक्का आया, जैसे दक्षिण-पूर्व एशिया में। दूसरे देशों में साम्यवाद आंतरिक द्वन्द्वों से आता है, मगर अमरीका 'कन्टेन' करके उसे एक झटके में ले आता है......"

अमरीकी विस्तारवादी नीति, फौजी तानाशाहों को शासन करने को जो नुस्खे सिखाती है, उसे परसाई जी बयान करते हैं, "... हर आदमी पर एक सिपाही और एक खुफिया लगा दो। तुम्हारे पास तो तेल है, उसे अमरीका व यूरोप में बेचो। उस पैसे से हथियार खरीदो। हर आदमी के सिर पर एक बमवर्षक विमान मँडराने दो। सामान हमसे खरीदो। यूरोप से खरीदो। कारखाने मत खोलना। कारखाने का संगठित मजदूर झंझट पैदा करता है। पढ़-लिखकर आदमी अधिकार माँगने लगता है...... एक शासक गुट बनाओ। एक फौजी अफ़सरों का गुट बनाओ......" बी० बी० सी० (हमारे भद्रजनों का 'स्टेटस सिम्बल') तथा देशी अखबारों ने, जिनकी हमारे पढ़े-लिखों में अपनी तथाकथित तटस्थ एवं निष्पक्ष (?) रवैये की बड़ी धाक है, ईरान की घटनाओं को इस चतुराई से प्रस्तुत किया है कि वे शाह के खिलाफ़ वहाँ की विभिन्न कम्यूनिस्ट पार्टियों के निरन्तर संघर्ष को पूरी तरह नजरअन्दाज कर देते हैं। परसाई जी ने तथ्यों को स्पष्ट करते हुए लिखा है, "...... लोगों ने लड़ाई लड़ी...... वियतनामियों की जय बोलकर लड़ाई लड़ी। मानव अधिकार, रोजी, रोटी, कपड़ा, मकान की लड़ाई। मगर मुल्ला मौलवी और उनके नेता अयोतुल्लाह खुमैनी बार-बार कहते रहे-इस संघर्ष को कुछ और मत समझ लेना। यह तो सिर्फ इस्लाम के लिए संघर्ष है। कुछ लोग इस लड़ाई-को दूसरा रंग देने की कोशिश कर रहे हैं....... यह दूसरा रंग क्या है? मुल्लाओं को यह पसंद नहीं है कि इसे जनता की रोजी-रोटी की लड़ाई माना जाए...... आर्थिक न्याय! नहीं, इस्लाम में यह कहाँ आता है। रोजी-रोटी! नहीं, इस्लाम को इससे क्या मतलब है! यह सब कम्यूनिस्टों का बहकावा है। खबरदार, इस्लाम खतरे में है। जब तक हम छटवीं शताब्दी में न पहुँच जाएँ, इस्लाम खतरे में रहेगा। ईरान के लोगों की दूसरी लड़ाई इन कठमुल्लों के चंगुल से छूटने की है। यह तय करने की है कि वे बीसवीं सदी में हैं या छटवी में...."

जनता सरकार ने जिस 'असली' गुटनिरपेक्षता-जेन्यूआइन, की नीति अपनानी चाही थी, वह इस बात का संकेत थी कि जनता पार्टी में ऐसे तत्त्वों की पकड़ मजबूत हो रही थी जो अमरीका-परस्त हैं तथा जिन्हें रूस की

ओर झुकाव पसन्द नहीं। हवाना सम्मेलन का जायजा लेते हुए परसाई जी लिखते हैं, "......मोरारजी भाई और अटलबिहारी बाजपेयी ने 'असली गुटनिरपेक्षता' की जो गधैया विदेश मंत्रालय में पाल रखी थी, उसकी लीद का बोरा लादकर श्यामनन्दन मिश्र हवाना...... हवाना में यह सम्मेलन न हो, यह कोशिश अमरीका, चीन और उनके चमचे शुरू से कर रहे थे...... फिदेल कास्त्रो ने अपने उद्घाटन भाषण में कहा था कि ये 100 देशों के बड़े-बड़े नेता जो यहाँ बैठे हैं, क्या बच्चे हैं, जो मैं इन्हें बहका लेता...... फिदेल चोर को चोर कहता है, मगर हमारी यह सरकार चोर को 'श्रीमान वस्तु विनिमयकर्ता' कहना चाहती है...... हम डरते हैं कि कहीं यह न मान लिया जाय कि गुट-निरपेक्ष का तार्किक समर्थक समाजवादी खेमा है...... कोई यह तो इनसे कह नहीं रहा है कि रूसी खेमे के पिछलग्गू हो जाओ मगर इनकी दुर्गति यह है कि कोई ऐसा कह न दे, इस डर से साम्राज्यवादी खेमे के आसपास की घास छीलते हैं। इनकी हालत उस कमजोर औरत जैसी है जो इस डर से कि कोई उसे बदचलन न कह दे, दिन में चार बार माँग भरती है।"

परसाई जी की भाषा आम आदमी के बोलचाल की भाषा है व निखालिस 'देसी' है। 'प्रूडिस्ट' व विशुद्ध साहित्यिक लोगों को उनकी भाषा गँवारू, व्याकरणहीन व अश्लील लग सकती है, क्योंकि वह जन-मानस की भाषा है-'एलीट' की नहीं। मार्क्सवादी होने के बावजूद परसाई जी ने बहुतों की तरह आयातित साम्यवादी शब्दावली का इस्तेमाल करने की गलती नहीं की है और इसीलिए वह हर साधारण पाठक की समझ में आसानी से आती है एवं असरकारक भी होती है। परसाई जी की सीधी-सादी भाषा ही बेहद मारक है। उनके संदर्भ इतने गहरे और जिन्दगी से जुड़े हुए होते हैं कि साधारण, सपाट एवं सरल भाषा स्वयं ही अर्थमय हो जाती है।

परसाई जी. ने मध्यवर्गीय (कु) संस्कारों, ढोंग, दोहरे मानदंडों, झूठी शान-प्रतिष्ठा, काइयाँपन आदि को अपनी मारक भाषा द्वारा बुरी तरह लहूलुहान किया है। अपने एक लेख 'दो नाक वाले लोग' में परसाई जी लिखते हैं, "...... मेरा ख्याल है, नाक की हिफ़ाजत सबसे ज्यादा इसी देश में होती है। और या तो नाक बहुत नर्म होती है या छुरा तेज जिससे छोटी-से-छोटी बात से भी नाक कट जाती है। छोटे आदमी की नाक बहुत नाजुक होती है। यह छोटा आदमी नाक को छिपाकर क्यों नहीं रखता?" समाज में वर्चस्व हमेशा पैसे वालों का होता है, इस बात को अपने उसी लेख में वे अपने खास अन्दाज में बयान करते हैं, "...... कुछ बड़े आदमी जिनकी हैसियत है इस्पात की नाक लगवा लेते हैं...... काला बाजार में

जेल हो आये हैं, औरत खुलेआम दूसरे के साथ 'बाक्स' में सिनेमा देखती है, लड़की का सार्वजनिक गर्भपात हो चुका है। लोग उस्तरा लिये नाक काटने को घूम रहे हैं। मगर काटें कैसे? नाक तो स्टील की है...... स्मगलिंग में पकड़े गये हैं। हथकड़ी पड़ी है। बाजार में से ले जाये जा रहे हैं। लोग नाक काटने को उत्सुक हैं। पर वे नाक को तिजोरी में रखकर स्मगलिंग करने गये थे। पुलिस को खिला-पिला देंगे, बरी हो जायेंगे और नाक फिर पहन लेंगे। जो बहुत होशियार हैं, वे नाक को तलवे में रखते हैं...... नातिन की उम्र की दो लड़कियों से बलात्कार कर चुके हैं। जालसाजी और बैंक को धोखा देने में पकड़े गये हैं। लोग नाक काटने को उत्सुक हैं, पर नाक मिलती नहीं। वह तो तलवे में है। कोई जीवशास्त्री अगर नाक की तलाश भी कर दे, तो तलवे की नाक काटने से क्या होता है? नाक तो चेहरे पर की कटे, तो कुछ मतलब होता है... कुछ नाकें गुलाब के पौधों की तरह होती हैं। कलम कर दो तो अच्छी शाखा बढ़ती हैं...... जब खुशबू कम होने लगती है, ये फिर कलम करा लेते हैं, जैसे किसी औरत को छेड़ दिया और 'जूते खा गये'......जूते खा गये, अजब मुहावरा है। जूते तो मारे जाते हैं। वे खाये कैसे जाते हैं? मगर भारतवासी इतना भुखमरा है कि जूते भी खा जाता है।'' रोटी का सवाल जो जिन्दगी का अहम सवाल है उसे परसाई जी हर जगह ढूँढ लेते हैं।

पढ़े-लिखे लोग अपनी तमाम तथाकथित आधुनिकता, क्रान्तिकारिता के बावजूद आज भी पुरातनपंथी संस्कारों व ढकोसलों से न केवल जकड़े हुए हैं बल्कि इस या उस तर्क के बहाने बचने की तरकीबें निकालने में भी माहिर हैं। परसाई जी इसका उदाहरण देते हुए लिखते हैं, ''...बहुत लोग एक परम्परा से छुटकारा पा लेते हैं, पर दूसरी से बँधे रहते हैं। रात को शराब की पार्टी से किसी ईसाई दोस्त के घर से आ रहे हैं, मगर रास्ते में हनुमान मन्दिर दिख जाये तो थोड़ा तिलक भी सिन्दूर का लगा लेंगे......'' ''......मेरे एक दोस्त और हैं। मुझसे ज्यादा वैज्ञानिक दृष्टि-सम्पन्न, विचार और कर्म दोनों से क्रान्तिकारी। मैं ही उनसे ज्ञान और प्रेरणा लेता रहा हूँ। एक दिन मैंने उन्हें धोती पहने, पालथी मारे सत्यनारायण की कथा पर बैठे रंगे हाथों पकड़ लिया। मुझे लगा, जैसे एम्बुलैंस की गाड़ी ने मुझे कुचल दिया हो......'' वास्तव में हमारी नयी पीढ़ी को ऐसी ही कितनी 'एम्बुलैंसें' कुचलकर उन्हें आधुनिक व प्रगतिशील नहीं होने दे रही हैं।''

''...... बुद्धिजीवी बहुत थोड़े में सन्तुष्ट हो जाता है। उसे पहले दर्जे का किराया दे दो ताकि वह तीसरे में सफर करके पैसा बचा ले। एकाध माला पहना दो, कुछ श्रोता दे दो और भाषण सुनने के बाद थोड़ी तारीफ-

वह मान जाता है। इतने में......'' छपास रोग से पीड़ित लेखकों व कवि-सम्मेलनों में तुकबन्दी व चुटकले सुनाकर वाहवाही लूटने वाले कवियों पर पैसा करारा तमाचा मारा है परसाई जी ने।

विश्वविद्यालयों में प्रोफेसरी करने वाले लेखकों की दयनीय स्थिति का जिक्र करते हुए परसाई जी लिखते हैं, ''......कोर्स का लेखक हो गया हूँ। कोर्स का लेखक वह पक्षी है, जिसके पाँवों में घुँघरू बाँध दिये गये हैं। उसे ठुमककर चलना पड़ता है। ये आभूषण भी हैं व बेड़ियाँ भी। रॉयल्टी मिलने लगती है, तो जी होता है कि 'सत्साहित्य' ही लिखो, जिससे लड़के-लड़कियों का चरित्र बने। उसे आचार्यगण तुरन्त गले लगा लेंगे। परेशानी यही है कि 'सत्साहित्य' कुल आठ-दस वाक्यों में आ जाता है, जैसे-सत्य बोलो, किसी को कष्ट मत दो, ब्रह्मचर्य से रहो, परायी स्त्री को माता समझो आदि...'' परसाई जी साफ तौर से कहना चाहते हैं कि नैतिकता व आदर्श के भाषणों तथा गुडी-गुडी बातों (या साहित्य) से सामाजिक चेतना नहीं जागती, उसके लिए प्रतिबद्ध साहित्य आवश्यक है।

परसाई जी ने सबसे गंभीर एवं समय का सबसे अहम सवाल भी उठाया है, वह सवाल लेखक, समाज व सत्ता के पारस्परिक संबंध तय करने का है। वे सीधा-सीदा सवाल दागते हैं, ''सवाल यह है कि लेखक अपने को आम जनता से जोड़ता है या नहीं। जोड़ता है तो वह हर सही जन-आंदोलन से साथ देगा-वरना कमरे में बैठकर कविता लिखेगा, कि हम तो मर रहे हैं, हम सूअर हैं, हमारी मरणतिथि यह है (हालांकि ठाठ से जी रहे हैं)।'' सत्ता के साथ साहित्यकार के क्या संबंध हों, इस पर लगातार विचार होता रहा है और सत्ता से चिपकने, उसकी चाटुकारिता करने से लेकर टोटल आलोचना तक के स्टेटमेंट हमारे साहित्यकार देते रहे हैं। परसाई जी सीधा सवाल करते हैं, ''क्या हम अन्धों की तरह यह मान लें कि लेखक और सरकार का शाश्वस्त शत्रु-संबंध या मित्त-संबंध है? क्या यह सही नहीं है कि सरकार के टोटल विरोध की बात वही लेखक करते हैं, जिनके मजे में जिन्दगी गुजारने के लिए दूसरे जरिए हैं (देशी पूँजीपतियों के प्रेस, विदेशी दूतावासों तथा कम्यूनिज्म विरोध के लिए सी०आई० ए० आदि से जिन्हें पैसा मिलता है)? आलोचना टोटल होनी चाहिए या मुद्दों पर। यानी अगर, सरकार कोई ठीक योजना, योजना आयोग से बनवा रही है, तो भी क्या उसका विरोध ही करे-क्योंकि वह लेखक है और उसकी अलग दुनिया (यह गलतफहमी बहुत से छुटभैय्ये लेखकों को) है? लूकाच ने कहा है कि कुछ भी प्रगतिशील कदम उठाने वाली सरकार की टोटल आलोचना करने वाला बुद्धिजीवी अक्सर 'हीरो' बनने की कोशिश करता है, पर वह

मूलतः क्रान्ति-विरोधी शक्तियों का एजेन्ट है। वह जनता का आक्रोश सरकार की तरफ करके उन ताकतों को बचा ले जाता है, जो यथास्थितिवादी और क्रान्ति-विरोधी होती हैं......'' यहाँ गौर करना होगा कि जयप्रकाश की 'सम्पूर्ण क्रान्ति', जमाखोरों, मुनाफाखोरों, इजारेदारों तथा जमींदारों के खिलाफ कभी नहीं रही। चार अंकों की पगार पाने वाले लेखक-पत्रकार, वकील, स्वतंत्र बुद्धिजीवी जैसे कि कुलदीप, नैय्यर, जनार्दन ठाकुर, पालखीवाला, छागला आदि भी हमेशा मात्र सरकार विरोधी रहे हैं पर उन्होंने कभी भी पूँजीवादी विकास के ढाँचे, गाँवों में सामंती आतंक, साम्प्रदायिक एवं फासी ताकतों आदि के विरुद्ध आवाज़ नहीं उठायी है। इस सबके तो वे पक्षधर हैं, उनके हितों की रक्षा करना इस तरह के बुद्धिजीवियों की अपनी अलग क्रान्तिकारिता व लफ्फाजी होती है। परसाई जी बड़े मार्के की बात लिखते हैं, ''सरकार का विरोध करना भी सरकार से लाभ लेने व उससे संरक्षण प्राप्त करने की एक तरकीब है...... सरकारें खुद चाहती हैं कि कुछ लेखक उनका विरोध करें। वे उन्हें पहचान लें और जो चाहिए दे-दिवा दें।'' ऐसे लेखकों के बारें में परसाई जी लिखते हैं, ''बहुत आदमियों की रीढ़ की हड्डी नहीं होती। वे बहुत लचीले होते हैं। उन्हें चाहें तो आप बोरे में डालकर ले जा सकते हैं। ले ही जाते हैं। मैं लगातार देख रहा हूँ कि राजनीति और साहित्य में बहुत लोग आपरेशन करवा के रीढ़ की हड्डी निकलवा लेते हैं...'' ऐसा भौंडा तमाशा इस देश में खूब हो रहा है। मार्च 77 के बाद 'आपातकाल' साहित्य (?) खूब लिखा व छापा गया-उन्हीं लेखकों-संपादकों द्वारा जो आपातकाल के दौरान इंदिरा गांधी, संजय गांधी की रंगीन तस्वीरें अपनी पत्रिकाओं में छाप रहे थे। यही बेपेंदी के लोग जनता सरकार से लाभ उठाकर रेडियो, टेलिविज़न व विदेश यात्रा का भरपूर आनंद ले रहे थे। इस समय इनकी तैयारियाँ पुनः खेमे बदलने में लगी होंगी।

परसाई जी ने लेखक की सीमाओं तथा बेचारगियों का सवाल उठाते हुए लिखा है, ''सवाल यह है कि क्या कोई साहित्यकार बिल्कुल स्वतंत्र रह सकता है? लेखन से जीविका कमा सकता है? क्या रेडियो, प्रकाशन विभाग और अकादमियों में जाने के लोभ को नकार सकता है? इन सवालों के जवाब का एक अंदाज यह भी हो सकता है-गुलशन नंदा जैसे बीसियों लेखक तथा 'की होल' पत्रकार लेखन से न केवल अपनी जीविका कमा रहे हैं बल्कि एशो-आराम की जिंदगी बसर कर रहे हैं। अभिव्यक्ति की स्वतन्त्रता के नाम पर बलात्कार, लूटपाट, हिंसा, कत्ल आदि की घटनाओं को कौतूहल व मनोरंजन से पूर्ण भाषा में लिखने की पूरी आजादी है। संभोग से समाधि, योग, विद्या, नेताजी सुभाष की मृत्यु, शास्त्री जी की संदेहास्पद

मौत, भारत में गुलाब की खेती, ताजमहल की हिन्दू उत्पत्ति सिद्ध करना आदि जैसे सैकड़ों चौंकाने वाले व चटखारे लेकर पढ़ने वाले विषय जिन पर धड़ल्ले से लिखा जा रहा है और लेखकों की जेबें गर्म हो रही हैं, प्रकाशकों की तो चाँदी है खैर। सत्ता भी तो यही चाहती है कि साहित्यकार इसी तरह की ऊलजलूल बातों में लगा रहे। मुझे दिल्ली दूरदर्शन पर आयोजित एक अहिंदीभाषी हिंदी का प्रख्यात लेखिका का वह साक्षात्कार याद आ रहा है जिसमें वह अपने शानदार बँगले, ड्राइंग रूम, भित्ति चित्रों, आधुनिक ढंग से सुसज्जित रसोई, गुलाब व कैक्टस से लदे हुए बगीचे आदि को बड़े इठलाते हुए दिखा रही थी तथा बता रही थी कि उनकी कई पुस्तकों का विदेशी भाषाओं में अनुवाद किया जा चुका है। उन लेखिका से सवाल पूछा जा सकता है (हालाँकि दूरदर्शन व रेडियो पर गम्भीर सवाल पूछना मना है) कि क्या उन्होंने दलितों, पीड़ितो तथा शोषितों की जिंदगी पर भी कुछ लिखा है या बस जवान दिलों की रूमानी एवं जज्बाती बातों का गुदगुदा एवं भीना-भीना इजहार किया है। वहीं पर मुझे परसाई जी का जबलपुर स्थित किराए का वह मकान याद आता है जो बरसात में जगह-जगह से चूता रहता है और उनके भानजे उनके पलंग को बार-बार यहाँ से वहाँ बदलते रहते हैं कि कहीं तो पानी न टपकने वाली जगह मिले; बुंदेलखण्ड की चिलचिलाती दोपहरों में वह घर आग की भट्टी की तरह तपता रहता है क्योंकि छतें एसवेस्टस की हैं। ऐसा क्यों है? यह इसलिए कि परसाई जी ने समय बिताने वाला, थोथा, व खोखला साहित्य नहीं लिखा है, रंगीन पत्रिकाओं के संपादकों की शर्तों को नहीं माना और लेखन को अपना व्यवसाय नहीं बनाया है। उन्होंने जो कुछ लिखा है, उसे पढ़कर लोग तिलमिलाए हैं और बदले में उन्हें डंडों की मार पड़ी है। परसाई स्वयं आश्चर्य करते हैं कि वे पिछले पच्चीस-तीस बरसों से लगातार लिख रहे हैं, उनकी कई किताबें छप चुकी हैं तथा नियमित 'कालम' भी लिखते हैं, लेकिन उन लेखकों की तुलना में, (आर्थिक हालत के हिसाब से) कितने पीछे हैं जो बड़े बँगलों में रह रहे हैं, जिनके पास कारें हैं तथा जो दूतावासों के पैसों के सहारे यूरोप व अमरीका की सैर भी करते रहते हैं। ऐसा कहकर हम परसाई जी की गरीबी का न तो ढोल पीट रहे हैं और न ही उनके प्रति लोगों की दया या सहानुभूति बटोरना चाहते हैं। कहने का मतलब केवल यह है कि लेखन के जरिए सामाजिक, राजनीतिक व आर्थिक चेतना जगाने का काम नरम-नरम बिस्तरों पर लेटकर, ड्राइंग-रूम में कॉफी या स्कॉच की चुस्की के साथ लफ़्फ़ाजी करने ऋषियों-मुनियों वाली तटस्थ दृष्टि अपनाकर नहीं किया जा सकता है। सार्थक व प्रभावशाली लेखन के लिए

प्रतिबद्ध दृष्टि के साथ-साथ दो टूक बात कहने का माद्दा पैदा करना होगा तथा व्यवस्था-सरकार व पूँजी-पति दोनों के प्रलोभनों से बचना होगा।

यथा यथास्थितिवादी शक्तियाँ-पूँजीवादी एवं सामंती दोनो, जन-मानस को भटकाने के लिए समय-समय पर बाबा-बैरागियों, भगवानों (रजनीश, साईं बाबा आदि), आदि का सुनहरा जाल फैलाती रहती हैं। देश में होने वाले अनेक 'यज्ञों' तथा हरिजनों पर सवर्णों के अत्याचार के बारे में परसाई जी ने असलियत को सामने रखते हुए लिखा है, "...घुड़सवार हरिजन दूल्हे को पीटना तो अश्वमेघ यज्ञ है। हरिजनों की बस्ती में आग लगाना राजसूय यज्ञ है...... देश में जब करोड़ों आदमियों को अन्न खाने को नहीं मिलता तब ये धार्मिक पाखंडी उसे आग में झोंकेंगे। मेरे ख्याल से यह यज्ञ करने-कराने वाले समय-समय पर परीक्षा करते रहते हैं कि देश का अविवेक और पुरुषत्वहीनता अभी बरकरार है कि नहीं। लोग देखते रहे कि हमारा अन्न, घी, शक्कर आग के हवाले किया जा रहा है और वे जय बोलते हैं। यानी लोग अभी जड़, अविवेकी और कायर हैं। इन लोगों से अभी डरने की कोई जरूरत नहीं है। इन्हें लम्बे समय तक शोषित रखा जा सकता है। यज्ञ में, वास्तव में अन्न, घी, शक्कर नहीं जलते, विवेक स्वाहा! बुद्धि स्वाहा! तर्क स्वाहा! विज्ञान स्वाहा!"

"इन दिनों जो यज्ञों की बाढ़ आई है, नए-नए भगवान और देवियाँ अवतार ले रहे हैं, चमत्कार का दावा करने वाले प्रगट हो रहे हैं, यह अनायास नहीं है, इसके पीछे योजना है जिसका उद्देश्य है जनता को पिछड़ा हुआ रखना, उसे भाग्यवादी और संघर्षहीन बनाना। कुछ उद्देश्य है कि लोग परिवर्तन की माँग न करें। वे सड़ी-गली व्यवस्था से विद्रोह न करें। शोषकवर्ग सामान्य जन का बेखटके शोषण करता रहे। यह एक देशव्यापी षड्यंत्र है, जिसमें राजनीतिज्ञ, सरमाएदार, बुद्धिजीवी आदि शामिल हैं।" ये सारे सवाल विशेषकर उन बुद्धिजीवियों से पूछे जाने चाहिए जिनकी क्रान्तिकारिता इन्दिरा गांधी को अधिनायकवादी कहने, मार्च '77 चुनाव को दूसरी आजादी की संज्ञा देने, मधुलिमए-राजनारायण को दल-बदलू करार देने, गो-वध एवं शराब विरोधी-आन्दोलन चलाने, रूस में लेखकों की यातनाओं (?) के विरुद्ध प्रस्ताव पास करने तथा कम्युनिस्टों को सन् बयालीस का हवाला देते हुए देशद्रोही करार देने तक में ही सीमित है। ये लफ्फाज, कागजी शेर तथा जनतंत्र के हिमायती कभी भी सामंती आतंक, बड़े-बड़े मंदिरों की दौलत, पूँजीपतियों की बढ़ती हुई दौलत आदि जैसी बातों के खिलाफ़ क्यों कोई अभियान नहीं चलाते हैं? मधु मेहता (हिन्दोस्तानी आन्दोलन वाले), न्यायधीश तारकुण्डे, छागला, श्रीमती विजयलक्ष्मी पंडित,

पालखीवाला, कुलदीप नैय्यर, धर्मवीर भारती, राजेन्द्र अवस्थी, निर्मल वर्मा आदि से ये सवाल पूछे जाने चाहिए। वैसे इनकी फेहरिस्त काफी लम्बी है।

किसी भी देश की युवा पीढ़ी से उम्मीद की जाती है कि वह समाज में व्याप्त कुरीतियों, पोंगापंथियों, अंधविश्वासों आदि के खिलाफ जिहाद छेड़े तथा प्रगतिशील एवं वैज्ञानिक चिंतन के बीज बोए। हमारे देश की युवा पीढ़ी को संबोधित करते हुए परसाई जी ने लिखा है, "...यह एक योजनाबद्ध षड्यन्त्र है, जिसे यथास्थितिवादी और पुरातनपंथी इस देश में चला रहे हैं, पर मुझे यह समझ में नहीं आता कि मेरी बाद की पीढ़ी के लोग और कालेज के पढ़े तरुण इस चक्कर में क्यों पड़ रहे हैं? ये तरुण जिन्हें मुझसे बहुत अधिक वैज्ञानिक और प्रगतिशील होना चाहिए, जिन्हें परिवर्तन के संघर्ष का नेतृत्व करना चाहिए, जिन्हें विद्रोह की भूमिका निभानी चाहिए, वे क्यों अपने बाप के बाप की पीढ़ी के हो रहे हैं। अपनी भ्रामकता और निराशा में कोई और रास्ता न दिखने के कारण ही तो ये इस भाग्यवादिता के चक्कर में नहीं पड़ रहे हैं।"

हम जानते हैं कि व्यवस्था ने युवा पीढ़ी को ऊँची डिग्री, लम्बी तनखा, आरामदायक नौकरी का प्रलोभन दिखाकर अपने भ्रमजाल में ऐसा उलझा रखा है कि वह सही मायने में सामाजिक क्रान्ति में भागीदार नहीं हो पा रही है। मैकाले की प्रदत्त औपनिवेशिक शिक्षा पद्धति भारतीय 'ब्राउन साहबों' की अफसरशाही की गोद में और भी फल-फूल रही है और हम लगातार क्लर्कों की जमात पैदा करते जा रहे हैं।

भारतीय पुलिस उसकी (कु) छवि तथा उसकी मजबूरियों-नेताओं से मिली-भगत, को उजागर करते हुए परसाई ज़ी ने आम आदमी के मन की बात कही है। "......भारतीय पुलिस एक अद्भुत चीज है, दिलचस्प है। मैं नहीं जानता किसी और देश में माँ अपने बच्चे को पुलिस का डर दिखाकर चुप कराती है। भारत, पाकिस्तान और बंगला देश में ऐसा होता है क्योंकि तीनों की पुलिस संस्कृति एक ही है... आजकल यूनीवर्सिटी की सारी परीक्षाएँ पुलिस करा रही है... भारतीय पुलिस की अकथ कथा है। न्यायमूर्ति मुल्ला का वह रिमार्क बिल्कुल बेमानी नहीं है कि पुलिस सबसे संगठित अपराधी गिरोह है। जिन अपराधों को रोकने और जिनके करने वालों को सजा दिलाने की जिम्मेदारी पुलिस की है, वे अपराध पुलिस पेशेवर अपराधी से अधिक खूबसूरती से करती है। कुछ खुद करती है, कुछ राजनैतिक सत्ताधारी कराते हैं। जघन्य से जघन्य अपराध राजनैतिक लोग इनसे कराते हैं, न करें तो तबादले, 'लाइन-अटैच' और निलम्बन की धमकी सत्ता पार्टी

के छुटभैय्ये तक देते हैं। पहले अपराधी को छुड़ाने के लिए एक आता था (कांग्रेस राज में) अब पाँच आते हैं, एक के बाद एक, क्योंकि सत्ता में पाँच घटक हैं'' (यह जनता सरकार के समय की बात थी।) ऐसा नहीं कि परसाई जी पुलिस के प्रति सहानुभूति ने रखते हों। पुलिस की उचित माँगों का समर्थन करते हुए वे नेताओं के भ्रष्टाचार का भी बखूबी भण्डाफोड़ करते हैं। वे लिखते हैं, ''पुलिस भ्रष्ट है, अत्याचारी है तो इसे कोई सुभीते नहीं मिलना चाहिए-यह एक खतरनाक तर्क है। इस तर्क को मानने से भारत के आधे से ज्यादा मंत्री सस्पेंड हो जाएँगे। लाइन अटैच हो जाएँगे... पुलिस वाले जानते हैं कि बहुत बड़ी संख्या में नेता लोग पुलिस रिकार्ड में निगरानी बदमाश हैं। पुलिस वालों का वेतन और सुविधाएँ बढ़ानी पड़ेंगी।''

शोषण-विहीन और समतावादी समाज की स्थापना के लिए जो लेखक अपनी लेखनी चला रहे हैं, परसाई जी उनमें अग्रणी हैं। आनेवाली पीढ़ी के दिशा-निर्देश के लिए हरिशंकर परसाई एक आकाश दीप के समान हैं।

–मधुमास चन्द

संदर्भ

1. मेरी श्रेष्ठ व्यंग्य रचनायें: हरिशंकर परसाई, ज्ञान भारती, दिल्ली
2. वैष्णव की फिसलन: हरिशंकर परसाई, राजकमल प्रकाशन, दिल्ली
3. बोलती रेखाएँ: हरिशंकर परसाई, लोक चेतना प्रकाशन, जबलपुर
5. तीसरी आजादी का जाँच कमीशन: हरिशंकर परसाई, कथायात्रा (सं० कमलेश्वर), बंम्बई
6. 'माटी कहे कुम्हार से': हरिशंकर परसाई, नियमित कालम 'करंट', हिन्दी साप्ताहिक, बम्बई

एक खबर खोजी

तुलसीदास ने रामचरितमानस में लिखा-"कवित विवेक एक नहिं मोरे। सत्य कहों लिखि कागद कोरे।" यह उक्ति तुलसीदास के लिए जितनी ठीक बैठती है, उससे कहीं अधिक सटीक बैठती है-दो आधुनिक लेखकों के लिए। उनमें एक हैं-प्रेमचन्द और दूसरे हैं-हरिशंकर परसाई। तुलसीदास और प्रेमचन्द के विषय में लोग अधिक जानते हैं, परसाई के विषय में कम। पर कई बातें हैं जो इनमें समान हैं। पहली बात तो यह है कि ये अपनी रचनाओं में आद्योपान्त जीवन से जुड़े हैं। दूसरी बात यह है कि इनकी भाषा सरल लोक भाषा है और तीसरी बात यह है कि इन तीनों में जीवन की घटनाओं और चरित्रों के आरपार देखने की अद्‌भुत शक्ति है। तीनों ही यथार्थ जीवन के क्रान्त द्रष्टा हैं। फिर भी न प्रेमचन्द तुलसीदास हैं और न परसाई प्रेमचन्द। तुलसीदास ने पुराण के महत्त्व वाला महाकाव्य लिखा और व्यक्तित्व का अतिशय प्रसार किया। प्रेमचन्द ने यथार्थ जीवन के महाकाव्यीय महत्त्व वाले उपन्यास लिखे और प्रायः गांधीवादी आदर्शों का प्रचार किया। परन्तु परसाई ने पुराण, महाकाव्य और उपन्यास कुछ भी नहीं लिखे और किसी भी आदर्श या दर्शन का प्रचार नहीं किया; फिर भी ये उसी राह से जुड़े हुए हैं जो तुलसी और प्रेमचन्द की है। वह राह है मानव-मानव के ममत्व की। बिना किसी प्रकार के प्रचार और उपदेश की भावना के, परसाई के लेखन में मानव-मानव के बीच की असमानता का विरोध और समानता की स्थापना है। असमानता और आडम्बर परसाई जी को सह्य नहीं है। पर यह असमानता, बनावट और आडम्बर-समाज में अतिशय व्याप्त है, अतएव परसाई जी के लेखन को वे तीव्र प्रेरणा देते हैं और इनके प्रति तीव्र असहिष्णुता परसाई जी के लेखन को तीखा व्यंग्य और तुरशी प्रदान करते हैं। जब तक परसाई जी की परिकल्पना की समानता हमारे सामाजिक जीवन में न आयेगी तबतक उनकी लेखनी की छटपटाहट और चरफराइट कम नहीं होगी।

यद्यपि परसाई जी ने कहानियाँ भी लिखी हैं, पर उनका लेखन कहानीकार या उपन्यासकार या कवि के जैसा लेखन नहीं है। उनका लेखन हमारे आसपास के वर्तमानजीवन का वास्तविक इतिहास है। इसके चरित्र सुप्रसिद्ध व्यक्तित्व चाहे भले ही न हों; पर उन सब में कहीं-न-कहीं कोई चिनगारी है-कोई छिपा हुआ जीवन-मूल्य है जो उनके लेखन को केवल कथा-कहानी के रूप में पढ़कर, मन बहलाव कर रख देने वाला नहीं, वरन् वर्तमान और भविष्य के जीवन-दर्शन का झरोखा बना देता है। कहने का तात्पर्य यह है कि वह फिल्मी या काल्पनिक नहीं, वरन् वह 'डाकूमेंण्टरी' लेखा है। उसे पढ़कर हम अपने आसपास के जीवन को साक्षात् कर सकते हैं। 'डाकूमेण्टरी' से मेरा तात्पर्य केवल यह है कि वह लेखन वास्तविक, यथार्थ और विश्वसनीय है और 'सत्य कहों लिखि कागद कोरे' की भावना से ओतप्रोत हैं; पर इसका तात्पर्य यह नहीं कि वह ऊपरी या बाहरी है। वह इतिहास के ऊपरी सत्य को ही प्रकट करने वाला नहीं: वरन् वह सचाई की उन परतों, उन गहराइयों एवं भाव और चेतना की उन तरंगों का उद्‌घाटन करने वाला है जिसे परसाई जी ही देख सकते हैं। कभी-कभी लगता है कि परसाई जी का रहस्योद्‌घाटन, 'सी०बी०आई०' की रिपोर्ट जैसा है जिसे पढ़कर लगता है कि हाँ जो घटना हम देखते हैं, वह अधूरी है और उसके भीतर का वास्तविक सत्य यह है जो कितना रहस्यमय है। यही रहस्योद्‌घाटन उनके लेखन के रोचक होने का महत्त्वपूर्ण कारण है। पर यह रहस्य वे कैसे जानते हैं या प्राप्त करते हैं, इसका रहस्य तो वही बता सकते हैं। हम केवल यही कह सकते हैं कि जीवन के प्रत्येक स्तर, प्रत्येक पक्ष से घनिष्ठता से जुड़े रहकर ही यह दृष्टि नहीं प्राप्त होती, जो परसाई जी के पास है। पुरानी शब्दावली में इसे लेखन-प्रतिभा कहा जा सकता है। पर प्रतिभा की जीवन से इतनी संपृक्तता दुर्लभ है।

परसाई जी का लेखन सच्चा है, पर सीधा नहीं है। वह सत्य का साक्षात्कार कराता है-उसको विविध रंगों और तरंगों में हमारे सामने प्रस्तुत करता है। सचाई के रहस्य का उद्‌घाटन करने का कारण उस लेखन की वस्तु रोचक है और उसे तीखे अनुभव के रस या रंग से सराबोर करके व्यक्त करने के कारण उनकी शैली भी रोचक है। उनके गद्य लेखन के एक-एक शब्द में उसी प्रकार की रोचकता और चरफरापन है जैसी कि कविता के शब्दों में होती है जो प्रायः कहानी या गद्य के लेखकों के लेखन में नहीं मिलती। उनके शब्द और मुहावरे सहज होते हुए भी सटीक और पैने होते हैं; क्योंकि उनमें व्यंग्य भरा रहता है। कोई संस्मरण लिखते-लिखते वे लिख देंगे: "मुझे पहली बार मालूम हुआ कि तली मछली और सलाद

के साथ देश की दुर्दशा इतनी स्वादिष्ट लगती है।'' कहीं दो भ्रष्टाचारियों का वर्णन करते हुए अन्त में कह देंगे कि ''स्वाभाविक है कि दो सज्जनों में मित्रता होगी।'' उनका व्यंग्य किस शब्द, किस मुहावरे या किस वाक्य में कब कहाँ उभर उठेगा, इसका अन्दाज लगाना संभव नहीं है। उनके व्यंग्य की धार बड़ी पैनी होती है, वह कब, कहाँ और कितना काटेगी–इसका अनुभव धार के चल जाने पर ही होता है–पहले नहीं, चाहे कोई कितना ही सचेत क्यों न हो।

परसाई जी अपने लेखन में तीन रूपों में हमारे सामने आते हैं–एक कहानीकार, दूसरे संस्मरणात्मक शब्द चित्रकार और तीसरे समीक्षक या समीक्षापरक निबन्धकार। तीनों में ही वे अलग हैं। उन्हें सभी जगह पहचाना जा सकता है। उनकी कहानियाँ पूर्ण यथार्थवादी और आधुनिक होती हुई भी अपने भीतर कोई-न-कोई नीति या मूल्य छिपाये रहती हैं, जो उनमें व्यंग्य से प्रकट होते हैं। संस्मरणों में प्रायः चरित्रों की दुर्बलता का उद्घाटन होता है, जो शायद हमारे देखने में कभी न आती। कभी-कभी जिसे हम अच्छा समझते हैं, उसके भीतर अच्छाई के आवरण में छिपी हुई कुत्सा को वे इस तरह प्रकट करते चलते हैं कि हम पढ़कर अवाक् रह जाते हैं।

समीक्षक रूप में परसाई जी दलबन्दी और नारेबाजी का सदैव विरोध करते हैं। 'मूल्यों का विघटन', 'क्षणवाद' और 'आधुनिकतावाद' जैसे नारों पर उन्होंने करारा व्यंग्य किया है। आंचलिकता की भी उन्होंने खिल्ली उड़ायी है। 'कल्पना' पत्रिका के लिए लिखे गये एक व्यंग्य-स्तम्भ के अन्तर्गत 'गोदान' के एक पात्र मेहता के साथ हुए स्वप्न-संवाद में परसाई जी ने आधुनिकता को लेकर काफी प्रहार किया। मेहता जी के मानसपुत्र के सम्बन्ध में बताते हुए उन्होंने लिखा... ''मैंने एक दिन उससे पूछा कि भाई, उदास क्यों रहते हो? उसने कहा कि मैं बुद्धिजीवी हूँ। प्रसन्न रहना गँवारी है, उदास रहना बौद्धिकता का लक्षण है।... काम करना और खुश रहना पुरानापन है। काम नहीं करना और उदास रहना आधुनिकता है।'' उसके पास पश्चिम से बुद्धिमानों की चिट्ठी आयी है कि इधर हम सब उदास हो गये हैं, तुम भी उदास हो जाना। तभी से वह उदास रहने लगा है। उसे आधुनिकता ग्रहण करनी है न। ''... उसे आधुनिक भाव-बोध हो गया है।''

परसाई जी स्वतन्त्र लेखक हैं। उनकी स्वतंत्र लेखन-शैली उनके अनुभवों की उपज है। जीवन को देखने की उनकी अपनी दृष्टि है जिसे जहाँ कहीं भी अनुचित और बनावटी है, स्पष्ट दिखता है और वे उस अनौचित्य और बनावटीपन पर डटकर प्रहार करते हैं। अनुचित और कृत्रिम

को देखने और उस पर व्यंग्य कसमे के लिए निश्चित रूप से कोई जीवन-मूल्य और आदर्श चाहिए। यद्यपि वे जीवन-मूल्य और आदर्श उनके लेखन में ऊपर-ऊपर स्पष्टतया नहीं दीखते जैसे कि प्रेमचन्द या तुलसीदास की रचनाओं में दीखते हैं; पर वे उनकी दृष्टि में छिपे अवश्य हैं, तभी वे विकारों पर प्रहार करते हैं। उनका व्यंग्य कबीर के लुकाठे के समान है जो अनौचित्य पर सीधे लुकुवा लगाता है। यह लुकुवा लगाने की तरकीब परसाई जी की विलक्षण है। कहीं वे नेताओं या साहित्यकारों की नकल (पैरोडी) लिखकर उन पर करारा व्यंग्य करते हैं और कहीं वे किसी अन्य वर्णन के बहाने जिस पर चाहते हैं, उस पर अपना व्यंग्य का चाबुक चलाते चलते हैं। परसाई जी ने संकल्प किया कि गोस्वामी तुलसीदास के वर्षा-वर्णन का सहारा लेकर वर्षा के सौन्दर्य का वर्णन किया जाये; पर उसका नमूना देखिए कि वह किसकी खबर लेता है–

''देखो, बादलों में कभी-कभी बिजली चमक जाती है, जैसे दो-चार महीनों में किसी पत्रिका में कोई अच्छी कविता दिख जाती है।

मेढक चारों ओर टर्रा रहे हैं जैसे नये कवि रचना-प्रक्रिया पर चर्चा कर रहे हों।

पक्षी घोंसलों से सिर निकालकर बार-बार झाँक रहे हैं जैसे बड़े लेखक लिखना छोड़ उत्सुकता से प्रतिनिधि-मंडलों में विदेश जाने का मौका ताक रहे हैं।

इस सूखे वृक्ष में एक फुनगी फूट आयी है, जैसे किसी चुके सयाने लेखक को 'पद्मभूषण की उपाधि मिल गयी हो।''

स्पष्ट है कि परसाई जी के मन में साहित्य और साहित्यकार के गौरव के सम्बन्ध में एक ऊँची धारणा विद्यमान है; इसीलिए, लेखक का व्यवहार या कार्य तथा रचनायें जब अपने महत्त्व से गिर जाती हैं, तब वे उनके लिए हँसी का पात्र बन जाती हैं। परसाई जी की दृष्टि में औचित्य और जीवन-मूल्यों की एक खरी कसौटी है जिस पर पड़ते ही खरे और खोटे का फैसला होते देर नहीं लगती। यह दृष्टि बड़ी तटस्थ है जिसके सामने अपने और पराये का भेद नहीं। उस पर सभी की रेखायें अपने मूल्यों के आधार पर हल्की और गहरी उतरती हैं।

परसाई जी की अभिव्यंजना-शैली बड़ी सहज है। उनकी भाषा में कहीं भी कृत्रिमता और बोझिलता नहीं। उनकी शब्दावली सरल और मुहावरेदार है, उसमें किसी प्रकार की जटिलता या उलझाव नहीं। पढ़ने वालों को ऐसा लगता है जैसे उनकी सूक्ष्म-से-सूक्ष्म अनुभूति और विचार-तरंगों में इतनी स्वच्छता और स्पष्टता है कि वे उन्हें सहज बोलचाल की भाषा में इस तरह

कहते चले जाते हैं कि अनुभूति की चुभन और विचार की अकुलाहट उसमें स्वतः उतरती चली जाती है। उनकी रचना, उनकी अनुभूति या संवेदना की अनायास किन्तु परिपूर्ण एवं प्रभावशाली अभिव्यक्ति लगती है। इतना ही नहीं दूसरों में भी संवेदना जगाने की उसमें अद्‌भुत शक्ति है। पर विशेषता यह है कि शब्द वही हैं जो हम सब नित्य-प्रति बोलते हैं, फिर भी अपने विशिष्ट संदर्भ और मुहावरे से जुड़कर वे गहरा घाव करते हैं। परसाई जी सरल भाषा शैली के समर्थ लेखक हैं और तुलसीदास की यह पंक्ति अपने तीन-चौथाई अंश में परसाई जी की रचनाओं के लिए ठीक बैठती है-

सरल कवित कीरति विमल, तेहि आदरहिं सुजान।
सहज बैर बिसराय रिपु, जो सुनि करहिं बखान॥

–भगीरथ मिश्र

मैं हरि...

निरन्तर बदलाव की बेचैनी लिये हुए एक व्यापक असन्तोष आज के साहित्य का प्रमुख स्वर है और व्यंग्य उसका सबसे विश्वसनीय, सबसे तेज धारदार हथियार। व्यंग्य-चित्र और व्यंग्य-लेख आज जैसी तीखी मार कर लेते हैं वैसी किसी अन्य प्रकार से संभव नहीं है। समाज की मानसिकता बदलने में, व्यक्ति के भीतर उमड़ते-घुमड़ते विद्रोह को आकार देने में तथा जीवन की अनेक स्तरीय विसंगतियों को उजागर करने में व्यंग्यकार का अपना सुनिश्चित योग होता है। श्रीलाल शुक्ल, शरद् जोशी, रवीन्द्रनाथ त्यागी और केशवचन्द्र वर्मा आदि अनेक व्यंग्यकारों के बीच हरिशंकर परसाई का स्थान किसी से घटकर नहीं है, यह कहने में मुझे कोई संकोच नही। उनके व्यंग्य-लेखन में जितना पैनापन, जितनी संदर्भमयता, जितने पहल और जितनी धारावाहिकता है, उतनी एकसाथ, हिन्दी में, कहीं अन्यत्र नहीं मिलती। वे एक ऐसे जागरूक व्यंग्य-लेखक हैं जिनकी प्रतिबद्धता ही शक्ति और सीमा दोनों बन जाती है।

बहुत से व्यंग्यकार औरों पर ही व्यंग्य करने के अभ्यासी होते हैं, कुछ अपने पर भी व्यंग्य करने की चतुराई दिखाते हैं पर व्यंग्य के माध्यम से अपनी वैचारिकता का परिष्कार करने की प्रवृत्ति किसी-किसी में ही होती है। किसी विशेष विचारधारा का प्रचार व्यंग्यकार का धर्म नहीं है। जीवन की मूलभूत प्रेरणा को, मानवीय स्तर पर लाकर, असंगत-विसंगत देश-परिवेश की घातक छायाओं से, एक सहज विनोदी स्वभाव के साथ मुक्त करते हुए वह किसी महत् उद्देश्य की ओर इंगित करना नहीं भूलता। पर व्यंग्यकार की अस्मिता होती ही ऐसी है कि वह किसी भी महानता को बिना प्रश्नचिह्न अंकित किए, बिना उसकी बखिया उधेड़े, बिना उसको ठोके-बजाये स्वीकार नहीं कर पाता। हर चीज़ को अपने स्तर पर लाकर और बहुधा छोटा या साधारण बनाकर उसे असाधारण सुख मिलता है। यही उसका प्रतिफल है, यही प्रेरणा, यही कर्म। उसके सामने से कोई महान्

बनकर निकल तो जाय! कोई धोखा दे तो भला! कोई मानवता को ठग तो ले!

मैं बिना उनसे पूछे उनके बारे में यह सब लिख रहा हूँ, मेरी भी खैरियत नहीं है। यों सूर-जयन्ती के विश्वविद्यालयीन समायोजन में जब मैं गत वर्ष जबलपुर गया था तो उनसे मिले बिना नहीं लौट सका। प्रमोद सिन्हा साक्षी हैं उस भेंट-प्रसंग के; साक्षी ही नहीं, साक्षात्कारक भी। इच्छा मेरी, सहायता उनकी। रोड बानक बने। मैं हरि.....।

भाई कमलाप्रसाद की पत्रावली (नाटिका) ने जब मेरे हृदय की कैशिकी वृत्ति को जागरित कर दिया तो मैं अपनी जानकारी को ताजा करने के लिए तत्पर हो उठा। 'हिन्दी साहित्य कोश, भाग-2' उठाया, देखा उसकी शब्दावली में और नाम तो मिले, जैसे 'हरिवंशलाल शर्मा', 'हरिवंश सहस्र नाम', पर इसके बाद होना चाहिए था 'हरिशंकर परसाई' सो उसकी जगह 'हरिशंकर शर्मा' विराजमान थे। कुछ ऐसी ही स्थिति मुझे द्वितीय संशोधित परिवर्धित संस्करण वाले 'हिन्दी सेवी संसार' की दिखाई दी। उसमें भी कई 'हरिशंकर' थे, कुछ अल्ल-सहित कुछ अल्ल-रहित। सहितों में 'द्विवेदी', 'शर्मा, 'उपाध्याय' और यहाँ तक कि 'वैदिक' भी थे पर 'परसाई' का दरस-परस (सम्पादक को) हुआ ही नहीं था। अब इस स्थिति में कोई चाहे तो दो निष्कर्ष बड़ी आसानी से निकाल सकता है। पहला–प्रयाग वालों यानी परिमल वालों ने जान-बूझकर प्रगतिशील व्यंग्यकार हरिशंकर परसाई की उपेक्षा की; दूसरा–हिन्दी के सच्चे सेवकों को हिन्दी सेवी संसार से बहिष्कृत किया गया है–यह सरासर अन्याय है। मैं ऐसे पक्षपात और अन्याय के विरुद्ध आपके साथ हूँ, इसका प्रमाण यही है कि मैं अपने लेख में इस सवाल को स्वयं उठा रहा हूँ। अगर इतने पर भी आपको विश्वास न हो तो मेरा दुर्भाग्य।

जो पुस्तक मेरे पास कमलाप्रसाद जी ने भेजी; वह तो सुलभ हुई नहीं पर अपनी पुस्तकों की टटोलते हुए 'और अन्त में', अपना नाम सार्थक करती हुई हाथ में आ गयी। उसके फ्लैप से पता चला कि तीन चौथाई दर्जन पुस्तकें परसाई जी की छप चुकी हैं और मेरे पास उनमें से एक भी नहीं! पुनः संकोच में पड़ गया। इतने बड़े अभाव के रहते कुछ लिखने की हिम्मत कैसे करुं! और खोजबीन की तो 'संकेत' में 'रागविराग' नामक एक व्यंग्य-लेख और मिल गया जिसमें प्रगल्भानारी के बगल में बैठे वीतराग सन्यासी की गत बनायी गयी थी। 'आधुनिक हिन्दी हास्य-व्यंग्य' नाम से ज्ञानपीठ द्वारा प्रकाशित संग्रह में 'बोरः एक दर्शन' शीर्षक एक नायाब चीज अनायास ही हाथ आ गयी। मैंने सोचा जब सब का सार हासिल हो जाय तो बाह्य वस्तुओं की चिन्ता करना

व्यर्थ है। अब इस अल्प पूँजी से कितना लेखन व्यापार संभव हो सकेगा, मैं स्वयं नहीं कह सकता। जैसे व्यंग्यकार सारा दोष औरों के सर मढ़ता रहता है; वैसे मैं भी अपने की निर्दोष माने लेता हूँ।

परसाई जी ने 'रानी नागफनी की कहानी' लगता है इंशा अल्ला खाँ की मुद्रा में लिखी। 'बेईमानी की परत' और 'सदाचार का तावीज' सामाजिक संदर्भ में व्याप्त अनैतिकता और अंधविश्वासों को तोड़ने की प्रवृत्ति का प्रमाण है। उनकी कई रचनाओं के नाम छायावादी हैं। परन्तु 'भूत के पाँव पीछे' काफी रोचक दृश्य प्रस्तुत करती है। 'अतिशय अतीतोन्मुखी वृत्ति के प्रति व्यंग्य के हाथ, इस नाम से मुझे मिर्जापुर क्षेत्र में भणवा महरानी में मिले एक शिला चित्र का स्मरण हो आता है जिसमें सचमुच ऐसा ही चित्रण मिलता है। शिलालेखों की परम्परा मध्य प्रदेश तक व्याप्त है। अतः वहाँ का लेखक उसी तरह का साक्षात्कार करके व्यंग्य करे तो उचित ही है।

अपने पर व्यंग्य

बाइबिल में सृष्टि-प्रक्रिया का जो वर्णन मिलता है; उसकी प्रेरणा से 'बोरः एक दर्शन' उन्होंने स्वयं अंग्रेजी में अपना उद्‌भव बयान किया हैं-

God Said, 'Let there be a pleasant Bore' and there was Hari Shanker Persai.

यानी एक सुखद बोर के रूप में ईश्वर ने ही उन्हें उत्पन्न किया है। सुखद तो वे हैं ही, इसमें संदेह नहीं, पर बोर भी हैं यह सिद्ध करने के लिए किसी महाबोर की आवश्यकता होगी। फिलहाल मैं इस कार्य के लिए तैयार नहीं हूँ क्योंकि अभी मुझ पर उनका प्रभाव है और यह लेख मैं उन्हीं के सम्मान में लिख रहा हूँ। हाँ, इतना सुझाव अवश्य दे सकता हूँ कि जबलपुर विश्वद्यिालय ने किसी शोध छात्र को उनके ही निर्देशन में यह विषय दे दिया तो समस्या हल हो सकती है। क्या मैं आशा करुँ कि डॉ॰ त्रिलोचन पाण्डेय इसकी यथाशीध्र व्यवस्था कर देंगे?

परसाई जी ने एक बोर महाशय से त्रस्त होकर मन ही मन कहा था- 'कछु मेरिचो पीर हिये परसो।' हो सकता है उन्हें फिर किसी कवि की याद आ जाय और वे घनानंद की जगह उसकी पंक्ति का अंश उद्धृत कर बैठें। बोर के दस भेद, शोध कार्य को सरल बनाने के लिए उन्होंने स्वयं बता दिए हैं, यथा-(1) बकवादी बोर (2) मौन बोर (3) जिज्ञासु बोर (4) साहित्यिक बोर (5) चापलूस बोर (6) मधुर बोर (7) आक्रमणी बोर (8) सार्वजनिक बोर (9) बोर डिलम्स (10) मिशनरी बोर।

यदि शोधकर्ता और उसके निर्देशक को हिन्दी समझने में कठिनाई हो

तो इन सभी भेदों के अंग्रेजी पर्याय भी कोष्ठकों में दे दिये गये हैं। इससे प्रेरणा-स्रोत खोजने में विशेष सहायता मिलेगी। एक अध्याय हास्य-व्यंग्य लेखों में आये हुए उनके गूढ़ वाक्यों के विषय में रखा जा सकता है जैसे- 'सफर में बोर व्यापारी निमोनिया में मुरब्बे की तरह ही है।' संकेत, पृ० 483। निष्कर्ष या उपसंहार भी इसी सूत्र वाक्य के आधार पर लिखा ही जा सकता है-

'भूत भगाने के लिए तो हनुमान चालीसा भी है-
बोर को भगाने के लिए न तंत्र हैं न मन्त्र।'

-'और अन्त में', पृ० 121

कवि बायरन का साक्ष्य देकर उन्होंने समाज को दो भागों में विभाजित बताया हैं-'The bores and the bored'। यह विभाजन 'शोषित' और 'शोषक' के समानांतर होते हुए उतना शुष्क सैद्धान्तिक और अतिपरिचित नहीं है। समाज को सुधारने का उपाय भी परसाई जी ने बड़े मजे में समझा दिया है-'मैं बोर को दुनिया का सबसे हिंसक प्राणी मानता हूँ। अगर किसी जघन्य अपराधी को दण्ड देना है तो उसे चन्द घण्टे किसी बोर के हवाले कर दीजिए।'' मेरा सुझाव माना जाय चाहे न माना जाय पर उनका यह सुझाव यदि प्रतिबद्ध साहित्यकारों को मान्य हो जाय तो साहित्य का बड़ा कल्याण हो।

हिन्दी शोध और शोधकर्ताओं की खबर

मैंने 'बोर दर्शन' पर शोध का सुझाव यों ही नहीं दिया है। हिन्दी शोध कार्य के विषय में परसाई जी की जैसी धारणा है; उससे मैं पूरी तरह अवगत एवं सहमत हूँ। इसीलिए किसी दूसरे के निर्देशन की बात भी मेरे मन में नहीं आयी। जब चक्की चलती है तो जो दाना कीली के पास रहता है, वही बच पाता है। अतः मैं इस विषय में, वैचारिक भूमि पर, उनके सन्निकट ही रहना चाहता हूँ। आप उनके अभिमत की बानगी देखना चाहें तो लीजिए, देखिए, जब वे स्वयं शोधक बनने चले तो क्या हुआ-

''शोध का बड़ा हल्ला है। साहित्य के डाक्टरों, कम्पाउंडरों, नर्सों और मलहम पट्टी करने वालों का क्रम लगा है।'' ऐसे में जो शोध न करे वह अभागा। अभागा होने से बचने के लिए ही मैंने भी किसी विषय पर शोध करने का इरादा एक मित्र पर प्रकट किया तो उसने पूछा, ''तुम्हारी दाढ़ी है?... दाढ़ी होती तो तुम आंचलिक शोध कर सकते थे।'' आंचलिक कथा से तो मेरा परिचय था पर हिन्दी में 'आंचलिक शोध' भी होती है।''

इसके बाद उन्होंने शोध की पूरी प्रक्रिया को सरलीकरण का, आंचलिक गीतों के संकलन, चयन आदि के संदर्भ में जो खाका खींचा है, वह पढ़ने के योग्य ही है। (और अन्त में ... पृ० 44-48)। 'छायावादी काव्य में नारी' की रूपरेखा प्रस्तुत करते हुए उन्होंने हिदायत दी-''विशेषज्ञ से दूर रहना क्योंकि वह कष्ट देता है।'' आज के अनेक शोध छात्र इस नेक सलाह के लिए उनके कृतज्ञ होंगे। यदि वे इसे यू०जी०सी० से स्वीकृत करा दें तो क्या कहने। प्रथम चरण-आचार्य की रुचियों पर शोध; द्वितीय चरण-आचार्यों तथा आचार्य सन्तति की रुचियों पर शोध; तृतीय चरण-आचार्य का साहित्यिक और गैर साहित्यिक शत्रुओं की तालिका बनाना और हर एक की व्यक्तिगत कमजोरियों पर शोध करना। अब मैं सारे चरण कहां तक गिनाऊँ अन्तिम यानी सप्तम चरण है-आचार्य की सेवाओं के प्रकारों की शोध। मजा यह है कि यह रूपरेखा पूरी करने पर डिग्री 'छायावादी काव्य में नारी' पर ही मिलेगी ऐसा आश्वासन पाकर परसाई जी आचार्य के प्रति निष्ठा जाग्रत करने में लग गये। शायद अब भी रोज पाठ करते हों-

'नाते सकल, राम तें मनियत सेवक-सेव्य जहाँ लों।'

देखा आपने। अपने को शोधार्थी की नाटकीय भूमिका में रखकर हिन्दी शोध, शोधकों और शोध निर्देशक आचार्यों की कैसी गत बनायी है भाई परसाई जी ने। कैसी गहरी चोट की है स्वार्थ पर, गुरुओं पर जिनके लिए शिष्य को 'बाजार से खरीदा आम बनारस से लाया' बताना पड़ता है और ऐसे ही न जाने कितने सेवा कार्य करने पड़ते हैं। डिकेन्स ने 'टू दि ब्वायज़ हाल' की कल्पना यों ही नहीं की थी। और अपना देश क्या इंग्लैंड से कम है?

'नयी कविता' और 'अर्थ-लय' के बहाने मेरा सफ़ाया

इसी शोध-संदर्भ में आचार्य के श्री मुख से परसाई जी ने कहलाया है-'प्रेमचन्द प्रचारक हैं', 'यशपाल नारेबाज है', 'उग्र गंदा है', 'नया साहित्य कचरा है' और 'नयी कविता-हुश्ट!' यानी वे स्वयं नयी चेतना के वाहक इन सबको सार्थक एवं महत्त्वपूर्ण मानते हुए उनकी अवमानना करने वाले आचार्य महोदय पर ललित व्यंग्य कर रहे हैं। मेरा बड़ा हौसला बढ़ा। जान बचने का सन्तोष भी हुआ पर ठहरा कहाँ। एक दूसरी जगह देखता हूँ मेरे बड़े भाई सीधे वर्षा-वर्णन की पैरोडी में लक्ष्मण को नयी उपमाओं का मर्म समझाते-समझाते राम की जगह परशुरराल बन जाते हैं। दायें-बायें, इधर-उधर तान-तानकर कुठाराघात करने लगते हैं। हिन्दी शोध

तो उनकी नज़र में थी ही, 'नयी कविता' और 'अर्थ लय' को भी उन्होंने चहेट दिया।

"बन्धु वर्षा-वर्णन यहाँ समाप्त होता है। इसमें बिम्ब-प्रतीक सब नये हैं, शब्द चाहे न हों पर अर्थ की लय तो है ही, आधुनिक भाव-बोध भी है। कोशिश करके इसे 'नयी कविता' में शामिल करवा देना। यदि इस व्यंग्य खण्ड को स्वीकार किया गया, तो मैं प्रोत्साहित होकर चौथे सप्तक तक 25-30 कविताएं लिख ही डालूँगा।"

अब आप मुलाहिजा फर्माइए कि कितना अन्याय है वात्स्यायन जी का कि 10-15 वर्ष पहले जिस व्यंग्यकार, साहित्यकार ने चौथे सप्तक के प्रकाशन की भाविष्यवाणी कर दी हो उसको उन्होंने पूछा तक नहीं और न जाने कहाँ-कहाँ के कवि भर लिए। 'धर्मयुग' में जो उसकी समीक्षा छपी है उससे तो यही लगता है कि अच्छा हुआ परसाई जी को वह संकट झेलना नहीं पड़ा। कविताएँ लिख भी डाली होंगी तो कहीं और काम आ जायेंगी। पर मैं जानता हूँ कि परसाई ज़ी व्यंग्य में कही हुई अपनी हर बात को वस्तुतः चरितार्थ करने लगें तो कहीं न रहें। बात की बात के लिए कहना और बात और करना। चतुर आदमी हर कही हुई चीज को कर दिखाने की गलती कभी नहीं करते। अगर ऐसी गलती दूसरे करते हैं तो वह खुश होते हैं।

स० ही० वात्स्यायन को उन्होंने 'अज्ञेय जी का गद्य-नाम' बताते हुए सालेक पहले 'कल्पना' में छपी हिन्दी शोध विषयक उनकी टिप्पणी से प्रेरित होकर उनके जुमले पर जुमला लगाया-

"शोध अलग चीज है फिर हिन्दी शोध अलग जैसे कई लोगों की नजरों में कविता अलग चीज है और नयीं कविता अलग। और अब जल्दी ही कहानी से नयी कहानी अलग हो रही है।"

परसाई जी की यह बात भी ठीक निकली। नयी कविता के समानान्तर नयी कहानी, नयी समीक्षा आदि शब्द हिन्दी में अस्तित्ववान हुए। नामवर जी ने इस दिशा में अपने को होम दिया।[1] परसाई जी नयी कविता के बारे में कुछ भी कहें, मैं उन्हें भविष्यद्रष्टा मानने में कतई कोताही नहीं करूँगा। वे 'अर्थ की लय' की जगह 'अर्थ की प्रलय' करा दें तो भी।

मुक्तिबोध और प्रगतिशीलता की पैमाइश

परसाई जी की लेखनी की ताकत और व्यंग्य के मामले में उनका अपना बेलौसपन मुक्तिबोध की मृत्यु को लेकर जितना साफ सामने आया, उतना अन्य प्रसंगों में शायद नहीं। उसमें उन्होंने किसी को नहीं बख्शा-

''मुक्तिबोध जब मृत्यु के पास पहुँच गये, तब बताने वालों ने बताया कि यह तो असाधारण है। और जब उनकी मृत्यु हो गयी तब बताया कि वह तो महान था। जो इतने सालों से कहते रहे थे कि मुक्तिबोध कविता नहीं लिखते, भाषण देते हैं, वे भी जय बोलते पकड़े गये। मार्क्सवादी विश्वासों के कारण जो उन्हें कवि नहीं मानते थे, वे भी कहने लगे कि उन विश्वासों के 'बावजूद' वह बड़ा कवि था। और जो प्रगतिशील कठमुल्ले, सिर्फ नारों की समझ के मालिक होने के कारण, उसके विकट बिम्बों और उन्हें गूँथते विचारों को नहीं समझते थे, वे भी मानने लगे कि वह बड़ा कवि था।''

वही फिर लिखते हैं–''मुझे मुक्तिबोध की आवाज सुनायी देती है– वाह पार्टनर; जरा यह मजा भी दोखो। वाह साहब; यह भी खूब रही।''

उत्पीड़ित मन से सारे युग-बोध को एकस्थ करते हुए निष्कर्ष वाक्य लिखते हैं–

''सही मूल्यांकन के लिए अभी भी लेखक की कितनी परिस्थितियाँ पैदा करनी पड़ती हैं–कठिन बीमारी, मुख्यमंत्री, प्रधानमंत्री, मौत। मुझे पता है कि जो 50-60 मील भोपाल देखने नहीं आये, वे विह्वल होकर 400 मील दिल्ली दौड़ते गये–लगभग मूर्च्छित से होकर। प्रधानमन्त्री ने मरने वालों को बुलाया था न?'' –और अन्त में, पृ० 97-98

भारी विडम्बना देखकर मुक्तिबोध का अट्टहास उनके भीतर गूँजने लगा। किशनचन्दर की 'एक गधे की कहानी' का स्मरण करते हुए उन्होंने प्रसंगान्तर करना चाहा। उस गधे से पूछा–

''एक प्रतिष्ठित प्रगतिशील लेखक के गधे होने के कारण तुम्हें प्रगतिवादी आन्दोलन की बहुत-सी बातें मालूम होंगी। जरा यह तो बताओ पहले कुछ प्रगतिवादी होते थे और कुछ प्रतिक्रियावादी होते थे और वे एक-दूसरे पर प्रहार करते थे और भिन्न भाषाएँ बोलते थे। मगर अब ऐसा क्यों होता है कि दोनों तरह के बुजुर्ग एक ही मोर्चे पर आ जाते हैं, एक ही भाषा बोलते हैं और पिछले 10-12 वर्षों के साहित्य को निकृष्ट कहते हैं?... क्या सब सयाने प्रगतिशील प्रतिक्रियावादी हो गये हैं, या सब पुराने प्रतिक्रियावादी प्रगतिशील हो गये हैं?''

प्रधानमन्त्री द्वारा की गयी राजकीय व्यवस्था में इलाज के लिए मुक्तिबोध के दिल्ली जाने तथा उनके आस-पास के लोगों के आकस्मिक मानसिक परिवर्तन और विचित्र किन्तु सोद्देश्य क्रियाकलापों को लक्षित करके उन्होंने लिखा–''अब बहुत दिलचस्प नाटक शुरू हुए।'' एक सूक्ष्म द्रष्टा की तरह उन नाटकों का बयान करने के बाद, भीतरी रुख को उनकी लेखनी ने इस प्रकार शब्दबद्ध किया–

"बात किन्हीं भी मूल्यों की करें, जिन मूल्यों से परिचालित होते हैं, वे साहित्य के बाहर के होते हैं, शायद बाजार के होते हैं।"

लेखकीय स्वातंत्र्य तथा कुछ और मामले

परसाई जी इस बात को मानते हैं कि लेखकीय स्वतन्त्रता एक महत्वपूर्ण चीज है। लेखन को सरकार या राजनीतिक दल नियोजित नहीं कर सकते, इसमें वे विवाद की गुंजाइश नहीं समझते। इसी तरह लेखक को आदेश देकर लिखवाने की बात भी उन्हें अग्राह्य है। इसके आगे अपने लहजे में वें लिखते हैं–

"मगर लेखक गल्ले बाजार का साँड भी तो नहीं है। कहीं कोई दायित्व-बोध तो उसे करना ही पड़ेगा। लेखक जिस स्वतन्त्रता की बात करता है उसका रूप कुछ ऐसा है–अगर मासिक वेतन सरकार से नहीं मिलता तो लेखक सरकार को गाली देगा, मगर जिस सेठ से वेतन मिलता है, उसे और उसके वर्ग को गाली नहीं देगा। यही लेखकीय स्वतन्त्रता है। मगर यह स्वतन्त्रता है कि चतुरता है?"

जो सवाल उन्होंने उठाया है वह मार्मिक है और इसका उत्तर हर लेखक को खोजना और देना होगा कि स्वातंत्र्य को ईमानदारी से एक मूल्य के रूप में ग्रहण करता है। मेरे विचार से मानव-स्वभाव की इस विसंगति की ओर इंगित कर देना भी कम महत्त्वपूर्ण नहीं है। व्यंग्यकार की नजर मौसमी मुर्गे की तरह हवा के रुख पर हर तरफ घूमती रहती है। एक दूसरा नमूना देखिए–

डॉ० लोहिया के प्रति अनन्य आस्था रखने वाले कल्पना सम्पादक बदरी विशाल पित्तीजी जब सत्याग्रह करने के अपराध में जेल चले गये तो परसाई जी के उर्वरचित्त में कई कल्पनाएँ जागीं। यह कि कारागार में कोई महाकाव्य लिख रहे होंगे–जैसा बुजुर्गों ने कहा है–

कारागार निवास स्वयं ही काव्य है।
कोई कवि बन जाय सहज सम्भाव्य है।

गुप्त जी की आत्मा परितृप्त हो गयी होगी अपनी पंक्तियों का ललित रूपान्तर देखकर। एक मित्र ने 'भारत-भारती' शब्द का विशिष्ट प्रयोग किया तो परसाई जी चौंके। मित्र ने उन्हें अर्थ समझाया–देशी शराब को 'भारत-भारती', विदेशी को आंग्लभारती; गाँजे को शीघ्र बोध (जो 'तुरती' से सुसंस्कृत नाम है) कहा जाता है। परसाई जी ने उन्हें अफीम को 'लघु कौमुदी' कहने की सलाह दी और कहा कि तुम यह सब बदरी विशाल

पित्ती को लिखना। वे हिन्दी के लिए लड़ने वाले हैं। अपने व्यक्तित्व को नये-नये रूपों में ढालकर बात को नाटकीय बनाकर कहना कोई परसाई जी से सीखे। हाँ, उनके कहने में कभी-कभी मध्यप्रदेशी हिन्दी का मुहावरा भी सुनायी पड़ जाय तो किसी को एतराज नहीं होना चाहिए। मसलन वे कह जायेंगे-''गेहूँ अमरीका और केनेडा से बुलवा लिया है।'' उत्तर-प्रदेशीय हिन्दी में कोई निर्जीव वस्तुओं को 'बुलवाता' नहीं 'मँगवाता' ही है। सजीव व्यक्तियों को बुलवाने में सुख माना जाता है। अगर कोई निर्जीव वस्तुओं को भी सजीवता प्रदान कर दे तो हमे उसके भाव विस्तार के प्रति कृतज्ञ होना चाहिए।

इधर गत मास के हिन्दी 'करंट' में उनका लेख पढ़ा 'हित में हित अमरीकी हित।' 'अयातुल्ला वाशिंगटनी' की अच्छी मरम्मत की गयी है उसमें और उनकी राजनैतिक समझ का सही परिचय मिलता है उससे। ''फौजी तानाशाही ने पाकिस्तान को पेशेवर गुंडा बना लिया गया है'' जैसे जुमले शायद ही कभी भूलें क्योंकि यह उनके साहसीपन का सबूत है। जनता सरकार की नीति पर व्यंग्य करते हुए उन्होंने लेख का अन्त ही किया है-''गनमत है कि 'अमली' गुट-निरपेक्षतावाली सरकार नहीं रही।'' मुझे इतना आश्चर्य अवश्य हुआ कि परसाई जी की लेखनी ने रूस के सशस्त्र हस्तक्षेप के सम्बन्ध में अपनी तेजस्विता का तनिक भी परिचय नहीं दिया। अगर एक-आध जुमला उधर भी लग गया होता तो उनका व्यंग्यकार अधिक प्रौढ़ और सशक्त दिखायी देता। क्या इसमें रूस का कोई दायित्व नहीं है कि समाजवादी होकर भी आज चीन अन्तर्राष्ट्रीय संदर्भों में अमरीका से चिपक गया है? वियतनाम में अमरीकी किरकिरी हर बाहरी हस्तक्षेप के लिए सबक होनी चाहिए। तीसरे 'त्रिनाले' में प्रदर्शित वियतनामी चित्रों की शक्ति देखकर मैं अभिभूत हो गया था। मुझे लगा, किसी देश को स्वाभिमान एवं आत्मरक्षा की प्रेरणा लेनी हो तो वियतनाम से बढ़कर कोई दूसरा आदर्श नहीं हो सकता। उसने अमरीका से भी लोहा लिया और चीन के दाँत भी खट्टे कर दिये।

गुटनिरपेक्षता की तरह धर्मनिरपेक्षता का मामला भी काफी पेचीदा है। परसाई जी की रसाई उसमें भी कम नहीं कही जा सकती। एक जगह उन्होंने लिखा है-

''बन्धु, मुझे लगता है सरकार धर्मनिरपेक्षता की जाँच कर रही थी। सरकार पहले परीक्षा ले रही थी, बाद में उसी को परीक्षा देनी पड़ी। मन्त्रियों, संसद सदस्य और नेताओं के दिलों पर से धर्मनिरपेक्षता की पट्टी उतरी तो वहाँ 'हर-हर महादेव' लिखा मिला।''

बनारस और अलीगढ़ विश्वविद्यालयों के संदर्भ में धर्म निरपेक्षता की नीति कितनी विफल हुई है कि यह उनकी नजर से चूका नहीं। स्वस्थ राजनीति को विश्वविद्यालयों में निषिद्ध करते वहाँ कैसे गुरुओं की गुट राजनीति को भर दिया गया है इसकी पूरी तफ़सील उन्होंने दी है और 'खाली जगह' भरने वाले 'सांस्कृतिक' लोगों पर करारी चोट की है। यह दूसरी बात है कि बदले में उन्हें भी चोट सहनी पड़ी, पर सच्चे व्यंग्यधर्मी साहित्यकार की तरह वे अपने पथ से विचलित नहीं हुए और न दृष्टिकोण ही बदला। आज उनकी कही हुई बात ज्यादा सही रूप में सामने आ रही है।

राजनीतिज्ञों से जब उनकी नजर फिरती है तो साहित्यिकों पर टिकती है। इधर 'दिनकर' की 'उर्वशी' छपी और उधर वे एक विश्वविद्यालय के उपकुलपति हो गये। परसाई जी ने लिखा "अब अगर समूचा हिन्दी विभाग 'उर्वशी' के प्रचार में लग जाय तो कोई हिन्दी वाला क्या बिगाड़ लेगा।" बहुत काल तक रघुवीर सहाय, श्रीकान्त वर्मा और सर्वेश्वरदयाल सक्सेना एक साथ काम करते रहे। इस पर परसाई जी ने सर्वेश्वरदयाल सक्सेना एक साथ काम करते रहे। इस पर परसाई जी ने सर्वेश्वर का वक्तव्य 'कोट' कर दिया–

"सच तो यह है कि मैं चारों ओर मूर्खों से, कायरों और ढोंगियों से घिर गया हूँ–उनसे ही लड़ता हूँ, जूझता हूँ, पराजित होता हूँ।"

आगे फिर रघुवीर सहाय इस बारे में क्या कहते हैं वह भी सामने ला दिया, "मैं गधों, आधे पागलों और मक्कारों के लिए जिम्मेदारी महसूस करता हूँ।" –और अन्त में, पृ० 142–43

इस संदर्भ में उन्होंने मनोहर श्याम जोशी को भी घसीट लिया, यद्यपि वे दिनमानी मानव नहीं हैं। अन्ततः धो–धोकर हर पतित को पावन कर दिया।

मेरे विचार से 'परसाई' के लिए, जिसमें और चाहे जो हो 'पारसाई' कतई नहीं हैं, इतना काफी है। वे मधुपायी हैं, मधुत्यागी नहीं, मधुत्यागी होते तो पारसाई सार्थक होती। उर्दू में पारसा 'टीटोटलर' को कहते हैं। अच्छा हुआ जो परसाई ने एक मात्रा कम कर दी। उन्हीं के जैसे किसी ने कभी लिखा था–

जाहिद शराब पीने दे मसजिद में बैठकर।
या वह जगह बता कि जहाँ पर खुदा न हो॥

–जगदीश गुप्त

1. लेकिन परसाई जी ने दिल्ली में हुई 'मनीषा' की गोष्ठी की रपट पढ़ी जिसमें नामवर जी का वक्तव्य था 'नयी कहानी मेरा दिया हुआ नाम नहीं है।' अब कोई क्या कह सकता है। दिल्ली वालों की माया समझ में नहीं आती।

भाषा की लपट

अन्य विधाओं की तरह ही व्यंग्य का संबंध भी मनुष्य-समाज से ही है, पर उसका आयाम कुछ भिन्न है। व्यंग्य मुख्यतः व्यक्तित्व के अंतर्विरोधों को, कथनी और करनी के फर्क को अपना विषय बनाता है। उसकी भाषा पाखण्ड पर चोट करती, उसे चीरती हुई निकलती है। यह भाषा सहलाती नहीं, जलाती है। इसीलिए व्यंग्य को 'भाषा की लपट' कहें तो गलत नहीं होगा। व्यक्ति के अंतर्विरोध सदा से रहे हैं, इसलिए व्यंग्य की सत्ता भी सदा रही है। हिन्दी के सिद्ध और सन्त साहित्य में पंडितों, मुल्लाओं तथा पौराणिक धर्मावलंबियों पर गजब का व्यंग्य हुआ है। कबीर तो इसके बादशाह हैं। द्विवेदी जी के शब्दों में उनके व्यंग्य से आहत व्यक्ति के सामने धूल झाड़कर चल देने के सिवा और कोई रास्ता ही नहीं होता। आधुनिक काल में भारतेन्दु-युग मुख्यतः व्यंग्य का ही युग है। भारतेन्दु हरिश्चन्द्र, प्रतापनारायण मिश्र और बालमुकुन्द गुप्त की व्यंग्य-रचनाएँ न केवल उस युग के लिए बल्कि आज के लिए भी उतनी ही प्रासंगिक हैं। बालमुकुन्द गुप्त लिखित शिवशंभु के चिट्ठों में जो निर्भीकता और प्रखरता है वह आज के व्यंग्य-साहित्य को देखते हुए भी दुर्लभ लगती है। यहाँ यह ध्यान रखना होगा कि कबीर का समय यदि चतुर्दिक पाखण्ड का समय था तो भारतेन्दु-युग घोर विश्वासघात और छल का। इन दोनों युगों की रचनाओं में अपने-अपने समय की तस्वीर साफ है। आज के स्वतंत्र भारत की तस्वीर भी उससे अधिक निर्मल नहीं हुई है–बल्कि कुछ लोग कहेंगे कि धूमिल हुई है। स्वतंत्रता के बाद की राजनीति निरन्तर भ्रष्ट होती हुई देश को भी भ्रष्ट करती गयी है। सिद्धांत और नारे अर्थहीन हुए हैं। पवित्र शब्दों का अवमूल्यन हुआ है। कथनी और करनी की खाई गहरी हुई है। लोगों में क्षेत्रीय, जातिवाद और भाई-भतीजावाद तेजी से पनपा है। जहाँ तक सम्पूर्ण भारतीय मानसिकता का सवाल है, उसका वृत्त भी विस्तृत नहीं हुआ है। एक ओर भारतीय जन मृत मान्यताओं और जड़ संस्कारों से मुक्त नहीं हो

सका है तो दूसरी ओर भारतीय बुद्धिजीवी भी शुद्ध वैज्ञानिक दृष्टि को अपने जीवन का अंग नहीं बना पाया है। उसके हीनताग्रस्त मन पर आधुनिकता एक फैशन के रूप में ही अधिक हावी है। मुक्तिबोध ने बिल्कुल ठीक लिखा है, ''नये ने पुराने का स्थान नहीं लिया। धर्म भावना गयी, लेकिन वैज्ञानिक बुद्धि नहीं आयी। धर्म ने हमारे जीवन के प्रत्येक पक्ष को अनुशासित किया था। वैज्ञानिक मानवीय दर्शन ने, वैज्ञानिक मानवीय दृष्टि ने धर्म का स्थान नहीं लिया।''[1] तो यह है मोटे तौर पर समकालीन भारतीय परिदृश्य जो आज के व्यंग्य-लेखक के प्रहार का क्षेत्र बना है। इसी जमीन पर आज के हिन्दी साहित्य में व्यंग्य विधा को एक पृथक् विधा के रूप में मान्यता मिली है और कहना न होगा कि इस विधा के लेखकों में श्री हरिशंकर परसाई का नाम शीर्ष पर है।

आजादी के बाद का भारतीय समाज ही हरिशंकर परसाई के व्यंग्य का विषय है। यह समाज एक अनिश्चय और अविश्वास की मनःस्थिति में जी रहा है। 'तीसरे दर्जे के श्रद्धेय' शीर्षक अपनी एक व्यंग्य-रचना में परसाई ने दिखाया है कि किस प्रकार आज किसी का किसी पर भरोसा नहीं रह गया है। वे पूछते हैं-''क्या आजादी के पच्चीस वर्षों ने यही अनिश्चय और अविश्वास की मानसिकता दी है हमारी पीढ़ी को।''[2] आजादी के बाद की भारतीय राजनीति सिद्धांतहीन राजनीति है। उसका मूल मन्तव्य है सत्ता हासिल करना। 'सज्जन, दुर्जन और कांग्रेस जन', 'प्रजावादी समाजवादी' तथा 'लोहियावादी समाजवादी'[3] शीर्षक व्यंग्य-रचनाओं में परसाई ने तीनों प्रमुख दलों के नेताओं की अवसरवादिता और उनके दिमागी दिवालियेपन का मजाक उड़ाया है। कांग्रेसी नेता कहता है, ''मेरे कुछ निश्चित कार्यक्रम हैं जिन्हें मैं किसी भी कीमत पर नहीं त्यागता। जैसे मैं रोज एक घंटे शाम को छज्जे पर बैठकर जन-सम्पर्क करता हूँ। नीचे जनता गुजरती रहती है। इसी तरह मैं नियमपूर्वक खादी जी की पूजा करता हूँ।'' यह कांग्रेसी नेता गांधी और नेहरू की जय बोलने के अलावा और कुछ नहीं जानता। सारे प्रश्नों का उसके पास एक ही उत्तर है-''गांधी और नेहरू की जय।'' प्रजा समाजवादी नेता कहता है, ''समाजवाद को गोली मारो। वे शब्द पुराने पड़ गये। पार्टी का कोई नाम तो होना चाहिए, इसीलिए हमने समाजवादी नाम रख लिया। मूल मन्तव्य है, सत्ता हासिल करना।'' इस नेता को, क्योंकि कांग्रेस का टिकट नहीं मिला, इसलिए इसने एक अलग विरोधी दल बना लिया है। लोहियावादी समाजवादी नेता कहता है, ''हमने तय कर लिया है कि जिसे जो बनना है, वह उसके दैनिक खर्च का हिसाब जोड़े। लोहिया जी को प्रधानमंत्री बनना है, तो उन्होंने वर्तमान प्रधानमंत्री के दैनिक खर्च

का हिसाब जोड़ लिया है। जिस दिन सब हिसाब बन जायेंगे, उस दिन हम सरकार पर कब्जा कर लेंगे।'' इस प्रकार यह नेता एक ओर हल्ला मचाता है, दूसरी ओर हिसाब की क्रान्ति करता है। परसाई ने इन सभी दलों के नेताओं पर करारा व्यंग्य किया है। ये ही नेता देश की दुर्दशा के कारण हैं। ये ही आँख पर पट्टी बाँध कर जनता को अपनी राजनीति का जादू दिखाकर छल रहे हैं। यह धोखे की एक लम्बी परंपरा है जिसका पर्दाफाश परसाई 15 अगस्त और 26 जनवरी जैसी तिथियों के माध्यम से 'हम, वे और भीड़' शीर्षक व्यंग्य-रचना में करते हैं।

हरिशंकर परसाई फासिस्ट तानाशाही और गांधी जी के ट्रस्टीशिप के विरुद्ध हैं। उनके अनुसार ट्रस्टीशिप में विश्वास रखना पूँजीपतियों और जमाखोरों को संरक्षण देना है। 'सोने के साँप' शीर्षक व्यंग्य में उन्होंने अपने इस विचार को बहुत समर्थ अभिव्यक्ति दी है। वे पूँजीवादी अर्थव्यवस्था के विरोधी हैं। अपनी रचनाओं में वे बार-बार पूँजीवादी शोषण पर व्यंग्य करते हैं। पूँजीवादी मनोवृत्ति के व्यवस्थापकों द्वारा शिक्षा का किस प्रकार शोषण किया जाता है, इसे परसाई के 'प्राइवेट कालेज का घोषणा पत्र' शीर्षक व्यंग्य में देखा जा सकता है। इसी प्रकार 'वैष्णव की फिसलन' शीर्षक व्यंग्य में धर्म के नाम पर धंधा करने वालों का चरित्र नंगा किया गया है। परसाई ने उन लेखकों पर भी व्यंग्य किया है जो भीड़ और राजनीति से नफरत करते हैं तथा जो सुविधाओं और पुरस्कारों के लिए मंत्रियों की जेब में घुसने के लिए आतुर होते हैं। उन्होंने उन समीक्षकों पर भी व्यंग्य किया है जो किन्हीं निहित स्वार्थों के कारण कुछ लेखकों के गुणगान करते हैं। ब्लैकमेल करके पैसे वसूलने वाले अवसरवादी पत्रकार भी परसाई के व्यंग्य के विषय बने हैं। इसी प्रकार भारतीय जन के अंधविश्वासों और उसकी जड़ नैतिकता पर भी परसाई ने चोट की है। 'स्नान' शीर्षक रचना में वे लिखते हैं, ''मेरी नजर में उस आदमी की बड़ी इज्जत है, जो बिना गंगा नहाये लौट आता है। हजारों सालों के संचित संस्कार उसे संगम की ओर खींचते हैं और वह कितनी बलवती इच्छाशक्ति से उन्हें परास्त करके लौटता है। वह बड़ा ताकतवर आदमी है। प्रयाग से लौटने वाले से मैं यह प्रश्न जरूर पूछता हूँ-'गंगा में स्नान किया था?' यदि वह स्वीकार करता है, तो मेरी नजरों में गिर जाता-पोच आदमी है; संस्कारों का गुलाम। जो कहता है कि मैं नहीं नहाया, उस नरपुंगव को नीचे से ऊपर तक मैं बड़ी प्रशंसा से देखता हूँ-हाँ, यह ढंग का आदमी है।''[4] इसी प्रकार 'फिर ताज देखा' शीर्षक व्यंग्य में वे लिखते हैं, ''आगरे के एक पवित्र आदमी ने कहा-'अरे साहब, ताज की छाया में क्या नहीं

होता। सैकड़ों जोड़े मिलते हैं।' मैंने कहा-'हाँ साहब, प्रेमियों को ताज जैसे सुन्दर स्थान पर, खुले में, बगीचे में हर्गिज नहीं मिलना चाहिए। उन्हें तो गन्दी बदबूदार अंधेरी कोठरियों में मिलना चाहिए-तभी तो हमारी नैतिकता की रक्षा हो सकेगी। सारी नैतिकता पिछवाड़े के दरवाजे से ही तो आती जाती है'।"[5] तात्पर्य यह है कि परसाई इस अंधविश्वास, पाखण्ड और संकीर्ण नैतिकता के विरुद्ध हैं। वे इस देश के लोगों की मानसिक जड़ता को तोड़ना चाहते हैं। अपनी व्यंग्य-रचनाओं में वे मरे हुऐ, सोये हुए लोगों को जगाने की कोशिश करते हैं। 'चूहा और मैं' शीर्षक रचना में वे कहते हैं, "आदमी क्या चूहे से भी बदतर हो गया है? चूहा तो अपनी रोटी के हक के लिए मेरे सिर पर चढ़ जाता है, मेरी नींद हराम कर देता है। इस देश का आदमी कब चूहे की तरह आचरण करेगा?"[6]

अपने समय के प्रति एक व्यंग्य-लेखक की दृष्टि तीखी आलोचनात्मक दृष्टि होती है। साथ ही वह अपने समय के प्रति एक दायित्व महसूस करता है। वैसे तो ये दोनों विशेषताएँ लेखक मात्र के लिए जरूरी हैं पर एक समर्थ व्यंग्यकार के लिए शायद कुछ ज्यादा जरूरी। परसाई में ये दोनों विशेषताएँ हैं। इसीलिए वे अपने समय को उसकी पूरी तफसील में तीक्ष्ण आलोचनात्मक दृष्टि से देखते हैं और उसकी वास्तविकताओं की तह में जाने की कोशिश करते हैं। परसाई के लिए विषयों की कोई कमी नहीं है, न उनकी कोई सीमा है। जिस प्रकार निबंधकार पं० प्रतापनारायण मिश्र के लिए कुछ भी निबंध का विषय हो सकता है, उसी प्रकार परसाई के लिए कुछ भी व्यंग्य का। इस संबंध में परसाई की सूझ का लोहा मानना पड़ता है। वह इतनी बारीक है कि बात-बात में व्यंग्य पैदा कर लेना परसाई के लिए एक सहज व्यापार है। वे सीधी-सादी प्रचलित कहानियों में, कहावतों में, साधारण-सी घटनाओं में व्यंग्य का मसाला पा जाते हैं। यहाँ तक कि वे अपने पिटने की घटना को लेकर भी व्यंग्य कर लेते हैं-"पिटे तो तबादला करवाने, नियुक्ति कराने की ताकत आ गयी-ऐसा लोग मानने लगे हैं। मानें। मानने से कौन किसे रोकता है! यह क्या कम साहित्य की उपलब्धि है कि पिटकर लेखक तबादले कराने लायक हो जाय। सन् 1973 की यह सबसे बड़ी साहित्यिक उपलब्धि है। पर अकादमी माने तो।"[7] परसाई की इसी विशेषता के कारण उनकी रचनाएँ गद्य की विधाओं की सीमा का अतिक्रमण करती हैं। वे कहीं निबन्ध की तरह लगती हैं, कहीं कहानी की तरह। कहीं निबन्ध में कहानी, कहीं कहानी में निबंध। कहीं संस्मरण, कहीं रेखाचित्र, कहीं इण्टरव्यू। निबंधों का जनक मान्तेन कहता है, "I am the subject of my essays becasuse I myself am the only person whom I know thoroughly." परसाई भी इसी तरह बड़ी अत्मीयता से अपनी बात शुरू करते हैं। ऐसा लगता है जैसे अपने बारे में कुछ कहने जा रहे हों। धीरे-धीरे एक-एक पंक्ति आगे बढ़ती है और उसमें से व्यंग्य की शाखाएँ फूटने लगती हैं। एक ही रचना में साथ-साथ कई लोगों पर व्यंग्य सधता रहता है-ईश्वर पर, पूँजीवाद पर, नेता पर, अफसर पर और जाने किस-किस पर। यह व्यंग्य बड़ा तीखा और खतरनाक होता है। इतना खतरनाक कि लेखक को पिटना भी पड़ जाता है। व्यंग्य की हैसियत की चर्चा करते हुए परसाई लिखते हैं, "व्यंग्य की प्रतिष्ठा इस बीच साहित्य में काफी बढ़ी है-वह शूद्र से क्षत्रिय मान लिया गया है। व्यंग्य, साहित्य में ब्राह्मण बनना भी नहीं चाहता क्योंकि वह कीर्तन करता है।"[8] 'आँगन में बैंगन' शीर्षक अपनी एक अन्य रचना में अपने व्यंग्य-लेखन के संबंध में वे लिखते हैं: "मेरा एक मित्र कहता है कि तुम्हारे आँगन में कोमल फूल नहीं लग सकते। फूलों के पौधे चाहे किसी घटिया तुकबन्द के आँगन में जम जायें, पर तुम्हारे आँगन में नहीं जम सकते। वे कोमल होते हैं; तुम्हारे व्यंग्य की लपट से जल जायेंगे।"[9] व्यंग्य की इस दाहकता के कारण ही मैंने उसे 'भाषा की लपट' कहा है। कवि मुक्तिबोध ने भी अपनी कविता की तुलना साँप से की थी-

कोई साँप पहाड़ी
निकलकर भागता है लहरीली गति से
मानो मेरी कविता की कोई पाँत।

-विश्वनाथ प्रसाद तिवारी

संदर्भ

1. एक साहित्यिक की डायरी: मुक्तिबोध, पृ० 72
2. दे०, वैष्णव की फिसलन: हरिशंकर परसाई, पृ० 31
3. दे० पगडंडियों का जमाना: हरिशंकर परसाई, पृ० 19 से 34
4. दे० पगडंडियों का जमाना: हरिशंकर परसाई, पृ० 70-71
5. वही, पृ० 86
6. वैष्णव की फिसलन, पृ० 39
7. वैष्णव की फिसलन, पृ० 89
8. वैष्णव की फिसलन, भूमिका
9. पगडंडियों का जमाना, पृ० 83

पाठकों की ओर से

पात्रों के बहाने लेखक की खोज

परसाई जी से व्यक्तिगत परिचय न होने के बावजूद, उनके लेखन के प्रति सहमति से उपजी आत्मीयता के कारण, कभी-कभी उन पर जबरदस्त संस्मरण लिखने की इच्छा जगती थी। ऐसी प्रतिक्रिया उनके सजग पाठकों के मन में भी होती है, ऐसा मैंने अनुभव किया। वैसे परसाई जी के पाठकों का दायरा बहुत बड़ा है। अखबार पढ़ने वालों से लेकर साहित्य पढ़ने वालों तक। महानगरों से लेकर गाँवों तक। अनुवाद के माध्यम से वे हिन्दी से इतर भाषाओं के पाठकों के बीच भी लोकप्रिय हैं।

एक बार मैं मद्रास से क्वैलन जा रहा था। मेरी सीट में ही एक फौजी नवजवान बैठा था। छुट्टियों में वह अपने घर वापस जा रहा था। उसने मलयालम की एक पुस्तक निकाली और पढ़ने में तल्लीन हो गया। उसकी तल्लीनता ने मुझे जिज्ञास्र बना दिया। मैंने सोचा; पूछूँ तो सही कि इस मनोयोग से वह मलयालम के किस लेखक को पढ़ रहा है क्योंकि मलयालम के कुछ लेखकों के बारे में मेरी जानकारी थी। मैंने उससे अंग्रेजी में पूछा–''आप किस लेखक को पढ़ रहे हैं?''

''हरिशंकर परसाई।'' उसने सधे स्वर में यह नाम लिया।

मैं आश्चर्यचकित। खुश। गौरव महसूस करते हुए मैं कह गया–''ही इज़ अवर हिन्दी राइटर।''

फौजी ने मेरी ओर इस तरह ताका जैसे 'अवर' शब्द उसे खल गया हो। उसने प्रश्न किया–''डू यू नो हिम पर्सनली?''

''नो, आई नेवर मेट हिम।''

मेरे इस जवाब पर वह मुस्कराया। मेरे अन्दर की 'अवर' वाली दीवार में दरार पड़ गयी। उसने पुस्तक पालथी में रख ली। उसकी आँखें कुछ टटोलती-सी लग रही थीं। उसने कहा–''आई थिंक हि शुड बी स्ट्रांग, फियरलेस, सीरियस एण्ड कांसस मैन।'' मैं समझ गया कि उसकी आँखें परसाई जी के स्वरूप को टटोल रही थीं। मेरा सारा अहं पानी हो गया।

सच है लेखक कोई दीवार नहीं स्वीकार करता । उस समय मेरे मन में भी परसाई जी का एक स्वरूप उभरा था। कुछ दिनों बाद जब मैंने उन्हें इलाहाबाद में देखा। भूरे रंग की खादी की शेरवानी पहने। सबल शरीर। कम बोलना। कुछ खोजती हुई आँखें। तब तुरंत उस फौजी का वाक्य याद हो आया था–स्ट्रांग, फियरलेस, सीरियस एण्ड कांसस मैन...परसाई। कुछ ऐसा था कि उस समय उनसे राम–रमौवल भी नहीं हो सकी।

मैंने देखा कि परसाई की रचनाएँ लोग कंठस्थ किये हैं। कविता का कंठस्थ होना समझ में आता है। मगर गद्य को कंठस्थ कर लेना आसान नहीं। इससे ही लेखक की शक्ति का अंदाज होता है तथा लेखन की प्रासंगिता का अनुमान होता है जो आज के जीवन–संदर्भों से जुड़ा है। बांदा में एक गैर साहित्य गोष्ठी में एक नवजवान वकील के मुँह से दैनिक घटनाओं और व्यक्तियों के संदर्भ में परसाई की कितनी कहानियों का उल्लेख सुना। लोक भविन में प्रचलित लोक कथाओं और कहावतों के लोग जिस प्रकार अपनी बातों की पुष्टि करते हैं ठीक उसी तरह परसाई द्वारा लिखी कहानियों से भी लोग अपनी बात की पुष्टि करते हैं। जन–जीवन में किसी लेखक के गद्य का ऐसा प्रवेश उसके जनवादी होने का सबूत है।

मेरा एक ममेरा भाई है। घर में हम लोग उसे सज्जन कहते हैं। रेलवे में ट्रैक्सन विभाग में काम करता है। रुचिकर बातें करता है। भाषा में छतरपुरी बुन्देली का पुट। उसके आ जाने से परिवार में उल्लास छा जाता है। बच्चों में खासतौर से क्योंकि वह परसाई जी की कहानियों को इस लय से सुनाता है कि श्रोता को व्यंग्य की पूरी अनुभूति हो जाती है और मैं सोचता रह जाता हूँ कि परसाई जी की रचना–प्रक्रिया की आंतरिक लय सज्जन की इसी टोन में उभरती होगी। उसे परसाई की कहानियाँ सुनाने का अद्‌भुत चस्का है। खाना खाते समय भी वह शुरू कर सकता है। महफिल जमी हो तो सारी बातें बलायताक रखकर वह कहानी शुरू कर देगा। और अगर कहानी शुरू हो गयी तो अंत तक फिर कोई टस से मस नहीं होगा। उसके मुख से जो परसाई की कहानी सुन लेता है वह परसाई साहित्य को पढ़ने को ललकने लगता है। कम से कम मेरे परिवार के सदस्य परसाई को ढूँढकर पढ़ते हैं। सज्जन की टोन में पढ़ने की कोशिश करते हैं। मैं सज्जन से पूछता हूँ, "आखिर तुम परसाई के इतने मुरीद क्यों हो?" जवाब होता है–" भाई साहब, आजकल तो दफ्तर में ही भेजा खाली हो जाता है। सीरियस रचनाओं में का रखा है। आप ही बतलाइए आज के जीवन की कोई ऐसी विसंगति नहीं जो परसाई जी की पकड़ से छटक जाय। फिर न भाषा का तुमार न घुमाव। सीधे–सादे बात शुरू की और व्यंग्य की मार से असलियत

खोल दी। मज़ा भी लीजिए और एजूकेट भी होइए।'' यह सच है कि पाठक के पास आलोचक की भाषा नहीं होती। उसकी प्रतिक्रिया दो शब्दों में या दो वाक्यों में हो सकती है। मगर उसके आस्वादन के अनुभव की तीव्रता में 'गूँगे के गुड़ का स्वाद' होता है।

परसाई जी हिन्दी के व्यंग्य-लेखक हैं। इस प्रसंग में दो-तीन-लेखकों का नाम लिया जा सकता है। पर किया क्या जाय। किसी भी भाषा में व्यंग्य-लेखक कम होते हैं। क्योंकि व्यंग्य-लेखन में जो जोखिम उठाना पड़ता है, वह हर लेखक नहीं उठा पाता। व्यंग्य-लेखन कम होता है, इसीलिए साहित्य में उसको कम स्थान दिया जाता है। क्योंकि मोटे तौर से यह मान लिया जाता है कि गंभीर लेखन की अपेक्षा व्यंग्य में संवेदनात्मक संभावनाएँ समाप्त हो जाती हैं। रचना का कैनवास छोटा हो जाता है। मगर यह भी सोचना लाज़मी है कि जब खास व्यवस्था के तहत मनुष्य की संवेदनाएँ भोथरी हो जाती हैं, जीवन में दिखावा, प्रपंच और खोखलापन घुस आता है; लोगों की खाल मोटी हो जाती है; तब मात्र व्यंग्य ही कारगर होता है। सामाजिक व्यवस्था जब ऐसा माहौल पैदा करती है तभी कोई व्यंग्य-लेखक पैदा होता है। आक्रामक तेवर के साथ धुंध छाँटता हुआ। जीवन का सत्य किसी प्रकार के खोखलेपन को बर्दाश्त नहीं करता क्योंकि यह खोखलापन जीवन की प्रगति में अवरोध उत्पन्न करता है। लूर्नाचास्की ने इस ओर संकेत करते हुए कहा है-''Satirist is, first and foremost a very keen observer. He has noticed several revolting featue about Society, which pose a problem to yow.'' इस प्रकार व्यंग्य की भावभूमि भी गंभीर ही होती है। व्यंग्य मात्र मनोरंजन नहीं करता। इस बहाने वह जीवन के रूबरू खड़ा होकर विसंगतियों को उभारता है। चिढ़ाता है। चोट करता है। सोचने को मजबूर करता है और सबसे बड़ी बात यह है कि व्यंग्य पाठक को नैतिक विजय की अनुभूति से लैस करता है। व्यंग्यकार के अंदर भी बेचैन आत्मा होती है, जो जरा से खटके में चौकन्नी हो जाती है और विषय के प्रति आक्रामक मुद्रा अख्तियार कर लेती है। यह मुद्रा चेतनासंपन्न दृष्टि के कारण बनती है। जो कबीर के व्यंग्य में भी मौजूद है। इनकी रचनाओं में हम सामाजिक जुम्मेवारी का बोध अनुभव करते हैं। परसाई जी ने एक जगह लिखा है कि ''अच्छा व्यंग्य सहानुभूति का सबसे उत्कृष्ट नमूना है।'' बात सच है। पर व्यंग्य की सहानुभूति यथास्थितिवादियों को रास नहीं आती। वह समाज के बहुसंख्यक भुक्तभोगियों का हिस्सा अवश्य बन जाती है। पहला वर्ग इसे उपेक्षित करता है, दूसरा वर्ग इसे लोकप्रिय बनाता है। कबीर जितने उपेक्षित किये गये, उतने ही लोकप्रिय भी हुए।

व्यंग्यकार परसाई की लोकप्रियता भी दूसरे वर्ग के बीच है। जो जीवन की विसंगतियों को समझता है। पाखंड और मिथ्याचारों को झेलता है। और इन सबसे मुक्त होकर जीवन तथा समाज में परिवर्तन का आकांक्षी है। परसाई जी का व्यंग्य इस वर्ग के लिए संघर्ष की मानसिकता बनाने में पुरजोर असर पैदा करता है।

आज तक की राजनीति ने देश की जनता को सिर्फ वोट बटोरने के लिए ही इस्तेमाल किया तथा पूँजीवादी व्यवस्था ने संबंधों में दरार पैदा की। परिणाम-स्वरूप जीवन के हर क्षेत्र में अंतर्विरोध पैदा हुए। पाखंड, चतुराई, सिद्धान्तहीनता तथा इस्तेमाल की प्रवृत्ति पूरे परिवेश में व्याप्त हो गयी। जनता की मूल-भूत आवश्यकताएँ पूरी नहीं हुईं। नारे बना दी गयीं। हो-हल्ला आपा-धापी की दुनिया में जनता का जीवन फँस गया। किसी भी लेखक की रचनाप्रक्रिया का निर्माण उसके चारों ओर फैली दुनिया और उसकी समझ के आधार पर बनती है। वह समाज में घटने वाली घटनाओं तथा मनुष्यों के कार्यकलापों को वैचारिक धरातल पर पकड़ता है। उसकी रचनाओं का यथार्थ जीवन सत्य से उद्‌भूत होता है। ऐसा ही लेखक जनता का लेखक होता है। परसाई ऐसे ही लेखक हैं जिनका अस्तित्व जनता के जीवन से जुड़ा है। सारिका में 'गर्दिश के दिन' में वे इस सत्य को स्वीकार करते हैं-"मैंने अपने को विस्तार दे दिया। दुखी और भी हैं। अन्याय पीड़ित और भी हैं। अनगिनत शोषित हैं। मैं उनमें से एक हूँ। पर मेरे हाथ में कलम है और मैं चेतना सम्पन्न हूँ।"

यह चेतना ही लेखक को संघर्षशील बनाती है। उसकी संवेदना को विस्तार देती है तथा लेखक की पक्षधरता को निश्चित करती है। इसके बल लेखक पात्रों और घटनाओं के संबंधों के बीच महत्त्वपूर्ण अर्थ खोज लेता है। यह खोज बिना गंभीर चिंतन के नहीं उपजती। परसाई जी अपने इस स्रोत को भली भाँति मानते हैं। वे इसी आत्मकथ्य में लिखते हैं-"यहीं कहीं व्यंग्य का जन्म हुआ। मैंने सोचा होगा, रोना नहीं लड़ना है। जो हथियार हाथ में है, उसी से लड़ना है। मैंने तब ढंग से इतिहास, राजनीति और संस्कृति का अध्ययन शुरू किया। साथ ही एक औघड़ व्यक्तित्व बनाया। और बहुत गंभीरता से व्यंग्य-लेखन शुरू किया।"

देखने की बात यह है कि परसाई ने ढोंगी साधुओं की तरह रूप को औघड़ नहीं बनाया। औघड़ व्यक्तित्व बनाया क्योंकि औघड़ाई से एक खास तरह का जीवट पैदा होता है निर्भीकता और निसंगता आती है। ऐसा लगता है औघड़ व्यक्तित्व वाला लेखक ही सच्चा व्यंग्यकार हो सकता है। कबीर भी औघड़ थे। प्रतापनारायण मिश्र भी। निराला और नागार्जुन में भी औघड़ाई

मिलती है। भारतेन्दु तो थे ही। परसाई भी इसी परम्परा में आते हैं। वरन् ऐसा लगता है कि वे इस परम्परा में सबसे आगे निकल रहे हैं। सच है कि औघड़ी परम्परा के व्यंग्य को नकलची और विदूषक आगे नहीं बढ़ा सकते । प्रारम्भ में ही कबीर ने चेतावनी दे दी थी–"जो घर जारै आपनो, चलै हमारे संग।" परसाई कहीं न कहीं कबीर से बेहद जुड़े हैं। यहाँ मैंने केवल हिन्दी की बात कहकर अपने को संकुचित किया है। विदेशी व्यंग्य-लेखकों को भी यह औघड़ाई अपनानी पड़ी थी। मार्क ट्वेन को ले लीजिए। गोगोल को लीजिए। चेखव को लीजिए। मार्क ट्वेन के जीवन में हर प्रकार का दुख आया। पर वह रोया नहीं। व्यंग्य के सहारे समाज और सभ्यता को उघाड़ता चला गया। इसके उपन्यासों को पढ़ने पर बराबर यह महसूस होता है कि मार्क ट्वेन ही अपने उपन्यासों में यांकी टामसायर या फिन के रूप में मौजूद है। नागार्जुन की कविता 'हरिजन गाथा' में भी यही लगता है। इसी तरह परसाई जी अपनी कहानियों के पात्रों के पीछे खड़े दिखलाई पड़ते हैं। एक सजग प्रहरी की तरह जिसे पाठक तुरंत पहचान लेता है। उनकी आवाज को पहचान लेता है। इनकी कहानियों में आये पात्र आज के जीते-जागते पात्र होते हैं। उनमें से अधिकांश मुखौटेबाज होते हैं जो छल-बल से समाज को कुतरने में लगे हैं और कुछ पात्र होते हैं जो सामाजिक विडम्बनाओं से उत्पन्न बोझ के नीचे दबे होते हैं। परसाई जी की वास्तविक पक्षधरता दूसरे प्रकार के पात्रों के साथ होती है। पहले प्रकार के पात्रों के मुखौटों को वे बड़ी निर्ममता से उघाड़ते हैं। जैसे 'मन्नू भइया की बारात' कहानी में उनकी पक्षधरता लड़की के बाप के प्रति है जो इतना विवश है कि बिना मुँह खोले मर जाता है। इस कहानी का चाचा दहेज का लालची है जिसे परसाई जी जेबकतरा और लुटेरा साबित करते हैं। बारातियों को पागल। बौद्धिक पागल। ये सब गलत रिवाजों के पोषक हैं। इसीलिए शोषक भी। इसी तरह 'भोलाराम के जीव' के प्रति है। बाकी पात्रों के माध्यम से वे आज के सरकारी दफ्तरों में फैली घूसखोरी, लूट-खसोट और गैरजुम्मेवारी का पर्दाफाश करते हैं। इस तरह कि उत्तेजना उत्पन्न होती है। तभी Swift का कथन याद आ जाता है–"I do not wish to entertain but to irritate...।"

कभी-कभी परसाई की कहानियाँ पढ़कर मेरे मन में एक अजीब-सी बात उभरती थी। काश! परसाई जी से उनके कथा-पात्र मिलें और उनसे सवाल करें तो वे क्या उत्तर देंगे? इस काल्पनिक साक्षात्कार में कोई न कोई बात उभरेगी जरूर?

मान लीजिए लेखक अपनी मेज पर बैठा लिख रहा है तभी अचानक

स्वामी जी ('एयरकंडीशण्ड आत्मा' कहानी का पात्र) लेखक के सामने आ धमकें और पूछें-"महोदय, हम आत्मा को पवित्र करके भैया सा'ब को मुक्ति दिलाते हैं। इसमें आपको क्यों एतराज होता है?"

परसाई जी उन्हें चुभती नजरों से देखेंगे और कहेंगे-"स्वामी जी, मुक्ति अकेले की नहीं होती। अलग से अपना भला नहीं हो सकता। मनुष्य की छटपटाहट है मुक्ति के लिए, सुख के लिए, न्याय के लिए। पर यह बड़ी लड़ाई इस तरह अकेले नहीं लड़ी जा सकती। अकेले वही सुखी है जिन्हें कोई लड़ाई नहीं लड़नी।" ऐसे ही चोट खाये भगत जी (भगत की गत) आयें और गुर्राकर पूछें-"तुम बड़े खुचड़पेंची हो यार! मेरे ऊपर ऐसे-ऐसे अभियोग लगाये कि मेरा स्वर्ग छिनवा लिया?"

लेखक मुस्कराकर कहेंगे-"मेरा व्यंग्य विसंगतियों, मिथ्याचारों और पांखडों का पर्दाफाश करता है, बंधु।"

"बाप रे! पर ये सब क्यों?"

"इसलिए कि मनुष्य को बेहतर मनुष्य बनाना चाहता हूँ।"

इसी बीच चाचा (मन्नू भइया की बारात) आत्मस्वीकृति निवेदित करने लगें-"भाई, वैसे तो तुमने मेरी भद्द उड़ा दी। मुझे अपनी गलती मालूम हो गयी है, अब मैं आगे से अपने को सुधार लूँगा।"

परसाई जी का जवाब होगा-"ठीक है, अगर सुधार लोगे तो मुझे कोई एतराज नहीं। वैसे मैं सुधार के लिए नहीं, बदलने के लिए लिखता हूँ।" तब तो चाचा को फिर आगे की बात सोचनी पड़ेगी। वे द्वन्द्व समेटे वहाँ से खिसक जायेंगे। फिर... यदि चंदा चाबन करने वाले सेवक जी आ जायें। रंगने चुँगने की कोशिश करें-"प्यारे भाई, मुझसे देश की दुर्दशा देखी नहीं जाती। इसीलिए उसके सुधार के लिए जी-जान से जुटा रहता हूँ। मगर आप हमें भी नहीं छोड़ते?"

लेखक गंभीर होकर कहेगा-"मैं लेखक के रूप में देश की दुर्दशा पर किसी भी रहनुमा से ज्यादा रोता हूँ।"

"आपको रोने की क्या जरूरत, हम लोग तो हैं ही। लेखक को तो राजनीति से दूर ही रहना चाहिए।"

"लेखक को राजनीति से दूर रखने की बात वही करते हैं जिनके निहित स्वार्थ हैं, जो डरते हैं कि कहीं लोग हमें समझ न लें।"

सेवक जी-"ऐसी राजनीति से क्या फायदा? आप कोई राजनीतिक पद भी तो नहीं पा सके?"

"घुसपैठ की आदत नहीं है।"

सेवक जी के सारे तीर बेकार हो जायेंगे। इस लेखक की आँख में धूल

नहीं झोंकी जा सकती। इसी बीच सेवक जी से शिकायत करते हुए कोई कर्मचारी (कहानी 'सुदामा के चावल' के कर्मचारियों में से कोई भी जो सुदामा के चावल बीच में ही खा जाते हैं। कृष्ण तक पहुँचने नहीं देते) घुस आये-''साब, इस लेखक की कलम तो बिच्छुओं जैसा डंक मारती है।''

तब परसाई जी गंभीर होकर कहेंगे-''मनुष्यनुमा बिच्छुओं और सांपों ने भी मुझे बहुत काटा है। पर जहर मोहरा मुझे पहले से ही मिल गया है।''

''कहाँ है तुम्हारा ज़हर मोहरा?''

लेखक अपनी कलम की ओर संकेत कर देगा-''इससे झरता व्यंग्य ही... है वह।'' इसी बीच चाँद से उतरकर मातादीन सीधे लेखक के पास जायें और हड़काने लगें तो लेखक अपनी छाती कड़ी करके तुरंत कह देगा- ''इन्सपेक्टर साहब, मैंने तो बहुत पहले तय कर लिया था कि परसाई, डरो किसी से मत। डरे कि मरे।''

''तो इस कलम के बूते न तुम डरोगे, न मरोगे?''

''आप सही फरमा रहे हैं।''

''कैसे प्राणी हो तुम?''

''वैसे सचमुच मैं बेचैन मन का संवेदनशील प्राणी हूँ।''

और अंत में चन्द बातें।

परसाई जी सच्चे रूप में जनवादी लेखक हैं। जनवादी रचनाकार अपने समय की सारी हलचल को उभारता है। और ऐसी भाषा में लिखता है जो पाठक को सहज की ग्राह्य हो। कथ्य के अतिरिक्त शैली और वाक्य-विन्यास या शब्द-संयोजन से भी रचना ग्राह्य बनती है। परसाई जी के अनुभव जिन शब्दों और वाक्यों में अभिव्यक्ति पाते हैं उनमें लेखक की बौद्धिक शक्ति का बराबर आभास मिलता है जिससे वे अर्थ को नये आयाम देते हैं। यथा- ''वह थोड़ा आवारा है क्योंकि उसे प्यार करना है और हमारे समाज में कोई स्त्री किसी शरीफ आदमी से प्यार नहीं करती।''

कथ्य को सँवारने के लिए परसाई जी ने कहानियों में विविध प्रयोग किये हैं। उन्होंने लोककथाओं की शैली, फंतासी, चुटीली लघु कथाएँ, रिपोर्ताज़ शैली का प्रयोग किया है। कथ्य सहज रूप में सम्प्रेषणीय बने... कैसे बने इसका उन्हें ज्ञान है। लोक जीवन में प्रचलित कथा शैलियों में लिखी गयी कहानियाँ साधारण से साधारण आदमी को ग्राह्य हो जाती हैं। चुटीली लघु कथाएँ तुरंत याद हो जाती हैं। किसी भी कहानीकार ने परसाई जैसे प्रयोग नहीं किये हैं। उपन्यासों में नागार्जुन ने 'बाबा बटेसरनाथ' में

फंतासी युक्त लोक शैली का प्रयोग किया है। इधर नाटकों में लोक शैलियों की उपयोगिता महसूस की जा रही है। परन्तु परसाई जी जैसे पहले ही इसकी उपयोगिता समझ चुके थे। जैसे 'उनके दिन फिरे', 'हनुमान की रेलयात्रा', 'सदाचार का तावीज', 'एक जोरदार लड़के की कहानी', 'एक तृप्त आदमी की कहानी', 'दवा', 'दस दिन का अनशन' आदि कहानियों में ऐसे सार्थक प्रयोगों को देखा-परखा जा सकता है।

परसाई जी ने कहानियां लिखी हैं। उपन्यास लिखे हैं। निबंध तथा रेखाचित्र लिखे हैं। संस्मरण लिखे हैं। कई नामों से अखबारों में कालम लिखे हैं। इन तमाम विधाओं में आज भी लिख रहे हैं। फिर भी अन्य लेखकों की तरह चुके नहीं और न भविष्य में चुकेंगे। क्योंकि-"बेचैनी...... जो समाज में है। वह सब शब्दों में नहीं समा रहा।"

–अजित पुष्कल

लेखक को जानते हुए

परसाई जी एक ऐसे आदमी हैं जिनेके लिए भाषा के विशेषण व्यर्थ लगते हैं क्योंकि उन पर लिखने की तैयारी में सबसे पहले तो बात मेरे दिमाग में थी, वह यह खोजना था कि परसाई जी से पहले का व्यंग्यपरक गद्य कैसा था और निश्चित ही यह कहने की तबीयत होती है कि परसाई जी ने हिन्दी व्यंग्य को साहित्यिक प्रतिष्ठा दिलाने का काम किया है–यही नहीं उन्होंने छिछले, सपाट, अर्थहीन, भोंडे हास्य से हिन्दी गद्य को मुक्त करने का काम किया। एक तरह से उनका काम पिछली शताब्दी में भारतेन्दु हरिश्चन्द्र के काम की तरह महत्त्वपूर्ण है। यह संयोग है कि भारतेन्दु भी उत्तरशती में रचनारत दीखते हैं और परसाई जी भी। पर एक अर्थ में भारतेन्दु का काम बिल्कुल भिन्न है। वे गद्य की प्रतिष्ठा के उन्नायक हैं और परसाई गद्य की अर्थवान सत्ता प्रतिष्ठित करने वाले हैं।–जब ये बातें मैं लिखने के लिए व्यवस्थित कर ही रहा था कि हठात् मुझे परसाई जी के व्यक्तित्व की याद हो आयी। और मुझे लगा परसाई जी सोचेंगे कि विमल भाषा के व्यंग्य को उछालने का काम कर रहा है।

परसाई जी के बारे में बातें इतनी कम हैं कि हम यह कहें कि परसाई जी निहायत सादे आदमी हैं तो सादगी के बारे में अपनी कम जानकारी का ही सबूत देंगे। परसाई जी के व्यंग्य पढ़कर उन्हें मिलना या उन्हें मिलकर व्यंग्य पढ़ना दो ऐसी अलग-अलग चीजें हैं कि दोनों को जानकर सिर्फ हैरत भी होती है। मतलब यह कि परसाई जिस तरह के व्यक्तिगत रूप में मिलकर हैरत में डालते हैं–उनका गद्य भी हैरानी में डालने वाली चीज होता है। वर्षों पहले कलकत्ता में जब उनसे मुलाकात हुई थी तो महसूस हुआ था जैसे इस आदमी से सौवीं बार मिलना हो रहा हो। परसाई जी की शक्ल, उनका लिबास और उनकी बातचीत हमें उस पड़ोसी की याद दिलाती है जिस पर न सिर्फ हमें यकीन होता है बल्कि जिस पर हम ज्यादातर आश्रित भी रहते हैं। इसके बाद मुलाकातों का ऐसा सिलसिला है कि हर दफे परसाई जी अपने पुराने लिबास में एक नये आदमी के तौर पर उभरते रहे

हैं। परसाई जी की भाषा उधार लूँ तो कहना पड़ेगा वे एक प्याज हैं–आप एक परत उतारें तो दूसरी परत हाजिर मिलेगी।

अब अगर आप इस दूसरे पैराग्राफ का विवेचन करने बैठे तो आप पायेंगे कि इसमें विरोधाभासों के नमूने हैं कि परसाई जी सादे आदमी हैं और परसाई जी हैरत में डालने वाले भी, कि परसाई जी सौवीं बार मिले आदमी हैं और यह कि परसाई जी हर बार नये आदमी की तौर पर नजर आते हैं। असल में जैसे मैंने पहले ही कहा है परसाई जी को लेकर हर किस्म के विशेषण फिजूल लगते हैं। वे न हिन्दी व्यंग्य के महात्मा हैं और न हिन्दी गद्य के शिवप्रसाद सितारे हिन्द। यानी हम अगर उनकी किसी से तुलना भी करें तो तत्काल लगता है जैसे कोई चूक हो गयी हो।

असली बात यह है कि परसाई जी एक मुश्किल विषय हैं–अर्थात् उन पर लिखना बहुत मुश्किल काम है। कोई उन पर लिखे भी तो क्या–मसलन परसाई जी का जन्म किसी ऐतिहासिक घटना से जुड़ा हुआ नहीं है। मैं शुरू के दिनों परसाई नाम को गुलशेर खां शानी की तरह मुसलमान समझता था। गोकि सच्चे मायने में शानी ब्राह्मण और परसाई मुसलमान हैं।

परसाई जी एक साथ कई अखबारों में नियमित कॉलम लिखते रहे हैं पर मैंने उन्हें कभी हड़बड़ी में नहीं देखा। वे निहायत फुरसत के लहजे में बैठे या बातें करते नजर आते हैं। उनमें साधुओं जैसी निश्छलता है हालाँकि प्रतिक्रियावादी परसाई जी को गुण्डा या विधर्मी तक कह देते हैं। जबलपुर जैसे निहायत बेजान शहर में रहकर जानदार चीजें लिखने का काम सन्त या गुण्डा ही कर सकता है। आज जो लोग व्यंग्य में 'बैठे ठाले' कुछ कर गुजरने के मंसूबे लिए आन्दोलन का झण्डा उठाये प्रकाशकों और पत्रिकाओं के चक्कर लगा रहे हैं–परसाई जी के सामने वे बौने ही नहीं लगते बल्कि मूर्खता का प्रतिरूप लगते हैं।–यह मैं इसलिए कह रहा हूँ कि जिस विधा को प्रतिष्ठा दिलाने का काम आत्म-संघर्ष के जरिये किया गया है उससे यश हासिल करने के लिए जो लम्बी कतार है, उनमें से अधिकांश व्यंग्य के लक्ष्य से अपरिचित हैं। अर्थ यह कि व्यंग्य की सार्थकता उसकी सामाजिक प्रासंगिकता में निहित है।

परसाई जी के व्यंग्य हँसाने या गुदगुदाने के लिए नहीं हैं अपितु वे एक विवेकशील पाठक को रुलाने, सिर पीटने और ग्लानि महसूस कराने की भूमिका निभाते हैं। वे व्यंग्य बताते हैं कि हमारा समाज, हमारे रिश्ते, हमारी व्यवस्था, हमारा राजनैतिक चिन्तन किस किस्म का पतनशील, अर्थहीन है। हमारी धार्मिक चेतना किस तरह संस्कृति की मूल-चूल से हटकर व्यवसायियों और प्रतिगामी ताकतों के लिए शोषण और व्यवसाय का जरिया बन चुकी है।

इस अर्थ में परसाई के व्यंग्य कविता हैं–क्योंकि वे विमानवीकरण की

शक्तियों, उनके षड्यन्त्रों को अत्यन्त संग्रथित रूप में प्रस्तुत करते हैं। 'भोलाराम का जीव' से लेकर उनकी ताजातरीन रचनाएँ प्रमाणस्वरूप देखी जा सकती हैं। धर्म, कला, संस्कृति, साहित्य के बारे में तथाकथित आभिजात्य पर प्रहार करने का कोई सपाट फर्ज निभाना परसाई जी की व्यंग्य-रचनाओं का विषय नहीं है-वे बहुत बारीकी से, गहराई से, उस विसंगति, अन्तर्विरोध और अर्थहीनता के पक्ष उद्घाटित करते हैं, उन ताकतों को अनावृत करते हैं जो आज के सामाजिक के सामने एक विरूप दुनिया निर्मित कर डालते हैं।

परन्तु परसाई जी को लेकर किसी किस्म का 'एकेडेमिक' लेख लिखने का मेरा इरादा नहीं है। परसाई जी के निबन्धों पर शायद कभी कुंजियाँ लिखी जायँ-परसाई जी की व्यंग्य-गाथाएँ असल में एक विवेकवान समाजशास्त्री के निष्कर्ष हैं-वे स्वयं में एक 'अकादमिक व्यवस्था' को जन्म देने वाली चीजें हैं अर्थात् यह बताने वाली कि विश्वविद्यालयों की शिक्षा, साहित्य की शिक्षा और डिग्रियों के ढेर कितने बेमानी हैं। भारत की सामाजिक स्थिति में, वर्तमान व्यवस्था में यह सब न एक आडम्बर लगता है बल्कि आरोपित-सी चीज लगती है। इस माने में परसाई जी के व्यंग्य पुनर्विचार के लिए प्रेरित करने वाली सामग्री हैं।

व्यक्तिगत रूप से जो परसाई जी को ज्यादा जानते हैं उन्हें मालूम है कि परसाई जी नसरुद्दीन हैदर की तरह कितने 'प्रवीण' हैं। यहां 'चालाक' शब्द इस्तेमाल करता किन्तु 'चालाकी' में धूर्तता का अंश होता है-और परसाई जितने भी चालाक हों, उनमें इस क़िस्म की कोई चीज नहीं है। इस प्रवीणता का प्रमाण यही है कि परसाई जी ने अपने नाम का ऐसा 'हौव्वा' पैदा किया है कि प्रतिक्रियावादी तुरन्त डंडे लेकर उन्हें पीटने दौड़े।

वर्षों पहले कॉफी हाउस में एक परसाई जी और लोहिया जी इकट्ठे यानी दो दरवाजों से अलग-अलग एक ही वक्त में अन्दर घुसते देखे थे। व्यंग्य का प्रभाव या लेखक दबदबा कहूँ ज्यादातर लोग राजनेता के पास जाने की बजाय परसाई जी के गिर्द जमा हुए थे।

एक निहायत सादगी-भरी मुस्कान में परसाई जी पूछते हैं, 'कैसे हो?' हालाँकि इसका पुरजोर जवाब 'मजे में हूँ' देते हुए कई बार लगता है जैसे झूठ बोलते हुए पकड़ा गया हूँ अर्थात् परसाई जी से मिलते हुए सिर्फ सच कहने की इच्छा होती है।

यह विचित्र-सा अनुभव है लेकिन परसाई जी से एक बार मिलने के बाद बार-बार मिलने की इच्छा होती है और अभी कितनी ही बार परसाई जी से मुलाकात होगी-क्या उन भावी मुलाकातों के ब्यौरे अभी जुटाना मुमकिन है? शायद परसाई जी के लिए यह संभव होगा क्योंकि उन्होंने कबीर की तरह भूत, भविष्य, वर्तमान को एक-सा बनाने की सिद्धि प्राप्त की है।

-गंगाप्रसाद विमल

बहुरंगी स्थितियों से निपटता 'मैं'

हरिशंकर परसाई के नाम के नाम से मेरा परिचय 'निकष' वाले दिनों में हुआ था। यह 1954-55 की बात है। उनकी दो लघु कथाएँ 'निकष' के एक अंक में छपी थीं जिन्हें मैं लोगों को बड़े चाव से सुनाया करता था। एक में बूचड़खाना चलाने वाले एक सेठ की कथा थी; वह अपनी मातृभक्ति का प्रमाण देते हुए गाय से कहता है कि 'हे माता, हम तुम्हारे पुत्र हैं; हमारे रहते हुए कोई दूसरा तुम्हारा वध करे, यह हमें बरदाश्त नहीं। हमीं तुम्हें पूजेंगे, मारना होगा तो हमीं तुम्हें मारेंगे।' सामाजिक जघन्यता के भाँति-भाँति के नमूने परसाई के पात्रों में मिलते हैं और उनकी विकृत तर्क-शृंखला (परवर्स लॉजिक) की, जो पिछले पचीस वर्ष में न सिर्फ़ उनके साहित्य में, बल्कि हमारे सार्वजनिक जीवन में भी बराबर बढ़ती गयी है, यह शुरुआत भर थी।

पहली बार परसाई को मैंने 1956-57 में देखा। वे आकाशवाणी इलाहाबाद की एक हास्य-गोष्ठी में आये थे और उसमें मैं भी, बावजूद 30 साल की उम्र के, एक नवोदित लेखक की तरह शामिल हुआ था। तब तक परसाई नवोदित वाले निशान से कई इंच ऊपर आ चुके थे। उसके बाद शायद सिर्फ एक बार और वह भी चन्द मिनटों के लिए, मेरी-उनकी मुलाकात हुई। उन्हें निजी तौर से जानने का मुझको आज (6-10-79) तक मौका नहीं मिला। मुझे नहीं मालूम कि बोलने के मामले में वे मेरी तरह हैं या अज्ञेय की तरह, हँसते अश्क की तरह हैं या कुँअरनारायण की तरह, रहन-सहन, खान-पान में मण्टो या निराला के नजदीक हैं या पन्त और बच्चन के। मेरा इन मामलों में अनजान होना ही इस बात की दलील है कि परसाई का कोई निजी जन-सम्पर्क एवं सूचना-प्रसारण-विभाग नहीं है और है भी तो वह बहुत नामाकूल है।

कई जाने-माने लेखक, जिनमें से अधिकांश देश के एक विशेष भू-भाग से आने वाले हैं, आत्मकथ्य और संस्मरणात्मक निबन्धों के छोत के

छोत गिराते रहते हैं, वे 'मेरा हमदम: मेरा दोस्त' जैसी शृंखलाएँ चलाते हैं, फिल्मी स्टारों की तरह वे पाठकों के आगे अपनी-अपनी विशिष्ट छवि विभासित करते हैं; उस छवि में उनके कहकहे लगाने की, छककर दारू पीने की, बीवियाँ छोड़ने और बीवियाँ रखने की, माशूका के साथ कहीं दूर-जा बसने की, यारबाशी की, तपेदिक-प्लूरिसी की, आर्थिक संघर्षों की, लेखक-आलोचक-सम्पादक-प्रकाशक वर्ग से मिलने वाले त्रास और उनकी नीचतापूर्ण कुटिलता की, सम्मान और लाभ के बड़े-बड़े अवसरों को ठुकराने की और अन्त में एक स्वतन्त्रचेता निर्भीक विजेता के रूप में उभरकर आने की मुद्रा बार-बार देखने को मिलती है। इस शब्द-चित्रों को छायाचित्रों की मदद से और भी मुखर बनाया जाता है।

पर लगता है कि परसाई को यह सब नहीं आता या नहीं रुचता क्योंकि उनकी इन मुद्राओं का एक पाठक की हैसियत से मुझे कोई पता नहीं है। पुरातन जर्जर मूल्यों को निर्दयता से तोड़ने वाले इस लेखक का यह पुरातन रवैया सचमुच अनोखा है कि वह पाठकों तक सिर्फ अपने लेखन की मार्फत पहुँचना चाहता है, अपने निबन्धों में 'मैं' नामक पात्र को बार-बार बहुरंगी स्थितियों में डालते हुए भी वह असली 'मैं' को पाठकों के सामने बराबर गोपनीय बनाये रहता है।

परसाई को मैंने उनकी कथाओं की मार्फत जाना था, शायद इसलिए या जो भी कारण हो, आज भी मैं परसाई तक मूलतः उनकी व्यंग्य-कथाओं के लिए ही पहुँचना चाहता हूँ। 'सदाचार का तावीज' या उससे भी ज्यादा पुष्ट रचनाओं वाले संग्रह 'जैसे उनके दिन फिरे' की कथाओं के सहारे किसी भी साहित्य की विपन्नता टूट सकती है। इनमें व्यंग्य की लगभग सभी क्लासिकी शैलियों का उन्होंने सार्थक प्रयोग किया है। लोककथाओं का, छद्म पौराणिकता का, पैरोडी-अन्योक्ति-अतिशयोक्ति का, गाली-गलौज, घिसाई, रगड़ाई का-हर व्यंग्यपरक तरकीब का सहज अनायास खेल इनमें देखा जा सकता है। उनमें त्रिशंकु की गाथा का नया रूप है, वैताल पचीसी की परिवर्धित कथाएँ हैं, चन्द्रलोक में पुलिस अफसर के करिश्मे हैं, हनुमान की रेल-यात्रा और रामकथा के अभिनव संस्करण हैं। इन सबको आज की दैनन्दिन विसंगतियों को उघाड़ने के लिए झटके की तरह इस्तेमाल में लाया गया है। कथाओं के ताने-बाने में बार-बार परसाई की मौलिकता और आविष्कारक प्रतिभा का साक्षात्कार होता है। व्यंग्य-लेखन के लिए उनके पास अनेक भाँति के अमोघ अस्त्र-शस्त्र हैं, अनेक पैंतरे भी। किसी भी स्थिति पर वे किसी भी कोण से प्रकट होकर अचानक हमला कर सकते हैं और जब तक वे उसे दबोच नहीं लेते, तब तक उनकी कहानी बालकथा

की-सी सरलता और निर्दोषिता से चलती रहती है। परसाई की कहानियाँ हमेशा नयी सूझ से आती हैं, अपने को कहीं दोहराती नहीं हैं।

इसीलिए 'रानी नागफनी की कहानी' से मुझे खिन्नता होती है। लगता है कि इस भरी-पूरी प्रतिभा को एक अपेक्षाकृत अदना मुद्दे पर लुटाया गया है। व्यंग्य के सारे उपकरणों को, जो परसाई के पास इफरात में हैं, अभी और बड़े, और ज्यादा व्यापक मसलों पर महाकाव्यात्मक रूप में केन्द्रित होना है।

व्यंग्य के बारे में परसाई की दृष्टि साफ-सुथरी है। उसी सार्थकता, उद्देश्य और प्रभावशीलता के बारे में और उसके स्वरूप को लेकर परसाई के दिमाग में कोई अस्पष्टता नहीं है। वे बेशुमार अर्धशिक्षित लेखकों और पाठकों की तरह हास्य-व्यंग्य को एक ही पदार्थ मानने की भूल नहीं करते । यह सही है कि 'सदाचार का ताबीज' की 'कैफियत' नामक भूमिका में उन्होंने व्यंग्य के बारे में अपना रुख स्पष्ट करते हुए कहीं-कहीं उसे हास्य से जोड़ने का भ्रम पैदा किया है, पर यह बारह-तेरह साल पुरानी बात हुई। इधर 'मेरी श्रेष्ठ व्यंग्य रचनाएँ' की भूमिका में परसाई ने व्यंग्य के क्लासिकी स्वरूप की बड़ी स्पष्ट व्याख्या की है। वे उसके उद्देश्य और रचनात्मक विधा की हैसियत से उसकी अनिवार्यता के प्रति पूर्णतः आश्वस्त हैं। व्यंग्य के सारे उपकरणों से लैस होकर एक सचेत कलाकार की हैसियत से वे अब उस मंजिल की तरह पीछे छूटी हुई हैं। विशेषज्ञ सर्जन की हैसियत से शल्यक्रिया के लिए अब परसाई को प्राइमरी हेल्थ सेंटर की नहीं, किसी आल इण्डिया इंस्टीट्यूट आफ मेडिकल सायंसेज़ की पुकार सुननी चाहिए।

परसाई-साहित्य का एक विशाल खण्ड उनके व्यंग्य-निबन्धों और टिप्पणियों का है जिसने उनके अनगिन्त पाठक और दर्जनों नकलची लेखक पैदा किये हैं। 'पगडण्डियों का जमाना', 'शिकायत मुझे भी है', 'और अन्त में' आदि संग्रह इस साहित्य के प्रतिनिधि हैं। उनकी 'कबिरा खड़ा बजार में' श्रृंखला की टिप्पणियाँ विशेष रूप से लोकप्रिय हुई हैं। राजनीति और हमारी सामाजिक-आर्थिक व्यवस्था को लेकर परसाई की नापसन्दगी और उनकी प्रतिबद्धता को यह साहित्य ज्यादा अभिधात्मक ढंग से उद्घाटित करता है।

इस साहित्य में इतना तो बिल्कुल साफ है कि वे किसका प्रत्याख्यान करते हैं, किसे नापसन्द करते हैं। हमें पता चलता है कि वे प्रजावादी-समाजवादी, जनसंघी, नेहरूवादी लोगों, गांधी के नकलचियों और पुराणपंथियों आदि को नापसन्द करते हैं। ये सब उनके लिए हेय हैं, पर किनसे देश को श्रेय मिलना है, यह बात प्रायः अस्पष्ट रह जाती है। उसकी जगह

हमें ऐसे सामान्य सिद्धान्त भर मिलते हैं कि रिश्वतखोरी, मुनाफाखोरी, बेईमानी, राजनीतिक पाखंड आदि बुरी चीज हैं और सही चीजें ईमानदारी, वाणी और कर्म का एकात्मकता, आचरण की ऋजुता, साधनों की पवित्रता और सम्पत्ति का प्रत्याख्यान हैं।

परसाई ने 'कैफियत' में व्यंग्य-लेखक की समता एक डाक्टर से की है जिसके लिए रोगों और रुग्ण व्यक्तियों को देखते रहने की मजबूरी है। पर समता यहीं नहीं खत्म होती। डाक्टर के आगे रोगी कि चिकित्सा करते समय स्वस्थ शरीर और मन की एक आदर्श कल्पना रहती है। उसी तरह व्यंग्यकार के मन में भी आदर्श समाज और जीवन की क्वालिटी की एक कल्पना होती है जिससे मेल न खाने वाली हर स्थिति को वह विसंगति मानता है, उसे विकृति समझकर उस पर हमला करता है। व्यंग्यकार उस आदर्श के प्रति बराबर आबद्ध रहता है। अप्रतिबद्ध व्यंग्यकार की कल्पना ही नहीं हो सकती क्योंकि तब वह किसी जगह पर मजबूती से खड़े होकर चीजों को अपनी निगाह से नहीं देख सकेगा, जोकर की तरह चुटकी बजाता हुआ स्टेज के एक कोने से दूसरे कोने तक फुदकता भर रहेगा।

परसाई के मन में भी आदर्श समाज की एक कल्पना है पर उनके साहित्य में वह प्रायः ईमानदारी, वाणी और कर्म की एकात्मकता, साधनहीनों के शोषण का निषेध, आचरण की ऋजुता आदि-आदि में ही प्रकट होती है। वे अपनी वामपंथी विचारधारा और प्रतिबद्धता के लिए विख्यात हैं पर उनके साहित्य में जिस डाग्मैटिक ढंग से प्रतिपक्ष का प्रत्याख्यान होता है उसी तरह, उसी डाग्मैटिक ढंग से प्रतिपाद्य मूल्यों की प्रतिष्ठान नहीं हो पाती। इससे कुछ बड़े दिलचस्प नतीजे निकलते हैं। शायद इस थीसिस में बहुतों को झटका लगे कि परसाई-साहित्य का सूक्ष्म अध्ययन करने से कहीं-कहीं लगता है कि वे स्थूल राजनीति में भले ही वामपंथी हों, नैतिक मूल्यों की दृष्टि से वस्तुतः गांधीवादी हैं।

इस अस्पष्टता का मुख्य कारण यह है कि परसाई का निबन्धात्मक साहित्य अपनी सूझ-बूझ, मौलिकता, चटुलता आदि के बावजूद सामाजिक-आर्थिक व्यवस्था का कोई गहरा विश्लेषण नहीं प्रस्तुत करता और बात यहीं तक रह जाती है कि आज के सामाजिक विकारों का मूल कारण हमारी सामाजिक-राजनीतिक व्यवस्था और नैतिक मूल्यों का ह्रास भर है। यहाँ यह कहा जा सकता है कि व्यंग्यकार से अनिवार्यतः यह अपेक्षा न की जानी चाहिए कि किसी पेशेवर समाज वैज्ञानिक की तरह वह विभिन्न सामाजिक प्रवृत्तियों का अध्ययन और विश्लेषण पेश करे। यह सही है, पर पाठक के मन में इस प्रकार की अपेक्षा खुद परसाई ही ने जगायी है।

परसाई के लेखन में 'मैं' बहुत दिलचस्प चरित्र है। वह भैयाजी, सेठजी, अफसर, प्रजावादी, समाजवादी, प्रेमी, निन्दक, ईमानदार, बेईमान–सबसे टकराता है। वह सबसे सीधी-सादी बातें करता है और उसी प्रक्रिया में परसाई के बहुरंगी पात्रों का विचित्र जीवन-दर्शन, जो 'पर्वर्स लॉजिक' के अन्यतम नमूनों में से है, उद्घाटित कराता चलता है। यह 'मैं' तभी तटस्थ द्रष्टा होता है, कभी विसंगतियों का व्याख्याता, कभी जोकर, कभी 'ओरैकिल', कभी 'ह्विपिंग ब्वाय', कभी भीड़ का सामान्य अंग भर। फिर भी वह हर स्थिति से कुछ न कुछ ऐसा खींचकर ले आता है जो पाठक की रूढ़ धारणाओं को झकझोरे, उसे सोचने पर मजबूर करे।

पर 'मैं' की कमजोरी है कि वह अपने पाठक या श्रोता की बुद्धि के पैनेपन पर भरोसा नहीं करता। तभी, व्यंग्य-वृत्ति के बावजूद, वह संकेतों पर ही निर्भर नहीं रहता, किसी भी बात को समझाने के लिए वह उदाहरणों और दृष्टान्तों का घटाटोप पैदा करने लगता है। केवल व्यंजना में उसकी आस्था नहीं है। जिन चीजों की वह विशद व्याख्या देता है, वे लाजमी तौर से हमेशा उस व्याख्या के लायक नहीं होतीं। वह स्पष्ट को सुस्पष्ट करने का लालच मुश्किल से रोक पाता है और कभी-कभी सीधे अभिधा पर उतरकर सिद्धान्त-वाक्य बोलने लगता है। अपने व्यंग्य-निबन्धों में परसाई यहीं पाठक में अपने प्रति यह अपेक्षा जगाते हैं कि व्यंग्यकार की जगह अब वे पेशेवर समाज-विश्लेषक की ही भूमिका क्यों न स्वीकार कर लें और थोड़ी देर के लिए अकादमीय स्तर पर ही क्यों न बात कर ली जाय!

इसे कुछ उदाहरण देकर स्पष्ट किया जा सकता है। 'पेट का दर्द और देश का' में 'मैं' पहले मिथ्याचार के किस्सों के एक पात्र की तरह आता है और मिथ्याचार की व्यापकता पर हमें झिंझोड़ता है, फिर उसी बात को अभिधा में इस तरह दोहराता है कि "अपनी प्रवृत्तियों को झुठलाने और निस्पृहता का अभिनय करने की अपनी आदत ही पड़ गयी है।" (यहाँ पाठक पूछ सकता है: ऐसा क्यों है? या ऐसा कब नहीं था?) फिर इसी बात को विनोदात्मक ढंग से समझाने के बाद 'मैं' शुद्ध पोपवादी–'पांटिफिकल' मुद्रा में वयान करता है कि 'इसी व्यापक मिथ्याचार में यह भी शामिल है कि मैं तो नहीं खाना चाहता पर आप जबरन खिला रहे हैं।' इसके बाद मैं को कुछ और भी समझाना जरूरी जान पड़ता है, अतः वह उसी पांटिफिकल मुद्रा में कहता है, "एक तरफ तो अपना यह दम भरना कि हम तो सबके सब आध्यात्मिक विश्वासों वाले हैं। भौतिक जगत् के प्रति हमारी अवज्ञा प्रसिद्ध है।......दूसरी तरफ भोजन के प्रति यह ममता

कि खाने को जीवन का सर्वोत्तम सुख माने बैठे हैं!'' इसके आगे भी इसी तथ्य को 'मैं' पुनर्व्याख्यायित करता रहता है।

'वह जो आदमी है न' के अन्तिम तीन पैराग्राफ, 'छुट्टी वाला शोक' में अन्तिम के ऊपर के दो पैराग्राफ, 'प्रेमपत्र और हेडमास्टर' के अन्तिम तीन पैराग्राफ इसी पांटिफिकल मुद्रा के नमूने हैं। कभी-कभी यह हालत आ जाती है कि सिद्धान्तवादियों और उपदेशक का मजाक उड़ाने वाला 'मैं' खुद सबसे भारी सिद्धान्तवादी और उपदेशक हो जाता है, दुनिया-भर के बोरों के खिलाफ जिहाद बोलने वाले 'मैं' की आखिरी परिणति खुद एक बोर में हो जाती है।

इसी प्रक्रिया में शब्दों की फजूलखर्ची भी शामिल है। परसाई के सूत्रवाक्य और सुभाषित प्रसिद्ध हैं और वे खास तौर से उनकी लघुकथाओं में मिलते हैं। पर अतिव्याख्या की प्रवृत्ति 'मैं' को शब्दों की मितव्ययिता के प्रति सचेत नहीं रहने देती, उसे अपने ही सूत्र के भाष्य, पुनर्भाष्य और पुनर्पुनर्भाष्य के लिए प्रेरित करती रहती है और मामूली को गैरमामूली दिलचस्पी देने की सम्भावना उसी अनुपात से घट जाती है।

जो भी हो, परसाई में ऐब्सर्ड को पकड़ने की आश्चर्यजनक क्षमता है। वह मरते हुए कवि से दवा के तौर पर काव्यपाठ कराके कवि को जिला देती है, श्रोता को मार देती है; हृदय-परिवर्तन के डर से भागे हुए डाकू का हृदय भैया जी ने सीने में आरोपित कर सकती है, गणेश-पूजकों के ही हाथों तेलियों के गणेश की ऐसी-तैसी करा सकती है, इस समाजवैज्ञानिक तथ्य का अनुसंधान कर सकती है कि जाति परजाति में शादी करने से जाती है, उससे व्यभिचार करने में नहीं। परसाई एक प्रगतिवान्, सजग और सक्रिय कलाकार हैं और अपनी प्रतिभा का वे इतना परिचय दे चुके और दे रहे हैं कि कहीं-कहीं प्रकट होने वाले कलात्मक अनगढ़पन और वैचारिक 'नेति-नेति-वाद' के बावजूद उनके बारे में लेखन के किसी पक्ष को लेकर किसी भी राय को अभी शायद अन्तिम नहीं माना जा सकता, अपनी किसी भी कृत से कल तक वे उसे आउट-आफ-डेट बना सकते हैं।

—श्रीलाल शुक्ल

पाठक के संस्कारों में घुला हुआ

सम्प्रति साहित्य निरन्तर बदलती हुई दुनिया के तूफानों के बीच निर्मित हो रहा है। यह स्वाभाविक है कि परिवेश के सुन्दर और खतरनाक दृश्यों की झलक साहित्य में देखने को मिले! किन्तु क्या इसकी भूमिका इतनी-सी है! क्या व्यंग्यकार परम्परागत ढंग से हल्के-फुल्के हास्य की अथवा व्यंग्य की सृष्टि करके निरापद ढंग से समाज में अपने कर्त्तव्य की इतिश्री मान सकता है! वैसे इस घन-घोर व्यावसायिक युग में साहित्य भी एक बिकाऊ वस्तु हो गयी है या बना दी गयी। इसके कारणों का विश्लेषण करना हमरा ध्येय यहाँ नहीं है किन्तु यह अवश्य दुखदाई है कि व्यंग्य जैसी मारक और प्रभावशाली विधा को भी लेखक व्यावसायिक पत्रिकाओं में चटनी और स्वाद के तौर पर इस्तेमाल किया जा रहा है। सायास पाठक को वास्तविकताओं से दूर ले जाने की कोशिश की जा रही है, उसकी रुचियों को भ्रष्ट किया जा रहा है और सही और सार्थक रचनाओं और रचनाकारों पर शारीरिक एवं वैचारिक आक्रमण किये जा रहे हैं, फिर भी क्या यह सार्थक विधा और इसकी पैनी धार कुंद हुई? मेरे विचार में रवीन्द्रनाथ त्यागी का यह कथन बहुत हद तक सटीक मालूम पड़ता है, कि यदि स्वतंत्रता पूर्व साहित्य का जायजा लेना हो तो प्रेमचंद का साहित्य हमारा मार्गदर्शन कर सकता है और स्वातंत्र्योत्तर भारत का सही जायजा लेने के लिए हरिशंकर परसाई का साहित्य हमारा सहायक हो सकता है। किन्तु यहाँ भी साहित्यिक दलालों ने भरसक इस वास्तविकता को धुँधलाने की कोशिश की है। जहाँ प्रेमचंद की परम्परा और विरासत का जिक्र हुआ है वहाँ बड़ी मक्कारी से परसाई का नाम ओझल कर दिया गया है। सरकारी और व्यावसायिक रास्तों में जितना परसाई को पीछे धकियाया गया है, पाठकों के बीच परसाई को उतनी ही मकबूलियत और प्रसिद्धि मिली है और इसमें किसी भी निष्पक्ष और समझदार पाठक की दो राय नहीं हो सकतीं कि परसाई पिछले दो दशकों के बहुचर्चित, विवादास्पद और महत्त्वपूर्ण हस्ताक्षर रहे, इतना ही नहीं,

परसाई के बाद की पीढ़ी में कई ऐसे हस्ताक्षर हैं जो उनकी शैली और सार्थक विषयवस्तु के न केवल कायल हैं अपितु इस परम्परा को सशक्त ढंग से आगे बढ़ा रहे हैं।

'साहित्य समाज का दर्पण है' आज हम इस कहावत को इसके संकुचित अर्थों में स्वीकार नहीं कर सकते। साहित्य बदलती हुई दुनिया का दर्पण मात्र ही नहीं है बल्कि उस क्रान्तिकारी परिवर्तनों में सहायक भी है। आज का सच्चा साहित्यकार शान्ति और प्रगति तथा परस्पर स्नेह सौहार्द के लिए कटिबद्ध है, वह कोरा सुधारक या उपदेशक नहीं बल्कि सम्पूर्ण रूप से इस व्यवस्था को बदलने के लिए तत्पर रहता है। स्वयं परसाई ने अपनी एक किताब की भूमिका में अपने विचार स्पष्ट किये हैं–''मैं सुधार के लिए नहीं, बदलने के लिए लिखना चाहता हूँ। याने कोशिश करता हूँ! चेतना में हलचल हो जाए, कोई विसंगति नजर के सामने आ जाए। इतना काफी है।'' यद्यपि यही अंतिम परिवर्तन नहीं है। दुनिया और मनुष्य को बदलने की प्रक्रिया के दौरान साहित्य स्वयं भी बदलता है। इसके आयामों का विस्तार होता है। जीवनसौन्दर्य की अभिव्यक्ति की क्षमताएं बढ़ जाती हैं। परसाई ने स्वयं अपनी एक रचना 'सदाचार का तावीज' के बारे में लिखा है–''इसमें कोई सुधारवादी संकेत नहीं है। कुल इतना है कि तावीज बाँधकर आदमी को ईमानदार बनाने की कोशिश की जा रही है (भाषणों और उपदेशों से) सदाचार का तावीज बाँधे बाबू दूसरी तारीख को घूस लेने से इन्कार कर देता है मगर 21 तारीख को ले लेता है–उसकी तनख्वाह खत्म हो गयी। तावीज बँधा है मगर जेब खाली है। संकेत मैं यह करना चाहता हूँ कि बिना व्यवस्था में परिवर्तन किये, भ्रष्टाचार के मौके बिना खत्म किये और कर्मचारियों को बिना अधिक सुरक्षा दिये, भाषणों, सर्कुलरों, उपदेशों, सदाचार समितियों, निगरानी आयोगों के द्वारा कर्मचारी सदाचारी नहीं होगा।''

परसाई का लेखन अन्य व्यंग्यकारों की भाँति न तो मनोरंजन मात्र है और न ही वह सूचनाधर्मिता का निर्वाह करता है। वह उन तमाम सामाजिक अन्तर्विरोधों, सम्बन्धों को उद्‌घाटित करने की प्रक्रिया में निरन्तर संलग्न रहता है। यही कारण है कि उसका लेखन शीघ्र ही पाठक की चेतना का अंग बन जाता है। वह जनचेतना अथवा स्पष्टतया वर्गचेतना का विकास कर पाने में निरन्तर प्रयत्नशील रहता है। परसाई हमेशा उन परिस्थितियों, अन्तर्विरोधों और विसंगतियों को सामने रखते हैं जिनमें परिवर्तन की सम्भावना होती है या हो सकती है इसलिए निरन्तर उसके निजी यथार्थ

में और सामाजिक यथार्थ में टकराहट होती रहती है। परसाई के ही शब्दों में–''17 साल की उम्र से मेरा जीवन घोर दु:खों से गुजरा, अब भी वैसा ही है। मैंने जब लिखना शुरू किया, यह व्यक्तिगत दु:ख मुझ पर हावी था। मनुष्य अपने दु:ख को महिमा-मंडित करता है। इसमें उसे सुख मिलता है। यह स्वपीड़न-प्रमोद (मेसाकिज्म) है। मेरी आरम्भिक रचनाएँ बहुत करुण हैं। ऐसी करुण कि उन्हें बिना रोये पढ़ा नहीं जा सकता। पर कुछ समय बाद मैं व्यक्तिगत दु:ख के इस मोहजाल से बाहर निकल तटस्थ हो गया।'' यही तटस्थता ही उसे व्यक्तिगत अनुभवों के सीमित दायरे से निकालकर वृहत् सामाजिक यथार्थ का अंग बनाती है। इसलिए जो समकालीन यथार्थ लेखक के मन में बराबर घुमड़ता रहता है उसमें से ही लेखक अपनी रचना की सामग्री के लिए सम्पूर्ण दृष्टि में उस सारे तथ्यों की पड़ताल करता चलता है जो सामाजिक जीवन से गहरे जुड़े है। इस सम्बन्ध में एक बात साफ है कि परसाई जिस व्यापक जनसमुदाय के जीवन के बुनियादी तथ्यों-सवालों को सामने रखते हैं उसके लिए वह खुद समकालीन राजनीतिक, आर्थिक और सामाजिक संदर्भ में सही भाषा और चरित्र का चुनाव करते हैं।

वस्तुपरक बोध और वैयक्तिक क्रिया का गहन एवं सन्तुलित सम्मिश्रण है। वास्तव में यही दो परस्पर गुम्फित तत्त्व परसाई के साहित्य को नयी अर्थवत्ता प्रदान करते हैं। उनके यहाँ हमें सोद्देश्य सभी कला के दर्शन होते हैं, जिसके माध्यम से निरन्तर जीवन और चरित्रों का विकास किया गया है, जिसे परसाई जी की कमजोरी कहकर उसे टाला गया है शायद वही राजनीतिक विषयवस्तु ही उनके लेखन की सबसे बड़ी शक्ति है; किसी भी पार्टी विशेष के घोषणापत्र अथवा संविधान के अध्ययन द्वारा पाठक शायद उतना सचेत नहीं हो सकता जितना परसाई जी के तेज और तीखे व्यंग्य पढ़कर। यही कारण है, उनके राजनीतिक विरोधियों द्वारा उन पर किसी प्रकार का ओछा आक्रमण सम्भव हो सकता है।

कोई भी विचार तभी अस्तित्व में आता है जब वह वाणी ग्रहण करता है। प्रत्येक शब्द के पीछे एक विचार होता है। प्रत्यक्ष या अप्रत्यक्ष, सही या गलत, विभिन्न अर्थों में और विषयों में, ध्वनियों और गंधों में एक शब्द अपने में हमारी तमाम भावनाओं को समोहित करने की क्षमता रखता है। साहित्यिक भाषा विचार-वहन का एक सशक्त माध्यम है। इसलिए शायद लेखक लेखकीय सम्पूर्णता के लिए सदैव प्रयत्नशील रहता है। एक व्यंग्यकार तो अपनी सामाजिक समझ, जिम्मेदारी और अपने आम आदमी के साथ खड़े

होने की तैयारी में दूसरे लेखकों से अधिक सतर्क, दृष्टिवान और योद्धा होता है।

परसाई जी के लेखन में इस गम्भीर चुनौती का सफलतापूर्वक सामना हुआ है, एक ओर जहाँ शैली की विविधता और पुराने मिथकों और पौरणिक पात्रों का नये सन्दर्भों और समसामयिक परिस्थितियों में सोद्देश्य एवं सफल प्रयोग हुआ है वहीं पाठक की रुचियों से स्त्री, नौकर की स्थितियों से उत्पन्न होने वाले भौंड़े हास्य-व्यंग्य को हटाकर पहली बार शिष्ट और सार्थक हास्य-व्यंग्य को स्थापित किया गया है। वैसे परसाई जी के व्यंग्य की शिष्टता का सम्बन्ध उच्चवर्गीय मनोरंजन से न होकर समाज में सर्वहारा की उस लड़ाई से अधिक है जो आगे जाकर मनुष्य की मुक्ति में जुड़ती है।

–केवल गोस्वामी

मेरा महबूब फ़नकार

हरिशंकर परसाई मेरे महबूब फ़नकार हैं। इसकी चंद वजूहात हैं। एक–वे हिन्दी के सबसे ज्यादा सुलझे हुए आदमी हैं। दो–उनमें अपनी बात के लिए जोखिम उठाने का माद्दा है। तीन–उनमें भावुकता, लागलपेट और वैचारिक लड़खड़ाहट कतई नहीं है और चार–मेरे पास बड़े नॉविल पढ़ने का वक्त नहीं है।

तीसरी और चौथी बात को खुलासा कहना चाहूँगा। इस जमाने में सीधी बात को उलझाकर कहना विद्वत्ता का सबूत माना जाता है और जिन लोगों के पास कहने को कोई खास बड़ी या नयी बात होती ही नहीं... वे मुलम्मेबाजी और लिफाफेबाजी से रचनाओं में ऐसा समाँ बाँधते हैं गोया ये तर्ज़ेबयाँ ही अच्छी रचना का मैयार हो। रंगीन रिसाले इन्हें हवा देते हैं और पाठक को मिलने वाली बौद्धिक खुराक दिलकश मगर पोपली, खुशबूदार मगर खोखली होती जाती है। अगर कोई सर्वे किया जाय, लोगों से पूछा जाय कि गुजिश्ता पाँच या दस बरसों में तुमने क्या-क्या खास चीजें पढ़ीं... तो पता चलेगा कि कुछ गिनती की रचनाएँ होंगी जो उन्हें याद भी रह पायी होंगी। और जो रचनाएँ उन्हें याद होंगी उनमें बेशक कई परसाई की होंगी।

लेकिन इस बात का एक पहलू और है। भावुकता शायद कुछ मिकदार में फ़नकार के लिए, या कहना चाहिए कि बड़ी रचना के लिए जरूरी चीज होती है। आप इसे संवेदनशीलता या दिल पिघल जाने की कुव्वत या कुछ भी कह सकते हैं। परसाई में तर्क इतना ज्यादा है कि भावना की तरलता उसमें सूख गयी लगती है। ऐसा व्यंग्य लिखते-लिखते हो गया या ऐसा था इसीलिए उन्होंने व्यंग्य को चुना, मैं नहीं कह सकता। ढकोसलों की, दोगलेपन की, झूठी शान की खाल उधेड़ने में परसाई का जवाब नहीं, पर कोई आदमी ऐसा करने पर क्यों मजबूर है और करके भी क्या भुगत रहा है, उसके दिल पर क्या गुजर रही है, यही बता देते तो परसाई में और

मंटो में फर्क ही क्या रह जाता? मंटो के पास अपार करुणा है शोषित लोगों के लिए। इसके अफसानों का मरकजी किरदार वह वर्किंग वूमन है जो शोषण और जिल्लत और खुद्दारी की जो इंतिहा हो सकती है–उसकी सरापा तस्वीर है–जिसे हम रंडी कहकर जानते हैं। क्यों मंटो बार-बार वहीं लौट आता है? शायद उसे वेश्या पीड़ित मानवता की सबसे पुरअसर नुमाइन्दा लगती हो। परसाई के सोच के केन्द्र में इससे उलट वह लेता है जिसमें खुद्दारी नाम की चीज नहीं, जो न शोषक है न शोषित, जो सिर्फ छल करना जानता है और इसके सिवा कुछ नहीं जानता। परसाई अगर वेश्या पर लिखते भी तो नेता की ही नजर से–जैसे 'आनन्दी'। और नेता पर वेश्या की नजर से लिखते तो 'अकाल-उत्सव' जैसी महान रचना। पर परसाई के पास ऐसी महान रचनाएँ कम ही हैं। शायद इसीलिए उन्होंने बड़े उपन्यास नहीं लिखे। ये उन सैकड़ों पाठकों की शिकायत का एक मुमकिन जवाब हो सकता है कि परसाई ने राग दरबारी के बाप क्यों नहीं पैदा किये? जबकि वे कर सकते थे।

लेकिन परसाई परसाई थे। उन्हें मार्क ट्वेन नहीं होना था। उनके पास फिकरे हैं जो आप याद रख सकते हैं, किरदार नहीं। परफेक्शन के लिए एक्टिविस्ट के पास वक्त कहाँ? आप मान सकते हैं कि राजनैतिक सक्रियता या फिक्रेमाश ने परसाई को मार्क ट्वेन नहीं होने दिया, लेकिन मैं उस जमाने की सोच रहा हूँ जहाँ से परसाई ने व्यंग्य का अपना सफर शुरू किया था। व्यंग्य के नाम पर हिन्दी के पास क्या था परसाई से पहले? और क्या होगा परसाई के बाद? मुझे तो आज का हर व्यंग्य-लेखक परसाई की नकल करता मालूम होता है। जैसे वे कोई दिलीपकुमार हों! उनकी शैली व्यंग्य का पर्याय बन गयी लगती है। व्यंग्य के पूरे मैदान में परसाई यूँ भौंह सिकोड़े, तर्जे अमल की सरगोशियों में मुब्तिला खड़े हैं खोये हुए से...गोया लिलिपुटियनों के बीच गुलीवर खड़ा हो। किसी को परसाई का ऐसा कार्टून बनाना चाहिए। मजा रहेगा और तकलीफ भी होगी।

परसाई जी के बारे में सोचता हूँ तो बेसाख्ता इंशा याद आ जाते हैं। शायद कुछ वक्त-वक्त की बात होती होगी कि कोई गोर्की, कोई बाल्ज़ाक, कोई जोला बन जाता है। वरना खाक में क्या सूरतें होंगी जो पिन्हा हो गयीं। परसाई जी ने मुझे कबीर का शैदाई बना दिया और मेरी ज़ाती जिन्दगी के बाज मसाइल आप कैसे मानेंगे कि परसाई नहीं होते तो मुझे कुचलकर कचरा कर डालते। परसाई की सबसे अच्छी रचना वह है जो किसी किताब में

नहीं (आदम–ये माजरा क्या है?) और सबसे अच्छी किताब वह है जो उन्होंने अब तक लिखी नहीं (कोई गोदान, कोई झूठा सच)। अखबारों में छपने वाले उनके कॉलम दाना इन्सानों में राजनीति के लिए दिलचस्पी पैदा करते हैं और अदबी रिसालों में शाया होनेवाले उनके तफसरे साहित्यकार को साहित्य की घोंघा, बसन्तियत से बाहर खुली हवा और धूप में ला खड़ा करते हैं, यह उनकी सबसे बड़ी उपलब्धि है। और कौमी खिदमत भी। सैकड़ों नौजवान परसाई को पढ़कर सही राजनीति की तरफ खिंचे होंगे और खिंचेंगे। आने वाला वक्त उनके लिए हमारे मन में मौजूद इज्जत को कई–कई गुना बढ़ाकर इसे साबित करेगा।

मेरी इस छोटे-से कस्बे में एक छोटी–सी किराने की दूकान है। मैं ही मालिक हूँ मैं ही नौकर। मेरी ज़िन्दादिली अगरचे कुछ है तो उसका बाइस बच्चे, शायरी और परसाई। ज्यादा पढ़ने का वक्त नहीं मिलता। वे अखबार जरूर खरीदता हूँ जिनमें परसाई के कॉलम होते हैं। लोग ले जाकर नहीं लौटाते तो बड़ा खुश होता हूँ। आप नहीं जानते कई दफा घर की महिलाएँ भी खाली वक्त में कुछ पढ़ लिया करती हैं। एक दफा एक साहब शिकायत करने आ गये–क्या दे दिया यार क़ुरबान भाई! फर्माइश हो गयी है कि 'स्टैंडिंग किचन' बनवाकर दो। (गनीमत रही कि 'वाकिंग झाड़ू' की फर्माइश नहीं हुई।)

आप इजाजत दें तो एक बात और कह दूँ।

एक बार 'नवनीत' ने सवाल किया था कि टाइम केप्सूल में रखने के लिए किसी एक हिन्दी पुस्तक का नाम लीजिए वगैरह। दयानतदारी ऐसी अब कहाँ दिखाई देती है? परसाई ने कहा 'राग दरबारी'। काश! इतना 'असली इन्सान' सिर्फ झूठान्वेषी ही नहीं होता!

–क़ुरबान अली

यह नाम, एक मुहावरा है

हरिशंकर परसाई निर्विवाद रूप से हिन्दी के श्रेष्ठ व्यंग्यकार हैं। किन्तु वे इससे भी अधिक कुछ हैं। किसी भी अन्य भाषा की तरह हिन्दी के पास भी गिनती के ऐसे लेखक हैं जिन्होंने अपने लेखन से पूरे साहित्य का तेवर, उसका मिजाज़ बदल दिया हो! हरिशंकर परसाई उनमें से एक हैं यह मानने में मुझे कोई संकोच नहीं। ललित निबन्ध लेखकों और शिवानी जैसी कुछ 'सुरम्य' लेखिकाओं को छोड़कर हर गद्यकार परसाई का ऋणी है; प्रकटतः कृतज्ञता ज्ञापन यद्यपि उनके लिए कठिन हो। परसाई जी की सबसे बड़ी देन यह है कि उन्होंने हिन्दी को नया मुहावरा दिया है।

उनसे मेरा पहला परिचय 'बैठे ठाले' की एक रचना से हुआ था। मैं उन्हें खोज-खोजकर पढ़ने लगी और आश्चर्य करती रही कि ये पत्रिकाएँ अपनी सबसे अधिक गंभीर रचनाओं को जिन स्तंभों में छापती हैं उनका नाम 'बैठे-ठाले' या 'ताल-बेताल' क्यों रखती हैं? मुझे बाद में पता चला कि इन्दौर से प्रकाशित 'नई दुनिया' का 'सुन भई साधो' स्तम्भ भी परसाई जी ही लिखते हैं। मैं उन्हें बहुत हँसोड़ और चुटीला आदमी समझती थी। बाद में पता चला कि वे ऐसे नहीं हैं।

परसाई जी का उपन्यास 'तट की खोज' उनकी सर्वश्रेष्ठ रचना है। हर अच्छे पुस्तकालय में यह पुस्तक रहनी चाहिए और हर लड़की को यह उपन्यास पढ़ना चाहिए। 'तट की खोज' की नायिका पूरे हिन्दी साहित्य की सबसे बहादुर और सबसे दुखी लड़की है। निराला के एक उपन्यास में, मंटो की कुछ कहानियों में और शरच्चंद्र साहित्य में इस जात की नायिकाएँ हैं। पर वे भी इसके सामने कहीं नहीं टिकतीं। पहले मैं समझती थी कि ऐसी लड़कियाँ कहीं नहीं होतीं। इतनी तर्कसिद्ध, तर्कपूर्ण और कि जिन्हें भावुकता छू भी न गयी हो। किन्तु अब जबकि मैं भागी हुई-भगाई हुई-भटकी हुई और जीती हुई कई तरह की लड़कियों को अपनी ही पीढ़ी में देख चुकी हूँ मैं सोचती हूँ 'तट की खोज' कि नायिकाएँ नहीं हैं समाज

में तो होनी चाहिए। कुछ हैं भी परन्तु कुण्ठाग्रस्त आधुनिक कथाकारों की लेखनी उनका ताप झेलने में असमर्थ हैं। वे औरत के प्रति वही सामंती रवैया पाले हुए हैं और उनकी यह कमजोरी सारी क्रान्तिकारिता के बावजूद उस जगह ज़ाहिर हो जाती है जब उनकी 'कॉमरेड' नायिका के लिए अपने कार्य से भी अधिक आवश्यक नायक पर मर मिटना हो जाता है। परसाई जी के मन में नारी के प्रति एक बहुत गहरा श्रद्धाभाव है जो उच्छ्वासों में नहीं, उसके आत्मसम्मान को ललकारने में और उसे अपने निर्णय स्वयं ले सकने योग्य बनाने की चेष्टाओं में अभिव्यक्त होता है।

मुझे याद नहीं आता कि हिन्दी के किस दूसरे लेखक में मैंने यह बात देखी! सम्भवतः अमरकान्त और ज्ञानरंजन में। किन्तु कलात्मकता और क़िस्सागोई में उसकी वैसी अपील नहीं हो सकी। परसाई जी समझते हैं कि क्रान्ति मशीनें नहीं इन्सान करते हैं और इन्सानों को अपने दैनन्दिन जीवन में पाखण्ड मुक्त करने के लिए वे घर-गृहस्थी की छोटी-छोटी विसंगतियों की ओर सहानुभूतिपूर्वक उँगली उठाते हैं और प्यार-भरी चुटकी लेते हैं। पूजा-पाठ का पाखण्ड, सच्चरित्रता का ढोंग, मध्यवर्गीय झूठी शान का ढकोसला और गांधीवादी आदर्शवाद-इन पर अपने निबन्धों में परसाई जी ने इतना प्रभावशाली लिखा है कि पाठक पर उसका प्रभाव और संस्कार पड़े बगैर रह ही नहीं सकता। वे जिनकी भाग गयी हैं, पाठक जी का केस, राग-विराग आदि ऐसी ही कतिपय रचनाएँ हैं।

विवाह के बारे में परसाई जी का निश्चित मत यह लगता है कि उसका निर्णय स्वयं लड़का-लड़की को करना चाहिए और उसका आधार प्रेम ही होना चाहिए। प्रेम-विवाह में भी नारी की नियति वही रह जाती है जो पारंपरिक विवाह में, उसकी स्थिति में कोई विशेष अंतर नहीं पड़ता, इस ओर शायद परसाई जी का ध्यान बाद की रचनाओं में नहीं गया। उनका आग्रह केवल एक रूढ़ि को तोड़ने में है। 'इक्कीस वर्ष का युवक देश की सरकार चुन सकता है, अपने लिए अपनी मर्जी से पत्नी नहीं चुन सकता।' वे बड़ी तकलीफ़ के साथ कहते हैं। इसी निबन्ध में एक और महत्त्वपूर्ण बात परसाई जी ने शाश्वतता के लिए कही है-शाश्वत केवल मूर्खता होती है।

परसाई जी की एक विशेषता उनकी सहजता है। उनकी किसी रचना पर दुरूहता या क्लिष्टत्व का आरोप नहीं लगाया जा सकता। अस्पष्टता का भी नहीं। वे स्पष्ट रूप से जानते हैं कि उन्हें क्या कहना है। इसलिए उनका लेखन छोटे से बड़े तक, हर स्तर के पाठक के लिए सहज रूप से बोधगम्य

और प्रभावशाली है। इसका कारण उनकी सुलझी हुई जीवन-दृष्टि और वैज्ञानिक विचारधारा ही नहीं, उनकी महान लेखकीय क्षमता भी है जो सहज ही उन्हें कबीर प्रेमी ही नहीं कबीर और प्रेमचंद का योग्य वारिस भी बना देती है।

परसाई जी के बारे में एक और रोचक तथ्य यह है कि वे कई वर्षों से निरंतर व्यावसायिक पत्र-पत्रिकाओं के लिए लिख रहे हैं, किन्तु आज तक किसी ने उन्हें व्यावसायिक लेखक नहीं कहा, उनकी आस्थाओं पर संदेह नहीं किया। व्यावसायिक पत्रिकाओं वाले भी जानते हैं कि परसाई जी क्या हैं, और पाठक भी। दोनों का काम एक-दूसरे के बगैर नहीं चलता। और परसाई जी वहाँ भी अपने जी की बात खुल्लमखुल्ला कहने से बाज़ नहीं आते। चाहे धर्म हो, चाहे राजनीति, चाहे भ्रष्टाचार हो, चाहे सदाचार, परसाई जी किसी को कोई रियायत देने को तैयार नहीं।

मैं तो निरंतर उनकी रचनाएँ खोज-खोजकर पढ़ती हूँ और उनकी पुस्तकें ही मित्रों के जन्मदिन, विवाह आदि पर उपहारस्वरूप देती हूँ। यद्यपि उनकी पुस्तकें हर समय और हर जगह आसानी से नहीं मिलतीं। मैंने उनके चुटीले वाक्यों का एक अलग संग्रह बना रखा है जिसे बार-बार पढ़ती और सोचती हूँ। मुझे बहुत तकलीफ हुई थी उस समय जब यह समाचार आया था कि कुछ 'भारतीय संस्कृति के उन्नायक' उनके घर पर जाकर उन्हें पीट आये थे। सारे देश के साहित्य-प्रेमियों ने उस समय जिस रोष का इज़हार किया, वह परसाई जी के लिए सारे देश के प्यार का द्योतक है। और उन मूल्यों के लिए भी जिनके लिए परसाई जी निरन्तर लिख रहे हैं।

–मंजु पाल

नाविक के तीर

सवाल उठता है–परसाई में क्या है जो मुझे सबसे अच्छा लगता है? व्यंग्य का मूल उद्देश्य पाठकों में असामाजिक तत्त्वों के प्रति घृणा पैदा करना। व्यंग्य जीवन से साक्षात्कार कराता है। परसाई का व्यंग्य जीवन की आलोचना तो करता ही है, साथ ही साथ विसंगतियों, मिथ्याचारों और पाखण्डों का पर्दाफाश करता है। उनके व्यंग्य का स्वर सुधारवादी नहीं है बल्कि बदलाव का है। वे बुनियादी मुद्दों पर उँगली उठाते हैं। उनके व्यंग्य में मूल्यों की आपाधापी का ही चित्रण नहीं मिलता है बल्कि उसमें नये मूल्यों की तलाश की छटपटाहट भी दिखाई देती है।

यूँ तो मुझे परसाई का सारा लेखन ही पसन्द है। चाहे वो कहानी हो, उपन्यास हो, साहित्यिक हो, राजनैतिक हो या अखबार स्तम्भ; पर उनका राजनैतिक व अखबार स्तम्भ मुझे विशेष पसन्द है। सवाल पैदा होता है, राजनैतिक लेखन क्यों? आज के युग में राजनीति बहुत बड़ी निर्णायक शक्ति है। राजनीति हमारे जीवन का एक अभिन्न अंग है। उससे कतराना एक बड़ी मूर्खता है। अखबार स्तम्भ में मुझे जनयुग का–आदम ये माज़रा क्या है? सारिका का–कबिरा खड़ा बजार में, करंट का–माटी कहे कुम्हार से विशेष पसन्द है।

पढ़कर क्या होता है? पढ़कर कचोट पैदा होती है। परसाई का व्यंग्य तिलमिला देता है। चेतना में हलचल पैदा करता है। सोचने को मजबूर करता है।

दूसरे क्या सोचते हैं? व्यावसायिक पत्रिकाएँ हमेशा फरमाइशी चीजें लिखवाती हैं। नकली पाठक उसे ही असली व्यंग्य समझता है। ये नकली पाठक व्यंग्य-लेखन की समूची अन्दरूनी प्रक्रिया को भूलकर व्यंग्य-लेखन को एक मजाक और व्यंग्यकार को एक मजाकिया आदमी मान लेते हैं। क्योंकि उनके शब्दों में–मजा आ गया। पढ़ने पर हँसी आती है। मगर ऐसे लोगों का व्यंग्य-बोध सतही होता है। वे हास्य और भौंडेपन के नीचे आक्रोश, करुणा या पीड़ा की जो अंतर्धारा बहती है उसे नहीं समझते।

परसाई का व्यंग्य अपने सतही स्वरूप में चाहे जितना हास्योन्मुख हो उसका उद्‌गम पीड़ा, अशांति, विचलन या आवेग में होता है। आमतौर पर पाठकों ने ताल-बेताल या बैठे-ठाले का हास्य-व्यंग्य ही पढ़ा है। जो अधिकतर फूहड़ या घटिया हास्य है। निम्नस्तर का व्यंग्य-विनोद है जिसे व्यंग्य के लेबल पर पेश किया जाता है तो पाठक की समझ का क्या दोष।

परसाई ने चुटीले व्यंग्य लिखे हैं उसके द्वारा देश में फैली ढेर सारी विकृतियों का पर्दाफाश किया है। उनका व्यंग्य उस व्यवस्था पर पूरी चोट करता है जिसके कारण ये विकृतियाँ पैदा हुई हैं। जो हर रोज बढ़ती जा रही हैं। देश में परिश्रमी और मेहनतकशों की कोई कीमत नहीं समझी जाती। देश की नौकरशाही भ्रष्ट है। पेंशन की अर्जी मंजूर कराने के लिए रिश्वत देनी पड़ती है। योग्य व्यक्तियों की अवहेलना की जाती है। नालायक ऊँचे ओहदों पर बिठाये जाते हैं। गणतन्त्र दिवस दिखावा मात्र है। ढोंग है। समारोहों में देश की सही तस्वीर पेश नहीं की जाती है। चुनावों में लोगों पर जातिवाद नामक भूत सवार रहता है। यह सारी बातें सही हैं तथा स्वीकारने योग्य हैं। परसाई ने देश में फैले भ्रष्टाचार, ढोंग, रूढ़ियोंबद्ध धर्म और अंधविश्वासों पर आक्षेप किया है। मुखौटों को व्यंग्य के नुकीले बाणों से हटा उसे नंगा किया है। उनकी रचनाओं में साफ तौर से यह आभास मिलता है कि इन सारी विसंगतियों के मूल में पूँजीवादी व्यवस्था है।

परसाई के व्यंग्य के नुकीले तीर सत्ता पर चोट करते हैं। बड़े-बड़े धन्ना सेठों एवं देश के तथाकथित बूर्जुआ नेताओं पर सीधा वार करते हैं। दिल्ली के तख्त पर विराजने वाले भाई जी और उनके चेले-चपाटे भी परसाई के व्यंग्य-बाणों के शिकार बनते हैं। कबिरा खड़ा बजार में उन्होंने चोटी के नेताओं पर व्यंग्य किये हैं। उनकी सही हालत क्या है जायजा लिया है। ऐतिहासिक चीज़ है। कबीर का मूल स्वर व्यंग्य है। काव्य-यात्रा में व्यंग्य किया है। कबीर जैसा फक्कड़पन अन्दाज परसाई में मिलता है।

देश की गिरती हालत, महँगाई, बेकारी, भ्रष्टाचार, घूस, अवसरवाद, छात्र आन्दोलनों की दिशाहीनता, अध्यापकों की गुटबाजी, शोध-कार्यों की निस्सारता एवं रोजमर्रा की जिंदगी के आम पात्र और स्थितियों से लेकर एक व्यापक सामाजिक अकर्मण्यता; पारम्परिक रूढ़ियों की मोहविष्टता, अफसरशाही, सार्वजनिक विघटन परसाई की व्यंग्य सीमा में तो आते ही हैं, साथ ही साथ वे आज की ज्वलंत समस्याओं को भी उठाते हैं। मसलन भूमिहीन किसानों की झोंपड़ियों में आज भी जमींदारों के पालतू गुंडे आग लगा देते हैं। हरिजनों को जिंदा जला दिया जाता है। आन्दोलन करने वालों

को देशद्रोही, गद्दार कहकर, देश की तथाकथित लोकतांत्रिक सरकार खुलेआम उन्हें गोलियों से भून रही है। अपने हक की माँग करने वाले ग़रीब और मेहनतकश पुलिस की गोली-डंडों के शिकार बनते हैं। ये सारे विषय परसाई की लेखनी से अछूते नहीं रहे हैं। परसाई के व्यंग्य में तल्खी और तराशने का भाव है।

यथार्थ व आदर्श में सिद्धान्त व व्यवहार में कथनी और करनी में जो परस्पर असमानता है या इन दोनों के बीच की जो खाई है उसको पाटने की परसाई ने कलात्मक तरीके से चेष्टा की है, और उन्होंने इस खाई (विसंगति) को जितना अधिक गहरे जाकर पाटा है, उससे व्यंग्य में उतना ही कचोट, तीखापन उभर आया है। स्वतन्त्रता के बाद के भारतीय जनजीवन की पूरी तस्वीर उनके व्यंग्यों में दिखाई देती है। उनके व्यंग्य नाविक के तीर हैं।

रोचक संस्मरण-परसाई की एक कहानी के बारे में मेरा! एक नौजवान जिनसे दुआ-सलाम तक जान-पहचान थी, एक दिन मेरे घर आ टपके। बोले-आपके पास कोई अच्छी-सी कहानी की पत्रिका हो तो दो। मैंने सारिका का वह अंक जिसमें परसाई की 'एक लड़की पाँच दिवाने' कहानी थी पढ़ने को दी। आठ-दस दिन बाद वह नौजवान गांधी चौक में मिले। मैंने उनसे अंक लौटाने को कहा। और उनसे उस कहानी के बारे में राय पूछी, तो वे सुरती फाँककर बोले--मजा आ गया। वाह साहब, क्या लिखते हैं! मैंने तो वह पाँच बार पढ़ ली। तुम्हारी भाभी को भी पढ़ाया। मगर कल मेरी छोटी साली उनसे माँग कर कॉलेज ले गयी। उसको लौटाते ही मैं आपको दे दूँगा। वाह साहब, दिन बीतते गये मगर उनके चेहरे की मुस्कान आँखों की नकारात्मकता और दूसरी पुस्तक माँग ले जाने की ललक कभी खत्म न हुई। आज दिन तक शायद वह साली अपने पाँच दिवानों को ढूँढ़ रही है और मैं वह कहानी।

—मनोहर महेचा

दो खुले पत्र

26 अगस्त, 1973

(अ) हरिशंकर परसाई के नाम मायाराम सुरजन का खत

प्रिय भाई

यूँ तुम इस पत्र के अधिकारी नहीं हो, क्योंकि जब 5-6 महीने पहिले मैंने 50 वर्ष पूरे किये थे तो तुमने मुझ पर कोई प्रशंसात्मक लेख लिखना तो दूर रहा, बधाई की एक चिट्ठी तक नहीं भेजी। इसीलिए जब तुम पिटकर 'आल इंडिया' से कुछ ऊपर के 'फिगर' हो गये तो मैंने तुम्हारी मातमपुरसी तक नहीं की। सच तो यह है कि तुम्हारी पिटाई से मुझे कुछ प्रसन्नता ही हुई थी। इसलिए कि कम-से-कम तुम्हारी लेखनी के लिए कुछ और नया मसाला मिलेगा।

फिर भी, बहुत दिनों से तुमसे मुलाकात नहीं हुई, इसलिए यह सार्वजनिक पत्र लिखे ही देता हूँ ताकि लोगों को यह मालूम हो जाये कि तुम्हारे भी 50 वर्ष पूरे हो गये हैं। दरअसल उम्र तो चलती ही रहती है। बात तो उपलब्धियों की है। इस उम्र में तुम्हारी कलम ने बहुत कुछ जौहर दिखाये हैं और उसकी वजह से तुम्हें अखिल भारतीय ख्याति भी प्राप्त हुई है। पर इससे क्या हुआ? तुम अभी भी ऐसे मकान में रहते हो, जिसमें बरसात का पानी चूता है, जिसके चारों ओर कोई खिड़कियाँ नहीं और कोई मकान बनाने लायक कमाई तुम कर नहीं पाये। उम्मीद थी कि सन् '72 में राज्य सभा के जो चुनाव हुए थे उसमें तुम्हारा भी एक नाम होगा, लेकिन चुनाव तो तुम लड़ नहीं सकते। जो लोग वोट देने वाले हैं, तुम उनकी ही बखिया उधेड़ते रहते हो, तब राष्ट्रपति ही तुम्हें मनोनीत करें यही एक विकल्प बाकी है। वहाँ तक तुम्हारा नाम पहुँचने के बावजूद पश्चिम बंगाल बाजी मार ले गया। दरअसल वहाँ भी बिना ऊँची सिफारिश के कोई काम नहीं हो सकता। अगले साल फिर कुछ उम्मीद की जा सकती है, और

तुम कुछ करोगे नहीं, इसीलिए इस लेख के द्वारा उन लोगों को याद दिलाना चाहता हूँ जो एक बार फिर इसकी पहल करें। चुनाव लड़ने का नतीजा तो तुम देख ही चुके हो। मुझे सिर्फ 5 वोट मिले थे और पं. द्वारका प्रसाद मिश्र मेरी मदद इसलिए नहीं कर सके कि राष्ट्रपति डॉ. राधाकृष्णन, कांग्रेसाध्यक्ष कामराज तथा केन्द्रीय मन्त्री मोरारजी देसाई ने श्री ए.डी. मणि के नाम बचत वोट देने का परवाना भेज दिया था।

दरअसल सिद्धान्तों के चिपके रहने से कुछ होता नहीं, थोड़ी-बहुत चमचागिरी तो करनी ही पड़ेगी, मुसीबत यह है कि सत्ता रोज-रोज बदलती है और चमचे कुछ इस धातु के बनते हैं कि सत्ता के साथ उनके भी रंग बदल जाते हैं। तुमसे ऐसा कुछ बन सके तो मेरी सलाह है कि कुछ उद्योग जरूर करो।

म.प्र. में रहकर लिखा-पढ़ी में क्या रखा है। तुम अगर दिल्ली में रहो तो हो सकता है कि आगे-पीछे घूमने से तुम्हें भी कोई स्कॉलरशिप मिल जाये। एकाध स्टेनोग्राफर भी मिल सकता है और कुछ साल तक तुम सुखी रह सकते हो। यह तो हम कई बार विचार ही चुके हैं कि इस तरह की हेराफेरी के लिए दिल्ली का मौसम बहुत अनुकूल पड़ता है।

सिद्धान्तों से तो मैं भी बहुत चिपका हुआ हूँ। लेकिन अखबारों की हालत यह है कि महँगाई का एक झोंका भी नहीं सह सके। पिछले साल कुछ बड़े अखबारों ने अपने विज्ञापन-दर बढ़ा दिये तो हमारे जैसे बहुत-से छोटे अखबार विज्ञापन मार्केट से आउट हो गये। सरकार की हम जरूर दाद देते रहते हैं जो भले ही कुछ न करे, लेकिन छोटे अखबारों के साथ हमदर्दी जरूर जताती रहती है। तुम्हारी दशा इससे कुछ अलग नहीं। तुम्हारी लेखनी पर खुश होकर तुम्हें हर साल एक-दो पुरस्कार मिल जाते हैं और इसका यह अर्थ लगा लेना चाहिए कि तुम इससे अधिक और कोई अपेक्षा मत करो।

मेरी सलाह मानो कि अपनी कुटिलता छोड़ दो। और तुम इससे बाज़ नहीं आते। अभी जब तुम पिटे थे तो जबलपुर नगर संघ चालक दबड़गाँवकरजी ने तुम्हें आश्वस्त किया था कि भविष्य में तुम्हारे साथ ऐसी किसी घटना की पुनरावृत्ति नहीं होगी। बेचारे दबड़गाँवकरजी का सीधा आशय यह था कि अगली बार संघ तुम्हारी रक्षा करेगा और एक तुम हो कि इसका यह अर्थ लगा लिया कि तुम्हारी पहिली पिटाई संघ के स्वयंसेवकों ने ही की थी। इसीलिए तो हनुमान वर्मा का कहना है कि हम लोग तुम्हारा जो मरणोपरान्त साहित्य प्रकाशित करेंगे, उसका नाम 'परसाई ग्रंथमाला' न रखके

'परसाई विषवमन' रखेंगे। कौन जानता है कि तुम हमें यह मौका दोगे या नहीं या हम लोग ही पहिले चल देंगे।

पिटने के बाद तुमने पुलिस द्वारा कुछ न किये जाने की गुहार लगाई। अफसोस है कि शेषनारायण राय के मामले के अनुभव से तुमने कुछ नहीं सीखा। दरअसल, पुलिस समदर्शी है। अगर कभी तुम किसी पुलिस थाने के सामने से निकले होगे तो एक बड़े से बोर्ड पर तुमने 'देशभक्ति और जनसेवा' पढ़ा होगा। बात सीधी-सी है। जनसेवा का मतलब होता है- बहुजन हिताय, बहुजन सुखाय। तुम एक हो और पिटाई करने वाले अनेक। एक का साथ देना जन-सेवा नहीं होती। जिस पक्ष के लोग ज्यादा हों उनका साथ देना ही जनसेवा का प्रतीक है, और वही देशभक्ति। इतनी छोटी-सी बात तुम्हारी समझ में बहुत पहिले आ जानी चाहिए थी।

तुम्हारा ख्याल है (और बहुत लोग भी ऐसा ही सोचते हैं) कि तुम बहुत अच्छे व्यंग्यशिल्पी हो। मैं भी तुम्हें जान रस्किन की कोटि का समझने लगा था। लेकिन आज किताबें उलटते-पुलटते समय तुम्हारी एक किताब 'हँसते हैं रोते हैं' हाथ लग गयी। डेढ़ रुपये की इस किताब को तुमने मुझे दो रुपये में बेचा था। उस पर तुर्रा यह कि प्रथम पृष्ठ पर यह लिख दिया 'दो रुपये में भाई मायाराम को सस्नेह'। आठ आना की इस ठगी को तुम व्यंग्य के आवरण में छुपाना चाहते हो।

ज्यों-त्यों करके तुम्हें साहित्य सम्मेलन में लाये। तुमने कुछ अच्छे काम भी किये। लेकिन राजनाँदगाँव सम्मेलन को सबसे बड़ी उपलब्धि तुमने आदरणीय डॉ. बलदेव प्रसाद जी मिश्र द्वारा दिये गये भोज को माना। सम्मेलन के अध्यक्ष पं. प्रभुदयाल जी अग्निहोत्री को भी तुमने नहीं छोड़ा। ऐसी स्थिति में तुम साहित्यकारों के बीच में कैसे 'पापुलर' हो सकते हो। इसलिए (श्री हनुमान वर्मा क्षमा करें) हनुमान का ख्याल है कि जिसे तुम व्यंग्य समझते हो, दरअसल वे चुटकुले हैं।

साहित्य की बात छोड़ो। मैं तुम्हें तुम्हारे ही आईने में देखना चाहता हूँ। कुछ ऐसी आदतें हैं जिन्हें तुम या तो बिल्कुल छोड़ सकते हो या सीमित कर सकते हो। यह जरूरी नहीं कि 'किक' मिलने पर ही अच्छे साहित्य की रचना की जा सकती है। मैंने ऐसा कुछ नहीं किया। इसके बाद भी श्रीबाल पांडेय ने मुझे अच्छा सम्पादक और कवि मान लिया। यह एक ऐसी सलाह है जिस पर अमल करने के लिए मैं बार-बार तुमसे आग्रह करता रहा हूँ।

तुम्हारे साहित्य का क्या जिक्र करूँ। वह अपने आपमें समृद्ध है और

किसी की प्रशंसा का मोहताज नहीं। बहुत-से व्यंग्यकार वाक्य के वाक्य उड़ा लेते हैं और स्वनामधन्य अखबारों में वे छप भी जाते हैं। अगर तुम्हारा साहित्य इस लायक न होता तो वह चोरी क्यों की जाती।

थोड़ा लिखा, बहुत बाँचना। 51वीं जन्मग्रंथि पर मेरा अभिनन्दन लो और नये बरस के लिए कुछ अच्छे संकल्प करो।

तुम्हारा

–मायाराम सुरजन

रायपुर 7 सितम्बर, 1973

(ब) खुले पत्र का खुला जवाब : मायाराम सुरजन को परसाई का

प्यारे भाई,

देशबन्धु रायपुर-जबलपुर में तुम्हारा खुला पत्र मेरे नाम पढ़ा।

आखिर हम लोग वर्षगाँठों पर एकाएक ध्यान क्यों देने लगे?

तुम अपनी परम्परा से हट गये। तुमने 14-15 संस्मरण लेख लिखे हैं, उन लोगों पर जो मृत हो गये हैं। इस बार तुमने ऐसे मित्र पर लिखा है, जो मारा नहीं पीटा गया है। याने तुम्हारी लेख-प्रतिभा तभी जाग्रत होती है जब कोई अपना मरे या पीटा जाय।

मैं जानता हूँ तुम अत्यन्त भावुक हो। मैंने तुम्हारी आँखों के आँसू देखे हैं। बन सका तो पोंछे भी हैं। तुमने भी मेरे आँसू पोंछे हैं। पर हम लोग सब विभाजित व्यक्तित्व (स्पीलिट पर्सनालिटी) के हैं। हम कहीं करुण और कहीं क्रूर होते हैं। इस तथ्य को स्वीकारना चाहिए।

पिछले 25 वर्षों से हम लोग मित्र रहे हैं। एक-दूसरे के सुख-दुख के साथी। यार, निम्न-मध्य वर्ग के लोगों के अलग संघर्ष होते हैं। इसे समझें। अब न्यूज प्रिंट के संकट का कष्ट तुम भुगत रहे हो। लेकिन तुमने कभी 'कल' की परवाह नहीं की। 50 साल की उम्र में तुम ढीले क्यों हो रहे हो?

जहाँ तक मेरा सवाल है—मैं नहीं जानता, मुझे यश कैसे मिल गया। मैंने अपना कर्तव्य किया। पिटवाया पत्रकार मित्रों ने मुझे लगातार छापकर। वर्ना मैं कहीं समझौता करके 'मोनोपोली' में बैठ जाता। उन्हें बाध्य किया जाता है कि वे 'फिएट' कार खरीदें क्योंकि यह कम्पनी की इज्जत का सवाल होता है।

मैं कबीर बना तो यह सोचकर कि—

कबीरा खड़ा बजार में लिये लुकाठी हाथ।
जो घर फूँके आपनों चले हमारे साथ॥

साथ ही–

सुन्न महल में दियना वार ले आसन से मत डोल री तोहे पिया मिलेंगे।

मैं आसन से नहीं डोला तो थोड़ा यश मिल गया। पर तुम्हारा लिखना ठीक है कि साधना और यश के बाद भी मेरा घर चू रहा है। पर यह हम जैसे लोगों की नियति है। गालिब ने कहा है–

अब तो दर ओ-दीवार पे आ गया सब्जा ग़ालिब,
हम बयाबाँ में हैं और घर पे बहार आई है।

तो यह चुनने का प्रश्न है। अपनी नियति मैंने स्वयं चुनी। तुमने भी। मुझे किसी ने बाध्य नहीं किया था कि मैं लिखूँ और ऐसा प्रखर व्यंग्य लिखूँ। यह मेरा अपना निर्णय था। जो निर्णय मैंने खुद लिया। उसके खतरे को समझकर लिया। उसके परिणाम भोगने के एहसास के साथ लिया।

जहाँ तक राज्य सभा की सदस्यता का सवाल है, तुम लड़े और हारे। पर तुम विचलित नहीं हुए, इसका मैं गवाह हूँ। और तुम उसके गवाह हो कि राज्य सभा में मनोनीत होने की पहल मैंने नहीं, एक बड़े ज्ञानी राजनैतिक नेता ने की थी। मुझे अपने एक घनिष्ठ मित्र का तार और ट्रंक मिले। मैं गया क्योंकि मित्र का बुलावा था। पर तब तक केन्द्र शासन इस अहंकार में था कि उसने बंगाल जीत लिया, इसलिए सिद्धार्थ शंकर रे की चल गयी और मेरे समर्थक राजनैतिक पुरुष की नहीं चली। इन्दिराजी ने उनसे पूछा था मेरे सम्बन्ध में। पर उन्होंने टालमटोल का उत्तर दिया। वे जानते थे कि उनका अवमूल्यन हो रहा है और सिद्धार्थ की चल रही है, इसलिए मुझे शिकायत नहीं, वे भी मेरे लेखक बन्धु हैं।

बात यह है कि जिन्दगी को मैं काफी आर-पार देख चुका हूँ। चरित्रों को मैं समझता हूँ वरना लेखक न होता। मैंने उक्त बात उन महान राजनैतिक नेता से कह दी। उनका जवाब था, ऐसा तो नहीं हुआ। मुझसे इन्दिराजी ने इस सम्बन्ध में बात ही नहीं की।

अब हाल यह है कि लगभग 500 चिट्ठियाँ भारत भर से मेरे पास आयी हैं। हर डाक से आती जा रही हैं। जवाब देना कठिन है पर कुछ जवाब देना जरूरी है। यह यशपालजी की चिट्ठी है।

प्रिय परसाई जी,

21 जून की घटना का समाचार 15 जुलाई के दिनमान द्वारा मिला।

आपकी व्यंग्य प्रतिभा का कायल वर्षों से हूँ। आपके दृष्टिकोण समर्थक भी हमारे समाज के रूढ़िग्रस्त अन्धविश्वास के क्षय के उपचार के लिए आप अनथक परिश्रम से जो इंजेक्शन देते आ रहे हैं उसके लिए आभार अनुभव करता हूँ। 21 जून को आपकी निष्ठा और साहस के लिए जो प्रमाण-पत्र आपको दिया गया उसके लिए मेरा आदर स्वीकारें। आज से बीस-पच्चीस साल पहले मैं जब 'जन युद्ध' या अन्यत्र ऐसा कुछ लिखता था तो भारतीय संस्कृति की पीठ में खंजर भोंकने और हिन्दू धर्म भावना के हृदय में छुरी मारने के अपराध में मुझे भी धमकी-भरे पत्र मिलते थे। आपके लिए धमकियाँ पर्याप्त नहीं समझी गयीं। यह आपके प्रयत्न से अधिक सार्थक होने का प्रमाण है।

इस उम्र और स्वास्थ्य में भी आपके साथ वाक् और विचार स्वतंत्रता के लिए सब कुछ देने और सहने के लिए तैयार है।

—आपका यशपाल

इधर कितनी ही चिट्ठियाँ आयी हैं। संघर्षात्मक और भावात्मक भी। एक देवी जी की चिट्ठी आयी कि हमें क्या एहसास था कि आपके साथ भी ऐसा होगा। पर आप तो लड़ाकू आदमी हैं। फिर वे ग़ालिब का शेर लिखती हैं—

ये लाश बेकफ़न असद-ए खस्ता जाँ की है,
हक आफरत-को अजब आजाद मर्द था।

मैं क्या जवाब देता।

मैंने ग़ालिब का दूसरा शेर जवाब में लिख भेजा—

हमने माना कि तगाफुल न करोगे लेकिन,
खाक हो जायेंगे हम तुमको खबर होने तक।

इससे उनकी रूमानी भावना को तृप्ति मिली होगी।

फिर एक को मैंने लिख दिया—

काफले तो बहुत तेज रौ में मगर,
रहबरों के कदम लड़खड़ाने लगे।

मित्र मुझे जीवन में अच्छे मिले, हालाँकि शत्रु मैंने ज्यादा बनाये। पिछले दिनों बीमार बहनोई, जो अब देह त्याग कर गये हैं की सेवा करते-करते भोपाल में बीमार पड़ा तो रमन कटनी लौटने के पहले मेरे होटल आये। मैं सो रहा था, तो रमन मैनेजर के पास दो सौ रुपये मेरे लिए जमा करके चले गये। तुम पूछोगे बहनोई को स्वर्गीय क्यों नहीं कहते। मुझे पिता की

ही खबर नहीं मिली कि वे स्वर्ग में हैं या नर्क में।

तो मित्र ऐसा है कि–

मैं तो तनहा हो चला था जानिबे मंजिल मगर,
लोग मिलते गये और काफिला बनता गया।

यह मंजिल शोषणविहीन, न्यायपूर्ण समतावादी समाज की स्थापना है। इसके लिए मैं प्रतिबद्ध हूँ।

मैं तुम्हारे जीवन-संघर्षों को जानता हूँ। तुम्हारी मानसिक पीड़ाओं को भी। मित्र मध्य वर्ग के बेटे होकर भी तुमने इतना किया यह तुम्हारे ही दमखम की बात है। पर अब आगे मत बढ़ाओ। जितना है उसी को सम्भालो और सँवरो, तुम अश्री रामगोपाल माहेश्वरी कभी नहीं हो सकते। यह मैंने तुमसे पहले भी कहा था। इस उम्र में योजना बनाकर काम करना चाहिए। पर तुम्हारा और मेरा चरित्र ऐसा रहा है कि 50 साल की उम्र में भी 20-22 साल के लड़के की तरह बर्ताव करते हैं। है न?

संघर्ष मैंने बहुत किये हैं। मैं 18 वर्ष की उम्र में माता-पिता की मृत्यु के कारण छोटे भाई-बहनों का माता-पिता हो गया था। इसलिए मैं संघर्षों से डरा कभी नहीं। जो स्थिति सामने आयी, उससे निपटा। यह जो मामला मेरे साथ गुजरा उसे भी मैं पचा गया। मुझे क्या पता था कि यश लिखने से अधिक पिटने से मिलता है, वरना मैं पहले ही पिटने का इन्तजाम कर लेता।

सस्नेह

–हरिशंकर परसाई